高等学校劳动与社会保障专业核心课程系列教材

Gaodeng Xuexiao Laodong yu Shehui Baozhang Zhuanye Hexin Kecheng Xilie Jiaocai

编审委员会名单

召集人
曾湘泉　中国人民大学教授（劳动领域）
郑功成　中国人民大学教授（社会保障领域）

首席专家
赵履宽　中国人民大学教授（劳动领域）
陈良瑾　民政部原社会福利与社会进步研究所
　　　　教授（社会保障领域）

编审委员
（按姓氏笔画排序）
文　魁　首都经济贸易大学教授（劳动领域）
史柏年　中国青年政治学院教授（社会保障领域）
李永杰　华南师范大学教授（劳动领域）
杨河清　首都经济贸易大学教授（劳动领域）
林　义　西南财经大学教授（社会保障领域）
周永新　香港大学教授（社会保障领域）
侯文若　中国人民大学教授（社会保障领域）
姚先国　浙江大学教授（劳动领域）
袁志刚　复旦大学教授（劳动领域）
赖德胜　北京师范大学教授（劳动领域）
穆怀中　辽宁大学教授（社会保障领域）

高等学校劳动与社会保障专业核心课程系列教材

社会保障学

郑功成 主编

Social Security

中国劳动社会保障出版社

图书在版编目(CIP)数据

社会保障学/郑功成主编. —北京：中国劳动社会保障出版社，2005
高等学校劳动与社会保障专业核心课程系列教材
ISBN 978-7-5045-5117-7

Ⅰ. 社… Ⅱ. 郑… Ⅲ. 社会保障-高等学校-教材 Ⅳ. C913.7

中国版本图书馆 CIP 数据核字(2005)第 054100 号

中国劳动社会保障出版社出版发行
(北京市惠新东街 1 号 邮政编码：100029)
出 版 人：张梦欣

*

三河市华骏印务包装有限公司印刷装订 新华书店经销
787 毫米×1092 毫米 16 开本 30 印张 2 插页 535 千字
2005 年 7 月第 1 版 2019 年 2 月第 31 次印刷

定价：38.00 元

读者服务部电话：(010) 64929211/64921644/84626437
营销部电话：(010) 64961894
出版社网址：http://www.class.com.cn

版权专有 侵权必究

如有印装差错，请与本社联系调换：(010) 50948191
我社将与版权执法机关配合，大力打击盗印、销售和使用盗版
图书活动，敬请广大读者协助举报，经查实将给予举报者奖励。
举报电话：(010) 64954652

总 序

劳动与社会保障专业,是在劳动人事专业的基础上,因中国社会保障制度变革的促进而逐步成长起来的一个新专业。随着我国社会保障制度的确立和社会保障事业的发展,各级劳动保障行政机关、事业单位、研究机构以及经营单位,对劳动与社会保障专业人才的需求不断增加。据不完全统计,目前全国已经有80余所高校开设了劳动与社会保障专业。为满足迅速发展起来的劳动与社会保障专业教学需要,有关部门及高校组织编写了一系列教材,为这一专业的教学、人才培养、学科发展做出了贡献。但应该看到,由于劳动与社会保障专业设立时间不长,我国劳动和社会保障事业发展变化较大,教材编写人员水平参差不齐等原因,劳动与社会保障专业教材建设从总体上讲还相当薄弱,存在体系不健全、内容陈旧、大量交叉重复等问题。这些问题不解决,不仅影响教学活动的顺利进行,而且影响这一专业的健康发展。

鉴于以上背景,基于对劳动与社会保障专业及这一专业人才培养高度负责的精神,中国劳动学会劳动科学教育分会、中国人民大学劳动人事学院联合中国劳动社会保障出版社,在全国劳动和社会保障领域著名专家学者的支持和共同努力下,发起"高等学校劳动与社会保障专业核心课程系列教材"建设项目,并于2002年底正式启动。

该系列教材在编写伊始,即确定了六条编写原则:

1. 根据劳动和社会保障专业人才的培养目标及其对知识体系的要求,确立完整的课程体系与教材体系,充分满足该专业的学历教学和专业人员知识培训的需要。

2. 以服务于全国所有开设劳动与社会保障专业的院校为目标,动员国内一流的专家学者编写本专业的核心课程教材。

3. 理论与实践相结合。每种教材既系统地阐述该专业课程的基本原理、基本知识,又与各国尤其是中国的劳动和社会保障实践紧密结合。

4. 立足现实,反映前沿,力求创新。在教材建设中,既反映已经成熟或公认的理论与学术思想,又能够反映具有代表性的劳动和社会保障领域的最新理论、最新技术和方法,在理论体系、结构框架、体例格式和写作风格上有自己的特色。

5. 避免教材与教材之间的过多重复。作为一套完整的专业教材体系，虽然教材之间内容有所重复难以完全避免，但各门课程的设置又必然具有自己的核心内容和知识要点。因此，教材与教材之间强调相互配合，重点突出，避免以往教材之间内容大量重复的现象。

6. 立足高起点、权威性。在中国人民大学劳动人事学院以往出版的劳动人事、劳动经济、社会保障系列教材和中国劳动社会保障出版社出版的有关教材，以及其他高校零散出版的相关教材基础上，立足高起点、权威性来建设"高等学校劳动与社会保障专业核心课程系列教材"。为确保这一目标的实现，专门成立了由大陆和香港在劳动与社会保障专业领域治学严谨的知名专家组成的编审委员会，召集人为曾湘泉教授（劳动领域）、郑功成教授（社会保障领域），老一代著名专家赵履宽教授、陈良瑾教授分别担任劳动领域与社会保障领域的首席编审专家，一批著名专家学者担任教材编审委员会委员（见名单）。为使对各门课程所涉领域素有研究的专家承担教材建设的任务，在确立核心课程教材目录的基础上，编审委员会采取招标或邀标的方式，确定合适的主编与主审人选，并实行主编负责制。

经过各位教材编写者两年多的辛勤努力，现在完成了第一批七种教材的编写任务，第二批教材亦已启动。包括《劳动经济学》《劳动关系学》《职业生涯规划》《社会保障学》《社会保险》《社会救助与社会福利》《劳动法与社会保障法学》在内的首批七种教材，汇集了我国劳动和社会保障学科领域最新的研究成果，不仅适用于高等学校劳动与社会保障专业的教学需要，同时适用于经济、法律、管理、人口及社会学专业的师生选用。

在首批教材出版之际，我们期望着，这套教材能够以科学且丰富的内容、相互配合却又较少交叉重复的体系以及创新的结构体例，满足各高等院校不断发展的劳动与社会保障专业的需要。同时，我们也期望着，各位劳动与社会保障专业同仁能够提供有益的批评意见，以使我们进一步修订、完善该系列教材。

我们衷心祝愿我国的劳动与社会保障专业能够真正获得健康、长足的发展，在劳动与社会保障专业领域深造的众多学子们能够在本系列教材的引导下茁壮成长起来。

高等学校劳动与社会保障专业
核心课程系列教材编审委员会
2005.6.8

主编简介

郑功成，湖南平江人。现任中国人民大学劳动人事学院教授，第十届全国人大常委会委员、全国人大内务司法委员会委员。兼多个部委咨询委员或顾问，中国社会保险学会副会长及《社会保障制度》主编、《社会保障研究》主编等。

长期从事社会保障、灾害保险、劳动就业、慈善公益及相关领域的教学与研究工作。迄今出版有《科学发展与共享和谐》《构建和谐社会：郑功成教授演讲录》《关注民生：郑功成教授访谈录》《社会保障学——理念、制度、实践与思辨》《社会保障概论》《论中国特色的社会保障道路》《中国社会保障制度变迁与评估》《中国社会保障论》《中国救灾保险通论》《中华慈善事业》《中国灾情论》《灾害经济学》《财产保险》《责任保险理论与经营实务》《保险案例分析》《各国保险公司管理与运作》《全球化下的劳工与社会保障》《变革中的就业环境与社会保障》等20多种著作或教科书；在《人民日报》等海内外报刊及文集发表学术论文300多篇。

内容提要

本书分为上、下两篇计十二章。上篇为基本理论篇，阐述社会保障的基本概念、发展进程、理论基石、相关关系、体系与模式、社会保障基金、立法与管理等，旨在提供较为全面、系统的社会保障基本理论知识；下篇为制度实践篇，介绍包括社会救助、社会保险、社会福利、军人保障、补充保障等在内的制度安排及实务知识，旨在从宏观和总体角度提供社会保障制度的相关知识。

与同类教科书相比，本书有着如下三个显著特色：一是作为高等院校劳动与社会保障专业社会保障基础课程教科书的定位非常明确，既系统阐述社会保障基本理论与制度实践知识，又不琐细，在引导学生进入社会保障专业领域的同时，又给其他社会保障专业课程及教科书留出了足够的空间；二是坚持社会保障专业视角，力求引导学生与读者确立正确的社会保障理念和把握正确的社会保障专业知识，避免片面的效率观、市场观等的误导，体现了知识性与思辨性相结合、理论性与实践性相结合、阐述性与启发性相结合的原则；三是体例结构有所创新，不是提供死板的知识，而是在阐述社会保障知识体系及其内容的同时重视利用鲜活的材料，每章附有的相关案例既能给人以相应的启迪，又能增进读者对社会保障理论与实践的了解与理解。

本书同时适合高等院校经济类、管理类及人口与社会学类专业师生作为教材使用，亦适合所有对社会保障有兴趣的人士阅读。

前　言

自有社会保障专业以来，一直想编写一部适用于本专业的《社会保障学》教科书。因为我一直认为，一部优秀的教科书就像一个好的导师，会传授正确的知识并给人以启迪；而一本质量不好的教科书，不仅会影响学生的顺利学习，而且也会增加讲授者的困难，感觉别扭。对社会保障专业而言，《社会保障学》的基础课程地位更是决定了它肩负着传授正确知识和引导学生进入专业殿堂的双重使命。

本书即是在这样的思考下完成的，它的主要特点已经在内容提要中加以概括了。这是我在继主持完成适用于电大学生的电大版本《社会保障学》（中央广播电视大学出版社，2004年版）、适用于其他专业学生的非社会保障专业版本《社会保障概论》（复旦大学出版社，2005年版）两部教材的基础之上，主持编写的一部主要适用于劳动与社会保障专业本科层次的社会保障基础课程教科书。如果说电大版本侧重于社会保障制度实践内容的介绍，非社会保障专业版本侧重于社会保障基本知识和制度安排的概述，那么，本书则构筑了较为完整的社会保障知识体系，突出地强调了知识性与思辨性相结合、理论性与实践性相结合、阐述性与启发性相结合。因此，上述三部教科书的体系与内容均有较大差异，但显然以本书更加符合高等院校劳动与社会保障专业以及相关专业的教学需要。

本书由我拟定编写大纲并撰写第一、二、三、五、七、八、十一章，乔庆梅撰写第四章，杨立雄撰写第六章，杨方方撰写第九章，韩克庆撰写第十章，于秀丽撰写第十二章。在各章作者完成初稿后，由我集中进行统稿、修订并定稿，其中对有的初稿做了较大的修补。最后，由陈良瑾教授审阅了书稿。

感谢陈良瑾教授，感谢各位参与本书编写的成员的合作。

欢迎高校师生及读者提出批评意见，以期不断修订完善。

郑功成
2005年6月于北京

目 录

上篇 基本理论篇

第一章 绪论（3）

学习要点	3
关键概念	3
第一节 社会保障的理论界定	4
第二节 社会保障的学科性质与理论框架	9
第三节 社会保障的目标与功能	13
第四节 社会保障的特征与原则	20
第五节 社会保障的意义	32
本章小结	34
复习思考题	35
案例讨论1 利率杠杆的失效	35
案例讨论2 农村居民社会保障问题之争	36

第二章 社会保障的发展（39）

学习要点	39
关键概念	39
第一节 概述	40
第二节 慈善事业与济贫制度	44
第三节 现代社会保障制度	51
第四节 社会保障发展的经验、教训与改革	60
第五节 新中国社会保障制度的发展	67
本章小结	80
复习思考题	81
案例讨论1 德国为什么要向"懒人"开战	82
案例讨论2 不平等的福利保障会带来什么效应	83
案例讨论3 智利公共养老金私营化改革	84

第三章 社会保障理论基石（87）

学习要点	87
关键概念	87
第一节 概述	88
第二节 经济学与社会保障	94
第三节 社会学与社会保障	103
第四节 政治学与社会保障	107
本章小结	113
复习思考题	114
案例讨论1 欧文的试验	115
案例讨论2 马丁·费尔德斯坦和亨利·阿伦的争论	115
案例讨论3 中国老太太与美国老太太的消费观	116

第四章 社会保障相关关系（119）

学习要点	119
关键概念	119
第一节 概述	120
第二节 社会保障与收入分配	128
第三节 社会保障与劳动就业	133
第四节 社会保障与其他公共政策	138
第五节 社会保障与商业保险	143
本章小结	148
复习思考题	149
案例讨论1 让就业有利可图	149
案例讨论2 欧洲掀起改革大潮欲冲出衰退重围	150
案例讨论3 此消彼长或共生共荣	151

第五章 社会保障体系与模式（153）

学习要点	153
关键概念	153
第一节 概述	154
第二节 社会保障体系	159
第三节 社会保障主要模式	170
本章小结	182
复习思考题	183
案例讨论1 统一社会保障体系是短视国策吗？	183
案例讨论2 从公积金到强积金：完全积累型模式的差异	187

第六章 社会保障基金（189）

学习要点	189
关键概念	189
第一节 概述	190
第二节 社会保障基金的筹集	195
第三节 社会保障基金的给付	199
第四节 社会保障基金投资运营	203
第五节 国家社会保障储备基金	208
第六节 社会保险基金	213
本章小结	218
复习思考题	219
案例讨论1 一起养老保险基金协议存单纠纷案	220
案例讨论2 全国社会保障基金初次入市遭亏损	221

第七章 社会保障立法与管理（223）

学习要点	223
关键概念	223
第一节 概述	224
第二节 社会保障立法	227
第三节 社会保障管理	244
本章小结	251
复习思考题	252
案例讨论1 欧盟的社会保障立法	252
案例讨论2 企业因不参加社会保险而败诉	254
案例讨论3 "龙多不治水"的社会保险管理格局	255

下篇 制度实践篇

第八章 社会救助（259）

学习要点	259
关键概念	259
第一节 概述	260
第二节 社会救助的基本内容	265
第三节 最低生活保障	274
第四节 农村五保制度	280
第五节 灾害救助	283

本章小结	287
复习思考题	288
案例讨论1 不完善的最低生活保障制度	289
案例讨论2 北京市最低生活保障制度实行分类救助	289
案例讨论3 深圳市最低生活保障制度的实践	291

第九章 社会保险（297）

学习要点	297
关键概念	297
第一节 概述	298
第二节 养老保险	300
第三节 医疗保险	314
第四节 工伤保险	329
第五节 失业保险	343
本章小结	351
复习思考题	352
案例讨论1 连续工作38年无处领养老金	353
案例讨论2 提前退休与养老金"黑洞"	354
案例讨论3 "生死合同"是否违法	355
案例讨论4 失业率的真假	356

第十章 社会福利（359）

学习要点	359
关键概念	359
第一节 概述	360
第二节 人的需要与社会福利	366
第三节 老年人福利	377
第四节 残疾人福利	385
第五节 妇女儿童福利	391
本章小结	393
复习思考题	394
案例讨论1 社区老年福利服务星光计划	394
案例讨论2 被遗弃的孩子	396

第十一章 军人保障（399）

学习要点	399
关键概念	399

第一节 概述	400
第二节 军人抚恤优待	406
第三节 军人保险	412
第四节 安置保障与军人福利	416
本章小结	419
复习思考题	420
案例讨论1 革命伤残人员年抚恤金标准	421
案例讨论2 军人配偶随军未就业期间社会保险制度的建立	422

第十二章 补充保障（429）

学习要点	429
关键概念	429
第一节 概述	430
第二节 员工福利	435
第三节 企业年金	443
第四节 慈善事业	451
第五节 互助保障	457
本章小结	460
复习思考题	461
案例讨论1 美国管理式医疗之蓝色计划	462
案例讨论2 某公司员工退休福利基金办法	463
案例讨论3 一桩7万元的爱心官司	464

主要参考书目（466）

上 篇
基本理论篇

第一章 绪论
第二章 社会保障的发展
第三章 社会保障理论基石
第四章 社会保障相关关系
第五章 社会保障体系与模式
第六章 社会保障基金
第七章 社会保障立法与管理

第一章

绪论

■ **学习要点**

通过本章的学习，应当了解社会保障的理论界定及其差异的形成，准确认知社会保障的学科性质与理论框架以及社会保障的基本特征与原则，同时正确理解社会保障的目标、功能与意义。

■ **关键概念**

社会保障　社会保障学科　社会保障目标　社会保障功能
公平性　社会性　福利性　法制规范性　多样性　刚性发展
责任分担　普遍性原则

▶第一节　社会保障的理论界定

社会保障是一个十分古老的话题。因为自古以来，就总有一部分社会成员会因各种原因陷入生活困境，需要政府、社会或他人援助才能避免生存危机。各国政府为了维护社会稳定、缓和阶层矛盾与阶级对抗，亦在很早以前就制定并实施过诸如救灾、济贫等方面的政策措施。如中国历代统治者就均制定和实施过救灾、救荒的措施，英国则于1601年在世界上率先颁布了专门的《济贫法》。19世纪80年代，德国适应工业社会发展的需要，在世界上率先建立了与工业文明相适应的社会保险制度。但"社会保障"（social security）[①]一词的出现，最早却是在美国1935年颁布的《社会保障法》中。此后，社会保障一词即被有关国际组织及多数国家所接受，并逐渐成为以政府和社会为责任主体的福利保障制度的统称。不过，由于社会保障要受到政治、经济、社会、历史文化乃至伦理道德等因素的影响，各国具体国情的差异又使其在社会保障制度的实践中出现很大差异，对社会保障的认识和理论界定也就很自然地存在着差异。因此，当代世界对社会保障的理论界定的不统一，也可以视为国情差异与各国社会保障制度多样化的客观反映。有鉴于此，研究社会保障时，不仅需要综合运用到社会学、经济学、政治学、法学、管理学乃至哲学、伦理学、历史学等诸般知识，而且还需要与特定国家的国情及特定时代背景等结合起来。

一、国外对社会保障概念的界定

据已有的文献资料，对社会保障的认知确实存在着差异。在此，可以选择部分国际组织或国家及相关学者对社会保障概念的界定列示如下：

国际劳工组织对社会保障的界定。作为以维护劳工权益、协调劳资关系为己任的主要国际组织，国际劳工组织在1942年出版的文献中即将社会保障界定为：通过一定的组织对这个组织的成员所面临的某种风险提供保障，为

---

① 对"social security"一词，也有人将其翻译成"社会安全"。在国际劳工组织等的文献中，更由社会保障扩展到社会保护，其内涵与外延均在进一步扩张。

公民提供保险金、预防或治疗疾病，失业时资助并帮助他重新找到工作。①

德国是社会保险制度的发源地，社会保险制度的出现标志着现代社会保障制度的产生。作为最早建立现代社会保障制度的国家，德国对社会保障的理解主要是基于德国社会市场经济的理论，将社会保障理解为社会公平和社会安全，认为社会保障是对竞争中不幸失败的那些人提供基本的生活保障。②而在实际生活中，社会保险亦在德国整个社会保障制度中占据着主体地位。

英国是老牌资本主义国家，亦是福利国家的发源地。其建立福利国家的理论与政策依据便是1942年由贝弗里奇主持起草的研究报告《社会保险及相关服务》。在这份报告中，贝弗里奇实际上勾画出了一幅较完整的福利国家蓝图，社会保障被首次赋予了普遍性原则和类别原则，被认为是代表社会进步的可理解的政策的一个组成部分，其目标被界定为消除贫困，并将其概括为国民在失业、疾病、伤害、老年以及家庭收入锐减、生活贫困时予以生活保障。③

美国作为最先采用社会保障一词的国家，其对社会保障的理解早先仅限于对老年、残疾及遗属的生活保障，后来扩展到各项社会保险及家庭津贴等。在美国社会保障总署编写的《全球社会保障》一书中，社会保障被界定为"系指根据政府法规而建立的项目，给个人谋生能力中断或丧失以保险，还为结婚、生育或死亡而需要某些特殊开支时提供保障。为抚养子女而发给的家属津贴也包括在这个定义之中"④。

日本官方对社会保障的界定可以采用1950年日本社会保障制度审议会的解释，即"社会保障是指对疾病、负伤、分娩、残疾、死亡、失业、多子女及其他原因造成的贫困，从保险方法和直接的国家负担上，寻求经济保障途径。对陷入生活困境者，通过国家援助，保障其最低限度的生活，同时谋求公共卫生和社会福利的提高，以便使所有国民都能过上真正有文化的成员的生活"⑤。在日本学术界，对社会保障的理解则有广义与狭义之分。广义的社会保障被看成是政府关于解决各种社会问题的社会政策的统称；狭义的解释

---

① 国际劳工组织此后一直十分关注社会保障，并自20世纪50年代以来通过了一系列的公约。其中最重要的是1952年6月28日在日内瓦国际劳工会议上通过的《社会保障（最低标准）公约》，所涉及的内容包括医疗照顾、疾病津贴、失业津贴、养老退休金、雇员工伤津贴、家庭补助、生育津贴、伤残津贴、遗属津贴等。此后，还通过了诸如《生育保护公约》及其建议书（1952）、《(社会保障）同等待遇公约》（1962）、《工伤事故和职业病津贴公约》（1964）、《残疾、老年和遗属津贴公约》（1967）、《医疗和疾病津贴公约》（1969）、《维护社会保障权利公约》（1982）及其建议书（1983）等。

② 陈良瑾主编. 社会保障教程. 北京：知识出版社，1990. 1~2

③ Social Insurance and Allied Services. Report by sir William Beveridge Cmd, 6404

④ 美国社会保障署编. 全球社会保障——1995（阅读指南）. 北京：华夏出版社，1996

⑤ 陈良瑾主编. 社会保障教程. 北京：知识出版社，1990. 2

如日本学者松尾均衡在《日本社会保障读本》中所言，"社会保障，是指国民在生活上蒙受诸如失业、伤病、高龄等各种事故，而使这些国民的生活源泉——所得出现中断或减少，给国民生活带来困难时，通过社会保障机制进行国民再分配，保障其最低限度的收入所得，由国家来救济国民生活之缺损的制度。"而日本社会福利学者康子则将社会保障与社会福利分离，认为社会保障的对象是经济方面的困难者，它是一种普遍地、平等地实施的制度。①

事实上，对社会保障概念界定的差异在一国之内的不同历史时期和不同学者之间亦存在，这是因为社会保障一直处于发展之中，而研究者亦有着自己不同的价值取向与研究视角，因此，要想有一个全球统一的社会保障理论界定，就像要有一个全球统一的社会保障制度一样，在相当长时期内都是难以实现的。

二、港澳台地区对社会保障的界定

由于香港、澳门曾经长期被英国、葡萄牙占领，20世纪末回归祖国后亦实行"一国两制"，台湾则与大陆分割而治达半个多世纪，致使中国一国四地不仅在社会保障实践方面有很大差异，而且在对社会保障概念的认知方面亦存在着明显的分歧。虽然两岸四地在社会保障与福利方面的交流日益增多，但对社会保障的界定仍然难求统一。

在香港，官方界定的社会保障是以政府为责任主体并通过向有需要人士直接发放款项的方式提供的福利，包括综合保障援助计划、公共福利金计划及暴力及执法伤亡赔偿计划、交通意外伤亡援助计划、灾民紧急救济等。香港学者周永新认为，社会保障是政府为保障国民最低生活需求所采取的政策措施，包括非供款性的社会救助、供款性的社会保险和普遍津贴制度等。另一专家莫泰基也指出，"社会保障可以理解为一个政府设立的制度，运用大众的财富，给予需要的人最基本或应得的援助，藉以维持生活需要，以及配合社会发展，增加国民福利。"② 由此可见，香港官方对社会保障的界定范围要窄，仅限于官方提供的非供款性援助；而专家学者的界定范围较宽，还包括了供款性的社会保险等在内。

在澳门，1989年当局制定社会保障法案之前，当地多只提社会福利、社会工作、救济等名词。当时澳门政府出版的《行政杂志》刊登的有关社会保障文章，即将社会保障译作社会福利。较为普遍的看法是将社会保障视为社会福利的一部分。但澳门社会保障学会会长邓玉华所阐述的社会保障却是全

---

① 一番夕濑·康子. 社会福利基础理论. 武汉：华中师范大学出版社，1998. 33～34
② 莫泰基. 香港贫穷与社会保障. 香港：中华书局，1993. 54

面的社会保障,其给出的社会保障体系即包括了社会服务、社会保险与社会救助三大形式。①

台湾的社会保障制度较香港要健全,对社会保障概念有如下界定,即"社会保障是国家以社会救助、社会保险以及公共服务等各种不同方式,对于国民之遭遇危险事故,以致失能、失依,因而生活受损的人,提供各项生活需求,给以其健康保障、职业保障及收入保障,并从而促进民族健康、全民就业及民生均足"②。但总体而言,台湾地区更流行社会福利概念,或者是将社会保险、社会救助、社会福利等概念分割界定。

三、内地学者对社会保障的界定

中国内地对社会保障的认知有其共识的一面,即都以广义的社会保障为对象,但在具体阐述其定义时,依然存在着较大的差异。

中国政府自1986年制定和实施国民经济与社会发展第七个五年计划的文献起,就是采用大社会保障的概念,即肯定社会保障是国家和社会对全体社会成员的社会生活提供基本保障的制度安排。但亦未完全定型,如是否将教育福利纳入社会保障体系,是否将商业保险尤其是商业性的人寿保险、医疗保险等纳入社会保障体系,等等,即使在官方文献中亦未能够统一。

在理论学术界,陈良瑾认为,"社会保障是国家和社会通过国民收入的分配与再分配,依法对社会成员的基本生活权利予以保障的社会安全制度。"③该定义强调社会保障的责任主体是国家或政府,社会保障的目标是满足人的基本生活需求,实施的条件是相应的社会立法。

侯文若认为,"社会保障可理解为对贫者、弱者实行救助,使之享有最低生活,对暂时和永久失却劳动能力的劳动者实行生活保障并使之享有基本生活,以及对全体公民普遍实施福利措施,以保证福利增进,而实行全社会安定,并让每个劳动者乃至公民都有生活安全感的一种社会机制。"④

郑功成在综合考察现代社会保障制度在各国的发展实践,以及国际性组织、部分国家政府及有关学者对社会保障的概念界定后,提出了对社会保障的定义。即:社会保障是国家或社会依法建立的、具有经济福利性的、社会化的国民生活保障系统。在中国,社会保障则是各种社会保险、社会救助、社会福利、军人福利、医疗保障、福利服务以及各种政府或企业补助、社会

---

① 邓玉华. 澳门社会福利与社会保障. 澳门:澳门社会保障学会,2003. 2
② 莫泰基. 香港贫穷与社会保障. 香港:中华书局,1993. 56
③ 陈良瑾主编. 社会保障教程. 北京:知识出版社,1990. 5
④ 侯文若. 社会保障理论与实践. 北京:中国劳动出版社,1991. 11

互助等社会措施的总称。①

这一定义包括了如下必备要素：

- **依法建立**。即现代社会保障制度遵循的是立法先行的原则，是通过社会保障立法来确立社会保障制度，法制规范是社会保障制度赖以建立的客观基础与依据。
- **突出以人为本**。它以保障和改善国民生活、增进国民福利为宗旨，包括经济保障与服务保障等。
- **具有经济福利性**。即从直接的经济利益关系来看，因有政府、雇主与社会各界的参与和分担责任，受益者的所得要大于所费。
- **属于社会化行为**。即由官方机构或社会团体来承担社会保障的实施任务，而非供给者与受益方的直接对应行为。

基于上述理论界定，社会保障的内容主要包括社会救助、社会保险与社会福利三大部分，还有面向军人的独立保障系统，以及其他补充性的社会保障措施。从层次上划分，社会保障可以划分为如下三个层次：

- **经济保障**。即从经济上保障国民的生活，它通过现金给付或援助的方式来实现，解决的是国民遭遇生活困难时的经济来源问题。
- **服务保障**。即适应家庭结构变迁与自我保障功能弱化的变化，通过提供服务的方式来满足国民对个人生活照料服务的需求。如安老服务、康复服务、儿童服务等。
- **精神保障**。除了经济保障与服务保障需求外，人们在现实生活中还离不开相应的情感保障，即精神慰藉也是人的正常、健康生活的必要组成部分。因此，现代社会保障还日益承担着为需要者提供精神保障的责任。当然，精神保障属于文化、伦理、心理慰藉方面的保障，它突出地体现了社会保障制度的人性化要求，从而属于更高层次的保障。尽管在实践中，难以将精神保障作为特定的制度安排来加以建设，但发达国家或地区的社会保障制度实践表明，制度化安排中确实需要尊重并满足有需要者的精神保障需求。

---

① 郑功成. 中国社会保障论. 武汉：湖北人民出版社，1994. 5～6；参见郑功成. 论中国特色的社会保障道路. 武汉：武汉大学出版社，1997. 6～7；郑功成. 社会保障学——理念、制度、实践与思辨. 北京：商务印书馆，2000初版，2003、2004再版

▶第二节　社会保障的学科性质与理论框架

一、社会保障的学科性质

在以往的文献中，对社会保障学科性质的认识存在着巨大偏差。这一方面与研究者不同的专业视角有关；另一方面也是受到了社会保障走过的历程及其多样化实践的影响。

经济学家通常在追求效率的前提下将社会保障视为一种收益分配手段，从而很自然地将社会保障划入经济学范畴；而在社会保障理论的发展进程中，一些经济学家，尤其是像庇古、凯恩斯这样一些声名卓著的经济学家，对社会保障的理论贡献，更使将社会保障归属于经济学范畴成为学界中相当多的人士认同的观点。而社会学家则从人类社会发展的终极目标与社会公平的角度出发，将社会保障视为社会学的一个领域，柏拉图的《理想国》、培根的《新大西岛》、莫尔的《乌托邦》、康帕内拉的《太阳城》等一批社会学名著通常被视为社会保障的理论源泉。一个很有趣的例子，就是在学术界不仅能够看到经济学者之间或社会学者之间对有关社会保障理论与政策问题争论不休，而且经济学者与社会学者之间的争论更为激烈，这种争论并非只是一道学术风景，而是必然对社会保障政策产生直接的影响。一些政治学者也会说社会保障属于政治学范畴，因为实践中的社会保障事关国家的政治稳定与政治目标，是当代世界政党政治的重要内容；而法学家、管理学家等对社会保障学科的性质亦存在着不同的看法。

现实中的社会保障是否作为经济学或社会学或政治学等学科的一个分支，或者作为一个独立的学科发展，在不同国家其实是不同的。在西欧、北欧地区的发达国家，社会保障通常不是一个独立学科，而是一个多学科均可以研究的领域，研究社会保障的人士及社会保障专业人才的培养并不限于经济学科和社会学科，而是来自多个学科，但与社会保障相关的社会政策学与社会工作学却是一个相对确定的应用学科。在美国，社会保险通常被列入经济学范畴。在日本，社会福利学科通常被纳入社会学范畴，而对养老保险等制度的研究则又与经济学尤其是财政学等关系紧密。在德国，社会保障法与社会保障几乎可以划等号，法学家对社会保障制度享有很大的发言权。而在中国，1997年国务院学位委员会将新增的社会保障专业归入管理学门类公共管理一级学科，将其与土地管理、卫生事业管理等纳入同一范畴，它虽然部分地体现出了社会保障的公共性，但亦存在着无法全面概括社会保障学科作为一个学科领域的内在缺陷，这一定位也就并非是当然的结论；况且，世界上仅有中国是将学科按照一定的等级秩序来划分的，这种计划体制的做法并不完全符合学科发展的科学定位，尤其是对社会保障这样的新兴的学科更是如此。因此，在国际范围内，社会保障并非必然地划归某一传统学科或享有独立学科的地位。

鉴于社会保障独特的性质及其作为一种制度安排在各国社会发展进程中占有的越来越重要的地位，将其作为任何一个学科（包括经济学、社会学、管理学、政治学等）的分支均非合适[1]，而作为一个相对独立的学科领域来发展或许更有利于社会保障理论的健康发展。"因为从理论上讲，社会保障从基金筹集到支付的过程实质上是国民收入的分配与再分配过程，它应当属于经济学范畴；社会保障的直接目的是为社会稳定发展服务，是国家通过法律强制实施的社会政策，它又应当属于政治学范畴；社会保障的行为是社会控制，其内容与任务是解决各种特定的社会问题，从而又应该属于社会学范畴；在实践中，社会保障关系只能由独立的法律部门来调整和规范，并需要运用到统计学、管理学及保险学等技术。由此可见，社会保障牵涉面甚广，上述学科均不可能包容它。目前的专业分割式研究正是造成社会保障理论研究表面繁荣、背后危机的深层原因所在。因此，社会保障应当成为一门相对独立的学科，即是在经济学、政治学、社会学等多学科的基础上发展起来的一门独立的、交叉的、处于应用层次的社会学科。"[2]

作为当代社会科学的一个组成部分，社会保障学科所具有的相对独立性，是因为社会保障在许多国家的发展实践已经表明，它不仅要受经济、政治、社会、文化等诸多因素的影响，而且确实有着自己完整而严密的体系结构和特有的运行规律，从而具备了相对独立地发展社会保障学科领域的现实基础。社会保障学科的交叉性，是因为它牵涉面广，从而不可能孤立地存在和发展，只能是建立在多学科的基础之上并需要以经济学、社会学等多门学科作为理论源泉。社会保障学科的应用性，只不过是揭示了社会保障问题研究更多的

---

[1] 尽管一些学科可以将社会保障纳入自己的学科体系，如经济学中的福利经济学，社会学中的福利社会学或应用社会学等，但它始终只能从一个侧面来展示社会保障而无法全面、系统地阐述社会保障。

[2] 郑功成. 论社会保障领域的理论建设. 中国社会保险. 1995，7：8～19

是作为一门政策学科而非纯理论学科的客观事实。① 对社会保障学科定位作如上理解，并不妨碍其他多门学科研究社会保障问题并取得相应的理论与政策研究成果，同时显然有助于中国现阶段社会保障理论研究走出误区，促使社会保障理论从分散研究走向系统研究，从微观研究走向宏观与微观研究相结合，最终促使其以完整的面目在社会科学中占据应有的地位。

需要指出的是，本书所称的社会保障学是不能按照传统的思维定势来理解的，因为传统思维定势对"学"的理解是指在已经被固定化了的、经过周密论证的知识体系之下，去进行论证和诠释并且已经完成了的知识体系。而社会保障作为中国的一个新兴的学科领域，显然并不具备这一条件。然而，如果我们只是沿着这种固有的思维去理解学科的发展，就不会有新学科的生长。因此，不能用形而上学的、规范的、超历史的眼光来看待社会保障学，而应当将学科的建立与发展立足于研究对象的特殊性的基础之上，在不断的认识过程中去探究，进而建立和把握它的理论体系。据此，社会保障学仍然是能够成立的，它的最大特点就是它不是在已经被固定化的或者封闭化的体系中构筑，而是在多学科的基础上根据社会保障制度的发展实践去进行探索，并在探索中建立和逐步完善它的体系。②

二、社会保障学的基本理论框架

作为一门相对独立的学问，社会保障学所探究的是别的学科无法包容或无法完全包容的理论范畴。它所肩负的任务，不仅是揭示和阐明社会保障制度产生与发展的一般规律和特殊规律，而且需要为社会保障政策的制定提供科学的依据，使社会保障政策与本国的国情及所处的时代相适应，并保持自身的正常、健康、高效、持续运行。因此，社会保障学尤其强调将理论研究的目标引导到实践中来。

从现实出发，社会保障学的理论体系尚未最终确立，其理论框架亦未定型。在这种条件下，只能先将社会保障在现实中的具体问题抽象化，然后再进行范畴化的研究。不过，根据社会科学研究的一般法则，社会保障制度的

---

① 回顾社会保障制度的发展，可以发现不同的学派或不同学者的理论观点往往成为当政者制定社会保障政策的依据。如德国第一批社会保险法律制度的出台与实施，与德国的改良主义——新历史学派（又称为讲坛社会主义学派）有着直接的关系；而贝弗里奇则以《社会保险及其相关服务》的研究报告为福利国家的建立描绘了蓝图；美国在20世纪30年代制定《社会保障法》并实施较为系统的现代社会保障制度时，凯恩斯的经济理论即起了重大的作用，等等。现阶段各国当政者在制定有关社会保障政策时仍然会高度重视学者的意见。

② 郑功成. 社会保障学——理念、制度、实践与思辨（第1章）. 北京：商务印书馆，2000初版，2003、2004再版

发展实践，以及发达国家对社会保障问题已经取得的研究成果状况，仍然可以从总体上把握社会保障学的基本理论框架。①

首先，是社会保障的基础理论问题。这一层次除社会保障的一般理论原理或规律外，客观上还应当包括福利经济学、社会福利学等和社会保障与其他已经被固定化的知识体系相结合的领域，这些领域堪称社会保障学的理论基石。其中，社会保障发展理论，社会保障结构理论，社会保障心理学与伦理学理论，社会保障基金理论，社会保障与政治、社会、经济乃至意识形态的关系理论，社会保障学与政策学等相关学科的关系等，是这一层次理论的核心所在。

其次，是社会保障的政策理论问题。这一层次探究的是社会保障各个子系统乃至各个具体保障项目的产生、发展及运行规律，它客观上表现为政策研究。其内容应当包括社会保险政策、社会救助政策、社会福利政策，以及其他社会保障子系统与各具体项目的政策研究。

再次，是社会保障的管理理论问题。社会保障以政府与社会为责任主体，它面向全体国民，可供分配的资源亦是一种公共资源，从而不仅需要强化管理，而且强调公共权力的介入。因此，社会保障学还需要特别重视管理理论的研究。这一层次探究的是社会保障法制理论、社会保障管理体制理论、社会保障财务会计制度与统计制度、社会保障监控与预警理论，等等，而政府介入的程度和调控手段以及具体的运行机制，构成了这一层次理论的核心所在。

上述框架仅仅是一个简单的设计，但它已经勾画出了社会保障学理论框架的基本轮廓。在发达国家，处于第一层次的社会保障基础理论是相当丰厚的，这不仅表现在理论成果的数量与质量上，而且产生了一批有世界影响的代表性人物。如20世纪20年代初期的福利经济学创始人庇古、1998年诺贝尔经济学奖获得者阿马蒂亚·森等，均因在福利经济学、贫困问题等的卓越研究成果而享誉世界。在社会保障专业应用理论方面，亦涌现出了英国福利国家蓝图的设计者贝弗里奇这样杰出的代表性人物。在中国，经过近20多年的建设与发展，社会保障理论研究有了很大的发展，从介绍西方的社会保障政策到研究中国的社会保障问题，取得的成果是多方面的，但与发达国家相比，中国的社会保障学科建设显然刚刚起步，它甚至比中国落后的社会保障制度实践还要落后，即社会保障理论与政策研究迄今仍然滞后于中国社会保障制度改革与发展的需要，各种社会保障专业人才的培养亦不能满足各项社

---

① 郑功成. 论社会保障领域的理论建设. 中国社会保险. 1995，7：9

会保障事业发展的需要。

社会保障问题的复杂性和社会保障学科的多学科交叉性，还决定了研究社会保障问题不能囿于传统的规范式研究方法，而是需要在立足现实的基础上，从发展的、开放的角度出发，选择适用的科学研究方法。包括纵向与横向结合研究方法、定性分析与定量分析相结合方法、多学科综合研究方法等。其中对社会保障发展进程进行纵向考察是发现社会保障规律、实现社会保障知识体系化的基础，而进行国别或地区之间的横向比较研究则能够挖掘社会保障在不同国家或地区的共性与个性；定量分析可以社会保障政策实践的客观效果作为分析对象，但政策的效果与结论却只能是理性的阐述；而多学科综合研究方法的采用几乎是一切新兴、交叉学科产生与发展的必然，社会保障客观上涉及经济、社会、政治等多个学科，它的发展需要多学科参与，它的理论体系也只能在多学科综合研究的基础上才能逐渐成熟起来。

▶第三节 社会保障的目标与功能

社会保障作为国家发展进程中的重要制度安排，是通过采取相应的经济手段来解决相应的社会问题，进而实现特定的政治与社会目标，它在实践中发挥着自己的多重功能，同时亦体现出其他制度不可替代或者不可完全替代的一些基本特征。

一、社会保障的目标

社会保障从非正式制度安排到正式制度安排，其追求的目标也是随着社会的发展进步而不断发展变化的。

早期的社会保障主要基于维护统治阶级的统治秩序，从而客观上充当着统治者控制社会并使统治秩序得以延续的工具。

进入现代社会后，社会保障的目标则日益融入了人道主义与社会公平的理念。如社会保险制度在德国产生时，推动这一制度发展的德国皇帝及其"铁血宰相"俾斯麦就公然宣称这一制度是消除革命的必要成本，并断言一个等着领取养老金的人是不会反政府、反社会的。因此，社会保险作为工业化的产物，它一出现就事实上充当着镇压工人运动的武装"大棒"之外的"胡萝卜"，是为了防止工人阶级反抗的政治工具。随着社会的发展，社会保障单纯追求社会安全或稳定社会的目标亦发生了巨大变化。一方面，人道主义日益成为支撑这一制度的伦理基础，对社会弱者的关注与援助日益成为建立社会保障制度的国家或地区的重点与核心，各项社会保障制度不再是出于单纯的政治目标，而是被赋予了人道主义的内核；另一方面，公平与正义日益成为各国人民共同的追求，社会保障则成了追求这一发展目标的不可替代的制度安排，因而使社会保障肩负着缩小社会不公平和维护社会公平与正义的使命。例如，20世纪50年代以后在许多发达国家建立的福利国家模式，就已经不再是以社会安全为这一制度的追求目标或者说已经不再是这些国家社会保障制度的主要目标，其追求的即是社会公平与正义。

从现代社会的发展进程与文明进步的视角出发，综合考察各国的社会保障制度，尤其是发达国家的社会保障制度，可以发现，社会保障的总目标是通过保障和改善国民生活、增进国民福利来实现整个社会的和谐发展。

围绕着上述总目标，社会保障制度在实践中需要实现如下分目标：

• **帮助国民摆脱生存危机**。由于各种先天与后天因素及自身与外来原因的影响，部分国民可能因疾患、天灾人祸、失业等事件陷入生活困境，如果没有相应的社会保障，这部分国民将陷入生存危机而无法自拔，因此，通过相应的制度安排来解除国民的生存危机是社会保障的一个基本目标，也是最低追求目标。

• **满足国民的生活保障需求，不断改善和增进国民的福利**。随着社会经济的发展，人们对社会保障的需求也是不断发展的。如在人口老龄化的背景下，人们不仅对属于经济来源的养老金保障有需求，而且日益对各种社会服务尤其是个人生活照料有着强烈需求；在最低食物保障得到满足后，人们还会要求有相应的精神、文化、教育福利，等等。社会保障制度正是通过经济保障、服务保障乃至精神保障的提供，来达到满足国民福利增长需求并保证不断改善和增进国民福利的目标的，它相对于前一个目标而言，是更高层次的追求目标。

• **实现整个社会的和谐发展**。作为一个由多个社会保障子系统或项目构成的基本社会制度，社会保障追求的并不只是解决某些社会问题和增进国民福利的目标，而是为了促使整个社会的和谐发展。换言之，社会保障虽然属于社会政策与公共政策范畴，但又不单纯是一项社会政策或者公共政策，它还需要综合考虑经济社会的协调发展以及自身的可持续发展，还要兼顾社会各阶层的利益；与经济政策或其他社会政策目标较为单一相比较，社会保障对实现整个社会的和谐发展负有更多的责任，它构成了和谐社会的核心制度安排。

二、社会保障的功能[1]

社会保障的功能，是指社会保障包括其各个子系统及其具体项目在实施过程中发挥出来的实际效能和作用。传统的社会保障理论，一般只承认社会保障事后救助的单一功能，然而，范围广泛、项目齐全、形式多样的现代社会保障体系，早已远非历史上单一的救灾济贫可以比拟。在国家社会经济发展进程中，社会保障通常发挥着稳定、调节、促进、互助等多重功能作用。这些功能并不因为某些人对社会保障制度安排的批评甚至完全否定而被抹杀，而是在实践中作为事实而客观存在。当然，也应当承认，社会保障制度的功能是否充分得到了发挥或是否全部表现为正面效能，通常不是取决于社会保障制度本身，而是取决于社会保障制度的设计者与执行者。这就好像营养食物，它对任何人都是必要的，其作用肯定是积极的，但若吃得太多或太少，或不符合特定消费者的消费偏好，却又可能有害于享用者的身体，但我们显然不能指责营养食物本身，而是需要考虑享受对象范围的适当性与消费分量的适当性。判断社会保障制度的功能，亦应当运用类似于判断营养食物功能的规则。

（一）稳定功能

从社会学角度出发，任何一个社会都需要有动力机制与稳定机制，市场机制即是现代各国经济发展的首选动力机制，而社会保障则充当着首选的稳定机制。社会经济的发展进步，任何时代都离不开稳定的社会秩序和社会环境，而各种特殊事件的客观存在，又往往给社会成员造成群体性的生存危机，如人口老龄化、自然灾害、工业事故与职业病、疾病及市场经济条件下的失业现象等等，均不以人的主观意志为转移，且会导致一部分社会成员丧失收入和失去有效的生活保障。如果国家不能妥善地解决社会成员可能遭遇的这些问题，部分社会成员因陷入生活危机便可能构成社会不稳定的因素，社会秩序可能因此而失去控制，并进而破坏着整个社会经济的正常发展。中国历史上的历次农民起义及其导致的朝代更迭，工业化国家因经济衰退导致大批工人失业进而出现大罢工而带来的社会震荡，一些发展中国家因贫富差距过大、社会矛盾尖锐导致的社会危机与政治危机，等等，均表明建立社会保障制度在现代社会所具有的必要性与必然性。

通过建立社会保障制度，国家为社会成员的基本生活乃至不断发展提供

---

[1] 郑功成. 社会保障学——理念、制度、实践与思辨. 北京：商务印书馆，2000 初版，2003、2004 再版

着相应的保障。首先是能够帮助陷入生活困境的社会成员从生存危机中解脱出来,其次则是能够满足社会成员对安全与发展保障的需要。如市场经济条件下工人因企业破产或就业竞争失败而失业,即可能因收入来源的丧失而陷入生存困境,失业保险与社会救济制度的确立正是对这类社会成员基本生存权利的保障;各种社会福利服务的提供,有效地解除了社会成员在哺幼、养老及其他生活服务等方面的后顾之忧,显然为社会成员的发展创造了条件,等等。可见,社会保障能够防范与消化社会成员因生存危机而可能出现的对社会、对政府的反叛心理与反叛行为,能够保障社会成员在特定事件的影响下仍然可以安居乐业,从而有效地缓和乃至消除引起社会震荡与失控的潜在风险,进而维系着社会秩序的稳定和正常、健康的社会发展。因此,社会保障是通过预先防范和即时化解风险来发挥其稳定功能的,它在许多国家均被称为"精巧的社会稳定器"或"减震器"。

(二) 调节功能

社会保障的调节功能表现在政治、经济与社会发展等广泛领域。

在政治上,社会保障既是各种利益集团相互较量的结果,同时也是调节不同利益集团、群体或社会阶层利益的必要手段,并在不同的社会制度下表现出不同的政治功能。在社会主义制度下,社会保障除具有一般的政治调节功能外,还特别促进了社会成员在国家和社会生活中的主人翁地位;在资本主义制度下,社会保障亦强化了国民对现存制度的依赖意识和国家认同,同时对调节不同社会阶层的政治冲突和促进政治秩序的长期稳定并维持其整体正常运营发挥着特别重要的政治作用。现代社会保障制度之所以在许多国家成为党派斗争和政党政治、民主竞选中的重要议题,正是社会保障具有不容忽略的巨大政治调节功能的体现。

在经济领域,社会保障的调节功能尤其显著。它体现在如下多个层次上:

• **在第一层次上** 社会保障有效地调节着公平与效率之间的关系。从国际范围考察,可以发现,社会保障制度愈健全、水平愈高、规模愈大,意味着国家在维护社会公平方面的强制力愈强;反之,社会保障愈是残缺不全、水平愈低、规模愈小,则意味着国家在社会公平方面的强制力愈弱。而社会保障对公平与效率的合理调节,则是促进一个国家或地区经济社会持续、协调与和谐发展的必要举措。

• **在第二层次上** 社会保障直接调节着国民收入的分配与再分配。社会保障资金来源于国民收入的分配与再分配,并通过税收或征费或"转移性支付"给予保证,进而分配给受保障者或有需要者,正如国际劳工组织为一个发展中国家起草的一份报告中所指出的,"在现代社会保障的各项计划中,可以看到收入再分配的一些机制……它们按照一定的体制,提取一部分生产成果,为遭受职业损害的人们谋利益;由收入较高工人负担一部分费用,以保证低收入工人的最低年金收入;通过适当税收的办法,把社会开支分别用于鳏寡、伤残和其他可能发生的情况;它们呼吁产业部门在整个国家范围内发展基本保健服务,并且,在全面范围重建经济平衡以利于相对的最下层社会。"① 而在社会保障制度健全的国家,这种调节功能更加显著,它通过社会保障资金的征集与社会保障待遇的给付,在不同的受保障对象之间横向调节着收入分配,同时还在代际之间实现着纵向调节收入分配。

• **在第三层次上** 社会保障还直接调节着国民经济的发展,它甚至被称为国家的福利投资。一方面,社会保障资金的筹集、储存与分配,直接调节着国民储蓄与投资,并随着基金的融通而对相关产业经济的发展格局产生直接调节作用,如一些国家将储存的社会保障基金投向国家重点公共基础设施和重点项目即会刺激这些领域的发展,一些国家还利用社会保障基金或公积金向社会成员个人融资,亦促进了住宅业等的发展。另一方面,社会保障还是经济发展周期与周期之间的蓄水池,当经济增长时,失业率下降,社会保障收入增加而支出减少,社会保障基金的规模亦随之扩大,减少了社会需求的急剧膨胀,最终对平衡社会总供给与总需求起重要作用;当经济衰退时,失业率提高,由于失业者不再缴纳社会保险费等而导致社会保障基金收入的减少,而失业者及经济衰退带来收入下降的低收入阶层对社会保障待遇的要求随之增大,又使社会保障基金支出规模扩大,从而在一定程度具有唤起有效需求、提高国民购买力的功能,最终有助于经济的复苏。②

此外,社会保障事实上还对市场体系起调节作用,如养老、失业保险制度对劳动力市场起直接调节作用,是劳动力资源自由流动和优化配置的基本条件;社会保障基金的融通对资本市场与产业结构起调节作用;社会保障体系中的教育福利、职业培训、医疗服务和社会福利等,又为提高劳动者的知识素质与身体素质等奠定了基础,并对技术市场产生相应的影响。

在社会发展领域,社会保障亦有效地调节着社会成员的协调发展。在社会保障制度健全的国家,社会保障构成了调节"社会成员中高收入阶层(富

---

① 国际劳工局社会保障司编著. 社会保障导论. 北京:劳动人事出版社,1989. 141
② 需要注意的是,社会保障在刺激需求方面的作用比其减少需求的作用要大,这主要是因为社会保障待遇的支付是政府的一项契约性义务,而享受社会保障待遇则是国民的一项基本权益,待遇水平一般具有能上不能下、能升不能降的特征,社会保障制度所具有的这种"刚性"使政府在经济膨胀时,很难利用社会保障作为减少总支出的手段来实现减少需求的目的。因此,在充分肯定社会保障对供需平衡方面的积极作用时,亦应当看到其某些不足。

人）与低收入阶层（穷人）、劳动者与退休者、就业者与失业者、健康者与疾患者、幸运者与不幸者、有子女家庭与无家庭负担者之间利益关系的基本杠杆"①。不同社会阶层之间的利益冲突因社会保障制度调节功能的发挥而得到了有效缓和，社会因收入分配差距等导致的非公正性、非公平性在一定的程度上得到了调节。正如联邦德国总理施密特 1978 年在接受美国《商业周刊》的采访时所承认的，联邦德国利用"社会费用"（社会保障费用）换来了劳资之间长期存在的"妥协气氛"，而且这种"妥协气氛"同第二次世界大战后联邦德国出现的经济增长奇迹是密不可分的②；20 世纪 90 年代德国实现统一后，原联邦德国（西德）亦对民主德国（东德）的养老、疾病、失业保险制度进行了改造，实行了老年过渡补助金制度等，国家虽然为此付出了一定的经济代价，却有效地缓和了德国西部地区与东部地区的社会矛盾与冲突，促使地区之间的社会发展逐步走向协调化。③

（三）促进发展功能

理论学术界对社会保障的稳定功能与调节功能往往容易达成共识，而对社会保障是否具有促进发展的功能还存在着分歧。其实，社会保障制度在产生初期或许主要体现出稳定与调节功能，但发展到现在则已明显地具备了促进发展的功能。

首先，现代社会保障制度已经由一种被动的、消极的、事后的补救性机制，转变为一种主动的、积极的、事前与事后相结合的保障机制，从而为促进发展提供了制度基础；其次，社会保障范围的持续扩大和基金积累规模的日益庞大，又使社会保障具备了促进社会经济发展的相应的影响力与实力；再次，则是当代社会经济的发展，客观上要求社会保障发挥出促进发展的功能，如社会文明的进步和市场经济的发展就均需要社会保障发挥推动与促进作用。

社会保障的促进发展功能，表现在社会发展领域有如下几个方面：一是能够促进社会成员之间及其与整个社会的协调发展，使社会生活实现良性循环；二是能够促进遭受特殊事件的社会成员重新认识发展变化中的社会环境，适应社会生活的发展变化；三是能够促使社会成员的物质与精神生活水平的

---

① 参见郑功成. 论中国特色的社会保障道路. 武汉大学出版社，1997. 617、后记
② [美] 商业周刊. 1978—06—26
③ 德国在由国家负担一笔资金后，即在东部地区（原民主德国）建立了与西部地区接轨的社会保险制度，职工个人与单位共同分担应缴保险费的 50%，由国家来解决发展不平衡的地区之间的社会保障制度统一成本与改制成本，是一种值得重视的经验。

提高，使其更加努力地为社会工作；四是能够促进政府有关社会政策的实施，如社会保障对象通常不分性别的做法就极大地促进了男女平等，教育福利有助于义务教育的普及，养老保险与家庭津贴等有利于生育政策的实施，等等；五是能够促进社会文明的发展，如社会保障为社会成员提供了安全保障，有助于消除其对不幸事件或特殊事件的恐惧感，增强自信心，进而破除封建迷信观念，树立起互助互济、自我负责、积极向上的新观念。可见，社会保障在社会成员与社会发展中的促进作用是十分明显的。①

在经济领域，社会保障通过营造稳定的社会环境促进着经济的发展，同时透过社会保障基金的运营直接促进着某些产业的发展。此外，社会保障对劳动力再生产的保障与劳动力市场的维系，又促进着劳动力资源的高效配置和生产效率的提高。因此，社会保障对市场经济并非只有单纯的维系、润滑作用，而是有着促进作用。

（四）互助功能

社会保障资金来源于包括税收、缴费、捐献等多渠道，又被支付给受保障者与有需要者，这种分配机制其实是一种风险分散或责任共担机制，风险分散与责任共担本身即是以互助为基石并在互助中使风险得到化解的；同时，构成社会保障体系重要组成部分的社会福利与社会服务，无论在国内还是在国外，几乎均以社区为基础，以社会成员之间相互提供劳务为主要的表现形态，从而实质上体现出了互惠互助以及在互惠互助中的他助与自助。② 资金的互助、物的互助和劳务服务的互助，表明社会保障制度不仅是一种社会稳定机制，而且也是一种社会互助机制。

在当代社会，生产的社会化与生活方式的社会化，使完全形态的自助成

---

① 人道主义与伦理道德是社会保障制度的最初理论基础，也是社会发展的基石。但社会保障是否能够促进人道主义与伦理道德的发展，却在某些学者之间存在着分歧。肯定者认为，社会保障通过对社会成员互助互济的强制化、固定化，有助于培养社会成员的社会责任感并形成整体的人道主义氛围及优良的社会伦理道德；反对者则认为，社会保障对社会成员互助互济的强制化、固定化，反而削弱了社会成员之间的互助互济精神意识，损害了家庭成员之间那种天然的、自发的、相互关爱的伦理道德基础。这种争论还可以持续下去，但制度化的社会保障让社会成员依赖一种制度来获得安全保障，客观上较依赖一种取决于人道主义与伦理道德的非制度化保障更为可靠。

② 风险共担不是商业保险的专利，也是现代社会保障制度的基础。一些学者指出，类似于新加坡的公积金制度和私营化管理的智利养老金并非传统意义上的社会保障，因为它们均缺乏互助共济功能，这显然是有一定道理的。但从这些制度的强制性与目的出发，它又具有社会保障的特性，只不过是因互助功能的削弱甚至丧失而受到了损害而已。况且，无论是新加坡还是智利，上述模式并不等于该国社会保障模式，因为它们还同时存在着具有互助特性的其他社会保障制度。因此，社会保障的互助功能是不应该受到怀疑的。

为不可能；而市场机制的作用和人类的私欲，又使完全形态的他助成为不可能。因此，那种希望社会保障完全自助化（完全自我负责）或完全他助化（完全劫富济贫）都是不现实的，也是无法实践的；而强调以互惠为基础，充分发挥社会保障的互助功能，同时发挥社会成员自助与他助的作用，将不仅有利于正确理解社会保障制度的真实面目，更有利于社会保障制度得到持续、健康的发展。

（五）其他功能

除稳定功能、调节功能、促进功能与互助功能等四大基本功能外，社会保障事实上还有着诸如防控风险等其他功能。如社会保障尤其是养老、失业、医疗、工伤等社会保险制度，即是事先筹集保障资金，用以防范劳动者可能发生的上述风险，从而具有预防风险的功能；救灾济贫措施多用来解决社会成员遇到的即期生存危机，从而具有及时控制风险的功能。

在西方国家，有的经济学者还认为社会保障有资本积累功能，并把它作为现代垄断资本主义经济的重要组成部分。因此，不能低估社会保障的功能，否则便不符合社会保障制度自产生以来的客观情形，便无法理解社会保障制度在遇到许多非议的条件下为什么还能够在发达国家与发展中国家获得如此普遍的发展。

需要指出的是，在肯定社会保障具有多重功能的同时，也要警惕将社会保障功能泛化。如强调社会保障对经济发展与经济增长做出重要贡献，或者过分突出社会保障对效率的追求，或者将社会保障视为资本市场的依靠力量，以及将社会保障的政治功能夸大甚至被当成政治竞争的工具，都必然损害社会保障的正常功能的发挥。因此，在社会保障理论研究与政策实践中，应当警惕泛政治化、泛经济化、泛社会化现象。

▶第四节 社会保障的特征与原则

一、社会保障的特征

根据对各国社会保障制度发展实践的全面考察，可以发现它作为一项久远的制度安排，尤其是进入现代社会上升到法制规范的层次后，体现出来了一些鲜明的特征，这些特征不仅使社会保障区别于其他社会化保障机制，而且揭示出了社会保障自身的本质与应当遵循的基本原则。现代社会保障制度的基本特征,主要表现在公平性、社会性、福利(互济)性、法制规范性、多样性及发展性等方面。

(一) 公平性特征

社会保障的公平性特征,主要体现在以下几个方面:

1. 保障范围的公平性

它通常不会有对受保障对象的性别、职业、民族、地位等方面的身份限制,全民保障实现的是全体国民社会保障权益的公平性,选择性保障实现的亦是覆盖范围内的所有成员在社会保障权益方面的公平性。如福利国家的普通国民年金、香港地区的高龄津贴等,就无论贫富等,只要达到了规定的受益年龄就可以享受这种福利待遇;绝大多数国家的救济政策均规定,只要是低于贫困线或最低生活保障线的居民家庭,均可以获得政府提供的现金或食物援助,面向贫困人口的社会救助构成了各国社会保障制度的基石,等等。

2. 保障待遇的公平性

即社会保障一般只为国民提供基本生活保障,超过基本生活保障之上的需求通常不能从社会保障途径获得解决。如贫困线的划定使贫困人口的认定及救助标准有了统一的依据,各项社会保险待遇标准的指数化亦为受益者提供了公平的参照系,尽管不同受益者获得的现金或实物援助或劳务服务存在着差异,但这种差异较初次分配表现出来的悬殊差别已经大为缩小,从而体现了保障待遇的公平性。

3. 保障过程的公平性

社会保障为社会成员解除了许多后顾之忧,维护着社会成员参与社会竞争的起点与过程的公平,同时,通过社会保障资金的筹集与社会保障待遇的给付,又缩小着社会成员发展结果的不公平,等等。因此,社会保障天然地具有追求社会公平的特性。

社会保障的公平性特征,并非以不讲效率为条件。从宏观上讲,社会保障只是整个社会结构的一个系统,它的公平性需要以社会产品按生产要素分配为基础,也不是取代按劳分配或损害按劳分配,而是通过再分配的方式来促使收入分配格局更加合理;从微观上讲,社会保障追求社会公平,其本身也是要讲究效率的,只有最大限度地发挥出社会保障资源的效率,才能更好地实现社会公平并促使社会进步。①

（二）社会化特征

社会保障之所以有别于家庭保障与职业（或机构）福利，是因为它不是封闭运行而是面向整个社会开放，并通过社会化机制加以实施的制度安排。因此，社会化是现代社会保障制度的重要特征。

社会保障的社会化特征，主要体现在如下几个方面：

1. 制度的开放性

各项社会保障制度虽然都以相应的立法为依据，并明确规范了相应的资格条件，但这一制度通常是在向公众开放的条件下确立的，并接受着公众的评价与监督。

2. 筹资社会化

社会保障制度是用经济手段来解决社会问题，它需要有相应的财政来支撑制度运行，而从各国社会保障制度的实践来看，虽然不同的社会保障项目的财政来源不完全相同，但总体而言，社会保障资金的筹集却是社会化的，它一般包括了国家财政投入、企业或雇主缴费、个人缴费乃至向社会募捐、发行福利彩票以及基金运营收益等多个渠道，充分体现了社会保障财政来源的社会化特色。

3. 服务社会化

社会保障制度的实践过程，实质上也是为有需要的社会成员提供经济援助与社会服务的过程，在政府主导社会保障制度的条件下，各项社会保障制度的实践通常需要依赖各种社会组织，如养老金的给付通常需要利用邮局、银行等机构的发达网点才能做到方便发放，医疗保险只有通过各种医疗机构才能真正实现其目标，社会救助亦离不开居民委员会或村民委员会等基层自治组织或其他社区组织的配合，各项福利事业更是需要众多的社会福利机构（如养老院、老年公寓、残疾人康复中心等）来承担，因此，社会保障制度愈健全，社会保障事业愈发达，其社会化服务的特色就愈是显著。

4. 管理与监督社会化

随着社会保障体系的扩张和非政府组织参与程度的提高，对社会保障的

---

① 社会保障作为一种收入分配机制，不能与按劳分配相对立，但亦非按劳分配的继续。虽然社会保险强调权利与义务相结合，其待遇需要与受保障者的工作年限、工资水平挂钩，但工作年限已经粗放到以 10 年或 20 年为界限，工资水平亦因社会保险替代率的大幅度降低和最低工资、最低养老金等政策的保护，而使受保障者之间的差别大为缩小。因此，社会保障不能替代按劳分配，而按劳分配亦不可能替代社会保障。按生产要素分配是国民收入分配的第一层次的规则，而包含了按需分配原则在内的社会保障分配则是国民收入分配第二层次的规则。

管理与监督亦从政府专责向社会化监管发展。一方面，政府通过相应的途径可以将有关社会保障事务委托非政府组织来管理，这种尝试在发达国家及我国的香港、台湾地区已经不乏罕见；另一方面，大量的社会福利与公益慈善机构的成立，又直接承担着相应的社会保障事务，它们作为独立的法人团体，实现自我管理。因此，政府在很大程度上只充当着社会保障制度运行过程的监督者角色。此外，各国的工会组织、社会团体以及公众传媒等亦会对社会保障制度的实践进行自觉或自发的监督。需要指出的是，一些国家对部分社会保障事务采取私营化方式经办（如智利于 20 世纪 80 年代将公共养老金制度转化成私有化的强制性储蓄加投资型制度等），亦是社会保障制度社会化的一个方面。

可以肯定，各国社会保障制度在实践中还会进一步强化其社会化特色，这既是社会保障责任由社会分担的需要，也是这一制度提高效能并实现可持续发展的需要。

（三）福利性特征

在现代社会，福利的概念是非常广泛的，并且为经济学家、政治学家和社会学家等高度关注。[①] 国际社会在"1970—1980 年国际发展战略"中就明确强调，"发展应该把保证不断改善每个人的福利，并为所有人谋利益作为最终目的……重要的在于保证更加公正地分配收入与财富以促进社会正义与生产效率，显著提高就业水平，增强就业保障，扩大和改善教育、公共健康、营养、住房和社会保护，保护环境。"[②] 在很多时候或很大程度上，福利几乎就是社会保障的代名词，这一方面是反映了社会保障制度的传统特性，另一方面也是社会保障制度安排的具体要求。

社会保障的福利性特征，即相对于社会成员个人而言，其在社会保障方面的支出要小于在社会保障方面的收入。换言之，凡所得大于所费即具有了福利性。如果社会成员用同样多的钱购买同样多的服务，它运用的便只能是市场经济条件下的等价交换原则；如果社会成员用大量的钱购买了小量的服务，这种交易便构成了对购买者的价值剥削；如果社会成员用低于服务的价格购买到了这种服务，便含有了福利性的因素在内。因此，社会保障的福利

---

① 福利一词在一些国家被解释成幸福。在英文中，welfare 和 well-being 两个字均可以译为中文的"福利"，但中文社会保障著述中的福利通常与 welfare 相对应。在福利经济学奠基者庇古那里，福利则被区分为社会福利（含义广泛，包括自由、家庭幸福、友谊等）和经济福利（指社会福利中能够用货币衡量的部分）。

② 转引自国际劳工局社会保障司编著. 社会保障导论. 北京：劳动人事出版社，1989. 145

性特征，体现的是社会成员在社会保障方面的交易成本低于所获得的保障待遇。

这一特征的形成，主要是因为除社会保障参与或受益群体外，政府、雇主及社会各界还在一定程度上分担着个人的生活保障责任。对受益群体而言，社会保险的受益者虽然通常要付出一定的经济代价，但因国家、雇主等分担了社会保险费或运行成本而获得了所得大于所费的福利保障；社会救助作为国家的基本义务，受益群体只要符合相应的资格条件而无需付出经济代价；能够被社会保障制度包容的社会服务，因有国家财政补贴或社会捐献等来充实财政基础，亦大多以免费或低费的形式提供，有需要者亦直接享受着所得大于所费的福利待遇。福利性作为社会保障制度的一个基本特征，决定了社会保障虽然可以引进一定的市场机制，但它在本质上却是市场机制无法调控的。因此，我们可以自由讨论社会保障制度的范围与水平问题，并适当控制其范围与水平，但在政策实践中却不可能否定这一制度的福利性色彩。

（四）法制规范性特征

社会保障旨在切实保障国民的收入安全与基本生活，进而促使整个社会和谐发展。一方面，社会保障资金的筹集由于涉及国家、企业及其他法人团体与个人的权利、义务及经济利益，必须以相应的法律、法规作依据，并借助政府的行政权力才能完成筹资的任务，没有完善的法制规范，便不会有社会保障制度稳定的财政基础，进而也不会有真正的社会保障制度安排；另一方面，作为一种社会稳定机制与利益调整机制，有关各方的权利与义务亦必须由法律明确规范，并要求严格依法办事，没有法制规范，社会保障制度便可能滑出正常运行的轨道，因为从社会保障资金的筹集到社会保障待遇的给付，均是市场机制难以发挥作用的。因此，现代社会保障制度自产生之日起，便以立法规范为前提，以政府干预为条件，法律的硬约束与政府的强势干预即是社会保障制度强制性的具体体现。

社会保障制度的法制规范特征，主要体现在法律的规范与强制方面。首先，法律的强制规范为社会保障的运行提供了必须遵守的行为准则；其次，政府只能根据法律的规范与授权，并在法律允许的范围内对社会保障制度的运行进行干预，换言之，政府的强制植根于法律的规范，并服从于法律的规范；再次，即使不是由政府直接管理而由民间举办的社会保障事务（如慈善公益事业），也必须由相应的法律、法规来规范，于后才可能健康发展。因此，尽管社会保障体系的强制性因民间参与程度的提升和政府责任的控制而存在着弱化趋势，但法制规范性这一特征将始终不会改变。

（五）多样性特征

基于影响社会保障因素的复杂性和不同国家的传统，以及社会成员对社会保障的需求的差异，现代社会保障制度在各国的实践中通常表现出多样性的明显特征。

社会保障制度的多样性特征，主要表现在：

1. 各国社会保障制度的模式日益多样化

以俾斯麦模式与贝弗里奇模式为代表的单一保障模式风行世界的时代已经成为历史，各国在建立自己的社会保障制度时，通常要考虑本国的国情及所处的时代。如西、北欧国家选择福利国家模式，德国与法国等则采取社会保险模式，美国则更重视市场与民间力量，即使同样是福利国家，加拿大、澳大利亚等与北欧国家亦存在着差异。再以完全积累型的养老金为例，新加坡首创完全积累型的公积金制度，智利则在借鉴的基础上建立了私营化的个人账户养老金制度，中国香港特别行政区又在借鉴上述两种制度的基础上建立了自己的强积金制度，而中国内地则采取了社会统筹与个人账户相结合的独特模式。因此，近20多年来，当代世界各国的社会保障制度模式正在走多样化发展之路。

2. 同一项社会保障制度在一国之内也呈现不同的模式

这一多样性是为了适应不同社会群体的社会保障需求，同时增加国民对社会保障的选择权利。如我国的基本医疗保险对患者在哪一级医院就诊就有不同的费用分担办法，患者可以自己选择，类似办法在其他国家或地区亦可以发现。这种区别不仅是为了更好地提高社会保障的运行效率，而且应当是增加了受保障对象的选择权利，从而在某种程度上代表着社会保障制度的一种改革与发展趋向。

3. 项目结构多样化

由于社会成员的社会保障需求并非是完全统一的，也就不能指望用一种制度来涵盖社会保障的全部内容，项目结构多样化便成为现代社会保障制度的一个重要特征。如社会救助在过去主要是对贫困人口的食物保障或生活救助，但现在通常还需要加上医疗救助、住房救助、子女教育救助等多项内容，从而需要在一个制度内部设立多个项目，唯有这样才能更好地满足需要并确保这一制度的效能。

4. 水平结构多样化

即不同的社会保障项目需要在待遇水平上体现出差异，如失业保险待遇与济贫待遇就需要有一定的差别，且通常表现为前者较后者的保障水平要高。

考察全球范围内的社会保障制度，多样性特征已经得到了明显体现。各国之间的国情差异与地域差异、各国之间的文化传统差异、各国国民的社会保障需求差异与文化、价值偏好的差异等，均决定了多样性是现代社会保障制度的一个基本特征。

（六）刚性发展特征

绝大多数国家的社会保障发展实践，都揭示了现代社会保障制度刚性发展的特征。社会保障制度在实践中的这一特征，既是社会成员对社会保障需求不断增长的结果，也是现代社会保障走向制度化之后的客观结果。例如，在慈善事业时代与济贫制度阶段，各国只有非常简单的救灾济贫保障项目，这种保障并非是制度化的保障，它基本上取决于统治者和实施者的意志及财力。进入工业社会后，各国的社会经济条件发生了巨大的变化，社会保障的对象群体也发生了很大的变化，工业劳动者的年老、疾病医疗、职业伤害、失业、生育等事件由个人风险转变成群体性社会风险，使建立社会化的养老保险、工伤保险、医疗保险、失业保险、生育保险等制度成为必然，虽然这些项目不一定同时出现，但对于市场经济体制却是缺一不可的。

随着社会经济的不断发展，社会成员的福利需求亦会日益增长，国家为了满足这种需求，往往通过立法来建立起相应的社会福利制度，从而使福利项目不断增加，最终促使现代社会保障制度走向完备化。一旦社会保障项目通过立法手段得以确立，便很难再行取消。同时，社会保障的范围与水平也是刚性发展的，即覆盖范围会持续扩大，直到覆盖全体国民；待遇水平会不断提高而不会下降。因为人类社会的发展不允许倒退，受益群体更不会让一种社会保障制度消失，不可能允许政府将自己从已经进入的社会保障网络内剔除，更不会认同社会保障待遇水平下降。因此，现代社会保障制度在项目结构、覆盖范围、待遇水平等方面无疑是刚性增长的。这是现代社会保障制度以往实践表现出来的一个显著特征，也是现阶段乃至未来社会考虑社会保障发展问题时必须引起充分注意的特征。

如果对各国社会保障制度的发展实践作进一步考察，还可以看出其在刚性增长的总体趋势下，还呈现出阶梯式持续发展规律。即社会保障的项目会随着社会经济的发展及社会成员社会性保障需求的增长而不断增加，社会保障体系会在发展中不断膨胀。其中在19世纪80年代以前属于保障项目有限、保障水平普遍很低的时期，社会保障亦处于第一阶梯。进入19世纪80年代以后，尤其是进入20世纪以后，社会保障制度进入了第一个阶梯式膨胀发展阶段，不仅原有的社会保障项目如救灾、济贫、抚恤等仍然存在并不断发展，而且包括养老保险、工伤保险、失业保险、医疗保险和生育保险等项目在内的社会保险制度得到了全面的发展，并迅速在一些国家的社会保障体系中占据了主体地位。随着社会经济的不断发展，社会成员对社会保障的需求进一步增长，国家和社会亦具备了越来越强的社会保障能力，从而使社会保障制度进入了第二个阶梯式膨胀发展时期。不过，由于工业化的程度不同，各国的社会经济发展水平存在着很大差异，加之社会保障体系自身发展进程中的惯性，各国进入这一时期的标志并不像第一个阶梯式膨胀时期那样明显。但从一些发达国家的发展实践来看，第二个阶梯式膨胀发展时期主要表现为各种社会福利或福利性的社会服务项目的增长和水平的显著提高，以及整个社会保障体系的进一步完善等方面。在这一时期，传统的社会救助项目、军人保障项目仍然被保留并得到新的发展，社会保险在进一步普及化的同时也得到了持续发展，而老年人福利、儿童福利、妇女福利、残疾人福利及其他各项福利事业不仅自成体系，而且逐渐成为社会保障体系中新的主体内容，追求社会福利、改善生活质量成为社会成员的普遍性需求。

从上述分析可见，社会保障的发展确实具有刚性增长和阶梯式持续发展的特征，即它的项目发展不是一个一个地增加，而是随着社会的发展变化而采取急剧膨胀型发展的方式。如在第一个膨胀时期，社会保险的项目就不是单个出现，而是养老保险、医疗保险、工伤保险、失业保险等项目成批出现，20世纪80年代以后又在部分发达国家增加了护理保险等；在第二个时期，社会福利体系亦是由老年人福利、残疾人福利、妇女福利、儿童福利等多个项目共同组成。社会保障制度在工业化国家尤其是在福利国家可能完成了阶梯式膨胀进程，但刚性增长规律仍然会持续发挥作用，一些国家的社会保险项目亦在向普遍性的福利服务发展，如生育保险在多个国家演变成为普遍性的生育津贴，养老保险在部分国家亦形成了普遍性的国民年金制度，等等。

综上，各国在发展自己的社会保障事业时，必须充分注意到社会保障刚性发展的规律，在尊重这一发展规律的同时亦有必要采取有效措施防止这一规律走向极端。

二、社会保障的基本原则

社会保障的基本原则是建立这一制度应当奉行的基本准则。它通常包括公平原则、与社会经济发展相适应原则、责任分担原则、普遍性与选择性相结合原则及其他原则。

（一）公平原则

社会保障制度安排，属于公共产品、公共资源在公共领域中的分配，因此，缩小社会贫富差距、创造并维护社会公平，是社会保障制度的基本出发点，也是社会保障政策实践的归宿。① 尽管不同的国家与不同模式的社会保障制度安排，在公平方面存在着程度不同的差异，但现代社会保障制度的产生与发展，却普遍遵循着公平原则。

根据公平原则，在社会保障制度设计中，必须打破各种身份限制，公平地对待每个国民并确保其享受到相应的社会保障权益；在社会保障实践中，必须更多地维护好弱势群体的利益，以此达到缩小贫富差距、促进整个社会健康、和谐发展的目标。

公平原则的最充分体现，是建立覆盖全民的社会保障体系，让全体国民普遍享受社会保障。然而，由于每一个社会保障项目均需要有相应的财力支撑，在物质财富尚未达到十分丰富的阶段时，公平原则亦只能循序渐进地加以推进。在社会保障制度建设与发展进程中，它通常表现为项目建设日益健全、覆盖范围持续扩大、保障水平逐渐提高这样的规律，项目的增长促使社会保障体系最终形成没有漏洞的社会安全保护网，覆盖范围的扩大最终会使全体国民普遍享受社会保障，而保障水平的提高则意味着国民福利的不断增进，社会公平程度进一步提升。

当一个国家只有少数人能够享受社会保障时，则社会保障的公平原则只在享受者中得到了体现；只有当全体国民普遍享受到社会保障并通过社会保障制度使生活水平与生活质量获得改善与提升时，社会保障的公平原则才真正得到全面贯彻。尽管公平原则的落实需要循序渐进，但社会保障制度的发展进程，即是这一原则日益得到落实的过程。

（二）与社会经济发展相适应原则

社会保障是国家用经济手段来解决社会问题，进而达到特定政治目标的制度安排。因此，社会保障的发展亦必须坚持与社会经济发展相适应的原则。

一方面，社会发展变化决定着社会保障制度的结构变化。如工业化带来机器大生产，产生了工人阶级，也就很自然地需要建立起相应的社会保险制度，如果工业化国家仍然只有农牧社会中的救灾济贫政策，则工业社会所带

---

① 有的观点认为，社会保障制度应当坚持效率优先、兼顾公平原则，以便突出经济发展与经济增长才是当代社会发展之根本。这其实是对社会保障的一种误解，因为社会保障制度不仅是调整社会公平与经济效率关系的调整机制与手段，而且是社会公平的重要标志，它本身虽然要讲究效率，但本源职责却是努力创造并维护社会公平。因此，在肯定整个社会的发展进步必定要以经济发展与经济增长为现实基础、必定要强调对效率的追求的同时，并不意味着社会保障会蜕变成一种促进经济发展与经济增长的机制与手段。因为经济发展与经济增长的动力系统应当是市场机制，而社会保障则是作为稳定和谐机制发挥作用，两者的分工及协调，正是整个社会经济获得协调发展的前提条件。

来的各种职业风险与社会风险便不可能得到化解;再如人口老龄化高峰的到来,不仅需要建立相应的养老金制度,亦需要有发达的老年福利事业,如果没有养老金保障和相应的老年服务体系,则长寿将不会是幸福的事情。可见,社会发展客观上决定着社会成员对社会保障的需求。如果社会保障制度不能满足这种需求,国家或社会便会因风险的发生而形成社会问题与社会危机。

另一方面,社会保障制度的确立无一例外地需要相应的财力支撑。如果没有相应的财力,社会保障制度就会变成无源之水、无本之木,即使建立起来也无法持续下去。因此,经济发展是社会保障制度的物质基础,它事实上决定着社会保障的发展水平。

中外社会保障制度的发展实践表明,社会保障制度只有与社会经济发展相适应,才可能在解决相关社会问题的同时获得健康、持续的发展。如果滞后于社会经济的发展,其功能便难以充分发挥,社会问题将持续恶化,进而妨碍整个社会经济的健康发展。因此,与社会经济发展相适应的原则是各国建立社会保障制度的基本原则。

需要指出的是,在坚持这一原则时,应当全面理解这一原则的含义,既不能单纯强调社会发展的需要,也不能单纯强调与经济水平发展相适应,而是需要综合考虑社会发展需要与经济发展的承受能力,否则,便会顾此失彼,使社会保障制度在实践中陷入被动。

(三) 责任分担原则

社会保障制度在国内外的改革与发展,揭示出这一制度有必要确立责任分担原则。因为政府包办或者企业与个人承担过重的责任,都会损害这一制度的健康发展,并无助于解决那些需要通过社会保障才能解决的社会问题,只有确立责任分担原则并按照这一原则来让政府、企业、个人乃至社会等合理分担社会保障责任,这一制度才可能获得持续发展并有利于整个社会的和谐发展。

在政府改革向小政府、大社会格局和有限责任政府迈进的潮流中,社会保障制度亦日益呈现出政府主导和社会分责的发展趋势。一方面,在正式制度安排中,政府虽然承担着主导责任但已经不再是全部责任,企业与个人均参与其中;另一方面,正式制度安排与非正式制度安排的结合正日益构成现阶段社会保障制度建设的新特色,而非正式制度型的社会保障措施通常都是企业、社会乃至个人承担着更多责任,政府只起支持与鼓励的作用。如政府负责的基本养老保险制度的保障水平在很多国家得到了控制,而由企业负责的非正式制度型的企业年金却在许多国家得到了前所未有的发展;救助贫困人口被国际社会公认为政府的责任，但在政府的正式社会救助制度之外，许多国家或地区的非正式制度型的慈善公益事业却很发达并同样发挥着有益的补充作用，等等。

坚持责任分担原则，实现正式制度安排与非正式制度安排的有机结合，既是政府无法包办社会保障事务和正式制度安排难以满足国民日益增长的福利需求的现实使然，也是提高社会保障公共资源的效率并充分调动民间与社会力量共同促进社会保障事业发展的必由之路，最终目的则是在确保社会保障制度可持续发展的条件下不断增进国民的福利。

需要指出的是，国家虽然不能将非正式的社会性保障纳入正式的制度安排，却应当积极引导并发挥各种非正式制度安排的作用，正式制度安排与非正式制度安排的有机结合，将放大整个社会保障体系的效能。① 此外，对中国等具有家庭保障传统的国家而言，社会保障与家庭保障相结合亦应当成为责任分担原则的具体体现，将家庭保障作为整个社会保障制度安排的基础，将有利于促使整个社会保障制度步入稳定、健康、良性的发展轨道。正如前国际劳工局局长弗朗西斯·勃朗夏指出的那样，"在支持家庭作为其成员的代理人享受保障方面，社会保障的重要性是不容忽略的。就其固有的目标而言，社会保障应有助于加强家庭关系的稳定性，这种稳定性本身就是社会保障系统保护受益人的先决条件。"②

（四）普遍性与选择性相结合原则

社会保障的普遍性原则是1942年贝弗里奇起草的《社会保险及相关服务》政策研究报告中提出的一项基本原则。它要求国家在确立社会保障制度时，其对象、范围不能局限于贫困阶层，而应当使全体国民均能够享受到相应的社会保障与福利。普遍性原则符合社会保障制度对社会公平、公正的追求，体现了人类社会的终极目标，从而被许多工业化国家所认可，并成为西方福利国家等在社会保障制度安排中普遍遵循的一项原则。福利国家能够风靡一时，普遍性原则的应用及其所带来的效果确实起到了非常特别的作用，贝弗里奇显然功不可没。

选择性原则是一些强调效率优先的国家与发展中国家在社会保障制度安

---

① 实际上，某些不被纳入正式制度安排的保障机制在一些国家亦具有强制性。如中国、日本、韩国等国家的家庭保障便通常由有关法律规范并强制推行，家庭成员之间如果不尽到相互扶持、相互服务的责任，将不单受到道德的谴责，还可能遭到法律的制裁。这种现象是对传统伦理道德的固定化和制度化，却又不需要占用国家公共资源，从而是值得国家维护并发掘的"财富"。

② 国际劳工局. 展望21世纪：社会保障的发展（序言）. 北京：劳动人事出版社，1988

排中遵循的一项原则。其含义在于根据国家财政的承受能力和受保障者的经济收入状况及对社会保障的需求程度，有区别地安排社会保障的项目、对象范围、筹资方式和待遇水平等。与普遍性原则相比，选择性原则下的社会保障显然不可能是全民保障，因为人们对社会保障的需求客观上存在着差异，国家的财政实力亦有强弱之分，尤其是一些发展中国家的地区发展很不平衡，这些条件极大地制约了普遍性原则的实践，而遵循选择性原则既能够满足社会成员不同的社会保障需求，亦不会超越社会经济发展水平而构成沉重包袱。因此，选择性原则的实践其实为普遍性原则的落实创造着条件。

如果客观而论，普遍性原则与选择性原则在许多国家其实是相伴而行的。因此，在肯定普遍性原则并尽可能地推进社会保障制度的公平性与公正性的同时，不能将选择性原则与普遍性原则对立起来，而是应当承认发展中国家按照选择性原则或普遍性与选择性相结合的原则来建立社会保障制度的合理性与过渡性。①

（五）其他原则

除上述四大基本原则之外，社会保障制度建设还需要遵循互济性原则、法制性等原则。互济性原则既是社会保障制度赖以生存与发展的基础，也是增进整个社会协调发展的重要条件。在理论与实践中，互济性原则其实是以互惠制为基础的，即我为他人作贡献，他人也为我作贡献，两者互为条件，互相促进。互济或互惠制最早应当出现在家庭，家庭成员之间即是一种互惠与互助的关系，"养儿防老"道出了家庭成员之间经济关系的真谛；由家庭扩展到家族，由家族扩展到邻里与社区，再由社区扩展到整个社会，便构成了社会保障潜在的思想基础与群体意识。社会保障制度安排，正是这种互助或互惠制的强制化、固定化和规范化。②

法制性原则强调的是社会保障制度必须以立法为依据，以社会保障法律

---

① 以中国为个案，首先是城乡之间的巨大差别将全国几乎分成两个相互分割的整体，其次是东部、中部、西部之间的梯度发展差别，均使实行全国高度统一的社会保障制度在短期内成为不可能。因此，中国只能坚持选择性原则与普遍性原则相结合，否则，将不利于社会保障制度的建立与健康发展。

② 新加坡、智利等国家的养老保险采取个人储蓄积累模式，显然并不具有互济性，这正是公积金制度与智利养老金制度遭遇批评的一个方面。然而，没有互济性并非没有福利性，对受益者而言，公积金制度的福利性是明显的，国家免税和企业分担缴费责任，均决定了受益者的所得必然大于所费；而智利的养老金完全由劳动者个人缴费，但政府仍然实行免税的优惠，这与纯粹采取等价交换的商业保险业务是有区别的，这或许体现了这种养老金制度的有限福利性。需要指出的是，国际上绝大多数国家并未采取新加坡模式或智利模式，亦是基于它的互济性和福利性太弱并与传统社会保障制度相去甚远。

作为制度确立的标志，以社会保障法律作为实施社会保障项目的依据，以社会保障法律作为政府管理与监督社会保障事务的依据。不仅企业与个人需要依法承担相应的社会保障义务或享受相应的社会保障权益，政府管理与监督社会保障事务亦必须依法行政而不能越权行事。

▶第五节　社会保障的意义

社会保障作为人类社会久远的福利制度安排，在进入工业社会后，竟然发展到了事关各国国民切身利益，并对许多国家的政党与政治家的前程产生重要影响的客观事物，这是一种历史的必然，其中也蕴含着一些偶然。就像现代社会保障体系中的重要组成部分——社会保险制度不是产生于有"日不落帝国"之称的老牌资本主义发达国家英国，而是产生于较为薄弱的德意志一样，它本身即表明了这种制度受着诸多因素的影响，包括经济的、社会的、政治的、伦理的因素乃至本土历史文化和国外榜样的影响等，有时是多种因素综合影响的结果，有时则可能是单一因素影响的结果。

社会保障的意义，主要表现在以下几个方面：

第一，社会保障突出以人为本，彰显人道主义，是人类社会文明进步的重要成果与推动力量。现代社会保障制度强调的是以人为本，其伦理基础是人道主义和公平价值理念，包括面向低收入阶层的各种社会救助项目、面向劳动者的各种社会保险项目、面向全体国民的各种社会福利以及各项具有互助互济、分散风险性质的保障措施，健全的社会保障体系不仅能够解除人们的后顾之忧、保障着人的基本生活，而且实践着缩小社会不公平和维护社会公平等多方面的功能，直接体现了对弱者的重视与照顾以及人文关怀的精神，直接促进着人的全面发展甚至解放了人类自身，是人由家庭人转化为社会人的必要条件，最终必然促进整个社会的和谐健康发展。因此，世界各国在评估社会进步时，普遍将社会保障状况作为十分重要的指标，社会保障制度健全的国家同时也会是社会发展进步水平高的国家。可见，社会保障制度因价值理念的先进性和实践中的巨大功能，对社会文明发展进步有着重要贡献。

第二，社会保障维护并创造着公平的竞争环境，促进着经济社会的正常发展。一方面，社会保障解除了人们的后顾之忧，增强了人的安全感与对未来的信心，从而不仅为人的全面发展提供了制度保障，而且能够帮助遭遇特殊事件的社会成员恢复正常生活并重新投入社会，如医疗保险化解着人们不确定的疾病风险，工伤保险解除了劳动者职业伤害的后顾之忧，各项社会福利又弥补着家庭保障功能的弱化,等等,这些问题的解决,客观上消除了个人因不确定事件或意外风险导致的非公平竞争,同时也切断了个人风险转化为社会风险进而转化为社会问题的可能,避免这些问题可能导致的社会危机。另一方面,社会保障还不仅直接提高着劳动者的素质,促进着劳动生产率的提高,而且维系着劳动力市场的一体化,推动着劳动力资源的优化配置。可见,建立健全的社会保障制度,并非仅仅是为了被动地解决某些社会问题,而是作为社会发展与市场经济的维系机制和促进机制发挥作用。

第三,社会保障能够化解多种社会矛盾,不断增进国民福利,并促使整个社会和谐发展。一方面,任何社会保障项目的建立,都直接化解社会矛盾,如社会救助因解除了贫困人口的生存危机而直接缩小着贫富差距并缓和着不同社会阶层之间的冲突,社会保险因维护了劳动者的权益而平衡着劳资关系进而化解着劳资冲突,等等。另一方面,社会保障制度的建立,又都直接表现为受益者福利的提升,健全的社会保障体系则会促进着国民福利的普遍提升,如住房福利在不损害高收入阶层的住房条件的同时使低收入家庭也能够有机会获得住房条件的改善;医疗保障因消除了疾病导致贫困的根源,亦是间接提升了人们的福利水平;养老金制度与老年福利事业的发展,更是使老年人所享受到的福利与人类社会的发展进程和人均预期寿命的延长保持了协同。尽管也有人认为社会保障具有劫富济贫的特色,是增加了一部分的福利(如低收入阶层人士)而损害了另一部分人(如高收入阶层人士)的福利,但即使是从经济学意义出发,同样的财富对于高收入者与低收入者的经济效用也是完全不同的,就像 100 元现金对于一个高收入者可能不屑一顾,而对于一个贫困家庭却是一笔重要的生活来源,这 100 元在贫困者那里所创造的经济效用便很自然地要高得多。因此,一个国家的社会保障制度健全与否,与其国民福利水平的高低通常呈现正相关的关系,也与一个国家或地区的社会和谐程度呈现出正相关的关系。在我国构建和谐社会的进程中,社会保障不仅肩负着重要的使命,而且构成了和谐社会的重要内容。

第四,社会保障能够为其他相关政策的实施提供配套。社会保障是一项基本的社会制度,它作为整个社会结构中的一个系统或一个构成部分,既需要其他政策体系等为之配套(如医疗保险离不开医疗卫生事业的配套,基金式的养老保险制度离不开资本市场的配合),也可以为其他政策体系的实施提供配套。例如,各国的人口政策就通常需要社会保障制度的配合,凡采取鼓励生育政策的国家,通常通过面向多子女家庭提供更为优惠的福利津贴与服务来刺激生育;反之,中国实行计划生育政策则是对少生育子女家庭给以补贴或奖励。再如,就业问题在相当长时期内都将是中国面临的严峻挑战,要解决或缓和就业问题就需要促进灵活就业，但若没有相应的社会保障制度配合，灵活就业方式就很难被接受，或者被接受也是以损害劳动者的权益为代价的无奈之举；等等。因此，国内外社会保障可以促进其他相关政策顺利实施的实践，表明了这一制度的功能还需要重新评估，国家亦需要综合考虑各大政策体系的配合协调，尽可能实现各相关政策相得益彰。

第五，社会保障能够创造就业机会，改良着社会产业结构。社会保障是一个庞大的体系，它需要众多的专业人士的参与，从而是能够容纳众多劳动力的新兴部门。如社会保险制度的建立，需要社会保险费的征收与基金管理人员，需要相应的工伤鉴定工作人员，需要相应的基金投资人员，需要相应的待遇给付机构与工作人员；各种社会福利多以提供服务的方式出现，更是需要大量的劳动者参与进来。因此，社会保障事业的发展，既直接创造出大量的就业岗位，也改良着社会产业结构，这一意义应当得到重视。

综上所述，建立健全社会保障体系有着十分重大的意义。"社会发展与市场经济对社会保障的依赖以及社会保障所具有的内在功能，决定了中国不仅需要尽快建立起新型的社会保障制度及其完整的体系，而且需要新型的、独成体系的社会保障理论的指导。"[①]

■ 本章小结

作为一项久远的制度安排，社会保障在进入现代社会后已经具有了非凡的意义，它不再是简单的面向极少数贫弱者的救济措施，而是维护社会公平、促使整个社会和谐发展的基本制度保证。

本章阐述了社会保障的理论界定，揭示了不同国家与不同学者对社会保障的不同理解；阐述了社会保障学科的性质与理论框架、社会保障的目标与功能、社会保障的基本特征与原则，以及社会保障的意义。这些内容构成了学习社会保障专业知识的门槛。

社会保障是国家或社会依法建立的、具有经济福利性的、社会化的国民生活保障系统。在中国，社会保障则是各种社会保险、社会救助、社会福利、军人保障、医疗保障、福利服务以及各种政府或企业补助、社会互助等社会措施的总称。它强调依法建立，突出以人为本、经济福利性与社会化。

从学科属性出发，社会保障是在多学科基础上发展起来的一个新兴学科领域，它需要以经济学、社会学、政治学乃至管理学、法学等为基础，并在这些学科交叉的基础逐渐发展成为一门独立的、交叉的、处于应用层次的社

---

① 郑功成. 中国社会保障论. 武汉：湖北人民出版社，1994. 19

会学科。

社会保障学的基本理论框架包括社会保障基础理论、社会保障专业应用理论和社会保障管理理论。

社会保障的目标是发展变化的。现代社会保障的目标是通过保障和改善国民生活、增进国民福利来实现整个社会的和谐发展。其分目标包括帮助国民摆脱生存危机，满足国民的生活保障需求，实现整个社会的和谐发展。

社会保障具有稳定功能、调节功能、促进发展功能、互助功能等多重功能，这些功能的充分发挥决定了社会保障在现代社会发展进程中的特殊地位。

社会保障具有公平性特征、社会化特征、福利性特征、法制规范性特征、多样性特征和刚性发展特征，这些特征不仅使它区别于其他社会机制，而且揭示了它的本质。

社会保障制度的建设，需要遵循公平原则、与社会经济发展相适应原则、责任分担原则、普遍性与选择性相结合原则、互济性原则等。

社会保障具有多方面的重要意义，它不仅是人类社会文明进步的重要成果，同时也是维护社会稳定、创造着社会公平、促进社会和谐发展的推动力量。

复习思考题

1. 如何理解社会保障理论界定的差异？
2. 如何理解社会保障目标的嬗变？
3. 为什么说社会保障具有多重功能？
4. 社会保障具有哪些基本特征？
5. 社会保障应当遵循哪些原则？
6. 如何理解社会保障的积极意义？

案例讨论 1

利率杠杆的失效

1996 年 5 月 1 日，中国人民银行宣布存款利率平均降低 0.98%，贷款利率平均降低 0.75%；1996 年 8 月 23 日，中国人民银行宣布存款利率平均降低 1.5%，贷款利率平均降低 1.2%；1997 年 10 月 23 日，中国人民银行再次宣布存款利率平均降低 1.1%，贷款利率平均降低 1.5%。然而，在居民收入持续增长的背景下，作为市场经济国家宏观调控重要手段的利率杠杆在我国却完全失效，因为三次大幅度调低利率并未起到减少储蓄、刺激消费的作用。

从1994年到1997年底，城市居民家庭人均可支配收入由3 496.2元增长到5 160.3元，农村居民家庭人均纯收入由1 221元增长到2 090.1元；而在利率持续大幅度下调的条件下，同期居民储蓄存款却由21 518.8亿元急剧增长到46 279.8亿元，大大超过居民的收入增长水平；同一时期的结果是城乡居民消费不旺的局面依然持续，期间物价不涨反跌。从而形成了收入增、利率降、存款增、消费降的两增两降的畸形格局，一大批国有企业库存急剧增加，亏损面急剧扩大。

造成利率杠杆失效的原因，不在于利率本身，而在于城乡居民因社会保障的严重缺失导致了安全感与对未来的信心急剧下降。当时的背景是，自1993年国家确定社会主义市场经济为我国经济体制改革的目标模式后，效率优先逐渐演变成了效率至上，社会保障制度在改革中亦日益打上了经济政策与效率优先的烙印。不仅未进入社会保障网的城乡居民仍然缺乏社会保障，即使是应当享有社会保障待遇的离退休人员也出现了不能按时足额领到退休养老金的现象，各项社会保障制度的改革由计划经济时代的平均主义、"大锅饭"走向了追求效率而忽略社会公平的极端，改革似乎只是为了控制政府的责任而放大个人与家庭的责任，市场机制的作用被无限夸大。在当时的情形下，人们不仅要对自己的养老与疾病医疗负责，还要对失业、下岗承担责任，而教育的产业化亦迫使城乡居民必须对子女的教育甚至是义务教育承担责任，住房制度改革也走向了自有化、私有化的极端。整个社会保障制度的可靠性动摇了，作为这一制度担保人的政府的信誉也受到了极大的损害。人们不再相信社会保障制度，转而为自己及家人可能遇到的各种后顾之忧预作筹备，因此，在生产发展的另一方面，居民消费始终处于低迷状态，不安全感导致了人们不敢消费。

1997年前后的情形，揭示了社会保障制度奉行的公平原则与可靠性是不能动摇的，社会保障制度所具有的稳定与促进等功能是市场机制所无法替代的。正是为了弥补市场机制的失灵，工业化国家才建立了健全完备的社会保障制度。凡有健全完备社会保障制度的国家，人们的后顾之忧便得到了解除，安全感的提升必然带来生活信心的提升，进而会刺激消费，促进发展。因此，不能单纯地把社会保障看成是一种福利，它在增进国民福利的同时也是一种促进经济社会发展的战略投资与现实投资。

■ 案例讨论2

农村居民社会保障问题之争

在讨论中国的城乡差别和农村居民的社会保障问题时，学术界出现了这样一种观点：农民"有土地就有保障""土地即保障"，进而认为为农村居民建立社会保障制度不但没有条件，也没有必要。然而，农村居民特有的土地保障功能正在弱化，包括养老、失业、疾病等风险正在高速积累。分析原因：

一是耕地渐少，大部分农业劳动力的大部分时间处于闲置状态，而向非农部门转移并不容易；二是由于市场风险和自然灾害等，土地收益难保基本生活；三是完全脱离土地的农民和家庭渐多；四是进入人口老龄化社会后，农民有土地也难得养老保障，因为土地只是财富之母，而劳动却是财富之父，农民一旦年老而丧失了劳动能力，土地是不会自动地为其提供生活保障的。因此，得出的结论很自然的是农民有土地并不等于就有保障。

又有专家认为，国家并未对农村居民有过社会保障的承诺，从而也不应当像对城镇居民那样地建立社会保障制度。这种观点很明显地将社会保障看成是城市居民的专利品，而忘记了政府是包括农村居民在内的城乡人民选举产生的公共政府，其掌握的是法律授予的公共权力，控制的是包括农村居民在内的属于全体国民共有的公共财政资源，从而理所当然地应当谋取包括农村居民在内的公共福利。因此，无论是从社会保障制度天然追求公平的属性出发，还是从政府与国家财政的公共属性与法定职责出发，以及整个社会的和谐发展出发，为农村居民建立社会保障制度都应当不是事先契约的规定，而是发展进步的必然。

综上，对农村居民社会保障问题的争论，其实并非是社会保障制度建设之争，而是社会保障制度继续异化成为城市人的专利还是矫正成包括农村居民在内的全体国民共享发展成果的制度安排之争。尽管农村居民在现阶段要实现与城市居民平等享受同样的社会保障并不现实，但国家努力的方向却应当是将其在不太长的时期内变成现实。

第二章
社会保障的发展

■ **学习要点**

通过本章的学习,应当了解社会保障的发展线索与发展规律,理解并把握影响社会保障制度的诸种因素,同时能够客观地看待社会保障发展进程中的经验、教训与改革取向,全面、系统地掌握中国社会保障制度的发展与改革进程。

■ **关键概念**

慈善事业　济贫法　社会保险　新历史学派　社会保险法典
社会保障法　福利国家　立法先行　智利模式
国家—单位保障制　劳动保险条例　五保制度

▶第一节 概述

在人类社会的发展进程中,社会保障是伴随着社会经济的发展而不断发展起来的。它由非正式制度安排发展到正式制度安排,从为统治者服务到促进社会公平以及为整个社会的长期稳定、协调、和谐发展服务,从一种社会政策演变成为社会政策与经济政策等交互作用并相互协调的混合型政策,其本身就是社会文明发展进步的重要标志。在社会保障发展的背后,可以发现,"尽管经济发展是我们应当努力追求的目标,但经济发展的目的却是为了促进整个社会相互协调地向前发展。从孔子的大同社会理想到邓小平同志的共同富裕观,从古代的救灾济贫措施到现代社会健全的社会保障制度,客观上都昭示着全体社会成员的健康发展是整个社会、经济发展的终极目标。"[1] 毫无疑问,社会保障制度的建立与发展,正是促使我们接近这个终极目标的有效手段和合理路径。因此,考察社会保障的实践史及其在发展进程中的规律,剖析现代社会保障制度的各种不同实践模式,对修正现阶段社会保障制度安排及技术选择方面的失误,促使社会保障与社会经济长期稳定、协调、和谐地发展下去,显然具有非常重要的意义。

一、社会保障发展阶段的划分

对社会保障的产生与发展进程,在理论学术界一直存在着不同的见解。一种观点认为,应当以1601年英国伊丽莎白时代颁布的《济贫法》为起始标志;一种观点则认为,应当以德国1883年制定并实施有关社会保险法律作为社会保障制度产生的标志。

实际上,社会保障作为超越家庭保障之上的一种生活保障机制,源远流长,古代社会的救灾、济贫、恤孤等措施即是现代社会保障制度的直接源流。因此,就社会保障发展史而言,它已经产生并存在了数千年。在中国,以互助、他助等为基本特征的原始社会保障活动,事实上在3 000多年前即已出现。如中国在西周时即"遗人掌邦之委积,以待施惠;乡里之委积,以恤民之艰厄;县都之委积,以待凶荒"[2],此即是一种社会保障措施。在西方社会,立足于慈悲为怀的宗教慈善事业与济贫法颁布后政府介入的济贫事业,其历史

---

[1] 雷洁琼. 建设有中国特色的社会保障理论(序言). 载郑功成. 论中国特色的社会保障道路(序言). 武汉大学出版社,1997

[2] 周礼·大司徒

亦相当悠久。可见,现代社会保障制度与历史上的救灾、济贫活动客观上存在着渊源关系。

就现代社会保障制度而言,较为公认的是以社会保险制度在德国产生为标志,因为社会保险制度是与工业化相适应的正式制度安排,并完全具备了现代社会保障制度的法律形式与基本内容。不过,不同时代对社会保障又有着不同的需要,社会保障在不同的时代亦有着不同的表现形式与特征。因此,考察社会保障的实践史,科学划分社会保障的不同发展阶段,显然是认识社会保障客观发展规律和构建能够适应未来社会发展需要的社会保障制度所必需的。

要对社会保障发展实践进行阶段划分,必须有客观、明确的标志。划分社会保障发展阶段的标志主要有[①]:

- **一定时期内的生产力发展水平或社会经济发展水平**。它是决定该时期社会保障实践活动的关键性因素。如整个人类社会的发展,可以划分为原始社会、农牧社会、工业社会、高度发达社会或者封建社会、资本主义社会、社会主义社会等发展阶段,每一阶段都只具备适合本阶段社会保障发展需求的社会经济基础,任何超越或滞后于社会发展需要的社会保障,都将带来不良的后果。

- **一定时期内社会成员对社会保障的需求**。它是决定该时期举办社会保障项目或内容的社会基础。如在农牧社会,农民依赖于土地和家庭,需要的只是救灾、济贫等少数社会保障措施;到工业社会,如果只有救灾、济贫式的社会保障措施,就绝对无法满足社会成员对社会化保障的需要,各项社会保险很自然地成为人们的需要;而进入发达社会后,国民的福利需求又将全面、普遍性地增长。正是这种不断发展着的社会保障需求,使社会保障制度在所有国家均不同程度地获得了发展,愈是发达的社会,社会成员对社会保障的需求就愈多,社会保障制度亦愈健全。

- **政府介入的程度**。它是社会保障制度化与非制度化的一个分水岭,在此,当然不能认为政府介入愈深愈好,但政府介入的程度与介入的方式对社会保障制度的建立与发展无疑具有非常重要的意义,从而亦应当作为划分社会保障发展阶段的重要标志。

- **社会保障实践的出发点与基本目标**。这是衡量社会保障发达状态与进步程度的重要标志,如果社会保障活动只是少数人举办并为少数人服务,其追求和实现的自然是低目标,社会保障亦只能是低水平状态;反之亦然。

---

① 郑功成. 社会保障学——理念、制度、实践与思辨. 北京:商务印书馆,2000初版,2003、2004再版. 111~112;郑功成. 论中国特色的社会保障道路. 武汉大学出版社,1997. 35~36

- **一定时期内社会保障实践的具体内容。**它是衡量社会保障处于何种发展阶段的客观标志,即在社会保障体系中,以何种项目或子系统最为重要,则表明社会保障处于以该项目或该子系统为主体内容的时期。

根据上述标准和社会保障活动的具体实践,可以对社会保障的发展阶段作不同的划分。

以政府介入的程度或制度化作为依据,则社会保障在人类社会发展史上的发展实践可以划分为以下三个大的阶段:一是慈善事业时代或前社会保障阶段;二是济贫制度的形成与发展阶段;三是现代社会保障阶段,它又可以分为现代社会保障制度产生阶段、发展阶段与成熟阶段。

以社会保障在不同时期的具体实践内容为依据,也可以划分为以下三大发展阶段:一是社会救助型发展阶段,这一时期只有救灾、济贫活动,目的在于化解部分社会成员因灾荒而导致的生存危机,在社会保险制度建立之前均可以归入这一阶段;二是社会保险型发展阶段,这一时期并非不要救灾、济贫措施,而是适应工业社会的需要,社会保险制度成为整个社会保障体系的主体内容,它从社会保险制度产生开始,到社会保险制度成为一种普遍性的社会保障制度为止,其目的在于解除劳动者及其家庭成员的后顾之忧,从而在保障内容与目标上产生了质的飞跃;三是社会福利型发展阶段,即当人们的后顾之忧获得化解后,关注的领域必然是如何进一步改善和提高生活质量,这是社会福利所要解决且能够解决的问题,因此,社会福利逐渐成为社会保障体系中最重要的内容,从而进入社会福利型发展阶段。[1]

二、影响社会保障发展进程的因素

无论是社会保障活动的起源,还是现代社会保障制度的发展,都可以发现影响与制约社会保障的因素是多方面的,尽管在多数情况下经济因素可能发挥着更大的作用,但也不能排除一定时期内政治的、社会的或道德的因素等能够起支配作用。[2] 因此,全面考察社会保障的影响因素,将有助于把握现在所处的时代及其所需要的社会保障制度。

---

[1] 参见郑功成. 论中国特色的社会保障道路. 武汉大学出版社,1997. 35~40

[2] 在研读中外有关社会保障方面的著作时,可以发现不同的学者站在不同的学术角度对社会保障制度的影响因素有不同的理解,经济学者大多赞成经济因素始终是社会保障制度的决定性因素,而多数社会学者在研究社会保障问题时可能更注重社会问题、社会公正或正义及伦理道德等对社会保障制度的影响,政治学者或许会强调政治与政治家对社会保障制度的发展具有重大影响,他们都能够列举许多实例来加以佐证。其实这正表明影响社会保障制度的因素是多方面的,在不同的历史条件下不同因素的影响度可能会产生不同的变化,从而是社会保障制度自身所具有的复杂性与时代性的具体体现。

从总体上考察社会保障的发展史，可以发现影响其发展进程及发展状态的最重要的因素不外乎是经济因素、社会因素、道德因素、政治因素等。

• **经济因素**。它毫无疑问是社会保障制度的重要影响因素。因为任何社会保障制度或措施都离不开相应的经济基础，只有当生产力发展到一定水平时才可能出现物质财富的剩余，并使国家、社会或家庭具备帮助有需要者的能力，进而才会有物质的援助活动存在。因此，经济发展水平客观上决定着社会保障的发展水平，如古代社会只有简单的、有限的救灾济贫活动，进入工业社会后却出现了社会保险，20 世纪第二次世界大战后许多西方国家纷纷宣布建成福利国家，均表明了生产力发展水平与经济发展水平对社会保障制度的重大影响。然而，经济因素是否在所有地区、所有时代均真正决定着社会保障的发展进程，还要受到其他因素的制约和影响。

• **社会因素**。它是社会保障制度产生与发展的基础性影响因素。因为任何社会保障实践活动，都是基于某种特定社会问题的客观存在，且需要通过相应的社会保障措施才能得到解决为前提的。救灾措施的实施，必定以灾害尤其是大的自然灾害造成社会成员生存危机，进而引发严重的社会危机为要件；济贫制度的确立与发展，必定是以部分社会成员因贫困而致陷入生存危机为要件；社会保险制度的建立与发展，亦是基于劳动者有诸多后顾之忧且可能因此而引发严重社会问题为要件；老年人福利的发展则是人口老龄化及家庭结构变迁导致家庭保障功能持续弱化的必然结果，等等。因此，社会因素，包括社会结构变迁、社会成员分化、社会矛盾激化等，都直接影响着社会保障制度的建设与发展。

• **道德伦理因素**。它是影响社会保障发展的又一重要因素，在社会保障实践的起源阶段尤其重要。大约在公元前 2000 年，人们便将乐善好施视为一种高尚的德性，古埃及的宗教文献《死亡之书》中就有"我给所有的饥饿者以面包，我给裸露者以衣裳"。《圣经》旧约全书更通过列举约伯的善举来劝人行善，即"穷人求助，我总乐意帮助；孤儿求助，我就伸出援手。我为水深火热中的人祝福；我也使寡妇的心欣慰。我以正义做衣服穿上，公道是我的外袍，我的华冠。我做盲人的眼睛，我做跛子的腿。我做穷人的父亲，我常为陌生人伸冤。我摧毁强暴者势力，救援被他们欺压的人"。这种让高于人的神来倡导乐善好施的教义，导致了相应的道德规范的出现，这种道德规范并非只是抽象的伦理，而是表现为具体的利益与责任关系。因此，在西方社会，最初的救灾、济贫活动是由宗教组织推动的，而中国虽然是官方较早介入救灾、济贫活动，也是受到了儒家推己及人、仁者爱人的道德思想的影响。因此，道德因素对社会保障实践活动的影响，在最初几乎是起决定作用的，后来虽然随着社会保障制度的确立与发展，其影响似乎日渐式微，但时至今日，爱人如己、推己及人、同情弱者、互助互惠的人道主义伦理道德，不仅依然对社会保障制度的发展产生着直接影响，而且上升到公平与正义的价值理念。

• **政治因素**。它在西方是随着 16 世纪的宗教改革开始的。此前，西方社会的政治与福利是分离的，救灾、济贫等社会保障事务作为一种福利活动，属于教会的工作范围，是由家庭保障与社区互助基础上的宗教慈善事业来承担的。此后，以英国 1601 年颁布《济贫法》为标志，政府通过法令来帮助教会履行济贫职责，西方国家中政治对社会保障的影响由此开始变得日益重要。到 19 世纪 80 年代，德国作为发达程度不如英国等国的欧洲国家，却成了世界上第一个建立起社会保险制度的国家，亦有着政治因素的重大影响在内。对于中国这样一个中央集权的国家，政治因素的影响尤其明显，封建朝代官方的救灾、济贫事业虽然有儒家伦理道德的影响，但主要是出于维护统治者的统治秩序并延续其政权生命的需要，从而更早、更多地打上了政治烙印。随着民主政治的发展，政治因素对社会保障制度发展的影响更是无处不在，无时不有。因此，政治因素是现代社会需要引起特别关注的因素。

此外，历史文化因素亦对社会保障制度产生相应的影响，而来自国外的实践经验与教训同样会对一国社会保障政策的选择产生影响。

可见，社会保障制度呈现出多样化发展、不平衡发展的格局，是因为即使是都采用市场经济体制或都奉行资本主义制度或都具有同样的经济发展水平的国家，亦可能存在着社会的、政治的和伦理道德及历史文化方面的差异，而这些因素客观上均对社会保障的发展有着直接的影响。①

▶第二节　慈善事业与济贫制度

一、慈善事业时代

在社会保障发展史上，慈善事业时代是一个相当漫长的时代，它可以从不同国家出现自发的、临时性的救灾济贫活动算起，到国家以立法的形式介

---

① 参见郑功成. 社会保障学——理念、制度、实践与思辨. 北京：商务印书馆，2000 初版，2003、2004 再版．112～115；对多因素影响的认可，不仅能帮助我们理解济贫制度首先建立于英国，而社会保险制度却产生于德国；而且能帮助我们理解美国为什么还有 4 000 万人口缺乏基本的医疗保障，中国香港地区作为发达地区为什么到 20 世纪末还没有建立社会保险制度，而中国内地却在 20 世纪 50—80 年代却建立过全民化的社会性保障制度（这种制度在城镇是国家福利与单位福利的组合，而在乡村则是在集体混合分配和合作医疗等措施上得到体现）。

入社会保障活动时止。

慈善事业时代作为社会保障发展史上的第一个阶段,它的社会背景即是不发达的农牧社会。在这一时期,民族国家逐渐形成并走向巩固,但生产力水平仍处于非常落后的状态,对统治者而言,防御外强入侵与开疆拓土可能是最重要的事业,尽管需要帮助者众,而能够提供帮助者却少,国家更是缺乏足够的财力。因此,无论是西方宗教组织开展的救灾济贫活动,还是古代中国历代统治者开展的救灾济贫活动,抑或是民间自发开展的救灾济贫活动,其特色都是取决于举办者的意愿与财力,并非为满足社会成员的需要,从而只是一种随机的、临时的、非常落后的救助活动。

构成慈善事业时代的三大支柱,是宗教慈善事业、官办慈善事业与民间慈善事业。

(一) 宗教慈善事业

在慈善事业时代,值得大书特书的应当是宗教慈善事业。西方盛行的各种宗教不仅是当时社会保障思想的重要来源,而且直接指导着各宗教团体的慈善活动,其中尤以佛教、基督教、天主教等对慈善事业的影响最为深远。

一方面,各种宗教教义多将行善列为基本准则。如佛教教人慈悲为怀,强调以深度的爱护之心予众生以快乐幸福,以深度的同情、怜悯之心拨除众生的痛苦,倡导布施、福田、利行等行善方法,并将照拂他人特别是贫弱无依的人的行为称之为"善",反之就被称之为"恶";基督教则强调爱人如己,并将行善作为《圣经》规定的基本内容来约束教徒,等等。

另一方面,教会组织开展的各种救灾、济贫、施医助药等活动,在这一时代成为一些西方国家主要的社会保障方式,并随着宗教影响区域的扩大而扩大到全世界。尽管后来随着宗教的改革与政府势力的增长,国家逐渐介入济贫事业和其他社会保障领域,但宗教慈善事业一直未有间断,迄今仍在许多国家或地区发挥着传统的救急济困作用,并构成对现代社会保障制度的有益且重要的补充。

(二) 官办慈善事业

所谓官办慈善事业,可以理解为由官方组织却未制度化的救济活动。与宗教慈善事业相比,官办慈善事业是以国家的介入并以传统道德及政治需要为基础而产生且得到发展的,这在西方国家有一个渐进的过程,即政府根据需要与实力,在宗教慈善事业不能满足贫弱社会成员的需要时,直接出面举办有限的临时性救济活动。而在中国,官办慈善事业则是源远流长,因为中国历史上一直是皇权至上,宗教在社会的影响一直未能像西方国家那样,势力不大,贫弱社会成员对救灾济贫的需要便只能由官方来满足。

在中国,历史上最富有特色与创见的官办慈善事业,莫过于仓储后备和以工代赈两种救灾济贫方式。所谓仓储后备,是平时建立谷物积蓄以备灾荒并济贫民的一种古老的社会保障措施。《礼记·王制篇》中说:"国无九年之蓄,曰不足;无六年之蓄,曰急;无三年之蓄,曰国非其国也。三年耕必有一年之食,九年耕必有三年之食,以三十年之通,虽有凶旱水溢,民无菜色。"《礼记·月令》中有"天子布德行惠,命有司发仓廪,赐贫穷,振(作者注:振在此处意义同赈)乏绝"的记述。《孟子·尽心篇》中亦有战国时期"齐宣王亦尝发棠邑之仓,以赈贫民"的记载等。至于义仓的建设,自隋唐至明清一直未有间断,并事实上发挥过很大的作用。可见,中国古代统治者很早就有过救灾济贫的实践活动,并一直延续下来。①

在西方,在《济贫法》颁布前,官方介入救灾济贫活动的事例亦不乏罕见。如早在6世纪末的罗马城邦社会,城邦的市政当局就曾经用公款和捐款购买谷物,用以无偿分发给丧失劳动能力的人和阵亡将士的遗属,或者低价出售以平抑畸高的物价。在15—16世纪之交的法国,由宗教团体掌握的福利设施亦逐步地为世俗政权所接管,它通常被视为教权衰落、王权兴起的直接反映。在《济贫法》颁布前的英国都铎王朝,政府甚至通过了一项强制征收济贫税的条例,规定每一教区须对其贫民负责,等等。因此,历史上官方参与开展救灾济贫活动,可以视为现代社会保障制度从一产生就由政府充当责任主体或主要责任主体的直接来源。

当然,官办慈善事业虽然是政府介入社会保障领域的表现,但这一时期的政府介入却有着如下典型特征:一是没有法制约束,二是并非固定的、经常性的措施,三是所提供的救助被看成是一种恩赐行为,四是这种救济活动十分有限。因此,官办慈善事业只不过是举办者改变而已,它仍然是与宗教慈善事业性质相同的一种传统意义上的慈善事业,从而不能与现代社会政府举办的济贫事业相提并论。

(三)民办慈善事业

除宗教慈善事业与官办慈善事业外,古代的社会保障活动事实上还有第三极,即由民间人士自发举办的各种慈善活动。民间零星的互助或他助活动,在中外历史上不乏记载。有组织、有规模的民间慈善事业大约是在中世纪以

---

① 参见郑功成. 中国社会保障论(第一编·渊源篇). 武汉:湖北人民出版社,1994

后出现的。且不论欧洲国家，仅看只有 200 多年立国历史的美国，亦可以发现这种事实。如在 1657 年，美国波士顿就出现了民间的苏格兰人慈善协会，它由住在该市的 27 位苏格兰人组成，并开展着多种济贫活动。①

在中国，宋代范仲淹举办的"义田"、朱熹的"社仓"、刘宰的"粥局"，清末熊希龄举办的慈幼局，等等，均是被史家关注的慈善典型并载入中国的历史典籍。迄今仍在香港地区享有很高声誉与影响的东华三院，亦是在 1851 年由部分华人乡绅创办的广福义祠基础上不断发展、壮大起来的民间慈善团体，100 多年来一直为香港有需要的人士提供着医疗与医药救助。②

此外，以互助为基本特征的社会性救助活动亦开始出现，并成为慈善事业的重要补充。如在中世纪的德国，出现了"基尔特"即手工业者互助基金会，它通过向会员收取会费筹集基金，以帮助那些丧失工作能力又没有土地作为生活依托的手工业会员。在 18 世纪的英国，则出现过很多具有互助性质的"友谊会"，其形式类同于德国的"基尔特"。中国亦在同一时期出现过各种行会，并开展着具有互助性质的救助活动。

综上，在济贫制度确立前，社会保障实践活动虽然在中、西之间存在着极大的差异，但总体上仍可以称为宗教慈善事业、官办慈善事业与民间慈善事业共生的时代，即可以统称为慈善事业时代。这一时代尽管层次极低，却说明了人类社会对社会性保障机制的需要，以及他助与互助的道德基础，并提供了某些可行的解贫济困方式与手段，从而仍然具有它的历史价值与现实启迪。

二、济贫制度的出现与发展

（一）《济贫法》的颁布与济贫制度的确立

国家通过立法的形式来介入济贫事务，是社会保障发展史上的一个重要里程碑，这个里程碑显然应当以 1601 年英国颁布《济贫法》为标志。

在英国颁布《济贫法》前，英国社会处于动荡不安的时期，这一时期人口大量流动，贫困、失业、流浪现象急剧增加，社会陷入极不稳定状态，而仅仅依靠宗教的力量已不能解决当时的诸多社会问题。同时，这一时期也开始出现教权衰落、王权兴起的现象，商品经济的发展，推动欧洲地区进入了民族国家时代，原来由宗教组织主持的济贫事务，亦不可避免地要部分地转

---

① 郑功成. 社会保障学——理念、制度、实践与思辨. 北京：商务印书馆，2000 初版，2003、2004 再版．120

② 郑功成等. 中华慈善事业（第二章、第七章）. 广州：广东经济出版社，1999

移到政府手中，而正因为王权在欧洲处于兴起时期，就像宗教慈善活动在中世纪巩固和发展了教会的势力一样，政府亦期望通过逐渐介入济贫事务来加强和发展世俗政权的力量。因此，社会动荡、教权衰落、民族国家与王权的兴起，是这一时期的特定时代背景。

面对社会的极度不稳定，一些国家便开始考虑采取相应的措施来缓和社会矛盾，促进民族国家的发展，并使王权得以巩固。首先是1572年英国都铎王朝通过了强制征收济贫税的条例，于后，才是1601年英国颁布世界上第一部《济贫法》[1]，该法将已有的宗教或社会救助活动惯例用法律的形式固定下来，首次由官方划定一条贫困线，对有需要的孤、老、病人进行收容，同时为失业者、贫民小孩提供有限的帮助。

在西方由农业社会向工业社会过渡时期，济贫制度可以说是一种主要的社会保障模式。

（二）济贫制度的发展

英国自1601年颁布《济贫法》后，又于1723年通过了设立济贫院的法律，其目的是强调使穷人"懂得"劳动。1774—1824年间，英国议会通过了一系列劳工协议法案。1782年，英国通过了格伯特法，放宽了济贫法的实施范围，缓和了旧济贫法因"惩戒性"救助所造成的某些惨况。到1834年，英国议会又通过了著名的《济贫法修正案》（即新济贫法），它确立了"劣等处置"与"济贫院"规则，实现了减少济贫税的目标，从而赢得了社会上层与中产阶级的欢迎，却因缺乏人道而遭到了下层民众的诅咒。

自英国济贫法颁布后，欧洲其他国家亦开始仿效。如瑞典于1763年制定了《济贫法》，经多次修订后，于1871年将救济对象限定为老年人。荷兰亦于1854年颁布了《济贫法》。

在北美，当时正处于殖民地时代，英国的济贫法很自然地直接影响着该地区的早期社会救助活动。较早的文献记载是马萨诸塞殖民地首任总督翰·温思罗普在1630年写的《基督慈善的典范》和1635年写的《日志》，文中即记载了该殖民地议会对某人的救济活动；一些殖民地则通过了类似英国济贫法式的法律，规定每一城镇都要为穷人提供基本的食品、衣着和居住等。[2]

在中国，虽然封建政府在历史上并未像英国等国家那样颁布专门的济贫

---

[1] 为了与两个世纪后颁布的《济贫法》相区别，历史上称1601年英国颁布的《济贫法》为"旧济贫法"或"伊丽莎白济贫法"；而将1834年通过的《济贫法修正案》称为"新济贫法"。

[2] 郑功成．社会保障学——理念、制度、实践与思辨．北京：商务印书馆，2000初版，2003、2004再版．122～123

法，但仓储后备经过历代统治者的继承与发展，又确实成为一项用于赈灾济贫的常备制度。

尽管依据《济贫法》确定的济贫制度与现代社会保障制度不能相提并论，尽管济贫制度在英国以惩罚受助者而有着恶名（十分苛刻的受助条件以至于有的贫民宁肯饿死也不愿领取救济），尽管这种立法极不平等并事实上亦未使济贫活动成为一项固定的、经常性的制度，但它毕竟是通过法律的形式将早期的社会保障活动固定了下来，从而埋下了社会保障制度化的种子，这显然是一个历史的进步。

三、对早期社会保障发展的简要评论

从慈善事业时代的济贫活动到济贫制度的确立，再到现代社会保障制度的建立，慈悲为怀的道德值得肯定并依然在发挥着作用，而制度化的安排更应当值得肯定，因为无法强迫一个人行善，却可以透过强制性的制度安排并通过征税或征费来实现社会保障再分配的目的。正如 Trattner 在其所著的《从济贫法到福利国家》一书所言："社会福利发展的历史就是从慈悲到正义之路，慈悲是善心是情操，正义是制度化公理，前者无法持久，而后者却可以长久运行。"[①] 因此，济贫制度作为现代社会保障制度产生之前的尝试，其进步意义是不容置疑的。

然而，在漫长的农牧社会里，社会保障实践始终处于社会救助型阶段。一方面，社会保障活动限于当时的生产力水平与社会经济发展状态，除有限的济贫活动与仓储后备外，根本不可能建立起社会保障基金，从而只能满足部分社会成员因灾或因其他不幸事件濒临死亡线上时的最起码的社会性保障需求；另一方面，当时的社会结构也比较简单，社会成员被分为统治阶级与被统治阶级两大对立阶级，职业结构亦主要是从事农牧生产，因此，除宗教慈善事业与民间慈善事业外，官方的社会保障活动便只是统治者对被统治者实施的所谓"仁政"，其目的是为了防止被统治者无法生存时的反抗。

对这一时代社会保障活动，可以作如下评价：

第一，性质上是居高临下的施舍型。无论是慈善事业时代还是济贫制度出现以后，因为统治者与被统治者的不平等地位，加之并没有相应的法律制度来规范这种行为，或者虽然有法律制度却完全是有利于统治阶级的，其各种救济活动便很自然地成为统治者对被统治者居高临下的施舍，即灾民与贫民并不天然具有获得救助的权利，他们是否能够得到救助，或这种救助能否

---

① Trattner, Walter I. (1989). From Poor Law to Welfare State. US: The Free Press

解决灾民和贫民的生存危机,都完全取决于统治者和实施救助的教会等机构,有时甚至以牺牲人格或接受惩罚为条件。因此,接受救助者不得不对给予救助者感恩戴德,而提供救助者则可以驱使被救助者,两者处于极不平等的地位。

第二,根本目的是防止被统治者反抗。不论是王权兴起的西方,还是中央集权的中国,政府介入济贫事务的根本目的,既不是为了真正解决社会成员中的贫困现象,也不是真正保障社会成员的生存权利,而是为了防止被统治者在因灾或因不幸事件陷入生存困境时发生与统治者直接对抗的行为。因此,这一时期的社会保障活动是统治者的"灭火器",这是与现代社会保障制度有着根本区别的。

第三,保障项目是极端有限型。这一阶段的社会保障项目在世界各国都是极为有限的,并集中体现在救灾济贫项目上。以中国封建社会的社会保障为例,就只有救灾、济贫、优抚等三大项目,其中,救灾项目可以分为赈款救灾、赈谷救灾、以工代赈等内容,它是旧中国社会保障制度中的主体项目;与救灾措施相比,旧中国的济贫措施显得十分薄弱,基本上限于对部分无家可归、无力生存的孤老残残幼进行有限的临时救助,它只能看作是救灾措施的补充;优抚则是旧中国能够引起统治者重视的一个保障项目,它面向服役的军人,包括死亡抚恤、伤残抚恤及对军人家属的有关照顾等内容。由此可见,这一阶段的社会保障项目是十分有限的。

第四,保障水平是极端低下型。由于慈善事业与政府的济贫政策事实上并非一种固定的、必行的社会政策,加之受当时财力的局限,其保障水平极端低下。如以中国古代的救灾为例,多数情况下是采取赈谷救灾的方略,但赈谷也不过是临时的应急之策;有时大灾发生时,官方只在灾民外流路边设置粥棚向流民施粥,解决的只是一顿一天的生存问题,这从一个侧面反映了当时救灾济贫水平的极端低下。

第五,保障效果是不良型。由于身份极不平等,加之项目太少、水平太低,这一时期的社会保障实践效果也是不良的,不仅不能解决有需要的社会成员的生存保障问题,而且也不能真正解决得到救助的社会成员的生存问题。因此,每当大的灾荒发生,"饿殍塞途""尸横遍野""人相食"的惨剧便史不绝笔,中外历史上不乏人民因无法生存揭竿而起的实例[1],充分说明了这一时

---

[1] 中国历史上历次大的农民起义,几乎无一不是以大灾害、大饥荒的发生为背景,以抢米抢粮为导火索。这种定例表明了人的生存危机一旦转变成社会群体危机,社会秩序便很难控制,大的社会动乱就必然发生。它从另一个侧面揭示了通过建立相应的社会保障制度来化解这种社会风险的必要性与重要性。

代的社会保障效果是不良的。

从上述分析可见，从慈善事业时代发展到济贫制度确立与发展的时代，社会保障经过数千年的孕育，确实在随着社会的发展而发展，但慈善事业时代只能算是社会保障的起源，而济贫制度的确立亦只不过是社会保障由非制度化向制度化发展的一个过渡，它们均因非制度性和非权利性，只能算是社会保障发展进程中的初级阶段。

▶第三节 现代社会保障制度

现代社会保障制度是工业化的产物，它以19世纪80年代德国制定并实施有关社会保险法令为起始标志。经过20世纪上半叶的发展，现代社会保障制度作为一个由多个子系统构成并同时得到发展的体系，于20世纪40—50年代进入成熟期。到20世纪70—80年代以后，随着社会经济等诸影响因素的发展变化，各国又先后步入社会保障制度改革、发展与完善阶段。

一、社会保险制度的产生

（一）社会保险制度产生的背景

19世纪80年代，德国成为世界上第一个建立起社会保险制度的国家。

当时的社会背景是，欧洲国家在18世纪取得工业革命的胜利后，先后迈入工业社会，而工业社会带来的最大变化，就是机器大生产逐渐取代手工生产而占据经济发展中的主导地位，市场经济取代了自给自足式的小农经济，社会结构日益走向复杂化，工人阶级则逐渐成为社会结构中的主体。工业生产的社会化和规模化促使越来越多的劳动者从乡村进入城镇工作与生活，并构成一个日益庞大的无产者阶层，以往作为家庭或个人风险的年老、疾病、工伤、失业等特定事件，亦开始演变为一种具有典型社会性的群体风险，因为每一个工业劳动者只要发生这种风险，便意味着失去收入来源和生活保障，进而成为社会不稳定的因素。在这种情形下，仅靠以往的济贫措施与慈善事业，已根本不可能解决问题。因此，各国执政者在继续对贫民、灾民进行救助的同时，不得不将建立新的安全机制与保障机制提到重要位置来考虑，从而促使能够适应工业社会需要的各种社会保险制度成为新的政策选择。

社会保险制度首先产生于德国，并非因为德国是当时世界上最先进的国家，而是有着其他因素的推动。一方面，从19世纪70年代至第一次世界大战前夕，德国境内盛行鼓吹劳资合作和实行社会政策的学派即新历史学派，该学派主张国家直接干预经济生活的管理和负起文明与福利的职责，这种主张对统治者的影响极大，从而为社会保险制度的产生奠定了理论基础；另一方面，随着马克思主义的传播，在社会主义政党的推动下，德国工人运动日益高涨，它强烈要求政府实施保护劳工的政策，同时自发组织各种互助储金会等，迫使当局考虑社会保障问题，从而堪称社会保险制度出台的催化剂。此外，德国当时处于有"铁血宰相"之称的俾斯麦执政时期，俾斯麦很清楚要取得对内、对外政策的胜利，关键在于安抚好工人，以便取得工业发展的先机，进而实现对外扩张。独特的社会背景和德国内部上述因素的影响，促使德国成为最先建立社会保险制度的国家。从1883—1889年，德国先后制定了疾病保险法、工伤保险法和老年与残疾保险法等，并于1911年将上述三部法律确定为德意志帝国统一的法律文本，另增《孤儿寡妇保险法》，而成为著名的《社会保险法典》，史称"帝国社会保险法典"。1923年和1927年，德国又先后制定了《帝国矿工保险法》《职业介绍和失业保险法》，至此，德国基本建成了完整的社会保险制度。德国的实例亦表明，社会保障制度的确立与发展，并不完全取决于经济发展状态。

由于以社会保险为主体内容的社会保障体系适应了工业社会的需要，对于解除劳动者的后顾之忧和稳定社会发展具有良好的作用，继德国之后，其他欧洲国家乃至大洋洲、南北美洲的一些国家纷纷仿效，并于19世纪末到20世纪30年代先后建立了自己的社会保险制度。不仅如此，这一时期一些欧洲国家还通过殖民扩张，将这种制度带到了一些殖民地地区，并最终为大多数国家所接受。

以社会保险制度的出现作为现代社会保障制度产生的标志，理由在于：一是社会保险属于制度化的社会保障机制，从而完成了由济贫时代的不确定性、临时性到稳定性、经常性的转变；二是由雇员、雇主共同供款和国家资助建立起来的社会保险制度，真正确立了社会责任与风险的共同分担机制；三是受保障者无需以牺牲人格尊严和接受惩戒为受益条件，免去了济贫制度下的经济状况调查和济贫院的冷落。因此，尽管社会保险制度在产生之初只不过是统治者的一种"怀柔之术"，但它的出现确实使社会保障发展进程产生了质的飞跃，即零星的救灾济贫措施发展成为稳定的社会政策，施舍式的社会救助发展成为公民的法定权利。因此，国际劳工组织这样评价社会保险制度的出现："在社会政治历史上，没有什么事情比社会保险更能急剧地改变普通人的生活了，这种保险制度使人们在因公害事故、健康不良、失业、家庭生计承担者死亡，或因任何其他不幸使收入受到损失的情况下，不至于沦为赤贫。"①

（二）社会保险制度的基本特征

考察社会保险制度的产生与形成，可以发现它具有如下一些特征：

其一，社会保险在性质上是权利义务结合型。尽管政府与雇主均承担着供款责任，但劳动者要享受社会保险待遇，仍须承担相应的缴费义务，因此，权利与义务相结合便成为社会保险制度的重要特征。

其二，社会保险制度的根本目的是解除社会成员的后顾之忧。社会保险面向劳动者，它保障的不是劳动者已经发生的生存危机，而是其可能发生的收入丧失或剧降风险，其目的在于解除劳动者在年老、工伤、疾病、失业等方面的后顾之忧，并通过对劳动者的收入保障来解决其家庭经济与生活危机。因此，社会保险解决的是社会成员的未来或可能遭遇的生活风险，客观上能够起到预防贫困的作用，与慈善事业及济贫制度解决的现时或现实风险相比，这显然是一个巨大的进步。

其三，保障水平是基本保障型。社会保险是工业化和市场经济的产物，与社会救助相比，社会保险显然具备了为全体社会成员提供基本生活保障的经济基础，其保障水平更是普遍高于社会救助项目，从而使社会成员的基本生活得到了保障。因此，社会保险制度通过对劳动者遭遇特定事件时提供收入或费用保障，进而为劳动者及其家庭成员的基本生活提供有力的保障，从而是社会保障进入新的发展阶段的重要标志。

其四，保障过程是规范化、强制性。社会保险制度的确立，使提供社会保障成为国家和社会的重要责任，而享受社会保障则成了社会成员的法定权利，这就使得社会保障由此进入规范化与强制性发展阶段。如各种社会保险项目的保障范围、保险水平、实施程序等，无一不以相关的法律法规为依据，政府及各种组织与个人均须承担起法律规定的相关义务，而受保障者则依法享受着相应的社会保障权益。因此，社会保险制度不再是统治者对被统治者的恩赐与怜悯，而是国家和社会的一项应尽职责，社会保险的提供者与社会保险的享受者在法律上处于完全平等的地位，这正是现代社会保障制度最本质的东西。

---

① 国际劳工组织主编.社会保障基础.长春：吉林大学出版社，1987.21

二、现代社会保障制度的发展

(一) 现代社会保障制度的发展线索

由于现代社会保障制度是法制化事业,我们可以通过对工业化国家社会保障法制建设的考察,来揭示现代社会保障制度的发展线索。

毫无疑问,1883年德国颁布疾病保险法应当是现代社会保障制度产生的标志;而1935年罗斯福当政时美国国会通过的《社会保障法》以及据此确定的社会保障制度,则使现代社会保障制度由社会保险制度朝着综合性社会保障制度发展跨进了一大步;第二次世界大战后,英国工党政府宣布建成福利国家则可以看成是现代社会保障制度开始步入成熟阶段;到20世纪70年代末至80年代以来,一些国家基于以往社会保障政策出现的一些问题,开始思考改革的办法,从而促使现代社会保障制度进入了一个改革、发展与完善时期。

与此同时,第二次世界大战后,一些国家奉行社会主义制度,它几乎打破了旧制度的一切,在社会保障领域则是普遍建立起一种国家保险制度,实行着由政府负责的全民保障,但这种制度随着苏联、东欧社会主义国家在20世纪90年代的解体和社会、经济制度的转型而被摒弃。即使是在继续奉行社会主义制度的中国,传统社会保障制度经过20世纪80年代以来的改革,亦逐渐被社会化的新型社会保障制度所取代。可见,社会主义国家的社会保障制度既未保持这些国家在旧制度下已有社会保障的延续性,后来又因国家解体或制度发生重大变革而实际上放弃了新确立的国家保险制度。因此,包括中国在内的社会主义国家的社会保障制度的发展进程并不顺利。

对于一些发展中国家而言,在社会保障制度建设方面则处于不平衡状态。有的国家迄今仍未建立起相应的社会保障制度,或者仅有适用于少数人口的保障制度。因此,大多数发展中国家仍然需要加强自己的社会保障制度建设。

基于上述情形,能够清晰地反映出现代社会保障制度发展线索的,只能是一直处于继承与发展过程中的工业化国家的社会保障实践。

(二) 现代社会保障制度发展的基本内容

在现代社会保障制度产生阶段,除济贫制度等旧式保障项目依然存在外,与工业社会相适应的社会保险制度逐渐成为社会保障体系中的主体内容,其中疾病保险、工伤保险与老年保险是工业化国家最早关注的领域,后来则增加了失业保险,并进一步完善了社会救助制度。

第二次世界大战后，各工业化国家在完善社会保险制度的同时，普遍重视社会福利制度建设，如英国、瑞典等西欧、北欧国家先后宣布建成福利国家，建成了对国民"从摇篮到坟墓"的全面的福利保障制度。其他工业化国家虽然未走福利国家的道路，但社会福利方面的立法却被不断颁行，如日本就制定过著名的"福利六法"，为日本健全的福利保障制度的建立与发展提供了具体的法律依据。因此，第二次世界大战后工业化国家的社会保障制度即是包括了社会救助、社会保险与社会福利等各种现代保障措施在内的完整的社会保障体系。

此后，不同的国家虽然亦有新的项目增加，如希腊建立了独特的灾害社会保险制度，德国、日本等于20世纪90年代新增了独特的社会保险项目——护理保险，但新项目的数量不多，绝大多数工业化国家社会保障制度在内容上的发展，主要不是表现为新项目的增加，而是表现在服务范围的扩展和水平的变化上，以及有关保障方式的改革与完善。

发展中国家的社会保障制度在内容方面的发展，既表现为社会保险项目与社会福利项目不断增加（但建立失业保险制度的国家较少），也表现为保障范围不断扩展以及实施方式的不断调整等方面。同时，由于许多发展中国家客观上还是二元社会，贫困问题在乡村表现得尤其突出，因此，重视乡村扶贫亦构成了一些发展中国家的特殊社会性保障措施，并事实上取得了较一般社会保障项目更好的成效。如中国自20世纪80年代以来，尤其是1994年实施"八七扶贫攻坚计划"以来，国家通过多方筹资，在贫困地区开展大规模的扶贫工程，使全国乡村的赤贫人口由1978年的2.5亿人持续下降到2004年的2 000多万人，其成就为世界瞩目；印度开展的"绿色革命"，泰国实施的乡村发展计划、小农发展规划和乡村就业工程，以及巴西、菲律宾、印度尼西亚等一些发展中国家实施过的扶贫计划，均取得了缓和贫困问题、保障乡村贫民最低生活的良好效果。[①] 但总体而论，发展中国家的社会保障制度与工业化国家相比，无论是在项目设置还是在服务范围与保障水平等方面，均存在着较大的差距，从而还面临着进一步加快社会保障制度建设与发展的问题。

（三）现代社会保障制度发展的基本标志

根据前述现代社会保障制度的基本发展线索，社会保障制度将随着生产力水平的持续提高和各国社会经济的持续发展而继续发展。在社会保险日益成为各国的普及化制度的基础上，社会成员便必然要求不断地通过社会福利

---

① 郑功成. 社会保障学——理念、制度、实践与思辨. 北京：商务印书馆，2000初版，2003、2004再版. 135

性措施来改善和提高生活质量,尤其是人口老龄化趋势的加快,更使包括老年人福利在内的各种社会福利措施逐渐成为社会成员最关注和整个社会最重视的社会保障问题,因此,社会保障制度便很自然地进入社会福利型社会保障阶段。

基于各国尤其是多数工业化国家的发展实践,可以发现现代社会保障制度在现阶段乃至未来时期的一些基本特征。它主要包括:

• **社会保障在性质上表现为全民普遍性福利**。即全体社会成员均能享受到多方面的社会保障,除社会成员按有关条件分别享受社会保险、社会救助、医疗保障、军人保障等待遇外,社会福利项目的多样化使之真正成为全民共享的保障待遇。换言之,普遍性的社会保障构成了全体国民共享发展成果的基本途径。

• **社会保障的根本目的在于提高社会成员的生活质量和促使整个社会和谐发展**。一方面,社会成员的基本生活因为社会保险和社会救助制度而得到了国家和社会的保障,而国家和社会设置各种社会福利项目的根本目的是使社会成员的生活状况得到进一步的改善,并使其生活质量得到提高;另一方面,通过社会保障,能够实现全体社会成员共享发展成果,社会阶层矛盾从根本上得到缓和,进而为整个社会的和谐发展创造了必要且重要的条件。

• **社会保障项目走向完备化**。一方面是原有的各种社会保险、社会救助等保障项目不可能被取代,仍将持续地得到发展,而社会福利等项目仍会不断增加,从而促使社会保障成为一个由多个子系统和若干具体项目组成的庞大的保障家族,它们共同构成了完备的社会保障体系,既从各个方面保障着全体社会成员的基本生活权益,又能够使社会成员的生活质量从多个方面得到真正的提高。

• **实施过程进一步社会化**。即政府、企业与民间等共同分担社会保障责任的机制日益成熟,社会保障在管理、实施乃至监督等诸环节上均进一步走向社会化。

社会福利的普及化与高水平化,标志着社会保障进入了高级阶段。从世界范围来考察,一些西方发达国家事实上已经进入了这一时期。如英国、荷兰、芬兰、丹麦、挪威、瑞士、瑞典等西、北欧国家以及加拿大等国家,均是高福利、全民福利国家。尽管这些国家的高福利政策已经造成了一些社会问题,但并不表明社会保障制度由低水平向更高水平、更合理的组合方式发展的规律存在着问题,因为人类追求福利的增长是天然的、合理的要求,而社会经济的不断发展又为满足这种要求提供了经济的、政治的、社会的条件。因此,在现代社会保障制度的发展进程中,国家和社会考虑的应当不是如何拒绝它，而是在对社会福利过度膨胀进行有效调控的前提下，把握好发展时机，以促进国民福利合理增长为基本出发点，及时修正社会保障的发展路径与方案，尽可能地将社会保障可能产生的副作用加以消除，充分发挥社会保障造福全体社会成员并促进社会经济长期稳定协调发展的目标得到实现。

三、现代社会保障制度发展规律

尽管各国之间的社会保障理论及其具体实践存在着较大差异，但作为人类社会不可或缺的一种社会稳定、公平与协调发展机制，任何国家的社会保障制度在发展进程中又都表现出一些带有共性的规律。这些规律在实践中均具有客观性和不可逆转性。

（一）立法先行

与慈善事业时代与济贫制度相比，现代社会保障制度在各国实践中表现出来的首要规律，即是先有社会保障立法，于后才会有社会保障项目的具体实践，是通过社会保障立法来确立社会保障制度。这一点在工业化国家的社会保障立法与制度建设轨迹中是显而易见的。因此，立法先行正是现代社会保障制度作为一种社会政策和一种国家制度安排的特征的具体体现。

由于法律的制定需要经过一个审慎的、公开的决策过程，而民主社会的立法者往往是民众选举出来并具有民意代言人身份的人，立法先行便表明了国家在建立社会保障制度时审慎而负责任的态度，同时也是充分汇集国民或绝大多数国民在福利方面的意愿的表现。

立法先行还有一层特殊的意义在于，政府可以主导社会保障制度，却不能决定社会保障制度。这是因为政府虽然直接掌握着公共权力、控制着公共资源并负有谋取公众福利的责任，但政府始终是现代社会保障制度中的责任承担者之一，它既不可能包办所有的社会保障事务，也不可能单方面决定着社会保障制度，因为企业或雇主、社会团体与个人在社会保障制度中也承担着相应的责任并享有自己的发言权甚至选择权。因此，只有通过能够广泛地代表和综合各社会阶层与利益群体的意见的立法机关，才能让社会保障制度更加符合各责任方的利益与责任均衡，并促使社会保障制度沿着公平的、法制化的轨道正常发展。

可见，立法先行不仅仅是现代社会保障制度的惯例，更是现代社会保障制度的内在要求。

（二）与社会经济发展相适应

社会保障是国家和社会有组织地运用经济援助与社会服务的手段来满足

社会成员的各种社会保障需求，这就必然要与当时、当地的社会经济状况相适应，任何超越时代的社会保障措施都将导致物极必反的结果，任何落后时代的社会保障措施亦因不能真正解决其应当解决的各种社会问题而酿成社会危机。因此，社会保障制度的发展应当与社会经济发展相适应。

一方面，社会保障制度的确立首先是为了解决社会成员的特定社会问题，而特定的社会问题又是与特定的时代、特定的社会结构等紧密联系在一起的。例如，在原始社会，社会成员通过氏族组织共同生活在一起，共同劳动、公平分配，过的是原始共产主义生活，社会成员的生存问题统一由氏族组织来保障，从而既不需要也不可能建立起近代或现代型的社会保障制度。在奴隶社会，虽然国家已经产生，但社会结构是由奴隶主与奴隶组成，奴隶主分割占有社会财富和奴隶，奴隶主因为有土地与财富，生存条件自不必言，而奴隶作为奴隶主的一种私有财产，其生存问题亦仅仅是奴隶主的私人问题，并取决于奴隶主。进入封建社会后，社会结构开始发生重大变化，社会保障的主要对象——农民作为一个社会阶层出现，从而使国家组织救灾、济贫事务成为必要；如果国家救灾不力，或贫民无法生存，农民起义就将此起彼伏，甚者导致封建王朝的灭亡，这已是中外历史证明了的一条客观真理。进入资本主义和工业社会后，工人阶级作为新的社会阶层出现并日益壮大，其社会地位也日益重要，社会分工的日益发达又使其他行业也发达起来，社会结构便变得日趋复杂，社会成员对社会保障的需求亦趋向多样化、多层次化，从而需要建立起健全、完备的社会保障制度。如果缺乏相应的社会保险制度安排，工人阶级便可能生活在风险与生存危机之中；如果没有相应的社会福利，亦无法满足社会成员对不断改善生活质量的需要。因此，现代社会需要的不再是单项社会保障措施，而是健全、完备的社会保障体系。

另一方面，社会保障采用的主要是经济援助的手段，即使是社会服务的提供也需要有相应的财力来支撑，从而必须具备相应的经济基础。在生产力不发达、经济落后的时代或社会里，即使社会成员有着多方面的甚至是非常迫切的社会保障需求，国家和社会也无法真正满足这种需求。基于同理，在一定的经济基础条件下，如果过分追求社会保障的规模与水平，亦必然带来不堪重负的后果，最终仍然会出现严重的社会问题。反之，如果有了雄厚的经济基础，社会保障的规模与水平便具备了不断提高的经济基础。

需要指出的是，如果经济发展到了一定的水平而社会保障严重滞后，则社会问题便无法得到解决，由此而引发的社会危机必然进一步演变为经济危机与政治危机，最终损害的仍将是整个国家与社会的健康发展。

综上，与社会经济发展相适应的规律，是社会保障在发展进程中必须遵循的客观规律,如果违背了这一规律,就会发生严重的社会问题。换言之,如果社会保障的发展水平超越或严重滞后于社会经济发展水平,就将得到与建立社会保障制度时的初衷相背离的结果。

(三) 协调发展

无论是历史上的社会保障,还是现代社会保障,都是一个由若干保障项目组成的系统。尽管不同历史时期的社会保障项目有多寡之分,但就当时的背景而言,每一个项目均不可或缺,子系统或项目之间应当是协调发展的关系。社会保障制度的协调发展规律,具体体现在以下两个层次:

- **社会保障各具体项目协调发展**。一方面,社会保障项目的内容应当协调发展,如农牧社会中的救灾与济贫作为当时社会保障的主要项目,就缺一不可,因为若无救灾便会有灾民造反,若无济贫便会有走投无路的贫民揭竿而起;再如工业社会里若仅有养老保险而无生育保险,女工的就业权益和生活权益就会因生育事件而受到严重损害,等等。另一方面,社会保障项目之间的水平应当协调发展,如救灾项目与济贫项目之间、各种社会保险项目之间的保障水平的差距就不能太过悬殊,否则,亦会导致新的社会问题发生,等等。因此,社会保障各具体项目之间的协调发展是整个社会保障体系协调发展的基础。

- **社会保障各子系统协调发展**。现代社会保障制度是由多个子系统共同构成的,各子系统之间虽然保障对象不同、保障内容有别、保障待遇也存在着差异,但它们是一个完整的、协调的体系,在发展中不能顾此失彼,也不能厚此薄彼;否则,就会严重影响社会保障体系整体功能的发挥,甚者会激化社会成员之间的矛盾。在此,不同社会保障子系统之间的保障水平应当相互协调,如以社会保险子系统的保障水平与社会救助子系统的保障水平为例,虽然后者应当低于前者,但若两者差别太大,整个社会保障水平就会失去平衡;同时,不同子系统的项目之间应当相互配合,如社会保险子系统中的失业保险就需要有社会救助子系统中的贫困救助项目相配合,否则,失业工人超过失业保险的期限仍未能够找到工作时,其生活就会失去来源,可见,对失业工人而言,仅有失业保险制度仍然是残缺不全的。

综上所述,在社会保障发展进程中,不能违背协调发展的规律,如果顾此失彼、厚此薄彼,就不仅会因留下保障的漏洞而无法解决已有的社会问题,而且会因项目之间或子系统之间的不协调而导致整个社会保障体系效率低下。因此,协调发展规律是各国社会保障制度必须遵循的客观规律。

(四) 多样化发展

进入现代社会后，虽然德国式的社会保险型保障模式与英国式的福利国家型保障模式一度成为许多国家参照的典范，苏联式的国家保险模式亦在20世纪50年代后成为其他社会主义国家参照的样板，新加坡或智利的完全积累模式亦被一些东南亚地区或拉美国家仿效，但在现阶段，世界各国的社会保障制度在发展中又均呈现出多样化发展的景象。

社会保障多样化发展作为现代社会保障制度在各国发展实践中所表现出来的客观规律，既是影响社会保障制度走向的重要因素，也是制约社会保障制度的政治、社会、经济、历史、文化乃至伦理因素综合影响的一个结果，经济全球化可能会对社会保障制度的发展产生一定的影响，如国际资本全球化流动与劳动力成本之间的关系，必然促使劳工标准国际化等等，但在可以预见的未来，经济全球化均将无法同化各国的社会保障制度。因此，多样化发展规律在过去、现在乃至将来，均将是社会保障制度发展进程中应当遵循的一项基本规律，它能够促使某些国家尤其是发展中国家在建立与发展本国的社会保障制度时保持以现实国情为基础的较为清醒的头脑，而不会受所谓的美国模式、英国模式、德国模式、新加坡模式乃至智利模式等牵制。

对世界各国而言，社会保障统一模式或由少数几种模式来决定的时代已经过去，多样化成了现阶段社会保障制度在各国不断发展的重要规律。

▶第四节 社会保障发展的经验、教训与改革

近一个多世纪以来，现代社会保障事业在各国得到了普遍的发展。从19世纪80年代社会保险在德国产生以来，到20世纪末，全世界不同程度地建立了现代社会保障制度的国家已经发展到了170多个。这些国家在建立和发展本国的社会保障制度时，既都取得了相当的成就，也都不同程度地存在着一些问题。总结社会保障制度发展实践中的经验与教训，对社会保障制度的改革与发展，显然大有裨益。

一、社会保障发展的国际经验

一般而言，与社会经济发展相适应、协调发展和多样化发展，既是社会保障制度的客观发展规律，也是社会保障制度在各国发展实践中的重要经验。此外，各国社会保障制度发展的经验还有着如下几点：

• **尊重本国的国情**。鉴于西方国家社会保障制度发展实践中出现的有关问题,以及这些国家的社会保障制度总与其国情具有千丝万缕的关系,它不可能被照搬到其他国家。发展中国家在建立自己的社会保障制度时,亦不再单纯仿效已有的社会保障模式,而是尊重本国的国情,努力探索着适合本国的社会保障道路。如新加坡的公积金制度、智利的养老保险由公共养老金制度转向私有化并由私营机构管理等,虽然同样不能成为其他国家的现成模式,但它至少表明了对这些国家具有较强的适应性,从而被认为是较为成功的探索。一些发达国家也在不断地研究着发展中国家的做法,同时更加全面地检讨着以往的社会保障制度,并根据本国发展变化了的情况进行着改革或修订。因此,在尊重本国国情的基础上,增进交流、互相参考、互相借鉴,已经成为各国社会保障制度发展实践中具有普遍意义的经验。

• **追求长期稳定、协调、和谐发展**。从"惩戒术"到"怀柔术",从为统治者服务到为社会长期稳定、协调、和谐发展服务,从只救助不幸者到成为共享经济社会发展成果的重大制度安排,社会保障制度确实走过了不平凡的发展历程。人类社会发展到现阶段,越来越多的国家将社会保障制度视为国家长期稳定、协调、和谐发展的重大战略,并通过及时修订立法和完善社会保障政策来促使社会保障制度更加完善化。如有的工业化国家的社会保障财政危机因社会保障政策的及时调整而得到了缓解,一些发展中国家加快了滞后发展的社会保障制度建设步伐,客观上均有助于促进整个社会经济长期稳定、协调、和谐地发展,而社会保障制度也在一些国家以更新的姿态迈上了可持续发展之路。因此,社会保障制度的建立,不仅需要考虑其在现阶段的作用,而且应当考虑它的可持续发展以及整个社会经济的长期稳定、协调、和谐发展。

• **健全社会保障法律制度**。这是工业化国家建立并实施其社会保障制度的重要经验。在工业化国家,普遍颁布有多部社会保障法律,社会保障法律构成为一个独立的法律部门,并在国家法律体系中占有很重要的地位。如英国就颁布有《国民保险法》《国民救济法》《国民工伤保险法》《国民保健事业法》等多部社会保障法律;日本仅就社会福利方面就颁布过有名的六部法律,被称为"福利六法",等等。在德国等欧洲国家,还设有专门的社会(保障)法法院系统,以专门维护国民的社会保障权益。法律制度的健全,不仅使各种社会保障事业有了具体的法律依据,亦为国民社会保障权益的实现提供了保证,从而是社会保障事业获得稳定、持续发展的前提条件。

• **努力追求社会化**。历史上的社会保障主要是政府保障与教会保障,它与一般社会成员并不具有双向交流功能。而现代社会保障事业则被看成是全体社会成员的共同事业，一些国家鼓励本国社会成员主动参与社会保障事务，包括分担缴费、参与经办社会保障事务、参与管理和监督社会保障制度的实施等，社会保障不再单纯是政府的责任。这种做法使社会保障事业具有了更为坚实的社会、经济基础，从而是一条值得重视的宝贵经验。当然，社会化有程度高低之分，发达国家社会保障的社会化程度较发展中国家显然要高。对社会保障而言，追求社会化是不容置疑的，但也要根据国情来定，落后国家或落后地区或许既需要社会化程度较高的社会保险，同时也需要社会化程度较低的社区型社会保障，社区可以成为一些国家或地区社会保障制度的重要基石。

• **对市场机制和社会组织日益重视**。一方面，由于现收现付制社会保障无法应付人口老龄化的挑战，越来越多的国家便选择基金制社会保障（主要是养老保险制度），而社会保障基金的长期积累又必然面临着贬值风险，从而需要与资本市场相结合才能实现保值增值的目标，因此，社会保障制度亦开始了与经济政策、资本市场的有机结合，并通过资本市场来创造并分享着经济发展成果。另一方面，在市场经济条件下，越来越多国家的政府亦开始将一些社会保障事务交由市场或社会组织来承担，同时利用市场机制通过适度的竞争和对民间与社会资源的调动，促使社会保障制度达到更高的效率。

二、社会保障发展的国际教训

无数事实表明，社会保障制度的产生与发展，取得的成就无疑是十分辉煌的，因为它化解了社会危机，维护了社会公平，解除了国民的后顾之忧，缓和了社会矛盾，促进了社会经济的稳定协调和谐发展。然而，许多国家纷纷对社会保障制度进行改革的事实亦表明，现代社会保障制度百余年来的发展历程并非只有令人陶醉的一面，它同样有着一些必须引起高度重视的教训。概括起来，社会保障发展的国际教训主要有：

第一，国家包办社会保障事务和福利的高速膨胀，将带来严重的社会保障财政危机。社会保障具有刚性增长的特征，在实践中表现为项目、水平均只能上不能下，从而导致保障规模不断扩大，保障支出亦不断膨胀，这种趋势愈快，政府的财政压力就愈重。一些国家只能依靠征收高税收来维持高福利，即使如此，仍无法使社会保障收支趋向平衡。严重的社会保障赤字危机一直是令西方发达国家最为头痛的国内问题之一，也是其他国家对西方社会保障模式颇多非议的主要原因。尽管西方发达国家的社会保障制度并没有因财政危机而破产，但一些国家已经出现的社会保障财政危机（主要是养老保险），亦表明了社会保障事务完全由国家包办并快速膨胀是一个深刻的教训。

而造成这一危机的重要原因则是社会保障在某种程度上的泛政治化。

第二，社会保障水平过高会助长国民惰性，影响国家竞争力。一些西方国家由于社会保障太全面、保障水平太高，国民即使不劳动也能依靠社会保障来保障基本生活，从而导致了国民惰性的增长。同时，社会保障水平过高，亦必然促使劳工成本过高，从而不仅会超越社会经济发展的承受能力，而且也会影响到一个国家的生产成本，进而会对一个国家的国际竞争力产生相应的影响。一些发达国家近十多年来为促使本国的经济发展而不断做着削减或调整社会福利的尝试，亦表明了社会保障水平太高以及由此带来的某种负面影响，确实是值得重视的又一教训。

第三，社会保障体系的残缺不全或水平过低亦会使有关社会问题进一步恶化。如一些国家由于缺乏必要的社会保障，社会问题日益严重。非洲地区及南亚地区的一些国家，每年还有许多社会成员陷入严重的生存危机之中而无法自拔，有的因饥饿而亡，有的因无钱医病和缺乏医疗保障不治而亡，灾民流离失所的现象还很普遍，进而引发严重的社会危机与政治危机等，而在这样的条件下要实现经济社会发展的目标显然是不可能的。为数不少的落后国家的现实表明，研究社会保障问题不能仅仅注意已经建立了现代社会保障制度的国家，不能仅仅看到社会保障水平过高所带来的某些负面影响，还应当注意到那些没有建立起社会保障制度及社会保障严重不足的国家，因为这些国家所出现的严重社会问题或危机及其对经济社会发展的不利影响，亦从另一个侧面证明了如下结论：如果缺少完备的社会保障体系，特别是产业工人的社会保险出现纰漏，要构建任何一种市场经济体制都几乎是不可能的，并且不可能成为工业社会的一名合格成员。因此，发展中国家不能把社会保障简单地看成是国家的一种负担，而是应当把它看成是为了在社会经济发展中使效率与公平保持有机结合的一种必需机制，是促进整个社会协调、和谐发展的一种必需手段。

三、国外社会保障改革

20世纪80年代以来，许多国家均在改革、修订甚至重建自己的社会保障制度，但这绝不意味着社会保障制度走向终极，而是现代社会保障制度将适应时代的发展而更加理性地得到发展。

国际劳工组织的意见可能有助于我们对社会保障领域存在的问题保持清醒的头脑，这就是"所谓的社会保障'危机'问题，应当明确并且强调两个更深刻的要点。首先，现存危机的主要起因既不是领取养老金人数的持续增加，也不是由于改进医疗技术的结果。最主要的原因是经济发展速度缓慢，失业问题严重"。"就社会保障存在的危机而论，不是社会保障结构的危机，而是经济基础由于运营不良而受到侵蚀所造成的危机，社会保障既非经济危机的起因，也非经济衰退的起因。在很大程度上，社会保障对衰退造成的社会经济影响起到了缓解作用"，"应该永远记住社会保障的积极作用"。[①] 在肯定社会保障制度的积极作用的同时，认识其不足，并通过改革措施来加以修正，已经成为越来越多的国家共同努力的一个方向。

（一）福利国家的改革

世界上可能没有任何一种制度安排像福利国家模式一样地遭受着两种截然不同的评价，它在产生之初被西方世界一致称颂并为许多国家所仿效，而进入20世纪80年代以后，却又被许多国家视为政府的包袱和妨碍国家经济发展的绊脚石。如果从福利国家模式自产生后到20世纪60年代这一段时期西欧、北欧国家的社会经济发展状况来看，很自然地会感受到福利国家不仅是社会文明进步的标志，而且是社会经济发展的巨大推动力量；如果再考察20世纪70年代以后一些福利国家的状况，也很自然地会发现福利国家模式给政府造成的财政压力和对社会经济发展的某些负面影响。因此，福利国家的失误，与其说是一种制度安排的失败，不如说是这种制度在发展进程中存在着调控不当或控制机制乏力所致。这一判断的前提，就是要客观地审察福利国家的发展历程，既不能忘记这种制度曾经起到的巨大的积极作用，也不能忽视后来出现的某些负面影响。这样客观地评估福利国家的发展，可能有助于找到可行的改革方案，进而修正其在一定程度上偏离了初衷且具有惯性的发展路径。

有关福利国家危机的议论，是在20世纪80年代成为社会保障界或福利界的焦点的，除福利国家自身开始重新检讨外，非福利国家模式的国家也将检讨福利国家模式并提出改革建议作为一种时尚，有时甚至较福利国家的检讨更加尖锐。经济合作与发展组织的专家认为，福利国家的危机突出地表现为失业率高、社会保障财政赤字、某些社会政策加剧了通货膨胀而不利经济发展，等等。[②] 这些现象无疑是福利国家真实的一面，但国际劳工组织的专家却不赞同将社会保障危机完全算在社会保障制度的头上，认为社会保障存在的危机并非社会保障结构的危机，而是经济基础由于运营不良而受到侵蚀所造成的危机，并进而认为社会保障既非经济危机的起因，也非经济衰退的起

---

① 国际劳工局. 展望21世纪：社会保障的发展. 北京：劳动人事出版社，1988. 94～95
② 参见经济合作与发展组织秘书处编. 危机中的福利国家（序言）. 北京：华夏出版社，1990

因。①

不论如何评价福利国家危机的起因,针对福利国家的现状,都可以发现福利水平过高所造成的某些负面影响。如以社会保障支出为例,在英国,社会保障支出总额在1949—1950年度为103亿英镑,仅占GNP的4.7%;1979—1980年度支出额增加到449亿英镑,占GNP的9%;到1992—1993年度时进一步上升到741亿英镑,占GNP的12.3%;1978—1992年间社会保障支出年均递增3.7%,这一增长率超过了英国GDP增长率和政府财政增长率,而这还未包括社会保障系统之外的其他公共福利支出。② 在瑞典,包括社会保障、教育、健康等各公共福利部门在内的公共支出占GNP的比重在1950年时为25%,1960年为33%,1970年为45%,1980年以后达到60%以上,它在20世纪70年代年均增长5.9%,大大超过其GDP2%~3%的增长速度。③ 其他福利国家与英国、瑞典的情形大体相同。福利国家社会保障支出的膨胀,一方面表明了国民共享经济社会发展成果的程度很高,安全网很健全,社会也很和谐,但另一方面也需要以高税收为财政基础,而高税收则需要以高工资为条件,高工资又直接影响着就业率和生产成本,可见,福利国家事实上陷入了一个不改革便很难解脱的怪圈。

针对公共福利支出膨胀并导致财政危机,以及社会保障部门日渐庞大而逐渐演化成官僚机器的现象,福利国家在维护福利国家模式的基本前提下,自20世纪80年代开始,就将改革或修订原有的社会保障制度作为一种必要的发展手段。英国从前首相撒切尔夫人到布莱尔政府,均致力于福利领域的改革;瑞典社会民主党自1982年重新执政后亦以"保卫福利,重建经济"为口号,对社会保障制度实施某些调整;其他福利国家亦对社会福利制度作出了一定程度的调整。

概括起来,福利国家对社会保障制度的改革措施主要有如下几点:

• **削减福利支出**。如英国在撒切尔夫人执政时即采取了减少住房补贴和用优惠价格向住户出售公有住房的步骤,同时允许公费病人到私人医院看病;瑞典规定了最高养老金的限额,同时减少了失业救济金和多子女补助费,取消了对减时工作工人的工资补贴;一些国家还通过提高退休年龄来减少养老金支出;等等。

• **调整福利结构**。如英国自1998年开始实施"改救济为就业"的计划,以帮助较长时间没有工作的年轻人和城市贫民区单身母亲找到工作,同时准

---

① 参见国际劳工局编. 展望21世纪:社会保障的发展. 北京:劳动人事出版社,1988. 209
② 陈炳才,许江萍. 英国——从凯恩斯主义到货币主义. 武汉出版社,1997. 24
③ 张平,孙敏. 瑞典——社会福利经济的典范. 武汉出版社,1997. 67

备取消收入较高家庭的儿童补贴和母亲补贴；等等。

• **扩充社会保障资金来源**。如努力促进经济发展，降低失业率，由此而使缴费人数增加和征收的社会保障税增加；制定更加严密的税收征管办法，防止偷税漏税行为发生；提高退休年龄以增加社会保障税的收入；一些社会保障部门甚至开始了某些创收活动。

• **引入私营机制**。能够减轻官方系统的压力并提高社会保障系统的行政效率。如英国政府就迫使地方政权、全国健康服务等部门将一系列服务项目通过招标改由私人承包，同时鼓励私人养老保险、医疗保险与职业福利的发展；瑞典亦开始出现少数的公共服务私营化机构；而官方社会保障系统的膨胀得到了抑制。此外，各国还进一步采取防范措施，以避免社会保障待遇被骗取。

上述改革并未动摇福利国家社会保障制度的根本，但确实取得了一定的成效，即社会保障支出的膨胀速度有所缓和，行政效率亦有好转。同时，还需要指出的是，福利国家的改革并不表明这种模式的过时，它迄今仍是福利国家公民引以自豪的社会制度安排。因此，福利国家的改革是对福利国家模式的自我调整与完善，而不是放弃。

（二）美国的社会保障改革

美国对社会保障政策的调整是从20世纪70年代开始的，因为此前的社会保障基本上是以大政府、小社会、高税收和高福利模式为背景，采取的也是扩大社会保障规模与开支来促使社会福利的增长。进入20世纪70年代以后，随着自由主义的相对衰落，保守主义抬头，新联邦主义得到了发展，美国的社会经济政策也发生了转变，出现了小政府、大社会、低税收和有限福利模式的政策发展趋势。

在社会保障领域，美国的政策调整或改革主要表现在以下几个方面：

• **调整社会保障指导思想**。在继续强调国家干预的前提下，充分发挥自由竞争的功能；在强调联邦政府的主导作用下，充分兼顾州政府和地方政府以及私营机构的能动作用。

• **适当调整社会保障的目标**。以控制社会保障规模和纠正社会保障弊端并发挥州及地方政府的作用为主，将社会保障要解决的问题定位于不是被遗忘的低下层而是如何在安抚中产阶层的前提下照顾好低下层，是在控制安全阀的条件下解决费用过多、管得过宽及发挥效力的问题。

• **调整社会保障的有关内容**。总体上是从20世纪60年代以前的不断扩大到相对收缩，从以失业、老年保障为重点到着力解决医疗保险和医疗补助，以及以低收入年轻母亲和抚养未成年子女为重点的家庭津贴。① 小布什2004年赢得第二任总统选举胜利后,又提出要改造美国现行的公共养老金制度,适度引入个人账户制。

• **重视私营机构的作用**。如企业年金、商业性医疗保险等在美国国民的生活中占有很重要的地位,同时也充当着政府负责的社会保障系统的重要补充。不过,克林顿政府提出的医疗保险改革计划并未能顺利实施,迄今全美国仍然有近4 000万人口缺乏基本的医疗保障;然而,美国经济自20世纪90年代以来的发展,使联邦政府开始出现财政盈余,从而为解除社会保障财政危机并进一步调整社会保障制度的结构提供了很好的条件。

需要指出,美国并非福利国家,它与西欧、北欧国家相比,效率与公平长期较量的结果总是偏向效率优先。因此,美国社会保障制度的选择在很大程度上是从效率角度出发的,这种制度有其自身的特色与优势,也存在与福利国家相同的某些问题。而数以千万计的国民缺乏基本的医疗保障和数以千万计贫困人口的客观存在,也使它作为世界头号经济大国遭到了"非议"。

改革社会保障制度已经成为一种世界潮流,它的背景是时代在发展变化,而各种传统的社会保障模式也确实存在着一些不能令人满意的地方,因此,修订原有的社会保障制度,调整以往的社会保障结构,进一步增强对社会保障的调控能力,努力实现社会保障与整个社会经济长期稳定协调发展,是许多国家正在进行或准备进行的重要工作;而个人责任的回归、市场机制的适度引入等将成为新的发展趋势,但政府的主导责任从根本上不会发生改变。

▶第五节　新中国社会保障制度的发展②

一、新中国社会保障制度的建立

新中国的社会保障制度,是逐步建立起来的。它虽然与历史上的社会保障实践有着渊源关系,却又与旧中国的社会保障制度无直接继承关系。考察中国社会保障制度半个多世纪的实践,在改革开放前的30年所走的历程是从国家责任发展到国家与单位责任并重的进程,进入改革开放时期后则是一个逐渐走向政府主导与社会各方共担责任的进程。

---

① 参见黄安年. 当代美国社会保障政策. 北京:中国社会科学出版社,1998. 292~293
② 本节摘自郑功成等. 中国社会保障制度变迁与评估(第一篇). 北京:中国人民大学出版社,2002(不再单独引注)

(一) 新中国社会保障制度建立过程

1949年10月1日中华人民共和国成立，当时充当临时宪法的《中国人民政治协商会议共同纲领》为建立新中国的社会保障制度提供了最基本的法律依据。该纲领明确规定"革命烈士家属和革命军人家属，其生活困难者应受国家和社会的优待。参加革命战争的残疾军人和退休军人，应由人民政府给以适当安置，使其能谋生自立"，并要"逐步实行劳动保险制度"等。

1951年2月26日，政务院颁布《中华人民共和国劳动保险条例》，并经1953、1956年两次修订，全面确立了适用于中国城镇职工的劳动保险制度，它的实施范围包括城镇机关、事业单位之外的所有企业和职工，从而成为新中国社会保障制度中最重要的一项社会保障制度。1952年6月27日，政务院颁布《关于全国各级人民政府、党派、团体及所属事业单位的国家工作人员实行公费医疗预防的指示》，实施数十年之久的公费医疗制度自此建立；1955年12月29日，国务院发布《国家机关工作人员退休处理暂行办法》《国家机关工作人员退职处理暂行办法》《关于处理国家机关工作人员退职、退休时计算工作年限的暂行规定》《国家机关工作人员病假期间生活待遇试行办法》等法规，国家机关、事业单位职工退休、退职制度由此确立；1956年6月30日，第一届全国人民代表大会第三次会议通过了《高级农业合作社示范章程》，确立了面向乡村孤老残幼的"五保"制度；这一期间，中央政府或其职能部门还就职工福利、社会福利事业、福利工厂、生活困难补助等社会保障问题发布了一系列的法规性文件。到1956年时，中国已经初步建立了以国家（通过中央政府）为主要责任主体、城乡单位担负共同责任并一起组织实施的较为完整的社会保障制度。在这种制度安排下，国家直接承担着统一制定各项社会保障政策、直接供款和组织实施有关社会保障事务的责任，城镇企业单位负责缴纳职工的劳动保险费用，农村集体则担负着救济"五保户"和优待烈军属等责任，各种单位开始普遍承担着实施有关社会保障政策的任务，国家（通过政府）与单位在社会保障制度的确立与实施过程中日益紧密地结为一体，从而是一种典型的国家—单位保障制。

自1957年开始，随着建国初期三大改造任务的完成，国家转入有计划地全面进行社会主义经济建设时期。为适应新形势的发展，中央政府开始对社会保障制度进行调整与完善，为此，国务院（原政务院改为国务院）经全国人大常委会批准先后于1957年3月和1958年3月颁行了《关于工人、职员退休处理的暂行规定》《关于工人、职员退职处理的暂行规定》等法规，企业职工的退休养老成为一项独立的制度安排；1962年2月国务院又颁布了《关于精简职工安置办法的若干规定》等法规，并开始在中国农村普遍建立起县、乡（公社）及村（生产大队）三级医疗保健网，合作医疗制度在广大乡村得到确立。在这一时期，卫生部、劳动部、内务部等亦发布有关决定，对公费医疗、劳保医疗、农村五保保障和军属优待制度等进行了相应的调整。军人的退休制度亦得到确立。在这一时期，国家—单位保障制仍然延续着创立时期的格局，国家（主要体现在中央政府）承担着主要责任，各种单位共担着相关责任，只是保障内容发生了一些变化。如城镇职工的退休制度从劳动保险中独立出来并趋向统一、正常化，社会保险覆盖面在稳步扩大，农村五保制度、合作医疗制度及其他各项社会保障政策得到了一定程度的完善。不过，因受"大跃进"等的影响，城市工业畸形发展到职工人数大规模削减（从农村进城再回农村去），有关福利事业也同样经历了一个从大发展到大削减的过程，农村中合作医疗亦曾经历过"一哄而起"而在一些地方办办停停的现象，因此，拟议中的社会保障制度调整任务并未完成。

1966年8月，"文化大革命"开始，国家进入十年动乱时期。当时的基本社会背景是政治上强调意识形态至上，共产主义与集体主义成为时尚，城镇经济成为国有经济一统天下，农村则全面进入"一大二公"的公社化时期，国家—集体—个人利益进入高度"一致"的时期，国家和单位对社会成员的生活提供保障被视为社会主义制度的当然内容和优越性，并与各个单位的生产活动和劳动分配混同在一起。以1968年底国家撤销主管救灾救济、社会福利等事务的内务部为起始，负责劳动保险事务的工会亦陷入瘫痪状态，劳动部门受到削弱，国家（通过政府）已经无法有效地掌控社会保障制度的实施。在这种情形下，1969年2月，财政部发布《关于国营企业财务工作中的几项制度的改革意见（草案）》，规定国营企业一律停止提取劳动保险金，原在劳动保险金开支的劳动保险费用改在企业营业外列支，形成待遇标准按照国家政策规定执行，所需费用由企业实报实销的"企业保险"模式，自此以后，作为整个社会保障事业主体内容的劳动保险从此失去统筹机能并演变成企业或单位保障制，社会保障制度只能主要依靠各个单位组织来维持和延续。因此，国家—单位保障制的责任重心由国家转向单位，城镇企、事业单位包办社会的现象迅速扩张，社会保障在很大程度上走向自我封闭的单位化。

1978年不仅是中国发展进程中特别重要的一年，也是中国社会保障制度变迁的较为重要的一年。在结束"文化大革命"的背景下，这一年中国共产党第十一届三中全会召开，为扭转中国的混乱状态创造了较好的政治、社会条件；同年第五届全国人民代表大会第一次会议通过的《中华人民共和国宪法》亦在第48条、第49条、第50条分别对劳动者的福利、养老、疾病医疗或者丧失劳动能力的物质帮助以及对残废军人、烈士家属等的生活保障问题作出了原则规定；国家重设民政部，主管全国社会救济、社会福利、优抚安置事务，劳动部门的工作亦开始恢复正常。与此同时，国务院还先后颁行了《关于安置老弱病残干部的暂行办法》《关于工人退休、退职的暂行办法》等法规，对于恢复被"文化大革命"破坏的退休养老制度起到了重要作用。1980年10月7日，国务院发布《关于老干部离职休养的暂行规定》，一种待遇特殊的退休制度——离休制度由此确立，并与一般退休制度一起构成了中国的退休养老制度。1982年12月4日五届人大五次会议修订通过的《中华人民共和国宪法》亦在第43条中规定了国家发展劳动者休息与休养的设施及休假等福利问题，第44条规定了国家机关与企事业单位职工的退休保障，第45条规定了公民在年老、疾病或者丧失劳动能力的情况下有从国家和社会获得物质帮助的权利（包括社会保险、社会救济、医疗卫生、优抚事业、各种社会福利等），第46条规定了公民受教育权利，第48条规定了妇女权益问题，第49条规定了老人、妇女、儿童保护等。因此，1982年通过的《中华人民共和国宪法》对公民的社会保障权益规范是相当广泛的。1984年10月20日，中共中央第十二届三中全会通过了《关于经济体制改革的决定》。城镇继农村承包责任制改革后正式步入经济体制改革时期。随后进行的城市经济体制改革，从根本上触动了国家—单位保障制的经济基础，也动摇着赖以支撑国家—单位保障制的行政体系和单位组织结构。因此，在国家正式决定推进经济体制改革后，与计划经济体制相适应的国家—单位保障制亦意味着只能走上重大变革的必由之路。

总体而论，1969—1977年间是国家—单位保障制重心向单位转移并持续扩张的时期；1978—1985年仍然维持并巩固着这种制度模式，这一时期所做的工作虽然有所改进，但主要还是为了解决历史遗留问题和恢复被"文化大革命"破坏了的退休制度等，尽管个别地区在劳保医疗（如让职工分担部分医疗费用）、退休费用统筹（个别城市进行行业统筹）方面进行了试验，却并未触动国家—单位保障制的根本。因此，1969—1985年间，国家—单位保障制的实质及其以单位为重心的格局一直未有改变。1986年开始，中国的社会保障制度开始正式进入改革时期和一个新的发展时代。

（二）计划经济时代社会保障制度的基本框架与特色

1. 基本框架

从制度结构出发，计划经济时代形成的国家—单位保障制的基本框架由国家保障、城镇单位保障、农村集体保障三大板块组成。其中：城镇单位保障因其保障全面且水平较高而成了整个社会保障制度的主体，国家保障与农村集体保障成为整个社会保障制度的两翼。

国家保障板块是在国家统一政策规范下，以政府财政拨款为基础，由政府主管部门直接实施（或者借助于机关、事业单位与城乡基层政权）的社会保障项目。它主要包括机关事业单位工作人员社会保障、城镇居民价格补贴、军人保障、民政福利、农村救灾救济等。

城镇单位保障板块服从于国家统一的政策规范，由企业从收益中直接提取经费并自行组织实施，封闭式运行。在计划经济时代，当企业收益不足以支撑单位保障时，国家财政通过补贴的方式来给予最后保证。绝大多数城镇居民主要依靠单位保障板块提供保障。它主要包括职工劳动保险、职工集体福利。这一制度使绝大多数城镇居民直接受惠。因此，城镇单位保障事实上一直是中国社会保障制度的主体。

除国家提供有限的救灾救济外，农村以社队集体为单位，农村居民通过所在的社队集体获得有关社会保障，其经费来源于社队集体单位统一核算中的统一提留。其主要内容包括合作医疗、五保户供养及其他福利保障。

2. 主要特色

全面考察计划经济时代形成的国家—单位保障制，可以发现这种制度安排的特色非常鲜明，概括起来即是国家负责、单位包办、板块分割、全面保障、封闭运行、缺乏效率。

• **国家负责**。国家通过计划经济体制维护着各个单位组织长生不死，并通过财政补贴的方式来直接担保。社会保障制度能否实施？如何实施？能否持续下去？最终并非取决于单位而是取决于国家政策，取决于国家财力，可见，国家—单位保障制的本质特征即是国家负责。

• **单位包办**。在国家—单位保障制下，单位的作用异乎寻常地重要，国家离开了单位便根本不可能实施社会保障政策。各单位无一例外的要听命于国家政策规定并直接承担起组织实施本单位社会保障的责任，企业单位与乡村集体经济组织还要为这种制度的实施提供经费。因此，在城镇，居民除接受政府的价格补贴，几乎所有生活保障事务均是通过所在单位来获得保障的；在乡村，除灾民接受灾害救助外，亦是依靠集体经济组织的分配与福利来获得生计与疾病医疗保障的。因此，对绝大多数国民而言，国家—单位保障制就是单位包办的社会保障制度。

• **全面保障**。在国家—单位保障制度下，作为社会主义优越性的体现，这种制度保障的范围是广泛的。在城镇，从退休养老到疾病医疗，从住房福利到教育福利，从就业安置到贫困救助，从价格补贴到职工食堂，等等，由国家主导、单位包办的社会保障事务不仅涵盖了人们的社会性保障需求,甚至还包括了一部分非社会性保障需求。在农村,保障项目虽然不多,但国家规定农村收益分配采用按劳分配与按人口分配相结合的方式,收入分配中即含有福利的份额,政策规范的保障项目亦受益者众多,如城镇的劳动保险与职工福利几乎使所有城市居民均受惠其中,农村合作医疗曾经惠及95％以上的农村人口。

• **板块结构**。国家保障、城镇单位保障与农村集体保障三大板块相互分割、各负其责,计划经济不仅使国有经济一统天下、人民公社一大二公,而且保证了城镇劳动者的高就业、"铁饭碗",加之严格的户口管理和城乡之间、干群之间、不同所有制单位之间的森严壁垒,所有的社会成员均被分割安置在城镇的某一个单位或农村的某一个社队,社会成员也就普遍被某一保障板块或者两个保障板块所覆盖,因此,特定的社会、经济结构使三个相互分割的板块共同构成了一个并无遗漏的安全网。不过,这种板块状结构毕竟与社会保障社会化原则相背离,它最终不仅导致了单位负担不公平和不堪重负的直接后果,而且造成了社会成员的畸形福利观念,从而是阻碍社会经济协调发展的重要因素。

• **封闭运行**。在国家—单位保障制下,制度的实施过程是完全封闭的,各个单位只对本单位的成员负责,一些集体福利设施即使闲置也不会对其他单位开放。在各个单位客观上存在着收益差异(如事业单位接受财政拨款有多寡、企业单位销售收益有多寡、农村社队生产产量有高低)的条件下,封闭运行所带来的必然是本位主义和相互攀比之风。

• **缺乏效率**。一方面,在国家—单位保障制下,由于国家与单位承担了社会保障的全部责任,并分别组织实施着各项社会保障政策,社会成员个人就无需承担直接义务,在其他国家社会保障领域发挥重要作用的各种社会组织亦无生存空间,因此,国家—单位保障型制度是权利义务单向、社会组织缺位的制度模式。另一方面,在国家—单位保障制下,劳动者的福利所得实际上与其劳动所得混淆不清,城市长期实行的是低工资、多福利待遇,享受福利成为劳动者及其家庭成员生存的必要条件,因此,城市居民的社会保障待遇其实含有劳动报酬的份额在内,这就使得保障与就业无法分离;在农村,农民的收益分配即是按劳分配与按人口分配相结合。这种制度安排因无法调动政府之外的积极性和混淆了劳动所得与福利分配的差别,从而不仅影响了制度自身的效率,亦直接损害了劳动者的劳动积极性。

此外,国家—单位保障制的特色还表现在国家与单位之间的"父子关系"上,在这种制度模式下,不仅人民享受着国家的"父爱",在遇到生计困难时依靠国家，各种单位也享受着国家的"父爱"——接受着各种补贴，从而具有很浓厚的中国传统文化色彩。

二、中国社会保障制度的改革（1986年以来）

20世纪80年代以后，中国进入改革开放时代。对于中国社会保障制度改革的起始标志与进程的确认，观点不尽一致。一种看法认为，应从1978年党的十一届三中全会的召开算起，因为它标志着中国进入一个新时代；一种看法认为，中国社会保障改革与中国经济改革同步，应当自1980年农村经济改革算起；一种看法则认为，中国的社会保障改革应当以社会保障政策发生重大变革为标志，而1986年即因相关政策的出台而可以视为进入改革阶段的正式年份。能够支撑这一结论的依据是此前出台的政策主要是延续原有的保障制度，而1986年4月12日六届全国人大四次会议通过的《中华人民共和国国民经济和社会发展第七个五年计划》，不仅首次提出了社会保障概念，而且单独设章阐述了社会保障的改革与社会化问题，社会保障社会化作为计划经济时代国家负责、单位包办保障制的对立物，被正式载入国家发展计划；同年7月12日由国务院发布《国营企业实行劳动合同制暂行规定》和《国营企业职工待业保险暂行规定》，不仅明确规定国营企业用劳动合同制取代了计划经济时代的"铁饭碗"，规定合同制工人的退休养老实行社会统筹并由企业与个人分担缴纳保险费的义务，而且初步构成了失业保险制度的框架，从而具有了显著的制度创新象征；而同年11月10日由劳动人事部颁发的《关于外商投资企业用人自主权和职工工资、保险福利费用的规定》，因强调外资企业必须缴纳中方职工退休养老基金和待业保险基金，亦意味着国家在承认经济结构多元化的条件下对劳动者社会保障权益的维护，并开始消除社会保障单位化的烙印。1986年发生的上述标志性事件，显示了中国社会保障制度自此进入了制度重构时期。

（一）中国社会保障制度改革的原因与简要历程

中国社会保障制度改革是在特定时代背景下多种因素综合影响的结果。一方面，是经济改革所带来的变化动摇了原有社会保障制度的经济基础与社会基础。例如，20世纪80年代初期农村承包责任制的推行，使原有的农村社会保障制度（如"五保"制度、合作医疗制度等）丧失了赖以支撑的集体经济基础，除"五保"制度在政府修改原有制度并通过颁布《农村五保供养工作条例》（1994年1月23日）强力推进外，合作医疗制度几乎全面崩溃；而稍后进行的城市经济改革，又使国民经济结构由国有经济一统天下转变为多元经济成分并存发展，国有单位不再是长生不死，伴随而来的则是社会结构发生深刻变化，经济主体多元化、劳动力市场化、收入差距扩大化及由此带来的社会阶层分化，以及单位与政府之间、个人与国家、单位之间的利益追求由一致走向分离，必然动摇原有社会保障体制的经济基础和社会基础，如果不对其进行重大变革，社会保障制度安排就不仅不可能继续发挥其作用，而且可能成为社会冲突、激化矛盾的新的致因，并直接对市场经济改革与经济发展造成直接损害。另一方面，计划经济时代形成的社会保障体制自身亦存在着缺陷，并在实践中造成日益严重的负面影响。如封闭运行的单位保障体制导致社会保障统筹、互济功能的丧失，单位负担畸轻畸重，一些老国有企业在改革开放前就陷入了不堪重负的困境，公费医疗等制度亦存在着巨大的资源浪费现象，一些保障项目的不公平性由受保对象个人权益的不公平日益扩展成社会不公平，因此，原有制度因自身存在着难以克服的缺陷，亦有着改革的必要性。此外，社会保障改革作为一种世界性潮流自 20 世纪 70 年代以来就在西方工业化国家和许多发展中国家兴起，它们的行动表明这种制度不可能是一成不变的，它需要适应社会经济的发展变化而及时作出调整。

通过对中国社会保障制度改革的考察，发现它可以划分为三个阶段：

第一阶段（1986—1993 年）。重点是为国有企业改革配套和缓解乡村贫困问题，原有的社会保障制度在延续，但新型的社会化保障机制开始生长。国家在这一阶段提出了社会保障社会化原则并通过中央政府的推动取得了进展，国家责任得到了适度控制和调整，改变单位包办社会保障事务的做法成了改革的重要内容，个人亦开始承担有象征意义的缴费责任等，这些变化预示着社会保障社会化开始替代社会保障单位化。这一阶段社会保障改革的重点在总体上是为国有企业改革配套和缓解贫困地区的乡村贫困问题，但单纯强调为国企改革配套亦使城镇社会保障制度改革目标走向片面化。正是这种片面化造成了社会保障制度改革日益滞后于经济改革与社会发展的需要，因为社会保障制度不可能只为某项改革配套，也不可能只为国有企业和国有企业职工服务。

第二阶段（1993—1997 年）。社会保障成为市场经济体系的重要支柱，新旧社会保障制度并存但此消彼长。这一阶段以 1993 年 11 月 14 日中共十四届三中全会通过《关于建立社会主义市场经济体制若干问题的决定》并在其中对社会保障改革提出明确要求与原则规范为主要标志。社会保障社会化自此成为改革中追求的主要目标，并越来越多地体现在政策实践中，但原有的社会保障制度亦未明确宣布废除，因此，这一阶段是原有社会保障制和新型社会保障制并存但此消彼长的时期。这一阶段的背景是，国家已经确立经济改革的目标模式是市场经济体制,社会保障制度被确认为市场经济正常运行的维系机制,社会保障亦被称为市场经济体系的五大支柱之一,中共中央在《关于建立社会主义市场经济体制若干问题的决定》中的第26～第28条明确要求"建立多层次的社会保障体系",并确认了"社会保障体系包括社会保险、社会救济、社会福利、优抚安置和社会互助、个人储蓄积累保障"及"城镇职工养老和医疗保险金由单位和个人共同负担,实行社会统筹和个人账户相结合"等重要内容。1994年1月23日,国务院颁布《农村五保供养工作条例》,农村五保供养工作自此走向规范化;同年4月14日,经国务院批准,国家体改委、财政部、劳动部、卫生部联合发布《关于职工医疗制度改革的试点意见》,在城市开始推进职工医疗保险制度改革,医疗社会保险开始取代国家—单位保障制中的公费医疗与劳保医疗;同年还先后制定并公布了《国家八七扶贫攻坚计划(1994—2000)》《关于深化城镇住房制度改革的决定》,扶贫工作与住房制度改革步入一个新的发展时期;此外,劳动部、民政部等还颁布了一系列有关社会保险、最低工资保障、福利彩票管理等方面的行政性法规。此后,国务院先后颁布了《关于深化企业职工养老保险制度改革的通知》(1995)、《关于建立统一的企业职工基本养老保险制度的决定》(1997),使新型养老保险制度建设取得重要进展;国务院还发布了《关于在全国建立城市居民最低生活保障制度的通知》(1997)、《关于卫生改革与发展的决定》(1997)等,促使城镇贫困救济政策走向制度化,卫生体制改革亦被正式提上改革日程。劳动部、民政部等中央部委亦发布了一系列政策法规推进各项社会保障制度改革。因此,这一阶段的社会保障改革随着市场经济改革的步伐加快而加快,它体现了为市场经济改革服务、以养老保险改革和医疗保险改革为重点的特色。

第三阶段(1998年以来)。社会保障逐渐成为一项基本的社会制度。进入这一阶段的主要标志有三:一是1998年3月新一届中央政府在保留民政部的同时,新组建了劳动和社会保障部,相对统一了社会保障管理体制;二是社会保障全面走向社会化和去单位化,建立独立于企事业单位之外的社会保障体系、筹资渠道多元化、管理服务社会化成为改革旧的社会保障制度和建设新型社会保障制度的明确目标;三是超越了片面为国有企业改革配套和单纯为市场经济服务的观念,开始将社会保障制度作为一项基本的社会制度安排来建设。1998年以来,国务院先后颁布了《关于实行企业基本养老保险省级统筹和行业统筹移交地方管理有关问题的通知》(1998)、《关于建立城镇职工基本医疗保险制度的决定》(1998)、《失业保险条例》(1999)、《社会保险费征缴暂行条例》(1999)、《住房公积金管理条例》(1999)、《城市居民最低生活保障条例》(1999)、《关于完善城镇社会保障体系的试点方案》(2000)、《工伤保险条例》(2003)、《劳动保障监察条例》(2004)等一系列法规或法规性文件,并成立了全国社会保障基金理事会,劳动和社会保障部、民政部等亦制定了一批有关社会保险、社会福利、社会救助方面的法规性文件,它们共同规范与指导着社会保障制度的全面转型。尤其是在2004年3月,十届全国人大二次会议通过宪法修正案,正式将建设同经济发展水平相适应的社会保障制度写入了宪法,更明确标志着社会保障制度正在成为国家发展必要的基本制度安排。在这一阶段,国家仍然继续主导着的社会保障改革并承担着直接的、重要的责任,但构成社会的各个方面(如企业、机关事业单位、慈善公益团体等)及社会成员个人均共同分担着社会保障责任,社会保障不再单纯地为经济改革服务而是为整个社会经济协调稳定发展服务,包括社会保险、社会救助、社会福利在内的整个社会保障制度的规范性建设和管理、服务社会化取得了显著的进展。

(二) 对中国社会保障制度改革的简要评论

中国社会保障制度选择的是渐进改革的方式。这种改革方式几乎有别于任何国家的社会保障制度改革,因为其他国家或地区对社会保障制度的改革几乎都是立法先行,有关社会保障制度的法案获得通过,即意味着新的社会保障政策得到确立或完全替代原有的政策。但中国社会保障制度从1986年以来走过的历程却并非如此,它经历了从自下而上到自上而下、从自发改革到自觉改革、从单项改革到综合改革的渐进过程,在很长时期内都是新旧社会保障制度并行,几乎所有的社会保障新方案均通过长时期的试点。这种渐进改革方式符合中国整个改革事业的要求,因为中国的经济改革也是渐进式的而非休克式的,但不符合社会保障制度变革的国际惯例,因为它在实践中不仅受制于经济改革,而且容易对其他改革的推进产生路径依赖。因此,回顾中国社会保障改革的历程,便可以发现既有巨大的成就,亦存在着不少失误。

一方面,中国社会保障制度改革所取得的成就是巨大的,通过近20年来的变革,在维系经济改革和国民经济持续增长、保证整个社会基本稳定的同时,促使曾经惠及亿万国民的社会保障制度实现整体转型,这在国际上是没有先例的。许多国家的社会保障制度改革只能局限于某一项目或某一环节,甚至还引发严重的社会危机,既揭示了社会保障制度变革的艰难性,也从一个侧面证实了中国社会保障制度改革的成就。具体而言,中国社会保障制度改革的成就主要表现在以下几个方面:一是国民的社会保障观念发生了巨大的变化,从单纯依赖政府与单位转化到责任分担;二是制度转型任务基本完成,即从计划经济时代形成的国家负责、单位包办、全面保障、板块结构、封闭运行、缺乏效率的社会保障制度,逐步转化成政府主导、责任共担、合理保障、多层次的社会化保障制度;三是新型社会保障制度基本框架得到确立,管理体制基本理顺,包括养老保险、医疗保险、失业保险、工伤保险、城镇居民最低生活保障等在内的主要社会保障项目均在制度创新中获得发展,在新型社会保障制度下受保障的人口在持续扩大。上述成就表明,对社会保障改革成就给予高度评价显然有充分的事实依据。

另一方面,如果从社会保障制度转型仍未最终全面完成、新型社会保障制度依然滞后于经济社会发展的需要、社会保障改革实践中的不公平现象依然十分严重,以及这一制度在建设中所遇到的许多难题,就会发现,中国社会保障制度改革并非只有成功与经验,它还同时存在着失误和需要吸取的教训。尽管这些失误与教训大多因受以往经济改革的渐进性和"摸着石头过河"思路的影响而难以完全避免,但正视这些失误对整个社会保障改革的深化和新型社会保障制度的最终确立显然具有非常重要的意义。概括而言,中国社会保障改革中出现的失误,主要表现在价值取向上过分强调效率、改革观念上过分强调为国有企业改革配套、改革方式上存在着统放不分、制度安排中长期忽略农村社会保障制度建设等方面。

(三)中国社会保障制度发展所面临的主要问题

中国社会保障制度发展所面临的问题很多,其中既有历史问题,也有改革中未能妥善处理好的问题;既有制度之内的问题,也有制度之外的问题。当前存在的主要问题有:

1. 新的社会保障体系不完善,社会保障明显不足

完善的社会保障体系不仅包括规范、协调的社会保障项目体系,而且应当包括确保制度运行安全的健全的监管体系和能够满足制度实施的完善的服务体系。但从现状出发,中国社会保障体系还存在着诸多缺漏,不仅现有项目体系无法覆盖全体应当被覆盖的社会成员,而且还存在着诸多项目空白;而在监管等方面,除养老保险等少数项目的监督趋严与社会化服务进程在加快外,其他社会保障制度的监管体系与服务体系的建设均很欠缺;政府主导之外的层次的社会保障亦未能真正有效推进。因此,中国的社会保障安全网客观上存在着巨大的漏洞,多数人缺乏基本养老保险,多数人没有基本医疗保障,乡村数以千万计的贫困人口尚未有制度化的社会援助制度,包括面向老年人、残疾人等在内的各项社会福利事业均严重滞后,一些迫切需要国家与社会帮助的社会成员在遇到困难时易生绝望心态。可见,中国社会保障制度

现阶段面临的主要问题,是社会保障不足的问题,中国的发展迫切需要建立健全的社会保障体系。

2. 法制建设滞后

在当代社会,任何制度均只有通过法律调整才能摆脱单纯偶然性和任意性羁绊。社会保障制度对法制性的要求更高,立法先行是一项基本原则,工业化国家(或地区)及许多发展中国家在建立或修订自己的社会保障制度时均会遵循这一规则,即任何一项社会保障制度的建立和改革,通常都以立法机关制定或修订相关法律、法规为先导,以管理部门制定相应的实施细则为条件,于后才是具体组织实施社会保障项目。这一定例除法制社会和市场经济的客观要求外,亦是社会保障制度自身的需要。因为社会保障是涉及亿万国民切身利益的社会公共事业,没有立法的规范和硬约束,便不可能得到有效推进;同样重要的还有,社会保障制度安排牵涉到政府、企业与个人之间的责任分担和不同社会群体或利益集团的利益调整,当我们考察西方国家的社会保障制度时,就可以发现行政机关与立法机关在社会保障立法方面存在分歧的现象非常普遍,许多关于社会保障立法事实上是行政机关与立法机关相互较量与妥协的结果,这说明至少仅仅依靠政府是难以真正确立社会保障制度的。因此,立法的意义不仅在于对社会保障制度的权威规范,更在于实现社会保障责任与权益的合理配置。[①] 然而,中国的现实却是缺乏对社会保障的法律规范,主要依靠行政机关的法规政策来推动社会保障制度改革。这种状况不仅无法使新的社会保障制度真正走向定型发展,而且因政策的多变或过度灵活而损害了新制度应有的稳定性。

3. 责任模糊

责任模糊是中国现阶段社会保障制度改革与发展面临的又一重大问题。它包括:一是历史责任与现实责任划分不清,正在影响着对历史责任的合理化解和新制度的统一;二是政府责任边界不明晰,不仅造成了政府日益加重的负担,更重要的是无法有效引导市场、社会乃至单位组织发挥应有的作用,如慈善公益事业就缺乏扶持,商业保险亦缺乏有力引导;三是中央政府与地方政府的责任未能明确。在国家责任方面,虽然中央财政自1998年以来对社会保障的投入在大幅度增长,但并非是一种固定机制,在很大程度上带有随意性;而地方财政的投入极少,一些地方的财政几乎处于缺位状态。社会保障制度安排中的主体各方责任的非确定性或模糊性,财政责任的非固定化乃至缺位,无疑会直接损害新制度的有计划性和可预见性,同时也会给经济发

---

① 郑功成. 加入WTO与中国的社会保障改革. 管理世界. 2002,4

展和市场竞争中的主体各方带来权利与义务的不确定性，并增加劳动者代际负担的不确定性和每届政府应负责任的不确定性，进而可能损害市场经济的正常秩序，弱化国家参与国际竞争的能力。因此，用明确的责任划分来替代现实中的责任模糊，用分级负责的固定拨款机制来促使各级财政到位，客观上已经成为新型社会保障制度建设所面临的紧迫任务。

4. 新制度的有效性还有待提高

近20年来的社会保障制度改革，虽然改变了计划经济时代单位包办社会保障事务时负担畸轻畸重的现象，却因多种原因造成了新的不平等。如因基本养老保险统筹层次低，各地区的缴费率因历史负担的轻重而存在着很大的差距，这不仅损害地区之间的公平竞争，而且构成了中国社会保障制度尤其是应当统一的基本养老保险制度走向统一的重大阻碍因素；劳动者个人之间因多种原因导致的社会保障权益不平等，亦直接损害着社会保障的公平与公正，阻碍着统一劳动力市场的形成。同时，现行社会保障制度均还存在着有效性不足的问题，如医疗保险改革采取的统账结合模式因不能很好地解决受保障者的疾病医疗问题而面临着调整的必要，失业保险对就业促进的功能有待提高，最低生活保障制度因仅仅包含单一的食物保障而面临着与其他贫困救助制度整合的必要，其他保障政策亦存在着政策不协调、不规范及相当多的技术问题。因此，尽管新制度取得了值得肯定的实践效果，但有效性仍然有待提高。

（四）中国社会保障制度的未来发展

2004年3月，十届全国人大二次会议通过的《中华人民共和国宪法》修正案，明确规定国家建立健全同经济发展水平相适应的社会保障制度，这不仅表明了国家建立社会保障制度的目标与方向已经明确，而且揭示了国民的社会保障权益正在得到确立，它预示着中国的社会保障制度将进入一个较快的发展阶段。

立足于全面建设小康社会的新时代，基于社会保障制度自身的规律和中国的国情，以及近20年来整个社会保障制度的变革，可以概括出中国社会保障未来发展的基本轮廓。

在讨论新型社会保障制度的发展目标时，应当避免陷入认识误区和可能导致不良后果的政策取向。如借鉴国外经验不等于与国际接轨，利用民间力量和市场机制不等于走私有化道路，维护经济发展不等于只服从于经济增长，强调个人责任不等于政府可以推脱自己的责任，等等。因此，稳妥而又有效的选择将是在植根现实国情的基础上走理性而又中和的发展道路。

从中长期的发展角度出发，新型社会保障制度的发展目标，应当是在这种制度最终定型的基础上，发展成为全体国民走向共同富裕的重要途径，并在维护经济社会的持续、协调与和谐发展中实现自身的持续发展。它的分目标包括：一是尽快实现制度定型，包括完成国家立法、在政府主导下完善保障体系、健全监管机制和全面实现社会化等；二是维系整个社会经济的长期稳定、协调与和谐发展，包括化解市场经济条件下的失业风险，维护劳动力市场并促进劳动力再生产，缩小收入分配差距和贫富差别，平衡劳资关系，创造公平稳定的社会环境，并发挥雄厚基金的融资功能，促进社会经济长期稳定、协调、和谐发展；三是保障城乡居民的基本生活并使其生活质量不断得到改善。如将基本养老保险、医疗保险逐渐发展成为全体国民普遍受惠的制度安排，社会福利成为不断提升城乡居民生活质量的可靠保证，其他社会保障制度安排按照各自分工发挥出应有功能，等等；四是促使新制度的有效性不断提高，在与时代保持相适应的条件下实现自身的可持续发展，成为中国社会发展进程中不可或缺的久远制度安排。

在建设中国新型社会保障制度的进程中，应当确立大协调观与可持续发展观，突出以人为本、维护公平、促进和谐的价值取向。一方面，社会保障不仅要追求系统内部各子系统与各项目之间的协调，还应当追求社会保障政策与就业政策、收入分配政策、公共财政政策、人口政策等相关政策的协调；不仅要追求制度自身的可持续发展，而且要为整个社会经济的可持续发展做出有益的、有力的贡献。另一方面，社会保障的最终目标是为了人的全面发展，是为了促进社会公平，从而在制度发展进程中，必须牢固地确立以人为本和公平正义的价值取向。

在现阶段，中国社会保障发展的首要任务，就是将社会保障制度上升到国家立法规范的层次，进一步明晰政府在社会保障制度中的主导责任，并根据责任分担的原则进一步明确政府、企业、社会及个人的社会保障责任，在实践中坚持制度建设的多层次化与社会化原则，采取官民结合的手段来调动政府、社会、市场、企业乃至家庭及个人的参与积极性，最终建成一个健全的、覆盖全体国民的社会保障体系。

■ 本章小结

社会保障作为超越家庭保障之上的生活保障机制，在中外均源远流长。

早期的社会保障是慈善事业的代名词，它包括宗教慈善事业、官办慈善事业与民办慈善事业，在西方是宗教慈善事业为主，在中国则是官办慈善事业为主。此后才进入济贫制度阶段。

在社会保障的发展进程中，要受到多种因素的影响，包括经济因素、社会因素、政治因素、伦理道德因素以及历史文化因素等，社会保障制度的产生与发展，实质上是上述多因素综合影响的结果。

社会保险制度在德国的产生，是进入现代社会保障制度阶段的标志。包括养老保险、医疗保险、工伤保险、失业保险等制度安排在内的社会保险，成为工业社会必不可少的社会化保障机制，它既是工人阶级长期斗争获得的成果，亦是社会文明发展进步的重要方面。

福利国家将社会保障的发展推到了一个全新的阶段，使社会保障制度摆脱了历史上充当稳定社会工具的单一色彩，代之以社会公平等理念，进而成为社会和谐发展的维护维系与协调机制。

社会保障制度在实践中所表现出来的立法先行、与经济社会发展相适应、协调发展、多样化发展等规律以及尊重本国国情、追求长期稳定协调发展、努力追求社会化等经验，值得所有国家尊重与借鉴。而社会保障泛政治化、社会福利高度膨胀或者社会保障严重滞后等所带来的不良后果，又揭示了这一重大制度安排需要理性。

自20世纪80年代以来掀起的社会保障改革浪潮，表明社会保障制度需要不断完善才能获得更好的发展。无论是福利国家，还是美国，以及智利等发展中国家的社会保障改革，均揭示了社会保障只有适度控制政府责任和坚持责任分担机制，并充分发挥政府、企业、社会、市场以及个人及家庭的积极性，才会更加健康地发展。

中国的社会保障改革是世界瞩目的重大制度变革。其重要意义在于它的全面变革与制度创新。迄今为止，中国社会保障改革走过了三个阶段，取得了巨大成就，但改革中也出现过失误，现阶段还面临着许多问题与挑战。但最艰难的改革任务已经完成，新制度的建设将进入加快进行的轨道。

■ 复习思考题

1. 社会保障发展要受哪些因素的影响？
2. 社会保障发展经历了哪些阶段？
3. 比较宗教慈善事业、官办慈善事业、民办慈善事业的异同。
4. 试评价早期的社会保障。
5. 为什么说社会保险的出现是现代社会保障制度建立的标志？
6. 现代社会保障制度的发展有哪些基本规律？
7. 社会保障的国际经验与教训有哪些？
8. 如何评价福利国家及其改革？

9. 如何评价中国的社会保障改革？

10. 谈谈你对中国社会保障未来发展的见解。

案例讨论 1

德国为什么要向"懒人"开战

懒惰，这两个字似乎不该和德国人联在一起，因为谁都知道，他们是世界上最勤劳的民族之一。然而无情的现实是，德国现在也出现了一批"懒人"，而且为数不少。

几年前，记者曾在德国住过一次医院。同室病友中有两位失业多年的德国工人。从闲聊中得知，他们患的都是因营养过剩引起的"富贵病"，并不严重。但这两位靠吃社会救济的人，照样可以每年踏踏实实地来医院住上一二次。在医院，他们每天除了吃饭、睡觉、打针和服药以外，就是喝咖啡，看马路小报，或者谈论涉及他们个人的福利问题，真是优哉游哉。我曾问他们为什么不去找份工作，其中一人说："那样太不合算。"

干工作挣工资，怎么就不如在家吃救济合算呢？原来，战后的联邦德国为了实现社会的公正与平等，曾大力发展福利事业。失业者不仅得到了生活的基本保障，而且还能享受任何国家都不能比拟的优厚待遇。比如：你只要连续工作2年，一旦失业就可以连续若干年从国家领取每月1 800马克的固定收入，同时还能享受医疗和养老保险，就连住房和子女补贴也比在职人员要多。如：一个有2个孩子的低收入家庭，每月的毛收入连同住房和子女补贴，总共为3 245马克，而同样一个四口之家如果靠失业救济生活，每月可以得到2 940马克，只比前者少300马克。那么，有谁还愿意为区区这点钱而每月苦干150个小时呢？看来，问题就出在这里，一个原本为了实现公正的体制却造成了一种新的不合理。正如一位专家所说："其实并不是德国人懒惰，而是我们的体制懒惰，是制度把人养懒了。"

至于德国到底有多少条"懒汉"，人们难以准确统计。去年，德国劳动部门记录有91 000人公开拒绝劳动，但专家们认为，实际的"懒人"肯定还要比这个数字高出许多倍，否则，平常大白天，哪来那么多闲人泡在啤酒馆、游戏厅，或者在大街上游荡呢？

游手好闲、专靠社会救济过活的人，实际上是一种剥削他人劳动的"寄生虫"，因此他们的所作所为已日益引起德国社会的极大义愤。人们纷纷呼吁：必须对这些懒汉进行惩治，"不劳动者不得食"！

目前，德国政府正在认真考虑对社会福利和劳动市场制度进行改革。尽管阻力重重，但仍然决心向这些积弊已久、却长年无人敢碰的禁区进军。其方略是：一方面，创造一批低收入的劳动岗位，以帮助长期失业者（这些人大都学历低、能力较差）重返劳动市场；另一方面，对不肯劳动、钻社会福利空子的"懒人",则坚决减少或取消对他们的社会救济。

据说18世纪初,欧洲人曾用一种奇特的方法惩治懒惰:谁要拒绝劳动,就把他关进地牢,然后往囚室里灌水,只需几个时辰,就能把懒汉淹死。这时,懒汉求生只有一个办法,牢房里放着一台小水泵,他必须拼命地蹬踏水泵踏板,通过"劳动"才能死里逃生。400年过去了,当年的"水泵治懒法"如今已变成了法律,德国《联邦社会救助法》第25款规定:凡不肯劳动的人,就没有权利得到生活补助。

(严建卫. 载文汇报,2001—07—30)

补充:德国的现象值得重视。不过,虽然福利国家的批评者们往往认为,福利国家是成本高昂的、会鼓励懒惰,但也有不少学者提出了与之不同的主张,即福利国家实际上是一种能够获得社会合作与回报的投资,是划得来的。因此,这将是一个长期争论而难有完全准确答案的问题。

案例讨论2

不平等的福利保障会带来什么效应

中国城市存在的是一种不平等的福利保障,即正规就业岗位如国家机关事业单位、国有企业及其他类型企业中的劳动者享受着包括养老、医疗、失业保险及住房福利、各种补贴和带薪休假等完整的社会福利待遇,而非正规部门的全部及正规部门中的非正式工作岗位上的劳动者如农民工及非农业户口的临时工等的福利待遇却缺乏起码的社会保障,绝大多数的农民工在城市几乎无任何保障可言。根据劳动经济理论,在市场经济条件下,某个部门就业水平决定于该部门的劳动报酬,而劳动报酬又由工资率、社会保险与职业福利构成,因此,在工资率已定的条件下,劳动者的福利水平或者社会保障水平对就业的影响显然具有决定意义。一般表现为社会保障或福利水平越高,该部门的就业水平就越低,反之亦然。与此同时,高福利保障部门的就业规模越小,低福利保障部门的就业压力就越大,反之亦然。

据国务院发展研究中心的调查,(国有)大中型企业明显具有雇佣农民工以替代正式工的倾向。上海一家拥有20 000名职工的企业负责人说,他们争取每年增加1 000名农民工,同时减少1 000名正式工。北京一家企业曾经有5 000名正式职工,已经下岗3 500人,可是350名农民工仍然在岗。出现这种情况是因为企业完全是从降低劳工成本出发的,一个农民工比一个正式工的福利保障支出要成倍减少甚至没有这方面的支出。另据国家劳动和社会保障部2002年对天津市104家企业用工情况的调查,在天津市工人下岗问题十分严重的条件下,各个企业的外来劳动力仍然都在20%以上。很显然,如果正式工的福利保障水平不是偏高,或者非正式工的福利保障水平不是偏低,那么用人单位也就无须如此急迫地以农民工替代正式工了。①

从纯粹的经济理论角度看,不平等的福利保障待遇所造成的劳工成本差距越大,以追求利润最大化为目标的企业雇佣农民工或临时工以替代正式工的冲动就越强烈,其结果必然是正规就业者越来越少而非正规就业者越来越多,这是福利保障制度不平等的直接效应。

当大量的正规就业者被高福利保障部门裁减下来,被迫加入低福利保障甚至无福利保障的非正规就业者行列时,非正规就业部门的劳动力供给就会相应地大量增加,与之相联系的是该单位的劳工成本相应地大幅度下降,进而又使非正规就业者竞争更加激烈,继而使其福利保障待遇更低甚至波及工资水平,结果导致正规就业者与非正规就业者收入与福利保障差距进一步扩大。

不平等的福利保障制度也直接影响着人事制度改革的进程。人们一旦进入高福利保障部门,就绝不会轻易退出;因为一旦退出就意味着巨大的福利保障损失,正是这一因素使国家机关事业单位冗员充斥而无法裁减,这已经成为机关事业单位改革中最为棘手的问题。

不平等的福利保障制度还严重损害了社会公平。因为福利保障待遇的不平等造成了不同就业方式劳动者的收入分配不平等,进而导致经济地位与社会地位的不平等,同时还造成了不同用人单位竞争的不平等。同时,由于各单位竞相裁减正式员工、雇用非正式员工,还使国家机关、事业单位众多的高福利损失者(落聘者)失去了心理平衡。

不平等的福利保障还损害了社会和谐,高福利保障单位因裁减正式员工、雇用非正式员工而引起裁减员工与单位的对立,低福利保障单位则会直接导致劳动者与单位的对立,同时也易引起不同阶层劳动者之间的对立,这些后果显然不利于经济社会的持续、稳定、协调与和谐发展。

综上,不平等的福利保障带来的直接效应是影响就业、损害公平、阻滞改革、破坏和谐,它也并不必然带来效率,或者说是局部的效率破坏了公平的竞争环境。因此,劳动者的福利保障制度至少由法律规范、政府主导的社会保险等制度应当是统一的,只有这样才能促使劳动就业市场发育成熟,才能创造有利于市场经济条件下公平的竞争环境,并推进社会和谐。

■ 案例讨论3

智利公共养老金私营化改革②

智利对公共养老保险制度采取私营化改革,几乎是一场对传统养老社会

---

① 朱镜德. 双重极端高福利. 中国社会保障. 2003,12
② 郑功成. 社会保障学——理念、制度、实践与思辨. 北京:商务印书馆,2000初版,2003、2004再版. 173~178;郑功成. 智利模式——养老保险私有化改革述评. 经济学动态. 2001,2

保险制度的重大革命，它始于20世纪80年代初期，当时的政治背景是智利军方发生政变后并于1980年通过修订宪法取得了合法的统治地位，皮诺切特将军独揽大权实行独裁统治且至少延续到1989年；同时，军人政府通过宪法从制度上削弱了政府的职能，并把这些职能转交给私营部门，另外还通过限制参政渠道、增强市场作为社会经济活动管理者的作用等方式分解社会，并通过了一系列的新政策规范，排除了有组织的对抗。此外，智利人不好储蓄的传统亦影响了其经济的发展。在这种社会、政治、经济及传统习俗的背景下，养老保险私营化即作为一项新的政策出台并被强制实施。

智利养老保险制度私营化模式，是在1973年10月将全国各种家庭津贴统一起来并将其由养老保险基金会转交给新成立的机构——家庭津贴补偿组织，以及1979年2月废除建立在工作年限基础上的养老保险制度而建立起对养老金水平统一调整制度的基础上，以1980年11月通过的3 500号法令为依据，于1981年开始实施的一种新型养老制度。它以个人资本为基础，实行个人账户制（包括基本个人账户和补充个人账户，前者指个人要将其纳税收入的10%作为自己的养老金投入，后者则是在前者基础上为将来得到更多养老金而进行更多储蓄所设立的补充个人账户），由私人养老基金管理公司负责经营管理，保险费完全由个人缴纳，雇主不承担缴费义务。政府的作用有二：一是立法强制；二是成立智利养老基金监管局主管各家私人基金公司，同时成立社会保险制度标准化管理局负责协调新旧制度的过渡，智利中央银行亦直接参与私人基金公司投资活动的监管。从智利养老保险模式的运行来看，其最大的特点就是养老保险个人负责制，同时将政府的管理责任转移给私人管理公司，这样，政府的责任被缩小到最小限度，而个人的责任却被扩大到极大程度。

智利在养老金制度上的改革因其在20世纪80年代期间确实取得了政府负担减轻、养老保险基金运营效益显著增长等成就，由此而成为世界瞩目的对象。养老保险基金私营化管理亦被另外一些拉丁美洲国家视为值得仿效的榜样。首先是秘鲁于1992年开始仿效，随后是哥伦比亚、阿根廷于1993年开始改革，乌拉圭、墨西哥于1995年开始改革，接着是玻利维亚、萨尔瓦多于1996年采用民营管理，委内瑞拉亦于1997年对养老保险制度进行改革。美国、欧洲国家乃至像中国这样的发展中国家，都以极大的兴趣关注着智利模式，可以这样说，自19世纪80年代俾斯麦创造的德国社会保险模式和20世纪40年代以后依据贝弗里奇报告建立的福利国家模式后，社会保障领域再也没有一种改革能够像智利模式这样引人注目了。然而，也应当看到，对智利模式持审慎态度的人似乎更多①，即使在仿效智利的拉美国家中，也并非是完全模仿，如墨西哥采用的是包括私营化管理在内的多元管理方式，阿根廷、乌拉圭采用的是混合改革方式，秘鲁、哥伦比亚采用的是公营与私营平行的改革方式，还没有哪个国家重新采取取消纳税的智利体制，而是都选择了一种混合体制；中国虽然选择了社会统筹与个人账户相结合的养老保险模式，也只能说是部分地吸收了新加坡、智利的个人账户做法。

需要指出的是，智利养老金制度私营化改革，并不等同于智利整个社会保障制度的私营化，因为在智利的社会救助乃至失业保险等其他社会保障制度仍然由官方直接提供着保障。同时，对于养老保险领域，智利政府亦并非完全放任，而是从立法与监管方面尽到自己的责任。如智利养老基金监管局和中央银行的管理职责就包括：规定养老基金管理公司的投资工具及其应占的比例，每种投资工具的采用均要事先得到法律的认可；制定养老基金在资本市场中的运行规则，确保竞争的透明度和公平性，保证投资的安全性，协调各方的利益冲突；规定投资的最小回报率等。

由此可见，智利养老金私营化改革并不意味着政府在社会保障方面的责任的终结，而只是仅仅对养老金制度做了力度很大的调整。还需要强调的是，任何一种社会保障模式，至少需要经过40年以上的实践才能真正验证其是否真正具有持续发展的潜力，而智利模式显然还过于"年轻化"了，从而还需要继续加以考察。

---

① 对智利模式持怀疑态度的人，主要有如下理由：一是该模式使今天的供款人既要为自己退休后供款，又要为那些在预扣所得税制度下工作的人的养老金提供资金，这种双重负担在政治上、经济上都是不能接受的；二是智利特定的社会、政治背景并不具有普遍性；三是私营化管理隐蔽性强，潜在风险大，当遭遇经济衰退时管理公司亦可能破产，从而造成受保障者的权益缺乏保障，或者仍然构成政府的负担；四是这种模式取消了责任共担机制而代之以完全的个人责任制，根本上取消了社会保险的公平目标与互济性特征，从而是逆潮流的做法；五是智利模式是否成功还需要有更长时间的考验，现在还不到下结论的时候。

第三章

社会保障理论基石[①]

■ **学习要点**

通过本章的学习,应当了解社会保障学是建立在多学科交叉渗透基础之上的一个学科领域,能够正确理解和把握经济学、社会学、政治学及其他相关学科对社会保障理论。

■ **关键概念**

理想国 乌托邦 空想社会主义 大同社会论 社会互助论
仓储后备论 赈济说 福利经济学 帕累托最优 凯恩斯主义
新自由主义 需求层次论 结构功能论 社会保障泛政治化

---

① 本章主要参阅郑功成. 社会保障学:理念、制度、实践与思辨(第二章). 北京:商务印书馆,2000初版,2003、2004再版

▶第一节 概述

现代社会保障并非单纯的社会制度安排，它要牵涉到整个社会经济资源的分配与社会公正、政府责任等等，其成败在表面上看取决于现实制度安排与政策实践，实际上却深受一定的理论流派与价值偏好的影响。因此，研究社会保障理论和选择社会保障政策，均有必要了解能够对其产生重要影响的理论基础与理论流派，这是真正开启不同的社会保障制度安排内幕的钥匙。[①]

在本书第二章中，已经阐述了社会保障作为一种源远流长的社会机制，是由早期的家族保障、团体互助、慈善事业等非制度型形态逐步走向法制规范、政府或社会管理、公众广泛参与的制度型形态的。在西方早期社会，有限的社会保障活动主要是受宗教伦理的影响。而进入现代社会后，公平与正义日益成为社会成员的普遍追求，社会保障制度安排亦愈是成为整个社会关注的焦点，社会保障的分配规模及所涉及的范围也日益扩大，并在社会经济发展中占有着越来越重要的地位，这样的发展趋势与发展格局正是经济、社会、政治、文化及伦理道德诸因素共同作用的结果。因此，经济学、社会学、政治学等学科，也就很自然地共同构筑了社会保障学坚实的理论基础。如经济学揭示的普遍原理与基本方法、社会学揭示的社会分层与结构功能论、政治学中的民主法制论等等，均构成了社会保障的理论基础与指导方法。

一、西方国家社会保障理论历史源流

尽管古代社会并无完整的社会保障理论，但无论是西方还是中国，都有许多先贤对理想社会的描绘，这些描绘中不乏社会福利思想，它们对后世的影响并未间断，从而与现代社会保障理论存在着渊源关系。例如，在西方，公元前400多年前的古希腊人就不满当时奴隶制度的剥削与压迫，幻想着建立一个没有私有制、没有压迫与剥削、人人自由平等、生活幸福的社会，并著书立说来阐述自己对理想社会的主张，当时最有影响的是柏拉图所著的《理想国》。在古罗马帝国，P·维吉尔亦描绘过"天下为公"的理想社会，等等。从15—17世纪英国的莫尔、意大利的康帕内拉，到18世纪法国的梅叶、摩莱里，再到19世纪的圣西门、傅立叶与欧文等，均在自己的著作中阐述了没有私有制、财产公有、倡导互助、人人平等和生活幸福的理想社会。这些

---

① 参见郑功成.社会保障学：理念、制度、实践与思辨（第二章）.北京：商务印书馆，2000初版，2003、2004再版

著作与思想的贡献，主要在于它揭示了社会矛盾的根源在于社会的不平等，从而主张实现社会公平、促进社会成员协调发展，这些思想正是现代社会保障最基本、最深刻的思想基础。而宗教思想对早期社会保障的影响也不仅表现在思想方面，而且突出地表现在实践活动中，因此，宗教的产生与发展，亦构成了社会保障理论渊源的另一个来源。例如，佛教推崇慈悲为怀，强调以深度的爱护之心予众生以快乐幸福，以深度的同情怜悯之心拔除众生的痛苦，并倡导布施和助人等。早期的基督教明确反对富人对穷人的剥削，宣传基督会再次降临人间并建立人人平等、普遍幸福的千年王国，表达了人类追求福利的普遍性与迫切愿望；早期基督教社团所实行的财产公有和平均主义分配原则亦为后来坚持社会主义制度的人和国家制定福利分配方式提供了依据与方法；基督教还特别强调爱人如己，主张在施爱于他人中体验幸福的境界，摩西十诫则劝人净化心灵，努力向善，等等。宗教教义的上述主张客观上表达了博爱、互助、平等的思想，这些思想无疑为社会保障理论的形成与社会保障实践的发展奠定了道德基础。与此同时，许多宗教团体直接主办各种慈善事业，并一度成为西方国家维护社会稳定和保障社会成员生存权利的基本机制，时至今天仍在发挥着补充国家正式社会保障制度安排的作用。可见，宗教对社会保障而言：一是奠定并强化了社会公平与社会互助等道德基础；二是提供了制度安排最初的方法示范；三是补充着现代社会保障制度安排的不足。因此，宗教对现代社会保障的影响，不仅是理论的，也是实践的；不仅是历史的，也是现实的。

　　根据上述线索，我们能够找到一些对早期理想社会进行设计并对社会保障理论有影响的代表性人物与著述。首先被公认的代表性人物及其著述无疑是古希腊的柏拉图和他的《理想国》，在《理想国》一书中，柏拉图讨论到了优生学问题、节育问题、家庭解体问题、婚姻与独身问题、专政问题、独裁问题、共产问题、民主问题、宗教问题、道德问题、教育问题（包括托儿所、幼儿园、小学、中学、大学等）、男女平等问题等等，堪称一部综合性著作。①他反对私有制，强调分工与互助，追求共产制度与财产公有，主张确立公正原则、消除暴力与贫困对立，以及平等和社会秩序和谐等，这些思想对后来的空想社会主义有着重大影响。

　　莫尔作为空想社会主义的创始人，亦以《乌托邦》一书而留传于世。在《乌托邦》（又名《关于最完美的国家制度和乌托邦新岛的既有益又有趣的金书》）一书中②，莫尔批判了当时的英国社会，宣称私有制是万恶之源，并描

---

① ［古希腊］柏拉图. 理想国. 北京：商务印书馆，1986
② ［英］托马斯·莫尔. 乌托邦. 北京：商务印书馆，1982

绘了一个没有剥削、财产公有、分配公平的理想社会。乌托邦的最大特点就是在政治上实行民主制，在经济上实行公有制，社会结构是城乡一体化，精神上是高尚文明，分配方面则是按需分配，其内容涉及到社会制度、分配制度乃至人民健康等诸方面，并号召人人相互帮助，以人道主义的名义尽量减轻别人的贫穷和困苦，照顾到别人的康乐与幸福，这种思想成为近代社会保障制度重要的思想来源之一，并在社会主义思想史上占有重要的地位。

意大利的康帕内拉是早期空想社会主义的又一代表性人物，尽管在莫尔与康帕内拉之间事实上还有着一位很有影响的空想社会主义者即德国的闵采尔（约1490—1525年），但闵采尔并未留下像莫尔的《乌托邦》和康帕内拉的《太阳城》这样的传世之作。在《太阳城》一书中，康帕内拉描绘了一个政治民主、一切生产资料与生活资料归全民所有、由全社会有计划地组织生产与消费、没有贫富对立、实行按需分配的社会；在太阳城内，三大差别都已消灭，每个人的基本需要都能够得到保障，社会成员之间有着很密切的互助关系，等等。①

18世纪空想社会主义的代表性人物还有法国的摩莱里，它以《自然法典》著称于世。在《自然法典》一书中，摩莱里用理性原则来论证未来社会，并从理性与正义出发，斥责资本主义私人有制是万恶之源，只有财产公有才合乎社会公正，更突出地提出了用法律条文来规定社会准则，并用法律条文的形式提出了未来社会的基本原则：一是财产公有，除直接用于消费和生产的东西外，一切不得私有；二是人人有工作，人人依靠社会供养；三是每个公民都要依其能力和条件来促进公益的增长。由此可见，《自然法典》中其实已经包括了社会保障的普遍意义和社会保障的权利与义务关系等内容在内。②

进入19世纪后，法国的圣西门、傅立叶和英国的欧文成为最有影响的空想社会主义者，他们使空想社会主义达到了近代空想社会主义的顶峰。其中：法国的圣西门通过《论实业制度》、傅立叶通过《新的工业世界与协作的世界》等著述，采用详尽的理论论证的形式来揭示出资本主义制度的不合理，塑造了未来理想社会的模式；而英国的欧文则提出劳动公社，并主要通过改革实验来构造理想的社会模式。他们主张在现代化大生产的基础上实现按劳分配及至按需分配，同时有许多主张与社会保障有着直接关联。例如，圣西门把"满足人民的需要""促进无产者福利的提高""保证社会的安宁"作为社会制度的"唯一的和固定的目的"，并提出了满足这种要求的手段，包括一切人都要劳动，按照社会成员的贡献来使每个社会成员得到最大便利和福利，

---

① ［意］康帕内拉. 太阳城. 北京：商务印书馆，1980
② ［法］摩莱里. 自然法典. 北京：商务印书馆，1982

等等。

综上所述，空想社会论的产生与发展，虽然探讨的是整个社会制度问题，并且是一种空想主义，但它确实涉及到了国民福利问题与收入分配问题，公平原则与按劳分配、按需分配等思想客观上为现代社会保障理论与实践的发展提供了指导。因此，空想社会论与现代社会保障理论构成了正统的渊源关系，而宗教的影响则主要起着道德方面的影响作用。

二、中国社会保障理论历史源流

数千年来的剥削制度和各种自然灾害、战争、瘟疫的客观存在，造成了中国社会的长期贫困，人民或因灾陷入绝境，或贫病交加死于非命，其生存危机的爆发往往导致百姓铤而走险、揭竿而起，中国历史上历次农民起义无一不以灾荒为背景的史实表明：灾祸或战乱导致生存危机——百姓起义——动摇统治秩序——造成朝代更迭是中国的历史公例。而统治者为了维护自己的统治，就不得不议论各种救灾济贫和优抚的措施，当这些议论变成统治者的实际行动时，就产生了与之相应的社会保障实践活动。因此，中国历史上的社会保障观念或思想是在统治阶级中被迫形成的，一些著名思想家或开明君主、官吏对救荒济贫、优抚等的议论即是中国社会保障思想的萌芽，它源于早期社会实践，又指导着长达数千年的封建王朝救灾济贫实践。

纵观中国历史，社会保障思想最早是与安民、抚民的思想混合在一起的，它可以追溯到舜时期。当时，帝舜与大臣皋陶、禹讨论政务时就提出要"慎身"和注意"安民"的问题。而真正产生社会保障原始思想的时期则是奴隶制度得以确立以后，尤其是诸子百家的思想得以创立，此后经过漫长历史时期的发展，就逐渐形成了对后世颇有影响的大同社会论、仓储后备论、社会互助论、社会救济论等各种社会思想，这些思想与中国历史上社会保障实践的发展密切相关，从而与现代中国的社会保障理论有着直接的渊源关系。

大同社会论产生于公元前 500 多年前，是中国的乌托邦思想。在《礼记·礼运篇》中，孔子用精炼的语言首先提出并描绘了"大同社会"，孔子说："大道之行也，天下为公，选贤任能，讲信修睦。故人不独亲其亲，不独子其子；使老有所终，壮有所用，幼有所长，鳏、寡、孤、独、废疾者皆有所养；男有分，女有归。货恶其弃于地也不必藏于已，力恶其不出于身也不必为已；是故谋闭而不兴，盗穷乱贼而不作，故外户而不闭。是谓大同。"[①]

---

① 礼记·礼运篇·大同章

在这段话中,"天下为公"即实行公有制是大同社会的最高理想,政治上则主张社会民主,选贤任能;经济上主张社会财富归全体人民所共同享有,生活上实行社会统筹,各得其所;在生产方面则是人人尽自己的努力去劳动,所有的社会成员均有生活保障等。可见,大同社会论的核心内容既涉及到社会制度,更包含了丰富的社会保障思想,这种思想甚至较柏拉图在《理想国》中的描绘更为直接地体现了社会保障制度的基本原则及其对社会弱者的庇护精神。此后,大同社会思想又得到了一定的发展。如东晋时期的陶潜在《桃花源记》中亦描述了一个大家共同劳动、安居乐业的世外桃源;宋代康与之的《昨梦录》一书也描绘了一个人人平等、按需分配的理想社会;清代洪秀全在《原道醒世训》中则引用了《礼运篇》中有关"大同社会"的全文,他创立的亦是"太平天国"。近代康有为于1902年完成《大同书》,仁爱之心或人道主义精神是构筑康有为大同社会理想的基石,同时还吸取了资产阶级自由、民主、平等思想,尤其值得指出的是,康有为在《大同书》中还描绘了有关养老院、教育与医疗福利,以及社会公益事业的经费来源等,这些设想无疑包含了社会保障的理念。孙中山作为中国传统的大同社会思想的又一继承者,他结合中国的具体国情,提出了民生主义。所谓"民生",就是"人民的生活,社会的生存,国家的生计,群众的生命"[①]。"平均地权"和"节制资本"则是民生主义的两大纲领,前者被认为是社会主义的做法,后者是指节制私人资本并同时发展国家资本,主张兴办公立教育事业,保障充分就业,实行全民公费医疗,并"设公共养老院,收养老人,供给丰美,俾之愉快,而终其天年。"作为中国社会思想的精华,大同社会论是儒家思想的重要组成部分,它的产生与发展确实是中华民族关于未来社会理想的结晶,它吸引了无数仁人志士为之奋斗,也在某种意义上推动着社会保障事业的发展。但它又毕竟是空想主义,并存在着历史局限性。因此,在肯定大同社会论与中国社会保障理论及实践存在着深厚的渊源关系时,还应当客观地评价其作用。

　　社会互助论是中国社会保障思想的又一重要来源。尽管有的著述将社会互助思想纳入大同思想一并阐述或相提并论[②],但就其内容而言,仍是有区别的。大同社会论强调的是整个社会的"大同",更多地是对整个社会制度的设计,而社会互助论强调的是社会成员的互助,前者只是一个无法实现的幻梦,而后者却是可以付诸实践的一种社会保障思想。在春秋战国时期,著名思想家墨子就主张"兼爱交利",提出"为贤之道将奈何?曰:有力者疾以助人,有财者勉以分人,有道者劝以教人。若此,则饥者得食,寒者得衣,乱者得

---

① 孙中山选集. 北京:人民出版社,1956. 765
② 中国大同思想资料. 北京:中华书局,1959

治"①，以实现人民老有所养、孤幼有所依、无饥无寒和安居乐业的理想。而另一位大思想家孟子亦主张"出入相友，守望相助，疾病相扶持，则百姓亲睦"②。汉代于吉撰著的《太平经》一书认为"或积财亿万，不肯救穷周急，使人饥寒而死，罪不除也……然智者当包养愚者，反欺之，一逆也；力强当养力弱者，反欺之，二逆也；后生者当养老者，反欺之，三逆也"，其劝人互助的思想显而易见。③宋代学者张载主张"救灾恤患，敦本抑末"，同时提出敬老慈幼、扶困、济贫的愿望等。④到20世纪初，中国民主革命的先驱孙中山先生更认为互助是人类的本性，主张人类社会的进化以互助为原则，"进化之动力在互助而不在于竞争"。⑤可见，社会互助思想作为中国传统社会思想的重要组成部分，其主张社会成员之间互助共济的社会思想亦是现代社会保障理论的源泉。

此外，中国历史上还有仓储后备论、社会救济论等丰富的思想或理论主张。其中：仓储后备论是一种主张建立谷物积蓄以备灾荒并济贫民的社会思想，也是依靠国家力量来储粮备荒、保障社会成员基本生存权利的一种社会保障思想。正是基于仓储后备思想，中国历代创设了不少仓储，如常平仓、义仓、惠民仓等，这些设施也确实为救济灾民贫民发挥过很好的作用。而中国史籍中有关社会救济方面的议论与著述亦很多，其中赈济说的影响最为深远，这种思想即是主张用实物（主要是粮食与衣服布帛等）和货币救济遭受灾害或生活极端困难无以生存的社会成员，以保障其最低限度的生活需要的一种保障思想。如宋代《救荒全法》中就提出"人主当行六条中有：……四、遣使发廪；……六、散积藏以厚恤黎元。宰执当行八条中有：……六、建散财发粟之策。监司当行十条中有：……二、视部内灾伤大小而行赈救之策。太守当行十六条中有：……二、准备义仓以赈济；……九、委诸县各条赈济之方；十、因民情各施赈济之术"；同时指出"救荒有赈济、赈粜、赈贷三者，各既不同，用名有礼……赈济者，用义仓米施及老、幼、残疾、孤、贫等人，米不足，或散钱与之，即用库银籴豆、麦、菽、粟之类，亦可"。⑥到明代，林希元、王圻二人对赈济说作了系统概括，不仅主张赈济，而且专门列出了赈济的方式与实施措施。赈济说发展到后来，不仅为统治者所采用，而且发展成为赈物、赈款、以工代赈三大具体方略，并在中国社会保障史上一直占有着特别重要的地位，发挥了很大的作用。此外，社会救济论还有其他

---

① 墨子·兼爱（下篇）
② 孟子·滕文公（上篇）
③④ 中国大同思想资料. 北京：中华书局，1959. 18，34
⑤ 侯松茂. 国父社会思想之研究. 台湾：正中书局，1981. 28
⑥ 康济录·引

多种主张。① 例如，调粟说主张移民就食、移食就民和平籴，即在全国范围内通过对丰收和遭灾的不同地域间进行粮食的调拨或移民，使灾民的生活得到保障；养恤说主张对灾民实行施粥、居养、赎子、发放寒衣、医药帮助等，以安置灾民或流民为主要内容；安辑说主张对因灾荒离村的农民进行诱导并给予一定的扶助（如减赋、给田等），以达到安置灾民、稳定社会的目的；放贷说主张对灾民、贫民实行放贷，以便帮助灾民、贫民恢复简单再生产；节约说则主张在灾荒之年减少食物、杜绝浪费、节省费用等，以克服灾荒所造成的困难，该学说到后来逐渐发展成为平时崇俭固本的理论。可见，与政府负责的传统相适应，中国的社会救济思想也是十分丰富的，它们构成了中国古代社会思想的重要组成部分。

综上可见，与西方社会保障思想渊源相比，中国历史上与社会保障有关的思想既有其共同点，也存在着区别。在对未来理想社会的构想方面，孔子的大同社会思想与柏拉图的理想国几乎是相通的，前者较后者时间更早；在政治目的方面，亦均是为了维护统治阶级的利益和统治秩序。然而，中国古代的社会保障思想因官方负责的传统而较西方社会更早地论及了政府的责任，在具体内容上不仅涉及到救灾、济贫，还涉及到优抚及有关社会福利设施，并有仓储后备这类积极的防范措施，在救济方面亦提出了系统的赈济学说，因此，中国古代的社会保障思想内容异常丰富，有许多思想迄今仍闪烁着光辉。不足之处在于，这类思想不是流于空想，就是注重于治标之术，并局限于当时特定的历史条件；即使转变为统治者的实践活动，其实施效果也完全取决于统治者的个人意志与品德，自始至终均未能走向制度化，这就是中国官方较西方国家更早地介入社会保障领域却又大大晚于西方国家建立起现代社会保障制度的重要原因之一。

▶第二节　经济学与社会保障

与空想社会论相比，经济学领域讨论社会福利问题不仅要晚得多，而且均立足于经济效用的角度，但自进入工业社会后，愈是到后来，经济学领域对社会保障制度的影响就愈大。众所周知，经济学是研究各种经济关系和经济活动规律的科学，而社会保障则是通过经济手段来达到特定社会目标与政治目标的制度安排，在一定程度上亦可以被视为一种经济活动。因此，社会

---

① 郑功成. 中国社会保障论. 武汉：湖北人民出版社，1994. 32～35

保障既需要按照自身规律来发展，也必然要受到各种经济关系与经济活动规律的制约，这种内在的关联决定了经济学不仅为社会保障学科的发展奠定了坚固的理论基石，而且对社会保障制度安排产生特别重要的影响。

一、经济学对社会保障的理论贡献

与历史上任何一个时代相比，现代社会保障在理论研究与具体制度安排方面受经济学的影响都是前所未有的。这一方面是日益健全完备的社会保障制度及其动用的经济资源构成了经济领域中日益重要的组成部分，越来越需要有雄厚的经济基础与越来越合理的经济政策；另一方面也是社会保障的发展亦对经济发展与经济政策等的影响日益重大。从19世纪的自由放任主义到贸易保护主义，从凯恩斯主义成为20世纪上半叶的正统经济学理论到20世纪70年代以后弗里德曼货币主义的盛行，再到20世纪末经济自由化在某种程度上的回归，我们不仅能够清晰地观察到100多年来经济学理论（主要是宏观经济理论）的发展，亦能够透过这些理论与学说的变迁来发现社会保障制度建立与发展的轨迹。[①]

中外社会保障发展实践进程已经揭示出，社会保障制度安排其实是一种社会价值的选择，而经济学中的选择理论则充当着社会保障制度安排的理论基础。不管是国家干预与自由竞争的选择，还是平等与效率的选择，抑或是具体的制度安排与发展手段的选择（如博弈论、对策论等），经济学在这些方面所取得的成就均为社会保障制度选择提供了基础与条件。尽管社会保障理论不是经济学所能够全部涵盖的，却也部分地直接体现在经济学理论体系之中；即使不能体现在经济学体系中的部分，也不同程度地要受到经济学理论体系和来自经济学界的观点的影响。

经济学对社会保障的第二个特别重要的基础性贡献，在于为社会保障理论与政策实践的发展提供了具体的理论方法。如西方经济学中的收入分配理论、边际效用理论、就业理论、贫困理论、制度学说与私有化理论，以及马克思主义的劳动价值学说、后备基金与六个扣除学说，等等，都有助于解决现代社会保障制度安排中的某些政策与技术选择难题。

经济学对社会保障的第三个理论贡献，是经济学特有的视角为社会保障理论研究与政策选择提供了有价值的思维方式，并能够确保社会保障理论与政策选择从空想主义进化到理性发展阶段。经济学的共同特点就是假设人都是理性人，以经济效用为出发点，强调市场与效率，等等。这一思维定势虽

[①] 郑功成. 社会保障学：理念、制度、实践与思辨. 北京：商务印书馆，2000初版，2003、2004再版. 65~82

然并不完全符合社会保障制度基于社会公平而得以创立并得到普遍发展的客观规律,但对于更加科学地研究社会保障问题和选择社会保障制度有着非常重要的意义。

当然,社会保障问题越来越受到经济学界的重视,显然不能简单地看成是经济学者对社会保障给予了空前的重视;恰恰相反,它是社会保障制度的建立与发展已在客观上越来越大地影响到了经济发展与经济增长所致。考察历史,可以发现这样一种现象,当社会保障实践活动规模很小的时候,它只不过是政论家、神学家与慈善家关注的问题;而当社会保障变成一种国家制度安排并在国民收入分配与再分配中占有越来越大的比重时,经济学界的关注就日益显得至关重要了。一个非常明显的例子,便是属于宏观经济范畴的财政经济对社会保障问题的重视。在现代社会保障制度产生之前,济贫事业与慈善事业所导致的支出对国家财政几乎构不成压力与影响,那么,财政经济所需要关注的重点领域往往是国防、公共设施及其他公共领域;而当社会保障成为国民的一项法定权益以后,它导致的支出规模不断扩大,许多国家的财政开支中有很大一部分被直接用于社会保障事业,有时甚至超过国家财政支出总额的40%而成为国库开支的第一大项目,在这种情形下,财政经济学家如果还是对社会保障制度加以忽略,其研究工作本身的意义及所取得的研究成果的价值显然要大打折扣。在微观经济领域,社会保险制度的建立与健全以及企业年金等员工福利机制的发展,使其构成了企业生产成本的重要组成部分,这种生产成本结构性的改变,很自然地使社会保险及员工福利机制成为微观经济学必须关注和研究的问题。因此,除社会保障制度安排与国民经济发展存在不可分割的内在联系外,经济学界对社会保障问题的重视,其实还是社会保障制度安排对经济发展所产生的影响日形巨大而导致的一个必然结果。

需要指出的是,在充分肯定经济学是现代社会保障理论及政策实践的重要理论基石,以及经济学所揭示的普遍原理与方法对社会保障有特别重要的指导意义的同时,还应当清楚地认识到,经济学无法完全包容社会保障理论,因为二者的研究对象、研究目的与研究方法并不相同,从而绝对不是社会保障的全部理论基础。因此,在强调重视经济学的重要基础地位的同时,不能用经济学替代社会保障理论,社会保障理论也不能简单地被视为经济学的分支。否则,就会忽略社会的、政治的乃至历史文化、民族传统等因素对社会保障制度的深刻影响,进而将经济效率问题绝对化,这绝非是社会保障理性而合理的选择。①

二、福利经济学与社会保障

福利经济学是寻求最大社会经济福利的经济理论体系，它主要研究如何进行资源配置以提高效率、如何进行收入分配以实现公平，以及如何进行集体选择以增进社会福利。作为现代经济学的一个重要分支，福利经济学不仅在发展过程中衍生出公共选择经济学和产权经济学，亦对社会保障理论的发展起着直接的特别重要的作用。因此，经济学与社会保障的关系，在很大程度上其实是福利经济学与社会保障的关系。

了解福利经济学，必须先了解福利、社会福利与经济福利的概念，尽管不同的学者对这些概念有着不同的理解，但大体上仍然可以作如下概括，即福利包括个人福利与社会福利，其中个人福利通常被解释成"幸福""快乐"的同义语，是指个人对物质生活需要与个人精神生活需要的满足；而社会福利是一个整体的概念，指一个社会全体成员的个人福利的总和或个人福利的集合。在社会福利中，能够直接或间接用货币来衡量的那部分社会福利则通常被称为经济福利。经济福利构成了福利经济学的研究对象，而社会保障理论研究的内容则还包括着满足社会成员有关精神文化生活需要的内容，因此，福利经济学与社会保障理论在研究对象及内容方面仍然存在着很大的差异。

福利经济学产生于资本主义进入垄断阶段。如果从思想渊源追溯，有的学者认为可以追溯到亚当·斯密的《国民财富的性质及其原因的研究》(1776)；一些西方学者则认为福利经济学最早起源于英国资产阶级经济学家和改良主义者霍布森，他在19世纪末到20世纪初的一系列著作中论述过福利问题，认为经济学的中心任务应当是研究如何增进社会福利，同时主张改进财富分配以消除不平等现象，但他又未能建立福利经济学的体系，从而在福利经济学的建立与发展中无法取得与庇古同等的地位。

1920年，英国经济学家庇古出版了《福利经济学》，第一次将福利经济学作为一门独立的学科来看待，并首次建立了福利经济学的理论体系。自此以后，福利经济学成为经济学的一个日益重要的分支，不仅在英国得到了很大的发展，而且在美国、法国和北欧国家得到广泛传播和发展。第二次世界大

---

① 2004年9月和2005年4月，国际社会保障协会秘书长霍斯金和国际著名社会政策学者、英国伦敦经济学院终身教授彼特·汤森先后应郑功成教授邀请到中国人民大学演讲时，均赞同郑功成教授应当警惕国际经济组织的社会保障改革建议的观点，甚至提出世界银行只能从办银行的视角来研究社会保障。这种见解在社会保障专家学者尤其是西方社会保障专家学者中并不罕见，它表明社会保障基于社会公平与经济学基于经济效率之间是有重大区别的。

战结束后，福利经济学进入了一个新的发展时期，一大批著名的福利经济学家和大量的福利经济学文献，极大地拓宽了福利经济学的研究领域与内容。因此，经济学界一般将福利经济学的发展划分为两个阶段，或者将福利经济学分为新旧两派，旧派（亦即第一阶段）以英国经济学家庇古为代表；新派（即第二阶段）则导源于意大利著名经济学家帕累托，为英国的卡尔多、希克斯与美国的勒纳、萨缪尔森等所倡导。

旧派福利经济学认为个人主观心理评价的效用可以用货币计量，效用在各人之间可以进行比较，当社会上各个人收入的效用总和最大时，社会经济福利就是最大；同时，还从收入的边际效用递减出发，断言国民收入的总量愈大，其中归于贫者的比例愈大，则社会经济福利愈大；进而主张国家采取适当的干预经济的措施和财政政策，以调节生产资源和国民收入的分配。作为旧派福利经济学的代表，庇古以边沁的功利主义哲学为思想基础，以马歇尔的基数效用论和局部均衡论为理论基础，创立了福利经济学理论。他从边际效用价值论出发，提出了福利、社会福利与经济福利等概念，认为福利是表示人的心理状态并寓于人的满足之中，福利的大小可以通过货币来衡量；同时，庇古论述了经济福利与国民收入之间的关系，认为国民收入的大小与国民收入的分配是影响经济福利的主要因素，即影响一个国家的经济福利的经济原因是国民收入的形成和使用，其中国民收入的形成是生产资源的配置问题，而国民收入的使用则是国民收入的分配问题，进而针对如何衡量和增进社会经济福利问题得出了"收入均等化"的观点，针对如何才能实现生产资源最优配置的问题得出了政府应当干预经济的结论。此外，庇古还提出了向富人征税尤其是向富人的消费征税，再以转移支付的方式将这部分收入转移给穷人的主张，如向穷人提供免费教育、失业保险、社会救济、医疗保健保险等措施即是直接转移支付，由政府对穷人的基本生活必需品和住宅的生产给予补贴以降低这些物品的供给价格，使穷人能够更多地消费这些物品则是间接转移支付。庇古的收入均等化、国家干预论等观点及转移支付主张，对实行有利于穷人的收入再分配政策和西方福利国家的发展具有相当影响。

新派福利经济学导源于意大利著名经济学家帕累托的经济思想。帕累托最先提出帕累托最优或帕累托最适度的概念，他指出："当某种分配标准既定时，我们可以遵照这种标准，研究何种状态会使集体中各个人达到最大可能的福利。让我们考虑任何一个特定的状态，并且假定在适合所包括的关系方面作一很小变动，如果这样作以后，每一个人的福利都增进了，显然新的状态对每一个人就更有利；相反，如果所有人的福利都减少了，则新的状态对于每一个人就没有利。但是，另一方面，如果这种小变动使一些人福利增进，而另一些人福利减少,那么对于整个社会来说,就不可能认为这种改变是有利的。因此,我们规定最大偏好状态是:在那种状态,任何微小的改变,除了某些人的偏好依然不变而外,不可能使所有人的偏好全增加,或者全减少。"① 这段话的含义是:如果生产和交换的情形改变了,所造成的收入分配使得有些人的境况变得好些,而其他人的境况变得坏些,那就不能说整个社会福利是增加了还是减少了;只有在一定收入分配的条件下,生产和交换情形的改变使得有些人的境况变得好些而其他人的境况并未变得坏些,社会福利才能说是在增加。根据帕累托最优概念,在下面两种情形下调整资源的配置可以增进社会福利:一是使得每个社会成员的境况变好;二是在没有使任何一个社会成员境况变坏的前提下使至少一个社会成员的境况变好。由于新福利经济学的许多内容都是围绕着帕累托最优概念发展、演化而来的,因此,新福利经济学被认为是起源于帕累托;同时,帕累托提出的效用序数概念亦被当代英国经济学家希克斯等人加以采用,成为新福利经济学的理论基础。帕累托最优与效用序数理论作为一种价值判断,在西方经济学界已被普遍接受,并广泛应用于经济分析中,对新福利经济学的影响更是广泛、全面而又深刻。在新福利经济学的发展中,英国的希克斯、美国的阿巴·勒讷和萨缪尔森等人均做出了贡献。

与旧派福利经济学相比,新派福利经济学回避旧派福利经济学所主张的效用的计量和比较问题,它以序数效用论和一般均衡论为理论基础,从每个消费者购入商品的所谓"交换的最适度条件",和各个企业使用生产资源的所谓"生产的最适度条件",来论述达到最大社会经济福利的条件;有的认为听任完全自由竞争,有的认为国家采取适当的调节措施,就可以达到最大的社会经济福利。新福利经济学的贡献主要在于:一是提出了社会福利函数理论;二是提出了社会选择理论;三是对市场失效与政府作用进行了研究。

从福利经济学的理论体系及旧派、新派福利经济学的基本观点来看,它不仅专门研究经济福利问题,而且关注到社会公平问题,从而与社会保障确实存在着血肉相连的关系。

三、经济学家与社会保障

经济学家是经济学大厦的建筑师,经济学的观点其实与经济学家的价值取向和判断密不可分,因此,经济学与社会保障的关系亦可以解析为经济学家与社会保障的关系。一批当代著名经济学家在其代表作中阐述对社会保障

---

① [意]帕累托. 政治经济学教科书. 转引自厉以宁等. 西方福利经济学述评. 北京:商务印书馆,1984. 85

与福利问题的不同看法,既是对经济学发展的贡献,更是对社会保障发展的贡献。

如庇古的《福利经济学》、哈耶克的《通向奴役的道路》、冈纳·缪尔达尔的《亚洲的戏剧：一些国家贫穷的研究》、阿巴·勒讷的《统制经济学——福利经济学原理》、阿瑟·奥肯的《平等与效率》、肯尼思·阿罗的《社会选择与个人价值》、加尔布雷斯的《经济学与公共目标》、米尔顿·弗里德曼的《资本主义与自由》与《自由选择：个人声明》、乔治·吉尔德的《财富与贫困》、阿马蒂亚·森的《集体选择与社会福利》和《论经济的不公平》等等,均有对社会保障或福利问题的阐述与主张,这些阐述与主张不仅构成了这些经济学者经济思想的重要组成部分,而且也构成了现代经济学体系的有机组成部分,从这个意义出发,社会保障理论与经济学具有血肉相连的关系,经济学所取得的成就为社会保障理论的发展提供了丰厚的土壤;尤其是福利经济学的产生与发展,更直接推动着社会保障理论的发展与进步。

如果说社会保险制度在德国的产生是反对自由放任的资本主义和主张搞些社会主义的新历史学派理论的胜利,那么,从20世纪30年代到60年代盛行30多年的凯恩斯主义,则是工业化国家建立现代社会保障制度和福利国家的重要理论支柱。《就业、利息和货币通论》① 是凯恩斯的主要著作,也是凯恩斯主义的代表作和"凯恩斯革命"的标志,在这本书中,凯恩斯摒弃以前的资产阶级政治经济学关于自动调节恢复资本主义经济均衡的市场机制这种传统概念,指出资本主义已经丧失了这一机制,因而需要国家调节和干预资本主义经济,否则,私有制的资本主义便不可避免地要灭亡。凯恩斯的国家干预论和增加公共支出等政策主张,为国家建立社会保障制度并通过这种制度来调节社会经济的发展,确实扫清了理论障碍,从而事实上推进了现代社会保障制度的发展。

在获得诺贝尔经济学奖的经济学家中,也有多位对社会保障理论做出过重要贡献。例如,1972年获奖的美国经济学家肯尼思·阿罗即以社会选择理论等著称于世,在其代表性著作《社会选择与个人价值》② 一书中,阿罗从分析民主制度下寻找进行社会选择的社会福利函数的必要性入手,提出了个人偏好和社会选择的本质二个公理及社会福利函数应满足的五个条件,同时用反证法证明了著名的阿罗不可能定理或"独裁定理"。

1974年同时获得诺贝尔经济学奖的奥地利经济学家哈耶克和瑞典经济学家冈纳·缪尔达尔,则以相左的观点而突出地展现了经济学界对有关社会保

---

① [英] 凯恩斯. 就业、利息和货币通论. 北京：商务印书馆,1963
② [美] 肯尼思·阿罗. 社会选择与个人价值. 成都：四川人民出版社,1987

障问题的看法。其中，哈耶克在《通向奴役的道路》①一书中，集中地阐述了自己的政治倾向和经济思想，他认为私人企业制度和自由市场经济是维护个人自由和提高经济效率的根本保证，而集权主义和社会主义是违背"人的本性"的一种制度，实行计划经济则是一条"通向奴役的道路"。在哈耶克1960年完成的另一部著作中，他不仅对"社会公正"持批判态度，而且在讨论福利国家的社会保障问题时明确指出："为救济贫困而设计的制度性安排已经逐渐变成了一种对收入进行再分配的手段：这种再分配在表面上所依据的乃是某些人认为的社会正义原则（现实中并不存在这种社会正义原则），然而，在实质上却是由特定的决策所决定的。""在一个社会将消灭贫困和保障最低限度的福利视作自身职责的事态，与一个社会认为自己有权确定每个人之'公正'地位并向其分配它所认定的个人应得之物的事态之间，实存在着天壤之别。当政府被授予提供某些服务的排他性权力的时候，自由就会受到极为严重的威胁，因为政府为了实现其设定的目标，必定会运用这种权力对个人施以强制。"因此，哈耶克在某些学者的著作中被称为"社会公正"的死敌。而冈纳·缪尔达尔则对社会正义赋予了极大的激情，他在《亚洲的戏剧：一些国家贫穷的研究》②和《世界贫困的挑战：世界反贫困大纲》③等著作中，揭示了发展中国家的不公平现状和世界面临的贫困问题，认为不发达国家应积极进行平等主义的改革，主张确立现代化理想，实现社会平等与经济平等及机会均等，而社会保障显然属于社会公平与平等改革的应有之义。两位经济学家的观点如此分歧，竟然同年获得诺贝尔经济学奖，既表明了学术争鸣的自由，亦表明了经济学界对社会公平、平等及社会保障等问题的讨论注定将无法趋向一致。

与哈耶克同属新自由主义者的经济学家还有1976年获得诺贝尔经济学奖的美国经济学家米尔顿·弗里德曼，他是"效率"绝对优先论者，在《资本主义与自由》④一书中，认为竞争的资本主义是一个经济自由的制度，政府的职责范围必须加以限制，政府的权力必须分散，应主要通过市场和价格机制来组织经济生活；在社会保障方面，主张政府的职责只是补充私人慈善事业和私人家庭对不能负责的人的照顾，认为政府通过累进的所得税和遗产税办法干预收入分配过程是违背自由社会的道德准则的，进而指出政府的广泛的福利计划和减贫计划不仅未达到预期目标，而且造成了一系列问题，提出解

---

① [奥]哈耶克. 通向奴役的道路. 北京：商务印书馆，1992
② [瑞典]冈纳·缪尔达尔. 亚洲的戏剧：一些国家贫穷的研究. 北京经济学院出版社，1988
③ [瑞典]冈纳·缪尔达尔. 世界贫困的挑战：世界反贫困大纲. 北京经济学院出版社，1991
④ [美]弗里德曼. 资本主义与自由. 北京：商务印书馆，1986

决这些问题的有效途径是允许私人企业和私人机构参与这些领域的竞争，允许个人自由选择。在《自由选择：个人声明》①一书中，弗里德曼更抨击了政府的社会保障计划，认为包括社会保险、失业保险、直接救济、医疗照顾与补助、食品券、公共住房和城市复兴计划等在内的广泛社会保障体系导致了社会福利支出的膨胀，尽管目标是崇高的，结果却令人失望，从而主张实行负所得税制，并逐步取消社会保险。作为一名有影响的经济学家，弗里德曼这样完全否定现代社会保障制度甚至主张取消社会保险的观点是相当典型的。另一位经济学家布坎南，也通过自己的著作力图揭示"政府失灵"并试图克服政府干预经济的缺陷，在《自由、市场和国家》②一书中，他不仅提出舍弃福利国家的政策建议，而且认为现代福利国家象征了几乎一个世纪的错误。与上述理论相反，加尔布雷斯在《丰裕社会》③和《经济学和公共目标》④等著作中，却主张国家干预，并提出一套关于未来社会的设想（即新社会主义），强调个人的生活福利应得到保障、医疗保健事业应有很大发展、环境卫生和居住条件应得到改善，以及文化、教育、艺术事业不断取得进步，并明确提出用累进所得税制来消除收入不均等。另一位经济学家阿瑟·奥肯则坚持调和"平等"与"效率"两大价值目标的所谓"第三条道路"，但他仍然赞同通过社会保障措施来调整社会关系。

庇古、帕累托、阿马蒂亚·森等福利经济学家一直主张增进国民福利。1998年获得诺贝尔经济学奖阿马蒂亚·森作为当代著名经济学家，其学术思想继承了从亚里士多德到亚当·斯密等古典思想家的遗产，其研究领域包括社会选择与福利分配、个人价值观与集体决定、福利指数与贫穷指数、最贫穷人口的福利等，尤其长期致力于社会最贫困人口的福利问题研究，对世界各地遭受苦难的人们给予了深切的关心，被誉为"经济学的良心"。其研究成果如《集体选择与社会福利》《以自由看待发展》⑤《贫困与饥荒》⑥等涉及世界上的穷人和各国政府能够借以帮助穷人的新途径。阿马蒂亚·森认为，GDP的增长与人民生活水平提高并没有必然的关系，人均GDP增加并不等于人民生活水平提高，主张政府在追求经济增长的同时要注意改善贫富悬殊不平等现象，等等。阿马蒂亚·森的研究成果在世界上有很大影响，在自由主义经济学家只论效率且盛行的时代，他于20世纪末获得诺贝尔经济学奖，被

---

① [美]弗里德曼. 自由选择：个人声明. 北京：商务印书馆，1982
② [美]布坎南. 自由、市场和国家. 北京经济学院出版社，1988
③ [美]加尔布雷斯. 丰裕社会. 上海人民出版社，1965
④ [美]加尔布雷斯. 经济学和公共目标. 北京：商务印书馆，1980
⑤ [印度]阿马蒂亚·森. 以自由看待发展. 北京：中国人民大学出版社，2002
⑥ [印度]阿马蒂亚·森. 贫困与饥荒. 北京：商务印书馆，2001

看成是经济学良知的回归。

从上述介绍中,可以发现经济学领域的理论分歧是长久的,也将是永恒的。即使在具体的制度设计方面,经济学界亦有主张对社会保障采取公营或私营化的争论,还有对现收现付制和基金制持完全相反意见的争议。因此,经济学早已成为争论社会保障问题的一个非常重要的理论领域,一些经济学家亦早已成为研究社会保障问题的重要专家。然而,社会保障的目标并不等同于经济目标,因此,经济学可以充当社会保障的理论基石,但经济学对社会保障问题的研究同样地不能等同于社会保障理论问题的专门研究。就像弗里德曼可以提出取消社会保险制度而几乎所有的国家均不可能做到一样,绝对的"公平"与绝对的"效率"均是注定要灭亡的。

经济学领域与经济学家对社会保障态度的差异,正是发展社会保障理论学说的有益营养来源,也是确立社会保障制度安排的重要依据。换言之,经济学与经济学家否定社会保障的学说与肯定社会保障的学说对社会保障理论与制度实践的健康发展具有同等重要的意义。

▶第三节 社会学与社会保障

一、社会学对社会保障的理论贡献[①]

社会学是从整体上研究社会、社会发展和社会问题的一门综合性学科。如果从社会保障的出发点与追求目标来考虑,则社会学无疑是社会保障最重要的理论基石之一。首先,社会保障的出发点是诸如养老、医疗、贫困、灾害等诸种社会问题的客观存在,并需要通过社会保障机制才能获得解决;其次,社会保障制度的确立与发展,通常被视为社会发展的重要方面和重要标志;再次,社会学还构成了社会保障理论发展进程中最早的和最直接的渊源,如人道主义、伦理道德、历史文化传统就是社会保障的道德基础和最初的理论源泉,等等。因此,尽管经济学在当代社会保障理论与制度实践中似乎占有最重要的基础地位,但社会学的影响其实早已融入社会保障理论之中并依然保持着对社会保障理论与政策实践的巨大影响力,这表明在社会保障理论的建设与发展中,社会学至少具有与经济学同等重要的地位,并发挥着同等重要的作用。

---

① 郑功成. 社会保障学:理念、制度、实践与思辨. 北京:商务印书馆,2000 初版,2003、2004 再版. 83~92

社会学研究的社会问题、社会公正、社会稳定、社会价值、社会进步、家庭与社区、社会化、社会阶层与人口问题,等等,不仅为社会保障研究奠定了必要而又坚实的理论基础,而且直接指导着社会保障理论研究与制度实践的发展。例如,社会保障制度的确立,是由于特定的社会问题的客观存在,但什么问题是社会问题,这种社会问题达到何种程度时会对整个社会正常运行构成威胁,它需要采取何种措施才能缓和或化解?社会是否公平?社会进步的标志是什么?等等,所有这些均是需要社会学研究和回答的问题。这些问题的研究对于社会保障而言,显然具有基础性意义。

如果再考察各国的现实,还会发现,社会保障通常被纳入社会发展而非经济发展的范畴,社会保障水平的高低通常作为评价与衡量一个国家或一个地区社会发展水平而非经济发展水平的重要标志,这种归类习俗或许从另一个角度阐明了社会保障理论与社会学之间的不可分割的关系。

需要指出的是,在社会发展进程中,经济、政治、法律、文化、道德、思想意识乃至存在的各种社会问题等都是密切联系在一起的,而社会学的优势正在于将社会看成一个整体,这种整体观对于研究社会保障问题有着非常直接的启示。社会保障起于各种社会问题,止于解决各种社会问题,社会保障过程需要考虑到文化、道德、思想意识等精神领域的东西,中间需要运用到政治、经济和法律的手段,最后往往通过物质或劳务的援助才能使问题获得真正解决,最终实现整个社会的和谐发展。因此,社会保障本身也是一个十分复杂的系统,从而需要从整体出发来加以研究,才能够获得全面的、合理的、准确的理论判断与相关结论。

二、社会学家与社会保障

与经济学一样,社会学家也是构筑社会学大厦的建筑师。但社会学关注的是社会公平与社会和谐问题,社会学家同样地是基于这一视角来观察并研究着社会发展进程中的问题,这显然较经济学家所关注的焦点及思维视角有着重要的区别,正是这种区别才使得社会学成为与经济学并行的成熟学科体系,并共同构成支撑社会保障的理论基石。而社会学对社会保障的理论基础支持地位,又是通过社会学家的理论贡献来奠定的,一些社会学家的努力,是社会保障理论得以不断发展的重要条件。在此,可以选择马斯洛的需求层次论、帕森斯的结构功能论、涂尔干的社会整合论、罗尔斯的正义论等加以简介。

美国著名心理学家马斯洛(A. Maslow)提出的需求层次论是国际上很有

影响的社会学思想。在马斯洛撰著的《激励与个人》[①]一书中，他发展了亨利·默里关于人的需要的思想，把人的需要按照发生的顺序，由低级到高级呈梯状分五个层次，即生理需要——安全需要——社交需要——尊重需要——自我实现需要，每一个层次的需要均有若干具体的内容（见图3—1）。

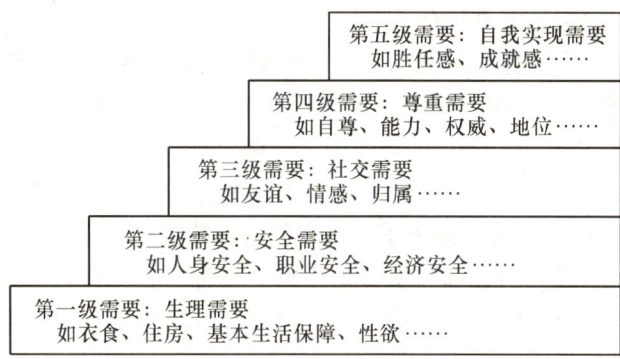

图3—1 马斯洛的需求层次论简图

马斯洛认为，在低层次需要获得相对满足之后，才能发展到较高层次的需要；但高层次的需要发展后，低层次的需要仍然继续存在，只是对行为的影响作用减低而已。同时，马斯洛还指出，人们一般按照这个梯级从低级到高级地来追求各项需要的满足，但这并不是说不同级别的需要不能在同一时间发挥作用，而是在某一特定时期总有某一级别的需要发挥独特的作用并处于主导地位，其他的需要则处于从属地位。尽管马斯洛的等级需求层次理论不能绝对化，但它确实反映了绝大多数人的一般需求规律。这种规律揭示了社会保障的重要性，如对于许多社会成员而言，处于第一等级需要的生理需要，在现代社会客观上只有通过相应的社会保障措施才能真正满足，如食物救济、住房福利、交通津贴等等，均是满足处于低收入阶层的社会成员第一阶需要的重要条件；在第二阶需要中，社会成员追求的是一种安全感，包括疾病医疗有保障、年老有依靠、就业有安全感、防止职业伤害等等，而要真正解除社会成员的后顾之忧，亦需要建立起相应的社会保险与社会福利制度；对第三阶需要而言，精神交流与精神慰藉可以依靠家庭、社区及团体组织等来获得满足，但对于部分孤、寡、残障者，却还需要社会保障工作者来提供相应的服务；在第四阶需要中，教育福利显然是必不可少的，它是社会成员获得知识与能力并具备尊严的一般条件的必需途径；在第五阶需要中，自我实现其实取决于发展空间与个人自由度的扩张，而社会保障制度构成的社会

---

① [美]马斯洛. 激励与个人. 北京：中国社会科学出版社，1985

安全网，正是拓展个人自由发展空间的重要且必要的条件。由此可见，在现代社会里，社会成员各个层次的需要的满足，客观上均离不开社会保障制度的保障。社会保障制度的建立，正是促使社会成员的需要获得满足并由低级向高级转移的良好的社会机制。可见，马斯洛的需求层次论确实可以充当社会保障理论与政策的重要基石。

美国社会学家帕森斯是结构功能论的创立者，而结构功能论可以说是社会学理论最基本的见解，也是社会学较早成熟的理论派别。帕森斯在他的《社会行动的结构》等一系列的著作中，强调分析大规模的社会、文化的体系结构与功能，重点描述社会结构与社会制度的关系。结构功能论的核心观念是"整合与秩序"，并多少承袭了生物演化论者的观点，他将社会比喻成生物有机体，并认为社会的各部门就像是生物的各种器官一样，各有其功能，只有将社会视为一个整体才能透视和了解它如何有次序的存在，以及如何发挥社会的不同部门的不同功能，进而解释一个稳定而整合的社会是如何运作的。如各国的社会保障制度的不同，往往是因为其社会的结构不同所致，而社会保障制度设计后的实施过程也会进一步对社会结构产生重塑的效果。结构功能论对社会保障制度的兴起，认为是这种制度本身对于社会有功能上的重要性与必要性，这种解释当然不可能说明社会保障制度的真正来源与变迁，但它将社会保障视为社会整体中的一个必要组成部分并具有独特的社会功能，无疑是正确的，有助于认识社会保障在现代社会发展进程中的客观地位和作用。与结构功能论类似的社会学理论还有聚合论，持此观点的学者认为，社会福利兴起的原因符合于所谓"工业主义的逻辑"或"技术决定论"因素，即社会保障制度是工业社会发展不可避免的结果，工业化程度愈高，则社会保障制度也应该愈稳定。这种结论是基于伴随着资本主义的兴起和工业技术的进步，失业与贫困等等社会问题决定了需要社会保障制度来弥补资本主义的弊端，从而强调所有的社会因应全世界走向工业化模式而逐渐产生包括社会保障制度在内的相同的社会制度，在此，聚合论立足于社会的发展阶段，采取的仍然是社会整体观与功能决定论。

尽管法国社会学者涂尔干（1858—1917年）在他的著述中很少直接讨论社会保障问题，但他认为国家存在的功能是为了要帮助社会以达成整合的目的，而为了社会整合，必须建立社会互助的集体意识，这种社会整合论其实亦代表了一种社会保障思想。在他的多部著作中，都反对人的自利心，并关心社会的集体福利，倡导互助意识，主张以人类利他的道德力量来整合社会，以获得社会的共识，而社会保障制度正是基于互助与利他主义的想法而设计的制度。因此，涂尔干的思想对社会保障学说的发展无疑做出了重要的贡献。

社会学家瑞林格则认为，一个社会的价值观与意识形态对社会保障制度的影响极大。他通过对德国与美国的社会保险制度的比较，认为美国之所以较德国晚 50 年之久才建立社会保险制度，其根本原因是文化风俗习惯与价值体系的差异造成的。即：德国在当时有很强的父权主义思想，人民普遍认为国家应该为全国的百姓负起保障生老病死的责任；而美国则相反，一直是一个自由放任、个人主义思潮盛行的国家，接受救济或福利者往往被公众视为个人失败的象征，含有强烈的社会歧视效果。因此，德国不仅很自然地比美国更早确立社会保障制度，而且其制度建设得更好、更完整。从文化因素的角度来研究社会保障问题肯定是必要的，因为它确实能够说明一些从经济的、政治的角度无法说明的现象，但过分强调文化决定论却并不妥当。客观的思辨方式应当是，尽管在某个国家的某个时期，某种社会保障制度的产生与发展似乎取决于某个单纯因素，但社会保障制度的产生与发展又确实是政治、经济、社会、文化等诸种因素交互作用的结果。

威廉斯基和黎鲍克斯均是美国加州柏克莱大学的社会学教授，均以较早探讨福利国家的发展理论和建构社会福利或社会政策类型而著称于世。在威廉斯基和黎鲍克斯 1965 年合著的《工业社会与社会福利》一书中，他们将各种社会福利体系想像成一连续体，描述了两个极端类型的特性，即残补型和制度型，并认为当一国开始工业化以后，其社会福利的实施就会从残补型向制度型方向演变。在威廉斯基和黎鲍克斯的理论中，残补型社会福利是视家庭和市场为满足人类需要的正常机制，当它们无法发挥正常功能时国家才弥补其缺失；同时，国家所提供的协助，不能超过维持最低生存的标准，且受助者须通过官方制定的严格程序才能获得受助资格。制度型社会福利则主张国家应扮演福利供应者的实质角色，制度化的社会保障成为一种最基本的、第一线的社会福利机制。此后，一些社会学者又进一步发展了威廉斯基和黎鲍克斯的社会政策模型理论，其分类亦越来越细。

综上所述，可以发现社会学与社会保障之间的内在理论联系。因此，社会学也与经济学一样，共同成为现代社会保障最重要的理论基石。

▶第四节　政治学与社会保障

一、政治学对社会保障的理论贡献

亚里士多德曾指出，人是天生的政治动物。这一命题说明了人的存在决定了政治存在，政治是人的内在要求，政治发展最终是基于人的发展。作为一门古老的学科，政治学在欧美各国与经济学、社会学等一样均早已发展成为十分成熟的学科，并在人类文明发展进程中发挥了非常重要的作用。

尽管政治学的发展取决于经济发展与社会发展，但是，政治学所揭示出来的人与社会的关系，以及对人的发展与社会进步的追求，对社会保障理论研究与政策选择无疑具有重要的基础性的影响。

政治学关注的核心领域是国家与社会、民主与法制、人权与主权、政党与政权、政府与市场、中央与地方、决策与行政、权力与腐败、发展与稳定等。在这些核心领域中，几乎均与社会保障有着密切的联系。

例如，现代社会保障制度就是以国家与社会承担责任的面孔出现的，而民主不仅帮助许多国家选择了自己的社会保障制度而且也使这一制度更加符合人民的意愿；在世界各国，现代社会保障制度安排不仅属于法制建设的内容，而且是被法制化了的事业；社会保障的最主要的功能在于保障人的生存权与发展权，而社会保障制度在世界各国的多样化发展则又与主权及主权所涉及的人权联系在一起；不同的政党与政权对社会保障的不同主张，表明了推进或者改良社会保障制度是政党与政权的重要使命；而包括中国在内的许多国家改革社会保障制度的核心问题，则是重新处理政府与市场、中央与地方、发展与稳定的关系；等等。

美国哈佛大学教授约翰·罗尔斯于 1971 年出版的《正义论》[①] 一书，作为西方世界政治哲学的经典著作，就对社会保障理论的发展有重要影响。在《正义论》中，他强调"正义是社会制度的首要价值"，提出两条社会公正原则：一是平等原则，即每个人应该在社会中享有平等的社会权力；二是差别原则，即如果不得不产生某种不平等的话，这种不平等应该有利于境遇最差的人们的最大利益。他主张"所有社会价值……都将被均等地分配，但针对每个人的优势而进行的各种不均等分配除外"，认为社会应当将优先权交给平等。《正义论》体现了对弱势群体的保护和对实质平等的强烈关怀，他要求政府与公共政策都不得有违社会公正精神，而这正是现代社会保障制度的重要理论基础。

由此可见，政治学研究的核心领域，几乎均是与社会保障有关的基础性理论问题，这些问题的研究成果，毫无疑问地可以作为研究与解决现实社会保障问题的重要理论基石。从这个意义上讲，政治学与经济学、社会学对社会保障具有同等重要的基础性理论价值，社会保障理论与政策实践的发展，

---

① [美] 约翰·罗尔斯. 正义论. 北京：中国社会科学出版社，1988

需要高度重视并汲取政治学的养分。

二、政治需要与社会保障[①]

政治学研究的对象是政治，它属于上层建筑范畴，其最重要的目的无疑是社会控制，不论采取政治社会化、威权阻吓或其他所谓教化人民的策略，都是为了要达到政治意识形态上的统一和行为规范上的一致；而能够减低甚至消除社会成员的生存危机，就会有效地抑制他们反社会的行为，进而有效地维护了社会秩序的稳定。因此，不论是济贫时代还是现代社会，社会保障与政治均存在着密不可分的关系。

一方面，政治需要社会保障作为实现目标的工具和手段，离开了社会保障的维系，政治的目的将难以实现。因此，政治通常对社会保障施加强大的影响，它通过国家机器来制定社会保障方面的法律与制度，同时监控着社会保障制度的运行与发展。另一方面，社会保障的发展也离不开政治的推动，并对政治产生相当的影响。尽管不宜将社会保障问题泛政治化，但政治介入社会保障或福利领域却是有目共睹的客观事实，从中国古代国家的救灾济贫，到英国济贫制度的确立、德国社会保险制度的兴起，以及美国现代社会保障制度、英国等福利国家的建立，均隐含着政治的需要与政治的目标在内；同时，社会保障制度一旦建立，便会沿着自身发展规律发展，当它的发展与发展的政治不相吻合时，不是令政治陷入困境便是使修订、改革甚至重建社会保障制度成为必要。因此，基本的结论便是，政治与社会保障是相互需要，在一定的条件下，是政治决定着社会保障的发展；而在另外的条件下，却可能是社会保障影响着政治。

在专制政治下，国家机器为独裁者所控制，人民没有发言权，社会保障完全取决于统治者的意愿与意志，并被视为统治者的恩赐之物。中国古代的专制是皇权至上、家天下式的专制，西方古代的专制既是王权专制也是贵族集团的专制，无论是哪一种，社会保障措施均是统治者或既得利益集团维持他们权利的策略性工具。在统治者开明的情况下，社会保障措施可能得力一些；反之，处于生存危机中的社会成员可能根本得不到了起码的保障。因此，专制统治下的社会保障是由统治者主观意愿决定的社会保障，也是被动式的社会保障，它的目的是为巩固和维持统治秩序与政权延续，它的内容局限于低层次的救济，它的运行是人治而非制度化，它的效果取决于统治者的开明程度及是否重视民生问题。因此，专制政治下并不具备现代社会保障所需要

[①] 郑功成. 社会保障学：理念、制度、实践与思辨. 北京：商务印书馆，2000初版，2003、2004再版. 232~236

的条件,虽有社会保障措施却并非是国民的权利,从而也不可能真正产生现代社会保障制度所产生的效果。①

在民主政治的条件下,由于立法机关与行政机关的组成人员通常是通过民主选举产生的,社会保障虽然表面上看起来是由立法机关规范并由行政机关实施,但社会保障制度的发展在事实上却取决于多数国民的意愿。西方国家的民主政治多是议会政治,即由国民选举议员与总统,由议会制定和总统签署法律,议员与总统需要经过竞选程序并发布自己的政治演说,赢得选民的选票才能当选;在中国,则是实行人民代表大会制度,人民代表由各地区选举产生,全国人民代表大会及其常委会是国家法律的制定者,而作为国家元首的国家主席与政府首脑的总理及国务院组成人员均由全国人民代表大会选举产生。因此,民主政治能够使人民的意愿通过自己选举出来的代表或代表自己团体利益的政治集团来影响立法与政策的制定,国民的社会保障权益很自然地会上升到法律规范的层次并受到法律保护。不过,在资本主义制度下,虽然政治制度与社会制度均公开宣布公民一律平等,然而其经济制度却建立在私有制与市场经济体制的基础之上,平等权利与不平等收入构成了资本主义社会无法解结的冲突,并由此产生了国民生活水平与物质福利的悬殊差别,社会保障制度可以说为缓和这种冲突起到了巨大的作用。考察世界各国后,一个不争的事实即是绝大多数民主政治国家均有着健全的社会保障体系,这一事实表明民主政治与专制政治相比,不仅使社会成员的社会保障权益有了质的飞跃,而且社会保障水平也有了质的飞跃。

在肯定民主政治对社会保障发展的积极作用的同时,还应当重视社会保障泛政治化的不良现象。在实行民主政治的国家,无论是北美还是欧洲,亦或是其他地区的国家,通常都会发现这样一种现象:每到选举期,社会保障或福利便成了一种锐利的武器,各种社会保障承诺便会满天飞;而民选政治人物上台后为不失信于选民,亦会不遗余力地推进社会保障,于是福利得以膨胀。西方国家社会保障制度走过的历程及其在当代社会改革的艰难性,均表明了社会保障因选举而贵、选举因社会保障而胜的现象在一定程度会扭曲现代社会保障制度的发展进程,即它所带来的并非只是合理的一面,也可能有不太合理的一面。因为民主政治下的社会保障制度的出台,往往不是事先审慎思考每一社会保障项目或政策出台的必要性、可行性及发展的可持续性,

---

① 现代社会还有一些君主专制国家,这些国家在政治上仍然是独裁专制的,但却模仿西方国家通过立法建立了有关社会保障制度,法律规定了国民的有关社会保障权利。这种现象似乎是一种例外,但如果我们考虑到政治不是社会保障制度的唯一决定因素,以及经济富裕的专制国家与经济落后的专制国家,就可以发现经济条件对专制政治产生了牵制作用。

而是政党政治及政治家的竞选需要占了很大的位置,以至于造成社会保障跟着民主选举膨胀,最终留下难题给继任者。可见,如果只是一味跟着选票走,社会保障制度带来的可能不一定是社会发展的幸事。①

承认政治对社会保障的需要与影响,并不意味着社会保障是为政治服务的,因为作为社会成员的安全保障机制,它的根本目标应当且只能是为了社会成员的协调发展和整个社会的发展进步。社会保障在现代社会仍不时被有的政党或政治家用作工具甚至被演化为政治手段或政治陷阱,这是政治的悲哀,也是社会保障的悲哀。理智的社会与理性的政治应当避免这种现象。

三、政党政治与社会保障

政党政治是政治学研究的核心范畴之一。政治对社会保障的影响,表面上是通过立法机关与行政组织来进行的,实际上在某种程度上却是政党、各利益集团乃至政治家操纵的结果。因为民主政治的最大特色其实就是政党政治,以及各种利益集团的推动。因此,政党对福利的看法客观上对社会保障制度的发展起很大的作用。②

现代民主政治几乎是政党政治的代名词,即政党作为某一阶级或阶层利益的代表,它通过介入国家的政治生活来发挥自己的作用。政党政治的特色并不单是参加选举活动,而是对政府各项活动制定周详的目标,以供选民参考,选民则通过政党的政治纲领和计划,明确自己应当支持哪个政党并给予他们权力去推行其计划。在政党提出的政治宣言中,社会保障作为社会政策中的主体内容通常占有相当重要的地位,但社会保障的主张是否会引起所有选民的注意却并不一定,因为选民的关注倾向不仅与自己所处的经济、政治地位有关,而且和自己的偏好有关。不过,以工业化国家的经验来看,社会保障或许是能够引起广泛关注的政治敏感点之一,因为低收入阶层与劳工阶层希望获得更加公平的、全面的保障,而富裕阶层或资本家阶层却可能更多地考虑效率与成本问题,因此,任何政党在讨论国内政治经济问题时均难以回避社会保障或福利问题。

政党政治通过议会或控制政府来实现自己的政治主张和社会政策,其对社会保障的看法直接影响着社会保障政策的制定与实施。例如,美国有两大政党即民主党和共和党,民主党人认为,社会成员的生活困境是社会环境欠佳或制度的不完善造成的,政府应当努力改善环境、提供机会,同时负起照

---

①② 参见郑功成. 社会保障学:理念、制度、实践与思辨. 北京:商务印书馆,2000初版,2003、2004再版. 235~236,236~240

顾人民生活的责任,故设立社会保障制度是完全必要的;而且随着各种社会问题的兴起,政府还应该不断改善社会服务来配合人民的需要。在民主党执政时或在民主党主政的州或市,还可以看出他们较为重视少数民族(如拉丁裔、亚裔和黑人等)和穷人的利益,能够体恤他们的需要并常常为少数民族提供就业机会。共和党是保守党,它的政纲却与民主党的政纲有很大差别,共和党人不喜欢政制的改变,他们在经济上反对政府干预,在福利上较民主党明显保守。由于两大政党对福利问题的看法存在着很大分歧,每次不同的政党执政,美国的社会保障政策便会有一番变动。因此,美国今天的社会保障制度,既有罗斯福、杜鲁门、肯尼迪、约翰逊、克林顿等民主党政府不断扩大社会保障的影子;也有艾森豪威尔、尼克松、福特、里根、布什、小布什等共和党政府收缩社会保障的影子。如 1964 年民主党的约翰逊总统上任,便实行伐贫运动,政府拨出大量款项兴建多项社会服务给老年人、穷人、儿童、病患者及残疾人;遗留到现在的还有为贫困儿童设立的启蒙班、为行动不便且待在家中的老年人运送食物、为低收入者申诉提供法律援助,以及社会保险制度中增加医疗福利、社会福利制度中增加医疗补助等。后来共和党的尼克松上任,便撤除了很多社会福利项目;到了共和党的里根与布什任总统期间,其政论即是政府解决不了这么多的社会问题,从而将很多福利与服务项目均取消了。[1] 克林顿作为民主党推举出来的总统,1992 年在竞选中许诺他上台后让"每个美国人都能享受医疗保健",同期民主党通过的政纲亦提出了平民福利法案,但克林顿上任后遇到了一系列的难题迫使他在社会保障问题上向共和党人作出妥协,以致他的福利改革遭到严重挫折。[2] 到小布什上台后,减税与削减社会福利成为他推动的改革目标,在他的第二个任期内,更是提出要控制公共养老金计划而为每个美国人建立个人账户,这一动议无疑遭到了民主党人的强烈反对。

在政党政治下,议会通常成为争论社会保障或福利问题的场所。例如,1999 年 11 月 26 日,日本众议院卫生福利委员会的议员们为通过备受争议的养老金法案,执政党与反对党的众议员打成一团,该法案旨在削减老年人的养老金款项,其内容是将削减公众养老金 5% 并将退休年龄从 60 岁延长至 65 岁,法案虽然获得通过,但反对党发誓要抵制下去,此即为一个显著的个案。[3] 正如克莱因教授所言:"社会政策的决定因素建立在阶级之间以及其他

---

[1] [美] 黎帼华. 美国福利. 香港:三联书店有限公司, 1998. 26~29
[2] 参见黄安年. 当代美国的社会保障政策. 北京:中国社会科学出版社, 1998. 257~258
[3] 郑功成. 社会保障学:理念、制度、实践与思辨. 北京:商务印书馆, 2000 初版, 2003、2004 再版. 239

追求利益集团之间的权力关系基础之上,而不是建立在意识形态和大众偏好的幻境之中。"①

需要指出的是:政治家作为政治学关注的重点研究对象,也是社会保障研究中需要多加关注的对象。政治家对社会保障的作用,通常是通过对政策的制定或影响来表现的。政治家如果作为政党的代言人,其反映和执行的将是所属政党的主张,在这种条件下,公众在关注政治家的同时尤其会关注其所属政党;政治家如果作为个体参与政治,则公众关注的是他所处的社会阶层及个人的政治纲领。在前一种条件下,政治家对社会保障的影响实际上是政党在社会保障方面的主张的反映,它的倾向通常是较为稳定的;在后一种条件下,则只能看政治家的现实主张;但在特殊的时期,执政者可能向对手妥协或者充当着协调人的角色。不管什么情形,政治家对社会保障政策均有直接的、重大的影响。例如,社会保险制度在德国的产生,与当时的俾斯麦首相个人的决断有直接的关系;英国福利国家的建立,既与英国工党的政治主张相吻合,也与时任英国首相的工党领袖艾德礼直接相关,艾德礼甚至因之而在半个世纪后被评为英国历史上最杰出的首相;美国1935年通过的《社会保障法》并由此而确立了自己的社会保障制度,亦与罗斯福总统推行新政直接关联。即使在中国,也可以发现类似的例子,如1998年开始强力推行的"两个确保"②,有效地解决了此前出现的严重社会问题,就与时任总理的朱镕基的政治决断有着直接关系。因此,政治与社会保障的关系,在很多情形下均可以从特定政治人物与社会保障的关系找到印证。

本章小结

现代社会保障并非单纯的社会制度安排,它要牵涉到整个社会经济资源的分配与社会公正、政府责任等,其成败在表面上看取决于现实制度安排与政策实践,实际上却深受着一定的理论流派与价值偏好的影响。因此,研究社会保障理论与选择社会保障政策,均有必要了解能够对其产生重要影响的理论基础与理论流派,这是真正开启不同的社会保障制度安排内幕的钥匙。

社会保障是在多学科基础之上发展起来的新兴学科。而能够对社会保障理论与政策产生重要影响的学科不外乎是经济学、社会学、政治学等成熟的

---

① 经济合作与发展组织编. 危机中的福利国家. 北京:华夏出版社,1990. 21

② "两个确保"是指中国政府明确承诺并强力推进的两项社会保障措施,即确保按时足额发放离退休人员的养老金和确保下岗职工按时足额领到基本生活保障金,它作为在当时拖欠退休人员养老金和下岗职工得不到基本生活保障并引起严重社会问题的背景下强力推行的社会保障措施,客观上起到了很好的作用。

学科体系。经济学、社会学与政治学等事实上构成了社会保障的理论基石。

西方社会保障的理论源流包括空想社会论、宗教思想与空想社会主义；中国社会保障的理论源流则是大同社会论、社会互助论、仓储后备论和社会救济论等。

经济学是社会保障的重要理论基石，经济学中的选择理论、收入分配理论、边际效用理论、就业理论、贫困理论、制度学说、私有化理论等等均对社会保障理论发展与政策选择具有基础性的理论贡献，而福利经济学更为社会保障的发展提供了丰厚的土壤与养分。在经济学领域中，经济学家对社会保障的看法并不总是一致的，经济学家的分歧表明了社会保障制度选择的复杂性，同时也表明了不能简单地用经济学理论评判社会保障问题。

社会学同样是社会保障的重要理论基石，社会学所关注的社会问题通常构成社会保障制度指向的对象，社会学所揭示的人道主义、伦理道德、历史文化传统以及对社会公平、社会发展、社会进步的追求，更是直接构成了社会保障的重要理论源泉。马斯洛的需求层次论、帕森斯的结构功能论、涂尔干的社会整合论，以及瑞林的文化价值论、威廉斯基等的社会政策模型等，无不对社会保障理论与政策的发展起着重要的作用。

与经济学和社会学的影响一样，政治学作为一个成熟的学科体系，同样对社会保障起着理论基石的作用。政治学关注的核心领域如国家与社会、民主与法制、人权与主权、政党与政权、政府与市场、中央与地方、发展与稳定等，均是社会保障理论与政策选择中必然地要涉及到的基础理论问题。如罗尔斯的正义论等就对社会保障有重要影响。古今中外的发展实践表明，政治需要社会保障，社会保障的进程与政治的需要密切相关。而在现代民主政治下，政党政治对社会保障的影响极深，任何社会制度的确立及修订总能够找到政党政治人物的影子。

复习思考题

1. 为什么说社会保障是在多学科基础之上产生并逐渐发展起来的一个新兴学科领域？
2. 如何看待经济学与经济学家对社会保障政策选择的影响？
3. 如何正确理解理论学术界对社会保障问题的争论？
4. 试比较分析经济学、社会学、政治学对社会保障制度的不同影响。
5. 社会公平与经济效率能够在社会保障制度选择中得到整合吗？
6. 试列举经济学与社会学界的代表性人物及其对社会保障理论的贡献。
7. 比较独裁政治与民主政治下的社会保障。

8. 试分析一个政党（国内外均可）的社会保障政策主张。

案例讨论 1

欧文的试验

欧文是19世纪最有影响的空想社会主义代表人物之一，他出身于手工业者家庭。他认为：人是环境的产物，进而认识到资本主义生产的秘密即利润来源于对工人的剥削，从而主张按照财产公有、共同劳动、共同消费、按需分配的共产主义原则来改造整个社会，强调只有社会主义才能克服资本主义的一切罪恶。晚年还提出共产主义主张，但他将希望寄托在仁慈的统治者身上。他的主要著作有《新社会观》。

欧文早期在苏格兰办工厂，1800年29岁时担任新拉纳克纱厂经理。在管理该工厂时，便开始了改善劳工福利状况并建立相应的福利制度的改革试验，并由此而成为欧洲最有名望的慈善家之一。在他管理的工厂内，工人不仅劳动时间大为缩短，而且能够享受到较好的福利待遇。然而，他的试验不久即破产，原因是工厂因为改善工人的劳动条件、增进工人的福利导致了无法与其他工厂竞争。

欧文试验的失败，不仅说明了当时的社会条件还无法容许这样的试验，更深刻地揭示了社会保障不可能在个别单位内部实现的客观规律。联系到现阶段中国社会保险制度推进过程中的不平衡状态，部分单位参与和部分单位不参与社会保险以及不同地区社会保险费率高低相差悬殊的现象，同样可以发现不符合社会保险制度内在要求的问题。因为这种不平衡带来的是参与社会保险的单位将付出较不参与社会保险单位更高的成本代价，而费率高低悬殊则构成了破坏市场竞争公平环境的因素。因此，社会保障制度应当是社会化的、公平的制度安排，只有当社会保障成为国民的普遍性的、法定的权益时，这一制度才不至于因实施者处于不利竞争地位而遭失败。

案例讨论 2

马丁·费尔德斯坦和亨利·阿伦的争论

马丁·费尔德斯坦和亨利·阿伦都是当代美国经济学界很有影响的经济学家，并且都对社会保障问题有专门的研究，被一些人称为美国社会保障领域的代表性人物。他们两人都承认不同的养老金制度安排对于经济增长会产生相应的效应，但在对待养老保险制度应当选择现收现付式还是完全积累式或基金制的问题上却存在着重大的分歧。

马丁·费尔德斯坦对现收现付制持批评态度，明确提出社会保障制度在某些条件下可能减少个人储蓄,即社会保障具有对个人储蓄的"挤出效应"。他认为:现收现付式的公共养老金制度一方面会减少为了退休期的消费而在工作时积累资产的需要(称之为"资产替代效应"),另一方面又可能诱使人们为了缩短工作期和延长退休期而提前退休(称之为"引致退休效应")。因此,他得出的结论是现收现付式的养老金制度挤出了个人储蓄,从而导致投资减少,进而导致产出减少,最终有碍经济增长。

亨利·阿伦则从基金制和现收现付制的再分配效应出发,肯定一个特定的养老金计划如果在增加了受益者的福利的同时,不会使其他任何人的福利状况有所恶化,那么,就可以称其为帕累托最优计划。他在1966年发表的《社会保障悖论》文献中指出:在萨缪尔森的"生物回报率"(即人口增长率+实际工资增长率)大于市场利率的前提之下,现收现付制能够在代际之间进行帕累托最优的配置,而基金制却会带来一个使未来各代生命期效应都要减少的跨时配置。他的结论是,现收现付制总是能够在代际之间进行帕累托最优的配置,而基金制一般都不会达到帕累托最优的改进,其理由是现在的一代人并没有义务为了将来各代人的养老金而积累财富。因此,他对现收现付制持肯定态度而对基金制持批评态度。

由马丁·费尔德斯坦和亨利·阿伦之间引出的养老金现收现付制与养老金基金制的福利效应的争论,揭示了经济学家们对社会保障问题的看法并不总是一致的,而要对社会保障制度模式及财务机制做出合理的选择,显然要较经济学家假设的条件要复杂得多。

案例讨论3

中国老太太与美国老太太的消费观

在近几年间,中国的传媒流传着一则被某位经济学家演绎的中国老太太与美国老太太在天堂相遇的故事。故事的内容是:两位老太太死后进入天堂,美国老太太说:"我终于还清了购房的抵押贷款",中国老太太则说:"我终于攒够了购房的存款"。美国老太太虽然到死才还清购房贷款但早就享受到了改善住房条件的实惠,而中国老太太虽然积累了购房资金却从未享受过改善住房条件的实惠。故事的演绎者是想告诉人们,美国老太太的消费观与中国老太太的消费观是截然不同的,进而引申出美国老太太是积极消费主义者,而中国老太太是消极消费主义者,并想用两位老太太的生活经历告诉人们,放大消费能力和超前消费才是现实生活的天堂。

如果单纯地从经济学意义上讲,这则故事所揭示出来的对比是有一定道理的。然而,如果联系到美国与中国的社会保障制度的差别,将能够帮助我们更加全面地理解这则故事的深刻含义。因为在美国,老年人有退休金,有免费医疗保障,还有健全的社会救助制度,人们的现实生活风险与后顾之忧其实并不太多,或者可以通过相应的社会保障制度来化解;而在中国,绝大多数老年人并没有养老金与医疗保障，即使是面向贫困人口的社会救助制度也是残缺不全的，大多数国民的后顾之忧与生活风险非常之大。在这样不同生活背景和制度保障的情形下，敢于消费与不敢消费显然不能以单纯的经济观或消费观念来评判。

第四章
社会保障相关关系

■学习要点

通过本章的学习,应当掌握社会保障与经济社会发展以及和收入分配、劳动就业、公共政策、商业保险等的关系,真正理解世界各国社会保障制度千差万别的原因。

■关键概念

公平 效率 横向公平 纵向公平 权利 义务 收入分配
初次分配 再分配 第三次分配 劳动力流动 劳动力供求
促进就业 人口政策 家庭政策 商业保险

社会保障制度不是一种孤立的制度安排，它在实践中很自然地与本国的社会经济基础、社会进步和社会成员的综合发展有着密切联系，并与其他社会经济政策相互关联，相互影响。经济发展和社会进步为社会保障的发展提供着坚实的物质支持和环境支持，而良好的社会保障制度又成为经济发展、社会进步的维系与促进机制，并对其他社会政策的发展起到不可替代的作用。因此，有必要从宏观视角出发，将社会保障制度放在整个社会系统中加以考察。本章在阐述社会保障中的一些基本理论范畴及其与经济社会发展的一般关系的基础上，还将分别介绍社会保障与收入分配、劳动就业、其他社会政策以及商业保险之间的关系。

▶第一节 概述

一、社会保障制度涉及的基本理论范畴

在各国的社会保障制度实践中，无论是制度选择的过程还是制度定型后的实践发展结果，都不可避免地要涉及到公平与效率、政府与市场、权利与义务等基本理论范畴。从某种意义上讲，社会保障制度安排实质上是在一个国家或地区内部对公平与效率的价值取向做出选择，是对社会保障制度中政府干预和市场机制做出尽可能合理的安排，是对社会保障制度涉及的主体各方的权利与义务进行相应的规范。因此，有必要了解这些基本的理论范畴及其在社会保障制度中的体现。

（一）公平与效率

公平与效率是人类社会发展进程中始终引人关注并需要妥善处理好的问题，但关于公平与效率的争论由来已久，在社会保障领域也不例外。

公平作为人类共同追求的永恒的价值理想，并不是一个纯经济学的概念，而是一个涉及个人价值判断在内的社会学与伦理学问题，它不仅仅存在于社会收入的分配中，而且涉及到社会生活的多个方面。所谓公平，简言之就是公正、平等，它是一个多维度的概念。从共时的角度讲，公平包括了社会经济生活的多个方面，如经济公平、政治公平、社会公平等；从历时的角度讲，公平包括起点公平、过程公平和结果公平。其中，起点公平往往是过程公平和结果公平的基础，没有起点公平，过程公平和结果公平也难以实现。对社会保障制度而言，不但要实现社会成员享有社会保障机会和权利的公平，而

且要达到主体各方的负担公平；不仅要确保起点公平，而且要努力维护过程公平，力求接近结果公平或者努力缩小结果的不公平。社会保障制度安排还有横向公平和纵向公平之分，横向公平是指同一群体的人能够享受同样的社会保障待遇，履行同样的义务；而广义的纵向公平则是指代际之间的公平，以及个人一生过程中不同阶段负担的公平。社会保障需要首先实现横向公平，同时逐步实现纵向公平。

效率是西方经济学的一个核心概念，是指通过资源的有效配置和使用，达到社会福利最大化。宏观意义上的效率可分为三个阶段：第一阶段是资源最优配置的效率，通常用实现了"帕累托效率"或"帕累托最优"来描述；第二阶段是可持续的综合效率，仍体现了人类对效率的追求，但增加了生态、环境对效率的制约条件，丰富了效率的内涵；第三阶段是网络经济的效率，也称"后工业效率"，指通讯和计算机的网络化使传统效率发生了质的飞跃。社会保障的效率主要体现在制度目标的实现程度和制度自身运行成本的节约以及制度运行的有效性。

公平与效率同时存在于人类社会的发展进程中，它们构成了发展的一体两面。然而，在不同的时代，确实会出现某种程度上的倾斜，即优先于效率还是优先于公平。作为一对宏观范畴的概念，实际上不能把公平与效率片面地理解为在任何制度安排中均是一样的，它应当体现在一个国家或地区特定时代所有制度安排或政策选择的综合效应上，就像我国改革开放以来所强调的效率优先兼顾公平一样，这是改革开放前一个时期国家政策的总体取向与选择，但这并不意味着社会保障制度也需要体现效率优先兼顾公平的原则，因为几乎所有工业化国家发展的实践都表明，市场经济及市场机制天然地追求效率，而社会保障制度却天然地追求公平。因此，公平与效率是超越于一个国家具体制度安排或政策选择之上的一对理论范畴。①

客观而论，公平与效率应当是相辅相成、辩证统一的关系，但一个国家如果不能相互协调地处理好公平与效率的关系，这两者就可能互为代价。一方面，如果只强调公平，势必会阻碍人们追求效率的积极性，损害经济和社会的发展，最终结果将是全社会的"共同贫穷"。中国计划经济时代超越生产力发展水平的平均主义分配体制因为将结果公平作为追求目标，导致的是共

---

① 郑功成教授认为公平与效率是一对超越具体制度安排或政策选择的理论范畴，是一个国家或地区一定时期内所有制度安排或政策选择的总体价值取向，它对具体的制度安排或政策选择虽然有一定的影响，但不可能颠覆某些具体制度安排或者政策选择固有的价值取向。就像市场机制即使在福利国家也会天然地追求效率，而社会保障即使是在美国这样标榜效率的国家也在体现着对公平的追求。因此，不主张社会保障制度生硬地套用超越于具体制度安排或者政策选择的效率优先兼顾公平观。

同贫穷的局面；另一方面，如果一味地追求效率，其结果必然是收入分配差距悬殊和社会成员之间不平等加剧，这不仅与社会经济发展的最终目标相悖，妨碍社会的发展和共同进步，而且会导致社会问题、社会矛盾、社会冲突的深刻化，最终同样损害经济社会的正常发展。因此，在人类社会发展的长河中，公平与效率并不存在谁优先的问题，但在一定的发展时期却可能因国家发展战略的需要而有所侧重，一定时期内侧重于公平或者侧重于效率，最终都是为了公平与效率的相互协调、相互促进。一方面，公平目标的实现，可以增加低收入阶层的收入，提高其文化素质和健康水平，还可以防止社会成员贫富两极分化，减少社会阶层对立和冲突，维护社会稳定，促进社会和谐，从而有利于维持经济和社会发展的高效率；另一方面，如果效率提高了，经济发展与经济增长必定使物质财富极大丰富，进而为促进社会公平提供雄厚的物质基础，并最终实现全社会的共同富裕。由此可见，从长期发展的角度看，公平和效率是发展进步的一体两面，公平可以促进效率，效率可以促进公平，二者都是促进社会进步、满足人们发展需要的手段。

对社会保障制度而言，它的任务和功能决定了必须以追求社会公平为目标，社会保障发展所走过的道路就是一条从慈悲到正义之路。[①] 现代社会保障制度所肩负的责任与功能就是确保起点公平，维护过程公平并逐步实现结果公平。

当然，由于社会保障制度涉及每个社会成员的切身利益和国家、企业、个人的利益分配格局，制度设计和运行好坏直接关系着每个人的生存与权益保障，并对国家的未来发展产生直接而重要的影响，在制度设计与政策选择中还必须考虑到各个具体保障项目的多样性和复杂性，不同的社会保障项目在实践中对公平与效率的考虑也会有所不同。例如，社会保险虽然同样强调并体现出对公平的追求，但在养老金待遇方面却通常与参与者的工资水平及缴费状况相联系，从而部分地体现了效率与激励因素；而社会救助则是为了保障每一位社会成员最基本的生存权与发展权，在世界各国均以政府负责为条件，完全展现了追求社会公平的属性；社会福利在实践中的社会化和多层次化，不同领域的侧重点也有所不同，在以国家为主体并运用公共资源的普及化福利项目如残疾人福利、义务教育福利等方面，公平会得到全面体现，而社会力量举办的福利设施、福利院等则可以适当地体现出效率原则，这样可以在促进社会公平的同时激发社会力量举办社会福利事业的积极性。

---

① 郑功成. 从慈悲到正义之路——社会保障的发展. 社会保障制度. 2002, 8

（二）政府与市场

关于政府与市场之间关系的争论，一直是理论学术界关注的焦点，并不可避免地影响到包括社会保障制度在内的制度安排与政策选择。这种争论集中表现于两种相反观点的对立，即自由主义和国家干预。

18世纪下半叶，资产阶级利益的代言人亚当·斯密提出了"经济人"假设和"看不见的手"的概念，提倡自由竞争、自由贸易以及劳动力、资本和其他生产要素的自由流动。随后的李嘉图、马歇尔等丰富和完善了这一理论。到19世纪末20世纪初，这种理论受到了挑战，20世纪30年代的全球经济大危机彻底打破了市场万能论，也粉碎了市场自动均衡理论，凯恩斯国家干预主义应运而生。凯恩斯提出"有效需求不足原理"，主张扩大政府经济干预，该理论为时任美国总统的罗斯福先后两次采用，并成为第二次世界大战以后的主流经济学，促进了国家垄断资本主义的发展。但20世纪70年代世界经济"滞胀"的出现，又使凯恩斯主义的国家干预理论遭到挫败，自由主义卷土重来。到20世纪90年代中期，世界银行经济学家青木昌彦等对政府在东亚经济发展过程中的作用进行深入研究之后，又提出了市场增进论，认为政府政策的职能在于促进或补充民间部门的协调功能，而不是将政府和市场仅仅视为相互排斥的替代物，强调把政府的政策目标定位于改善民间部门的协调和克服市场缺陷的能力。

工业化国家的发展实践已经表明，政府不是万能的，市场同样不是万能的。市场失灵现象的存在，以及市场不可能自动地解决好公平问题，也不可能真正实现平等、共享的目标，表明需要政府的干预和调控；而政府失灵现象的存在，又使市场有参与的必要性。因此，政府和市场都不是万能的，它们之间并不是非此即彼的单向选择关系，而是在双方合理分工的基础上，建立有效的选择和协调机制，实现资源配置最优化和交易成本最小化。

"社会保障在本质上是一个国家对经济的干预问题，用另一种表达方式就是相信政府或相信市场的问题。"[①] 不过，从各国的社会保障立法来看，都是将社会保障视为国家的责任，政府是构建社会保障制度的主体。首先，政府应该推动立法机构建立完备的社会保障法律体系，使社会保障能够在法制化的框架下规范运行；其次，政府应当通过财政投入、税收和收入分配等政策，对市场无力承担、不愿意承担或不适合承担的国民生活风险进行保障，或在政府的支持下由非营利机构或社会组织提供保障，真正体现出社会保障制度

[①] 李珍. 社会保障制度与经济发展. 武汉大学出版社，1998

的社会公平性；再次，政府还应当对社会保障承办和实施主体及环节进行严格有力的调控、管理和监督，保证制度的有效性和有序性。而针对政府政策效应偏离政策目标的现象，市场化改革则可以促使政府以程序化、法制化、科学化的方式参与调控，并避免政府行为对制度本身的正常运行造成损害。

具体到我国社会保障中政府与市场的功能的界定，应充分考虑现阶段的中国国情，合理协调二者的关系。在转制成本的负担和基础保障以及制度构建、法制建设方面，政府应该承担更多的责任。同时，也应避免政府包揽过多的现象，在多层次管理、基金筹资、实施等方面，可以充分调动社会力量（如发展社会福利事业、慈善事业等），发挥商业保险等的补充作用，走社会化发展之路。

（三）权利与义务

权利和义务是一对法律范畴，权利是指宪法和法律确认的公民作为或不作为某种行为的可能性，或要求他人作为或不作为某种行为的可能性；义务是指宪法和法律规定的公民必须履行的责任。

根据辩证唯物主义，权利与义务的关系是相辅相成的关系。首先，二者既对立又统一，既严格区别又互为条件，世界上没有无权利的义务，也没有无义务的权利，权利的实现需要义务的履行，义务的履行又为权利的实现提供了可能性。其次，权利与义务密不可分，某人具有了某种权利，那么同时也意味着另外一个人（或一些人）负有相应的法律义务；反之，某人承担了法律义务，也就意味着另外一个人（或一些人）产生了权利，两者共同构成权利义务法律关系两个不可分割的方面，可见，权利和义务不可能孤立地存在和发展，任何一方的存在和发展都必须以另一方的存在和发展为条件。再次，权利和义务相互渗透、相互包含，一定条件下可以相互转化，对于获得者是权利的，对于付出者则是义务；在一些情形下所承担的义务，必然在另一些情况下享有相应的权利，一方有什么权利，他方便有什么义务，一方有什么义务，他方便有什么权利。最后，权利与义务具有双重关系，这种双重关系表现在，一是权利义务主体所享有的权利与其自身所负有的义务的关系，二是所行使的权力与他人所履行的义务的关系。一个人可以放弃自己的权利，但必须履行自己所承担的义务。

在社会保障中，强调遵循权利和义务相结合的原则，但不同的项目又具有不同的侧重和表现。从总体而论，社会保障权利的享有需要以履行法定的义务为前提。国家或政府作为社会保障的实施主体，有向被保障者收取社会保险费或以其他形式（如形成财政资金可用于社会救助的税收）向社会成员征收费用的权利，但必须履行向社会成员提供风险保障的责任；对于被保障对象亦同样如此，其保障权益的实现也需要以付出一定的保险费或其他形式的支出（如税收）为前提。在社会保险中，除工伤保险外，其他各险种在绝大多数国家均要求受保障者必须缴纳一定的保险费（税），作为享受领取保险金权利的条件，承担缴费责任是被保障者的义务，领取保险金是受保障者的权利；在一些社会救助制度如以工代赈中，受益者必须以参加劳动作为接受救助的条件，即使是最低生活保障也要求申请者承担如实申报和配合救助机构家计调查的义务；在社会化的福利设施中，享受者也须付出一定的经济代价，才能够享受各项社会服务等。权利和义务的结合是社会保障责任共担机制的内在要求，是发挥风险分散功能的需要。当然，社会保障中权利义务的结合并不意味着权利和义务的必然对等，因为权利和义务对等体现的是一种等价交换的关系，付出多少，得到多少。在社会保障制度中，受保障者的所得通常是大于其所付的，并且在很多社会保障制度安排中，受益者是无需付费或很少付费的。当然，由于社会保障天然地以追求社会公平为目标，在社会保障制度的具体实践中，少数项目也明显地具有权利和义务的单向性，如灾害救助等，为需要救助者提供生活保障是社会和国家的义务，而接受救助是公民应有的基本权利，公民接受社会救助不以缴费为享受条件；再如慈善事业中，受助者也是无需缴费的，这是具有明显的权利和义务不对等性的社会保障项目。

由此可见，社会保障的权利义务关系并非是市场经济中的等价交换关系，而是更广泛意义上的权利和义务相结合，这种结合在具有特殊社会功能和社会目标的社会保障制度中，有时权利的享受是可以不以履行义务为前提的。

二、社会保障与经济发展

社会保障采取的是经济手段，必然需要相应的经济基础，同时也反过来影响着经济的发展。它们之间的辩证关系是：经济发展水平决定着社会保障的水平和规模，而社会保障制度也对经济发展有反作用，促进或阻碍经济的发展。

一方面，人类社会的经济活动包括生产、分配、交换和消费四个环节，其中生产处于最基础的地位，生产什么、生产多少决定了分配、交换和消费的数量和质量，但分配、交换与消费也反过来决定着生产的结构与发展状态。作为社会再分配政策，社会保障再分配功能的发挥取决于生产发展这一先决条件；作为政府宏观调控政策，社会保障在任何条件下也不可能脱离经济基础而存在。经济发展水平高，则社会保障物质基础雄厚，再分配的规模和水平越高，国家以社会保障进行宏观调控的能力越强，且该功能和作用的充分发挥反过来又会进一步促进社会保障体系的健全与完善；反之，在经济没有充分发展的条件下，社会保障无论在社会再分配和宏观调控功能上，还是在体系结构上都可能残缺不全，这一点已经在世界各国的社会保障发展中得到了印证。

另一方面，与经济基础相适应的社会保障制度，不但可以为陷入困境的社会成员提供生活保障，而且有利于维持劳动力再生产和劳动力资源的优化配置；规模适度的社会保障通过收入再分配的实现，既能平衡劳动者之间收入的过分悬殊，实现社会公平，又可以保持一定的激励，提高社会生产率。另外，适度规模的社会保障基金的积累和支付，还可以成为活跃资本市场的经济力量，并对居民储蓄、扩大消费等产生相应的影响，从而可以在多方面促进国民经济的发展。相反，如果社会保障超前或滞后于经济发展，就会制约和阻碍社会经济发展：前者会造成代际矛盾，损害劳动者积极进取之心，使社会保障成为经济发展的负担，损害经济发展后劲和国家综合竞争力；后者则会因社会保障制度的不健全，导致社会问题不能及时解决，结果将是社会问题日益恶化，进而必然地波及经济发展。上述两个方面的教训在中外近半个世纪以来的实践中均能够找到许多例证。

在市场经济条件下，社会保障为市场经济的正常运行提供着安全保障网，市场经济风险的多元化也要求和促进着社会保障的发展。因为社会化大生产和市场经济的发展，使每个社会成员既不依附于任何单位或组织，又必须抛却以前传统、封闭的生活方式，溶入到社会中来，经济全球化更是使社会成员的生活风险被进一步放大。生产方式、生活方式的社会化和经济全球化，使人们面临着社会化的风险，单靠个人或家庭的自我保障根本不足以应付或满足生活风险保障的需要。因此，市场经济条件下社会成员生活风险的全面化、社会化与全球化，客观上要求社会保障制度在项目体系、制度管理、运营实施等多方面不断发展和完善。

三、社会保障与社会进步

自人类诞生以来，追求自由、平等、博爱便成为人们的崇高理想。从茹毛饮血的原始社会到日益发达的当代社会，从中国古代的大同社会论到欧洲的空想社会主义，世界大同、天下为公一直是无数仁人志士孜孜以求的梦想。人类社会的文明进程已经揭示出，个人的自由和充分发展，不仅是个人幸福所系，而且是国家繁荣和社会进步的主要元素。现代社会保障制度作为人类社会发展和文明进步的产物，在促进整个社会的健康发展方面起着不可替代的作用。社会的发展离不开社会保障,社会保障的发展和完善也必须得益于社会进步。

从总体上讲,人类社会的进步包括物质文明的进步和精神文明的进步,前者表现为对社会成员的生存、发展所需物质资料的满足,后者则在于人类生存质量的提高。当历史的车轮驶入现代社会,扩大和分散化了的社会风险迫切需要现代化的保障机制;物质生产的进步和人本思想的发展,天赋人权成为时代发展的主题,而保障每一社会成员的生存权和发展权则构成了人类社会发展进步最基本、最根本的目标。社会保障便不可替代地、义不容辞地承担起了这一使命,在世界各国,社会保障规模与水平逐渐提高、制度措施日趋健全、保障功能日臻完善。由此可见,人类社会的进步不但为社会保障的发展提供了物质的、精神的基本前提,而且要求社会保障与现代化的社会文明相适应,这也是实现保障目标的应有之义。

联合国第二个发展十年(1970—1980)活动纲要指出:"发展的最终目的是为所有的人民能更好地生活提供日益增多的机会,其实质就是对收入和财富实行更平等的分配,以促进社会公正和生产效率,提高实际就业水平,更大程度地保证收入并扩大和改善教育、卫生、营养、住房及社会福利设施,以及保护环境。"[①] 社会保障作为社会发展的一个重要方面,不但在促进社会公平、消除贫困、维护社会协调和稳定、促进社会和谐等方面发挥着不可替代的作用,而且在实施过程中,社会的互助互济精神得到了发扬光大,人们的现代观念得到了树立,人道主义精神和社会道德得到了弘扬和发展。人类社会越发展,人本思想越凸显,就越需要社会保障制度的提高和完善。正因为社会保障体现了以人为本的人道主义与人文关怀精神,创造并维护着社会公平与正义或者缩小着社会不公平,它的发展才不仅仅被看成是保障社会成员生存和发展的需要,而且被视为人类社会文明进步的标志和表现。

四、社会保障与人的发展

马克思曾经指出,人是社会关系的总和,人的发展是社会发展的中心,社会的发展依赖于每一个社会成员的发展,每一社会成员的发展又必须依托在社会这个环境中实现,社会保障为人的发展提供了可靠的保障机制。

从人类发展的历史来看,人类的发展是个体的人逐渐社会化的过程,是一个由封闭的、自然的人发展到开放的、社会的人的过程。在漫长的自然经济社会中,人们过着自给自足的生活,每个人都被束缚在自己的家庭范围内,

---

① 郑功成. 中国社会保障论. 武汉:湖北人民出版社,1994. 370

家庭是他们唯一的庇护所，承担着他们所有的生活风险保障责任，国家仅在灾荒之时才实施水平极低的非制度化的救助措施。随着生产的发展和社会的进步，人的社会化成为不可逆转的趋势，打破了原来封闭的生活方式，家庭的保障功能日益削弱，单靠过去那种救灾济贫式的保障制度便不可能适应人的社会化的需要。因此，社会成员面临的生活风险，只有通过规范的、稳定的制度安排才能获得化解，现代社会保障制度正是适应人的这种发展趋势而走向全民化、普及化的。从这个意义上讲，人类的社会化进程决定了社会保障的普及化进程。反过来，社会保障为社会成员提供的安全保障机制又必然促进个人的发展，最终结果也是促进了全人类的发展。

在当代社会，社会保障不仅仅是一种安全保障机制，而且是一种社会协调和促进机制，不仅能够为陷入困境的社会成员提供基本的生活保障，解除其后顾之忧，而且还起着维护社会公平、公正的作用，为社会成员的个人发展提供了良好的社会环境。如医疗保险、失业保险、工伤保险等不但可以为遭受不测的人提供生活保障，使他们摆脱困境，还可以提高人的身体和健康素质，为社会生活中的竞争失败者提供经济援助，使他们有重新步入社会参与竞争的机会；职业培训和教育福利可以提高劳动者劳动技能和文化素质，增强个人的竞争能力和发展潜力。当然，个人素质的提高和个人发展反过来又促进了社会的全面发展，从而也促进了社会保障的发展和完善。

▶第二节　社会保障与收入分配

从经济角度出发，可以发现社会保障属于国民收入体系，因此，它作为社会收入分配中的一个组成部分，必然地要与收入分配政策紧密关联。在收入分配的诸多影响因素中，生产力发展水平和生产方式是根本的影响因素，决定了收入分配的水平和方式，并使收入分配反映出一定的生产关系。经济体制、社会政策目标、国家强制力等也是收入分配的影响因素，促进或制约着收入分配。社会保障作为社会安全与保护机制，在整个国民经济中发挥着直接或间接的再分配功能，其再分配功能的强弱和再分配规模的大小是调节收入分配差距、影响社会公平实现的重要因素。

一、社会保障与收入分配目标

在市场经济条件下，劳动者作为独立的经济主体，必须从社会获得必要的生产、生活资料，以维持其自身的发展和劳动力再生产。作为连接生产和消费的必不可少的中间环节，分配是在劳动者为社会生产付出了自己的智力、体力、知识和技能之后，以劳动报酬的形式从国民收入中获取一部分生活资料。所以，收入分配不但是满足劳动力生产、发展的需要，而且作为对劳动者为社会付出的体力、智力的补偿，是劳动者生存的必要条件。在西方经济学的"经济人"假设下，人们的经济行为具有趋利避害的自利倾向，劳有所得、劳有所获是对劳动者形成的利益激励机制，它可以促使其追求经济目标、提高经济效率，最终推动社会经济发展。从社会学的角度讲，社会经济发展的最终目标是以人为中心，满足社会成员的物质和精神生活的需要，进而实现人的最充分发展，而分配的目标与经济社会发展的目标是一致的，即是通过实现每个人的发展最终达到全社会的共同发展，实现真正的社会和谐与公平。

与劳动者按劳获酬的分配方式相比，社会保障显然是一种收入再分配方式。一方面，社会保障的资金主要来源于国家税收收入和向雇主与劳动者个人征收的社会保险费等；另一方面，社会保障又按照各个项目的规范将这笔资金分配给受保障者，使社会成员获得基本的生活保障，并维持劳动力再生产的延续性。因此，社会保障既受整个收入分配格局的影响，又直接影响着国家的收入分配格局。现代社会保障制度在产生之初虽然是被作为"消除革命的成本"而实施的，是社会的"稳定器"和"减震器"，但随着社会的进步和发展，人的发展成为社会发展的主体，生存权和发展权成为社会成员最基本的权利，作为社会再分配机制，社会保障的分配目标无疑是缩小贫富差距、减少贫困，最终实现社会公平。由此，无论从经济学角度还是从社会学角度，社会保障制度与国民收入的最终分配目标都是一致的。

二、社会保障与收入分配方式

随着经济的持续发展，我国城乡居民的个人收入水平在迅速提高，收入的来源也呈现出多样化的趋势，单一的以工资收入为主的分配体制已不复存在，取而代之的是多种分配形式并存的多元化分配格局。国家对个人收入分配的指导方针亦由"坚持按劳分配"调整为"按劳分配为主体，其他分配形式为补充"，并在"十五"计划的建议中提出鼓励生产要素参与收益分配、把按劳分配与按生产要素分配结合起来，明确了知识、技术、资本、经营管理、土地房屋等生产要素也参与收益分配的分配政策，目前主要的分配方式有按劳分配、按需分配和按生产要素分配等。

关于按劳分配，较为普遍的理解是指在社会总产品做了必要的扣除之后，以每个劳动者为社会贡献的劳动数量和劳动质量作为依据分配收入，多劳多得，少劳少得，不劳不得。按劳分配作为分配方式的主体，为社会成员参与社会产品的分配提供了基本的原则和前提，为提高经济活动的效益提供了内在动力，是市场经济最大限度发挥劳动者生产积极性的最佳形式。作为初次分配领域最主要的分配方式，按劳分配遵循效率优先、兼顾公平的原则。

按需分配是指按社会成员的实际需要分配社会收入。按照马克思主义创始人的设想，当人类社会发展到共产主义阶段，由于经济的发展，城乡之间、工农之间、脑力劳动与体力劳动之间的本质差别已经消失，每个社会成员不再为旧的社会分工所束缚，劳动时间也大大缩短，全体人民的思想觉悟和道德品质得到极大提高，不计报酬的自觉的社会公益劳动成为劳动者的习惯，成为劳动者生活的第一需要，具备了各尽所能、按需分配的条件。按需分配的前提是社会生产力的高度发展和物质财富的极大丰富。

社会保障作为一个多层次多项目的复杂分配系统，其中既有按劳分配的成分，又有按需分配的成分。例如，社会保险的缴费通常与劳动者的工资收入相关联，它实际上是按劳分配的延续，但在待遇给付时却并非完全按照缴费多少来决定，而是根据需要来确定，如医疗保险的待遇不是取决于缴费多少而是取决于医疗费用及可报销范围，从而可以视为按劳分配与按需分配的混合；而社会救助的经费来源于国家财政收入，它明显地体现出按需分配的原则。当然，不论何种分配成分，最终的结果和目的都是相通的，即保障社会成员的基本生活并尽可能地使其生活质量得到改善，实现社会公平。当然，社会保障按需分配是以国家和社会财力为后盾的，是以仅仅满足社会成员的基本生活为目标的低水平的按需分配，远不能与马克思主义经典作家所设想的共产主义社会的按需分配相提并论。

三、社会保障与收入分配层次

一般而言，国民收入的分配可分为两个层次，即初次分配和再分配。而社会保障制度除涉及到国民收入初次分配和再分配外，实际上还有第三次分配。再分配和第三次分配都是为了弥补初次分配中效率有余、公平不足而进行的。初次分配和再分配是国民收入的主要分配形式，第三次分配由于规模有限，而且是基于自愿的、非制度化的和不稳定的，对国民收入分配的影响亦很有限。

（一）初次分配

国民收入初次分配是在国民收入生产部门内部各集团、各阶层及其成员之间进行的分配，是在产品和劳务的生产过程中，按照各种要素主体对产出直接做出的贡献大小给予的货币补偿。在初次分配中,国民收入被分解为三个部分,即国家收入、企业收入和职工个人收入,初次分配强调效率原则。在完全的市场经济条件下,初次分配的具体操作、运行和产生的结果都是由市场来实现的,强调市场中各主体的权力仅在于通过自身需求和供给行为对初次分配产生影响,分配效率的高低取决于市场经济的发展程度。社会保障与国民收入初次分配的关系可以概括为两点:

1. 社会保障制度本身参与国民收入的初次分配

根据马克思主义六个扣除理论和劳动力价值决定理论,劳动者所得形成社会总产品后,应该从其中扣除六个部分:"第一,用来补偿消费掉的生产资料的部分;第二,用来扩大再生产的追加部分;第三,用来应付不幸事故、自然灾害等的后备基金或保险基金……"[①];同时,由于劳动力的价值是由生产、发展、维持、延续劳动力及劳动者家属所必需的生活资料的价值决定的,劳动者的工资收入必然包括了维持劳动者本人生存发展的生活资料、维持劳动者家属生存发展的生活资料和对劳动者进行的必要的技能培训以及为维持劳动力的再生产(如对失业者进行的救助及培训、伤残医疗及康复等)等的生活资料的价值,由上述生产资料的价值决定的劳动力价值——工资收入必然来自于劳动者的必要劳动,这其中包含了对劳动者提供的社会保障费用支出。所以,无论从马克思六个扣除学说还是从劳动力价值决定的理论讲,社会保障基金都主要地来自于劳动者的必要劳动,从而也来自于国民收入的初次分配。社会保障本身在参与了国民收入的初次分配之后,再以其在初次分配中的所得进行一部分再分配。

2. 社会保障弥补初次分配的不足

如前所述,初次分配是以市场为基础的,按照生产要素分配,强调的是效率原则。由于市场竞争中不同的劳动者受教育程度不同、劳动能力不同、占有的生产资料和社会资源不同,他们从国民收入初次分配中的分配所得必然不同,这就形成了不同劳动者之间的收入差距。适度的收入分配差距可以形成对先进的奖励和对落后者的激励,有利于提高劳动者的积极性,而过度的收入分配差距必然形成社会不公、贫富悬殊,危害社会稳定和发展。国际上以基尼系数表示贫富差距,超过了0.4即超过了警戒线。社会保障制度作为对社会财富的一种再分配方式,通过收入补偿、互助互济,使竞争中处于劣势的个体不至于与其他社会成员相差太远,在一定程度上调节经济资源在不同地区、不同社会阶层之间的分配,从而事实上弥补着初次分配效率有余、

---

① 马克思恩格斯全集(第9卷). 北京:人民出版社,1963. 19

公平不足的缺陷。

（二）再分配

为了弥补初次分配的不足，国家通常通过政府干预建立有力的再分配机制。国民收入的再分配是指在初次分配基础上，在全社会范围内继续进行的分配。国民收入再分配主要是为了满足社会公共部门、国家经济建设、建立社会后备基金、社会保障、调节收入分配关系的需要而进行的，国家财政、税收、信贷、利息、保险费、价格等经济杠杆是国民收入再分配的主要工具。再分配是政府对市场产生不良后果的矫正，在于弥补市场失效，使社会财富分配更加合理化，缩小初次分配按照效率原则形成的差距。再分配是以国家强制力和公共权力为基础的，其运行效果的优劣受制于政府可动用的经济资源和强制力的大小。税收与财政是政府干预收入分配的基本手段，财政分配是政府实现收入分配目标的基本途径。

社会保障作为再分配的主要方式与途径，通过社会保险、社会救助、社会福利等制度安排，维护并实现着社会公平与正义，使国民生活水平得到普遍保障。各国社会保障实践已经证明，社会保障制度越健全，保障水平越高，国家利用社会保障进行收入再分配的规模越大，对收入分配的干预越强，社会收入就越接近公平；反之，社会保障制度越不健全，保障水平越低，国家干预收入分配的力度就越小，收入分配不公的现象也越严重。从现代社会发展进程来看，各国社会保障分配规模逐渐扩大，分配水平逐渐提高，这一方面是应付社会风险、提供国民生活保障的需要，另一方面也是社会进步和经济发展从而实现社会收入和资源公平分配的需要，社会保障规模的扩大表现了国家再分配力度的增强。在我国，现阶段社会保障制度的规模较小，覆盖面较窄，保障能力很有限，收入分配不合理的现象仍然很严重，并有进一步加剧的趋势，这一方面固然与我国经济转型期的特定社会经济环境有关，但社会保障再分配力度不够、规模水平不高也是重要的原因。因此，强化我国社会保障再分配功能应该成为调节收入分配的重要方面。

（三）第三次分配

所谓第三次分配，是指在初次分配和再分配之后，出于个人自愿，在习惯与道德的影响下把可支配收入的一部分捐赠出去，形成慈善公益基金，然后再资助那些需要资助者。如果说再分配是对初次分配的调节，即政府弥补市场之不足，那么第三次分配则可以视为对再分配的补充，即民间捐赠弥补着政府再分配之不足。

初次分配注重效率，再分配强调公平，而第三次分配则追求社会协调与和谐。从国际经验来看，第三次分配在照顾孤寡老人、帮助残障人士、收养孤儿以及帮助失业者、贫困者、艾滋病患者、行为偏差者等方面发挥着重要的作用。在构建和谐社会的过程中，市场和国家的作用故不可少，但要真正实现社会和谐，还需要各种社团、社会关系网络、慈善或志愿事业和机构的发展。这种不是通过利益驱使或国家强制而是出于个人自愿，以慈善、志愿或互助为形式的资源流动，不仅可以从物质上缓解某些群体的困境，而且可以从心理上、情感上消除不同社会阶层的隔阂和对立，在价值上形成一定的共识，有助于舒缓社会阶层之间乃至社会整体结构上的紧张，营造良性互动的关系，进而形成差异基础上的和谐。

由于第三次分配是建立在社会捐献基础上的自愿的、非制度化的分配方式，缺乏稳定性常常成为制约其发展的因素。在我国，第三次分配功能尚十分微弱。从目前的情况看，中国现代意义的慈善事业还非常落后。资料显示，中国内地虽已建立了成百上千计的慈善公益机构，但获得的民间捐助每年不足50亿元人民币。而在美国，1996年的慈善性捐款达1 500多亿美元，相当于该国GDP的2%，人均捐款达700美元。[①] 因此，应根据我国国情，完善社会捐赠制度和企业所得税、个人所得税制，同时大力发展民间慈善公益组织并提高其公信度，完善制度建设和监督，增强慈善事业作为第三次分配在国民收入分配中的调节力。

▶第三节 社会保障与劳动就业

社会保障尤其是社会保险与劳动就业存在着密不可分的关系。一方面，社会保障（尤其是占据主体地位的社会保险）通常以就业为条件，即就业者构成了社会保险的权利主体，就业亦使劳动者有相应的收入来源，有能力缴纳各项社会保障费用，从而构成了社会保障发展的活的基金源泉；另一方面，劳动者在劳动就业过程中也特别需要相应的社会保障，因为只有社会保障才能为就业劳动者提供充分的风险保障，进而解除劳动者的后顾之忧，并促进劳动就业的延续性和充分就业。社会保障与劳动就业之间的内在联系，决定了社会保障政策与劳动就业政策需要相互协调、相互促进。[②]

---

① 郑功成等. 中华慈善事业. 广州：广东经济出版社，1999. 2
② 郑功成. 中国民生的两大主题——社会保障与促进就业. 理论探讨. 2004，8；构建和谐社会：郑功成教授演讲录. 北京：人民出版社，2005. 110~117

一、社会保障与劳动力市场

作为一种风险分担机制,社会保障直接为劳动者提供着失业、医疗、养老以及贫困救助、伤残康复等多种保障,构成一张严密的社会安全网,有效地缓解人们的生存风险,并在一定程度上影响着人们的行为选择。

(一) 社会保障与劳动力流动

从国内外实践来看,社会保障制度是否健全以及覆盖面的大小,是影响劳动力流动从而影响整个社会就业程度的重要条件。社会保障对劳动力流动的影响,不同的条件下有不同的表现。

在计划经济条件下,社会保障制度是建立在高度集中的计划经济基础之上的,它服从于国家指令性计划安排和农村集体的收入分配政策。社会保障由国家、企业和集体分别承办,不同单位的劳动者只能参加相对独立的、板块式的劳动保障制度。国有单位不但为职工提供了较高水平的养老、医疗、工伤保险和住房、教育等福利,而且职工不存在失业风险,劳动者只要进入国有单位便有了终生的保障。由于国家是国有企、事业单位的所有者和责任者,这种保障制度实际上是一种国家保障制。对于城镇集体企业劳动者,企业是其保障责任主体,企业承担了劳动者及其家属的生老病死等所有的社会风险保障,虽然福利水平较低,但保障仍然是比较全面的。而广大农村劳动者——农民,除了少量水平极低的不定期、不定额的社会救助,基本上被排除在正式保障制度之外,集体和家庭是他们的依托和仅有的保障。板块结构、各自为政的社会保障体系,进一步强化了劳动者的条块分割壁垒和用工制度的弊端。因此,计划经济体制下的社会保障制度虽然为提高劳动者身体素质和健康水平以及在稳定社会方面发挥了不可忽视的作用,但其封闭性和板块之间的差异,使不同所有制单位的劳动者缺乏流动的激励和条件,将劳动者牢牢地束缚在各个单位之中,阻碍了劳动力的合理流动。

在市场经济条件下,优化配置劳动力资源是市场经济的内在要求,劳动力的自由流动则是实现优化配置劳动力资源的前提条件,劳动力的自由流动要求一体化的劳动力市场,一体化的劳动力市场又要求建立起普遍的社会保障制度。有了普遍性的社会保障制度,不仅劳动力的生产和再生产有了基本的保障,而且劳动力自由流动的风险也会大大降低。一般而言,在经济利益机制逐渐增强的情况下,劳动者具有通过流动改变收入状况的强烈愿望,一旦各种约束制度和障碍被拆除,劳动力流动就必然会发生,并且不可遏止,而完善的社会保障制度有利于加速劳动力的流动,促进劳动力资源的优化配置。因此，社会保障制度是劳动力自由流动和优化配置劳动力资源的加速器和保障机制。不过，一些西方国家由于提供的失业保障等水平过高，享受条件相对宽松，也造成了一些人在进行选择时更倾向于领取失业保险金而不是积极寻求新的就业机会，从而在某种程度上延缓了劳动力的合理流动。

在我国发展进程中，劳动力自由流动的格局已经形成，但现有的社会保障制度却在某种程度上成了劳动力流动的制约因素。一方面，由于社会保险统筹层次低，劳动者在不同统筹地区或城市转换工作的代价往往是原有社会保障权益的丧失，流动风险的增大，使劳动力在不同地区之间的流动受阻；另一方面，由于现阶段的社会保障制度仍然主要面向拥有城镇户籍的劳动者，阻碍了劳动力在城乡之间的合理流动。因此，通过改革和制度创新，建立统一规范完善的社会保障制度，促进劳动力的自由流动和优化配置劳动力资源，已经成为我国持续健康发展面临的重要任务。

（二）社会保障与劳动力供求

社会保障制度对劳动力供给的影响具有双重性，是既增加又抑制的作用。现代社会保障制度作为社会成员的基本生活保障机制，为劳动者应付社会风险提供了有力的支持，为他们的生活提供了有效的保障。劳动者暂时失去劳动能力或经济来源时，能够从社会保障制度中得到帮助，解除了后顾之忧，可以全身心地投入到劳动中去，有利于激发劳动积极性，增加了劳动力供给；同时，由于各国社会保障制度都采取了以就业为导向的失业保障措施，各种职业和技能培训也提高了劳动者的素质，使之对市场具有更高的适应能力，更能应付职业环境的变化，从而客观上也起到了增加劳动力供给的作用。

凡事都有两面性，现实中的社会保障制度并不像制度设计之初所设想的那样完美，它有增加劳动力供给的作用，也有阻碍劳动力供给的一面。首先，由于社会保险费（税）的征收，使劳动者当期收入减少，影响到劳动者的生活水平，为了弥补收入的下降，劳动者会更加努力地工作（此谓收入效应），从而增加了劳动力供给；相反，劳动者当期收入的减少，也可能会使他在当前生活水平不受太大影响的条件下，选择以更多的闲暇替代劳动（此谓替代效应），减少工作。当替代效应大于收入效应时，劳动力供给将会减少。其次，在社会保障制度较完善的条件下，如在一些福利国家，社会保障待遇水平高、享受条件宽松，但个人所得税又比较高，有时就业劳动者纳税后实际收入反而不如领取救助金时收入高，一些人就宁愿靠领取救助金度日，也不愿工作，出现了所谓"养懒汉"的现象，这就减少了劳动力的供给。此外，在社会保障收支代际转移、缴费者并非直接受益者或由于较高的税收导致低工资且养老金替代率较高的情况下，也会使劳动者选择提前退休，过早地离开劳动市场，减少劳动力供给。

作为社会保障体系中主体内容的社会保险，其运行的财务基础是雇主和雇员共同缴纳的社会保险费（税）而形成的社会保险基金，在保险费分担的情况下，保险缴费必然增加企业劳动力成本，从而会影响到雇主的用工行为。当其他生产要素价格一定时，劳动力要素的价格成为影响企业生产成本的重要因素。费用分担原则要求企业按工资总额的一定比例缴纳社会保险费（税），无疑成为企业一项不菲的开支，导致生产成本提高。劳动力成本的提高会使雇主面临着两种选择：第一，减少用工，并通过提高技术含量或增加资本投资来弥补劳动力的不足，形成了资本替代劳动的格局，减少了对劳动力的需求。第二，当劳动力成本提高时，企业通过降低工资或抬高产品价格的方式，将提高的那一部分成本转嫁给劳动者或消费者，但是在竞争性的市场中，提高产品价格的可能性几乎为零，企业唯一的选择就是通过降低工资的方式将社会保险费（税）转嫁给劳动者本人，形成低工资高税收，这种办法会使提前退休成为劳动者的选择，这就意味着社会保障供款减少和养老金支出的增加。在社会保障支出水平刚性的条件下，缴费率的提高和社会保障支出的增加又使劳动力成本进一步提高，这样企业会缩减生产规模或以资本替代劳动，无论企业采取哪一种策略，最终的结果都可能是减少劳动力需求，劳动者被排挤出就业范围之外。

当然，从另一个角度看，社会保障通过对陷入困境的社会成员提供经济援助，可以保持其一定的支付能力，在一定程度上有利于刺激消费，扩大内需，促进经济增长，增加就业岗位，从而又有扩大劳动力需求的一面。

综上，社会保障对劳动力供求的影响是复杂的，需要审慎考虑。

二、社会保障与促进就业

就业和社会保障是现代社会的两个基本问题，两者之间互相联系、相互影响甚至相互制约。社会保障作为社会的"安全网"和改革的"减震器"，对促进就业有着不可替代的作用。就业促进已经成为社会保障尤其是失业保障制度发展的必然趋势，失业保障在许多国家已经由被动的失业后补救转变为积极的就业促进。社会保障对促进就业具有得天独厚的优势，就业率的提高对于社会保障制度的健全和完善亦发挥着重要作用。

（一）社会保障促进就业

现代社会保障制度在 19 世纪后期的德国产生之初，并没有专门的失业保障，当时社会保障制度对于促进就业的作用在于通过对劳动者的疾病、工伤、残障和老年等风险的保障和保险金给付，帮助劳动者重新开始正常的生活，重新步入劳动力市场，这是一种间接的就业促进作用。而自1905年第一个失业保险制度在法国诞生以来，经过一个世纪的发展，各国的失业保障制度已经从单纯的失业救助发展到了失业救助和就业促进的双重职能制度安排，使社会保障对促进就业发挥的作用更加全面。总起来讲，社会保障从以下几个方面发挥着促进就业的作用：

第一，社会保障通过为陷入生活困境或暂时失去收入来源的社会成员提供经济援助这一基本功能的发挥，使劳动者能够在维护体面的情形下尽快渡过难关，以更积极的姿态融入社会，重新进入劳动力市场，有利于积极就业。

第二，现代社会保障制度发展到今天，已不仅仅是基本的生活保障制度，更重要的是可以通过教育福利的实施和对劳动者的职业和技能培训，提高劳动者素质和劳动能力，使之能够应付繁复多变的市场风险。

第三，统一完善的社会保障体系的建立，有利于形成统一开放的劳动力市场，提高劳动力流动性和信息对称度，减少就业壁垒和摩擦性失业，可以缩短劳动者的失业周期，提高就业率。

(二) 就业促进社会保障发展

就业和社会保障是一个不可分割的有机整体，社会保障促进就业，社会保障的发展离不开就业。在现代社会中，生产方式和生活方式的社会化，使每一个社会成员都面临着社会化的风险，为社会保障提出了更高的水平和规模要求。另一方面，就业为社会保障提供了发展和运行的经济和财政支援。从狭义上讲，社会保障（尤其是占主体地位的社会保险）通常是以就业劳动者为参保主体的，劳动者及其单位的缴费构成了社会保障基金的主要部分，为社会保障制度的运行提供了最基本的经济基础；从更广泛的意义上讲，充分就业不仅是国民经济发展的基本目标之一，而且是经济发展必不可少的良性推动因素，社会保障的发展归根到底得益于经济的发展，就业所推动的经济发展为社会保障制度提供了最终、最根本的经济后盾。

(三) 利用社会保障促进就业的措施

社会保障可以促进就业，充分就业可以促进社会保障的健康发展。现阶段，我国劳动力市场总体供给大于需求，劳动力素质不高，应付市场风险的能力相对较弱。社会保障不应仅为社会成员提供生活保障，而且应在促进就业和就业保障中发挥应有的作用。

第一，通过建立统一健全完善的社会保障体系，为劳动力市场发育提供良好的制度环境，消除劳动力流动壁垒，实现就业市场化，提高劳动力资源配置的有效性。

第二，建立就业导向型的失业保障制度，变失业保障为就业保障。"授之以鱼，不如授之以渔"，失业保障制度不仅要为失业劳动者提供经济保障，而且应该在就业服务、就业培训、职业介绍等方面发挥更大的作用。将提高劳动者素质和劳动技能培训放到与失业救助同等重要的位置，不仅有利于提高劳动者的劳动能力，而且使劳动力资源整体素质得到优化，提高国际竞争力。

第三，努力提高社会保障制度促进就业的功能。如最低生活保障制度中如果实行一定的收入豁免政策，将促使贫困家庭有劳动能力的成员积极参与社会劳动，进而使其收入增加，生活状态得到改善，等等。

▶第四节 社会保障与其他公共政策

社会保障本身是政府主导的公共政策，在实践中又与其他公共政策有着紧密的联系，如缓贫或灭贫政策、人口政策、教育政策以及家庭政策等，客观上均与社会保障制度休戚相关。社会保障制度设计与实施的好坏，直接影响着这些公共政策的实施，反过来又受到它们正反两方面的影响。

一、社会保障与消灭贫困

贫困问题是严重的社会问题，也是世界性问题，被列为联合国社会发展问题三大主题之首。1990年制定的《联合国第四个十年国际发展战略》《联合国大会第十八届特别会议宣言》，均把发展中国家的经济持续发展和消除贫困列为国际发展战略的首要目标和国际合作的优先领域。1992年12月22日，第47届联合国大会确定每年的10月17日为世界消除贫困日，旨在引起国际社会对贫困问题的重视。1995年联合国社会发展世界首脑会议确定1996年为世界消除贫困年、1997—2006年为世界消除贫困十年。这说明，贫困已经成为全世界共同面对和需要解决的问题。

消灭贫困需要经济增长，但经济增长并不必然导致贫困的消失。缓解贫困和提高全体国民的生活质量，必须依靠政府的再分配政策进行宏观干预，社会保障即是可以缓解贫困的制度安排，其作用主要表现在如下几方面：

第一，社会救助直接面向贫困人口，为解除贫困人口及遭遇灾祸的人们提供着最基本的生活保障，从而会直接起到缓解贫困的作用。一个社会如果没有制度化的社会救助，贫困人口便可能因生活困难陷入绝对贫困境地，而有了制度化的社会救助，则陷入生活困境的社会成员就能够获得相应的援助，从而可以缓解和减轻他们的贫困程度。

第二，社会保险主要面向劳动者，事实上直接起着预防贫困和减少贫困的作用。如养老保险因为退休人员提供着经济来源而可以防止老年人陷入贫困境地，失业保险因为失业者提供现金援助而能够缓和其生活危机，医疗保险则可以免除人们因疾病而陷入生活困境，等等。因此，社会保险解除的是人们的后顾之忧，起到的是防止与减少贫困的直接作用。

第三，社会福利可以提高人们的素质，实现全体国民共享发展成果。如教育福利、职业培训及公共就业服务等可以直接提高劳动者的劳动技能和职业素质，增加其就业机会和就业收入，从更深的层面上解决劳动者的贫困问题。老年人福利、残疾人福利、妇女儿童福利等则能够使享受者参与经济发展成果的分享，进而减轻其经济负担与压力，提高其生活质量。

第四，社会保障制度作为一种再分配政策，通过让高收入者多做贡献、低收入者和贫困家庭享受较多的待遇，在一定程度上调节了社会成员的贫富差距，缩小了收入分配的不平等程度，缓解了现实社会中的相对贫困。它还通过平抑劳动者的收入和消费曲线，调节其不同生命周期的生活水平和质量，避免了生活大起大落的现象。另外，社会保障制度还通过公共医疗卫生、社会福利服务措施，增进了全社会的福利，客观上缓解了贫困为人们带来的痛苦。

就像社会公平不能仅仅指望社会保障制度一样，缓和乃至消灭贫困问题也不是社会保障制度能够全部实现的目标。但上述分析已经表明，社会保障制度确实对国家解决贫困问题起着直接的不可替代的作用。因此，国家要真正实现消灭贫困或者缓和贫困问题的社会目标，必须健全并完善社会保障体系。

二、社会保障与人口政策

由于社会保障是基于人的需要与人的发展而产生并发展起来的，而人口政策的实施同样需要有相应的保障与激励机制，因此，在许多国家，人口政策与社会保障政策之间通常存在着不可分割的联系，有时甚至是完全一体的关系。

所谓人口政策，是指一个国家或地区根据自己的社会经济发展需要和人口与社会经济发展的比例关系，采取直接干预、调节和影响人口数量（包括鼓励或控制人口增长）、人口构成、人口分布等而制定的法令、措施、方法和手段的总和。人口政策（尤其是我国的计划生育政策）是一把双刃剑，它在改变家庭结构和人口结构的同时，也从多方面影响着以人作为参与主体和服务对象的社会保障制度。在西方国家，由于人口出生率低下，劳动力供给不足，大多采取刺激生育的政策，其社会保障对多子女家庭提供着优厚待遇，成为刺激生育的重要措施。

在我国，社会保障对计划生育政策的促进功能尚未得到发挥，但计划生育政策对社会保障制度的挑战却日益严峻化。因为计划生育在减少人口的同时，必然加速人口老龄化的到来，进而提高社会保障制度（尤其是养老保险）的赡养率，成为影响社会保障财务状况的重要原因。一方面，人口出生率降低意味着年轻人口在总人口中的比重降低，劳动人口减少，供款减少，降低了社会保障基金收入；另一方面，人口出生率降低使我国人口老龄化加速度行进，养老负担必然加重。据国际货币基金组织2003年提供的资料，日本在65岁及以上老年人口比例达到7％、10％和14％的1970年、1985年和1996年的人均GDP分别为1 967美元、11 335美元和38 555美元，西方其他发达国家进入人口老龄化社会时，人均GDP一般也在10 000美元左右，而中国2000年65岁及以上老年人口比例达到7％时，人均GDP只有850美元。[①] 少子化和老龄化并存，无疑加重了社会保障财政负担，成为基金收不抵支的重要原因。与此同时，人口老龄化亦直接影响着社会保障的财务机制，在现收现付制度下，由于遵循的是以支定收、略有节余的原则，这种强调社会保障年度收支平衡的财务安排显然难以应付人口老龄化的需要，从而使统账结合的特殊部分积累制成为我国应对人口老龄化的政策选择。

计划生育政策实施的另一个后果，是使我国的家庭结构走向核心化和小型化，养儿防老的传统观念和家庭保障方式受到了空前的挑战，也对养老、医疗照顾、社会化的服务设施以及社会保障人文关怀提出了更高的要求。现行人口政策使众多独生子女家庭成为高风险家庭，一旦遭遇非常事故导致孩子伤残或死亡，不但要求社会保障制度提供全面的养老、医疗、康复等照顾，而且对这些"弱势家庭"及其成员的精神慰藉以及人文关怀也成为社会化福利制度面临的新的挑战。

社会保障制度在受到人口政策影响的同时，亦促进或阻碍着人口政策的实施。在中国这样历史悠久的国度里，源远流长的民族文化一方面使中华民族的优良传统得以发扬光大，另一方面也减缓了现代家庭和思想观念的确立。社会保障制度通过解除社会成员的后顾之忧和社会化的福利服务设施，使人

---

① 资料来源：http://edu.qianlong.com/6314/2004/09/21/187@2288789.htm

们从"养儿防老""多子多福"的传统观念中解脱出来,树立起现代化的家庭观,可以推进人口和计划生育政策的顺利实施。相反,残缺不全的社会保障不但不能解除社会成员的后顾之忧,反而会使人们陷入对风险的恐慌之中,难以摆脱传统观念的束缚,从而阻碍着计划生育政策的实施。需要指出的是,社会保障对人口政策的影响,具有引导性,既可以引导节制生育,也可以诱导及刺激生育。因此,有必要统筹考虑社会保障与人口政策的关系,并使这两大政策体系相互协调,相互促进。

三、社会保障与国民教育

国民教育作为整个社会福利系统中的一项重要子系统,对实现社会公平、构建和谐社会起着基础性的作用。联合国 2003 年在《千年发展公约》中指出:发展中国家要摆脱贫困,采取的重要政策就是要投资于健康与教育,这些投入不是有碍而是有助于经济增长,经济增长又反过来有助于人类发展。1998 年诺贝尔经济学奖得主阿马蒂亚·森也指出,对于贫困地区,儿童入学率增加、成年文盲人减少以及医疗健康情况的改进,则意味着贫困减少的开始。

社会保障与国民教育的发展是互促互助的关系,社会保障中教育福利的实施维护了教育的公平性,保证了教育事业的健康发展,而教育事业的发展反过来又会有利于社会保障制度的巩固和完善。一方面,现代社会保障制度是包括社会保险、社会救助、社会福利等在内的全面的国民保障系统,教育福利构成了现代社会保障制度的必要内容,社会保障制度的发展有利于现代国民教育体系的形成,有利于促进全民族教育和科学文化素质的提高。另一方面,社会保障制度为劳动者提供的经济保障客观上起到了保障其子女享受教育的权利,而各种具有福利性的职业培训等又使劳动者的文化素质与技能水平得到提高。在现阶段,无论是义务教育还是高等教育以及职业教育,仍均是付费福利形式,社会保障通过为生活陷入困境的劳动者提供必要的经济援助,保证了他们一定的支付能力,从而保证了他们的子女享受教育的权利,尤其对于中低收入家庭而言,这一点更为重要。此外,国民教育的发展,包括义务教育、职业教育、高等教育等,成为劳动者劳动技能提高的关键因素,作为生产力中最活跃的因素,劳动者素质的提高必将大大提高社会生产效率,促进经济发展,从而为社会保障制度的发展和完善提供了最基本的活力源泉。

我国自改革开放以来,计划经济时代的单纯的福利教育制度逐渐被多元化的混合型的教育体系所取代,由政府、集体单一的教育投入方式转化为由家庭、个人的教育投资、社会投入,以及学校自身创办赢利性机构创收的多元化的教育投资体系，教育资源获得了较以往更为充分的发掘，国民受教育程度也进一步得到了提升。但是，由于存在着投资结构不合理、教育资源在城乡之间和地区之间分配不公以及过度的市场化倾向，现阶段我国国民教育消费负担不是减轻反而加重了，教育的福利性和公平性受到损害。因此加大投入，加强调控，完善教育福利体系仍然是完善我国社会保障和福利系统中异常艰巨的任务。[1]

四、社会保障与家庭政策

家庭是社会的基本单元，在社会延续和稳定发展中发挥着举足轻重的作用。1989 年 12 月 8 日的第 44/82 号联合国大会决议即宣布 1994 年为国际家庭年，反映了国际社会对家庭问题的关注。由于家庭结构和存在形式的多样性，各国家庭政策也多种多样。从各国的实践来看，家庭政策包含了家庭与人权、家庭与贫困、家庭与教育、家庭与性别平等、家庭与健康、家庭与社会融合和保护、家庭与环境等庞大而复杂的政策系统。家庭政策对家庭结构和家庭变化有着巨大的影响，它一方面可以维持传统家庭的稳定，另一方面可以针对当今社会、经济、文化变迁对家庭产生的影响，以政策性的措施安排来保障弱势者的权益，最终促进社会的稳定与和谐发展。社会保障制度作为社会"安全网"，通过为社会成员提供经济援助、医疗保健、国民教育、伤残康复、就业保障等服务，目的也是为了实现社会成员的充分发展。一些社会保障还通常以家庭为单位，如我国的最低生活保障制度便是以低收入家庭为援助对象的。因此，社会保障与家庭政策不但具有相同的发展目标，而且在许多项目和制度安排上也是一致的。

在现代社会，家庭的建立和发展均必须以性别平等、个人权利不受侵犯、责任、相互尊重、关爱与宽容为基础，每一个家庭及其所有成员都应该得到全面的保护和支持。社会保障通过各项措施，为社会成员提供的经济和服务援助，不但有力地缓解和消除了家庭贫困，促进家庭成员健康状况的改善，而且在维护家庭人权（包括整个家庭的人权和每一个家庭成员的人权）方面起着不可替代的作用；通过国民教育福利，可以提高家庭成员的受教育水平，从而提高了整个家庭的素质；通过职业介绍和职业培训，可以使每个家庭成员都有机会和能力成为社会劳动者，对于消除家庭性别歧视发挥着重要作用。反过来，家庭作为社会成员赖以生存和依附的最基本单位，社会保障政策目标的实现在某种程度上也直接依赖于家庭政策的落实。如只有通过家庭政策

---

[1] 郑功成. 构建和谐社会——郑功成教授演讲录. 北京：人民出版社，2005. 413

中的反贫困措施，消除单个家庭的贫困，才能最终实现社会保障消除社会贫困的目标；家庭通常是其成员的首任教育者，通过家庭的教育和人力资本投资，社会保障促进就业的目标得以实现；家庭政策的实施，使家庭承担着防治疾病、保持健康、促进良好的卫生习惯和生活习惯等方面的基本任务，这与社会保障中增进国民健康的目标是完全吻合的；另外，家庭还承担着家庭成员之间年老、伤残照顾等基本的任务，这实际上减轻了社会保障的负担。家庭作为人和社会之间的社会化媒介，通过促进对多元化和多样化的尊重以及良好的公民道德的形成，起着加强社会融合的作用，这无疑与社会保障构建和谐社会的目标是完全一致的。

由此可见，社会保障和家庭政策在制度内容上可以相融相通、相互促进，在政策目标上也是一致的。社会保障的实施和健康发展有赖于家庭政策的实现，家庭政策的实施要靠社会保障制度来促进和支持。西方一些国家将家庭政策与社会保障政策有机地结合起来的做法，非常值得我国借鉴。

▶第五节 社会保障与商业保险

社会保障和商业保险都是社会化的风险分担和经济保障机制，两者既有相通之处，亦具有很大的区别，处理好社会保障和商业保险的关系，无论在理论上还是实践上，都具有十分重要的意义。

一、社会保障与商业保险的共性

作为两种风险分担和经济保障机制，社会保障和商业保险具有如下共性：

• **都是基于对特定风险损失分担的社会化机制**。商业保险根据风险的可保性要求，以概率论和大数法则作为基本原理，将大量同质的风险进行集中，收取保险费建立保险基金，当被保险人发生保险责任范围内的风险损失时，保险人依照保险合同对其进行经济给付或补偿。由于风险的同质性，不同的风险单位发生损失的可能性是一致的，这样对于一个被保险群体而言，其中某个或某些个体所发生的风险损失被平均分摊到了全体被保险个体身上，实现了损失的分担和共济。社会保障由于受到社会、经济发展和人口变动等多种复杂因素的影响以及其特定的社会目标，精算难度比商业保险精算大得多，大数法则所发挥的作用在实际应用中受到了限制，但它同样实现了风险的共济和分担，如医疗保险、失业保险和生育保险等短期给付的险种就充分体现了风险的集中和有效分担，而对于给付期限较长的养老、伤残保险，其费用也是（或部分地）由整个被保险群体进行承担的，无疑也利用了风险的集中与分散原则。

- **都进行风险转移**。风险转移是风险管理的一种手段。商业保险中，被保险人通过与保险人签订保险合同，缴纳相应的保险费，将风险转嫁给保险人承担；被保险人购买保险商品数量的多少决定了其风险的转嫁程度。而社会保障中的社会保险项目，被保险人的风险也部分或完全地转嫁给了社会保障系统；对于社会救助项目，实现的则是风险的被动转嫁——当某些社会成员陷入困境而危及生存时，政府和社会有责任有义务给予救助，帮助其渡过难关，这是在风险事故发生之后进行的损失承担责任的转嫁。

- **都以给予损失赔偿或保险金给付等方式为被保障对象提供保障**。这是对由于风险事故发生而给被保险人造成的经济损失进行的补偿。商业保险人依据保险合同规定，以实际损失为基础，对被保险人进行经济赔偿或保险金给付。社会保障则是以现金给付、实物救助和提供服务等多种方式，不但为被保障对象提供经济或生活保障，其中的一些项目（如社会福利制度）还在一定程度上满足社会成员提高生活水平的需要。

- **充足的基金是两种保障制度健康运行的物质基础**。商业保险由作为独立市场经济主体的保险公司经营，只有通过向被保险人收取保险费建立保险基金，才能保障保险赔付的资金来源。社会保障不同子系统的资金来源不同，有的采取三方负担的方式（如养老、医疗等社会保险），有的来源于财政拨款（如社会救助），也有的来源于社会化的筹资（如社会福利和一部分社会救助资金），但不论资金来源于何方，也不论采取何种筹资方式，充足的基金是社会保障制度顺利实施的物质基础。

- **都具有为偶然性的风险损失提供保障的特征**。所谓偶然性损失是不可预知的、可能发生也可能不发生的损失。商业保险承保的必须是偶发事故、意外事故，是可以进行风险防范和利用概率论和大数法则进行测算的，必然性的损失不属于商业保险的承保范围。社会保障中的一些项目同样承担的是偶然性的突发的风险损失补偿，如医疗、工伤等社会保险以及一些社会救助项目，保险事故的发生是偶然的、不可预知和不可控制的；但养老社会保险所承保的风险则是偶然中的必然，因为被保障对象最终都将步入老年，成为养老保险金的享领者。

二、社会保险和商业保险的区别

在讨论社会保障与商业保险的关系时，由于社会救助和社会福利与商业保险泾渭分明，而社会保险与商业保险之间则存在着密切联系，通常地只论及社会保险与商业保险的区别。概括起来，社会保险与商业保险之间的区别，主要表现在以下几个方面：

- **性质不同**。社会保险是基于公共利益建立起来的社会保障制度，它由法律强调规范，属于公共政策与公共品范畴；而商业保险是基于经济利益建立起来的合同关系，属于私人经济范畴。

- **经营目标和经营主体不同**。社会保险的经营目标是解除劳动者的后顾之忧，平衡劳动关系，增进劳动者福利，促进社会和谐；而商业保险的经营目标则是为投资者追求利润最大化。从世界各国实践情况看，社会保险的经营主体一般是政府机构或者公营机构，不以营利为目的，其职能不但要保障社会成员的基本生活，而且要实现维护社会稳定的社会目标，并且最终要通过实现社会保障的全民化和普享化而达到全社会的和谐与共同发展；而商业保险的经营主体只能是追求利润最大化的商业保险公司。

- **经营方式和管理体制不同**。商业保险作为一种市场交易活动，是保险人和投保人之间等价交换的结果，它受价值规律、竞争规律等市场经济规律的制约。保险公司通过严格的核保、核赔以及其他风险管理措施，选择符合自身成本效益原则的风险单位承保，与被保险人签订保险合同，对双方都具有法律约束力和强制性；商业保险的监管者通常是政府金融主管部门（我国保险主管部门是保险监督管理委员会），它只负责在法规框架下的保险经营主体的审批、有关政策的制定、宏观调控等。与商业保险不同，社会保险由政府部门或政府指定的专门机构经办，这些部门不但是社会保险的经办主体，还承担着社会保险的管理和其他相关政府活动之责，如劳动安全检查、就业辅导与职业介绍等。在我国，社会保险更是呈现出浓厚的"官办、官管、官施、官督"色彩，即政府承担了社会保险绝大部分的经营、管理、监督和实施的责任。[①]

- **保险责任主体和所有者权益不同**。在商业保险中，当事人是平等协商的市场主体，保险合同双方须是具有完全行为能力的法人或自然人，他们对各自的行为负完全责任，投保人依合同规定履行交纳保险费的义务，保险人依保险合同承担规定的保障责任，当投保人以购买保险产品的方式将自身风险转嫁给保险人之后，保险人即成为风险保障的责任主体，它对自己的经营行为负全部责任，承担保险经营中的风险损失并拥有利润收益权。社会保险的责任主体是社会公共事务的管理者——政府机构，国家财政充当担保人或直接责任人的角色，独立核算机制不明确；社会保险经办机构没有对基金收

---

① 郑功成. 从政府集权管理到多元自治管理. 中国人民大学学报. 2004，5：40

益的所有权和支配权以及对亏损的补偿责任,政府机构常以经办者和管理者的双重身份出现,经办过程中也常常牵涉到多个部门,所有者权益并不清晰。

• **运行机制和运行环境不同**。一方面,在市场经济环境下,商业保险各方是独立的经济主体,其商业决策、经营目标均由自身独立决定,具有参与市场活动的自主性,经营决策的调整更具灵活性;而社会保险作为国家的一项公共政策,是与国家整个经济社会政策协调运行的,它强调的是社会目标,受社会公共目标的制约。另一方面,商业保险人通过向投保人收取保险费建立保险基金,承担着在将来某一时间对被保险人进行偿付的责任,是市场化的运作方式;而社会保险筹资方式来自多方负担,有来自企业和个人缴纳的保险费,还有来自中央或地方的财政拨款,有明显的社会化特点。此外,商业保险遵循权利和义务对等的原则给被保险人待遇,奉行多保多付、少保少付、不保不付的原则;而社会保险虽然也强调权利义务相结合,但体现更多的是经济福利性,被保障对象的所得往往大于其所付,受益条件有严格的限制,受益权不能由被保险人随意转让。

• **被保障对象和保障水平不同**。商业保险的被保障对象是那些年龄和健康状况符合可保标准、与保险人签订保险合同并按合同约定缴纳保险费的人。在符合国家法律规范的条件下,保险人与被保险人是否签订、签订何种保险合同是由保险双方在自愿的基础上协商确定并共同遵守的。一个被保险人可以同时向多家保险公司投保,购买不同的保险产品;且商业保险只为有支付能力的社会成员提供经济保障,满足被保险人较高层次的保障需求。社会保险的被保障对象范围一般都有一个从小到大不断扩展的过程,当社会保险制度健全完备之后,其保障对象不但包括一国范围内不同所有制企事业单位的工薪劳动者,而且会进一步扩展到自由职业者、灵活就业人员、农民等全体劳动者,凡法律规定有权利和义务享受社会保险的人,都是社会保险的被保障对象。在社会保险中,公民个人没有选择投保与否的自由,也没有选择投保额度高低的自由,只要符合条件就必须参加统一的社会保险,满足的是社会成员较低水平的基本的生活保障需求。

可见,社会保险与商业保险是根本不同的两种社会化风险保障机制。

三、社会保险与商业保险的共同发展

一般而言,在保险资源和市场规模一定的条件下,作为保障供给的主体,社会保险和商业保险存在着此消彼长的冲突,一方的发展往往会削弱和阻碍另一方的发展,这对于占人口多数的中低收入者更为明显。一方面,在收入既定的情况下,由于支付能力有限,消费者用于社会保险方面的支出增加,必然导致其投保商业保险的资金减少，反之亦如此；另一方面，当一国社会保险得到充分发展，为公民提供的经济保障程度提高时，会降低人们的风险和保险意识，降低他们对商业保险的保障需求，客观上会影响到商业保险的发展，形成社会保险和商业保险争夺保障资源的冲突。如在 20 世纪 50 年代的西方发达国家，商业人寿保险业务占到了全部保险业务的一半，但由于此后社会保险制度的普遍建立，商业保险业务增长明显减缓；再如计划经济时代和改革开放初期的中国，企业和单位承担了职工及其家属的生、老、病、死、残等几乎所有的保障责任，较低的社会风险程度使人们对商业保险的需求减弱，商业保险发展速度缓慢。当然，随着经济发展和支付能力的提高，人们的保障需求会日益强烈，社会保险和商业保险都会得到较好的发展。

在承认社会保险与商业保险存在着冲突的同时，需要特别指出的是，它们两者之间也存在着互为促进和补充的关系。一方面，社会保险的强制性和普遍性可以增强人们的风险和保险意识，认识到保险的必要性和实际效果，有利于商业保险的宣传和推广。社会保险可以为那些遭遇社会风险的商业保险投保人提供经济援助，一定程度上维持其支付能力，减少商业保险退保和解约行为；同时，高水平的社会保险制度大大提高了国民身体素质和健康水平，客观上起到了减少商业保险赔付、维持商业保险稳定发展的作用。另一方面，由于社会保险只能提供基本的生活保障，保障水平有限，人们可以投保商业保险实现较高的经济保障需求。此外，在社会保险还没有发展到全民化的阶段，一部分被社会保险制度排除在外的社会成员可以通过购买商业保险，解决自身的风险保障问题。

在现实社会中，由于人们保障需要的多层次性和多样性，依靠单纯的社会保险或单纯的商业保险往往难以满足其生活保障需要，所以，社会保险和商业保险在许多国家能够并行不悖，共同构成国民生活的经济保障系统。例如，社会保险为人们提供生、老、病、死、伤、残、失业等基本的风险保障，而商业保险却不同，它对人们面临的形形色色的风险，只要符合可保风险条件便可以设立相对应的险种，保险事故可大可小，保险标的可多可少，保险金额也可低可高，即使社会保险已经保障了的风险，商业保险仍可以再予以保障，满足人们多层次性的和特殊的保障需求，使两者保障功能和保障范围相互融合，相得益彰。再如，社会保险和商业保险的相通性亦使两者可以相互渗透，取长补短。由于商业保险客观上具有一定的社会公益性和公共性，保险公司在实现经营目标的同时，还可以兼顾社会目标的实现；社会保险也可以吸收商业保险的有益做法，促进自身机制和体制的完善，如社会保险采取权利义务相结合的费用三方负担原则，或将商业保险免赔的做法引入医疗保险，都是社会保险开源节流的有益尝试；商业保险也可开办一些具有社会保险功能的险种（如团体年金保险），不但吸引客户还可作为社会保险的补充。在技术上，社会保险和商业保险可以互通有无，如保险精算技术、计算机和网络信息技术等，实现资源共享。

综上可见，社会保险与商业保险是可以获得共同发展的，无论是发达国家还是发展中国家，都需要有健全的社会保险制度和发达的商业保险。

■ 本章小结

社会保障不是一种孤立的制度安排，它在实践中很自然地与本国的社会经济基础、社会进步和社会成员的综合发展有着密切联系，并与其他社会经济政策相互联系、相互影响。经济发展和社会进步为社会保障的发展提供着坚实的物质支持和环境支持，而良好的社会保障制度又成为经济发展、社会进步的维系与促进机制。

在社会保障制度实践中，不可避免地要涉及到公平与效率、政府与市场、权利与义务等基本理论范畴。社会保障制度天然追求公平，它不仅创造起点公平，而且维护过程公平和促进结果的公平。社会保障由政府主导，但也需要利用市场机制。社会保障坚持权利与义务相结合原则，但不同的项目又具有不同的侧重和表现。

社会保障采取的是经济手段，必然需要相应的经济基础，同时也反过来影响着经济的发展，它们之间的辩证关系是：经济发展水平决定着社会保障的水平与规模，而社会保障制度也对经济发展有反作用，即促进或者阻碍经济的发展。社会保障的发展与完善不仅是社会发展的必然，也得益于社会进步，并且是人类社会进步的标志和表现。社会保障的发展为人的全面发展提供了可靠的保障机制，而个人素质的提高和个人发展又反过来促进着社会的全面发展，从而也促进了社会保障的发展与完善。

社会保障属于国民收入体系，是社会收入分配中的一个组成部分，社会保障的目标与国民收入的最终分配目标具有一致性。在实践中既体现了按劳分配的份额，也包含了按需分配的份额；既包含了初次分配的份额，更是不可替代的再分配手段，作为补充保障的慈善事业等还是对社会财富的第三次分配。

社会保障尤其是社会保险与劳动就业存在着密不可分的关系，劳动就业为社会保障的发展创造着有利条件，而社会保障亦直接影响着劳动力流动与劳动力市场的供求，进而能够发挥促进就业的功能作用，它们之间应当是相互协调、相互促进的关系。

社会保障与国家其他公共政策同样存在着不可分割的内在联系，它在缓和贫困乃至消灭贫困方面起到极为重要的作用。社会保障与人口政策的结合，能够取得相得益彰的效果。社会保障与教育政策的结合，有利于提高国民的文化教育素质。社会保障与家庭政策的结合，有利于稳定家庭并使社会保障获得持续发展的重要基础。

社会保障与商业保险都是社会化的生活风险保障机制，它们共同为解除国民的生活风险服务，但是属于两种性质完全不同的风险分散机制，单凭任何一方都不能够为社会提供全面的风险保障，从而需要共同发展。

复习思考题

1. 美国和英国同属经济发达国家，为什么两个国家的社会保障制度却有很大的差别？
2. 试分析如何克服社会保障过度可能导致的"养懒汉"现象？
3. 试分析收入分配与社会保障的关系。
4. 社会保障制度如何消除贫困、促进社会公平？
5. 如何协调社会保险与商业保险的关系并促使两者共同发展？
6. 社会保障对国家政治、经济、社会的发展有哪些影响？

案例讨论1

让就业有利可图

1999—2003年间，上海市最低生活保障（简称低保）对象的数量飙升了6倍，由1999年的7万人增加到2003年的44.56万人，低保标准由1993年的120元上升至2003年的290元。低保对象家庭中，领取2~4年低保金的家庭占44.4%，领取4年以上的占15.9%，两者合计占60.3%。显然，对于这些家庭，领取低保金并非是解决临时困难的权宜之计，少数居民家庭产生了较强的低保依赖。

在上海市低保标准设计中，家庭的救助总额等于救助标准和家庭人数的乘积，忽视了规模效应对家庭生活水准的影响，这是导致多人户家庭比单人户家庭具有较强的福利依赖倾向的原因。在现行的低保标准下，低保替代率随家庭规模呈线性增长。假设领取低保的有3人户、2人户和1人户，无人就业的2人户和3人户的替代率都相当高，即如果这些家庭只能从事低工资的就业，参加就业并不能明显地增加收入，甚至对3人户来说，根本不会增加收入。对低保对象来说，他们实际感受到的"直接利益替代率"比理论替代率要高，他们的就业动机没有如替代率所显示的那么强。另外，粮油帮困、医疗救助、教育救助、廉租房等附带福利，一定程度上削弱了他们走向劳动力市场的愿望。

为促进低保对象的就业，2002年上海市引入救助标准抵扣和渐退措施。前者指对因就业而将退出救助或需调整原来低保补助额的人实行"救助渐退"办法，逐步扣除、逐月退出。2003年1月，救助金渐退改为一次性发放，即一次性获得原来需要2至6个月得到的渐退金。救助标准抵扣中，参加就业的低保对象其本人基本生活费抵扣标准由290元调整为340元，后来又升至390元。对于1人户，当其收入低于290元时，收入的增加将被100%扣除，家庭纯收入一直保持在290元；当收入超过290元时，丧失低保资格。对2人户，当其劳动收入低于580元时，收入的增加将被100%扣除，家庭纯收入一直保持在580元；当家庭毛收入在580元到635元之间时，理论上他们丧失低保资格；当家庭劳动收入在635元到680元之间时（假如1人就业），虽然工资收入超过了低保标准，但由于1人就业后实行抵扣标准的调整，故而他们能继续享受低保，但收入的增加将被100%扣除，家庭净收入保持在680元。当家庭劳动收入超过680元时，丧失低保资格。对2人户，当其劳动收入为635元以下时，家庭净收入保持在870元；当劳动收入在635元到970元时（假如1人参加就业），因就业人员低保标准抵扣，家庭净收入增加100元，保持在970元。当毛收入超过970元时，丧失低保资格。

上述制度设计会引致两大陷阱："失业陷阱"和"贫困陷阱"。"失业陷阱"是指许多低保对象即便就业，也只能从事一些收入低于最低工资的非全日制工作，而一旦这些家庭（特别是规模在2人及以上的家庭）难以找到工资水平超过"收入门槛"的工作，他们不仅无法享受抵扣措施，且参加工作的动力也不强，陷入失业的陷阱中。所谓"贫困陷阱"是指，由于低保制度实行的是100%的有效边际税率，即就业收入增加多少，救助金就相应减少多少，对低保家庭来说，有人就业并不能增加家庭收入或只能增加很少的收入，大大挫伤他们参加工作的积极性。因此，如何重新设计对低保家庭的救助标准体系，真正做到"让就业有利可图"，也许是进一步完善上海市城市低保制度的必由之路。

（参见黄晨曦. 让就业有利可图——完善上海城市最低生活保障制度研究. http://www.social-policy.info/831.htm）

案例讨论2

欧洲掀起改革大潮欲冲出衰退重围

《华尔街日报》2003年7月29日称，欧洲经济正在冲出3年衰退的重围，显露出复苏的迹象。以法、德为首的欧洲各国政府正以前所未有的魄力大刀阔斧地改造社会经济基层结构。逐渐复苏的美国经济和整体上扬的全球股票市场，也为欧洲创造了一个不错的"温室"大环境。根据德国7月28日公布的数据，德国经济状况的晴雨表 IFO 指数在 7 月份保持了前 2 个月强劲上扬的势头，德国的经济回温将带动整个欧洲的复苏。

近来，改革的风潮席卷欧洲大陆，德国、法国、奥地利等国都采取了大胆的改革措施，包括医疗保险制度、劳动力市场和养老金计划，以及大量出售国有资产。这些改革一旦顺利实施，将有力改变欧洲国家目前的财政困境。德国养老金制度作为社会福利的一项基本制度，现在由于经济衰退而出现了巨大亏空的黑洞，政府目前每年用于补贴法定养老保险体系的资金高达 729 亿欧元，这导致近年财政赤字猛增。同样的情况在欧洲其他国家也很普遍，各国要求改革的呼声日益高涨。但社会福利政策在欧洲各国根深蒂固，改革势必遭到部分选民及工会的反对……由于这些改革能够有效地为企业减负，政府得到了企业界的支持。普通民众也感受到了经济不景气的巨大压力，为了未来的更好生活他们也愿意做出暂时的牺牲，支持经济复苏。因此，欧洲最大的工会 IGMetall 最近自行取消了计划持续一个月的罢工。法国的一揽子改革计划里包括了大量售卖国有股，以此来偿还政府所欠债务，并资助亏损的国有企业和支付未来养老金债务。法国政府 2003 年的目标是出售 80 亿欧元的资产。

欧洲经济与美国乃至全球经济息息相关，美日的经济复苏状况正在牵动全球经济的增长，也为欧洲创造了一个有利的大环境。全球经济活动将加速欧洲的经济复苏，而欧洲的增长也将反作用于其他国家的经济。但是，欧元区的消费者需求增长仍然非常脆弱，出口支柱面临崩溃。高失业率使欧洲面临着巨大压力，根据瑞士信贷第一波士顿银行的数据，西欧 6 月份的公司失业人数创了去年 11 月份以来的新高。因此，欧洲的经济复苏路依然充满变数。

■ 案例讨论 3

此消彼长或共生共荣

从 20 世纪 80 年代开始，日本经济增长速度不断下滑，加上人口迅速老化所带来的养老支出扩大和收入增长下降，养老金入不敷出导致了养老金财政危机。为了摆脱人口老化和养老金财务危机对宏观经济和养老体制的巨大冲击，日本从 20 世纪 80 年代开始对养老体制进行改革。时至今日，日本养老体制已经运行半个多世纪，它为推动日本经济高速增长做出了重要贡献。然而，随着亚洲金融危机，从 1997 年第一家日产生命破产到 2001 年的 3 月，日本已经有 7 家商业保险公司破产。

从发达市场经济国家的历史发展过程看，社会保险产生在商业保险之后。最早的商业保险公元前就有了，现代意义上的商业保险则是随着工业化的过程，在 18 世纪末 19 世纪初发展起来的，但商业保险对贫困群体等无法发挥保障作用，无法缓解激烈的社会矛盾。因此，19 世纪 80 年代，社会保险制度得以在德国产生并迅速向其他工业化国家扩展。进入20世纪后,西方国家逐步建立起了保障项目齐全完备的社会保障制度。第二次世界大战后,西方国家的社会保险一方面对社会稳定和经济繁荣发挥了作用,另一方面费用支出过快增长,到80年代开始成为一些国家的沉重包袱。为此,各国又相继开始进行社会保障制度改革,减少政府的社会保险负担,发挥商业保险的作用。例如,美国由商业保险公司经办的团体职业退休保险自20世纪80年代以来,参加人数增长76%,保险总资产增长455%;到1993年末,覆盖了在职人员的48%,积累基金2.5万亿美元,占美国国内股票市场的40%。加拿大政府退休金计划1992年大约支出4 250亿加元,而企业职业养老保险和个人储蓄计划支出为4 800亿加元;日本的人寿保险人均额是全世界最高的。

过去我国实行单一的国家保险,商业保险曾经停办20年之久,基本上没有发挥社会化保障的作用。一些保险业务究竟应当由社会保险机构经办还是由商业保险公司经办,理论界和不同部门之间曾经不断地发生争论。1980年,中国人民保险公司开始恢复办理人身保险业务,分担财政无法承担的全民膨胀性的福利支出,弥补国有福利保障的不足。从20世纪90年代初到2003年底,共有37家外资保险公司在华设立了67个营业机构。由于保险市场的需求急剧扩张,国家提供的保险能力相对地不能满足需要,商业保险业务快速扩展。

从许多国家的发展实践中,可以发现社会保险与商业保险并不是此消彼长的问题,而是可以共生共荣和共同发展。在中国社会保障制度改革进程中,我们需要研究商业保险可以发挥且应当发挥的对社会保障的补充作用,应当避免的是将社会保险与商业保险相互对立起来。

第五章
社会保障体系与模式

■ **学习要点**

通过本章的学习,应当了解社会保障体系的含义与目标,掌握政府主导的基本社会保障制度与民间及市场主办的各种补充保障的结构、基本内容及差异,在把握国情与社会背景的基础上把握不同社会保障模式的特点与区别。

■ **关键概念**

社会保障体系 社会救助 社会保险 社会福利 军人保障
慈善事业 社区服务 福利经济学 福利国家 贝弗里奇报告
公积金制度 智利模式 国家保险型

▶第一节　概述

一、社会保障体系的含义

社会保障体系，是指由社会保障各个有机组成部分所构成的整体，包括各个社会保障项目的结构及其运行机制等。换言之，社会保障体系是国家依法建立起来的保障国民生活、维护社会稳定、促进社会和谐发展的系统，是由社会保险、社会救助、社会福利、军人保障以及各种具有互助共济功能的社会化保障机制共同编织成的"社会安全网"。从各国的发展实践来看，社会保障体系有无漏洞通常是衡量社会保障制度完备与否的基本依据。

由于影响社会保障的因素复杂，而各国的具体国情又差异甚大，各国在建立自己的社会保障体系时，都经历了一个从单一保障项目到多个保障项目、从单一层次保障到多层次保障、从相互分割的"头痛医头"措施到相互协调的完整体系的发展过程。从横向比较来看，各个国家或地区的社会保障体系往往不尽相同，这是因为社会保障制度的建立及发展要受到所在国家或地区的经济、社会、政治、文化、历史以及发展阶段等多重因素的影响，在社会保障的项目设置、覆盖范围、保障水平、给付标准等方面也就不可能一致。从纵向比较来看，各国的社会保障体系也一直处于不断调整、充实和完善之中，因为社会保障制度必须不断地适应社会经济发展和社会成员对社会保障需求的发展变化，其覆盖范围、项目设置、待遇水平等也必须适时调整。只有社会保障体系与本国国情相适应并且与所处发展时代相适应，社会保障才能说是合理的制度安排，并发挥出自己应有的功能作用。

考察现代社会保障制度的发展进程，可以发现现代社会保障体系的发展大致可划分为如下三个阶段：

• **面向贫困人口与工业劳动者的阶段**。这一阶段，传统的救灾济贫项目得到完善，但国家社会保障制度的重点主要是面向工业劳动者（产业工人），主要的社会保障项目（如养老保险、医疗保险、工伤保险与失业保险等）均围绕着工业劳动者的需要而设立。

• **面向贫困人口与一般劳动者的阶段**。这一阶段，社会保障的范围持续扩大，不仅工薪劳动者纳入了社会保障体系，而且农民及其他社会阶层也被纳入社会保障范围，保障项目开始增加，社会保障的公平性得到提升。

• **面向全体国民的阶段**。这一阶段，全体国民都被纳入社会保障的范围，社会保障体系不仅包括各种已有的社会救助项目与社会保险项目，而且向各种社会福利项目扩张，完备的社会保障体系使社会保障制度成为全民共享发展成果的社会制度。

从社会保障的项目设置与实施来看，也是在保持和改造传统的救灾济贫项目的同时，先以劳动者的病、残、老以及生育为主要内容提供保险，以后逐步扩大到对失业后的生活保障，进而随着社会发展的进程促使各项社会性福利得到发展。无论哪一个工业化国家，基本上都是遵循这样的途径发展其社会保障体系的。

二、社会保障体系建设的目标

从各国的社会保障制度发展实践出发，社会保障体系建设是一个逐渐完善的过程，但无论一个国家或地区的社会保障体系建设是否已经完备，均会以完备的社会保障体系为其追求目标，这一目标在机会均等、平等分配、适度保障等原则指导下，又可以分解为社会保障体系的完整性、协调性与层次性。

（一）完整性

从现代社会的需要出发，只有建立完整的社会保障体系，才能真正全面解决各种需要国家和社会运用社会保障手段来解决的现实社会问题。以老年人为例，当人均预期寿命不断延长，国家会进入老年型国家，社会会变成老年型社会，老年人口在总人口中的比重亦会持续上升。在人口老龄化阶段，如果没有相应的养老保险制度安排，众多老年人就完全可能因退出劳动岗位而丧失收入来源，进而陷入贫困状态；如果缺乏相应的老年人福利等，即使老年人有养老金保障，也因缺乏社会化的生活照料服务等而影响到生活质量，甚者会导致悲惨的生活结局；同时，随着子女数量的减少以及"丁克家庭"的出现，人在进入老年后还尤其需要有相应的情感保障，这就要求社会保障制度必须充满着人性与人文关怀，等等；可见，对老年人而言，经济保障、服务保障与精神保障都是不能缺少的保障。在市场经济条件下，个人的生活风险更大，包括就业岗位的竞争等，均可能造成收入剧减与生活困境，因此，市场经济更需要有较为完备的社会保障体系，即保障项目应当齐全化、保障内容应当完整化，若干个性质相近的社会保障项目构成一个完整的社会保障子系统，若干个社会保障子系统共同构成一个完整的社会保障体系。

在国际上，国际劳工组织有关公约所规定的九项保障内容，包括医疗津贴、疾病津贴、失业津贴、老龄津贴、工伤津贴、家庭津贴、生育津贴、残废津贴、遗属津贴，可以作为一个较完整的社会保障体系的最低要求。

尽管包括中国在内的发展中国家的社会保障体系并不一定具备完整性的特征，但这应该作为社会保障体系建设的发展目标。

（二）协调性

完备的社会保障体系，是以社会保障制度各子系统或项目之间协调发展为条件的。因此，社会保障体系建设的发展应当具有协调性。

第一，社会保障各个子系统与各个项目之间的发展水平应相互协调，不能畸高畸低，造成社会保障对象之间的对立。

第二，社会保障各个子系统与各个项目在分工负责的同时，应当具有功能上的互补性。如失业保险与社会救助分属于两个不同的子系统，其水平有高低之别，但都可以对失业者负责，两者的有机结合与协调发展将有助于为劳动者的失业风险提供全面保障；基本养老保险的保障水平应该适当，以便为企业补充养老保险（企业年金）和商业人寿保险的发展留有余地；养老保险可以解决老年人的基本收入来源，但仍需要老年福利服务等措施的配合才能解决社会成员的老年保障问题。

第三，要避免留下遗漏，亦必须实行各社会保障项目与各子系统之间的协调发展。如城镇建立了医疗社会保险制度，广大农村地区还不具备建立医疗保险制度的条件，但如果没有相应的疾病医疗保障项目，则农村社会成员的疾病医疗问题将会成为导致贫困现象、加深城乡矛盾的严重社会问题，从而需要建立相应的疾病医疗保障制度。因此，社会保障项目之间、各子系统之间既是分工负责的，又是互相联系的，完整的社会保障体系应当保证整个体系能够在水平、功能等方面实现协调发展。[①]

（三）层次性

尽管社会保障天然追求社会公平，且社会保障的公平性往往在一元化的制度安排中能够得到更为全面的体现，但完备的社会保障体系并不等于制度安排或项目设置的绝对统一，也不可能实现绝对统一。因为社会成员对社会保障的需求既有共性的一面，也有个性的一面，不同的社会阶层与社会成员的收入水平、生活状况以及对社会保障的要求亦不会一致，因此，完备的社会保障体系还应当体现出制度安排的多层次性，以便满足对社会保障有不同需求的社会成员的需求。

---

① 郑功成. 论中国特色的社会保障道路. 武汉大学出版社，1997. 153～154

在现代社会保障体系中，针对不同人群的需要，每个项目的目标定位及作用也各不相同。其中，社会保险保障的对象主要是社会成员中的劳动者，甚至在许多国家主要是工薪阶层的劳动者，这部分人及其家属在社会群体中占有很大比重，社会保险对他们来说是保障其基本生活水平的重要制度安排。然而，由于失业、疾病或天灾人祸等各种原因，这部分人仍有可能陷入困境，难以自救，从而还需要另一层次的保障制度，社会救助作为最低层次的社会保障措施，正是对从社会保险制度"漏出"的社会成员，如无收入、无生活来源、无家庭依靠并失去工作能力者，生活在国家的"贫困线"或最低生活标准以下的家庭或个人，以及遭受自然灾害和不幸事故者等，提供物质援助的又一层次制度安排；而社会福利作为社会保障体系的最高层次，则是为了增进福利、改善国民物质及其他生活条件的社会保障事业。

即使是解决老年人经济来源的养老保障制度，在许多国家也是由多层次的老年保障项目构成的，如政府负责的具有普遍福利性质的国民年金、社会保险型的基本养老保险、企业建立的企业年金、以及个人向人寿保险公司购买的人寿保险，在中国还有法定的家庭养老等，它们构成了一个多层次的老年保障体系。

三、社会保障体系的结构

现代社会保障体系包含的内容非常广泛，其结构可以从不同角度进行划分。

（一）根据社会保障制度所包含的业务内容划分

1. 社会救助

包括面向低收入阶层或者贫困人口的救助、面向遭遇自然灾害及其他灾难事件的灾民的救助，以及面向遭遇特殊困难的社会成员的特殊救助等。

2. 社会保险

包括面向劳动者提供的工伤保险（也称职业伤害保险）、医疗保险、养老保险、生育保险及失业保险，以及对其家属的津贴和伤残、退休之后的生活保障等待遇。在少数国家还建立了护理保险等制度。

3. 社会福利

包括面向老年人的老年人福利事业、面向残疾人的残疾人福利事业、面向妇女儿童的女性福利与儿童福利，以及国民的教育福利、住房福利，等等。

在上述三大基本系统之外，各个国家事实上还有其他社会保障措施。在许多国家，面向军人的保障制度安排通常是一个独立的综合的社会保障子系统，它解决的是军人的后顾之忧，并在一定程度上惠及其家属。在一些国家，医疗保障也构成了一个独立的子系统，成为社会成员的普遍性需求，有的发达国家的社会保障重点，甚至已经从养老保险向医疗保障转化。我国的疾病医疗问题也不是由一个制度来解决的，以现行医疗保障为例，面向城镇劳动者的疾病医疗保障制度安排是基本医疗保险，面向农村居民的是合作医疗保障，国家还确立了传染病防治、地方病防治、儿童免疫等保障措施，而城市及乡村未被医疗保险与合作医疗覆盖的人口亦不可能简单地归入上述保障措施，这些表明，它们也无法统一归入到社会救助、社会保险或社会福利中去，因此，有的专家学者将医疗保障列为现代社会保障体系中与社会救助、社会保险、社会福利并列的一个专门子系统。①

在政府主导的社会保障制度之外，许多国家还有发达的补充保障机制，包括企业年金、补充医疗保险、互助保障、慈善公益事业等在内的各种社会性保障措施，均属于补充保障机制，它们起着直接弥补基本社会保障制度不足、完善社会保障体系的作用，从而可以称之为现代社会保障体系中的补充保障或者其他保障子系统。中国社会保障制度的多层次性主要体现在补充保障子系统对基本社会保障制度的补充方面。②

上述各社会保障子系统在分化、整合的基础上实现功能耦合，相辅相成，共同承担着社会保障的责任，并维系与促进着整个社会的健康、和谐发展。

（二）根据是否与受保障对象的社会生产活动或收入关联划分

1. 与社会生产或收入关联的保障制度

它通常强调权利与义务相结合的原则，受益者缴费的水平与其收入水平挂钩，享受相应的社会保障待遇时也往往与收入关联，如根据劳动者工龄长短和收入水平发展的年金、养老金、伤残抚恤金、遗属抚恤金和定期补助——如家属津贴、失业救济金、病残补助、生育补助、工伤补助等。

2. 与社会生产或收入无关联的保障制度

它强调的是社会成员的需要，受益者享受的保障待遇亦与其收入不直接挂钩。如对所在国或地区的一定居住年限以上的人实行普遍性的养老、伤残、孤儿抚恤金、家属津贴；以及根据经济情况调查对贫穷或低收入的人给以生活补助，对不可预见性的自然灾害和人为灾害中的受害者救济。还有社会性

---

① 郑功成. 中国社会保障论（第十三章）. 武汉：湖北人民出版社，1994；郑功成. 论中国特色的社会保障道路（第九章）. 武汉大学出版社，1997

② 参见郑功成. 中国社会保障论（第十三章）. 武汉：湖北人民出版社，1994；郑功成. 论中国特色的社会保障道路（第十一章）. 武汉大学出版社，1997

的伤残康复、公费医疗、福利设施以及弱智、残疾人教育项目等等。

（三）根据政府介入的程度以及法律规范的强制性划分

1. 制度化的社会保障

它是指由法律制度严密规范并借助公共权力、运用公共资源加以实施的社会保障项目，它体现的是国家与社会的责任，是最稳定、最可靠的社会安全机制。如制度化的社会救助、社会保险及有关公共福利项目等。

2. 非制度化的社会保障

它是指不借助公共权力而由非政府组织或企业等自愿推动的社会化保障措施。如企业年金、慈善公益事业等。

此外，现代社会保障体系还可以从更广义的角度来阐述。前述划分均是从保障项目的视角出发的，事实上，社会保障体系除保障项目的设置外，还需要有相应的运行机制，包括法制系统、管理系统、实施系统与监督系统等，它们共同构成了完整的社会保障体系。

▶第二节　社会保障体系

从大多数国家的情况来看，社会保障体系通常包括基本社会保障制度与补充社会保障措施两大类，前者由国家立法统一规范并由政府主导，一般包括社会救助、社会保险和社会福利三个基本组成部分，以及部分国家针对军人建立的社会保障制度等；后者则通常是在政府的支持下由民间及市场来解决，一般包括企业年金、慈善事业、互助保障等，它们构成对基本社会保障制度的补充，并发挥着有益的作用。

一、社会救助

社会救助是指国家和社会依据法律规定，面向不能维持起码生活水平的低收入家庭提供经济帮助的一项社会保障制度，它是现代社会保障体系中具有基础地位的一个重要子系统。

与其他社会保障子系统相比，社会救助的特点十分明显：

第一，社会救助的资金来源主要是国家财政预算拨款。

第二，提供社会救助通常被认为是政府对国民的应尽责任，是低于贫困线或最低生活保障线的国民应该享受的一项基本权利，提供救助方与接受救助方的权利与义务关系具有单向性，而其他社会保障项目多是权利与义务相结合。

第三,社会救助的对象是社会成员中的一个特殊弱势群体。他们没有或者丧失了劳动能力(如孤儿、孤苦老人、残疾人等)而没有收入,或者有劳动能力但由于各种原因(如自然灾害、意外事故或其他经济社会原因)而一时或相当长时间内减少或丧失了收入来源,是社会保险不能或不能完全保障的贫困人群,他们连起码的最低生活水平都不能维持。

第四,社会救助的目标是帮助贫困人群等维持起码生活水平,其标准低于社会保险的要求。因此,社会救助也是社会保障体系中最低层次的保障措施,是保障社会成员生活安全的"最后一道防线"。

第五,社会救助需要救助者依法自愿提出申请,经救助机构调查并批准后方可获得救助。

进入现代社会后,因贫困人口减少和其他社会保障系统的建立,社会救助在整个社会保障体系中的地位较历史上有所下降,但因其肩负着解决特别弱势的社会成员的基本生存权利保障问题的重任,从而仍然占有不可替代的基础地位。其重要性主要表现在以下两个方面:

第一,社会救助是最先形成的、历史最悠久的社会保障形式,各国的社会保障制度均是在原来社会救助措施的基础上不断发展起来的。尽管在多数国家的社会保障体系中,社会保险与社会福利已经成为最重要的社会保障形式,但社会救助依然并且会长久存在,因为贫困现象将会长久存在,孤、寡、残等需要帮助的弱势群体也会长久存在,各种灾害事故更是不可完全避免,因此,社会救助在社会保障体系中的基础地位将不会改变。

第二,社会救助是保证社会成员生存权利的最后一道防线。尽管社会保险为社会安全设置了一道防线,但仍会有一部分人因保障不足而生活困难。比如,一部分失业者在失业保险金给付期满后仍未找到工作而生活陷入极端困境,就需要通过社会救助向他们提供帮助;特别是在社会保险的覆盖面不广时,社会救助更是不可或缺。因此,社会救助是社会保障制度的最后一道防线。

社会救助的具体内容将在本书第八章专门阐述。

二、社会保险

社会保险是国家依法建立的面向劳动者的一项社会保障制度,它由政府、单位和个人三方共同筹资,目标是保证劳动者在因年老、疾病、工伤、生育、死亡、失业等风险暂时或永久失去劳动能力从而失去收入来源时,能够从国家或社会获得物质帮助,以此解除劳动者的后顾之忧。这一概念强调了社会保险的对象是最重要的社会群体——劳动者,并突出了以劳动权利为基础,在实践中实行权利义务相结合和劳动者个人、单位和国家(政府)三方责任共担。

作为现代社会保障体系的重要组成部分,社会保险也是个人消费品的一种再分配形式,但劳动者享受社会保险待遇或权利并不是一刀切,它不完全取决于个人缴费的多少,而是依据国家的社会保险法律、法规等规定,对社会履行劳动义务的情况进行界定,至于给付多少则按照当时国家经济状况和个人收入水平而确定。几乎在所有国家,社会保险的支出规模都占社会保障支出的最大份额,而社会保险所包括的项目几乎关系到每个公民进入劳动年龄以后的整个生命周期,劳动者从业期间及至退休以后所发生的重大事件都会涉及社会保险支出。因此,社会保险事实上构成了现代社会保障体系的主体和核心。

除了具有社会保障制度的一般特点,社会保险制度还独具如下一些特色:

• **预防性**。社会保险的预防性特点,主要反映在社会保险基金的建立上。通过多方筹措而建立起来的社会保险基金,可由国家用在每个投保者身上,防范他们一旦发生社会保险立法规定范围内的风险而遭受损失,起到有备无患、未雨绸缪的作用。其他社会保障项目如社会救济,则是事先难以掌握,因而侧重善后,应急性较强而预防性较弱。

• **补偿性**。社会保险给予参加者的物质帮助,主要限于收入损失补偿,即劳动者在劳动中断、收入中断时才有权获得给付。社会保险的缴费虽然通常与工资挂钩,但社会保险待遇的给付却不与工资相等。因此,从社会保险那里得到的补偿只能是对受保障者收入损失一定程度的补偿,即保障劳动者的基本生活需要。

• **储蓄性**。社会保险机构依法收取企业和个人的社会保险费,同时,也吸取来自国民收入的分配与再分配资金,并按法律、法规的规定进行积累,然后依法进行分配。只有积累社会保险基金,才能对丧失劳动能力或收入中断的劳动者及其供养的亲属提供必要的物质帮助,才能保证其基本生活需要。因此,社会保险资金在征集与管理过程中具有相应的储蓄性。

• **责任分担**。社会保险资金来源于多渠道,不仅由劳动者、企业单位或雇主缴费,政府补贴,还会有相应的投资收益等,三方共同筹资,不仅体现了社会保险责任的分担,而且也保证了资金来源的可靠性。

• **互助共济**。参加社会保险者定期缴纳社会保险费,建立社会保险基金,当其中有人遭遇特定风险而受到损失时,可以按规定领取一定数量的保险金,从而达到了风险分担、互助共济的目的。如失业保险是全体参与失业保险的劳动者分担失业者的失业风险，工伤保险是全体参与工伤保险的劳动者分担遭遇工伤事故（含职业病）的劳动者的职业伤害风险，医疗保险是全体参与医疗保险的劳动者分担患病职工的疾病医疗风险，养老保险同样体现了同代劳动者与隔代劳动者之间的互助共济功能。因此，社会保险具有典型的互助共济特征。当然，完全积累型的保障制度的互助共济性被明显弱化。

由于社会保险所承担的风险是劳动者丧失收入的风险，在实践中表现为劳动者在其全部生命周期内遇到的各种失去收入的风险，包括年老、疾病、失业、工伤、生育风险等。因此，社会保险制度安排亦通常包括以下几个方面：

• **养老保险**。这是对法定范围内的劳动者因年老（符合法定退休条件）而退出社会劳动后，能够获得满足其基本生活需要的、稳定可靠的经济来源的社会保险项目。养老保险的覆盖范围受经济发展水平的制约，在经济发展和社会进步处于低水平条件下，养老保险往往按照选择性原则局限在部分劳动者范围内；只有当经济发展到一定水平后才会逐步扩大到全体劳动者。在各个国家的社会保障体系中，养老保险一般都是最重要的项目，这是因为在养老保险中受保人享受保险待遇的时期最久，待遇给付的标准相对较高；尤其是在人口老龄化加剧的条件下，养老保险的重要性更是不言而喻。在制度实践中，养老保险必须贯彻切实保障老年人基本生活的原则，因此，退休金水平不仅要适度，而且要有能够随着物价上升而不断调整的弹性，真正让退休的老年人继续分享社会经济发展的成果。

• **医疗保险**。这是对法定范围内的劳动者在患病或非因工伤伤害时提供保障的社会保险项目。它既包括医疗费用的给付，也包括各种医疗服务。医疗保险的目的是恢复劳动者的劳动能力和补偿劳动者病假期间的生活开销，在各国的社会保险制度中，医疗保险是仅次于养老保险的又一重要的社会保险制度。当医疗保险覆盖全民时，它即向普惠性的社会福利迈进。

• **工伤保险**。这是对法定范围内的劳动者因从事职业工作遭受伤害或患有与工作相关的职业病提供生活保障的社会保险项目。与其他社会保险制度相比，工伤保险具有雇主赔偿的性质，工伤保险的缴费通常由雇主单方承担，政府在特殊情况下予以资助，而劳动者个人不需承担缴费义务。在工伤责任认定方面，各国普遍采取"无过失补偿"原则，即不论导致工伤的责任在何方，只要不是劳动者的故意行为所致，遭受伤害的劳动者均有权享受工伤保险待遇。工伤保险的对象是从事经济活动的劳动者本人，但获取保险待遇的，往往不限于劳动者本人，还包括他们的家属。

• **失业保险**。这是对法定范围内的劳动者因失业而丧失经济来源时，按法定时限和标准给予其物质援助的社会保险项目。在市场经济条件下，劳动者的就业通常由竞争机制发挥主导作用，失业现象在所难免。因此，对失业者予以一定的保障，既有利于劳动力的再生产，使企业和国家经常拥有可靠数量和素质合格的劳动力资源，也有利于社会安定。当然，失业者获得失业保险也必须满足一定的条件，如一定的工作期限、参与失业保险并承担缴费义务、有再就业的愿望并在失业保险部门登记、接受工作介绍等。

• **生育保险**。这是对法定范围内的女性劳动者因生育而导致收入暂时丧失而提供生活保障的社会保险项目，是一项维护女性劳动者权益的社会保险。女性劳动者在怀孕、生育和护理婴儿期间，必须离开工作岗位，因而会面临工资收入暂时丧失的风险。生育保险的实施，便可保证女性劳动者在生育期间获得必要的物质帮助而使自己的经济损失得到补偿。实行生育保险也是解决劳动妇女既要从事经济活动又要担负生育子女的天职的矛盾的必要制度安排。建立生育保险制度一方面可以恢复和保护女性劳动者的劳动能力，另一方面亦保护了妇女生儿育女的权利和后备劳动力的健康成长。一般而言，妇女的生育活动需要一个较长的周期，包括怀孕、临产、分娩、婴儿哺育等，所以生育保险要贯彻产前产后一律给予保险待遇的原则，应包括妇女产前产后一定时间内的带薪假期，有时还包括生育补助费。产假工资的多少、产假长短、补助费的数量，各国不尽相同。需要指出的是，发达国家的生育保险已经上升为一项普遍性的国民福利，即不限于从事社会劳动的女性，而是覆盖所有生育妇女，生育保险待遇亦为生育津贴所替代。

• **死亡抚恤，亦称遗属保险**。其待遇包括两个部分，一部分是死者的丧事治理和安葬费用，另一部分是死者遗属享有的抚恤金。丧葬费包括死者穿戴的服装衣帽、整容、遗体存放、运送、火化、骨灰盒及其存放费用支出。至于遗属领取的抚恤金，一般均按死者生前一定时限的工资收入发给，未成年子女和无收入的配偶还可按期领到补助。

• **残障保险**。它是对因病致残的劳动者提供残障保险待遇的社会保险项目。它包括经常性补偿和一次性赔偿，还包括医疗服务、休养、康复疗养等待遇。除了满足致残者的基本生活需要之外，还尽可能使他们恢复部分劳动能力，重新走上工作岗位，从事力所能及的工作。

• **护理保险**。在德国、日本等发达国家，由于进入了少子高龄化时期，国家还建立了专门的护理保险制度，即劳动者在劳动期间可以参加护理保险，待年老需要生活照料时，可以通过护理保险获得保险待遇。

上述项目构成了社会保险制度。需要指出的是，各个国家的社会保险项目不尽一致，如希腊甚至将灾害保险也纳入社会保险范畴。而在另一些国家，部分社会保险却发展演变成为国民福利（如生育保险转化为生育津贴），或者分化成为社会保险与普遍性的国民福利（如养老保险分化为一般养老保险与国民年金），或者将削减的社会保险转化为补充保障（如部分国家削减较高水平的养老保险，同时发展补充性养老保险，如企业年金）。因此，社会保险制度其实一直在稳定中不断发展。

社会保险的具体内容将在本书第九章专门阐述。

三、社会福利

社会福利的含义有广义和狭义两种理解。

广义的社会福利实际上是广义的社会保障的同义语，是国家和社会对全体社会成员提供的全部物质和文化生活的保障和福利，除前述社会保险、社会救助外，还包括其他旨在改善与提高国民生活质量的物质福利，以及全部公共的文化、教育、卫生、体育设施和服务。狭义的社会福利，作为社会保障的从属概念，是与社会保险、社会救助并列的概念，是社会保障体系中日益重要的子系统。在中国，社会福利作为社会保障体系的一个子系统，是官方及公众认同的定位。

中国的社会福利子系统包括如下主要项目：

• **老年人福利**。它是专门面向老年人的福利项目，主要是老年人的生活照料服务及其他福利。如老年福利院、老年公寓、老年保健、老年护理、家居照顾等项目，以及有关公益场所免费对老年人开放等。在一些国家或地区，还有专门面向老年人的福利津贴，如香港地区的高龄津贴就是面向全港年满70周岁以上的老年人的一项福利津贴。随着人口老龄化时代的到来，老年人福利日益成为现代社会保障体系中的重要项目。

• **残疾人福利**。它是专门面向残疾人的福利项目，主要包括残疾人康复事业、残疾人教育事业、残疾人就业以及其他相应的福利。残疾人福利事业的发展水平是衡量一个国家或地区社会文明程度的重要标志。

• **妇女儿童福利**。它是面向妇女儿童的福利项目，亦可以分解为妇女福利与儿童福利。如妇幼保健、儿童免疫、孤儿收养、妇幼津贴等。

• **其他福利**。如教育福利、住房福利及其他不在前述三大项目范围之内的各项公共福利事业，它们从不同的角度满足着社会成员的需求。

此外，面向劳动者的福利通常称为职业福利或机构福利，它由企业或雇主负责提供，从而被剔除在基本社会保障制度之外，可以纳入补充保障范畴。

作为整个社会保障体系的一个子系统，社会福利具有如下特点：

• **保障对象全员化**。社会福利的覆盖范围不像社会保险仅限于劳动者，也不像社会救助只限于特殊的弱势的社会群体，而是全体社会成员，被称为"按人头"的社会保障制度。

• **保障项目广泛**。社会福利的项目包括全社会成员享受的公共福利事业，如教育、科学、文化、体育、卫生、环境保护设施和福利服务；特殊人群享受的福利事业，如为孤寡老人、孤儿、残疾人设置的福利院、教养院、疗养院等；局部性的、选择性的福利措施，即专为一定地区、一定范围社会成员提供的福利待遇，如寒冷地区的冬季取暖津贴，住公房的房租补贴等，这些项目或者是免费，或者是减费优惠。

• **资金来源多渠道**。社会福利项目的资金来源包括各级政府的财政预算拨款，还有各个组织单位的专项基金、社会团体的资助与捐献，以及福利服务的收费等。根据资金来源的不同，它可以分为官办福利事业、民办福利事业、单位办福利事业，以及官助民办福利事业等。

• **保障水平弹性化**。社会福利的项目、范围和水平取决于各个国家的经济文化发展水平和受益者的需求程度。经济发达国家社会福利的内容和水平相对较多、较高，经济不发达国家则相对较少、较低。在一个国家的不同发展阶段和不同时期，社会福利的内容和水平也有所不同，总的趋势是随着社会经济发展水平的提高而不断改善和提高。

总之，社会福利的目标是改善全体社会成员的物质文化生活水平，提高国民的生活质量，不断增进国民的福利。因此，社会福利是最高层次的社会保障制度。社会福利的具体内容将在本书第十章专门阐述。

四、军人保障

军人保障是以军人为保障对象的一个综合性保障系统，这主要是因为军人肩负着保卫国家的任务，是一个有着特殊性的群体，军队的独立和军人高度集中的群体意识与职业要求，不可能与普通社会成员一样地纳入同一个社会保障系统，而是需要相对独立的制度安排。因此，在世界各国，都有专门针对军人这一特殊职业的专门保障制度，如在美国社会保障体系中就有军职人员退职退休津贴等特殊项目。

在中国社会保障体系中，亦专门为军人建立相应的保障制度，这一系统随着市场经济体制改革与社会发展而进一步扩充为军人保障系统，它包括军人保险、军人抚恤优待、军人福利、军人复员转业的就业安置或补偿等项目。

需要指出的是，军人保障的对象虽然以现役军人和武装警察为主体，但也包括了烈士家属，退伍、复员、转业军人，因公残废的军、警人员，部分项目还惠及军人家属。

军人保障的资金主要来源于国家财政拨款,其实质是国家对军人的一种褒扬和经济补偿,也是解除军人后顾之忧的一种制度安排。因此,军人保障是一项兼具社会保险、社会救助、社会福利性质的综合性的、有重大政治意义的特殊社会保障制度。

当然,当军人转业、复员或退休后,亦可直接融入面向普通国民的各项社会保障制度。

军人保障将在本书第十一章专门阐述。

五、补充保障

在各国的社会保障体系中,除政府主导并由专门法律具体规范的基本社会保障制度外,往往还有一些非正式的社会化保障措施同时存在并发挥着相应的社会保障功能作用。如慈善事业、社区服务、企业年金、商业保险等客观上均不同程度地发挥着社会保障的作用,从而亦是现代社会保障体系的有机组成部分。本部分内容将在第一章详细介绍。

(一)慈善事业

慈善事业是建立在社会捐献基础之上的一种民办社会救助事业,它以社会成员的善爱之心为道德基础,以社会各界的自愿捐献为经济基础,以民间公益事业团体为组织基础,以大众参与为发展基础。在实践中,慈善机构根据捐献者的意愿,对需要帮助的社会成员进行物质帮助,从而是现代社会保障体系中的特殊组成部分。

发达国家和地区的经验表明,发展慈善事业是当代社会得以化解诸多社会问题、促进社会良性发展的一条重要而有效的途径。许多慈善事业不仅能有效地弥补政府基本社会保障制度的不足,而且对处于困境而无力自行摆脱危难的社会弱势群体提供更多的来自社会的援助和关爱,进而充当着沟通不同社会阶层的有益桥梁,有效地润滑着社会关系,促进整个社会的安定、和谐发展。不仅如此,慈善事业还直接弘扬着优良的社会道德,净化社会风气,从而最终有助于推动社会文明的进步。[1]

(二)社区服务

社区服务是指在政府指导下,以社区组织为依托,在城乡一定层次的社区内以全体社区居民为对象,以特殊群体为重点,运用灵活多样的形式向他

---

[1] 郑功成. 论中国特色的社会保障道路. 武汉大学出版社,1997. 268~276;参见郑功成,张奇林,许飞琼. 中华慈善事业. 广州:广东经济出版社,1999

们提供福利性服务的一种社会化保障机制。在20世纪30年代,国外就开始出现社区这种社会基层组织,并相应出现社区服务这种形式,发展到今天,它已成为社会保障体系的一项新内容。

社区服务属于社会服务范畴,但又不同于一般的社会服务,它是以社区为单位组织的社会服务。其特点主要有:一是自主性。它不依赖政府,不等待外援,而是社区从本社区居民的需要出发,自主筹办并自觉地为社区居民就近提供服务,是社区居民以自助、互助为特征的自我服务。二是社会性。社区服务的组织管理强调动员社区范围有关组织和个人广泛参与,既适应了社会生活的需要,又是在社会共同关心下健康发展的,它是社会福利事业社会化的基础形式与重要途径。三是多样化。社区服务采取社会效益和经济效益并重的方针,针对不同对象实行有偿、低偿、无偿等不同的服务方式,以有偿服务为主,并在实践中取得自我生存、自我发展的能力,既不增加国家负担,又能长盛不衰地为国家分忧,为民解愁。

社区服务不以营利为目的,还可以获得政府的支持与扶持。它一般以老年人、残疾人、贫困户和烈军属、荣誉军人和劳动模范为重点服务对象,对这些社区居民提供特殊服务,既体现了对社会弱者的关心,又体现了对特殊贡献者的优待。社区服务立足于自愿、自治、自助、互助,即强调社区成员个人自愿参与,"我为人人,人人为我",方可能提供无偿服务或低偿服务。对重点及特殊服务对象,它亦提供无偿服务;对一般对象,则提供低偿服务。

(三) 企业年金

企业年金是指由企业建立的面向本企业职工的一项补充养老保险制度,是职业福利或机构福利中日益重要的组成部分,是对政府主导的基本养老保险制度的重要补充。

在实践中,企业年金包括各种类型的企业补充退休保险,如雇主退休金计划、利润分享退休金计划、员工股权退休金计划、企业团体寿险等项目。在美国等国家,企业年金的出现要早于国家的退休制度,而一旦国家正式的养老保险制度建立以后,企业年金就成为养老保障的次级层次,成为企业招揽人才、激励劳动者的劳动积极性和提高企业竞争力的有效制度,并被视为企业人力资源管理的重要内容。企业年金作为人力资源管理系统中报酬管理或员工福利进行安排,是雇主为了吸引和留住员工长期为企业服务和提高劳动生产效率,向雇员提供的一笔年金。

由于企业年金具有调和劳资关系、改善劳动者福利和补充基本养老保险制度的多重功能,它一般能够得到政府的财税优惠,其费用通常可以列入企业成本,允许在规定的额度内实行税前列支。

(四) 商业保险

商业保险是保险人与投保人或被保险人通过保险合同建立保险关系的一种商业交易行为,是由投保人或被保险人向保险人支付一定的保险费,将自己特定的风险转移给保险人,当约定风险或事件发生后,由保险人依据保险合同支付赔款或保险金的一种风险管理机制。商业保险包括人寿保险、人身意外伤害保险、健康保险及各种财产保险、责任保险等。

商业保险作为一种等价交换、自愿成交的商业行为,其性质、经办方式、权利与义务关系、保障对象与水平等均不同于社会保险。它建立在商业保险合同的基础之上,由作为企业单位的商业保险公司经营,以营利为目的,一旦保险契约或保险合同到期或者履行完毕,保险责任便自行终止。因此,商业保险在实践中往往具有两重性:一方面,它的主观目的是保险公司通过开展各项直接保险业务而赚取利润或者通过收取保险费进行投资运营赚取利润;另一方面,它在客观上又有着分散风险、补偿损失的功能,个人养老保险还能够通过平时的保险积累为劳动者晚年的生活保障服务。从这一方面说,商业保险体现了投保人之间的互助互济精神,以合理计算、风险共担方式,在一定程度上起到了与社会保险相同的客观作用。所以,商业保险尤其是商业保险中的人寿保险、健康保险等业务,可以作为社会保障体系的必要补充。

需要指出的是,商业保险的发展,能够在一定程度上解除社会成员的后顾之忧并弥补基本社会保障制度的不足,但商业保险毕竟是一种商业行为,追求利润是商业保险的根本目的。因此,无论商业保险多么发达,均不可能替代社会保障。

(五) 家庭保障

家庭保障虽然不是社会性保障机制,但对于亚洲国家尤其是中国而言,它又确实是国民可靠且稳定的一种生活保障机制。在此,家庭保障是指在家庭内部,家庭成员之间相互提供包括经济保障、服务保障和精神慰藉等内容在内的生活保障机制,它在保障社会成员的生活方面通常与国家和社会负责的社会保障并驾齐驱。在中国,《中华人民共和国婚姻法》《中华人民共和国继承法》《中华人民共和国老年人权益保障法》《中华人民共和国残疾人权益保障法》《中华人民共和国妇女权益保障法》等多项法律均规定了家庭成员之间的互助保障义务。因此,家庭保障不只是中华民族的一项传统,也是现行法律制度的规范。在一些国家,政府主导的有关社会保障项目还通常与家庭保障有机地结合起来，或者制定相应的家庭政策，对家庭保障给以扶助。

在家庭保障中，家长或成年成员充当着责任主体，但每个家庭成员均会有较为明确的分工，从而在实质上仍含有家庭成员之间长期互惠的内生机制。尽管工业革命摧毁了以家庭为基本单位的自然经济基础，资本主义大工业取代了一家一户的手工生产而成为社会的基本生产单位，传统的家庭结构也逐渐走向解体，由几世同堂缩小到核心家庭甚至单亲家庭，其所承担的许多职能为社会保障所替代，但总体而论，家庭保障仍然是社会成员一生中处于基础地位的重要保障机制。因为在世界范围内，对青少年、儿童的哺育，对老年人的赡养，绝大多数生活服务的提供，仍然主要由家庭来解决。目前在西方发达国家，社会保障制度对家庭保障功能产生了越来越大程度的替代，这在一定程度上弱化了家庭保障，美国就有很多人认为是社会保障制度制造了越来越多的未婚母亲和不负责任的父亲，这种评价促使西方国家不断呼吁重视家庭的保障作用。在亚洲地区，家庭更是社会的基石，家庭为家庭成员提供着经济、服务及情感方面的保障。

中国传统的家庭制度和家庭伦理，对家庭保障尤其具有特别重要的意义。中国长期受儒家思想影响，而儒家强调"百善孝为先"，"孝"是中国的"大传统"和"小传统"的核心①，也是家庭保障的文化心理基础之所在。"养儿防老"不仅在家庭内部的代际分配关系上具有积极意义，在"亲子融融"的人际关系上更具有积极的意义。正是因为它的积极意义，中国的现行法律制度才始终支持着中国的家庭制度和家庭意识，子女赡养老人得到国家法律的明确保证，如《中华人民共和国宪法》第49条和《中华人民共和国婚姻法》第15条及《中华人民共和国老年人权益保障法》等都规定子女有赡养父母的义务，这为家庭养老提供了充分的法律保障。文化和法律互动的结果，强化了中国非正式的家庭保障制度，也减轻了基本社会保障制度的压力。虽然随着工业化、城镇化的发展和计划生育政策的实施，中国的家庭结构已经发生了巨大的变化，家庭的保障功能也在持续弱化，但是中国的"亲子"文化和"尊老养老"文化并没有消失，尤其是在农村，家庭保障仍然是农民最基本的生活保障方式。因此，中国的社会保障发展需要继续重视对家庭保障功能的扶持。

---

① 金耀基. 从传统到现代. 北京：中国人民大学出版社，1999

▶第三节　社会保障主要模式

现代社会保障制度以 19 世纪 80 年代德国制定并实施有关的社会保险法令为起始标志。在这 100 多年的发展历程中，社会保障制度早已由单一项目的制度安排逐渐发展成为一个包含多个子系统及众多保障项目在内的社会安全体系。然而，由于社会制度、经济发展水平及文化传统等的差异，各国建立的社会保障制度也不尽相同，从而形成不同的社会保障模式。从各国社会保障制度的具体安排出发，可以分为四种类型，即社会保险型模式、福利国家模式、强制储蓄型模式和国家保险型模式。[①]

一、社会保险型模式

（一）社会保险型模式的起源及特征

社会保险型模式是最早出现的现代社会保障模式，亦被称为"传统型"社会保障模式，或者自保公助型模式。它起源于 19 世纪 80 年代的德国，后来被世界上许多国家引进，包括美国、德国、法国等在内的许多发达资本主义国家和部分发展中国家都采用这种模式。

在 19 世纪 80 年代，普鲁士德国处于俾斯麦当政时期，被称为"铁血宰相"的俾斯麦基于德国当时的社会背景，首创了与工业社会相适应的社会保险制度，从而开启了现代社会保障发展的大门。德国创建社会保险制度的理论依据是德国历史学派和德国政策协会的"国家干预主义"，以弗里德里希·李斯特为先驱的旧历史学派强调国家对经济发展的作用，主张国家干预经济生活。19 世纪 70 年代，由旧历史学派演变而成的新历史学派，进一步强调国家的超阶级性及其对社会经济的决定作用，主张由国家通过立法进行自上而下的改良。1873 年，由德国新历史学派成立的"社会政策协会"主张实行"社会政策"，强调通过举办诸如社会保障、缩短劳动时间、改善劳动条件以缓和阶级矛盾。俾斯麦在对日益高涨的工人运动采取镇压措施的同时，在内外交困的严峻形势下，采用了这种理论，于 1883—1889 年间先后制定了并颁

[①] 社会保障模式的划分主要是基于社会保障制度安排的筹资方式、保障范围及项目等主要因素的特点，实际上，不同国家的社会保障模式要复杂得多，世界上没有哪个国家的社会保障制度与另一个国家的社会保障制度完全一样。因此，本书的模式划分只是相对而言的，它对于理论研究和政策分析有益。

布了三部社会保险法令，由此确立了社会保险制度，并迅速被其他国家仿效，进而成为许多国家社会保障体系中的主体内容。

在 20 世纪 30 年代的经济大萧条和第二次世界大战后，社会保险制度被欧洲某些国家和美国等进一步发展成比较完善的社会保险型社会保障制度。如美国 1935 年颁布的《社会保障法》就是在德国社会保险制度的基础上制定的，它不仅继承了德国社会保险制度所采取的理论，而且吸取了凯恩斯提出的"有效需求"和依靠政府干预经济来摆脱失业和萧条的理论和建议，同时进一步确立了"保险费用部分由雇主、部分由雇员交纳，国家给伤残和养老保险提供津贴"的原则，追求的社会目标是使受保者不致陷入贫困。这样，雇主与个人投保为主、义务和权利的有机结合构成了社会保险（或自保公助）型社会保障制度的基本原则。

社会保险型社会保障制度作为工业化的产物，是在工业化取得一定成就并有较雄厚的经济基础，以及单位和个人都具有一定经济承受力的情况下实行的。它的目标是以劳动者为核心，通过提供一系列的基本生活保障，使社会成员在疾病、失业、年老、伤残以及由于婚姻关系、生育或死亡而需要特别援助的情况下得到经济补偿和保障。

社会保险型模式社会保障制度的特点，主要有：

• **以劳动者为核心**。即社会保险制度面向劳动者，且主要是工薪劳动者，围绕着劳动者在年老、疾病、工伤、失业等风险设置保险项目，并用以保障劳动者在遭遇这些事件时的基本生活。在某些情形下，社会保险制度还通过劳动者惠及其家庭成员。

• **责任分担**。社会保险强调雇主与劳动者个人分担社会保险缴费责任，国家财政给予适当支持，从而是一种风险共担和责任分担的社会保障机制。

• **权利与义务有机结合**。社会保险强调劳动者享受社会保险的权利与缴纳社会保险费的义务相联系，劳动者享有的社会保险待遇水平亦常常与缴纳社会保险费的多少和个人收入情况相联系，不参加社会保险或者未缴纳社会保险费是不能享受社会保险待遇的。

• **互助共济**。雇主与劳动者个人缴纳的社会保险费形成养老、医疗、失业、工伤、生育等社会保险基金，等劳动者遭遇保险事件时，享受相应的社会保险待遇，社会保险基金在受保成员之间调剂使用，充分体现出互助互济、共担风险的原则。

• **现收现付**。社会保险基金的筹集以现收现付为主。

由此可见，社会保险型模式非常重视权利与义务的对应关系，强化责任分担意识，在追求公平的同时亦体现了效率原则。不仅如此，社会保险基金在社会成员之间统筹使用，符合风险管理中的大数法则，体现了社会保险的互助互济宗旨。不过，采取现收现付方式筹集社会保险基金时，保险费率受人口年龄结构与人口就业比例的影响较大，难以应付人口老龄化导致的养老金支付高峰，进而可能因基金积累不足而造成财务危机。因此，有必要对此保持警惕。

（二）社会保险型模式的代表

德国是世界上最先建立起社会保险制度的国家，自创建社会保险制度至今已经有100多年的历史。

德国现行的社会保险制度是在直接继承俾斯麦时期创建的社会保险制度的基础上发展起来的，它与战后德国所奉行的"社会市场经济"密不可分。在德国，市场效率与高水平的社会保障之间的结合被视为缺一不可、互为条件的发展基石。这种以经济效率兼顾社会公平的目标更有利于效率的发挥和充分体现公平的一致性。在实践中，社会保险型保障模式表现为享受者自己缴纳社会保险费，每个公民只要符合规定的条件，均可享受相应的社会保险待遇。政府禁止滥用社会保险基金，并采取一系列的措施限制和推迟某些社会福利费用。

不仅如此，德国还把社会保障与其他经济、政治措施结合起来运用，如把"自助"的社会保障同保持货币的长期稳定联系在一起，以防止消费和投资的膨胀，从而保持稳定的经济秩序。在社会保障方面，德国虽然也存在资金紧张等难题，但与"福利国家"相比并不严重。在保障内容方面，基本上分为两大部分：一是以养老保险、医疗保险、工伤保险、失业保险、护理保险等为主体的广泛的社会保险体系，以及社会抚恤、社会救济以及青少年救助和住房补助等；二是以"共同决定权"和劳动保护为主体的雇员保护政策体系。第一部分是德国社会保障制度的核心，在五大保险项目中，养老保险与医疗保险是德国社会保障体系中开支最大的项目，也是覆盖范围最广的保障项目。在社会保障的管理方面，德国实行由雇主与劳动者高度自治、政府加以监督的管理体制，其管理社会保障的责任主体包括有不同保险机构、基金会或部门所属地方机构管理和实施；除失业保险外，社会保险机构均由劳资双方共同参与，实行自治管理，政府不插手干预，但对社会保险机构的运行进行相应的监督。德国社会保障总的监督部门为联邦劳工与社会事务部，政府的监督只对社会保险机构是否守法、经营管理和会计工作等方面进行监督。

美国是世界上头号经济大国，其社会保障制度亦有着自己的显著特色，但总体而论,美国仍然属于社会保险型模式国家。1935年由罗斯福总统签署的《社会保障法》通常被认为是美国社会保障制度得以建立的标志。此前虽然也有部分社会保障措施,但1929—1931年的经济大危机,才真正使美国政府认识到建立与工业社会相适应的社会保障制度的重要性。《社会保障法》的出台,在很大程度上是当时各种社会力量共同推动的结果,其中罗斯福总统的社会保障社会化主张和对联邦政府责任的认可,则为社会保障立法提供了理论和政策依据。自《社会保障法》实施后,美国的社会保障制度又经过多次修订和补充,形成了比较健全且范围广泛的社会保障制度,它主要由社会保险和社会福利两大部分构成。其中:社会保险制度主要包括老(年)残(障)遗(属)社会保险、医疗保险、失业保险、工伤保险;社会福利按照发放形式则可以分成"现金福利"和"非现金福利"两类,前者主要包括"家庭补助"和"补充性保障收入"两个项目,后者主要由以下六类项目组成:医疗补贴、食品补贴、儿童营养、住房补助、就业培训、贫困家庭子女教育。在上述社会保障项目中,老(年)残(障)遗(属)社会保险构成美国社会保障开支中的最大项目,甚至美国官方及一些人士通常将其等同于"社会保障"。此外,美国社会保障体系的一个重要特点就是私人保险的作用突出,保险公司在寿险、医疗保险等领域提供的商业保障服务在很大程度上受到欢迎,各种非营利机构亦发挥着重要作用。在社会保障管理方面,美国实行州政府管理为主、联邦政府支持的管理方式,联邦政府、州和地方各级政府、社会组织及团体分层次设有管理机构,并尽可能把权限下放到地方和基层,以提高效率。但多层次管理亦存在机构臃肿的现象,且行政管理费亦较为庞大。

日本是亚洲第一个推行社会保险制度的国家。从20世纪20年代到50年代,日本逐渐建立起了以健康保险、雇员年金保险和国民年金制度为核心的社会保障体系。第二次世界大战后,日本政府的发展策略是首先发展工业,其次是成倍增长国民的收入,使国民过上富裕的生活,最后再增加福利费用的支出。不过,在具体实践中,日本在战后还是迅速完善了自己的社会保障制度。与其他西方工业化国家不同的是,日本强调企业发挥内部互助作用,即各企业分别制定面向本企业员工的福利计划,国家尽量避免直接参与。这些理论依据和策略原则使日本社会保障制度有自己的特色,尽管日本的社会保障水平较高,但给国民经济造成的负面影响并不像福利国家那么严重。[①] 日本现行社会保障制度的基本内容包括:面向一般国民的环境政策、公共卫生政策、儿童补贴,属于社会福利范畴的儿童福利、残疾人福利、生活保护和

---

① 穆怀中主编. 社会保障国际比较. 北京:中国劳动社会保障出版社,2002. 62

老人福利，面向一般高龄者的老人保健，以及属于社会保险范畴的养老保险（年金制度）、医疗保险（健康保险）和失业保险制度。其中，社会保险制度是日本社会保障制度的核心与主体。日本社会保障制度虽然是模仿西方建立的，但也带有鲜明的亚洲特色，如重视个人、家庭的保障作用，强调劳资关系的和谐等，企业福利计划相当发达。在社会保障管理方面，日本奉行行政与业务分开、管钱与管事分开的原则。日本社会保险分别由立法、行政管理、监督执行、社会保障基金管理运营等机构分管。立法由参议院负责，中央一级行政管理由劳动厚生省（地方政府中仍然是厚生与劳动分设）等机关负责。

由于社会保险型保障模式既适应了工业社会的需要，又避免了福利国家的某些缺陷，从而受到了多数国家的重视。但各国的社会保障发展实践也表明，在社会保险制度方面的差异仍然是很大的，社会保险制度在整个社会保障体系中的地位亦并非总是占据主体或核心的地位。有的国家确实继承了德国模式，但有的国家却只是采取了"俾斯麦模式"社会保险制度的部分做法而已，有的国家甚至完全将这种模式蜕变为其他模式（如储蓄型保障模式等）。

二、福利国家模式

（一）福利国家的起源与基本特征

福利国家一词出自英国著名经济学家贝弗里奇在 1942 年完成的一份社会保障研究报告《社会保险及相关服务》，它在社会保障领域是全民福利的象征。

福利国家型社会保障的理论依据是"福利经济学"。1920 年，英国剑桥学派的主要代表人物之一的庇古出版《福利经济学》，这部具有划时代意义的著作的问世，为确立福利国家奠定了相应的理论基础。在该书中，庇古认为经济政策的目标，在于使社会福利总和的最大化。国民收入的总量愈大，社会福利就愈大；在国民收入一定的条件下，国民收入的分配愈是均等化，社会福利也愈大。因此，他主张国家通过累进税政策，把富人缴纳的一部分税款给低收入者享用，以增加社会福利。福利国家模式正是在这种理论的指导下，以公民权利为核心，确立了福利普遍性和保障全面性的原则，它以国家为直接责任主体，以国家为全体国民提供全面保障为基本内容，以充分就业、收入均等化和消灭贫困等为目标，以政府与公民之间的责任关系取代了建立福利国家之前的雇主与雇员、领主与农奴及社团伙伴之间、家庭亲属之间的责任关系。①

1948年，英国在通过一系列的社会保障法律并加以实施后，正式宣布建成福利国家。随后，西欧、北欧等一些国家也纷纷宣布建立福利国家，加拿大、澳大利亚等国家也迈向了福利国家，福利国家作为经济社会发展水平达到很高层次和社会文明进步的象征，在世界上风靡一时，20世纪60年代达到鼎盛时期。

具体而言，福利国家模式及其所推行政策的主要特征有：

• **累进税制与高税收**。国家通过确立累进税制对国民收入所得进行再分配，使社会财富不再集中于少数人手里；同时，为维持福利国家高水平的福利支出，也必然需要高税收来支撑。因此，高税收不仅充当着福利国家的财政基础，而且构成了福利国家的重要特征。

• **普遍覆盖与全民共享**。"普遍性"和"全民性"构成福利国家型社会保障的基本原则，其目标不仅使公民免遭贫困、疾病、愚昧、肮脏和失业之苦，而且在于维持社会成员一定标准的生活质量，加强个人安全感。各种保障制度，不仅限于被保险者一人，而且推及其家属；不只限定于某一保险项目，而且推及凡维持合理生活水平有困难和经济不安定的所有事件，以最适当的方法给予保障。因此，福利国家是全民共享国家发展成果的保障制度安排。

• **政府负责与保障全面**。在福利国家，政府是社会保障的当然责任主体，不仅承担着直接的财政责任，而且承担着实施、管理与监督社会保障的责任。同时，福利国家的社会保障项目众多，待遇标准也较高，保障项目设置涵盖了每个社会成员"从摇篮到坟墓"的一切福利保障需求，而个人通常不需缴纳或低标准缴纳社会保障费用，福利开支主要由政府和企业负担。

• **法制健全**。各种社会保障制度均依法实行，并设有多层次的社会保障法律监督体系。

• **充分就业**。国家采取各种措施来促使人人有就业机会，通过消灭各种导致失业的因素来实现充分就业的目标。

（二）福利国家模式的代表

在世界上，许多国家的社会保障制度选择福利国家模式。除英国等西欧国家，还有北欧国家，以及加拿大、澳大利亚等发达国家。其中，英国是福利国家的起源国，瑞典被称为福利国家的橱窗，北欧五国被誉为福利国家的天堂。

---

① 郑功成. 社会保障学——理念、制度、实践与思辨. 北京：商务印书馆，2000初版，2003、2004再版. 145

福利国家起源于英国，是与英国当时特定的历史条件分不开的。第二次世界大战期间，英国遭受了前所未有的战争破坏，社会矛盾激化，迫切需要在战后建立缓和社会危机、促进经济发展的一套社会稳定机制。于是，在1941年，英国政府委托著名经济学家贝弗里奇负责制定战后社会保障计划，这个计划于1942年底以《社会保险及相关服务》（又称贝弗里奇报告）为题发表，报告提出在战胜法西斯德国后，建立一套"从摇篮到坟墓"的社会福利制度。

贝弗里奇报告提出社会保障应当采取三种方式，即满足基本需要的社会保险、对特殊情况的国民补助和作为补充基本保障的自愿保险。同时，贝弗里奇报告还认为，英国的社会政策应以消除贫穷、疾病、肮脏、无知和懒散等五大祸害为目标，建立一个覆盖全社会的国民保险制度。该报告提出了社会保障的六项原则，即：（1）按统一标准发放补助金，不论接受者在失业、丧失工作能力或退休前原有的收入是多少，一律提供相同数量的补助；（2）按统一标准缴纳保险捐，投保人员无论贫富，无论从事何种职业，一律缴纳相同的保险捐；（3）将负责的行政部门统一起来；（4）领取的补助金的数额应当适当，并及时提供，补助金的数量应当充分；（5）普遍性原则，社会保险的对象要逐步扩大到全国人口；（6）类别原则。上述原则其实是对公平性、强制性、福利性等的追求，它随之成为所有选择福利国家模式的国家建立健全社会保障制度的基本原则。[①]

在贝弗里奇报告的基础上，英国政府在短短数年内先后制定了一系列社会保障法案。如《国民保险法》（1944）、《社会保险法》（1946）、《国民卫生保健服务法》（1946）、《家庭补助法》（1945）、《国民保险法》（1946）和《国民救济法》（1948）等。这些社会保障法律的颁布，使英国成为当时世界上社会保障制度最完备的国家，并于1948年正式宣布第一个建成"福利国家"。经过此后20年的改进完善，英国的社会保障制度发展成为面向全体社会成员、高福利、统一管理体制、为公民提供"一揽子"预防性保障的完整的社会保障体系，国家作为责任人承担着最后责任。

根据英国工党1945年在竞选宣言中所表示的，福利国家就是"使公民普遍地享受福利，使国家担负起保障公民福利的职责"。因此，英国的"福利国家"内容十分广泛，包括全民医疗保健、社会保险和社会服务。全民医疗保健包括农民（和在英国居住1年以上的外国人）在内，基本上由国家负担；而社会保险主要是发放退休金、失业救济和家庭补贴，退休金有基本退休金、

---

① 参见［英］贝弗里奇. 贝弗里奇报告——社会保险和相关服务. 北京：中国劳动社会保障出版社，2004

补助退休金，失业救济分失业救济、失业者额外津贴和额外补助三个部分，家庭补贴包括孕妇补贴、儿童补贴、低收入家庭补贴、寡妇补贴、住房补贴和圣诞节奖金等；社会服务则是一个发达的个人生活照料系统，满足着社会成员的生活服务需求。不仅如此，为实施"福利国家"政策，英国政府还建立了一个庞大的管理机构，其中的中央管理机构是保健和社会保障部，有工作人员8 000人，还有上百万的工作人员在各地区、地方社会保障机构中服务。英国的社会保险是通过529个中央、地区和地方机构开展工作的。家庭医生则由90个家庭医生委员会组织服务。①

瑞典是福利国家的又一典型代表。自1948年开始，瑞典致力于建设"福利国家"。瑞典的社会保障制度大体分为两个层次：一是针对所有公民的基本生活保障，二是在此基础上提供的与收入相联系的保障，前者项目多、内容繁杂，后者则主要同少数保障内容相联系。因此，瑞典的社会保障制度在本质上奉行公平原则。

就保障内容而言，瑞典的社会保障项目繁多，对人们生老病死的每一个环节都有相应的保障，除生育、疾病、伤残、失业、养老保障外，还有儿童、遗属、单亲家庭、住房、教育和培训津贴。除现金津贴外，还提供医疗、护理等多项服务。这种全民性保险和广泛而优厚的补贴制度，使瑞典获得了"福利国家橱窗"之称。

为了管理庞杂的社会保障事务，瑞典成了统一的社会保障委员会。在国家社会保障委员会的领导下，形成了由国家、州市各级政府社会机构与服务处所构成的社会保障服务网络。

瑞典奉行的这种"从摇篮到坟墓"的社会保障政策，对于社会稳定和经济发展起了很大的作用。国家通过立法手段，干预经济和财政，对国民收入的再分配力度大，使财富在各家庭之间的分配趋于平等，这对于消除贫困和维持社会稳定与繁荣起了保障作用。据统计，瑞典的公共开支占GDP的比重在1960年时为31%，1982年上升到67%。但是，当时瑞典的经济成就却引人注目，失业率只有2.7%，通货膨胀率仅3.3%，低于欧洲也低于经合组织成员国的平均水平。② 到20世纪末，瑞典在维持高福利的同时，其经济形势依然良好，瑞典仍然是欧洲生活水平最高的国家之一，也是保持了经济发展活力的国家之一。

不过，过于优厚的社会保障待遇，亦造成了一些负面影响。例如，社会保障支出增长过快，导致了社会保障制度的财政压力；同时，由于国家包得

---

① 孙光德，董克用主编. 社会保障概论. 北京：中国人民大学出版社，2000. 16
② 穆怀中主编. 社会保障国际比较. 北京：中国劳动社会保障出版社，2002. 69

过多，标准过高，导致用于生产的财力减少，社会成本提高，产品在国际市场竞争力相对下降。此外，由于社会保障项目多、范围广、水平高，使社会保障收入同劳动收入的差距逐渐缩小，这种现象必然会使部分人产生过分依赖社会和国家的思想。正是因为福利国家在快速发展中出现了一些问题，学术界（主要是经济学界）亦对福利国家模式多有批评，认为它是造成公共福利开支不断膨胀、税收负担加重、影响经济增长与国际竞争力的一个重要致因。因此，福利国家自 20 世纪 80 年代起也在调整自己的社会保障制度，但总体而论，包括西欧、北欧国家和加拿大、澳大利亚等在内的福利国家模式不会从根本上改变。

三、强制储蓄型模式

与传统社会保险型模式与福利国家模式有着巨大区别的另一种社会保障模式，是新加坡等国创立的公积金制度及后来变种的智利养老金私营化模式等，它们实质上都是一种强制储蓄型保障模式。

（一）强制储蓄型的基本特征

强制储蓄型模式的社会保障制度，曾经长期不被国际社会保障界认可，因为它缺乏传统社会保障制度的互济功能。不过，自新加坡建立公积金制度以来，随着人口老龄化的加剧，在以往的社会保障模式确实未能很好地解决养老等问题时，强制储蓄型模式得到了重视，一些国家在改革或建立自己的社会保障制度时亦会考虑借鉴和吸收强制储蓄型模式的优点。

强制储蓄型模式除具备国家立法规范、政府严格监督等特点外，还具有如下鲜明的特点：

• **强调自我负责，缺乏互济性**。强制储蓄型模式是在国家立法的规范下，采取强制手段扣除劳动者的一部分工资储存起来，完全用于劳动者自己养老等。它不存在劳动者之间的互助共济功能，从而也无法让风险在群体中分散。可见，这种制度强调的自我负责而不是追求互助共济，这一点与其他社会保障模式所追求的目标是相背的。

• **建立个人账户，实行完全积累**。在强制储蓄型模式下，每个参与其中的劳动者均拥有一个账户，雇主与劳动者自己缴纳的费用均直接记入该账户，并逐年积累，直到劳动者年老退休时才领取。因此，这种模式实现的其实是劳动者自己一生中的收入与负担的纵向平衡。

• **与资本市场有机结合**。由于强制储蓄型模式是完全积累的财务机制，每个劳动者在劳动期间积累在个人账户上的资金是不断增长的，从参加强制储蓄到领取相应待遇，往往间隔数十年，期间必然遭遇基金贬值的风险。因此，强制储蓄型模式的最大压力在于如何使个人账户上积累的基金实现保值增值，这就必然要求积累基金与资本市场相结合，才可能在参与社会财富创造的过程中避免贬值的风险。

- **在保障内容上主要是养老保障**。从当代世界采取强制储蓄型模式的国家来看，这一模式主要适用于具有长期积累性的养老保险。因此，所谓的强制储蓄型模式并不等于采取这一模式国家的整个社会保障制度，而只是整个社会保障制度中的一部分。
- **政府承担责任的方式特殊**。在强制储蓄型模式下，政府通常并不直接分担缴费责任，而是扮演着监督者的角色，而对个人账户上积累基金的投资运营的监督是重点。同时，不同国家政府承担的责任亦是有区别的，如新加坡是设立中央公积金局来集中运营公积金并由政府确保相应的收益率，智利则采取私营化办法，政府仅仅承担监管责任。

正是因为强制储蓄型模式具备上述不同于其他社会保障模式的特点，它才有了自己鲜明的个性。这种模式在激励劳动者自我负责和限制政府责任方面是有效的，对应付人口老龄化亦具有相当正面的效果，但其缺乏互济性的缺陷，不利于风险的分散，从而并不是值得所有国家仿效的制度安排。因此，迄今为止，真正实行强制储蓄型模式的国家只有新加坡等小国家，或者类似于智利只在养老保险等个别项目中实施。

（二）强制储蓄型模式的代表

在 20 世纪 50 年代，新加坡从殖民统治下获得独立，当时即考虑建立自己的社会保障制度，但在经过对工业化国家已有社会保障模式的全面考察与评价之后，新加坡放弃了简单模仿他国社会保障制度的想法，而是根据自己的国情，创设了独特的公积金制度。

新加坡的公积金制度，是通过国家立法，强制所有雇主、雇员依法按工资收入的一定比例向中央公积金局缴纳公积金，由中央公积金局加上每月应付的利息，一并记入每个公积金会员的账户，专户储存；会员享受的待遇，只在其账户存续期间累积的公积金额度内支付。新加坡的公积金最初只是一种简单的强制养老储蓄制度，后来随着社会经济的发展和收入水平的提高，逐步发展成包括养老、住房、医疗在内的一项综合性社会保障制度。会员除在达到退休年龄时领取养老金之外，退休前还可在特准范围内用于购买住房和支付医疗、教育费用等。因此，新加坡的社会保障制度是以公积金制度为主体的，公积金制度之外虽然还有部分救助与福利事业，但在保障国民生活方面的作用均弱于公积金制度。

　　新加坡的公积金制度强调劳动者自食其力、自力更生、自我保障,采取的是统一的个人储蓄而不是分散的个人储蓄,资金来源于职工工资收入的一部分并按照法律规定强制征收后记入个人账户。在资金筹集方面,由雇主和雇员按规定的一定比例分担,政府根据经济发展、工资收入及公积金储蓄比例等作相应调整。由于实行个人账户与完全积累,公积金制度虽然具备积累财富的功能,并能够起到激励作用,对促进经济发展也有积极作用,但这种模式并不具备再分配和互助调剂的功能,从而并不能解决所有的社会问题。不过,新加坡的公积金制度经历半个多世纪的发展,从单一功能发展到多重功能,进而成为新加坡国民主要的社会保障措施,说明它是符合新加坡国情并具有生命力的。

　　另一个引起广泛关注的采取强制储蓄型模式的代表性国家是智利。智利曾经是拉美国家中最早建立社会保险制度的国家。与新加坡相比,智利强制储蓄型制度的区别在于:一是雇主不缴费而只由劳动者个人缴费;二是由私人机构管理养老基金的运营;三是个人账户上的强制性储蓄只能用于养老而不能像新加坡那样可以用于医疗保健与住房开支等。可见,智利的养老金私营化较传统模式而言,显然走得比新加坡更远。当然,智利的强制储蓄制度事实上还需要其他相应的社会保障措施配套。[①]

　　智利现行的养老金私营化制度规定,职工必须按工资收入的10%按月缴纳保险费,并存入个人退休账户,企业不缴费。在基金的运行中,智利采取的是由相互竞争的养老基金公司负责管理个人账户基金,注重基金的投资运营和保值增值。保险金待遇主要取决于个人退休账户积累额及投资收益状况。当职工达到法定退休年龄后,通过不同方式领取退休养老金,如购买年金保险或从个人账户上逐月支取。智利在推进养老金私营化模式时,政府从立法、运行机制及监控体系等方面发挥作用,以确保基金的有效运营和保值增值。可见,智利养老金私营化的突出表现为:(1)专人专户,一家公司负责一项基金计划,实现基金运行的简化、透明,并强化监督管理作用;(2)将养老保险基金的营运纳入法制化、规范化和制度化的轨道,通过规定最低准备金、年金基金资产的投资限额,将相互投资公司的投资营运限制在一定幅度之内,以维持养老保险基金的总体平衡;(3)建立有效的监控体系和制定严格的投资规则,以确保基金营运的安全性和盈利性。尽管智利政府不直接参与基金的管理与运营,但并不是说政府就放任自流,听之任之。

---

① 郑功成. 社会保障学——理念、制度、实践与思辨. 北京:商务印书馆,2000 初版,2003、2004 再版. 151

为了保障基金的安全,政府加强了间接调控的职能,具体表现在:(1)通过立法,规范指导商业经营性年金基金公司的运作;(2)由政府保证实现对低收入劳动者的最低限度保障及对公司营运的最低担保;(3)由政府出面帮助实现新、旧模式的顺利转轨,它采取的措施是通过发行认购退休债券的方式由政府承担部分原有体制下的未决债务,使新、旧模式的转换成为可能。

将公共养老金制度改为养老金私有化管理以来,智利模式取得了明显的成就,受到国际货币基金组织和世界银行等一些纯经济组织的高度重视,但在国际社会保障界却并未得到高度认可。因为智利毕竟是在特有的政治、经济背景下,将传统的社会保险制度改变为养老储蓄基金制度的,虽然这一创新值得肯定,但智利所采用的具体方法,其他国家却不一定全都适用,实际上也并没有哪个国家是完全照搬了智利模式,都不约而同地根据本国的情况进行了不同程度的调整。[①] 当然,从它的变革中,也确实体现了一些新的社会保障制度发展前景的特质,即在传统的以公平为主的社会保障领域中引入了市场机制,在传统的国家责任领域增加了更多的个人责任,在传统的政府垄断性管理的领域加入竞争性经营等。

四、国家保险型模式

国家保险型模式,是由前苏联创建并在 20 世纪中期被其他社会主义国家仿效的社会保障模式。这种模式以公有制为基础,与高度集中的计划经济体制相适应,由政府统一包揽并面向全体国民,因而又被称为政府统包型社会保障制度。国家保险型模式的宗旨是:最充分地满足无劳动能力者的需要、保护劳动者的健康并维持其工作能力。

国家保险型模式的主要特征有:

(1)国家通过宪法将社会保障确定为国家制度,公民所享有的社会保障权利由生产资料公有制保证,并通过相应的社会经济政策的实施取得。

(2)社会保障支出由政府和企业承担,其资金由全社会的公共资金无偿提供,由于国家已事先做了社会保障费的预留和扣除,个人不需要缴纳社会保障费。

(3)保障的对象是全体公民。每一个有劳动能力的人都必须积极参加社

[①] 智利模式当时得以成功建立的一个很重要的社会背景是军人政府的上台,而这种条件在其他国家一般是不具备的。仿效智利的拉美国家也在不同程度上进行了创新。如墨西哥采用的是包括私营化管理在内的混合管理方式,阿根廷、乌拉圭采用的是混合改革方式,秘鲁、哥伦比亚采用的是私营与公营并行的改革方式。

会劳动并在劳动中获得相应的社会保障,国家对无劳动能力的社会成员也提供着物质保障。

(4) 工会参与社会保障事业的决策与管理。

国家保险制度作为社会主义国家普遍采用过的社会保障模式,曾经造福于亿万人民,但因这种保险超越了现阶段的承受力,经过半个多世纪的实践,逐渐随着前苏联的解体与东欧国家的剧变而被摒弃。即使是仍然坚持社会主义的中国,也从20世纪80年代开始改革这套制度,并代之以能够适应市场经济体制的社会化社会保障制度。

如果不是以社会保障制度主体内容为依据,而是从社会保障制度的整体出发,那么,许多国家选择的或正在改革中的社会保障制度,其实是社会保险型与福利国家型乃至强制储蓄型并存、现收现付与部分积累乃至完全积累并存的混合型保障模式。例如,中国在摒弃社会主义国家传统的国家保险模式后,经过20年来的改革正在逐渐形成中的即是一种混合型社会保障制度,其中既有个别全民性福利,也有社会保险,还引进了个人账户制,社会救助亦因需要者众多而与社会保险制度具有几乎同等重要的地位,从而只能是混合型保障模式。①

■ 本章小结

社会保障体系是由国家依法建立的,用以保障国民生活、维护社会稳定、促进社会和谐发展的各个社会保障子系统组成的一个密不可分的"社会安全网"。由于各国的社会经济文化、生活水平、居民需求和传统习惯不同,社会保障的内容和项目保障范围和受益程度也不尽相同,各有其特征。

社会保障体系建立的原则包括机会均等、平等分配和适度保障,所追求的目标则是项目完整、相互协调和结构多层次化。

政府主导的基本社会保障制度安排包括社会救助、社会保险、社会福利以及军人保障制度等,社会救助面向贫困人口与不幸者,社会保险主要面向劳动者,社会福利则满足着不同社会群体的福利需求,军人保障则是面向军人的综合性保障系统。由于基本社会保障制度不可能满足国民全部的社会性保障需求,企业年金、慈善事业、社区服务、商业保险乃至中国特色的家庭保障等就构成了对基本社会保障制度的重要补充,并不同程度地发挥着社会保障的作用。

---

① 郑功成. 社会保障学——理念、制度、实践与思辨. 北京:商务印书馆,2000初版,2003、2004再版. 153

基于各国社会保障制度的主要特点，世界上的社会保障模式主要有四种，即社会保险型保障模式、福利国家保障模式、强制储蓄型保障模式和国家保险型保障模式。实际上，经过多年的发展与改造，真正完全采取某一种模式的国家并不多见，许多国家选择的或正在选择的社会保障制度安排，其实是福利保障与保险保障乃至储蓄保障并存、现收现付与部分积累乃至完全积累并存的混合型模式。

社会保险型保障模式强调权利义务相结合，通过国家、雇主和个人三方共同分担责任，充分体现保险互助共济原则，目的是解除劳动者的后顾之忧，增进劳资关系的融洽。典型国家包括德国、美国等。

福利国家型保障模式强调普遍性与全民性，是在经济发达、整个社会物质生活水平较高的情况下实行的一种全面保障形式，目标在于对每个公民由生到死的一切生活及危险提供安全保障，它以高税收为基础，以高福利为显著标志。典型国家有英国、瑞典等。

强制储蓄型保障模式强调个人自我负责、自我积累、自我保障，采取完全积累的财务机制，主要代表为新加坡、智利等。

国家保险型保障模式也称为政府统包型保障模式，是以公有制为基础并和计划经济体制相适应的一种社会保障模式，它强调国家负责，个人不承担直接义务。是前苏联建立并被其他社会主义国家普遍仿效的模式。

■ 复习思考题

1. 为什么说社会保障体系不能有漏洞？
2. 中国现行社会保障体系框架包括哪些内容？
3. 比较基本社会保障与补充社会保障的差异。
4. 比较社会救助、社会保险与社会福利的异同。
5. 比较几种主要社会保障模式的异同。
6. 如何评价智利养老金私营化改革？
7. 你对短视国策论有何看法？

■ 案例讨论 1

统一社会保障体系是短视国策吗？

按：2002年在国内理论学术界发生了一场争论，争论的起由是陈平提出建立统一的社会保障体系是短视国策的观点，这一观点立即引起了许多人的反驳。现将陈平的文章和有关争论文章一并列后,供讨论。
陈平:建立统一的社会保障体系是短视国策
国内外一些经济学家参照西方国家的成例,提出和推行建立中国统一的社会保障体系(以后简称"统一社保")。他们的主要理由有三:一曰有助于国企改革,转移和减轻国有企业的社会包袱;二曰保障社会稳定,有助于减轻社会转型的阵痛;三为提高中国的国际地位,因为社会保障体系是发达国家的标志。我的观察相反:其经济动机是短期的,战略目标是错误的,财政上是无法持续的,在国际竞争中是自损国际竞争力的短视国策。

我的理由是:第一,统一社保经济上根本不可行。在区域发展高度不平衡、13亿人口的发展中国家,要建立社会保障体系,在经济上将是乌托邦式的"洋跃进"。统一社保非但无助于国企改革,还会拖垮整个财政体系。第二,将严重削弱中国的国际竞争力,外资将流向没有社保的劳动力廉价国家,从而削弱而非加强社会稳定。第三,违背当前小政府大市场的世界改革潮流,在体制上重演西方和东欧的错误道路。我以为,中国完全可以依据现有的实际经验,走出比西方更好的可持续发展的道路。

一、统一社保会严重削弱中国劳动力密集产业的国际竞争力

我国建立统一社保体系的主要动机,源于对国有企业改革困难的错误诊断。旨在用扩大社会保障体系的办法,转移和减轻国有企业的社会包袱,而非从根本上提高国企的国际竞争力。在短期内我们似乎可以用新兴民营企业筹集的资金来填补国企社保的欠账和缺口,从长远看将使民营企业的经营模式成本增加,丧失目前劳力密集产业的国际竞争力。

前苏联和东欧搞全民保障,是计划经济难以向市场经济转型的基本困难所在。西欧的社会保障远比美国"完善",造成西欧的失业率远比美国为高,国际竞争力也比美国为弱。中国之所以成为国际资本和劳动密集型产业的转移地,并成功维持了长时间的经济高速增长,就在于中国没有统一的平衡的劳动社会保障体系,劳动力成本低,社会负担轻。中国经济改革的成功和近20年的高速成长,靠的是没有劳保的乡镇企业和民营企业,大量基本建设靠的是进城打工的农民。由于中国农业人口比例高,其养老和医疗卫生均为家庭和个人负担,为迅速成长中的各类私营、民营和"三资"企业提供了大量的劳动后备军。中国农村和集体企业因为没有社会保障,所以鼓励青壮劳力勇于流动,以追求更高报酬和发展机会,而不会像高福利的西方国家,工人们宁愿放弃就业转型可能的发展机会、依靠社会保障过缺乏挑战的生活。如果建立和扩大社会保障制度,在中国投资的许多劳力密集产业会立即向没有社会保障的国家转移。

二、福利制度是西方世界家庭瓦解、产业外移的制度根源

一般认为,现代意义的社会养老的开始,是因为工业革命带来的经济、社会、政治、法律和人口结构的改变,使得家庭养老制度开始瓦解。这只是表面现象。实际上,社会保障体制的建立和发展,都和战争动员体制而非经济竞争机制的需要有关。1889年德国首相俾斯麦建立了世界上第一个社会保

障体制，实际上，俾斯麦走的是军国主义道路，他为了统一德国，打败法国，保证兵源，为此才建立了社会保障制度。前苏联社会保障体制的推广，更是内战和外战的需要。前苏联快速崛起，第二次世界大战前后西欧和美国先后跟进，这个潮流一直到了20世纪80年代才得以逆转。社会保障体系虽在过去半个世纪维持了国家内部的稳定，同时也带来了沉重的经济包袱。冷战的结束加剧全球的经济竞争。技术先进的西方国家立即发现他们的国际竞争力输给亚洲四小龙和后起的中国，主要原因有两个：一个是过度的法制和个人主义造成法律烦琐官司频繁，大大增加发达国家的交易成本；另一个是社会保障制度负担太沉重，增加了劳工成本。实施统一社会保障制度的发达国家，在国际竞争中逐渐丧失优势地位。为了提高企业和国家的竞争力，80年代英国的撒切尔夫人和美国的里根，都以减税为号召，在推行小政府和国有企业民营化的同时，大力削减社会保障的范围和力度、减轻政府和企业的负担。美国像IBM这样的高科技大企业，不仅逐步取消终身雇佣制，而且大力推行合同工制度，意在减少企业福利的负担，让合同工自行购买商业保险，以提高员工的流动性和企业的竞争力。

应当指出，社会保障制度并不必然能维持社会稳定。实行社会保障后，我们看到北美、西欧的后遗症是：寻找社会保障的贫民从农村向大城市沉淀，中产阶级外逃，形成纽约、洛杉矶等大城市中的贫民窟和犯罪集团，导致早期核心经济区的衰落。人类社会几千年来，家庭就是基本的社会保障单位。社会保障制度把养老的负担移交给国家，造成家庭和社区瓦解，多数儿童成长于单亲家庭，导致青少年严重的心理和社会问题。中年人税赋过重，妇女不愿生育，人口出生率下降过度，劳动力严重不足。产业界不得不依靠非法移民，原有居民和新移民的矛盾不断升级。产业外移导致失业压力，激励新纳粹主义的兴起。如今是发达国家失去竞争力的工人惧怕全球化。中国由于地区差距大而没有统一社保，故流入城市的是有竞争力的青壮年劳力。如实行统一社保，会发生贫困地区大量移民到沿海发达地区，上海、北京等大城市将出现类似纽约的贫民窟。除了目前城市的劳工吸纳能力不足外，边境无人，国防安全也是个问题。

其实，我们抛开上述问题不管，直接去讨论如何建立社会保障体系本身时，也会发现中国根本养不起社会保障体系。世界上没有一个像中国那样的发展中国家建立起统一的社保制度。美国这样的富国，尚有几千万人没有医疗保障。克林顿政府上台之初，曾经试图扩大医疗保险制度，结果因代价高昂未获国会通过。中国目前政府的预算内财政收入仅占GDP的15%左右。凡是实行社保制度的发达国家，政府税入达GDP的30%～50%以上。美国这样的发达国家都不愿实行像加拿大那样的社会保障体系，中国如何付得起？

三、建立统一的社保体系将助长地方干部竞相依靠政府补贴的恶习

也许有人说，目前的社保规模很小，不会造成西方那样的沉重包袱。此说大谬。社保制度有如吸烟，上瘾之后，戒烟甚难。在西方的议会政治中，增加劳保福利，增加关税保护一直是工党争取选票的主要诉求。不到国力严

重衰退，很难形成改革的全民共识。印度的改革开放政策的阻力远比中国为大，正是议会利益集团的短期利益驱动所致。台湾民进党为了争取选票，大开劳保福利的空头支票，加速台湾竞争力的衰弱和产业的外移。中国要在今后扩大基层干部的直接选举，首先要建设可持续增长的分权财政体制。使每个地方干部要竞争提升竞争力的业绩，而非竞相依靠政府补贴。

此外，到目前为止的种种社保方案设计，我看不到成熟可行的经济机制和可操作的金融方案，反之，企业纷纷设法逃避缴纳社保基金和政府部门强行征收社保基金的新闻不断。这不仅证明目前的社保体制缺乏经济基础，而且预示着脱离实际的体制可能是揽权受贿的温床。

[原载《中国改革》杂志2002（4）]

谢云：冷酷的心——评"短视国策论"

我国应建立怎样的社会保障制度，例如步骤、水平、办法等等，确实是一个应该讨论的问题，在这方面有不同见解是正常的，也是有益的。但北京大学陈平教授《建立统一的社会保障体系是短视国策》一文谈的不是这些问题，而是把它定性为"短视国策"，这无异于投反对票了。

他说："中国之所以成为国际资本和劳动密集型产业的转移地，成功地维持了长时间的经济高速增长，就在于中国没有统一的平衡的劳动社会保障体系，劳动力成本低"，如果建立"统一社保"，"将严重削弱中国的国际竞争力，外资将流向没有劳保的劳动力廉价国家"。总之一句话，"统一社保"有碍中国经济的发展。

其所言并非没有一点儿道理，但过分夸大廉价劳动力对于中国经济发展的作用，无疑是片面的。中国劳动力价格低是一个客观存在，具体说有两种情况：一是由于中国经济发展落后和人民生活水平低下，造成了整体的劳动力成本低廉；另一种是由于相当数量国民（主要是农民）极度贫困，为求维持自己和家人的生存不得不以低于一般水平的价格出卖劳动力。不论那一种情况，都是历史条件形成的。在一定时期内，廉价劳动力确实对中国国际竞争力的崛起起到了一定的作用，但从根本上说，它是我们的不幸遗产而不是值得夸耀的"优势"。我们的现代化建设，正是为了逐步摆脱这种遗产、不再依靠这个"优势"，而创造出另外的优势（如先进的科学技术、高级的人才、优良的管理水平）。企图永远躺在廉价劳动力这个"优势"上来参与国际竞争，岂不是太没有出息了吗？

列宁说过："农奴制的社会劳动组织靠棍棒来维持……资本主义的劳动组织靠饥饿纪律来维持。"靠拒绝"统一社保"以维持劳动力的廉价来提高竞争力，这与"靠饥饿纪律来维持"有什么差别呢？其实，许多资本主义国家已不再依靠"饥饿纪律"了，它们不同形式地建立起社会保障，来保护国民的生存权利。"社保体系"已成为大多数国家所追求的目标。人们或是把它看成人道主义的体现，或是当作实现社会公正的手段，甚至把它视作社会主义因素和社会进步的标志。

在我国当前条件下，建立"统一社保"困难不少，但决不能以任何理由加以拒绝。为了保持廉价劳动力这个"优势"而反对"统一社保",我不知道该怎么评价,只觉得在这种观点后面隐藏着一颗冷酷的心。

[原载《中国社会保障》,2003(1)]

■ 案例讨论2

从公积金到强积金:完全积累型模式的差异

完全积累型模式是相对于现收现付型模式而言的一种养老保险财务机制,它通常以个人账户的面孔出现。在世界上,新加坡建立的公积金制度开创了社会保障个人账户与完全积累制的先河,接着是智利于1980年推行养老金私营化改革,然后是中国香港地区于2000年推行强积金制度。从公积金到强积金,新加坡、智利与中国香港地区选择的养老金制度,在制度模式上均是强调个人负责,采取的都是强制性的个人账户形式,确立的都是完全积累型财务机制,且均与资本市场紧密结合,缺乏共济性是它们的共同缺陷,所有这些均表明了强制储蓄型模式的共性。

然而,比较一下新加坡的公积金制度、智利的养老金私营化制度和中国香港地区的强积金制度,便可发现三者之间其实存在着如下差异:

1. 在资金筹集方面,新加坡是雇主与劳动者个人按照等额原则共同分担缴费责任,智利是完全由劳动者自己承担缴费责任,而中国香港地区借鉴了新加坡的做法。

2. 在基金管理方面,新加坡建立中央公积金管理局并由其负责管理公积金,智利与中国香港地区则均由私营机构管理着养老基金。

3. 在基金投资方面,新加坡采取公营方式,由中央公积金局根据政府的主导统一集中投向房屋建设等公共领域,从而为改善国民的居住条件做出了贡献;而智利与中国香港地区则由私营机构实行分散投资,完全参与资本市场的竞争。

4. 在待遇给付方面,新加坡的公积金除用于养老外,还可用于改善受保者的居住条件和医疗方面,而智利与中国香港地区均只能用于养老。

5. 在政府角色定位方面,新加坡选择公营方式并确保相应的投资收益率决定了政府扮演着这一制度担保人角色,而在智利与中国香港地区,政府扮演的主要是监督者的角色。在新加坡,参与公积金的劳动者无需承担投资失败和基金贬值的风险,而在智利与中国香港地区,个人却须对基金投资风险负责,因为分散投资的决定权在个人账户所有者手中。

6. 在制度建立的基础方面,新加坡的公积金制度完全是新创建的,从而没有历史负担;而智利则是对原有的公共养老金的革命,从而需要政府承担转制成本并采取认购债券的方式来消化。在中国香港地区,建立强积金制度前即有部分企业或组织已经建立了相应的养老金制度,中国香港地区采取的办法是凡缴费水平高于强积金制度确定的缴费水平的继续实施该组织原有的办法，凡未建立养老金或者已经建立的养老金缴费水平低于强积金制度规定的缴费水平的，则须按照强积金制度规定的标准参与进来，因此，中国香港地区建立强积金制度是在维护市民既得利益的条件下进一步增进其福利。

还可以列举其他一些差异，但上述差异已经足以表明，社会保障模式进入了多样化发展阶段，即使是同一种类型的社会保障模式，也在不同的国家或地区发生了裂变。新加坡、智利、中国香港地区在养老金制度同样采取个人账户与完全积累制却在具体实践中存在着多方面的差异，起作用的是其国情或区情。因此，各国社会保障制度改革的方向在相当长的时期内将不是越来越趋同，而是在尊重社会保障自身发展规律的同时还要充分尊重本国的国情，并在这种尊重中日益体现出自己的个性。中国内地的社会保障制度改革也不会例外。

第六章
社会保障基金

■ **学习要点**

通过本章学习，应当了解社会保障基金的定义与分类，掌握社会保障基金的筹措方式和管理模式、社会保障基金的给付、投资与运营，并熟悉国家社会保障储备金和社会保险基金的具体内容。

■ **关键概念**

基金　社会保障基金　财政性社会保障基金　社会救助基金
社会保险基金　社会福利基金　军人保障基金　强制储蓄
社会保障基金给付　社会保障基金投资运营　系统性风险
非系统性风险　投资组合　金融投资　实业投资
国家社会保障储备基金　社会保险基金　公积金基金
养老保险基金　医疗保险基金　失业保险基金　工伤保险基金

▶第一节　概述

一、社会保障基金的界定及分类

基金一般是指由产品分配形成的、具有特定用途的资金。社会保障基金则是国家和社会从已有的社会财富中提存、积累并用以援助或补偿社会保障对象的资金，是社会保障制度得以确立并能够解决特定社会问题的物质基础。[1] 在社会保障制度实践中，一方面，国民收入经过初次分配，形成国家、企业或集体、个人的原始收入，政府通过财政预算拨款、企业或单位和个人缴费等方式来建立社会保障基金；另一方面，根据一定的法定条件实现国民收入再分配，向不同项目的社会保障对象提供现金援助和福利服务，其功能在于解除受保障对象的后顾之忧，保障国民的基本生活并不断增进国民的福利。

根据不同的标准，可以对社会保障基金进行分类。

（一）按基金运营管理方式分类

社会保障基金可分为财政拨款形成的社会保障基金、强制性征缴形成的社会保障基金和多元组合形成的社会保障基金。

1. 财政拨款形成的社会保障基金[2]

财政性社会保障基金直接来源于国家税收，体现了政府在社会保障方面的财政责任。一般而言，财政性社会保障基金通过经常性预算和财政拨款的形式形成，其结构与功能，通常取决于国家的社会保障规模以及财政体制与相关社会保障制度的结合程度。在对社会保险实行现收现付制的国家，因社会保险基金的加入而使基金显得非常庞大；在社会保险基金独成系统的国家，财政性社会保障基金的规模通常较小。现阶段中国的社会保险基金在财政系统之外运行，政府财政直接承担的社会保障拨款责任只限于救灾济贫、公务员保险、军人保障及官办福利事业等，其规模在国家财政预算中所占比重，与发达国家相比，规模较小。

在社会保障制度运行中，国家对不同社会保障项目的资助力度是不同的。

---

[1] 郑功成. 中国社会保障论. 武汉：湖北人民出版社，1994. 7

[2] 郑功成. 社会保障学——理念、制度、实践与思辨. 北京：商务印书馆，2000 初版，2003、2004 再版. 332

一般来说，社会救助基金、社会福利基金和军人保障基金以国家财政资助为主体，甚至完全由国家财政拨款形成；而在社会保险基金中，国家财政资助只是处于最终支持者的地位。通常在社会保险基金初建或转型时期，由于面临较大的给付压力或转型成本，国家在资金上对社会保险基金予以支持，以缓解社会保险基金的收支矛盾。

政府在承担社会保障财政责任时，拨款的主体通常有中央政府财政和地方政府财政两个层级，其管理方式也有两种：一是中央政府和地方政府的拨款分工运行、各负其责，如美国；二是中央政府拨款与地方政府拨款混合使用，如中国。财政性社会保障基金不论由国家财政部门直接管理，还是财政部门与有关社会保障职能部门共同管理，都是政府站在社会保障前台并承担直接责任的标志。

2. 强制性征缴形成的社会保障基金

强制性征缴形成的社会保障基金是指政府依照社会保障或相关立法，强制要求雇主、雇员或规定范围的国民缴纳社会保障费或税形成的社会保障基金。任何单位和个人都必须无条件地履行法律规定的缴费义务，缴纳的标准和待遇给付的标准等均由国家法律、法规统一确定，单位和劳动者个人无自由选择与更改的权利。强制性征缴形成的社会保障基金主要有各种社会保险基金和住房公积金，如养老保险、医疗保险、失业保险、工伤保险、生育保险基金等。社会保险基金是强制性征缴形成的社会保障基金的典型代表，它来源于按工资额的一定比率征收的社会保险费（税），通常由雇主与雇员分担缴费责任，国家财政也视情况进行适当补助，是国家、雇主、雇员等在社会保险方面责任共担机制的具体体现。

3. 多元组合形成的社会保障基金

多元组合形成的社会保障基金是指国家和政府通过多种渠道筹集到的社会保障资金。这些渠道包括国家财政拨款、向受助者收费、接受社会捐赠、发行福利彩票等。社会福利基金是多元组合形成的社会保障基金的典型代表。社会福利基金是整个社会保障基金的一个有机组成部分，与财政性或强制性征缴形成的社会保障基金不同的是，社会福利基金在多数情况下都是一种混合型社会保障基金，其中既有来自国家财政拨款的份额（如官办福利或政府对民办福利事业的补助等），也有来自服务收费的份额（以不赢利为原则），还可能有来自民间捐献或发行福利彩票的份额。

（二）按社会保障项目的专门用途及其功能分类

社会保障基金可以分为社会救助基金、社会保险基金、社会福利基金、军人保障基金等。

1. 社会救助基金

社会救助基金是指国家通过经常性预算和财政性拨款等形成的，专门用于救助困难群体的社会保障基金。根据资金的来源渠道，社会救助基金可以分为政府财政性基金和民间慈善基金。政府财政性基金来源于国家税收，主要是为了应付各种自然灾害对人民生命财产所造成的损失和缓解社会成员的贫困。民间慈善基金主要来源于社会捐赠，用于帮助需要得到帮助的人们。在实践中，社会救助金的给付并不需要以缴费为前提，一般由国家、社会向被救助者实施单向的货币和实物救助。救助标准在各国或一国之内不同地区以及不同时期都有所不同。一般来说，救济标准的制定既要考虑国家财力和传统福利水平，又要考虑社会平均生活水平和收入水平，还要考虑消费物价和生活指数等因素。

2. 社会保险基金

社会保险基金是指由雇主与雇员共同缴纳社会保险费的方式形成的、用于保障劳动者在丧失劳动能力或失去劳动机会时的基本需要的基金。大多数国家的社会保险基金由雇主与雇员缴费形成，同时，国家给予税收和利率优惠，以及适当的财政资助，体现国家、雇主和雇员三方责任共担的原则。社会保险基金一般由养老保险基金、医疗保险基金、失业保险基金、工伤保险基金和生育社会保险基金构成，在少数国家还有护理保险基金（如德国、日本等）等。

3. 社会福利基金

社会福利基金是指国家和社会用于提高人民物质和精神文化生活水平而建立的社会保障基金，包括财政性福利基金、社会化福利基金和企业自有的福利基金。其中：财政性福利基金通常用于无收入来源和无法定赡养人的老年人、残疾人和孤儿等特殊群体的社会福利事业，社会化福利基金则可以根据居民的需要来安排，而企业拥有的福利基金则用于本单位员工的福利。需要指出的是，社会福利基金不同于社会救济基金，它的目的不是济贫，而是保障和维持社会成员一定的生活质量，因而是高层次的保障。中国的社会福利基金来源主要是财政拨款、企业自筹、发行福利彩票以及社会捐赠等。社会福利基金对保障社会成员的基本生活需要，促进社会公平，实现经济社会发展成果共享，起着非常重要的作用。

4. 军人保障基金

军人保障基金是为实施军人社会保障而筹集积累的资金，它包括优抚基金、安置基金、军人保险基金等。其中：优抚基金是指国家和社会筹集的、用于保障法定优抚对象的基本生活和褒扬军人、抚恤军烈属等的特殊社会保障基金;安置基金也是国家和社会筹集的、用于退休军人安置的专项资金;而军人保险基金则是为了确保现役军人能够与地方社会保险制度接轨而筹集的专项资金,它主要来源于国家财政拨款。

二、社会保障基金的性质

考察社会保障基金的性质,可以发现,社会保障基金实质上是从国民收入的初次分配和再分配过程中形成的一种消费性社会后备基金。从社会保障基金的运行看,国民收入经过初次分配形成国家、企业或集体、个人的原始收入,政府通过财政拨款、企业或单位统筹以及个人缴费等方式建立社会保障基金;然后,根据一定的法定条件和不同项目的社会保障对象提供经济补偿或福利服务,这样,对一部分国民收入进行分配和再分配,从而改变国民收入原有的比例,使国家、企业和个人三者之间的分配比例发生变化,即将一部分原属于国家和企业的份额转移到个人消费领域。社会保障基金在实践中先积累后支付,从而客观上表现为社会后备基金形态和国民收入再分配性质。①

无论在哪个国家或地区,社会保障基金均主要来源于雇主、雇员缴费与政府拨款等三大渠道。对于由雇主和政府缴纳的部分,马克思主义经典作家也曾做过论述。在《哥达纲领批判》中马克思指出:"如果我们把'劳动所得'这个用语首先理解为劳动的产品,那么,集体的劳动所得就是社会总产品。现在从它里面应该扣除:第一,用来补偿消费掉的生产资料的部分;第二,用来扩大生产的追加部分;第三,用来应付不幸事故、自然灾害等的后备基金或保险基金",强调"从'不折不扣的劳动所得'里扣除这些部分,在经济上是必要的",同时"剩下的总产品中的其他部分是用来作为消费资料的。在把这部分进行个人分配之前,还得从里面扣除:……第三,为丧失劳动能力的人等设立的基金,总之,就是现在属于所谓官办济贫事业的部分"。②在《资本论》第三卷中,马克思指出剩余价值的一部分,从而剩余产品的一部分,必须充当后备基金或保险基金,"甚至在资本主义生产方式消灭之后,也必须继续存在的唯一部分"③。恩格斯也强调这种基金"过去和现在都是一切社会的、政治的、智力的继续发展的基础"④。马克思对资本主义条件下劳动力价值的分析表明,劳动力价值包括三部分,即劳动者维持自身生存所必

---

① 参见郑功成. 中国社会保障论. 武汉:湖北人民出版社,1994. 6~7
②④ 马克思恩格斯选集(第3卷). 北京:人民出版社,1975. 9~11,233
③ 马克思恩格斯全集(第25卷). 北京:人民出版社,1972. 958

需的生活资料的价值、劳动者养活家属所必需的生活资料的价值和劳动者为了掌握一定的生产技术所必须花费的受教育训练费用。随着劳动者生活水平的提高，必要劳动将会扩大，这时劳动者的必要劳动不仅包括维持和再生产劳动力所必需的生活资料价值，还应包括劳动者丧失劳动能力后维持生存所必需的生活资料价值，因此，社会保障基金基本上属于必要劳动的范畴。

然而，社会保障基金并非全部由必要劳动所创造，还有部分来源于剩余劳动。例如，社会保障基金投资营运所获利润，来源于投资营运收益扣除劳动者必要劳动和生产所消耗的生产资料的剩余；国家为非物质生产部分的劳动者提供的社会保障基金来自于物质生产部门劳动者的剩余劳动。

三、社会保障基金的意义

社会保障基金在性质上属于社会公共基金，其意义不仅在于支撑着整个社会保障制度，而且在于对收入分配进行有效调节，进而对社会经济的发展起协调作用。从某种意义上讲，社会保障制度的运行其实就是筹集社会保障基金并合理地分配社会保障基金的过程。

在任何时代和任何社会制度下，劳动者的老、弱、病、残、孕以及丧失劳动能力，都是普遍存在的客观现象。特别是在现代社会，随着生产的高度社会化和分工协作的发展，以及人口老龄化、家庭规模小型化等，个人面临的风险也日益增多，人们对社会保障的需求也日益高涨。而任何社会保障制度的建立，都需要以相应的社会保障基金为前提与基础。

国家通过建立社会保障基金，对遇到各种风险的个人及其家庭提供补偿或服务，保证个人及家庭的基本生活，使个人及家庭不仅无生存危机之忧，而且能够使劳动力得以恢复，使社会再生产得以顺利进行，进而不断增进国民福利。从社会控制的角度看，通过建立社会保障基金，社会保障制度就能够有效地防范与消化社会成员因生存危机而可能出现的对社会、对政府的反叛心理与对立行为，缓和乃至消除引起社会震荡与失控的潜在风险，进而维系着社会秩序的稳定和正常、健康的社会发展。

需要指出的是，社会保障无论采取现收现付型财务管理模式，还是采取完全积累型财务管理模式，都会形成一笔数目不小的资金积累，因而也必然面临保值增值的压力。对于部分积累制和完全积累制模式而言，社会保障基金的投资活动显得尤为重要，因为采用这两种模式积累的基金往往要等很长一段时间才能支付，在这期间面临的风险非常大。基金只有投入营运才能保值增值，否则就会影响社会保障目标的实现。因此，基金制社会保障制度需要与资本市场有机地结合起来，并在促进经济发展的过程中实现基金的保值增值。

▶第二节　社会保障基金的筹集

社会保障基金筹集，是指由专职的社会保障机构按照法律规定的比例和计征对象征收社会保障费（税）的一种行为，它关系到能否建立充足和稳定的社会保障基金的重大问题，是社会保障制度的核心内容和关键环节。国际劳工组织对社会保障基金的筹措提出了三项原则：一是受保职工负担的费用不应超过全部所需费用的一半；二是避免低收入者负担过重；三是要考虑本国的经济状况。在实践中，社会保障基金的筹集要求做到：一是资金的筹集方式应当与制度模式相适应；二是资金的筹集渠道必须畅通；三是资金的来源必须稳定；四是已筹措的资金能够满足社会保障的需要。①

一、社会保障基金的来源渠道

筹集社会保障基金，首先要解决基金来源问题。世界各国的社会保障基金的来源并不完全相同，而是呈现出一定的差异性。多数国家的社会保障基金由政府、雇主和雇员三方为主分担。除此之外，社会组织、企业和个人赞助，社会福利有奖募捐和互助储金会等也是社会保障基金的来源渠道。

（一）国家财政拨款

在现代社会，无论采取何种社会保障制度模式，国家都承担着一定的直接的财政责任，只不过是因不同模式所承担的责任轻重不同而已。国家责任的一个具体体现，便是对社会保障基金的财政资助，它构成了社会保障基金的一个固定的、主要的来源渠道。国家财政资金来源于税收，包括个人所得税或工薪税、遗产税、赠与税、利息税等税种均面向个人征收，无论其是否专用于社会保障，均是财政资金的重要来源，均可视为支撑财政性社会保障基金的税收基础，从而是调节个人收入分配、促进社会保障制度建设的重要手段。

国家财政对社会保障的支持，可以概括为三种方式：一是财政拨款，即政府直接拨款实施社会保障项目，社会救助基金、军人保障基金及有关公共福利基金主要由政府财政拨款形成。二是实行税收优惠或让利，这是一种间接资助形式，它又可以分为三种形式：国家允许社会保障机构强制地向企业

---

① 郑功成. 社会保障学——理念、制度、实践与思辨. 北京：商务印书馆，2000初版，2003、2004再版. 335

和个人征收税前缴纳的社会保险费，国家对社会保障机构筹集的基金实行免税优待以及对社会保障对象享受的社会保障待遇不征税。国家让利表现为国家对存储于国家金融机构的社会保障基金，或对于社会保障机构用于投资的资金，给予较高的利率优惠。三是承担社会保障管理费用。[①]

（二）雇主和个人缴费

雇主与个人缴费是现代社会保障基金的重要来源。在市场经济条件下，各国都制定了相应的社会保险法律、法规，这些法律、法规无一例外地会要求雇主、个人承担缴纳社会保险费的责任。

雇主承担社会保障责任的方式就是为其雇员向社会保险机构缴纳社会保险费，它一般按雇员工资总额的一定百分比缴纳，由社会保险机构依法强制征收，由雇主提供的社会保障基金来源于积累基金和活劳动补偿基金。作为积累基金，保障费用体现为雇主扩大再生产的要求，为雇主扩大再生产的必要条件；作为活劳动消耗的补偿基金，表明这部分保障资金是对雇主再生产的补偿，成为简单再生产的维持费用。因此，雇主缴纳的社会保障费用在本质上构成了雇主的"经济性"负担，是雇主生产经营顺利进行的内在要素。国家机关等对公务员或公职人员而言，也是雇主，也需要承担雇主的责任和义务，不过，这种雇主缴费的来源是国家税收形成的财政资金。

就社会成员个人而言，既是社会保障的受益人，也是社会保障资金的负担主体，他们也应承担相应的责任和义务。个人负担社会保障费用包括两个方面：一是法定社会保险制度通常要求劳动者承担相应的缴费义务；二是社会成员在享受有关社会福利尤其是社会服务时，亦可能需要承担有限的付费义务。个人缴纳相应的社会保障费用，不仅有利于减轻国家财政的负担，还能完整地体现社会保障的权责结合与责任分担的原则，同时增强个人自我保障意识，引导社会成员对社会保障基金管理和监督的重视。通常，在社会保险制度中，劳动者按工资或收入的一定百分比缴纳社会保险费（只有工伤保险不要求个人承担缴费义务）；在一些社会福利与社会服务中，受益者根据规定的条件在享受相应待遇及服务时支付有限的费用。

（三）社会筹资

社会筹资的渠道主要有社会捐赠和发行彩票。

社会捐赠是许多国家筹集社会保障资金的一个非正式的却又非常流行的

---

① 郑功成. 社会保障学——理念、制度、实践与思辨. 北京：商务印书馆，2000 初版，2003、2004 再版. 339

渠道，其特点是以善爱之心为道德基础，以自愿捐献为基本特征，由民间慈善公益团体负责征集并用于各种社会救助与福利事业。作为一条重要的补充社会保障基金的来源渠道，社会捐赠被直接吸纳到慈善公益机构并根据实际需要使用；或者由慈善公益机构根据某些特定事件（如自然灾害）或特定对象（如灾民）的需要，临时向社会募捐。募捐的方式有直接筹款、义卖、义演等多种方式。在中国，包括中国红十字会、中国残疾人福利基金会、中华慈善总会、中国青少年发展基金会、中国人口福利基金等机构均是依靠社会募捐并从事慈善公益事业的机构。[①]

在许多国家，筹集社会保障基金的经常性渠道是发行福利彩票，它完全凭公众自由参与，所筹集的资金用于兴办各种社会福利事业，如安老、助孤、扶幼、济困等，是对政府社会保障基金尤其是社会福利基金的重要补充，在发达国家非常流行。

（四）其他渠道

除了上述几个主要渠道之外，还有以下几个渠道也是社会保障基金的来源。它包括：社会福利服务收费、基金运营收益、发行特种国债、国际援助等。这些来源渠道虽然在过去不被重视，但随着社会保障制度对市场机制的重视与利用，适当收费成了社会福利事业的重要财政来源，而基金运营收益则构成了基金制社会保障制度安排的重要保证。

二、社会保障基金的筹措方式[②]

从社会保障资金的筹措方式来看，世界各国的社会保障筹资方式主要有三种方式，即征税方式、征费方式和强制储蓄方式。

（一）征税方式

征税方式是根据国家立法规范，由政府运用行政权力采取税收形式强制筹措社会保险资金的一种筹资方式。西方发达国家通常采取这种方式来筹集社会保障基金。就社会保险制度而言，目前世界各国社会保险缴税制的形式也是多种多样的，有专门开征社会保险税的，也有通过征收个人所得税和其他税收来筹集社会保险资金的。

征税方式的好处在于强制性强，负担公平，有利于提升社会保障的社会

---

① 参见郑功成等. 中华慈善事业. 广州：广东经济出版社，1999.
② 参见郑功成. 社会保障学——理念、制度、实践与思辨（第六章）. 北京：商务印书馆，2000初版，2003、2004再版

化程度；保险项目简单明了，缴税和支付有章可循，管理简便。不足之处在于税收形成财政资金后只能通过年度预算来安排，且通常以年度收支平衡为基本目标，从而事实上无法积累社会保障基金，进而无法抗拒周期性的社会保障风险，如一旦遇到经济危机导致大批工人失业，或者人口老龄化趋势加快，均可能因缺乏社会保障基金积累而对国家财政造成巨大冲击，进而影响国民经济的持续稳定发展。

此外，征税方式通常只能与现收现付型社会保障制度相适应，而不能适应完全积累型社会保障制度的要求。因此，是否选择征税方式，还应当考虑各国的社会保障财务机制。

（二）征费方式

征费方式是指政府职能部门依据有关法律规范，强制向企业与劳动者个人征收并用于特定社会保障项目的筹资方式，它一般限于社会保险。之所以采取征费方式筹资，主要是因为社会保险资金是分项来源于雇主与劳动者个人的缴费，并必须分项专门用于特定的社会保险项目，这一特点决定了社会保险基金从性质上有别于财政资金。

征费方式的特点，是在强制征收的同时具有一定的灵活性，如既可以采取类别费率，也可以采取综合费率；既可以混合筹集，也可以分项筹集。与征税制相比，征费方式根据不同的社会保险种类设置不同的缴费率，向不同的社会保险管理机构缴纳，实行收支两条线管理；而征税方式是将政府统一管理的各种社会保险通过社会保险税统一征收。征费方式不仅可以与现收现付制社会保障相适应，同样可以与完全积累型社会保障制度相适应。

（三）强制储蓄制

强制储蓄制也称个人账户制，是指雇员和雇主按规定的缴费率将社会保险费存入为雇员设立的个人账户，需要时按规定从个人账户中支取的一种筹资模式。在国家立法规范下，覆盖范围内的任何单位和个人都必须根据有关法律、法规规定参加强制储蓄，不得擅自更改或中途退出。强制储蓄制一般仅适用于完全积累型的养老保险等社会保险项目。

（四）自由筹资

除了上以上三种常见的方式之外，社会保障的筹资实际上还有多种方式。例如，发行福利彩票，可以募集到相当数量的社会保障基金；而向服务对象收取一定的服务费用，则构成了福利事业的重要经费来源；还有社会募捐等。

这些虽然并非法律强制的筹资方式，但同样可以对社会保障基金起到重要的补充作用。

以福利彩票为例，我国自 1988 年开始发行福利彩票，到 2004 年 16 年间，共计为国家筹集社会福利基金近 400 亿元，在全国资助、兴办各类社会福利和社会公益项目约 13 万个。2004 年发行福利彩票 226 亿元（还有体育彩票规模相近，但用于体育事业），筹集社会福利基金 79.1 亿元，这些资金主要用于扶老、助残、救孤、济困以及城市最低生活保障、补充国家社会保障基金等。来自福利彩票的基金超过了国家财政的社会福利经费拨款。[①]

▶第三节 社会保障基金的给付

社会保障基金给付，是指按法律、法规和规章的规定，由社会保障机构按一定的标准和方式将资金支付给符合条件的社会成员，以保障其基本生活需要的行为。社会保障基金给付是社会保障基金管理的最终环节，是国民社会保障权益实现的标志。因此，依法给付社会保障待遇，不仅是社会保障管理与实施机构的义务，也是社会保障基金管理的重要内容。

一、社会保障基金给付的一般理论

（一）社会保障基金给付范围

社会保障基金给付的范围包括以下几个方面：（1）用于职工的基本生活保障支出，包括用于暂时丧失劳动能力和生活困难的职工补助费和用于永久丧失劳动能力的退休人员的退休金；（2）用于符合享受失业保险待遇的失业者在失业期间的基本生活保障及就业培训方面的支出；（3）用于国家和单位医疗保障方面的经费开支；（4）用于军人保障方面的支出；（5）用于社会救助方面的支出；（6）用于社会福利事业方面的支出；（7）用于社会保障设施方面的支出。

从用途来看，社会保障基金支出项目基本上可以归为两类，即社会保障待遇支出和社会保障管理运行费支出。其中，社会保障待遇支出在基金支出中占绝大比重；社会保障管理费用主要包括用于社会保障管理机构及其人员的办公经费、用于办理社会保障基金银行业务方面的经费和用于社会保障对

---

① 庞世烨. 福彩公益金 18 年近 400 亿. 中国社会报——爱心福彩，2005—02—06

象管理以及提供服务等方面的费用。不过，社会保障管理与运行费用并不完全是从基金中列支，有的国家有的项目是由国家财政单独拨款解决。

（二）社会保障基金给付原则

确定社会保障基金待遇给付水平应遵循以下原则：

1. 保障受保障者基本生活需要的原则

人的生活需要可以分为生存的需要、发展的需要和享受的需要，社会保障的一个基本功能就是在社会成员生存受到威胁时保证其基本生活需要。当然，在不同时期，基本生活需要的内容和水平并不完全相同，在确定社会保障待遇支付水平时就要有一个基准，使之能够与经济发展水平相适应。保障基本生活需要要求社会保障给付水平标准既不能过高，给经济、财政带来沉重的负担；也不能过低，无法保障社会成员的基本生活需求。

2. 随物价变动调整待遇水平的原则

由于社会保障的基本目标是保障社会成员的基本生活，而社会成员的基本生活水平又取决于一定的收入水平与消费水平，其生活状态直接决定于物价水平。假定北京市的最低生活保障标准为人月均300元，当物价提高5%时，同样水平的最低生活保障待遇意味着受保障者的生活水平会下降；类似的情形也会发生在养老金、工伤保险待遇及失业保险待遇等许多社会保障项目。因此，社会保障基金给付的标准需要随物价的变动而调整，其目的还是在于保障社会成员的基本生活需求，不至于因物价上涨而导致生活水平下降。

3. 让受保障者分享经济增长成果的原则

在现代社会，基于社会公平与正义，让全体国民分享经济发展与经济增长的成果日益成为政府与社会各界的共识，但退出劳动领域的老年人、不能参与社会劳动的残疾人以及缺乏劳动能力的未成年人等，如果没有社会保障制度安排，是没有机会参与分享经济发展成果的。因此，社会保障待遇给付还应当尽可能地通过扩大制度的覆盖面来使全体国民不同程度地得到保障，公平的社会保障制度必定可以实现让全体国民分享经济发展成果的目标。同时，及时根据经济发展的水平来提高社会保障待遇（如最低生活保障线等），也是让受保障者分享经济发展成果的基本手段。

（三）社会保障基金给付方式

社会保障基金的给付方式有很多，最基本的有三种，即货币支付、实物支付和服务支付。因为社会保障基金基本上以货币形式筹集的，同时货币作为一般等价物具有很大的灵活性和适应性，领取者有较大的自由支配空间，所以，社会保障基金的给付方式大部分采取货币形式。如养老保险金、工伤保险金、失业保险金、生育保险金等社会保险均采用货币形式支付，医疗保险待遇虽然以提供医疗服务的方式提供，但实际上仍然是货币形式结算；社会救助给付也是以货币支付形式为主。实物支付是指政府直接为社会成员提供特定物资的一种社会保障给付方式，这种给付方式在社会救助、社会福利与军人保障制度中都有不同程度的采用，如美国的食品券制度就是实物支付的典型代表，在美国的住房救助和医疗救助中也经常使用这种方式，我国的灾害救助中也常见实物救助（提供食物、衣被等）的方式。服务支付是指通过为有需要的社会成员提供服务及服务设施而实现保障目的一种社会保障给付方式，如医疗保险中的身体检查、疗养基地和康复基地的建立，以及敬老院、福利院、幼儿园和各种青少年活动中心等的兴建，都属于服务及服务设施支付。

二、不同种类社会保障基金的给付

（一）社会救助待遇给付

社会救助基金给付是对社会成员在陷入生存危机或不能维持最低限度生活水平时，由国家和社会按照法定标准向其提供满足最低生活需求的物质帮助的行为。它给付的对象一般分为三种情形：一是无依、无靠、无生活来源的家庭和个人；二是遭受自然灾害而暂时陷入生活困难状态的家庭和个人；三是生活水平低于国家规定的最低标准的家庭和个人。

社会救助基金的给付需要满足两个条件：一是确因发生不可抗力因素引起基本生活来源中断者，或因丧失劳动能力无生活来源者，或因负担过重等因素造成生活低于一般生活水平的贫困户；二是个人提出申请，并经家计调查，确属需要救助者。同时，社会救助的标准只能是满足被救助者最低层次的基本生活需求，因而标准相对较低。在实践中，社会救助不同项目的待遇给付亦存在着较大的差异。

在灾害救助方面，因取决于灾害的发生及其危害程度，救助待遇给付表现出临时应急性特征，它以帮助遭遇灾害的城乡居民避免生存危机并解决其现实困难为目标。因此，灾害救助强调快捷性、准确性和有效性，不仅需要政府职能部门依法办事，而且需要地方基层组织的积极配合，有时还必须打破常规，以真正解决灾民的生活困境为最高目标。正因为灾害救助的范围与规模取决于灾害发生的严重程度，对灾害救助的预算也通常需要根据灾情的大小进行调整，大的自然灾害发生后往往需要追加政府救灾预算拨款，同时还需要动员社会各界捐献。

在贫困救助方面,则表现出稳定性、长期性等特点。在待遇给付中,济贫待遇需要在家庭经济状况调查的基础上以低于政府确定的贫困线或最低生活保障线为标准。在不同的国家,社会救助待遇的给付既可以由一个系统来承担,也可以由两个乃至多个系统来承担。中国的贫困救助工作主要由民政系统承担,但贫困家庭的教育补助、贫困人口的医疗救助等则分别由相关政府职能部门来承担。

(二) 社会保险待遇给付

社会保险是现代社会保障体系中最重要的子系统,它以现金给付为主、劳务服务为辅。尽管各社会保险项目性质一致,但在待遇给付方面却存在着较大差异,并需要采取不同的手段才能完成这一环节的任务。因此,社会保险待遇的给付客观上要求分项给付、社会化管理。

一般而言,养老保险金的给付需要采取社会化手段,如通过银行、邮局等系统的网点来方便退休人员领取养老金。工伤保险待遇与失业保险待遇通常是由社会保险机构直接支付。医疗保险的待遇以医疗服务的形式出现,但通过社会保险机构与医疗服务方的费用结算为受保障者提供保障。在德国与日本等国,护理保险则是通过向需要护理服务的老年人提供受雇护理人员的工资报酬的形式来实现的。因此,虽然社会保险均可以算为现金或货币支付,但社会保险待遇的具体给付形式却因项目需要而异。

(三) 社会福利待遇给付

社会福利基金的给付形式主要有三种,即货币形式、实物形式和服务形式,其中服务形式是主要形式。

货币形式是指政府以向居民发放货币津贴的形式来实施社会福利制度。在社会福利的实现形式中,货币形式是一种比较次要的形式,它在社会福利体系中发挥辅助作用。除此之外,社会福利主要是以提供设施和服务的方式来实现其目标,并且从某种程度上讲,设施和服务在社会福利制度中更具有普遍性和经常性。提供设施的形式是指政府和社会通过举办各种社会福利事业向社会提供社会福利设施等实物的形式来体现社会福利待遇。它是社会福利最主要的实现形式。通常政府是通过兴办各种社会文化、教育、体育、健身、休闲等公益性的社会事业,提供相关的福利设施来体现社会福利待遇的。

需要指出的是,社会服务是社会福利待遇的主体内容(除某些福利性津贴),它通常由各种社会服务团体或社区组织提供,其资金主要来源于政府财政拨款、自筹经费（如募捐）和服务收费，各国的福利彩票与博彩业获得的收益亦多用于社会福利事业。社会服务可以划分为三个层次：一是纯粹的福利服务，它对受助方免费提供，如某些福利机构提供的收养孤老、孤儿等服务；二是具有福利性的低收费服务，它虽然对受助方收取费用，但不以赢利为目的；三是交易性的社会服务，它基本上按照市场机制运作，遵循等价交换原则，服务机构可以产生赢利。①

▶第四节 社会保障基金投资运营

一、社会保障基金投资运营的必要性

世界大多数国家，特别是在实行完全积累制的国家，社会保障机构都积累着一笔备用的资金。无论其规模大小，如果积累的资金不能进行有偿运营，便会遭遇贬值风险，这种贬值主要是由通货膨胀造成的。在现代社会，通货膨胀是市场经济中的客观现象，往往随经济的周期性波动而呈现出周期性变化。社会保障基金，特别是在实行完全积累制的国家，由于养老保险基金要经过长期的积累才能支付，通货膨胀对其实际购买力构成极大威胁。因此，各国都日益重视社会保障基金的有偿运营，社会保障基金与资本市场的有机结合已经成为中外社会保障制度发展的重要且不可逆转的趋势。

社会保障基金投资运营的意义是多方面的。一方面，它有利于社会保障基金的保值增值。在物价总体水平上升和货币相对贬值的条件下，社会保障基金的购买力要保持不变，只有通过投资获得收益并将这些收益充实到基金中去，才能抵御通货膨胀的冲击，增强社会保障给付能力。另一方面，它有利于减轻政府、企业和参保人的负担。如果社会保障基金能够保值，可以保证受益人的福利不会因时间的推移而下降，如果社会保障基金能够增值，还可以保证受益人未来的福利增多，但是如果社会保障基金出现贬值，为了不使未来福利出现下降，则只能提高政府、企业或个人现期负担或未来负担。此外，社会保障基金投资运营，还可以促进社会经济的发展，因为社会保障基金投入社会再生产过程，并实现社会保障基金的增值，由此必然带来社会总产出的增长，从而起到加速经济发展的作用。当然，社会保障基金的投资运营取决于社会保障制度是否采取基金制模式，换言之，只有采取完全积累

---

① 郑功成. 社会保障学——理念、制度、实践与思辨. 北京：商务印书馆，2000 初版，2003、2004 再版. 259~260

或部分积累式的社会保障基金才可能并需要进行投资运营,而采取现收现付式的社会保障项目因无基金积累以及由此带来的贬值风险,从而也没有必要进行投资运营。

二、社会保障基金投资运营风险和投资原则

(一)社会保障基金投资运营风险

社会保障基金在投资运营过程中,必然会面临一些风险。这些风险可以概括分为系统性风险与非系统性风险两类[①]:

社会保障基金投资运营中的系统性风险,是指对基金而言是外部的、无法在组合投资中被分散的风险,是所有投资者要承担、由市场共同性因素所影响的风险。系统性风险主要有政治风险、政策风险、利率风险、经济周期风险、购买力风险和市场缺陷风险。其中:政治风险是指一国或地区政治的动荡影响该国或地区的经济政策的变动,从而构成了市场的政治风险。政策风险是指政府运用各种经济政策对国家经济运行进行调节时影响社会保障基金的收益,如中央银行实行紧缩的货币政策,导致股市萎缩,影响社会保障基金在股市的收益。利率风险是由于利率的波动影响社会保障基金收益。金融市场利率波动会导致证券市场价格和收益率的变化,直接影响国债价格和收益率,影响企业和融资成本和利润。经济周期风险是指由于一国的经济周期变化规律影响社会保障基金收益。经济周期一般表现为繁荣、衰退、萧条、复苏四个不同的阶段,当经济处于繁荣时,证券市场兴旺,社会保障基金收益水平提高,实业投资也有相当可观的回报;但是当经济处于衰退、停滞时期,证券市场低迷,实业投资回报率也会很低。购买力风险是指通货膨胀风险。市场缺陷风险是指由于市场发育不成熟导致的风险,如不完善的证券市场,政府对市场的过多干预等。

社会保障基金投资运营中的非系统性风险,是指风险来源为非全局性、理论上可以通过基金管理者的操作进行防范、化解的具体风险。非系统性风险主要表现为投资项目风险、流动性风险和管理风险。其中:投资项目风险是指受社会保障基金所投资的上市公司股票或实业项目本身因素影响而导致的风险,如果社会保障基金所投资的上市公司经营不善,股票下跌,会导致基金投资收益下降。流动性风险是指在运营过程中因资金难以"变现"或贷款对象出现支付困难而导致的风险。管理风险是指社会保障基金运营过程中

---

① 詹伟哉. 社会保险基金财务研究. 武汉大学出版社,2003. 91

由于基金管理人的主观原因影响基金收益水平所导致的风险,它包括委托代理风险、基金管理人投资战略风险、基金管理人管理水平风险等。

(二) 社会保障基金投资原则

由于面临前述风险,加之社会保障基金本身所具有的特殊性,社会保障基金在投资时往往把安全性原则放在首位,同时遵循收益性原则、分散投资原则并兼顾流动性原则,力求在保证社会保障基金投资安全的前提下达到收益最大化。

社会保障基金投资运营的安全性原则,是指社会保障基金投资经办机构必须绝对保证投资的社会保障基金能够按期如数收回,并取得预期投资收益。社会保障基金是对保障对象未来给付的负债,是用来支付保障对象基本生活保障待遇的积累金,在被保险人遭遇事故需要这笔资金时,社会保障管理机构必须履行给付责任。如果投资失败,则无力支付社会保障金,从而影响被保险人的基本生活,甚至影响社会的安定。所以社会保障基金的投资必须首先考虑安全性原则。

追求社会保障基金投资的安全性,并不排除社会保障基金投资追求利润最大化。收益是社会保障基金实现自我积累的重要途径,也是衡量社会保障基金投资成败的关键指标。从理论上讲,社会保障基金投资的目的是保值增值,但是由于通货膨胀、工资增长及替代率等因素的影响,必然需要社会保障基金投资有较好的收益,这样才能使社会保障基金在不断积累过程中逐渐壮大起来,并有利于减轻国家、企业和个人的负担,增进社会成员的福利。因此,不少国家都规定了投资的最低收益率。在实践中,要实现社会保障基金投资运营安全和收益的双重目标并不容易,因为通常情况下收益与风险呈正相关关系,要取得收益就得冒一定的风险,这两者很难兼顾,这就要求投资者要有较高的专业水平与投资技巧。当然,社会保障基金投资不能只讲经济效益,不顾投资的社会效益,而应该将投资的经济效益和社会效益兼顾起来,必须与政府的公共目标保持一致。这也是社会保障基金不同于其他金融性投资的一个重要特性。

由于投资风险大,社会保障基金投资运营时必须遵循分散投资的原则,即要求不能把所有的投资放在同一个项目或者同一个行业或者同一地区,而是要考虑多样化的投资组合方式,以分散投资风险,并促使社会保障基金的投资运营在总体性、长期性、稳定性上实现安全增长。在社会保障基金的投资组合中,既要包括固定收益金融工具,又要包括权益工具;既要包括低风险的投资工具,又要包括高风险、高收益的投资工具;既要有中长期工具,又要有短期工具。对于进行国际投资的社会保障基金还要考虑投资于不同国家或地区的金融工具。

尽管社会保障基金的支出通常是有计划的，不会发生像商业性财产保险那样因突发性大灾害导致资金支付高峰的不确定性现象，但同样需要保持一定份额的基金能够及时满足社会保障待遇的给付。因此，社会保障基金在投资运营过程中，需要兼顾流动性即变现性原则，换言之，社会保障基金投资在不发生价值损失的前提下应当可以随时变现。因此，社会保障基金投资不能一味地追求收益性而忽视流动性，这就要求社会保障基金投资经办机构善于选择流动性较好的金融工具进行投资。

三、社会保障基金投资工具

从各国社会保障基金投资运营的实践情况来看，可供选择的投资工具包括金融投资和实业投资两类。

（一）金融投资

社会保障基金投资的金融投资工具，包括储蓄存款、债券、公司股票、贷款、以资产为基础的证券、衍生证券等。

1. 储蓄存款

储蓄存款是社会保障基金管理机构把基金存入银行，以取得一定利息的投资方式。储蓄存款有活期和定期之分，活期可随时提现，但利息较低；定期较活期利息高，但一般只能到期提取。定期又有时间长短之分，时间越长，利息率越高。储蓄存款的优点是安全可靠，投资风险相对较低，收益稳定，流动性较好，而且操作简便，省事省力。其缺点是收益相对偏低，不能有效化解通货膨胀的威胁。在社会保障基金刚刚进入资本市场时，储蓄存款所占比例较高，随着投资工具选择的多样化，比重逐步降低，只用来做短期投资工具，以满足流动性需要。

2. 债券

债券分为政府债券和企业债券两种。政府债券有很好的信誉，偿还有保证，安全性强，无风险，而且在急需时可以随时变现，具有较强的流动性，因而成为社会保障基金的重要投资工具。同时，购买政府债券，为国家重点建设提供了资金，因而许多国家鼓励把社会保障基金投资于政府债券。一些发达国家和发展中国家常常立法规定社会保障基金中的部分项目必须要有一定比例投资于政府债券。政府债券的收益一般高于银行利息，但其投资收益也并不高，因而在社会保障基金中所占比例也不能太大。企业债券的风险一般处于政府债券和股票之间,收益也一般高于政府债券。企业债券的风险程度因企业的资信程度而不同,各国政府通常对社会保障基金投资的企业债券等级有所限制,以防止过高的投资风险。

3. 股票

公司股票一般有较高的收益率,而且变现能力强,因而成为社会保障基金投资的一种重要工具。股票投资的收益来自股票买卖的价差和持股期间的股息收入。目前,多数国家都允许社会保障基金投资于股票市场。但是由于股票市场风险较高,绝大多数国家限制社会保障基金投资股票的比例。

(二) 实业投资

除了金融投资工具外,社会保障基金还可以进行实业投资。实业投资包括房地产、基础设施等不动产。不动产投资在经济持续发展的情况下可以保证有较高的盈利率,安全性也有保证,能在一定程度上防范通货膨胀风险,但不动产投资一般投资周期长、流动性也差。其中,房地产市场受经济周期波动影响有较大风险,并且由于较强的专业性,因而投资的管理成本较高,一些国家对社会保障基金投资于房地产的比重有严格规定,多数国家社会保障基金用于不动产投资的比重都比较低。然而,在经济快速成长时期,进行实业投资又可能给社会保障基金带来稳定的高收益。

四、社会保障基金运营方式

虽然各种投资工具均具有风险——收益特征,但由于各国资本市场的发育程度以及对基金投资风险的管理能力的差异,同种投资工具在不同国家之间的风险——收益特征却有所区别。社会保障基金投资运营实践中需要视不同情况选择不同的组合投资方式。从世界各国社会保障基金投资方式的选择和组合情况来看,资本市场发育完善、基金投资风险管理能力较强的国家,政府对社会保障基金投资方式的限制较为宽松,可供选择的投资方式较多;反之,资本市场发育不完善、基金投资风险管理能力较低的国家,政府对社会保障基金投资方式的限制较多,投资方式比较单一。

依据社会保障基金运营的思路和面临风险的不同,社会保障基金运营方式可以分为稳健型运营方式、风险型运营方式和组合型运营方式。其中:稳健型运营方式是指基金的运营在规避运营风险的前提下获得投资收益,选择的投资项目主要集中于风险较低、收益稳定的银行存款、债券投资、信托理财等项目上。风险型运营方式是指社会保险基金以追求投资收益最大化为目标的一种投资方式,选择的投资项目主要是高风险、高收益项目,包括股票、房地产、实业或者创建投资基金。组合型运营方式是指采用稳健经营与风险经营相结合的组合运营方式,是社会保障基金投资方式中最普遍的一种。各个国家基金投资的方向和比例不一,在资本市场成熟、发达的条件下,股票与债券占有较大比例,其次才是其他投资工具。

▶第五节 国家社会保障储备基金

一、国家社会保障储备基金的管理

为了筹集和积累社会保障资金,合理分摊社会保障转型成本并更好地应对人口老龄化,中国政府于2000年9月建立"全国社会保障基金",并设立"全国社会保障基金理事会"。全国社会保障基金是国家重要的战略储备,它肩负着化解社会保障制度转型中出现的历史债务和应对人口老龄化带来的养老金支付高峰的重要职责,是我国社会保障制度保持良性运行的重要保证。

全国社会保障基金由中央政府直接筹集、管理。它作为国家社会保障储备基金,既不同于社会保险基金,也不同于其他社会保障基金,而是在社会保险基金和社会救助基金出现财务危机时,充当着补充、调剂基金的作用。当然,在保值增值方面,全国社会保障基金作为储备基金,与基金制的社会保险基金是相同的。

全国社会保障基金的管理单位是全国社会保障基金理事会,它受中央政府——国务院的委托,负责管理作为国家社会保障储备基金的全国社会保障基金。理事会的主要职责有:

(1) 管理划入基金的股权资产,管理减持境外上市国有股所获收入、中央财政拨入资金及其他方式筹集的资金;

(2) 制定基金的投资经营策略并组织实施;

(3) 在规定的投资范围内对基金资产直接进行运作;

(4) 选择并委托专业性机构对基金资产进行运作;

(5) 根据国务院指定部门下达的指令和确定的方式拨出资金;

(6) 定期向社会公布基金年度财务会计报告。

全国社会保障基金理事会的内部组织架构由理事大会、理事长和相关业务部门组成。理事大会由理事长、副理事长、理事组成,主要负责全国社保基金的重大战略决策。理事长、副理事长由国务院任命,理事由国务院聘任。理事长是理事会的法定代表人和最高负责人。不过,全国社会保障基金理事会在使用国家社会保障储备基金时却要服从于国家劳动和社会保障部、财政部的管理，换言之，国家社会保障储备基金的使用并不是全国社会保障基金理事会的权限，而是国家财政与社会保障部门的权限。因此，在行政关系上，国家财政部、劳动和社会保障部是全国社会保障基金理事会的管理与监督机构。

全国社会保障基金理事会的主要业务部门有基金财务部、投资部、股权资产部、法规及监管部、信息研究部等，其职责如下：

• **基金财务部**。负责落实基金资金的收入；按照投资方案安排、调度与划拨资金；负责基金会计核算，编制定期财务会计报告；监督、管理基金委托资产托管业务；安全保管基金资产。

• **投资部**。提出基金资金投资运营策略建议，拟订投资计划和长期资产配置计划；开展直接投资业务；承办委托投资的有关工作，对委托资产运作情况进行监督和管理；负责海外投资和项目投资业务。

• **股权资产部**。负责管理和运营基金股权资产，提出股权资产管理运营策略建议；办理国有股权划拨的有关事宜；根据全国社会保障基金理事会授权，对股权资产行使股东权益；组织实施股权资产的处置工作；负责股权资产委托运作的有关工作。

• **法规及监管部**。负责对基金资产运作情况进行监督；拟订风险管理办法并实施风险监控；负责基金整体绩效评估；承办有关的法律事务；开展基金资产的内部稽核，对基金管理业务工作中的违纪违规行为进行调查。

• **信息研究部**。拟订全国社会保障基金理事会计算机信息系统发展规划，负责系统的日常管理与维护，组织计算机软件开发；开展与基金发展相关的宏观性、综合性研究工作；研究社会保障机制的相关问题；草拟基金中长期发展规划。

二、国家社会保障储备基金的来源

全国社会保障基金的来源主要有中央财政拨款、国有股减持收入、彩票发行收入和包括经营收益在内的其他收入。全国社会保障基金资产是独立于全国社会保障基金理事会和社会保障基金投资管理人、社会保障基金托管人自有资产的资产。

（一）中央财政拨款

随着现代社会保障制度的建立，政府成为主要的责任主体。政府对社会保障的责任主要表现为财政责任，没有国家财政作为后盾，现代社会保障制度很难顺利实施。全国社会保障基金作为国家社会保障战略储备基金的特殊性，决定了中央财政拨款占有极为重要的地位。据统计，到2003年底，全国社会保障基金总量是1 260亿元，其中，中央财政拨款977亿元，占77.5%。

（二）减持国有股收入

减持国有股是指向社会公众及证券投资基金等公共投资者转让上市公司（包括拟上市公司，下同）国有股的行为。国有股减持主要采取国有股存量发行的方式。根据现行政策，凡国家拥有股份的股份有限公司（包括在境外上市的公司）向公共投资者首次发行和增发股票时，均应按融资额的10%出售国有股；股份有限公司设立未满3年的，拟出售的国有股通过划拨方式转由全国社会保障基金理事会持有，并由其委托该公司在公开募股时一次或分次出售。国有股存量出售收入，全部上缴全国社会保障基金理事会，以充实国家社会保障储备基金。据统计，截止到2003年底，通过国有股减持划入的资金214亿元，占当年全国社会保障基金总量的17%。

（三）发行彩票收入

发行福利彩票是国家筹集社会福利基金的重要手段，但在我国社会保障改革过程中，由于历史债务沉重和转制成本较高，国家亦规定彩票收入的一部分要进入全国社会保障基金，成为补充社会保险、社会救助基金不足的一个资金来源。据统计，到2003年底，从彩票发行机构划入的资金为69亿元，占当年全国社会保障基金总量的5.5%。

（四）投资收益

国家允许全国社会保障基金理事会对基金进行投资运营，所获取的投资收益进一步充实国家社会保障储备基金。为此，全国社会保障基金理事会在国内外资本市场上进行了积极的尝试，并取得了一定的成效。

三、国家社会保障储备基金的投资

作为国家社会保障储备基金，必须确保基金的保值增值。因此，投资运营便成为全国社会保障基金理事会的重要使命。2001年12月13日，财政部、劳动和社会保障部共同颁布并实施《全国社会保障基金投资管理暂行办法》，由此确立了国家社会保障储备基金的投资运营规范。根据这一规范，全国社会保障基金理事会虽然可以进行一些风险小的投资运营（如银行存款与购买国债），但主要的并不是充当直接投资运营社会保障基金的机构，它主要负责按照规定的标准选择投资人和托管人,并对投资人和托管人开展的社会保障基金投资运营进行监管。在全国社会保障基金的投资运作和托管过程中,由财政部会同劳动和社会保障部拟订社会保障基金管理运作的有关政策并进行监督,同时,中国证券监督管理委员会(简称中国证监会)和中国人民银行按照各自的职权对社会保障基金投资管理人和托管人的经营活动进行监督。

(一)投资人和托管人

根据现行规定,市场主体要取得全国社会保障基金投资管理业务的资格条件,有以下几个方面:

(1) 在中国注册,经中国证监会批准具有基金管理业务资格的基金管理公司及国务院规定的其他专业性投资管理机构;

(2) 基金管理公司的实收资本不少于5 000万元人民币,在任何时候都维持不少于5 000万元人民币的净资产,其他专业性投资管理机构需具备的最低资本规模不受此条规定限制;

(3) 具有2年以上的在中国境内从事证券投资管理业务的经验,且管理审慎,信誉较高。具有规范的国际运作经验的机构,其经营时间可不受限制;

(4) 最近3年没有重大的违规行为;

(5) 具有完善的法人治理结构;

(6) 有与从事社保基金投资管理业务相适应的专业投资人员;

(7) 具有完整有效的内部风险控制制度,内设独立的监察稽核部门,并配备足够数量的称职的专业人员。

具备以上条件的机构,向全国社会保障基金理事会提交申请书,并有中国证监会出具的申请人是否满足规定的基本条件的意见。全国社会保障基金理事会成立包括足够数量的独立人士参加的专家评审委员会,参照公开招标的原则对具备条件的社会保障基金投资管理业务申请人进行评审。当申请人取得资格后,即可以按照投资管理政策及社会保障基金委托资产管理合同,管理并运用社会保障基金资产进行投资。

申请办理全国社会保障基金托管业务者,应当具备以下条件:

(1) 设有专门的基金托管部;

(2) 实收资本不少于80亿元;

(3) 有足够的熟悉托管业务的专职人员;

(4) 具备安全保管基金全部资产的条件;

(5) 具备安全、高效的清算、交割能力。

具备以上条件的机构,向全国社会保障基金理事会提交申请书,并提交由中国人民银行批准其从事社保基金托管业务的证明。全国社会保障基金理事会按照招标原则评选社会保障基金托管人。成为基金托管人后，就可履行托管人职责。

2003年6月，南方基金管理有限公司、博时基金管理有限公司、华夏基金管理有限公司、鹏华基金管理有限公司、长盛基金管理有限公司、嘉实基金管理有限公司等6家机构成为全国社会保障基金首批投资管理人，交通银行和中国银行成为全国社会保障基金首批托管人。2004年10月，又增加了易方达基金管理有限公司、招商基金管理有限公司、国泰基金管理有限公司和中国国际金融有限公司为全国社会保障基金投资管理人。随着国家社会保障储备基金的壮大，投资人与托管人的队伍还会扩大，而市场主体的参与与竞争，无疑会有益于国家社会保障储备基金取得良好的投资效益。

（二）投资范围与投资组合

全国社会保障基金的投资范围，包括银行存款、国债、证券投资基金、股票、信用等级在投资级以上的企业债、金融债等有价证券。在全国社会保障基金建立的初始阶段，减持国有股所获资金以外的中央预算拨款仅限投资于银行存款和国债。全国社会保障基金投资运作的基本原则是在保证安全性的基础上，实现增值，投资运作的理念是安全、诚信、规范、效益、创新，投资运作方式是由全国社会保障基金理事会直接运作与全国社会保障基金理事会委托投资管理人运作相结合。

一般来说，风险小的投资直接由全国社会保障基金理事会直接投资，主要形式有银行存款和在一级市场上购买国债。按照有关规定，经中国人民银行和财政部同意，全国社会保障基金理事会开展了协议存款业务和国债一级市场的直接投资运作，同时还进入了全国银行间债券市场，加入了银行间市场国债承销团，并建立了自己的国债交易室。与此同时，全国社会保障基金理事会还建立了事前风险评估、事中实时监控、事后评估检查的风险管理体系，构建了全国社会保障基金理事会计算机信息系统。对于风险较大的投资，包括股票、企业债券、金融债券的投资以及在二级市场上买卖国债，则需要委托国内外专业性投资管理机构管理和运作。

基于国家社会保障储备基金的公共性，国家对这一基金的投资管制较为严格。例如，对划入全国社会保障基金的货币资产的投资（按成本计算），要求符合下列规定：一是银行存款和国债投资的比例不得低于50%。其中，银行存款的比例不得低于10%。在一家银行的存款不得高于社保基金银行存款总额的50%。二是企业债、金融债投资的比例不得高于10%。三是证券投资基金、股票投资的比例不得高于40%。与此同时，还规定单个投资管理人管理的社会保障基金资产投资于一家企业所发行的证券或单只证券投资基金，不得超过该企业所发行证券或该基金份额的5%；按成本计算，不得超过其管理的社会保障基金资产总值的10%。委托单个社会保障基金投资管理人进行管理的资产，不得超过年度社会保障基金委托资产总值的20%。由此可见，国家社会保障储备基金的投资规范是非常审慎的，它充分地体现了投资组合和风险分散的规则。

据全国社会保障基金理事会公布，到2003年末，全国社会保障基金理事会的资产总额1 325.01亿元，其中：全国社会保障基金理事会直接投资资产1 006.14亿元，占75.93%；委托投资资产318.87亿元，占24.07%。2003年全国社会保障基金实现收益率为2.71%。2003年的投资主要分为三类：第一类是低风险投资，主要包括普通银行存款、银行协议存款和国债回购投资，投资总量为777.20亿元，占资产总量的58.7%；第二类为较低风险的债券投资，投资总量为480.45亿元，占资产总量的36.2%；第三类为风险高收益高的股票投资，投资总量为67.36亿元，占资产总量的5.1%。

▶第六节 社会保险基金

社会保险基金是社会保障基金中最庞大、也是最重要的一种基金，它是社会保障制度的物质基础与财政保证。因此，有必要单独讲述。

一、社会保险基金的性质与功能

社会保险是处理社会成员（主要是面向劳动者）生活风险的一种社会保障机制，它通过筹集社会保险基金，将劳动者可能遭受的风险由全体社会劳动者共同分担，从而达到分散风险的目的。当劳动者遇到各种风险和困难时，社会保险能够为其提供基本的物质生活保障，而保证社会保险实现这一目标的经济基础是社会保险基金。

社会保险基金是在国民收入的初次分配及再分配过程中形成的，主要来源于雇主和雇员个人缴费，以及国家财政资助，是一种消费性的社会后备基金。国家投入的资金是从财政收入中支取的，确切地说来源于国家税收收入，因此，这部分资金实际上是国家借助其权力参与国民收入分配和再分配的结果，其真正的来源是社会总产品中的可变资本和剩余价值。企业或雇主所承担的社会保险缴费有两种情形，物质生产部门的单位所缴纳的社会保险费来源于剩余价值，而非物质生产部门的单位所缴纳的社会保险费来自国民收入的再分配，属于可变资本和剩余价值范畴。个人缴纳的社会保险费来源于可变资本。社会保险基金具有社会保障基金的一般特征，但其保障对象是工薪劳动者，而不是所有社会成员。社会保险基金对工薪劳动者具有普遍保障责任，是对劳动者采取的一种保障措施，但它以企业或雇主和劳动者缴纳社会保险费为前提。

除了具备社会保障基金的一般功能外，社会保险基金最主要的功能是为劳动者及其家庭提供基本生活保障，这是由社会保险的基本功能决定的。社会保险的基本功能之一是，当一部分人因竞争失败或经营不善而导致破产，面临生存困难，或者当劳动者失业、暂时或永久丧失劳动能力而使劳动者及其家庭陷入困境时，社会保险要对他们提供保持最低生活水平的物质帮助，以此达到免除人们的后顾之忧和维持社会稳定、促进和谐发展的目标。而要达到这个目标，最重要的是要有足够的社会保险基金。

二、社会保险基金的筹集与分类

社会保险基金的筹集是指由社会保险机构按照社会保险制度所规定的计征对象和方法，定期向劳动者所在单位或劳动者个人征收社会保险费的行为。社会保险基金的筹集是社会保险基金支付的前提，是关系到社会保险制度目标能否实现的最关键环节，是社会保险制度的基础和核心。

（一）社会保险基金的来源

社会保险基金的来源主要有三个渠道，即国家、雇主和劳动者个人。

从各个国家的实践看，负担方式因不同的社会保险制度而有所区别。归纳起来，主要有三方负担、双方负担和单方负担等三种负担方式：

- **三方负担型**。由雇主、雇员和政府三方负担，许多国家采取这种方式。
- **双方负担型**。一是雇主和雇员双方负担型，这是大多数国家采取的方式；二是由雇员和政府双方负担，部分国家的部分社会保险项目采取这种分担方式；三是由雇主和政府双方负担，如日本、德国等国的工伤保险、意大利的失业保险以及瑞典等国的疾病生育保险就采用这种负担方式。
- **单方负担型**。如智利的养老金缴费完全由劳动者承担，绝大多数国家的工伤保险缴费均由雇主一方全部承担，而过去一些社会主义国家的国家保险则是由政府全部负担。

不过，在一个国家内部，并不是只采取一种负担方式，大多是根据不同社会保险项目的要求而多种负担方式并存。

社会保险基金筹集的总原则是"以支定收，收支平衡"，即一定时期内社会保险基金的筹集总额，以预计需要支付的社会保险费用总额为依据来确定，并使二者始终保持大体上的平衡关系。如果支大于收，社会保险制度就会因失去经济上的保障而无法运转；如果收大于支，就会加重缴费者的负担，影响劳动者的正常生活。当然，不同的社会保险项目对基金平衡的要求也不一样，如养老保险基金追求的是长期平衡，失业保险基金追求的是与经济发展周期相适应的周期平衡，而工伤保险、医疗保险与生育保险则追求年度平衡，根据这一原则可以发现，基金出现收不抵支的局面是财务危机，基金出现非正常的大量结余也是一种不健康的表现。[1]

（二）社会保险基金的分类

根据不同的标准，可以对社会保险基金做进一步的分类。

1. 按社会保险项目及其功能分类

社会保险基金可分为养老保险基金、医疗保险基金、失业保险基金、工伤保险基金和生育保险基金。这是最主要的分类办法，因为不同项目的社会保险基金负有不同的社会保险使命。

2. 按社会保险基金所有权分类

社会保险基金可以分为公共基金、机构基金和个人基金。[2]

公共基金为公共所有，其来源有财政拨款、按法律规定由雇主或雇员缴纳的社会保险费（税）、社会捐赠、国际赠款。养老保险基金、医疗保险基金、失业保险基金、工伤保险基金、生育保险基金中社会统筹部分均属于公共基金。

机构基金是单位为其职工福利而建立的社会保险基金，所有权归全部或部分归集体所有，按照国家政策和单位规定对符合条件的职工给予补贴。

个人基金是归个人所有的非财政性社会资金，是按法律、法规、规章缴纳的、记在个人账户下用于专门用途的基金。个人账户的养老保险基金、个

---

[1] 郑功成教授认为，衡量社会保险基金收支状况与社会保险制度是否可持续不能以基金结余额大小为标志，而是必须符合相关社会保险项目自我平衡和自我发展的要求，按照他的观点，养老保险追求的是长期平衡而不是基金结余，基金结余与积累只是为了应付人口老龄化带来的支付高峰；失业保险追求的是周期平衡而不是年度平衡，经济衰退年度收不抵支或经济景气年度收大于支都是正常现象；而工伤保险与医疗保险及生育保险则应当以年度平衡为追求目标，因为这些风险是相对稳定的，如果出现大量结余则表明这些制度已经出现了费率偏高或者待遇偏低的异常现象，从而应当及时调整制度。他针对我国所有社会保险项目均出现大量基金结余的现象持批评态度，认为不符合社会保险制度的规律与要求，从而需要对制度设计及费率标准与待遇结构做进一步调整。

[2] 林义主编. 社会保险基金管理. 北京：中国劳动社会保障出版社，2001. 15

人账户的医疗保险基金就是个人基金,但它不同于银行存款和各种有价证券,只能用于特定用途,如养老金支付、医疗支付。

3. 按基金营运管理方式分类

社会保险基金可分为财政性基金、市场信托管理基金、公积金。

财政性基金分为预算内管理资金和预算外管理资金。社会保险各类保险基金中的社会统筹基金属于公共所有的基金,纳入国家预算外管理,建立财政专户,收入上缴财政专户,支出由财政部门按预算外资金收支计划从专户中核拨。

市场信托管理基金是按契约或章程,由雇主和雇员缴纳,并记入个人账户,由基金法人委托受托人进行管理的基金。凡以个人账户储存积累的基金都应按这种管理方式管理,如企业补充养老保险基金,受益人是拥有个人账户的职工,基金会法人是基金资产的名义持有人,作为资产所有人的法人代表行使基金管理决策职能,委托金融中介机构营运管理。

公积金基金是按法律、法规规定,由雇主和雇员缴纳,并记入个人账户,产权归个人所有的基金。公积往往只能用于特定用途,如养老、医疗。我国的住房公积金只能用于住房支出。

另外,按筹资模式分类,社会保险基金可以分为现收现付统筹制形成的基金、个人账户储存基金制形成的基金、社会统筹部分基金积累制形成的基金、社会统筹和个人账户相结合部分基金积累制的基金。

三、社会保险基金的主要种类

从社会保险项目及其使命出发,社会保险基金包括养老保险基金、医疗保险基金、失业保险基金、工伤保险基金、生育保险基金以及一些国家的护理保险基金等。不同社会保险基金的来源并不完全一样,其使用范围更不相同。因本书第九章已经对社会保险有较详细的阐述,此处做简略介绍。

(一)养老保险基金

养老保险基金是指在立法确定的范围内,依法征缴的用于支付劳动者退休养老待遇的专项基金。养老保险基金是社会保险基金中最重要的一种,它负担的是保障社会成员在其年老时基本生活的重任,时间跨度长,基金数额巨大,因而是整个社会保障基金中最重要的项目。

本处所指的养老保险基金是法定养老保险基金,在我国是指基本养老保险基金。世界大多数国家的养老保险基金都是由政府、企业或雇主和劳动者个人三方共同负担,负担形式和分担比例有所不同。基本养老保险待遇的支付条件由法律规定，主要包括：退休年龄、缴费记录、就业记录和经济状况等。养老保险基金支出项目主要有养老金支出、养老金继承支出和法律规定的其他支出。

世界各国的养老保险基金财务模式主要有三种，即现收现付制、完全积累制和部分积累制。养老保险基金的给付一般必须满足两个条件，即达到法定退休年龄和缴纳养老保险费（税）的时间达到规定的期限。该部分内容已经在本书第九章介绍。

（二）医疗保险基金

医疗保险基金是指为劳动者提供疾病所需医疗费用而建立的一种社会保险基金。医疗保险基金一般来源于国家、企业或雇主和劳动者个人三方，其中：企业或雇主和劳动者个人缴纳的保险费是医疗保险资金的主要来源。因不同的制度类型有所差异，实行国家医疗保险模式的国家，基金主要来源于国家；实行医疗社会保险模式的国家，基金主要来源于雇主和劳动者个人缴纳的保险费以及国家财政补贴。

医疗保险费用支付，也被称为医疗保险费用偿付或结算。它是指由医疗保险组织（机构），按照保险合同的规定，在被保险人接受医疗服务后，对其所花费的医疗费用进行部分或全部补偿，也可以理解为对医疗服务机构所消耗的医疗成本进行补偿。各个国家对医疗保险基金的给付条件都有不同的规定。医疗保险待遇标准在各个国家也有很大差距。有些国家的医疗保险机构设立"封顶线"，在这个限额以下的部分由医疗保险机构支付，超出这个水平的医疗费用由病人自己负担。有些国家设立"起付线"，当被保险人就医时，其医疗费用在某个标准数额（通常是最低限额）以下的部分由病人自付，医疗保险机构只支付这个标准数额以上的部分。

（三）失业保险基金

失业保险基金是指政府依法向雇员及雇主征缴的、对因非自愿失业而造成的劳动风险损失给予补偿的一种社会保险基金。失业保险基金的给付是对劳动者在就业之后失去工作，造成收入中断时，由国家或社会保险机构按法定的期限为失业者基本生活需求提供帮助，并支付就业培训费用。失业保险待遇一般包括失业保险金、失业补助和附加补助金，如医疗补助金、丧葬抚恤金等，失业保险的目的是保障失业者失业期间的基本生活，促进失业者再就业，因此，给付失业保险待遇和促进就业就是失业保险基金最主要的两个使用方向。

各国失业保险的待遇给付一般遵循如下三个原则：一是保障失业者及其家属的基本生活的原则；二是必须待遇水平低于失业者原工资水平的原则；三是权利与义务对等原则。目前，确定失业保险金给付金额的方法有三种：一是工资比例法，即与失业者失业前的工资水平相联系；二是均等法，对所有符合条件的失业者支付同等水平的失业保险金；三是混合法，是工资比例法与均等法的结合。我国的失业保险金的支付标准是高于最低生活保障标准低于最低工资标准。给付等待期是指失业后必须等待一个时期，才能领取到失业保险金。等待期的长短，取决于各国所实行的就业政策，以及失业保险基金的规模和财政状况。

需要指出的是，由于促进就业已经成为各国失业保险制度的重要职能，因此，培训失业工人并为其提供就业服务就构成了这一基金的重要开支渠道。

（四）工伤保险基金

工伤保险基金是指国家和社会为满足劳动者遭遇工伤事件时的医疗、生活保障及必要的经济补偿需要而建立的一种社会保险基金。同其他社会保险基金相比，工伤保险基金具有显著的赔偿性质，保险金通常由雇主单方负担。

工伤保险待遇主要有医疗给付、工伤津贴、残疾年金或补助金、遗属津贴等项目。医疗给付是指对工伤事故中的受伤者负担对其治疗及采取相应措施的费用或直接提供医疗服务。从各国工伤保险的实践来看，绝大部分国家的工伤医疗费用均由雇主承担，少数国家由政府补贴。工伤津贴是指在工伤治疗期间支付给受伤人员的补贴，补贴标准在所有国家都是按照发生工伤事故前若干月内本人平均工资的一定比例发放。残疾补助金是指在伤情稳定、医疗终结后，根据工伤鉴定机构鉴定的残疾等级予以支付的一种工伤待遇。遗属津贴一般支付给死者的配偶、未成年子女以及过去一直由死者赡养的父母，这种待遇的支付，大多数国家均以年金形式支付。

■ 本章小结

基金一般是指由产品分配形成的、具有特定用途的资金。社会保障基金是国家依法筹集并用于保障国民基本生活和增进国民福利的专项资金，它是社会保障制度的物质基础。社会保障基金实质上是从国民收入的初次分配和再分配过程中形成的一种消费性社会后备基金。社会保障基金按基金运营管理方式，可分为财政拨款形成的社会保障基金、强制性征缴形成的社会保障基金和多元组合形成的社会保障基金；按社会保障项目的专门用途及其功能，又可以分为社会救助基金、社会保险基金、社会福利基金、军人保障基金等。

社会保障基金在性质上属于社会公共基金，其意义不仅在于支撑着整个社会保障制度，而且在于对收入分配进行有效调节，进而对社会经济的发展起协调作用。

世界各国社会保障基金的来源不尽相同，呈现一定的差异，但多数国家的社会保障基金主要由政府、雇主和雇员三方合理分担。除此之外，社会各界捐献、社会福利有奖募捐和互助储金会等也是社会保障基金的来源渠道。社会保障基金筹措方式主要有三种形式，即征税方式、收费方式和强制储蓄方式。社会保障基金财务管理模式也可以划分为三种，即现收现付制、完全积累制和部分积累制。

社会保障基金的给付方式归纳起来有货币支付、实物支付和服务支付等三种形式。给付项目主要有社会救助待遇给付、社会保险基金给付、社会福利基金给付等。

由于面临各种风险，同时由于社会保障基金的特殊性，社会保障基金在投资时往往把安全性放在首位，力求在保证基金投资安全的前提下达到收益最大化，同时兼顾流动性等原则。社会保障基金可选择的投资工具可以分成两类，即金融工具和实物工具。金融工具包括储蓄存款、债券、公司股票、贷款、以资产为基础的证券、衍生证券等。实物工具包括房地产、基础设施等不动产。

全国社会保障基金是中央政府建立的专门后备基金，它专门用于社会保障支出的补充、调剂。全国社会保障基金的管理单位是全国社会保障基金理事会，它又要接受国家财政部与劳动和社会保障部的管理与监督。全国社会保障基金的主要来源渠道包括中央财政拨款、国有股减持收入、彩票发行收入和包括经营收益在内的其他收入。全国社会保障基金的投资范围与投资渠道，主要包括银行存款、国债、证券投资基金、股票、信用等级在投资级以上的企业债、金融债等有价证券。

社会保险基金是社会保障基金中最庞大也是最重要的一种基金。它是在国民收入初次分配及再分配过程中形成的，主要来源于雇主和雇员的缴费，以及国家财政资助，是一种消费性的社会后备基金，最主要的功能是为劳动者及其家庭提供基本生活保障。社会保险基金按保险项目分类，有养老保险基金、医疗保险基金、失业保险基金、工伤保险基金和生育保险基金。

■ 复习思考题

1. 如何理解社会保障基金的重要性？
2. 如何理解社会保障基金的性质？

3. 社会保障基金的来源渠道有哪些?
4. 比较社会保险征税制与征费制的优缺点。
5. 社会保障基金的给付有几种方式?
6. 社会保障基金投资原则有哪些?投资方式主要有哪几种?
7. 为什么要建立全国社会保障基金?
8. 社会保险基金的负担方式有几种?
9. 比较养老保险的三种财务模式。

案例讨论 1

一起养老保险基金协议存单纠纷案

2000年11月28日上午,辽宁省高级人民法院依法公开审理了铁岭市农村社会养老保险事业管理局与中国工商银行铁岭市银州支行存单纠纷上诉案,当庭对此案作出终审判决。

铁岭市农村社会养老保险事业管理局(以下简称社保局)与中国工商银行铁岭市银州支行(以下简称银州支行)开拓储蓄所于1997年4月5日签订一份农村社会养老保险金存储协议书。约定社保局在开拓储蓄所设立农保基金储蓄存款业务,一次性存款200万元,年利率为7.47%。储蓄满1年结息一次,储期为2年,利率从存入之日起计息。储期满后,一次性结清并支付全部存款本金及利息。同时,另签订了一份存储利率补充协议约定,按存款总额的年利率11.73%兑付社保局管理费用。1997年4月7日,社保局将200万元转账支票存入开拓储蓄所。开拓储蓄所为其出具了收款收据,其储蓄所内部也填写了进账单和报单。1997年4月8日,开拓储蓄所主任尹桂娟将此200万元私自以个人名义填写了10张定期存款凭条和3张活期存款凭条,于1997年4月16日到1997年8月4日之间,先后分数次将该200万元从开拓储蓄所全部提出,交给马天慧(系尹桂娟丈夫)用于其私营企业天马庄园的建设和装修,该款至今没有归还。2000年10月18日,铁岭市银州区人民法院以挪用资金罪判处尹桂娟有期徒刑5年,判处马天慧有期徒刑3年。而1998年3月24日,开拓储蓄所被其上级主管部门银州支行撤销,原业务统归该行所属的前进储蓄所,社保局200万元储蓄存款到期后,社保局持开拓储蓄所所出具的凭证取款时,银州支行以其没有存折、不存在存款关系为由拒付。

社保局遂向铁岭市中级法院起诉,请求法院判令银州支行返还社保局存款本金200万元及利息30万元。

铁岭市中级法院经审理认为,社保局与银州支行原开拓储蓄所所签订的养老保险基金存储协议书形式合法有效,应予保护。但补充协议书约定的

11.73%管理费，没有法律依据，不予保护。开拓储蓄所是由银州支行批准设立和撤销的分支机构，负责人亦是该行任命的，因此，尹桂娟的行为系属职务行为，而非个人行为，尹桂娟将存入储蓄所的农保基金私自挪占，是银行内部管理问题，因此，对银州支行的抗辩理由不予支持。铁岭市中级法院遂于2000年9月8日判决银州支行给付社保局存款本金200万元及存款利息。

一审宣判后，银州支行以其与尹桂娟、马天慧等有存款关系，与社保局没有存款关系，协议书不具备存单所特有功能为由上诉到辽宁省高级人民法院。

辽宁省高级人民法院今天公开开庭审理后认为，原审认定事实清楚，证据确实充分，适用法律正确，合议庭经评议后当庭裁定：驳回上诉，维持原判。

法庭闭庭后，省高法副院长赵日新介绍说，完善社会保障制度是社会主义市场经济体制的重要支柱，关系改革、发展、稳定的全局，人民法院应高度重视对社会保障案件的审理。为此，辽宁省法院已专门下发通知，要求各级法院对涉及社会保障案件要坚持法律效果和社会效果相统一原则，坚持有利于社会稳定原则，坚持社会保障基金不受侵犯原则，坚持及时审理、快速审理的原则，力争做到及时立案，快速开庭，迅速审结。据悉，这起涉及农村养老保险基金案，辽宁高院从收案到当庭审判仅用了10天时间。

（霍仕明、王正平、王军，原载《法制日报》，2000—11—29。）

案例讨论2

全国社会保障基金初次入市遭亏损

全国社会保障基金的收益率一直不高。2001年全国社会保障基金年的收益率为2.25%，2002年为2.75%，2003年实现收益率为2.71%。部分人认为，低收益的根本原因在于社会保障基金投资结构不合理，银行存款比例过大。加大股票投资的比例是提高基金的收益的主要途径。然而，全国社会保障基金进入股市并扩大股票投资比例却意味着可能遭遇高风险，尤其是在资本市场发育不良和股票市场低迷的情形下。据全国社会保障基金理事会提交的《2001年全国社会保障基金年度报告》，该机构于2001年7月以战略投资者身份申购中石化A新股3亿股，申购价4.22元/股，成本12.66亿元。2001年12月31日股票市值10.35亿元（以当日收盘价3.45元计算），全国社保基金股票投资浮亏达3.48亿元。

这一消息发布后，迅即引起广泛关注。正是由于这次入市的失利，全国社会保障基金理事会也对进入股市持更加审慎的态度，同时，国家也改变了由全国社会保障基金理事会直接投资的方式，改由专业化的基金公司或投资机构来负责直接运营社会保障基金。全国社会保障基金理事会初次入市即遭失利的个案,表明股票市场的风险是很高的,非专业机构入市失败的可能性更大,它证明了高收益率与高风险性相辅相成。因此,社会保障基金的投资运营还是应当在国家法规政策的严格规范下,在管理机关的严密监管下,交由专业化的投资机构来运营为好。

第七章

社会保障立法与管理

■ 学习要点

通过本章的学习,应当了解社会保障法制化的意义与价值,掌握社会保障法律制度的基本理论与中国社会保障立法的进程,熟悉社会保障管理模式与基本原则,明了中国社会保障管理体制。

■ 关键概念

社会保障法　社会保障管理　天赋人权　济贫法　法律解释
社会保障法律体系　劳动保险条例　集体管理模式
分散管理模式　属地管理　社会保障管理体制
劳动和社会保障部　民政部

▶第一节 概述

现代社会保障是法制化、规范化的制度安排,各个国家或地区都是通过社会保障立法来确立社会保障制度,而要确保这一制度真正得到落实又离不开健全的管理体制。因此,立法与管理其实构成了社会保障制度及其运行的根本要件。一般来说,社会保障法是指调整一个国家或地区的社会保障关系的法律规范的总和,它包括国家立法机关制定的社会保障法律和国家行政机关颁布的社会保障法规及其他规范性文件,其目的均是为了赋予国民以相应的法定社会保障权益;而社会保障管理则是有别于生产管理的社会政策管理,属于国家上层建筑的组成部分,它既是社会保障法制的自然延伸,也是对社会保障法制的强化,在实践中还通常受到社会经济制度及各国现行行政架构的制约。社会保障法制化是社会保障制度长期稳定的保证,而社会保障管理则有助于社会保障制度正常、高效地运行,进而使社会保障主体的权利得到良好的实现。

一、社会保障法制化

现代意义的法制,是指把国家事务制度化、法律化并严格依法办事的一种原则。在这一原则下,不仅要求国家立法机关制定较为完备的法律,而且还要求有负责任的执法与司法机制,真正做到有法可依、有法必依、违法必究。

社会保障法制化具有重要的意义,因为法律制度是实现社会保障理想的重要基础和保证。社会保障法制化的价值包括两种:一是内在价值,即社会保障法所固有的价值;二是外在价值,即社会保障法所具有的相对于其他社会目标来说所具有的工具价值。[①]

(一) 内在价值

社会保障法制化的内在价值,可以作如下解析:

第一,法律的目的之一就是追求公平与正义,通过法律的规定可以使社会保障的各项制度更为公平、合理。在现代国家法治精神之下,一项法律的制定过程往往就是对某一个制度理性思考的结果,它要求对每一项制度从设

---

① 林嘉. 论法治国家目标与社会保障法制化. 中国人民大学学报. 2002,2

计到具体措施的实施，都要经过严密的考量，要顾及各个社会阶层的利益，真正使通过法律反映出来的制度能够蕴含社会所公认的准则与价值。因此，只有实现法制化，通过法律所追求的正义与公平，才能使社会保障制度更趋完善与合理。

第二，法律的稳定性和连续性可以使社会保障主体的权利义务获得一种确定性。法治国家的原则之一是要使法律获得普遍性的服从，为达此目的，法律必须具有一种稳定性和连续性的品格，而不能朝令夕改。社会保障制度的最基本的目的，在于解除社会成员的后顾之忧，从而必须是确定的、能够连续实施的制度安排。因此，通过立法，将社会保障制度以法律的形式固定下来，这些制度也就具有了可以连续实施的生命力。与此同时，透过这些稳定的、不会轻易被变更和取消的社会保障法律制度，社会保障主体对于自己的权利义务才会有明确的预期，这种明确的预期会有效地减少社会保障各项制度在实施过程中的纠纷和摩擦，使社会保障制度的运转更加顺畅、自如。例如，劳动者是社会保险缴费的义务主体，当劳动者对缴费后可享受权益有了明确的预期以后，其对于自己所承担的义务就会有一个正确的价值判断，建立在这个价值判断上的义务将会得到更好的履行，从而使权利与义务有机地结合起来，进而使整个社会保障制度进入良性循环、可持续发展的状态之中。

（二）外在价值

社会保障法制化的外在价值，可以作如下解析：

第一，法律对权利义务可以起到资源配置作用，只有通过法制化，才能使社会保障主体的权利、义务和职责明晰化。没有成为国家法律之前的社会保障只能是国家的一种政策和措施，充其量是政府的一种福利和慈善。如果对社会成员的保障不是基于公民的权利，国家也就没有向社会成员给付保障待遇的义务，那么对于社会成员来说，在未得到保障之时就缺乏向国家要求的正当根据。如果社会成员缺乏对国家的这种请求，社会保障对社会成员就不能起到真正的保障作用。而将社会保障以法律的形式确定下来后，就等于以法律上权利的形式赋予了社会成员以社会保障权，以法律上义务的形式规定了国家和社会对于社会成员提供保障的职责和义务，社会成员也就享有了在国家不作为或不适当作为时对国家的一种请求权，这种请求权的根据来源于社会保障法的规定。因此，只有在社会保障法制化的条件下，社会保障才成为社会成员的法定权利而不再是政府的施舍或慈善；也只有当社会保障成为社会成员的法定权利后，社会保障才能起到真正的保障作用。可见，通过法律的形式赋予社会成员社会保障权,可以防止国家权力的滥用,防止国家权力对社会成员权利的任意变更和侵害。

第二,只有通过法制化,才能确保社会保障制度规范、有序地运行。法律最基本的特征就是强制性与规范性,法律制定后,通过国家的强制力来保证其有效地实施。当社会保障制度被确定下来后,就需要借助法律的强制性来保证其有效且良性运行。社会保障的运行是一个巨大的社会工程,包括缴费、给付和基金运作等。对于依法负有缴费义务的主体,必须严格依照法律规定缴纳,各项社会保险费不得拒缴或欠缴;与此相对应,社会保障经办机构也必须按法定标准及时地将各项社会保障待遇发放到受益者手里,不得延误或任意地减少。对社会保险基金的运作,主要是要求对社会保险基金在安全的前提下进行投资和管理,任何单位和个人不得挪用,这一要求必须通过法律规定严格的法律责任并强化监管来实现。可见,只有在法制化的环境下,社会保障制度才能有效地运行。

二、社会保障管理

社会保障管理的意义在于,它能够将社会保障法律制度细化并促使其得到贯彻落实,能够通过社会保障计划或方案的制订来主导社会保障制度的持续发展,能够监控和纠察社会保障的具体实践以保证其健康有序地运行。可见,社会保障管理对社会保障制度而言,较之法制系统、实施系统等更具形象代表色彩,同时也是社会保障责任主体履行自己责任的象征。因此,现代社会保障制度不仅要求建立起相应的社会保障管理机制,而且要求建立健全高效率的社会保障管理机制。

值得指出的是,尽管绝大多数国家均是由政府机构行使对社会保障事务的管理权,但在一些西方国家亦存在着区别。这种区别在于:"凡是由政府总岁入向所有家庭提供家属津贴的国家里,有关业务通常由政府部门管理;凡津贴的支付对象主要是受雇人员的家庭,其基金主要来源于雇主缴纳的保险费,其管理须在公众监督下,由某个半自治性的机构负责"[1]。需要注意的是,由于各国情况的差异,上述划分并不能作为所有国家确立自己对社会保障事务的管理体制的依据。如以社会保险为例,在将社会保险费(税)及待遇支付直接纳入国家财政范畴的条件下,政府必须承担起对社会保险事务的直接管理责任;在将征缴的社会保险费列入单独账户的条件下,既有完全由政府机构直接管理的,也有交由半自治机构或自治机构(如新加坡的中央公积金

---

[1] [美]美国社会保障署编. 全球社会保障——1995. 北京:华夏出版社,1996. 16

局和欧洲一些国家的保险协会等）管理的，还有交由民营或私人机构（如智利的养老金、香港的强积金等）管理的。有一点可以肯定的是，绝大多数国家或地区都是由政府部门承担着最主要的社会保障管理责任。①

▶第二节　社会保障立法

一、社会保障法的缘起与历史演进

（一）社会保障法的缘起及其历史社会条件

社会保障法作为一种实体法，一般认为缘起于英国中世纪的济贫立法。从1531年开始一直到16世纪结束，英王颁布了一系列法令，规定国家对亟待救济的老弱贫民应予以救济。到1601年，伊丽莎白女王下令将以前各项济贫法令编纂补充成为法典颁布，这就是历史上有名的英国《济贫法》（Poor Law）或称为《伊丽莎白济贫法》。该法规定，教区对没有亲属供养的区内贫民负责，并将贫民分为三类：（1）健壮贫民，必须做工自给；（2）无工作能力的老病残疾者，分别以院内收容与院外救助两种方式救助之；（3）失依儿童，分别以孤儿院收养、家庭辅助、家庭寄养三种方式予以抚养。救济经费以济贫税、志愿捐款和罚金三者为来源。《济贫法》的颁布，使社会保障首次有了法制化的外衣，从而可以看成是一种历史性的进步。

不过，英国济贫立法与现代意义上的社会保障法之间却存在着根本区别，因为济贫立法的目的并非是为了保障贫民的基本生存权，而是为了防止贫民沦为流民危及王权的稳固，在济贫法实践中，贫民被强制性要求以受奴役为代价换取救济。因此，济贫法不仅不具有现代社会保障立法的公平与正义色彩，而且直接充当着强化英国统治秩序的一个工具。

实际上，作为现代意义上的社会保障法只有在承认和尊重国民基本生存权的时代才可能出现。一般认为，现代意义上的社会保障法缘起于19世纪末德国所颁布的一系列社会保险法律。当时，德国由著名的铁血宰相俾斯麦主政，刚刚历经三次王朝战争而形成统一的民族国家，但国内工人运动风起云涌，政局处于动荡之中。俾斯麦在使用"鞭子"政策进行镇压失效之后，转而求助于"糖果"政策，采用了当时德国社会政策学者的某些主张，进行了

---

① 郑功成. 社会保障学——理念、制度、实践与思辨. 北京：商务印书馆，2000初版，2003、2004再版. 416～417

一系列的社会立法,诸如1871年普法战争后所颁布的"陆海军人养老金及遗属救济法"、1883年颁布的"劳工疾病保险法"、1884年颁布的"工伤社会保险法"、1889年颁布的"老年及残疾社会保险法"等,而且在1885年至1890年间,德国的被保险对象还一再被扩大。这些立法被称为"俾斯麦先生的社会主义",虽然带有"怀柔"因素,但也确立了国家在保障国民生存权益方面的责任,促使社会共同责任机制的形成并得到确立;并且以维护人的尊严为前提,在保障项目上确立了以人为中心的基本生活需求为重点,其立法内容主要集中在社会保险领域,重在解除劳动者的后顾之忧,从而使社会成员的生存保障上升为合法权益。因此,社会保险立法的出现,才真正意味着现代社会保障立法的产生。

现代意义上的社会保障法之所以在19世纪末才得以产生,是由于当时的历史社会条件发生了重大变化:

• **工业革命的完成。**虽然英国的工业革命在18世纪60年代就开始了,但是,法、德、美等国直到19世纪中叶才真正相继完成工业革命。工业革命的完成促成了机器化大规模生产的出现,社会财富得以大量增加,但同时也带来了诸多的社会问题。一方面,在经济竞争机制中,越来越多的个体生产者失去生产资料,农民则失去土地,沦为雇佣劳动者;另一方面,在机器生产的环境下,劳动强度增加,工伤事故不断,失业威胁增多,疾病治疗和老年生计等问题使雇佣劳动者忧心忡忡。这一系列严重社会问题危及到各国政权的稳固,迫使统治者必须采取相应的对策与措施,社会保障法的诞生就是这些措施的主要载体。

• **自由资本主义逐渐向垄断资本主义过渡。**按照马克思的分析,垄断资本主义的产生,导致了社会两极分化的加剧,寡头统治与赤贫阶级同在,产生于19世纪上半叶的共产主义运动也愈演愈烈,工人阶级从直接破坏机器到进行集体政治行动,这些斗争迫使资产阶级思考对策,因此,社会保障法的出现也可以说是直接导源于无产阶级的斗争。1881年11月17日,德皇威廉一世发表《黄金诏书》宣称:"社会弊病的医治,一定不能仅仅靠对社会民主党进行过火行为的镇压,而且同时要积极促进工人阶级的福利。"并说:"一个期待养老金的人是最守本分的,也是最容易统治的……社会保险是一种消灭革命的投资。"①

• **德国出现了法典化倾向。**德国历史法学派出现于18世纪末19世纪初,其细致的法学研究为后来的法典化打下了深厚的学术根基,培养了大批卓越

---

① 转引自史探径主编. 社会保障法研究. 北京:法律出版社,2000. 12

的法学家。到 19 世纪下半叶，德国由四分五裂向统一迈进，为完成民族国家的建构，历史法学派中出现了潘德克顿法学派，主张统一立法，注重对概念的分析和法律结构体系的构造，形成法典。因而，社会保险法在德国首先出现，是有其深厚的法学资源作为背景的，与当时德国法学的领先地位有着密不可分的联系。

• **生存权思想和社会改良思潮的兴起**。生存权思想可以追溯至 17、18 世纪的欧洲启蒙思想家诸如霍布斯、洛克、卢梭等的天赋人权思想；生存权作为一种权利形态由德国法哲学家费希特（1762—1814）提出，他认为：人能够活，生存才有保障，这是国民应有的权利，不能生存时，他对国家有提出要求生活保障的生存权。而生存权作为法律权利，最早由奥地利空想社会主义法学家门格尔（1841—1906）在其 1886 年出版的《全部劳动史论》一书中提出的，他认为劳动权、劳动受益权、生存权是造成新一代人权群——经济基本权的基础，社会财富的分配应确立一个使所有人都获得与其生存条件相适应的基本份额的客观标准，社会成员根据这一客观标准具有向国家提出比其他具有超越生存欲望的人优先的、为维持自己生存而必须获得的物和劳动的要求的权利。同时，德国 19 世纪 70 年代还开始兴起名为"讲坛社会主义"的改良主义思潮，桑巴特、布伦坦诺等一批名教授在讲坛上极力鼓吹改良，认为国家是超阶级的组织，可以在不触动资本家利益的前提下逐步实行社会主义，这些教授并于 1872 年创立了"德国社会政策学会"，明确主张劳资协调，国家干预经济生活，实施社会政策，保护劳动者正当权益，举办社会保险、缩短劳动日、改良劳动条件等。他们支持当时的德国首相俾斯麦推行社会政策，直接促成了 1883 年起几个社会保险法律的制定和实施。[1]

（二）世界社会保障法的历史演进

根据社会保障立法理念的嬗变和各国社会保障立法的具体实践，可以将社会保障法的历史演变大致划分为四个阶段[2]：

1. 济贫法阶段

它以 1601 年英国颁布的《济贫法》（称旧济贫法）为起始标志，直到 19 世纪 80 年代社会保险法律产生为止。如前所述，英国早在 16 世纪上半叶就进行了济贫立法，1601 年的《济贫法》是将已有的济贫法令编纂成法典，后于 1834 年英国上下两院又通过了《济贫法修正案》（即新济贫法）。受英国的

---

[1] 史探径主编. 社会保障法研究. 北京：法律出版社，2000. 8～10
[2] 郑功成. 社会保障学——理念、制度、实践与思辨. 北京：商务印书馆，2000 初版，2003、2004 再版．391～403

影响,荷兰于 1854 年颁布了《济贫法》,瑞典于 1871 年颁布了《济贫法》,还有一些国家也制定了自己的济贫法律制度。在这一阶段,立法理念在于救济与矫治贫民,立法的内容局限于救济事务,通过的立法虽然被冠以《济贫法》名称,但提供救济者仍然处于恩赐者地位,接受救济者却必须以牺牲尊严并接受奴役为代价。因此,这一阶段的立法基本上是一种对旧式慈善事业的规定,从而根本不能与现代社会保障立法相提并论。

2. 现代社会保障立法产生阶段

它以 19 世纪 80 年代德国颁布世界上第一批社会保险法律为起始标志,直到 20 世纪 40 年代第二次世界大战结束时为止。进入 18 世纪中叶以后,一些国家工业化进程加快,工人的个人生存风险加大,由社会来承担风险的思想逐渐被接受,德国率先在 19 世纪 80 年代进行了包括疾病医疗保险、工伤保险、养老保险等在内的一系列社会保险立法。随后,德国的社会保险立法成为他国纷纷效仿的榜样,其影响逐渐波及整个欧洲、北美、拉美及大洋洲等地区。在欧洲大陆,波兰、挪威、意大利等先后建立了各自的社会保险法律体系,英国于 1908 年、1911 年先后建立了老年社会保险与疾病社会保险制度。在亚洲地区,日本曾于 1911 年制定了工伤保险法,1922 年又制定了疾病保险法。美国则于 1935 年颁布了综合性的社会保障法,这部法律具有综合性特点,在世界社会保障立法史上具有重要意义。大洋洲国家和拉美国家在 20 世纪初期也纷纷进入社会保障立法的第一个高峰期,如澳大利亚、新西兰及阿根廷、巴西等拉美国家在这一时期就纷纷通过立法建立了老年、工伤、疾病等社会保险制度,智利还于 1924 年率先颁布了除工伤以外几乎包括了所有社会保险项目的综合性社会保险法,这部立法较美国的综合性立法还要早 11 年。与上述情况相反,亚洲(除日本外)、非洲地区的国家在社会保障立法方面却要滞后得多,这种现象与亚洲、非洲地区工业化进程的缓慢及市场体制发育不足有着密切的关系。

3. 现代社会保障立法成熟阶段

第二次世界大战以后,随着社会经济的进一步发展和立法理念的变化,社会保障立法进入了定型和成熟阶段。基本的标志有:一是立法的理念不再是单纯的社会稳定观念,而是引进了社会公平观念与普遍性原则;二是从 20 世纪 40 年代后期到 70 年代,不仅工业化国家进入了社会保障立法的又一个高峰期,亚洲、非洲地区的一些发展中国家和地区也纷纷制定社会保障法律,构建实施范围有限的社会保障制度;三是立法的内容超越了社会保险而向其他社会保障领域扩展,除有关社会保险方面的立法继续得到了重视外,社会福利、国民保健及其他社会保障领域的立法均得到了重视,从而促使社会保障法律体系成长为一个有着丰富内容的独立法律部门，据此建立的社会保障制度亦能够为社会成员的生存与发展提供全面的保障；四是一些国际组织开始出面推动全球社会保障制度的建设与发展；五是一些工业化国家根据发展的需要进一步修订、充实了以往颁布的社会保险法律，使之走向定型，而一些发展中国家亦能在借鉴发达国家立法经验的基础上制定较为成熟的社会保障法律，进而促使社会保障立法在多数国家进入成熟期。因此，这一阶段的社会保障法制建设，是以整体形式（包括社会保险法、社会福利法、社会救助法等各种社会保障法律在许多国家得以制定）和独立法律部门的面孔出现的，国民享受社会保障不仅成为一项基本的法定权益，而且扩大到享受现代文明进步的成果（即不再局限于基本生活保障）。

4. 现代社会保障立法的完善与发展阶段

进入 20 世纪 70 年代以后，工业化国家在社会保障立法已经定型的基础上，针对社会保障制度发展进程中出现的问题，纷纷开始探索社会保障制度的改革途径，以求进一步完善本国的社会保障制度，这就必然需要对以往的社会保障法律制度进行必要的修订和完善；发展中国家则一方面需要制定新的社会保障法律以便建立起更加全面的社会保障制度，另一方面同样需要根据社会经济发展与国民对社会保障的需求的变化进一步修订、完善以往制定的社会保障法律。总而言之，这一阶段还在继续发展中，但已经体现出的特色却会长期指导着社会保障立法的发展。如在立法观念上，追求协调发展与可持续发展逐渐成为基调；在国家责任与个人责任的关系上，主张个人及家庭尽到自我保障责任的思想在一些立法中得到体现，这可以视为社会保障立法在某种程度上的回归，它能够促使政府、社会、企业与个人合理分担社会经济发展构成压力的重要条件。因此，20 世纪 70 年代以来，大多数国家或地区的社会保障立法均进入了自我完善并与整个社会经济协调发展的时代。①

二、社会保障法的本质与特征

（一）社会保障法的本质

现代社会保障制度的建立，是以解决国民生存保障问题并促使社会经济协调发展为基本出发点与归属点的，因此，现代社会保障立法实质上既是社会成员生存权利保护法和社会安全法，同时也是社会稳定法和社会和谐法。一般来说，社会保障法是指调整一个国家或地区的社会保障关系的法律规范

---

① 郑功成. 社会保障学——理念、制度、实践与思辨. 北京：商务印书馆，2000 初版，2003、2004 再版. 389~395

的总和，它包括国家立法机关制定的社会保障法律和国家行政机关颁布的社会保障法规、规章和其他规范性文件。

（二）社会保障法的特征

作为现代法律体系的一个重要组成部分，社会保障法具有法的一般特征。同时，作为一个独立的法律部门，它还具有自己的明显特征：

1. 安全性

社会保障法以立法的形式，通过对社会保障的对象、范围、权利义务等的规定，使符合条件的生存发生困难的社会成员的基本生活得以保证。由于社会成员包括劳动者，在社会生活以及劳动过程中，难免会遇到各种风险和事故，通过社会保障制度，能够使社会成员和劳动者在受到意外和风险时不至于生活无着，从而使社会每一个成员都能得到必要的安全保障。社会保障法的安全性特征，不仅反映了国家在社会保障问题上的态度和所应承担的责任，同时，也为社会成员提供了一种"安全感"，使人们保持一种社会心理上的平衡，从而为整个社会的安定创造良好的条件。

2. 强制性

社会保障由国家通过立法强制实施，就社会保险而言，凡依照法律规定必须投保的劳动者和用人单位都必须参加保险，当事人没有任意选择的权利，也不能任意退出保险，保险的险种和保险费的缴纳也必须按照法律规定执行，不能由当事人自由协商。因此，社会保险是由政府采用危险集中管理的方式，对发生损失的被保险人提供现金和医疗服务，属于政策性保险。社会保障以社会利益为本位，为社会大众谋求利益与安全，尽管因缴纳社会保险费或税会减少某一部分人的所得，但基于社会整体利益，仍需采取强制性的手段，以维持社会保障制度的正常运作。社会保障的强制性是国家对社会经济生活实行国家干预的表现，也是社会保障制度得以存在和实施的保证。

3. 普遍性

法律是普遍性的规范。在法律规范的范围，对所涉单位与个人均有普遍性的约束作用。尽管各国社会保障立法均是从覆盖范围较小起步，但在各国又确实以不断扩大覆盖范围为基本特征的，发达国家更是大多早已建立了覆盖全民的社会保障制度。

4. 平等性

从法的意义出发，社会成员在社会保障上享有平等的权利。凡是生存发生困难的社会成员，都有权平等地获得社会保障。既不能任意取消社会成员的这种权利，也不允许一部分人超越法律享有特权。

5. 鼓励性

鼓励性是社会保障法的又一个显著特征。社会保障法中规定的一些保障内容，如对暂时或永久丧失劳动能力的劳动者的物质保障，直接与劳动的贡献有关，劳动时间长、贡献大的，获得的物质保障待遇就高些，相反就低。这种差别规定，有助于鼓励劳动者在职时积极劳动，为社会多创造财富、多做贡献。

三、社会保障法的原则、形式及内容

（一）社会保障法的原则

现代社会保障制度的建立，是以解决国民生存保障问题并促使社会经济协调发展为基本出发点与归属点的，因此，现代社会保障立法实质上即是社会成员生存权利保护法和国民安全法，同时也是社会稳定法和社会调节法。为此，在立法中需要遵循下列一些基本原则[①]：

1. 人权保障原则

中国2004年修改宪法，将"国家尊重和保障人权"首次写入了宪法。人权意味着一个人所固有的权利，现代人权最基础的权利就是生存权，而宪政国家对于生存权的立法保障就主要是通过社会保障法律体系来实现的。国家不应该仅仅从维护社会稳定的角度出发来确定社会保障法的价值，这种价值充其量只是一种工具价值和外在价值，而应该将保障公民生存权作为社会保障法的内在价值，将公民的生存权作为社会保障法的起点和终点。因此，人权保障原则是社会保障法的首要原则。

2. 公平原则

社会保障追求的目标是社会公平，失去了公平的特性就不再是社会保障，如个人储蓄积累可以用于防老等方面，但绝对不是社会保障，完全的个人账户制也是同样道理。因此，立法的过程可以遵循公平与效率相结合的规则，而通过立法所确立的社会保障制度却需要重点考虑社会公平问题，这是现代社会保障制度之所以成为社会长期稳定、和谐发展机制和经济长期发展的维系、润滑、保障机制的根本要求。

3. 权利与义务相结合原则

权利与义务是现代社会保障法律制度中的一对基本范畴。作为国家根本大法的《中华人民共和国宪法》规定："任何公民在享有宪法和法律规定权利

---

① 郑功成. 社会保障学——理念、制度、实践与思辨. 北京：商务印书馆，2000初版，2003、2004再版．382~385

的同时,必须履行宪法和法律规定的义务。"因此,社会保障立法也应遵循宪法的原则性规定,摒弃以往那种单纯强调被保障者的权利而忽略其义务的做法,代之以权利与义务相结合。如在社会保险法制中强调劳动者承担相应的供款义务,在社会福利法制中强调社会成员履行一定的缴费义务或其他义务,在社会救助法中要求受益者配合社会救助机构的家计调查,等等。

4. 与社会经济发展水平相适应原则

按照马克思主义的观点,法律制度作为上层建筑是社会经济发展的产物。因此,在社会保障立法实践中,既要充分考虑社会经济发展对社会保障的客观要求,又要客观估量所处时代的经济承受能力,以维护社会保障制度的正常运行为根本目标,结合短期利益与长期利益,体现出社会保障与生产力发展水平相适应,与经济、社会相互协调、相互促进的原则。2004年3月第十届全国人民代表大会第二次会议通过的《中华人民共和国宪法修正案》,就明确写上了国家建立同经济发展水平相适应的社会保障制度。

5. 普遍性与特殊性相结合原则

任何法律都应当是一种普遍的规范,社会保障立法也应考虑全体社会成员的利益与需要,并能够适用于全体社会成员,使一切社会成员均能够享受到相应的社会保障权益;同时,又必须承认社会成员之间不仅存在着阶层差异,而且存在着个体差异,它们对社会保障的需求并非是一致的,从而需要差别对待,即针对不同类型的社会成员制定内容有别的社会保障法律,这就是特殊性原则。而且,在不同地区尤其是像中国这样幅员辽阔、人口众多、地区发展不平衡、阶层结构日益复杂化的国家,不能在社会保障方面实行"一刀切",应坚持全国范围的统一社会保障法律制度的同时,适当照顾不同地区的特殊情况,因地制宜。

(二) 社会保障法的形式

所谓社会保障法的形式,是指社会保障法律规范的表现形式,即有关社会保障的规范性法律文件。中国社会保障法制的形式,包括以下几个层次或部分:

1. 宪法

宪法是国家的根本大法,因而也是国家制定社会保障法律、法规和实行社会保障制度的基本依据。2004年3月十届全国人大二次会议通过的《中华人民共和国宪法修正案》首次将"国家建立健全同经济发展水平相适应的社会保障制度"载入宪法,在这次宪法修正案中被载入宪法的还有"国家尊重和保护人权"等内容,这表明国家建立社会保障制度的目标已经明确。同时,现行宪法第 44 条规定"国家依照法律规定实行企事业组织的职工和国家机关工作人员的退休制度。退休人员的生活受到国家和社会的保障"。第 45 条还规定了："中华人民共和国公民在年老、疾病或者丧失劳动能力的情况下，有从国家和社会获得物质帮助的权利。国家发展为公民享受这些权利所需要的社会保险、社会救济和医疗卫生事业"；"国家和社会保障残废军人的生活，抚恤烈士家属，优待军人家属"；"国家和社会帮助安排盲、聋、哑和其他有残疾的公民的劳动、生活和教育"。宪法的这些规定，构成了中国社会保障法制的基本渊源。

2. 法律

这里的法律并非泛指，而是专指由国家最高权力机关及其常设机关，即全国人民代表大会及其常委会颁布的规范性文件。法律又分为基本法律和基本法律以外的其他法律。前者由全国人民代表大会制定和修改，比较全面地规定和调整国家及社会生活某一方面的基本社会关系；后者由全国人大常委会制定和修改，通常规定和调整基本法律调整的问题以外的比较具体的社会关系。目前，中国尚无一部真正由全国人民代表大会及其常委会通过的专门社会保障法律；而由全国人大常委会制定的《中华人民共和国残疾人保障法》（1990 年 12 月 28 日）亦只有部分内容是规范残疾人保障与福利的。另外，与社会保障有关的法律还有一些，如《中华人民共和国劳动法》（1994 年 7 月 5 日）中有"社会保险和福利"一章；《中华人民共和国老年人权益保障法》（1996 年 8 月 29 日）中有"社会保障"一章，等等。这一现象只能说明一个问题，那就是中国社会保障诸项制度还未能上升到法律规范的层次，社会保障立法任重而道远。

3. 行政法规

根据中国的立法法规定，行政法规是国家最高行政机关即国务院制定的规范性法律文件。这只是学理上的术语，实践中并没有一个单行的行政法规采用"行政法规"作为具体名称。按照国务院 2001 年 11 月 16 日公布的《行政法规制定程序条例》的规定，行政法规的名称为"条例""规定""办法"三种，国务院根据全国人民代表大会及其常委会的授权决定制定的暂时性行政法规，称为"暂行条例"或者"暂行规定"。关于社会保障方面的行政法规已有多部，例如，1999 年颁布的《失业保险条例》《社会保险费征缴暂行条例》和《城市居民最低生活保障条例》，2003 年颁布的《工伤保险条例》，2004 年颁布的《劳动保障监察条例》，等等。此外，还有一些由国务院发布的"决定""命令""通知"等文件，亦带有较强的政策性，如 1998 年 12 月 14 日颁布的《国务院关于建立城镇职工基本医疗保险制度的决定》，1997 年 7 月

16 日颁布的《国务院关于建立统一的企业职工基本养老保险制度的决定》,等等。在国务院颁布的行政法规中,关于社会保险的较多,而关于社会福利等方面的较少。

4. 地方性法规、自治条例和单行条例

地方性法规是由省、自治区、直辖市的人大及其常委会所制定的规范性法律文件。"地方性法规"这一名称也属学理上的术语,并不为立法实践所采纳,一般称为"条例""规定""办法""实施细则"等。而根据宪法规定,民族自治地方的人民代表大会及其常委会有权依照当地民族的政治、经济、文化的特点,制定自治条例和单行条例。如西藏自治区 1997 年 11 月 12 日颁布的《西藏自治区劳动安全卫生条例(修正)》,1998 年 1 月 9 日颁布的《西藏自治区实施〈中华人民共和国残疾人保障法〉办法》,等等。

5. 行政规章和地方规章

这两种规章可统称为行政规章。部门规章是指国务院各部、委和某些其他工作部门发布的规范性法律文件。地方规章是指省、自治区、直辖市人民政府,省、自治区人民政府所在地的市和国务院批准的较大的市以及经济特区市的人民政府制定的规章。目前,有关社会保障的立法主要就是以行政规章的形式体现出来的,之所以如此,是因为中国社会保障制度正处于转型期,行政规章的制定既便于制定,又便于修改或废除,非常灵活。但这种现象急需改变,因为立法层次过低会影响社会保障制度的可靠性与权威性,从而影响到社会保障制度的实施与完善。在现阶段立法机关社会保障立法严重滞后的情形下,有关社会保障的行政规章却不胜枚举,如 2002 年 11 月 5 日颁布的《北京市社会抚养费征收管理办法》,2002 年 12 月 24 日颁布的《关于对间断缴纳基本养老保险费等有关问题的处理办法》,等等。

6. 法律解释

在中国,作为社会保障法律体系内容之一的法律解释,一般是指国家机关的规范性解释。这种规范性解释包括最高国家权力机关(全国人民代表大会及其常委会,下同)的解释、国家司法机关(最高人民法院、最高人民检察院)的解释、中央国家行政机关(国务院)的解释、地方国家权力机关和行政机关的解释。但在中国的法律解释实践中,最高人民法院的司法解释占有特殊重要的地位,这主要是因为中国最高国家权力机关很少进行法律解释。有关社会保障方面的司法解释较少,如 1996 年 11 月 12 日颁布的最高人民法院《关于实行社会保险的企业破产后各种社会保险统筹费用应缴纳至何时的批复》,等等。

7. 条约与协定

中国参加的国际组织（如国际劳工组织、联合国等）所通过的国际条约与协定，经国家最高权力机关批准后即在中国生效。例如，1984年5月30日经第六届全国人民代表大会常委会承认的旧中国政府批准的14个国际劳工公约中包括的第7届国际劳工大会通过的第19号公约《（事故赔偿）同等待遇公约》，1987年9月5日经第六届全国人民代表大会常委会批准的第69届国际劳工大会通过的第159号公约《（残疾人）职业康复和就业公约》，这两个公约都是关于社会保障的公约。又如，1997年10月27日中国签署的《经济、社会、文化权利国际公约》规定："缔约各国承认人人有权享受社会保障，包括社会保险"；"缔约各国承认给予母亲和儿童以保护和协助，承认人人有权为自己和家庭获得相当的生活水准并不断改进生活条件，承认人人有免于饥饿的权利。"以上已经立法机关批准或签署的公约，将作为中国国内社会保障法的形式而存在，保证得到实施。

（三）社会保障法的内容[①]

社会保障法的基本内容包括社会保障法的调整对象、主体与客体等。

社会保障法的调整对象，是指社会保障法所规范的各种特定的社会保障关系，主要是国家或政府、企业或集体和社会成员在社会保障中所发生的各种社会经济关系。具体来说，社会保障法的调整对象主要包括如下一些：

（1）国家与国民之间的关系，即中央政府与地方各级政府与全体社会成员之间的关系，需要明确政府在社会保障中的职责和社会成员享受社会保障的权益等；

（2）社会保障实施机构与政府之间的关系，包括管理与被管理的关系、财政关系等；

（3）社会保障实施机构与社会成员之间的关系，它们之间既是资金筹集者与供应者的关系，又是社会保障待遇提供者与享受者的关系，从而是实施社会保障项目最主要的实践范畴，应当明确规范其权利与义务等；

（4）社会保障机构与企业、社会团体单位之间的关系，它们之间是征集社会保障资金和提供社会保障资金的关系；

（5）企业、社会团体及官方机构与劳动者个人之间的社会保障关系，其实质内容是保证劳动者的社会保障权益，规范企业或用人单位履行对劳动者的社会保障责任等；

（6）社会保障运行过程中的管理体制，即社会保障管理机构的设置及其

[①] 郑功成. 社会保障学——理念、制度、实践与思辨. 北京：商务印书馆，2000初版，2003、2004再版. 386~388

与其他部门的关系;

(7) 社会保障运行过程中的监督机制,包括监督机制的建立以及各种监督机构的职责、权限划分及其协调性等;

(8) 其他社会保障关系,如社会保障子系统之间、项目之间的关系,社会保障基金(主要是社会保险基金)与国家财政及资本市场的关系等,亦需要由相关的社会保障法制进行规范。

社会保障法律制度的主体,是指在社会保障活动中,依法享受权利与承担义务的当事人,主体资格是由法律规定的,也是社会保障运行过程中客观存在的。从社会保障的运行过程来看,其主体应当包括:一是国家或政府(主要通过政府职能部门来体现)。国家不仅直接参与社会保障活动,而且是最重要的责任主体,它对社会保险、社会福利、社会救助、军人保障等各项社会保障制度的实施给予财政支持,从而是社会保障法制系统中的特殊主体。依此类推,在分税制和财政分级负责制的条件下,地方各级政府也成为了社会保障法律关系的特殊主体。二是社会保障实施机构。实施机构直接承担着实施各种社会保障事务的责任,既依法享有向企业、社会团体、劳动者个人等征收社会保险费等权利,又承担着具体组织实施社会保障项目的义务,从而是社会保障法律关系中的当然主体。三是企业、社会团体及官方机构。它们不仅承担着向社会保障机构供款的责任,而且要直接承担诸如职业福利的责任,从而对社会保障有着直接的义务与权益,亦是社会保障法制关系中的当然主体。四是城乡居民及其家庭(尤其是劳动者)。社会保障都是面向城乡居民与劳动者的福利性保障制度,城乡居民是社会保障制度的直接受益对象,也需要承担一定的缴纳费用的责任,从而也是社会保障法制关系中的当然主体。上述有关各方共同构成了社会保障法制关系中的主体,但社会保障机构与社会成员具有完全主体资格,其他则具有特殊主体资格,这种主体构成,正是社会保障事业的公益性、福利性和社会性的具体体现。

社会保障法律制度的客体,是指各关系主体的权利义务共同指向的目标。从社会保障制度的实践内容来看,它的客体是指社会保障规定项目和范围内的各种物质利益和自然人。一方面,社会保障所保障的都是客观存在的财产物资和自然人的身体与生命,灾害救助等是以属于社会成员所有的财产物资(包括有生命的种植业、养殖业生产和无生命的家庭财产)上的利益为具体的保障对象,而其他社会保障项目则多是以保障自然人的生活与身体为目标;另一方面,社会保障的目的主要是为社会成员的基本生活提供物质保障,国民保障权益的实现又是通过支付货币或提供劳务等方式来进行。因此,人是社会保障法律制度中最重要的客体,而物则是部分社会保障法律制度中的特殊客体。①

四、社会保障法律体系

社会保障法律体系的具体构成,一方面取决于法律体系理论;另一方面,也取决于社会保障制度本身的内容和结构。就法律体系理论而言,法律体系是指一国的全部现行法律规范按照一定的标准和原则,划分为不同的法律部门而形成的内部和谐一致、有机联系的整体。同时,就某一法律部门来讲也有其体系结构,亦即某一法律部门的所有现行法律规范也可以分类组合成为不同的、低一层次的法律部门,从而形成内部一致、有机联系的统一整体。因此,从法律体系理论上来讲,社会保障法首先是一个独立的法律部门,是整个国家法律体系的一个组成部分;同时,它又有其自身的体系结构,由若干低一层次的法律部门所构成。

现代法治国家的法律体系极为庞杂,由低位阶至高位阶形成一个金字塔形结构,而这一巨大的金字塔又可视为若干个小金字塔即子法律体系,社会保障法律体系就是这些小金字塔之一。社会保障法律体系包括社会保障专门法律体系和社会保障相关法律体系。社会保障专门法律体系是指专门规范社会保障事务的法律,它们是社会保障制度得以确立并健康运行的主要依据,如《社会保险法》《社会救助法》《社会福利法》,等等。社会保障相关法律体系是指一些国家制定的包含有与社会保障内容相关的法律所构成的体系,如《劳动法》《公务员法》,等等。

中国社会保障法律体系以《中华人民共和国宪法》所确定的公民权益和国家提供社会保障的规范为根本的立法依据;通过社会保险法、社会救助法、社会福利法、国民保健法、军人保障法及其他专门社会保障法律与相关立法(如《老年人权益保障法》等)等共同组成了社会保障社会保障法律体系;而每一项专业法律又统辖着若干个子法或法规或实施细则,从而形成完备的社会保障法律体系。②

五、中国社会保障法律制度的历史、现状及发展趋势

(一)中国社会保障法律制度的建设历程

在新中国成立以前,国民党政府、共产党领导的苏区和解放区等均制定过一些社会保险方面的法规或草案。1929年,国民政府广东建设厅劳动法起

---

①② 郑功成. 社会保障学——理念、制度、实践与思辨. 北京:商务印书馆,2000初版,2003、2004再版. 386~387,409~413

草委员会就起草过《劳动保险草案》，包括"伤害保险"和"疾病保险"等内容。1944年国民党政府社会部拟定过《社会保险方案草案》。在共产党领导的地区，1930年5月由当时的全国苏维埃区域代表大会通过的《劳动保护法》第七章对社会保险作了规范，接着是1931年制定的《中华苏维埃共和国宪法大纲》和《中华苏维埃共和国劳动法》（1933年修改），以及稍后颁布的《中国工农红军优待条例》《红军抚恤条例》《优待红军家属条例》等，对有关社会保障工作进行了规定。在抗日战争后期，边区政府制定了针对抗战军人及家属的保障和劳工保护问题的政策法规。

东北行政委员会在1948年颁布了《东北公营企业暂行劳动保险条例》，1949年又颁布了这一条例的实施细则和劳动保险基金试行细则、劳动保险会计办理试行细则等，其他地区也颁布过一些社会保障方面的法规。

新中国成立后，与社会保障制度的建立、挫折和发展一样，社会保障法规的制定、修订和完善也经过了曲折的过程。这一过程大致可以分为以下几个阶段：

第一阶段，1950—1965年间社会保障法规初建阶段。此时期，以新中国成立前夕制定的临时宪法《中国人民政治协商会议共同纲领》中有关社会保障问题的规定为依据，政务院集中颁布了多部有关社会保障的全国性行政法规。从而使20世纪50年代成为新中国社会保障法制建设的第一个高峰时期，这一时期颁布的主要的社会保障法规包括《中华人民共和国劳动保险条例》和一组优待抚恤条例，这些法规和条例构成了当时社会保障法规的基本框架，并为以后社会保障法律体系的形成奠定了基础。

第二阶段，1966—1977年间社会保障制度遭受破坏，法制建设停滞不前阶段。此时期，文化大革命运动使中国的社会经济制度和正常的经济秩序遭到破坏。同样，社会保障项目的实施受到严重影响，一部分社会保障制度被改变。1969年2月由财政部发布的《关于国营企业财务工作中几项制度的改革意见（草案）》，轻易地否定了《中华人民共和国劳动保险条例》中的有关规定，由此，社会化劳动保险演化为企业保险。它造成的社会保障制度不合理和无效率等问题，在以后的实践中积重难返，成为改革开放后社会保障改革异常艰难的重要原因。

第三阶段，1978—1989年间修补社会保障制度，法制建设有所进展。在这段时期，中国的社会经济开始走上改革和发展道路，法制建设受到全社会的重视。在重建社会保障制度的同时，国家对社会保障法规也进行了重新审议、修改和补充，但并没有作根本性的制度变革。在1970年至1980年，立法机构和主管社会保障事务的政府部门颁布了一些全国性的法规和政策，这些法规政策主要集中在重建统一的城镇劳动者的退休养老制度和对军人抚恤优待制度，同时在失业保险制度的建设方面作了尝试。

第四阶段，20世纪90年代初至今是重建中国社会保障制度法制体系的阶段，这一阶段还在进行之中。 20世纪90年代以来，中国加大了改革开放的力度，并开始建立社会主义市场经济体制。与此相适应，社会保障制度亦开始朝着社会化和法制化的方向发展，国家开始注重适应社会主义市场经济体制的社会保障法律制度的建设。近10多年间国家行政机关颁布了大量社会保障法规和政策，如《农村五保供养条例》《失业保险条例》《城市居民最低生活保障条例》《社会保险费征缴暂行条例》《工伤保险条例》《劳动保障监察条例》，以及多个行政规章或法规性文件等。

尤其值得指出的是，2004年3月国家立法机关修改《中华人民共和国宪法》时，将国家建立健全同经济发展水平相适应的社会保障制度以及国家尊重和保障人权正式载入了宪法，这是一个重大的历史的进步，它对社会保障法制建设将起到直接的推动作用。

（二）中国社会保障立法的现状

尽管新中国的社会保障法制建设走过了半个多世纪的历程，并制定过多部社会保障方面的法规和部分相关法律，它们对于维系以往社会保障制度的运行起到了不可或缺的作用，并为以后的社会保障法制建设奠定了一定的基础。然而，从总体上看，中国的社会保障立法又确实十分滞后，基本上处于一种非正常状态，从而对整个社会保障制度的最终确立与健康运行造成了一种先天的不足。

中国社会保障法制建设的滞后局面，主要表现在以下几个方面：

• **社会保障立法还缺乏合理的理念**。即是以维护社会稳定为立法理念，还是吸收发达国家实现社会公平正义共享和长期协调、和谐发展的战略观，在中国社会保障立法中还未能真正清晰地体现出来。

• **立法缺乏统筹规划，体系结构残缺**。如已颁布的《中华人民共和国老年人权益保障法》《中华人民共和国残疾人权益保障法》等法律是社会保障内容与非社会保障内容混合在一起，但又不能作为实施有关社会保障制度的直接法律依据，而以社会保险法、社会福利法、社会救助法等为骨架的社会保障法律体系还未得到确立。

• **法制建设的层次低**。即国家立法机关制定的社会保障法律少，国家行政机关制定的法规和地方性法规以及政府部门的规章和政策性文件多，这种局面表明社会保障法制建设的低层次性和不稳定性。

• **立法主体混乱，立法层级无序**。一些需要国家立法机关制定的法律却只能用行政法规代替，而有的可以由国务院颁行的法规却变成了由国家立法机关通过的法律，这种局面为后续立法工作的顺利发展增加了障碍。即使以现有社会保障各领域的法规建设来看，亦存在着不平衡的现象。

• **欠缺与国际组织的社会保险规则相适应的法律规范**。中国已经成为世界贸易组织的重要成员国。尽管在世界贸易组织这个框架内迄今还未有相应的社会政策或社会保障条款，对成员国的社会保障制度也没有明确限定，但是国际劳工组织已经制定了100多个有关劳工权益保障方面的公约，提供了最低程度的保障标准。世界贸易组织作为世界性的经济组织，要求各成员国有成熟的市场经济体系，而成熟的市场经济体系需要以健全的社会保障体系作为基本条件。中国现行的有关社会保障法律法规与国际劳工组织的社会保障规则客观上还存在相当大的差距，有的甚至直接同国际劳工组织的社会保障规则相冲突，这在一定程度上必然会影响中国同国际社会的交流与合作，最终将影响到中国完善的社会主义市场经济法律体系的建立。

（三）中国社会保障立法的发展趋势[①]

完善的社会保障法应当有量和质两个方面的评价标准。

就量的规定而言，首先，社会保障法律体系应当有直接的宪法依据；其次，社会保障法律体系中应当有适用于社会保险、社会福利、社会救助、军人保障等方面的专门法律；再次，社会保障法律体系还不能缺少与上述法律、法规相配套的若干条例、规章等。法律法规的缺漏，必然造成制度运行中的不规则，进而破坏着社会保障制度功能的正常发挥。

就质的规定而言，首先，要求在社会保障主干法律与起配套作用的法规、规章之间具有有机的联系，形成符合逻辑的多层次的法律结构；其次，它们在内容上应当达到和谐一致、互不矛盾、互不抵触，符合法制统一原则和统筹兼顾、互相协调的原则。

依据上述标准，中国社会保障法律体系的完善应当从以下几个方面推进：

1. 由地方立法向中央立法发展

目前，中国社会保障立法大量地表现为地方立法。各省、自治区和直辖市都颁布了相应的地方性法规、地方规章来规范当地的社会保障相关项目，这种状况是社会保障制度改革在部分地区综合试点或部分单位分散试点的需要和表现。但是，进入社会保障制度总体设计与整体推进阶段时，必须高度

---

① 郑功成. 论中国特色的社会保障道路. 武汉大学出版社，1997. 494～496

重视并有计划地制定全国性的社会保障法律和法规。就社会保障进行立法，是在全国范围内使社会保障制度走向统一的基本保证。因此，在改革试点地区立法先行的基础上，应努力为中央立法创造条件，尽快实现以中央立法来统率地方立法。

2. 由分散立法向相对集中立法发展

由于社会保障制度的改革与重建仍然处于探索与试验阶段，社会保障立法表现出过度的分散性。如没有综合性的社会保险法律或法规，却有养老保险、工伤保险、医疗保险、失业保险、生育保险等单项法规或政策性文件；在社会福利、社会救助领域，更是表现出一种"头痛医头、脚痛医脚"的倾向。国务院或其职能部门发布的大多是解决实践中的某一个具体问题的指示、意见等，致使与社会保障有关的法律、法规、政策数以百计。这种过分分散的立法局面，不仅不利于社会保障的整体发展和全面发展，而且不利于社会保障项目的均衡发展和协调发展。因此，现阶段是到了考虑向相对集中立法发展的时候了。如制定集中性的《社会保险法》《社会救助法》《社会福利法》等，以其统率其他法规、规章，将能够使整个社会保障法律体系得到全面、系统的发展，并维系社会保障制度在整体上的正常运行。需要指出的是，社会保障立法也不能走向过度集中化，有关人士主张制定一部综合性的《社会保障法》显然不具有现实性。

3. 由行政立法向人大立法发展

社会保障是全体社会成员的共同意愿，兴办社会保障事业也是现代社会的国家意志，它应当通过国家立法机关进行立法并以其统率行政法规来具体体现。而缺少人大立法和过多行政立法的局面，是无法满足社会保障制度正常运行需要的，特别是难以避免部门利益分割而给统一社会保障制度设置障碍的现象。改革开放以来，中国已经经历了较长时期的行政立法阶段，许多行政法规事实上已经为国家立法机关的立法打下了较好的基础，因此，应该适时进入全国人大立法的阶段。从国家立法机关的角度出发，不仅应当关注社会保障方面的法制建设，更应当将主要的注意力集中到基本的社会保障法律的制定上，如迫切需要《社会保险法》《社会救助法》《社会福利法》《军人保障法》以及其他必要的社会保障法律等早日出台。人大立法是整个社会保障法制系统建设的最高保证。

4. 强化社会保障法律制度的实施机制

社会保障制度功能和效应的发挥与释放需要强有力的制度和措施做后盾。一方面，应加强法律规范本身的强制性，尽快建立起相关的社会保障法律责任制度，对拒不缴纳法定的社会保障费、拒不履行支付社会保障金义务、不正当使用保险基金、贪污、挪用、侵占保障基金的行为人，应当依法追究其行政责任、民事责任和刑事责任；另一方面，借鉴国外普遍实行的专门法院审判方式，建立我国专门的劳动和社会保障法庭（院），专门从事审理劳动和社会保障的争议案件，使当事人在社会保障权益受到不法侵害时获得有力的司法保护，并对社会保障领域里发生的违法、犯罪案件，依法及时审理。

▶第三节 社会保障管理

一、社会保障管理模式

社会保障管理是确保这一制度依法正常、健康地运行的基本保证，社会保障管理效果的好坏，又通常与社会保障管理体制密切相关。

社会保障管理体制是指国家为实施社会保障事业而规定的从中央到地方的各种社会保障管理机构、管理原则和运行机制的总和。世界各国的社会保障管理体制因其政治、经济、文化、历史背景和民族传统不同而有很大差异。如根据政府介入的程度，可以概括为政府管理、自治管理与民间管理等模式；按照集权程度，则可以分为集中管理、分散管理、集散结合管理等模式。

（一）集中管理模式

集中管理模式，是把养老保险、失业保险、医疗保险、工伤保险以及其他社会保障项目全部统一在一个管理体系内，建立统一的社会保障管理机构，集中对社会保障各项目基金的筹集、待遇给付以及运营监督等实施统一的管理。在实行集中统一管理模式的国家里，一般从中央到地方都设立专门的社会保障行政管理机构和业务机构，配备专职的工作人员。其显著特征有：一是社会保障决策权统一集中在中央；二是社会保障预算权统一，即编制和执行全国范围内的社会保障预算；三是政府间的社会保障联系是一种直接的双重联系，即地方管理机构不仅要在横向上对同级政府负责，还要在纵向上服从中央政府的指令；同时，地方社会保障收支规模与基本结构要由中央政府决定。

集中管理模式具有以下几方面的优点：一是有利于社会保障的统一规划、统一实施、统一监督，避免了政出多门、多头管理所产生的诸多利益冲突，使社会保障功能更有效地发挥；二是有利于社会保障各项目之间、社会保障运行机制各环节之间的协调和社会保障基金的集中管理，并在一定范围内调剂使用，更好地发挥社会保障的互济功能；三是有利于控制管理费用，降低社会保障管理成本；四是对社会保障业务和基金的集中管理，还有利于增强透明度，便于社会监督。

集中管理模式的局限性，主要体现在：一是某些社会保障项目的管理与政府业务主管部门往往难以协调，进而影响管理效果。如失业保险、工伤保险与劳动就业部门的就业促进、工伤预防等工作往往很难协调配合；二是这种模式往往以国家行政管理为主，受行政干预较多。

英国、新加坡即实行这种模式。

（二）分散管理模式

分散管理模式，是不同的社会保障项目由不同的政府部门或机构管理，并各自建立一套社会保障执行机构、资金营运机构及监督机构，各保障项目之间相互独立，资金不能相互融通使用。其基本特征有：一是各级政府及社会保障部门事权独立；二是各级政府社会保障部门预算独立；三是政府间的社会保障联系是间接的，政府将社会保障事务委托给社会保障经办机构管理，只对社会保障进行监督，并根据各类保险项目的财务状况进行必要的平衡。

分散管理模式具有以下几方面的优点：一是各管理机构具有较大的自主性，能根据自己所管理社会保障项目特点制定详细、周全的管理规则，较灵活地适应社会保障发展的需要；二是管理的独立性强，能根据客观实际，及时调整保障项目和内容，较灵活地适应社会生活的需要。

分散管理模式的局限性体现在：一是管理机构多，管理成本高，如德国养老保险的管理费用占所缴养老保险金的3%，而同期日本、美国的养老保险管理费用只占1%；二是因机构庞杂和相互独立可能导致一些工作的重复，给被保险人和保险机构管理增添了难题。

德国是实行分散管理模式的典型。

（三）集散结合管理模式

集散结合管理模式，是指将社会保障中共性较强的项目集中起来，实行统一管理，而将特殊性较强的项目单列出来由相关部门分散管理。集散结合管理的显著特征，是根据社会保障项目的不同，把集中统一管理和分散自主管理有机地结合起来。

集散结合管理模式的优势主要体现在：一是它既能体现社会保障社会化、一体化的要求，又能兼顾个别项目的特殊要求；二是有利于调动各方面的积极性，提高工作效率，降低管理成本，更好地促进社会经济发展。可以认为，集散结合管理模式兼具了集中管理模式和分散管理模式的优点，而又在一定程度上避免了两者的缺点。当然，这种模式的顺利实施需要有较为有利的内外部条件和管理环境。

美国、日本等国采用集散结合管理模式。

二、社会保障管理的基本原则[①]

社会保障管理在运行中需要遵循管理的一般原则，同时还应当考虑社会保障制度的特殊性而遵循某些特定的规则。它主要包括公开、公正与效率原则，依法管理原则，属地管理原则，以及与相关系统协调一致的原则等，这些原则是建立社会保障合理的管理体制的基本依据，也是管理系统正常、有效地运行的准则与保证。

（一）公开、公正与效率原则

现代社会保障是公共事务，它关系到全体社会成员的切身利益，而支撑社会保障制度运行的财政基础（无论是财政拨款形成的基金还是通过向企业和劳动者征缴社会保险费而形成的基金）亦是社会公共基金，它实质上属于全体社会成员共有。因此，社会保障制度的运行应当是透明的，社会保障管理亦必然要遵循公开、公正与效率的原则。

在公开、公正与效率原则下，首先是社会保障管理机构及其职责应当通过社会成员熟知的途径与方式加以公开化，以便让大众接受必要的社会保障政策信息，明了自己的社会保障权益以及可以申请与上诉的路径及处所；其次，管理机构在社会保障运行中既是责任者，更是社会保障制度公正性的维护者，它应当严格依法保护社会成员的社会保障权益，并对社会保障纠纷采取不偏不倚的态度；再次，效率是管理系统运行最重要的追求目标之一，管理机构是否职责分明、政令是否畅通无阻、管理成本是否低廉、管理资源是否得到最优配置，均是衡量管理效率的基本标志。

应当看到，由于一些官方社会保障管理机构办事效率低的原因，由私营系统来取代公营系统管理或运行社会保障事务的趋向已得到了相当多的公众的理解与拥护。

（二）依法管理原则

社会保障法制化及其所具有的强制性，决定了社会保障制度在各个环节

---

① 郑功成. 论中国特色的社会保障道路（第十四章）. 武汉大学出版社，1997

均须严格按照现行法律、法规与政策的"肯定的、明确的、普遍的"规范运行，并接受社会公开监督。因此，依法管理成为管理机构履行职责的内在要求。

社会保障管理作为整个社会保障运行机制中的一个重要环节，实行依法管理包括两个方面：一是管理机构及管理岗位的设置需要有相应的法律、法规作为依据，有关法律、法规对此应当有明确而具体的规范；二是管理系统必须依法运行，即管理机构只能在既定的职责范围内行使权力，既不能不作为，也不能越权行事。

依法管理作为对社会保障管理的一项基本要求，既是为了避免因管理职责紊乱致使社会保障制度在运行中出现非正常状态，也是为了确保社会保障管理的权威性。因此，为社会保障管理立法应当先于社会保障管理体制的建立，社会保障管理的基本任务就是保证现行社会保障法律、法规、政策的贯彻落实，是执行法治并确保法治的关键性工具。

（三）属地管理原则

社会保障制度追求的社会目标是社会公平与社会和谐，它在运行中是一个开放的社会化系统，并需要通过在区域内设置相应的实施机构来完成项目实施任务，实现的也主要是一定区域范围内社会成员之间的共济或互济互助。因此，除新加坡等少数城市国家或小国家外，各国的社会保障事务通常都是在国家法律、法规的统一规范下，由各地区组织实施并由各地区的社会保障管理机构负责管理与监督的。

有鉴于此，社会保障管理应当奉行属地管理原则，即同一地区的社会保障事务适宜由该地区的管理机构统一管理，这是维护社会保障制度的公平性、互济性和社会性的内在要求。

（四）与相关系统协调一致原则

虽然社会保障是一个独立运行的系统，但它与其他社会系统和经济系统却存在着不可分割的联系，从而在运行中需要与其他系统保持协调一致。例如，社会保障管理系统与国家财政系统就需要在社会保障基金管理等方面协调一致；如果社会保障基金进行商业运营，管理系统还应当与金融证券系统等保持协调一致；等等。

即使在社会保障管理系统内部，不同的管理机构亦需要在明确职责、分工负责的基础上保持某种程度的合作。此外，管理系统还需要与社会保障法制系统、实施系统及监督系统保持协调一致。强调管理系统与其他系统的协调及管理系统内部的协调,目的在于减少摩擦、提高效率并促使管理目标的顺利实现。因此,社会保障管理工作在一定程度上即是协调性工作。

三、社会保障管理的内容

社会保障管理的内容可以从三个方面进行概括:

(一)社会保障行政管理

社会保障行政管理,是指行政部门依法行使对社会保障事务的管理与监督权力,它是确保社会保障制度良性运行的保证。

政府要管理监督社会保障事务,必须依法设置相应的社会保障管理部门,如中国的劳动和社会保障部、民政部等,在地方各级政府中亦需要设置同样的管理部门,由这些部门专司社会保障管理职责。

社会保障行政管理的内容包括依法制定更为具体的社会保障政策及运行规范,对社会保障制度的运行进行日常的监督。社会保障行政管理的任务,是确保社会保障制度的规范运行,并对失范现象进行纠正。

(二)社会保障财务管理

社会保障财务管理包括两个层次:一是政府财政、审计部门对社会保障财务收支及运行状况进行管理与监督;二是社会保障主管部门对社会保障经办机构的财务收支及运行状况进行管理与监督。一般而言,财政部门不仅为社会保障财务活动提供着规范性的依据,而且对重要的社会保障财务运行进行监督;审计部门则通过抽查等方式来实行对社会保障机构的财务的监督。

社会保障主管部门亦对其负责管理的社会保障经办机构的财务活动进行监督管理。如劳动和社会保障行政部门对社会保险经办机构财务活动的监督管理,民政部门对有关社会福利机构财务活动的监督管理。

社会保障财务管理的环节包括:一是对社会保障基金筹集的管理,检查各责任主体(如国家、单位、个人)是否按法定标准供款,私人和社会团体的捐助是否符合法律的规定等;二是社会保障待遇给付的管理,即对享受者支付养老保险金、医疗补助、工伤保险金、失业补助、最低生活保障金等是否符合法律规范,有无违规现象,有无漏洞等,发现失范时应当及时纠正并处理;三是对社会保障基金运营的管理与监督,确保社会保障基金安全并尽可能地使其保值增值。

需要指出的是,由于社会保障基金是支撑社会保障制度的基础,在基金制条件下,社会保障基金与资本市场的结合日益紧密,对社会保障基金及其运营的管理与监督也就成为社会保障财务管理的重点。它一般由专门的社会保障管理机构进行管理,并接受社会监督,在许多国家是由政府、雇主与劳动者代表三方组成的机构对基金进行监督管理。理由在于:(1)社会保障基金一般由国家、单位或雇主、享受者承担供款责任,作为基金所有权的自然延伸,三方均拥有当然的管理权;(2)社会保障作为现代文明国家的一项社会政策,各国政府具有无可推卸的管理责任和义务;而单位或雇主作为义务主体,要调动其积极性也应让其参与管理,因为这样才有利于细致地甄别享受者的条件、控制社会保障基金的发放;享受者不仅拥有享受社会保障的权利,而且有缴纳社会保障基金的义务和管理基金的责任,社会保障基金距离享受者越近,越有利于树立公民的社会保障意识,越有利于社会保障基金的管理。因此,社会保障基金管理组织,应区别于政府行政机构和以营利为目的的企业或商业组织,成为一个由三方代表共同组成的事业性的公共机构。

(三) 其他社会保障管理

除行政管理与财务管理外,社会保障领域还有社会保障服务管理、人力资源管理等。如对社会保障服务机构(如经办单位)的服务质量进行监督,对社会保障经办单位人员资格的审查,等等,都是维护社会保障制度良性运行的保证。

四、中国社会保障管理体制

中国现行社会保障管理体制,是 1998 年在中央政府机构改革中确立的,它主要表现为政府对社会保障事务的管理与监督。在中央政府机构序列中,管理社会保障事务的职能部门主要有劳动和社会保障部、民政部、卫生部和财政部,其他有关部门亦不同程度地承担着社会保障管理与监督责任。

(一) 劳动和社会保障部

劳动和社会保障部是全国劳动和社会保险事务的主管部门,包括养老保险、失业保险、医疗保险、工伤保险、生育保险以及社会保险基金等均是其管理职责范围内的事务。劳动和社会保障部内设的社会保险事务管理机构有:

- **法制司**。负责起草包括社会保险在内的劳动和社会保险法规政策。
- **养老保险司**。负责基本养老保险事务的管理。
- **失业保险司**。负责失业保险及相关事务的管理。
- **医疗保险司**。负责医疗保险、生育保险等事务的管理。
- **工伤保险司**。负责工伤保险事务的管理。

- **社会保险基金监督司**。综合管理各项社会保险基金监督工作。
- **农村社会保险司**。负责乡村社会保险事务的管理。
- **直属事业单位**。例如：社会保险事业管理中心，负责全国社会保险经办机构的指导与管理；社会保险研究所，负责社会保险理论与政策的研究工作。它们虽然不在行政序列之中，但又直接为社会保险管理服务。

地方各级政府中的劳动和社会保障行政部门，一般照此设置内设机构。

（二）民政部

民政部是中央政府中又一个十分重要的社会保障主管部门，它负责管理全国的社会救助、社会福利、优抚事业等。民政部内设的相关机构主要有：

- **救灾救济司**。负责管理灾害救助、贫困救助与特殊救助及慈善事业等事务。
- **最低生活保障司**。负责管理面向低收入阶层的最低生活保障事务，组织和指导扶贫济困等社会互助活动。
- **社会福利与社会事务司**。负责管理全国的社会福利事务（包括老年人、孤儿、五保户等特殊困难群体的福利）、福利彩票及城市生活无着落的流浪乞讨人员的救助管理。
- **优抚安置局**。负责管理军人及其家属的优待、抚恤及补助事务，以及国家机关工作人员伤亡抚恤等事务；此外，还有转业军人的安置工作等。
- **政策研究中心**。负责研究社会救助、社会福利等各项民政工作的政策。

地方各级政府中的民政部门亦通常照此设置自己的内设机构，专门负责有关社会保障事务的管理。

（三）其他部门

除上述主管部门外，在中央政府中，还有一些部门承担着相应的管理与监督职责。如卫生部不仅负责全国医疗卫生事业，而且承担着农村合作医疗、全民卫生保健等事务的管理职责；财政部设置有专门的社会保障财务司，负责管理中央财政社会保障支出及财务制度等；审计署设有专门的社会保障审计司，负责对社会保障事务进行审计监督；国家发展和改革委员会亦设有社会发展司等机构，负责制定社会保障发展的中长期规划等。

国务院还于 2000 年设置了全国社会保障基金理事会，它虽然不是政府机构而是一个事业单位，但它肩负着管理主要源于财政拨款、国有股减持等形成的中央社会保障储备基金的责任，并负责这笔基金的投资营运管理。

此外，一些半官方性质的组织与社会团体，亦不同程度地参与社会保障事务的管理。如中华全国总工会、中华全国妇女联合会、中国残疾人联合会等机构就不同程度地参与了有关社会保障事务的管理。

本章小结

现代社会保障是法制化事业，它由国家立法机关通过相应的立法来确立制度，并在相关管理机关的监管下才能正常运行。社会保障法是指调整一个国家或地区的社会保障关系的法律规范的总和，它由国家立法机关制定并以法律的面孔出现。

社会保障法制化的内在价值是社会保障法所固有的追求公平正义与稳定、连续的价值，社会保障法的外在价值是明晰社会保障主体的权利义务和职责并确保社会保障制度有效地运行。

社会保障管理的意义在于能够将社会保障法律制度细化促使其得到贯彻落实，能够通过对社会保障计划或方案的制定来主导社会保障制度的长期发展，能够监控和纠察社会保障的具体实践以保证其健康有序地运行。

社会保障法起源于英国中世纪的济贫立法，但它与现代社会保障立法又有着根本的区别。只有当确立了国家在保障国民生存权益方面的责任，并以维护人的尊严为前提的社会保险立法的出现，才真正意味着现代社会保障立法的产生。

社会保障法的历史演变大体上划分为如下四个阶段：济贫法阶段、现代社会保障立法产生阶段、现代社会保障立法成熟阶段和现代社会保障立法的完善与发展阶段。

现代社会保障制度的建立，是以解决国民生存保障问题并促使社会经济协调发展和整个社会的和谐发展为基本出发点与归宿的，因此，现代社会保障立法实质上即是社会成员生存保护法和国民安全法，同时也是社会稳定法和社会调节法及社会和谐法。它还具有自己的明显特征，即安全性、强制性、普遍性、平等性和鼓励性。

现代社会保障立法需要遵循人权保障原则、公平正义原则、权利义务相结合原则、与社会经济发展水平相适应原则和普遍性与选择性相结合原则。

当代中国社会保障法的形式包括中华人民共和国宪法、法律、行政法规、地方性法规、自治条例和单行条例，行政规章和地方规章，法律解释，条约与协定等。

社会保障法律制度的主体，是指社会保障活动中依法享受权利与承担义务的当事人，主体资格由法律规定。社会保障法律制度的客体，是指各关系主体的权利义务共同指向的目标。从社会保障制度实践的内容来看，它的客体是指社会保障规定项目和范围内的各种物质利益和自然人。

社会保障管理属于社会管理范畴，作为国家上层建筑的组成部分，它既是社会保障法制的自然延伸，也是对社会保障法制的强化，在实践中要受到社会生产力和社会经济制度及现代各国行政架构的制约。在具体的管理模式方面，既可以分为政府管理、自治管理与民间管理，也可以分为集中管理、分散管理和集散管理。在管理实践中，需要遵循公开、公正与效率原则，依法管理原则，属地管理原则，以及与相关系统协调一致原则。社会保障管理的内容主要包括社会保障行政管理、财务管理与项目管理等。

中国政府中的社会保障管理部门主要有劳动和社会保障部门、民政部门、卫生部门和财政部门，其他有关部门亦按法定职责不同程度地参与社会保障事务管理。

■ 复习思考题

1. 为什么要突出强调社会保障管理法制化？
2. 如何理解社会保障立法理念的嬗变？
3. 社会保障法有哪些主要形式？
4. 社会保障管理应当遵循哪些原则？
5. 为什么要强调社会保障实行属地管理？
6. 中国的社会保障管理部门有哪些？各承担哪些管理职责？

■ 案例讨论 1

欧盟的社会保障立法

欧盟的前身是欧洲经济共同体，于 1957 年创建，最初只有法国、德国、意大利、比利时、荷兰和卢森堡等 6 个国家。1973 年，英国、丹麦、爱尔兰加入；1981 年，希腊加入；1986 年，西班牙和葡萄牙加入。上述 12 个国家于 1992 年 2 月在荷兰的马斯特里赫签订了《欧洲联盟条约》（也称《马斯特里赫条约》），欧盟正式取代欧洲经济共同体，该条约也于 1993 年 11 月 1 日生效。1995 年 1 月，瑞典、芬兰和奥地利加入欧盟，欧盟由 15 个成员组成。2004 年，欧盟接受包括匈牙利、捷克、波兰等在内的 10 个新成员国，从而完成其成立以来的第五次也是最大的一次扩容，扩容后的欧盟成为全世界最大的区域经济体，其成员国也由原来的 15 个扩大到 25 个。

欧盟作为一个区域经济体，追求的是区域经济一体化，从而需要建立统一的劳动力市场。为此，欧盟通过一系列立法和采取多种措施打破成员国之间的限制。在社会方面，欧盟致力于通过劳动力的自由流动和更大范围内提供工作岗位来提高欧盟的就业水平，同时也通过成员国国内立法的接近促使欧盟范围内雇员生活与工作条件趋向平等。《欧洲联盟条约》就特别明确了欧盟在社会方面的任务，规定欧盟及其成员国的目标是在社会进步中，平衡地促进就业水平的提高、生活和工作条件的改善以及适当的社会保障水平。1997年签订的《阿姆斯特丹条约》明确要求各成员国对"公民社会基本权利予以尊重和确立"，这里的社会基本权利包括劳动权、职业培训权、劳动条件权、平等劳动报酬权、组织工会权和集体谈判权、特殊劳动群体的保护权、健康权和社会保障权等。2004年10月29日，欧盟25个成员国的领导人在罗马签署了欧盟历史上的第一部宪法条约，这标志着欧盟在推进政治一体化的道路上又迈进了重要的一步，该条约内容分为欧盟宪法、欧盟公民基本权利宪章、欧盟的政策和欧盟条约四个部分，其对有关公民的社会保障权益等进一步明确化了，不过，欧盟宪法条约还需要经过所有成员国的议会表决或者全民公决通过才能正式生效，因此，它被称为是欧盟一体化的新起点。

在社会保障方面，欧盟采取了积极的措施来建立人员自由流动的保障体系，使劳动者在不同国家就业时其社会保障权利和各种社会保险待遇不受影响，为此，欧洲理事会通过为若干协调社会保障制度的条例，如1971年第1408/71号《关于适用于薪金雇员和自由执业者及其家属在共同体内流动的社会保障制度公约》；1972年第54/72号《关于上述条约的适用方法的条例》；1983年第2001/83号条例对上述条例的修订。

根据欧盟的有关协议，欧盟立法中有关社会保障制度的基本内容主要包括：一是维持成员国的国内立法，即尊重各国已有的法律；二是促使成员国的法律适用于本土之外，以使雇员在不同国家工作可连续计算，社会保险待遇的发放也扩大到欧盟范围内；三是促进成员国之间社会保障机构的合作，以便为上述措施的实施提供制度保障；四是实行平等原则，各成员国在社会保障待遇上对于流动到其本土上的其他成员国公民要如同本国公民一样平等对待。

欧盟规定的劳动者在不同国家工作的社会保险权益可以连续计算，是经济全球化条件下解决区域经济一体化中的劳动者自由流动社会保障权益的有效举措。不过，随着欧盟东扩，由于新加入的国家经济发展水平大大低于原来加入的国家，这种规定实际上要受到相应的限制。

欧盟有关社会保障的立法表明了经济全球化背景下劳动者的自由流动需要跨越国境的社会保障制度规范，同时也表明社会保障国际化并非易事，因为它必然地要受到各国具体国情的制约，经济、社会、政治、文化等诸种因素的非一致性，是社会保障制度国际化很难逾越的障碍。

2005年5、6月，法国、荷兰两国作为欧盟发起国，却先后在全民公决中否决了欧盟宪法条约，既是欧盟一体化进程中遭遇的重大挫折，也是社会保障等在发展不平衡条件下难以一体化的一个缩影，因为法、荷两国公决否决欧盟宪法条约的共同的一个重要原因就是国民担心福利权益因此受损。

案例讨论 2

企业因不参加社会保险而败诉

于某等 6 人系某私营企业 1998 年 5 月招用的农民工，经过几年的培训和锻炼，他们很快成了厂里的技术骨干。2001 年 6 月，双方签订了 5 年期劳动合同，从 2000 年 6 月 1 日起至 2006 年 5 月 31 日止。自 2004 年 5 月开始，于某等人多次与老板协商参加养老保险、工伤保险、医疗保险事宜，老板总是以制造厂是私营企业，他们又都是农民工，以及劳动合同上没有要参加社会保险的约定为由，拒绝他们提出的要求。2005 年 2 月 28 日，于某等 6 人经再次与雇主协商未果后，以企业拒绝参加社会保险为由，向雇主递交了书面辞职报告，并于次日离厂，到另一家同行业工厂工作。

于某等 6 名技术骨干辞职离厂后，该厂几乎处于瘫痪状态，雇主非常着急，亲自去找于某等人，要求他们回厂上班，但由于社会保险问题不能达成一致协议，于某等人均表示决不回厂。为此，该雇主向当地劳动争议仲裁委申请仲裁，要求于某等人回厂继续履行劳动合同，否则，每人需向厂方交纳违约金 5 000 元，赔偿经济损失 10 000 元。

劳动争议仲裁委立案后，依法开庭仲裁。庭审时，申诉人陈述了自己申诉的事实与理由，并特别强调，于某等人在劳动合同期限内，未经企业批准，擅自离职，属违约行为，应当向厂方交纳违约金。同时，由于他们擅自离职，致使合同不能按期完成，也影响了整个企业的生产，直接造成 10 多万元的经济损失，于某等人应当承担赔偿责任。于某等人辩称，我们年轻时能出力挣钱吃饭，老了以后谁来养活我们？这当然要靠社会保险；况且，国家政策规定，企业应当参加社会保险，为此，我们多次与企业协商，老板都拒绝了我们的合理要求，为了解决后顾之忧，将来老有所养，我们只能辞职另谋职业，到参加社会保险的用人单位工作。同时，于某等人还提出反诉，要求申诉人为他们补缴社会保险费。

劳动争议仲裁委认为：根据劳动法律、法规规定，中国境内的所有企业、个体经济组织、民办非企业单位、企业化管理的事业单位及其职工均应依法参加社会保险。申诉人不参加社会保险，是造成被诉人辞职的直接原因，是一种侵害被诉人合法权益的违法行为。在用人单位拒绝依法为劳动者参与社会保险并缴纳社会保险费的情况下，劳动者随时可以与用人单位解除劳动合同。劳动合同未涉及的事项应按照国家有关法律、法规执行。因此，于某等人的辞职行为不属违约行为。依照《中华人民共和国劳动法》第 72 条等的规定，劳动争议仲裁委裁决如下：

1. 驳回申诉人的申诉请求；
2. 申诉人依法为被诉人补缴社会保险费。

通过本案，表明用人单位不参加社会保险、不承担为劳动者依法缴纳社会保险费的责任，劳动者不仅可以随时与用人单位解除劳动合同，而且还可以依法申请劳动争议仲裁，要求用人单位为自己缴纳社会保险费。

案例讨论3

"龙多不治水"的社会保险管理格局

在1998年以前，中国的社会保险管理体制是多个部门分割管理，它源于计划经济体制下国家机关不同职能部门的设置。当时的情形是，劳动部门管理和经办国有企业和部分集体企业职工的社会保险，民政部门管理和经办农村的养老保险，人事部门管理和经办国家机关事业单位的养老保险等，中国人民保险公司亦管理和经办部分城镇集体单位职工的养老保险，卫生部门管理着国家机关事业单位的医疗保险，劳动服务公司管理和经办部分单位职工的失业保险。此外，就养老保险而言，国务院还先后批准电力部门、铁路部门、邮电部门、水利部门、建设部门（中建总公司）、金融部门、石油天然气部门、民航部门、煤炭部门、有色金属部门、交通部门等11个部门单独管理和经办本行业职工的养老保险。这样，社会保险实际上分别由4个部门、11个行业再加上中国人民保险公司、劳动服务公司等企业分割管理和经办。这种多头管理和多头经办的格局，被称为多龙治水。而根据中国的传统说法，龙多是不治水的。

在这种管理格局下，应当统一的社会保险制度被多头分割，不仅管理机构与经办机构重复设置，管理与运行成本成倍增加，而且这种各自为政的局面造成了应当统一的社会保险制度无法统一，国家失去了对社会保险制度的宏观调控和综合平衡能力，地方因多头管理与经办，还激化了不同单位职工之间的矛盾。各项社会保险制度改革在相互扯皮中根本无法获得推进，各级政府的大量精力被迫放在处理各管理部门与经办机构的关系上，社会保险制度改革更加艰难。

1998年，九届全国人大第一次会议批准国务院机构改革，才结束了社会保险多头管理与经办的混乱不堪的局面，全国社会保险事务的管理职责被统一到劳动和社会保障部，从而为社会保险制度的统一与健康运行创造了条件。然而，现阶段社会保险尤其是养老保险改革深化中的问题实际上还与当年多头管理有关，其后遗症相当严重。

多头管理造成的不良后果，表明了社会保险应当采取集中管理，这是确保制度统一、管理高效的前提条件。

下 篇
制度实践篇

第八章　社会救助

第九章　社会保险

第十章　社会福利

第十一章　军人保障

第十二章　补充保障

第八章

社会救助

■ 学习要点

通过本章的学习，应当了解社会救助、贫困问题等基本理论，熟悉最低生活保障制度、农村五保制度、灾害救助制度等的目标、原则及基本内容。

■ 关键概念

社会救助　贫困　市场菜篮子法　恩格尔系数　"三无"人员
生活救助　灾害救助　医疗救助　住房救助　教育救助
农村扶贫开发　最低生活保障　农村五保制度

▶第一节 概述

现代社会救助源于历史上的慈善事业，不过，它虽然仍然以救灾济贫为己任，但已不同于历史上具有浓厚的恩赐、怜悯色彩的慈善救济活动，而是一种通过立法规范并制度化的社会政策，它与其他社会保障制度一样，都是立足于社会公平基础之上并以保障国民生活权益、促进社会和谐发展为宗旨的制度安排。因此，学习社会保障的发展史须先学习社会救助制度的发展史，学习现代社会保障制度亦应当自学习社会救助制度开始。

需要指出的是，各国的慈善事业等也可以纳入社会救助体系，它作为对政府负责的社会救助政策的补充，同样可以发挥出社会救助政策的客观作用。本书将在第十二章中加以阐述。

一、社会救助的含义

社会救助，是指国家与社会面向由贫困人口与不幸者组成的社会脆弱群体提供款物接济和扶助的一种生活保障政策，它通常被视为政府的当然责任或义务，采取的也是非供款制与无偿救助的方式，目的是帮助社会脆弱群体摆脱生存危机，进而维护社会秩序的稳定。社会救助的外延，包括贫困救助、灾害救助及其他针对社会弱势群体的扶助措施。[1] 这一含义可作如下解析：

• **社会救助是一种政府或社会的行为**。作为政府行为，它表现为政府在相应的立法规范下，通过实施社会救助政策为社会成员提供最低生活保障，政府不仅对这一政策的实施负有直接的财政责任，亦负有直接的管理与实施社会救助的责任；作为一种社会行为，它又表现为民间或社会团体对救助对象的自发性救助，主要以自发性的募捐和其他慈善性活动的形式来实现，带有自发性、不确定性的特点。

• **社会救助的对象，是容易遭遇生活困境的社会脆弱群体**。所谓社会脆弱群体（也称弱势群体），是指依靠自身能力难以摆脱生活困境的社会成员，包括收入水平低于贫困线的贫困人口、就业市场竞争中的失败者、遭遇天灾人祸难以自拔者以及因身体原因、年龄原因乃至政策歧视原因等而在生活及

---

[1] 郑功成. 社会保障学——理念、制度、实践与思辨. 商务印书馆: 2000 初版，2003、2004 再版. 13~14

就业中处于显著不利地位的社会成员。① 因其不能依靠自己的力量维持基本的生活水平，而需要国家和社会的扶助。

• **社会救助的目标，是满足社会成员的最低生活需要**。它是为生活在最低收入标准（在其他国家通常以贫困线为标准，在中国现阶段是以最低生活保障线为标准）之下的社会成员提供物质及其他方面救助的社会保障制度，目标是避免社会成员陷入生存危机，确保满足社会成员的最低生活需求，维护法律赋予公民的基本生存权利。需要说明的是，最低收入标准是以维持人的最低生存条件为依据确立的，但最低生存条件仍然是一个动态的概念，如农业社会的最低生活标准是指食物或营养方面的最低标准，但进入工业社会尤其是进入发达社会后，这一标准显然要高得多。因此，它不仅仅是指维持生命极限所需要的食物消费需求，而是相对于一定时期其他社会成员已经拥有的平均消费水准以及其他生活保障需求，由国家和政府根据历史、道德、社会等因素加以确定。这一标准通常低于社会平均收入水平及相应的社会平均消费水平。

值得指出的是，长期以来，中国习惯将对贫困人口、灾民等提供物质帮助的行为称为救灾救济或社会救济，而社会救助是改革开放以后才出现并逐渐被广泛使用的概念。社会救助与社会救济在实际工作中并没有本质的区别，但在概念上还是略有差异，一方面，社会救助的覆盖面比社会救济更广泛，不仅包括政府的救济，也包括社会的支持和帮助；不仅包括社会保障体系中的社会救济和社会互助，还应包括其他有效的针对救助对象的扶助措施。另一方面，由于救济一词源远流长，历史上曾经包含着慈悲、怜悯等不平等的色彩在内，而救助一词则是可以看成较为中性的词，从而更加符合现代社会的发展理念。实际上，社会救助概念的提出，还有其特定的经济社会背景，其内涵的扩大是与人类生存需求内容的扩展相联系的，可以说是现实中贫困人口基本生存条件的变化推动了单纯的衣食救济向综合型的社会救助的转变的要求。因此，从社会救济到社会救助，概念改变的本身即反映了这一制度的发展趋势。

二、社会救助的发展进程

社会救助（社会救济）是最早产生的社会保障形式，是从慈善事业发展而来的制度安排。最初的救济活动包括宗教慈善事业、官办慈善事业及民间慈善事业（见本书第二章），正是这些慈善事业形成了现代社会救助的雏形。

---

① 参见郑功成. 社会保障与弱势群体保护. 见：中国人民大学中国社会发展研究报告2002——弱势群体与社会支持. 北京：中国人民大学出版社，2003

从历史纵向视角来看，国家直接介入济贫事务是社会生产力发展的要求。在自然经济向商品经济转化、农业社会向工业社会迈进的过程中，逐渐摆脱人身依附关系的一部分农业劳动者开始进入城镇成为无产者，从而形成城镇的流动人口和失业人口。由于他们没有财产，又找不到工作，其生活成为严重的社会问题。在这种情况下，仅凭临时的、不确定的慈善行为根本无法保障他们最起码的生存条件，同时也就无法保障社会的稳定，这就在客观上提出了由政府向贫困者提供物质援助的要求，从而使援助贫困人口成为国家和政府的重要职责。1601年，英国颁发的《伊丽莎白济贫法》，可以称得上是西方最早以法律形式确定的社会救助措施，但它虽然在一定程度上保障了部分贫困人口的最低生存生活，却因带有"惩戒性"和以损害受惠者的人格与尊严为代价而引起贫民的极大不满。

真正具有现代意义的社会救助制度产生于20世纪初，较确立社会保险制度的时间要晚。当时，人们已经认识到，贫困并非万恶之源，因为进入现代社会后，导致贫困的主要原因已经不在个人而在社会。因此，给贫困者提供物质援助亦应当成为政府与社会的责任，接受物质帮助的贫困者也不应当低人一等，社会救助应当成为国民的一项基本权益。尤其是1929—1931年欧美各国爆发了严重的经济危机，导致了大量贫困人口，社会陷入不稳定状态。在传统的济贫手段和社会保险都不足以解决问题的前提之下，各国政府不得不尝试建立社会救助制度，以弥补社会保险制度的不足。例如，英国1930年在政府应对经济危机的过程中，就提供了范围较宽的社会救助，当时称为"公共救助"；1946年英国通过《国民救助法》，正式确立了社会救助制度；1966年又将国民救助改为补助待遇，弱化了原来的短期待遇，强化了长期待遇，以利于老年人。1986年的社会保障法对贫困救助作出了较大改革，将原来的贫困补助待遇改成了贫困收入支持。经过历年的补充完善，英国形成了一个健全的社会救助体系。

在美国，1935年通过了《社会保障法》，由此开始实施社会救助，并在此后的半个世纪中得到了持续的发展。由于美国社会对弱者权益保护较为重视，其社会救助制度亦相当健全。

尤其是第二次世界大战以后，越来越多的国家建立了自己的社会救助制度。享受社会救助成为社会成员的一项基本权利，而提供社会救助则构成了国家和社会的应尽职责和义务。尽管因社会保险的普及化和社会福利事业的持续发展，使社会救助在现代社会保障体系中的地位相对下降，但因社会救助仍然承担着救助贫困人口、不幸者等的功能无可替代，其在整个社会保障制度的基础地位不可动摇。

三、社会救助的基本特征

在现代社会保障体系中,社会救助虽然只覆盖贫困人口与不幸者,保障待遇也较其他社会保障系统低,但却是最基本的和不可或缺的。即使对社会保障制度持批判态度的新自由主义经济学家,对社会救助制度亦持肯定态度。正如1965年美国出版的《社会工作百科全书》所述:"社会救助是社会保险制度的补充,当个人或家庭生计断绝急需救助时,乃给予生活上的扶助,是在整个社会保障制度体系中,最富有弹性而不受拘束的一种计划。"与其他的社会保障制度相比,社会救助制度在实践中具有自己的特征,这些特征主要表现在以下几个方面[①]:

(一)最低保障性

从现代社会保障体系来看,社会保险、社会福利与军人社会保障等均是水平较高的社会保障制度,它们解决的不仅是社会成员的生存问题,而且也包括了保障社会成员一定的生活质量乃至个人发展问题。只有社会救助面对的是陷入生存困境并迫切需要国家或社会援助的社会成员,其救助(待遇)水平通常以维持社会成员的最低生活需要为标准,从而是整个社会保障体系中待遇最低的制度安排。这一特征使社会救助成为整个社会保障制度或社会稳定系统的第一道防线,被称为最低保障制度。

(二)按需分配

社会救助是有别于按劳分配与按资分配的国民收入再分配渠道。一方面,社会救助虽然面向全体社会成员,不像其他社会保障子系统有特定的年龄、职业或性别等身份限制,也不存在事先参加的问题,但它以确定的贫困线或救助起点为依据,只有生活陷入困境或者遇到特殊困难的社会成员才有资格申请社会救助,并通过这一途径获得国家或社会的援助。另一方面,国家或社会提供的社会救助包括现金援助、实物援助、服务援助等,一般根据不同社会救助对象的具体需要来提供,如实物援助有食物救助、衣被救助等,服务救助有医疗救助、心理咨询、教育及培训救助等。因此,社会救助具有在确定的标准范围内向救助对象按需分配的特征,从而是对按劳分配与按资分配形式的重要补充,是典型的收入再分配手段,这种再分配对于调节国民收入初次分配格局、缩小收入分配差距并推进社会公平,显然是必不可少的。

---

① 参见郑功成. 论中国特色的社会保障道路. 武汉大学出版社,1997. 222~223

(三) 权利义务单向性

与其他社会保障子系统相比，社会救助体现了权利义务单向性的特征，即享受社会救助的社会成员只要符合救助的条件，就有权利申请得到救助，对受益者而言，其享受的是单纯的法定权利；而提供社会救助则成了国家与社会的职责和法定义务，当需要社会救助而不能提供或提供救助不足或者不及时，便可以视为政府与社会的失职或未尽到应尽的义务，这种不作为或者不及时作为可能使救助机构承担相应的法律责任。而社会保险等却强调权利与义务相结合，但又并非是权利与义务对等。

(四) 社会救助还具有全民性特征

虽然设定了申请者申请救助的门槛，但任何人只要达到了这一门槛均有权申请社会救助。同时，对于某些特定事件中的不幸者亦提供救助，而任何人均有可能遭遇自然灾害并成为灾害救助的对象。因此，与社会保险面向劳动者且主要是工薪劳动者、社会福利按照其不同的项目面向特定的群体、军人保障面向军人等相比较，社会救助显然保障范围更加宽泛。这一特点决定了它并非只是贫困人口的最低保障机制，而是整个社会即全体社会成员的最低保障机制。

上述特征是社会救助系统区别于其他社会保障系统的基本标志，也是社会救助始终在社会发展进程和社会保障体系中占据特殊地位的原因。

四、社会救助的功能

从历史上的慈善活动到早期的社会救助，均是临时应急措施，功能也较单一。但现代社会救助制度，在缓解贫困问题、维护社会稳定等方面具有着多方面的功能。

一方面，缓解贫困问题是社会救助最基本和最直接的功能。社会救助通过及时地对处于贫困线之下或者最低生活标准之下的贫困群体实施救助，帮助他们解决基本的生活问题，使他们不致因此而危及生存，直接保障了贫困群体的生存条件。这种直接功能既体现在对遭遇灾害、急难而难以维持生活的群体实施救助以帮助他们应对突发的急难事件，也体现在改善贫困人口的生存状况上，即社会救助可以让每一个贫困人口都能维持其最低生活水准，或使他们接受医疗救助以恢复健康，或使他们有条件接受教育和学习劳动技能，或者扶助贫困群体自力更生，成为社会的建设力量。

另一方面，社会救助推动着社会公平和社会文明进步。在人类社会，无论是发达国家还是发展中国家，无论是历史上还是现代社会，对弱势群体的关注与援助均是人道主义与人文关怀精神的体现，是社会文明进步的象征。现代社会救助在面对社会发展进程中的社会分化和贫富冲突时，通过运用政府的公共权力与公共资源对收入分配进行适度调整，依法对低收入阶层（贫困人口与不幸者）生存权利的维护，恰恰体现了社会公平与正义的价值追求，它能够在一定程度上消除市场经济条件下效率对公平的排斥，减轻低收入和无收入的社会成员的生活困难，从而起到协调社会关系、稳定社会和促进社会文明进步的作用。同时，社会救助还为劳动力再生产提供着相应的条件。在现代经济生活中，社会再生产呈现周期性的运行特征，这种周期性运行特征要求暂时处于失业状态的劳动者作为劳动力后备军进行正常的再生产，社会救助在劳动者失业保险期后仍处于失业状态，没有收入的情况下为其提供最低生活保障，为劳动力的正常再生产创造了必要的条件。

　　作为一种收入再分配制度，社会救助同时还是国家宏观调控的工具。作为一种收入调节制度，社会救助的水平高低会对社会需求的总量和结构产生影响，成为国家调节社会需要进而调节经济运行的重要手段。因此，在现代社会，社会救助在保障社会成员最低生活需求的同时，也会部分地实现国家对生产、分配、交换与消费等的有效调节，进而对经济运行起到"自动稳定器"的作用。在这一方面具体表现为：当社会需求不足、经济衰退时，就业岗位减少，失业人口增加，低收入阶层人口会扩大，享受社会救助的人口也会自动增加，政府的社会救助金支出亦会增加，进而使社会需求通过社会救助支出的增加而保持一定规模，缓和社会供求之间的矛盾，推动经济增长；反之，在社会需求膨胀，供给相对不足，经济发展过热的情况下，就业岗位会增加，失业人口会减少，低收入阶层人口规模会收缩，享受社会救助的人口亦会自动减少，从而客观上起到了收缩社会需求，稳定经济发展速度的作用。

▶第二节　社会救助的基本内容

一、社会救助体系

　　社会救助体系是指一个国家或地区对于低收入群体及不幸者所进行各种救助项目所形成的一整套制度框架体系。在实践中，社会救助一方面依然保留并将继续保留救灾、济贫等传统项目，另一方面也在根据社会经济发展的需要，不断增加新的救助项目，其内容在不断丰富和完善。

社会救助体系的结构，按照不同的划分标准，可以做不同的分类。

（一）依据救助的实际内容分类

社会救助可分为生活救助、灾害救助、失业救助、住房救助、医疗救助、教育救助、法律援助、农村扶贫开发等。[①]

- **生活救助**。是指对家庭人均收入低于贫困线或当地最低生活保障标准的贫困人口实行差额补助的一种社会救助。中国的最低生活保障制度即是一种生活救助，其最显著的特点就是解决保障对象的最低生活保障问题，而不是改善其生活。

- **灾害救助**。是指当社会成员遭受自然灾害袭击而造成生活困难时，由国家和社会紧急提供援助的一种社会救助，目的在于帮助社会成员度过灾害发生带来的生活困境。如地震救助、洪水救助等等。灾害救助包括现金救助、实物救助以及以工代赈等。

- **失业救助**。是与失业保险制度相配套的制度安排，其救助对象是因失业救济金低下无法维持基本生活或失业保险期满仍未找到工作，生活陷入困境者。其特点是不受时间限制，在失业者重新找到工作之前可以长期享受。

- **住房救助**。是指政府向低收入家庭和其他需要保障的特殊家庭提供住房租金补贴或以低廉租金配租住房的一种社会救助。其实质就是由政府承担住房市场费用与居民支付能力之间的差额，解决部分居民因住房支付能力不足而居无定所的问题。中国的廉租房政策实际上也是一种住房救助政策。

- **医疗救助**。是指对贫困人口中因病而无经济能力进行治疗的人实施专项帮助和支持的一种社会救助。其特点是在政府主导下，社会广泛参与，通过医疗机构实施，旨在恢复受助对象的健康。

- **教育救助**。是国家和社会为保障适龄人口获得接受教育的公平机会而对贫困地区和贫困家庭子女提供物质援助的一种社会救助。其特点是通过减免学杂费用、资助学杂费等方式帮助贫困人口完成相关阶段的学业，以提高其文化技能。

- **法律援助**。是指国家在司法制度运行中对因贫困及其他原因导致的难以通过一般意义上的法律手段保障自身基本社会权利的社会成员，通过减免收费、提供法律帮助等实现其司法权益的一项社会救助。与其他社会救助项目不同的是，法律援助是以司法救济的形式出现的，其直接目的是为了实现

[①] 参见时政新主编. 中国社会救助体系研究. 北京：中国社会科学出版社，2002. 4～6

司法公正与正义。法律援助的主要内容包括诉讼费减免、免费提供律师、公证和法律咨询服务等。

• **扶贫开发**。是指国家和社会通过包括政策、资金、物资、技术、信息、劳务、就业等方面的外部投入，对贫困地区的经济运行状态进行调整、优化，在此基础上实现贫困地区经济的良性增长，进而缓解贫困地区的贫困，促使贫困人口逐渐摆脱贫困的政策体系。它虽然与其他社会救助相比，主要是面向区域而不是直接面向贫困家庭与个人，但追求的目的仍然是社会救助要达到的目标，并且同样需要运用政府的公共权力与公共资源，从而仍然可以纳入到现代社会救助体系中来。

（二）依据救助的手段来划分

社会救助可以划分为现金救助、实物救助、服务救助及以工代赈等。

• **现金救助**。是指以发放现金的形式为救助对象提供帮助的社会救助形式。费用的减免或核销其实也是现金救助，它是现代社会救助的主要形式。现金救助的优点是受助者可以根据自己的需要来将其转换为各种物质或服务，从而更有利于据需保障。在社会救助中，现金救助的形式最为广泛。

• **实物救助**。是指以发放物资的形式为救助对象提供帮助的社会救助形式，它是一种传统的救助形式。实物救助的优点是所发的物资可以直接消费，救助的效果比较快捷，因此，在现代社会它主要在灾害救助中被经常采用。不过，实物救助需要讲究针对性，从而并非任何救助项目均可以采用的。

• **服务救助**。是指针对特殊的救助对象提供生活照顾和护理等服务。主要包括了对高龄老人的护理服务、对孤儿的关爱和照顾等。

• **以工代赈**。是指通过提供相应的工作或就业机会并发放劳动报酬的方式实现对救助对象的救助。在灾害救助与扶贫开发中，以工代赈就是一种被国内外较为广泛采用的救助手段。

实际上，许多救助项目在实践中并不限于使用上述一种手段，而是可能多种救助手段同时采用。如灾害救助就几乎包括了上述四种救助手段。

（三）依据救助时间的久暂分类

社会救助可以划分为定期救助和临时救助。

• **定期救助**。是指在时间上具有连续性的社会救助，它一般表现为在相对较长的一段时间里，社会救助管理机构按规定连续的、定时的为救助对象提供援助。如对孤寡老人、孤残儿童以及长期生活在贫困线或最低生活保障线之下的社会成员的救助等，均采取定期救助。

• **临时救助**。是指在时间上没有连续性，或者救助时间比较短的社会救助，它是为解决社会成员临时的生活困难而进行的社会救助。这种救助的条件往往是短期的或者临时的，因此，当救助条件消失之后，救助的必要性也就不复存在。临时救助主要包括各种灾害救助和失业救助等等，其特征是短期性和非连续性。

从各国的社会救助实践来看，其社会救助体系结构并不相同。发达国家的社会救助项目齐全，保障全面，水平也相对较高，已经超过了早期社会救助提供最低食物保障的阶段。而发展中国家则大多停留在食物保障阶段，但也在不断扩展。

在美国，社会救助体系健全，其救助项目包括低收入家庭能源补助、强制性儿童补助、特困人员收入补助、抚养子女补助、就业与劳动技能援助、食品券补助、医疗补助、住房补助、额外津贴等。另外，还有失业救济，但其经费出要来源于失业保险。

在英国，从1601年颁布济贫法，到20世纪40—50年代确立新型的国民救助制度，再到1986年对贫困救助作了较大改革，经过历年的补充完善，亦形成了健全的社会救助体系，主要包括低收入家庭救助、老龄救助、儿童救助、失业救助及疾病救助等内容。

在德国，社会救助大体分为两大类：一类是特殊困难的救助，一类是一般低收入家庭的救助。特殊困难的救助包括残疾人救助、老人救助，以及病人救助、孕妇救助和产妇救助、在国外的德国人的救助等等。一般低收入家庭社会救助面向全社会，低于政府规定最低生活费标准的家庭都可申请社会救助，救助的内容包括食品费、生活费、燃料费以及杂费等日常生活费。此外，还有家属津贴，只要有一个子女的家庭都可以申请，子女越多得到的家庭津贴也越多。

在日本，公共救助和社会救济共同构成了社会救助制度。其公共救助制度包括生活保护和灾害救助；而社会救济主要由生活救济、义务教育、住宅、医疗、生育、立业和丧葬等七项救济制度组成，是为保证所有贫困国民的最低生活并促进其生活自立而设立的。此外，有的国家的社会救助制度不仅包括了生活补助、医疗补助、灾害救济等，还包括对残废军人的补助。

在中国，现行的社会救助体系主要由最低生活保障、乡村贫困救济、农村五保制度、灾害救助以及对特殊对象的救助等。此外，一些地方开始建立住房救助、医疗救助、教育救助等。对孤寡病残老年人与儿童的救助，一直是中华人民共和国成立后社会救助的重点。

二、社会救助的对象

在各国的社会救助制度中，对社会救助对象通常都会有明确的规定，即只对自我保障有困难而且确实需要国家与社会给予救助才能摆脱生存危机或困境的社会成员负责。国际劳工组织认为，在工业化国家，所谓享有最低生活水平救助的对象，是指那些收入相当于制造业工人平均工资30%的家庭和个人。欧洲经济合作委员会认为，如果一个成年人本人可支配收入（交所得税和保险税后）低于平均水平的50%，则属于救助对象。各国一般是通过家庭财力（包括收入状况与资产状况）审查和就业（有劳动能力的人）审查，来确认申请人领取社会救助金的资格。

由于各国情况不同，加之社会救助体系日益发达，在救助对象上也各有不同的划分和偏重。如英国社会救助对象主要分为四类：无固定职业或就业不充分，无力定期交纳社会保险费，因而无权享受社会保险者；有权领取社会保险津贴，但不足以维持最低生活者；领取社会保险津贴已满期限，却无其他收入者；未参加社会保险，生活又无着落的人。

而在中国，社会救助的对象主要包括三部分人员：一是"三无"人员，即无依无靠、无生活来源、无法定抚养人的社会成员，这一群体大多属于长期被救助即定期救助的对象，主要包括孤儿、孤老及无劳动收入和社会保险津贴的劳动者、长期患病者以及未参加社会保险又无子女的丧偶老人。二是灾民，即遭受灾祸严重侵袭而使生活一时陷入困境的社会成员，这类社会成员有劳动能力也有生活收入来源，只是由于突发性的灾祸使其遭受严重的财产损失或人身伤害，生活一时发生困难，需要国家和社会给予相应的援助。三是贫困人口，即生活水平低于国家规定最低标准的社会成员，这一群体尽管会有生活来源和相应的收入，但收入水平及生活水平达不到法定的最低标准，所以也属于社会救助的对象范围。此外，一些特殊的社会成员亦被列为社会救助的对象，如艾滋病人等。

在社会救助的过程中，第一、二类救助对象的数量，将会随着经济和社会的发展或者其他保障机制的确立而越来越少，如居民都参加商业性财产与人身保险后，需要国家救助的灾民人数就会减少；而第三类救助对象在很长一段时期内会依然存在，它将构成社会救助对象的主体。

三、救助标准及其确定方法

实行社会救助的目的，是保障社会成员享有最低生活水平，这种最低生活水平不能凭主观判断，而必须科学界定。否则，社会救助的功能就不可能得到应有的发挥。同时,由于贫困救助或者低收入家庭救助是各国社会救助的主体,对救助标准的确定亦以社会成员的收入状况与生活状况即贫困状态为主要依据。

一般来说,社会成员的贫困状态有绝对贫困与相对贫困之分。所谓最低生活标准就是绝对贫困,是指不能保证维持生命所需的最低限度的饮食和居住条件的生活状态,或者称为赤贫状态。所谓相对贫困,则是指社会成员只能享有相对于当时、当地生活水平而言,数量最少的消费和服务,它并非是缺衣少食、受冻挨饿,而只是相对于其他居民群体拥有的消费品和服务数量少才有的"贫困"。

从社会发展阶段来看,发展中国家的贫困大多是绝对贫困,发达国家的贫困基本上属于相对贫困;农业社会的贫困属于绝对贫困或赤贫状态,而进入工业化社会后,随着生产力的迅速发展和国家对收入分配调节力度的强化,社会成员的生活水平也会随着经济增长而日益得到普遍性的提高,昔日的绝对贫困或赤贫现象会越来越少,此时的"贫困"便具有相对贫困的意义了。正因为如此,现代社会举办的社会救助,其目标主要是针对相对贫困,即经过社会救助力求使属于这一群体的社会成员能够享有更加公平的生活保障。

既然社会救助的目标在于保障被救助者享有当时当地的最低生活标准,那么科学地确定最低生活标准则构成了社会救助的重要环节。由于各国的经济发展水平和居民的生活水平差异极大,各国的最低生活标准也差距很大。发达国家确定最低标准多采用收入比例法,即贫困者的收入为社会平均收入的50%~60%;发展中国家的一般比例为平均收入的25%~35%。国际劳工组织专家建议,在工业国家最低生活标准大体上应相当于制造业工人平均工资的30%;欧洲经济委员会建议,最低生活标准应相当于一个成年人可支配收入的50%。同时,由于不同人群的最低生活需求是不同的,如老年人、儿童、成年人维持最低生活的消费支出就不同,在确定救助标准时还需要按照贫困人群的不同特点,适当的调整救助标准的结构,形成多层次的救助体系。

总的来说,最低生活标准主要受以下四个因素的影响:一是一定时期的社会生产力水平,它决定着社会的富裕程度,也决定着一定时期政府实施社会救助计划的财政实力,它与社会救助的标准构成正相关关系;二是一定时期的社会平均收入水平,它表明该时期满足社会基本生活所要求的收入量,一般情况下,社会救助标准应该略低于社会平均收入水平,但必须以社会平均收入水平作为标准制定的重要参考因素,在平均收入水平的基础上根据实际情况向下调整一定幅度;三是消费品价格指数,它是将收入转化为实际消费能力的最重要的制约因素,在收入水平一定的情况下,消费品价格指数高,同样收入所能转化为消费的能力就弱一些,相反就强一些,因此,确定社会救助标准,必须考虑消费品价格指数因素;四是贫困人口的数量,在经济发展所能提供的济贫资金一定的情况下,贫困人口的数量制约着政府和社会对贫困人口的供养能力,进而制约着社会救助的标准,它与贫困人口的数量成反比关系。上述四个因素是各国决定自己社会救助标准时必须加以考虑的宏观因素。

不过,从实施社会救助已久的发达国家经验来看,决定最低生活标准的具体方法,主要有以下几种:

• **市场菜篮子法**。它是根据一个人的生存和发展需要确定必不可少的基本需求并按照市场价格来计算这种需求标准的方法。1978年,美国人率先提出一整套划定贫困标准的具体生活消费指标,包括食品、房租、衣服、家具、交通、卫生保健、水暖电气、税收和文化娱乐,依据市场上这些生活必需品和有关服务项目的价位,计算出维持人们生存和发展所必不可少的基本需求的开支,从而得出最低生活保障线。1990年,世界银行也提出一个设想,以人们日常最起码消费支出的总费用作为划定贫困的标准,具体包括人们的食品、生活必需品和参与社会日常生活的费用。为了真实的反映贫困者所需,在确定菜篮子的内容时,需要由群众和专家共同做出决定。但这种方法有很大的不确定性,因为不同的国家和地区人们的生活水平参差不齐,生活必需品在不同的地方也有不同的界定,因而很难进行国际比较。在中国,各个地区的最低生活保障线就标准不一,同一个城市生活在市区与生活在郊区或郊县的最低生活保障标准也不一,就是因为市场价格与生活要素的差异所致。

• **恩格尔系数法**。它是根据一个家庭用于食物的支出在全部支出中所占的比例来衡量贫困程度的一种方法,源于恩格尔定律。在19世纪,德国统计学家恩格尔经过大量调查研究发现这样一个规律,即如果食物支出占家庭总支出的比例很高,意味着家庭生活水平很低,收入只能维持现有生产力水平下的最低生活;反之,如果食物支出比例很低,则意味着家庭用于满足其他生活需求的收入很多,生活状况肯定较好;这种食物支出与家庭收支逆向相关的情况,被称之为"恩格尔定律"。根据恩格尔定律,国际上较为公认的标准是,凡食物支出占到家庭支出59%以上比例的,属于绝对贫困的家庭;这一比例界于40%~59%之间的,则进入小康生活水平;这一比例下降到20%~40%时,家庭生活便上升到富裕行列;这一比例降到20%以下时,则属于极富裕阶层。在美国,只要家庭开支中有1/3用于购买食物以果腹的,便被视为贫困家庭和贫民,给予社会救助。它推出的"贫困线"便以此项食物支出的绝对额乘以3,得出最低收入标准。凡是收入等于或低于这一水平的家庭和个人，便有权享受救助。

• **国际贫困标准法**。这是由欧洲经济合作与发展组织提出的一种收入比例法，它根据一个国家或地区社会的平均收入水平来确定最低标准。欧洲经合组织认为，社会的平均收入水平在一定程度上反映了一定生产力水平下满足社会成员基本生活需要所要求的平均消费价格。这种消费价格是社会的平均水平，是基于最高和最低之间的消费水平。社会救助是以满足最低生活消费为目的的，这种最低消费水平的确定可以一定时期社会平均收入水平为依据，向下进行一定比例的调整。一般情况下，最低社会标准相当于社会平均收入的50%~60%。

• **生活形态法，也称"剥夺指标法"**。它从人们的生活方式、消费行为等"生活形态"入手，提出一系列有关贫困家庭生活形态的问题让被调查者回答，然后选择出若干"剥夺指标"并据此及被调查者的实际生活状况来确定哪些人属于贫困者，再分析他们被剥夺的需求以及消费和收入来求出最低生活标准。这种方法实际上是以当地大多数人的主观判断来确定贫困者的，并以此为基础作进一步的调查确认，然后进行救助。如20世纪80年代初，香港学界就有人对326位各界人士进行调查，得出的"贫困生活状态"是：无力为子女上学提供必需的学习用品，过年过节无力送礼，生大病买不起补药，子女9年义务教育后立即就业，家中无电话，过年过节开不起舞会，等等。[①]这种方法带有较强的主观性。

以上四种方法各有特色，具体到某个国家或地区采用哪一种方法或是兼用几种方法要根据该国或该地区的基本情况来决定。即从实际情况出发，根据当地实际生活水平、经济发展水平、当地政府的财力状况和需要救助对象的范围等因素而定。因此，地域性是确定救助标准的一个非常重要的因素。一般来说，发达国家或地区的救助标准多采用收入比例法，保障水平相对较高，发展中国家和不发达地区多根据基本需求，采用绝对贫困标准，保障水平较低。

四、社会救助管理

在现代社会保障体系中，社会救助在世界各国都是政府介入程度最深，并直接以国家财政充当经济后盾的制度安排，因此，社会救助管理亦必然是政府管理。这显然与社会保险可以存在类似于德国自治管理模式、社会福利可以交由民间福利机构管理的做法有着重要区别。

---

① 参见张彦，陈红霞编著. 社会保障概论. 南京大学出版社，1999. 124

各国社会救助的管理体制在保持政府供款、直接管理并负责实施的共性时，也存在着一些差别，即中央政府和地方政府在社会救助方面的事权、财权划分方面并不尽一致。概括起来，各国政府对社会救助的管理模式主要有以下三种类型：

1. 中央政府集中管理型

在这种管理模式下，中央政府直接承担着管理全国社会救助事务的责任，包括确定社会救助标准并负责实施，中央政府中的社会救助机构直接延伸到各个地区，其特征是高度统一。英国、澳大利亚、新西兰等国家采取这种管理模式。

2. 地方政府分散管理型

在这种管理模式下，一般由中央政府制定社会救助标准，由地方政府根据本地区的具体情况来负责管理并实施社会救助。日本、瑞士、瑞典、芬兰和挪威等国家采取这种管理模式。在中国，虽然社会救助政策主要由中央政府制定，中央政府每年均有专门的预算拨款分配给各地，但社会救助的管理主要采取由地方政府分散管理的模式。

3. 中央和地方政府分层管理型

这种管理模式是划分中央政府与地方政府在社会救助方面的职责，并按照分工负责的原则履行各自职责。法国、美国和卢森堡等国均实行这种管理体制。在法国，中央政府制定最低生活保障制度并统一管理部分专项救助事务，其他非现金救助由地方政府出资并负责管理。在卢森堡，由中央政府负责确定社会救助标准，地方政府负责具体实施，前3个月到1年的开支由地方财政承担，以后的开支由中央财政负担。在美国，则是分工负责，如食品救济券等是由联邦政府负责的，紧急援助金是地方政府负责的，而家庭补助金自福利改革法案在1996年通过后，则由联邦政府每年拨出一部分专款给州政府，再由州政府提供相应的拨款，按照本州的法则管理并实施。

在社会救助实施过程中，管理机构主要是根据法定的程序来实施救助。按一般规定，享受社会救助者需具备一定的条件。因此，首先必须由申请者提出申请，并由主管部门对申请者财产和收入进行调查，对合乎条件的确定救助标准，付给救助费。对申请者的调查一般称之为家庭经济情况调查，这是进行社会救助的必要前提。西方国家的家庭经济情况调查内容包括家庭收入水平、市场物价、购买力的动向、就业状况、消费构成等指标，目的是核实申请者的真实经济情况。

▶第三节 最低生活保障

在中国社会救助体系中，1999年国务院颁布《城镇居民最低生活保障条例》所确立的最低生活保障制度是继农村五保制度之后又一个上升到法制化轨道的社会救助项目，其他社会救助项目多属于政策规范甚至只是各个地方的自主尝试。因此，它不仅在中国社会救助体系中占据着最重要的地位，而且随着向农村地区的扩展，亦成为中国整个社会保障体系中的重要组成项目，是中国特色社会保障制度中的主体项目之一。

一、最低生活保障及其基本原则

所谓最低生活保障，是指国家和社会为生活在最低生活保障线之下的社会成员提供满足最低生活需要的物质帮助的一种社会救助制度安排。最低生活保障的根本目标，就是运用国家财力帮助那些低于当地最低生活保障线的贫困人口摆脱生活困境，使其达到最基本的生活水平。

作为"社会最后一道安全网"，最低生活保障制度的确立及其实施，必须遵循一定的原则，包括生存保障原则、普遍性原则、与当地实际生活水平相联系原则、维护受助者尊严原则等。

1. 生存保障原则

在当代社会，生存权不仅是公民在现代生活中最重要的权利，也是公民享受其他合法权益的基础，因此，保障全体国民的生存权是国家和社会的当然职责与基本义务，最低生活保障制度就是为保障国民生存权而建立的社会保障制度。尽管各国或各地区确定的保障标准不一，但是最低生活保障线能够维持受助者最低生活水准的"保底"原则却是一致的。换言之，贫困人口在获得最低生活保障救助后，能够避免挨饿受冻，并能够享受最起码的生活条件。

2. 普遍性原则

尽管最低生活保障的对象是低于最低生活保障线的个人和家庭，但这一标准是开放的，社会成员不论其身份地位、有无职业，只要生活陷入困境，即应一视同仁地予以救助。也就是说，在最低生活保障制度下，全体社会成员一律平等。因此，它所起的"保底"作用，是全体社会成员普遍适用的标准。

3. 与当地实际生活水平相联系原则

一般而言，在走过了共同贫穷的时代后，对贫困人口的认定，通常是与他周围的人群相比较的，在中国这样大的且地区发展极不平衡的国家更是不可能有全国统一的标准。如北京市的贫困人口只能和北京市的市民来比较，不可能与贵州省贫困地区的居民来比较。因此，最低生活保障标准的制定，必须坚持与当地实际生活水平相联系的原则，即与当地居民的总体生活水平和各方承受能力相适应。如果保险范围过窄，保障水平过低，就不可能真正解除贫困人口的生存危机；如果保障范围过大，标准过高，则可能扭曲这一制度的社会功能，甚者会形成贫困陷阱。因此，最低生活保障制度应当避免水平过低与过高的现象。

4. 维护受助者尊严原则

在历史上，总把对贫困者的救助视为一种恩赐、施舍与怜悯，受助者以牺牲人格尊重为代价。然而，社会救助之所以在现代社会被上升到法律规范的层面，其所体现的恰恰是国家与社会对解决贫困问题的责任与义务，而接受救助则是社会成员在遭遇生活困境时应当享受的法定权益，这一制度的核心价值在于平等，即救助者与受助者的地位是完全平等的。因此，在实施最低生活保障制度时，不能损害个人尊严。否则，将会产生与建立这一制度的初衷相反的效果。

此外，最低生活保障制度还应当遵循法制化、规范化等原则。

二、最低生活保障制度的建立与发展

中国的最低生活保障制度，是在原有的城市定期救济与临时救济的基础上，经过1993年在上海等地开展的针对原有城市救济模式的最低生活保障试点，于1999年通过国务院颁布的《城市居民最低生活保障条例》得到确立并付诸实施的。进入本世纪以后，一些地方开始由城市向乡村扩展，部分发达的省市开始建立城乡一体化的最低生活保障制度。

（一）城市居民最低生活保障制度的改革试验

改革开放后，市场经济改革不仅打破了城镇职工的终身制铁饭碗，而且亦使各种组织单位丧失了长生不死的生存条件，城市贫困问题日益复杂化。改革开放前，政府救济的对象基本上都是城市中的无依无靠、无生活来源、无法定抚养人的孤寡老人、孤儿及部分特殊对象，凡有单位的社会成员及其家属均不在政府救济范围之列，因而救助不仅对象数量有限，结构也不复杂；改革开放后，市场经济体制逐渐得到确立，单位不再负有救助贫困职工家庭的义务，而困难职工群体依然存在，不仅如此，失业、下岗职工及部分退休人员因收入丧失或收入锐减而成为城市新贫困群体。因此，不改革原有的救济制度，便不能适应经济改革与社会发展的需要，亦无法维护城市居民的最起码的生活权益。正是在经济体制改革、城市贫困人口结构及致因发生重大变化的社会背景下，一些地方才开始积极探索改革旧的救济制度而代之以新的救助制度。

1993年6月1日，上海市率先建立了城市居民最低生活保障制度，并以此取代以往实施了数十年的旧救济办法。它确立了一条最低生活保障线，规定凡家庭人均收入低于这一保障线的家庭均可以申请最低生活保障金，从而彻底消除了原有的救助对象身份限制，并使这一制度有了客观的标准和规范的程序。

1994年民政部作为全国主管社会救助事务的中央政府职能部门，充分肯定了上海市的改革经验，提出了对城市社会救济对象逐步实行按照当地最低生活保障线标准进行救济的改革目标，并决定在全国范围内开展试点。

1995年5月，民政部在厦门、青岛分别召开全国城市最低生活保障线工作座谈会，进一步推动全国各地探索建立最低生活保障制度。到1996年底，建立城镇居民最低生活保障制度的城市已有116个，1997年5月底达到206个，约占全国建制市的1/3。

1997年8月，国务院发出《关于在全国建立城市居民最低生活保障制度的通知》，中央政府正式有力推动最低生活保障制度在全国的实施，这一通知明确要求在1998年底以前全国地级以上城市均要建立城市居民最低生活保障制度，1999年底以前全国县级市和县政府所在地的镇均要建立起这项制度，使非农业户口的居民得到最低生活保障。

进入1999年后，中央政府加强了对各地建立城市最低生活保障制度的督查力度。截止1999年9月底，全国有668个城市和1638个县政府所在地的建制镇已经全部建立起面向非农业户口居民的最低生活保障制度，全国享受最低生活保障待遇的城市居民为282万人，其中：传统的民政救济对象占21%，新增加的救助对象占79%；1999年1—10月，全国共支出最低生活保障金15亿元。在1999年10月1日中华人民共和国成立50周年前后，全国各地按照中央的统一要求，普遍将当地的最低生活保障标准提高30%，除北京、上海、山东、江苏、浙江、福建、广东等七省市外，其他省、市、自治区在建立最低生活保障制度时均得到了中央政府的财政补贴。

(二) 城市居民最低生活保障制度的基本确立

1999年10月1日，国务院颁布的《城市居民最低生活保障条例》正式实施,它标志着中国城市居民最低生活保障制度开始走上法制化轨道。该法规规定:"持有非农业户口的城市居民,凡共同生活的家庭成员人均收入低于当地城市居民最低生活保障标准的,均有从当地人民政府获得基本生活物质帮助的权利。""对无生活来源、无劳动能力又无法定赡养人、扶养人或抚养人的城市居民,批准其按照当地城市居民最低生活保障标准全额享受。""对尚有一定收入的城市居民,批准其按照家庭人均收入低于当地最低生活保障标准的差额享受。"这一条例还规定了政府对建立最低生活保障制度的财政责任与管理责任,原则规定了最低生活保障制度的实施程序等事项。因此,《城市居民最低生活保障条例》的颁行,是中国社会救助制度发展进程中的一个重要里程碑。

2001年8月,中共中央、国务院决定进一步强化城市居民最低生活保障制度建设工作,要求尽快把符合条件的所有城市贫困居民全部纳入最低生活保障范围。2002年2月4日,中共中央办公厅、国务院办公厅发出《关于进一步安排好困难群众生产和生活的通知》,民政部亦进一步加大了督察工作的力度,对各地的应保人数、资金安排和管理情况进行了一次全面的排查。低保资金由此全部纳入了包括中央财政在内的各级政府财政预算,具有了稳定的经费来源。2002年列入各级财政预算的低保资金为105.2亿元,其中,中央财政拨款46亿元,省及省以下地方财政已安排预算资金59.2亿元。从2002—2004年间,全国每年享受最低生活保障待遇的城市贫困人口在2 200万人左右,国家财政(包括中央财政与地方财政)投入的最低生活保障资金年平约在150亿元左右。

(三) 农村居民最低生活保障制度的探索

在城市居民最低生活保障制度改革的进程中,一些地方也开始了农村居民最低生活保障制度的探索。最早开展的是1994年山西省民政厅在阳泉市开展的建立农村社会保障制度的试点。1996年,民政部又确定山东烟台、河北平泉、四川彭周市和甘肃永昌县作为发达、中等发达和欠发达三种不同类型的农村社会保障体系建设的试点县市,最低生活保障制度也是其中的一项基本内容。1996年底,民政部在总结各地试点的基础上,正式印发了《关于加快农村社会保障体系建设的意见》和《农村社会保障体系建设指导方案》,要求各地把建立农村居民最低生活保障制度作为农村社会保障体系建设的重点来抓。自1997年开始,有条件的地区开始逐步建立农村居民最低生活保障制度。到2001年底,全国有27个省、市、自治区的2037个县(市、区)建立了农村居民最低生活保障制度,占应建县市区总数的81%,受助人口344万人，占农业人口的 0.4%，年支出最低生活保障资金 9.1 亿元。

根据各地的试点实践，农村居民最低生活保障制度的保障对象，主要有四类：一是家庭成员均无劳动能力或基本丧失劳动能力的无劳户；二是家庭劳动力严重残疾生活确有困难者；三是家庭劳动力因常年疾病确有困难者；四是家庭成员因病、灾死亡而子女均不到劳动年龄生活特别困难者。实施最低生活保障所需资金由各级财政分级负担，用于保障救助对象最低层次的生活需要和基本需求。实现保障的方式主要有两种：以现金和实物救助相结合，经济条件比较好的地方全部发放现金。现金一般由乡镇通过村发放，实物则由村来发放。发放时间，通常每季或每半年发一次，个别地方按每月或每年发放一次。一些地方对农村低保户还实施了优惠政策。对低保对象家庭减免提留款、统筹款及各种集资款，减免医疗费、子女学杂费等。

在浙江、广东等省，还通过户口政策的改革，取消了城市居民与农村居民的身份差别，其最低生活保障制度亦由城市居民扩展到城乡全体居民，这无疑代表着最低生活保障制度的发展方向。

三、最低生活保障制度的基本内容

（一）最低生活保障的资金来源

中国在开始建立城镇最低生活保障制度时，各省筹集经费主要有两种办法：一是由各级地方财政按一定比例分级负担，所需经费列入财政预算；另一种办法是各方出力，财政保底，也就是在原有单位保障即"谁家孩子谁抱走"的前提下，先由所在单位解决，当有些单位无力保障或仅有一部分保障时再由地方财政兜底。在此，第一种办法确立了政府的全额财政责任，从而也就消除了传统救助体制下的弊端；第二种办法则只是原有体制的简单延续。

1999 年 9 月国务院颁布并于同年 10 月 1 日实施的《城市居民最低生活保障条例》，从法律上明确了最低生活保障资金的来源，规定"城市居民最低生活保障制度所需资金，由地方人民政府列入财政预算，纳入社会救济专项资金支出项目，专项管理，专款专用。"这一规定表明，最低生活保障制度是以地方政府为责任主体的社会救助，地方政府财政应当承担全部责任。不过，考虑到一些地方财政困难，中央财政事实上自 1999 年以来就承担着为最低生活保障制度拨款的责任，并且保持了逐年增长的势头，从而为全国实施最低生活保障制度提供了条件。

除明确政府供款责任外，《城市居民最低生活保障条例》还同时规定"国家鼓励社会组织和个人为城市居民最低生活保障制度提供捐款、资助；所提供的捐赠资助，全部纳入当地城市居民最低生活保障资金"。因此，社会捐献构成了最低生活保障制度的补充供款渠道。

（二）最低生活保障的保障标准

根据现行规定，最低生活保障标准由各地按照当地维持居民基本生活所需的衣、食、住费用，并适当考虑水电燃煤（燃气）费用以及未成年人的义务教育费用确定。对孤寡老人按当地低保标准实行全额救济。各市、县根据当地基本生活必需品费用和财政承受能力等因素，科学地确定和调整最低生活保障标准。因此，中国的最低生活保障标准主要是为贫困人口提供食物保障及其他生活必要条件。

需要指出的是，由于中国城乡差距大，地区发展不平衡，各地的最低生活保障标准亦差距甚大。如据 2002 年 6 月 30 日的资料，全国四个直辖市、27 个省会城市和 5 个计划单列市，每人每月低保标准最高的为深圳市（344元），最低的是南昌市（143 元）；地级市保障标准一般为 130 元左右，县和县级市保障标准在 100 元左右，最低海南省陵水县 52 元；中东部 7 省（直辖市）保障对象每月平均领取保障金 104 元，中西部 24 省（自治区、直辖市）为 68 元。不仅如此，同一城市亦可能存在着市区、郊区、郊县的不同低保标准。

由于经济发展和居民生活水平的不断提高，以及通货膨胀等因素的影响，最低生活保障的标准也会随之提高，一些地区建立了正常的调整机制，以确保最困难群体的最起码生活能够在这一制度下真正得到保障。

（三）最低生活保障待遇的申领程序

社会成员享受最低生活保障待遇的权利，需要经过相应的程序。《城市居民最低生活保障条例》第 7 条规定："申请享受城市居民最低生活保障待遇，由户主向户籍所在地的街道办事处或者镇人民政府提出书面申请，并出具有关证明，填写《城市居民最低生活保障待遇审批表》"。在中国，接受申请并批准救助的机构是政府的民政部门及其办事机构。

一般而言，社会成员申请救助时需要经过如下程序：

- **申请**。即社会成员根据现行法规、政策规定的最低生活保障标准，评估自己及共同生活的家庭成员的人均收入水平，如果低于法定标准并需要通过这一制度提供援助时，应当填写并向社会救助机构提交申请书，申请书应当填写清楚家庭人口、无劳动能力人口、工作人口及家庭收入和支出状况，以作为申请救助的依据。

- **调查**。社会救助机构在接到申请后，应当派出工作人员，向申请家庭及其所在地区和工作者所在单位进行详细调查。以核实申请者的家庭情况及收入情况。
- **审核与批准**。根据调查结果和核实后的情况，社会救助专门机构做出是否批准其申请报告。
- **发放保障金**。经过社会救助机构批准后，应当向申请者发放最低生活保障金。

通常，为了防止浪费国家资金，防止欺骗、冒领行为的发生，对申请人资格条件的规定和审查要求是较严格的。以英国为例，为了防止欺诈行为，生活津贴委员会每年都要出一本申请须知手册，让申请人按规定申报。内容十分庞杂，如1980年的手册就多达125页。然而这种严格的申请制度也存在不利的一面。首先，申请及审核项目非常繁琐，使不少人申请人望而却步；其次，在"生活状况调查"时，如果对申请人的审查过于苛刻，往往会损害申请者的尊严，引起他们的反感。调查制度的实施，一般是由基层社会保障组织中的专业人员负责。他们到申请者的住所、所在街区的管理部门或申请者的工作单位以及其他一些部门，如银行、社区等，进行调查，以了解申请者真实的生活情况，为最后的申请评判提供可靠资料。

▶第四节 农村五保制度

农村五保制度，是有中国特色的一项社会救助制度，它面向乡村孤寡老人及孤儿等，是中国农村自中华人民共和国成立以来坚持至今并较为规范化的一种社会救助制度安排。

一、农村五保制度及其发展

所谓五保制度，是针对农村中缺乏或丧失劳动能力、无依无靠、没有生活来源的老、弱、孤、寡、残疾人员，由乡、村两级组织负责向其提供保吃、保穿、保住、保医、保葬和保教等五个方面的援助的一种社会救助制度。

五保制度是20世纪50年代中期开始形成的。自1953年全国陆续开展合作化运动后，农村走上了集体化道路。当时，中国实行严格的城乡户籍分隔制，农村中的孤寡老人与孤儿等不可能像城市孤寡老人与孤儿一样得到国家的直接援助，他们的生活只能依靠乡村集体经济来保障。

1956年1月，经最高国务会议通过，中央以草案的形式发表了《一九五六年到一九六七年全国农业发展纲要》（也称《农业四十条》，并于 1960 年 4 月 10 日经第二届全国人大第二次会议通过），其中第 30 条规定："农业合作社对社内缺乏劳动能力，生活没有依靠的鳏寡孤独的社员，应当统一筹划，指定生产队或生产小组在生产上给予适当安排，使他们能够参加力能胜任的劳动；在生活上给予照顾，做到保吃、保穿、保烧（燃料）、保教（儿童和少年）、保葬，使他们生养死葬都有指靠。"这是在官方文献中首次正式提出"五保"的概念。

1956 年 6 月 30 日，第一届全国人大第三次会议通过的《高级农业生产合作社示范章程》也明确规定："农业合作社对于缺乏劳动能力或者完全丧失劳动能力、生活没有依靠的老、弱、孤、寡、残疾社员，在生产上和生活上给以适当的安排和照顾，保证他们的吃、穿和柴火的供应，保证年幼的受到教育和年老的死后安葬，使他们的生养死葬都有依靠。"这两份文件是最早提出"五保"概念并赋予其规范涵义的法规性文件，农村享受五保保障的对象被称为五保户。以此为依据，有中国特色的农村五保制度初步形成，并由此而成为中国农村中的一项长期制度。不仅如此，一些地方还为五保户兴建敬老院，对五保老人实行集中供养制。据统计，1958 年全国农村享受五保的有 413 万户 519 万人，共办起敬老院 15 万多所，集中收养五保对象 300 多万人。

20 世纪 80 年代初期，随着农村承包责任制的推行，农村五保制度曾经受到一些影响，因为农村集体经济被承包责任制所替代，土地被承包到个人，过去五保户参与集体分配，承包责任制度后因五保政策未及时调整，部分地区出现了损害五保户权益的现象。为了做好新时期的农村五保工作，中共中央先后印发了《关于进一步加强和完善农业生产责任制的几个问题的通知》《全国农村工作会议纪要》《关于制止向农民乱摊派、乱收费的通知》（与国务院联合发出），明确规定各地必须切实保障农村五保对象的生活。

1994 年 1 月，国务院颁布《农村五保供养工作条例》（以下简称《五保条例》），首次以法规的形式对农村五保供养进行了规范，它标志着农村五保供养工作进一步了一个新的发展阶段，它进一步明确了农村五保供养工作的性质、资金来源、集体责任等，从而对维护农村极端弱势群体的基本生活起到了良好的推动作用，并为农村五保供养工作提供了基本的法律依据。不过，随着农村经济的改革深化与发展，尤其是农村实行税费改革和取消农业税等后，农村中的五保对象亦需要有新的保障机制。在新的时代背景下，民政部、财政部、国家发展和改革委员会于 2004 年 8 月 23 日联合发出《关于进一步做好农村五保供养工作的通知》，再次明确了农村五保供养工作的相关政策，为在新的形势下继续做好农村五保供养工作提供了指导。

2006年1月，国务院发布并实施新的《农村五保供养工作条例》，一个重要的变化就是，自2006年起，农村五保户供养经费纳入政府财政预算，这一变革使五保制度由农村集体福利经农民供养走向了国家福利。

二、农村五保制度的基本内容

作为一项有中国特色并持续实施长达半个多世纪的乡村救助制度，农村五保制度有其特定的内容。根据现行《农村五保供养工作条例》，将农村五保制度的基本内容介绍如下：

• **五保供养的含义**。是指对符合规定的农村居民，在吃、穿、住、医、葬等方面给予的生活照顾和物质帮助。

• **五保供养的性质**。是国家面向农村孤老、孤幼的一项兼具救助与福利性的事业，它由负责管理社会救助与社会福利事务的民政部门主管，由政府负责提供所需的经费和实物，乡、民族乡、镇人民政府负责组织五保供养工作的实施。

• **五保供养的对象**。是指农村居民中无法定扶养义务人或者虽有法定扶养义务人但扶养义务人无扶养能力的、无劳动能力的、无生活来源的老年人、残疾人和未成年人。五保对象的确定由村民本人申请或者由村民小组提名，经村民委员会审核，报乡、民族乡、镇人民政府批准，发给《五保供养证书》。五保对象具有下列情形之一的，经村民委员会审核，报乡、民族乡、镇人民政府批准，停止其五保供养，收回《五保供养证书》：有了法定扶养义务人且法定扶养义务人具有扶养能力的；重新获得生活来源的；已满16周岁且具有劳动能力的。

• **五保供养的内容**。包括：一是供给粮油和燃料；二是供给服装、被褥等用品和零用钱；三是提供符合基本条件的住房；四是及时治疗疾病，对生活不能自理者安排人员照料；五是妥善办理丧葬事宜。五保对象是未成年人的，保障他们依法接受义务教育。发达地区的标准一般超出五保范围而为五保对象提供更全面的保障。

• **五保供养的实际标准**。不应低于当地村民的平均生活水平，具体标准由县级人民政府规定。

• **五保供养所需经费和实物来源**。列入地方政府财政预算。在列入县级财政预算后，集中供养经费可由县级财政部门根据县级民政部门提出的用款计划直接拨付给农村五保供养服务机构；分散供养经费可由县级财政部门根据县级民政部门提出的用款计划，通过银行直接发放到户。

• **五保供养的形式**。对五保对象可以根据当地的经济条件，实行集中供养或者分散供养。具备条件的乡、民族乡、镇人民政府应当兴办敬老院，集中供养五保对象，五保对象入院自愿、出院自由。实行分散供养的，应当由乡、民族乡、镇人民政府或者农村集体经济组织、受委托的扶养人和五保对象三方签订五保供养协议。

• **其他**。国家鼓励社会各界参与农村五保供养工作，形成全社会共同关心支持五保供养工作的局面。在保证五保供养经费财政投入的基础上，继续发挥乡村集体经济组织的作用，各地民政部门还可以在开展社会捐助活动中将募集的物资优先用于解决农村五保户的生活需要。

需要指出的是，随着农村税费改革和取消农业税等政策的全面实施，政府正在保障农村五保对象的制度安排中发挥着日益重要的作用，这一传统的乡村集体救助与福利混合型制度，正在向以国家财政为经济后盾的混合型福利保障制度发展，一些地区的五保户被集中收养在政府主办的敬老院或者老年福利院，即表明了它具有了国家福利保障的特色。

▶第五节 灾害救助

一、灾害与灾害救助

灾害是对人类社会造成物质财富损失和人身伤亡的各种自然现象的总称，它作为人类社会发展的破坏性因素，一直伴随着人类社会的发展而发展，并迫使人类社会不得不考虑建立灾害救助机制来应付其后果。因此，各种灾害构成了灾害救助的风险基础。

所谓灾害救助，是指国家和社会对在遭遇各种自然灾害及其他特定灾害事件等袭击并因此而陷入生活困难的社会成员给予一定的现金或实物或服务援助，以帮助其度过特殊困难时期的一种社会救助，它是社会救助体系不可缺少的重要组成部分，也是整个社会保障体系中的特殊保障制度安排。其目的是通过对遭遇灾害袭击的社会成员的救助，使其尽快恢复正常的生活，同时减少遭灾地区的破坏后果并使灾区社会尽快恢复正常秩序。

在人类社会发展进程中，自然灾害种类繁多，其中威胁人类生存与发展最大的自然灾害有水灾、旱灾、地震等，这些灾害所造成的主要社会后果是人员伤亡、社会财富损毁,成为制约社会经济持续发展的重要因素,工业社会的灾害问题较农业社会的灾害问题更加具有普遍性、全面性和严重性。中华人民共和国成立后,各种自然灾害不仅没有减少,反而因环境破坏、气候变化而更加严重。据统计,一般年份,全国遭受各种自然灾害袭击的人口达2亿多人次,每年因自然灾害造成的死亡人数数千人不等,需要转移安置的人口以百万乃至千万计,农作物受灾面积4 000万～4 700万公顷,大的自然灾害还容易引发传染病疫情,后果十分严重。例如,1976年的唐山大地震,就造成了24万多人死亡、16万多人重伤、50多万人轻伤,一座百万人的工业城市变成一片废墟的惨烈后果;1998年的江淮大水灾,造成近千万人流离失所,各种经济损失达2 000多亿元。其他如虫灾、风灾、雹灾、霜灾和雪灾等也对人类生存产生了不同程度的威胁。

进入21世纪后,灾害问题更趋严重。一方面,灾害的种类在增长,如2001年发生在美国的恐怖分子利用民用飞机袭击世界贸易大厦,造成数千人死亡,直接经济损失100多亿美元,成为人类史上的重大灾难;2003年发生在中国的非典型性肺炎亦是引起全国乃至世界震惊的传染病,是当年中国发生的影响最重大的灾难性事件。而2004年12月26日上午8时左右,发生在印尼苏门答腊岛附近海域的强烈地震引发的海啸,更是人类史上的一场重大灾难,它波及印尼、斯里兰卡、泰国、印度、马来西亚、孟加拉国、缅甸、马尔代夫等国,造成近30多万人死亡和失踪,其中印尼在这场地震和海啸灾害中死亡和失踪的人数达到20多万人。因此,灾害问题还在恶化。

灾害的严重后果,不仅在于造成社会财富的灭失,更在于造成众多灾民的伤亡并直接影响到遭遇灾害的社会成员的生存条件,如果国家和社会缺乏有效的救助灾民的保障措施,灾民便可能难以自救,灾区社会就会失去控制,中国历史上历次农民起义与朝代更替均以大灾害的爆发为背景,表明了灾害问题的破坏作用会产生连带效应。因此,在中国历史上,统治者就实施了相应的救灾措施,如仓储后备和以工代赈等,在某些年代这些救灾措施确实发挥过很好的作用。进入现代社会后,各国政府更是积极建立灾害救助制度,利用公共资源和社会力量,通过为灾民提供衣、食、住、行、医疗等基本生活资料,帮助其脱离灾难和危险。在发达国家,政府负责的灾害救助主要是灾时紧急救助,灾后也帮助灾民实施灾后重建,同时商业保险亦发挥着非常重要的作用;在发展中国家,各国亦建立有自己的灾害救助制度或措施。

二、灾害救助的基本特征

与其他社会保障项目相比，灾害救助因其面对的风险是各种突发性的灾难，其在实践中也具有自己明显的特征。它主要体现在以下几个方面①：

（一）灾害救助的急切性

由于各种灾害的发生大都具有突发性（除旱灾外）和严重的危害性，遭遇灾害的社会成员可能迅即陷入生活困境之中，甚至倾家荡产、流离失所、人身伤亡；大面积的自然灾害或其他重大灾难（如美国9.11恐怖袭击事件）等又往往极易造成疫病流行，如果国家和社会不紧急实施救助，遭遇灾害袭击的社会成员就可能非正常死亡、外出流浪等，灾区社会将因此陷入危机并进而连带其他地区的安定。因此，灾害救助必须对灾民及时进行各种生活和医疗服务等救助，各种救灾实物或服务资源必须迅速到位，以及时解决遭灾社会成员的生存危机并将灾害造成的后果减少到最轻程度。

（二）灾害救助内容与方式的多样性

由于各种灾害造成的后果是多方面的，包括人身伤亡、财产损失、基础设施损毁以及疫病流行等，灾害救助的内容与手段也必须是多种多样的。在救助内容方面，既包括对人的救护，也包括对物资财产的转移和保护；既包括衣食等基本生活用品的救援，又包括医疗服务等特殊救助。在救助方式方面，既采用现金救灾、实物救灾、服务救灾等救助方式，在特定条件下也可以采取以工代赈等特殊方式。因此，在整个社会保障体系中，灾害救助的内容与方式是最多样化的，这主要是灾害及其损害后果的广泛性及特殊性所决定的。

（三）灾害救助的非经常性

尽管灾害救助作为一种制度是需要常备不懈的，但由于灾害的发生具有偶发性与不平衡性，即灾害的发生是不以人的主观意志为转移的，在时间与地区分布上又是不平衡的，遭遇灾害袭击的社会成员的生活困境也是暂时的。因此，与其他社会保障制度相比，灾害救助虽然在总体上也是一项经常性的社会救助制度安排，但具体实施时却是非经常性的，因为只有发生需要国家与社会救助的灾害时才需要灾害救助，如果风调雨顺、平安无事，则灾害救

---

① 郑功成. 中国社会保障论. 武汉：湖北人民出版社，1994. 192~194

助就不需要。

（四）灾害救助的不确定性

由于灾害无法事先确定，灾害救助也就不同于其他社会保障制度安排，可以事先计划并按照确定的方案开展。灾害救助的不确定性，主要表现在于：一是灾害发生的不确定性，即灾害发生的时间、地点是不确定的，灾害救助也无法事先准确确定救助的时间与地区；二是灾害的损害后果是事先无法确定的，所需要救助的财力也是不确定的，虽然政府每年均有救灾的财政预算，但具体需要多少却要由具体的灾害事件来决定，这一特点决定了政府的救灾预算总是与实际需要的救灾支出不相符合的；三是救助的形式具有不确定性，它需要在灾害发生时根据不同灾民的受灾程度及需要，选择不同形式的救助。因此，灾害救助在形式上是一种预防性的社会保障制度安排，但实践中却需要临灾应变，灾害救助在实践中愈是有针对性，救灾的效果就愈好；反之，即使投入大量人力、财力，救灾的效果也可能不好。

灾害救助的上述特征，表明国家既需要将这一项目制度化并有常备不懈的应急机制，也强调要积累经验，有临灾应变之良策；既要有财政专款作为经济后盾，也要有救灾物资储备作为物质基础，等等。

三、灾害救助的方针及内容

灾害救助并不总是被动的，面对各种灾害的威胁，中国政府强调防灾、抗灾、救灾三结合，同时发动人民群众开展生产自救。其中：防灾是指对易发生灾害的地区在灾害发生前积极地采取预防措施，尽可能避免或减少灾害的发生，如建筑防洪坝和农田水利设施以防止洪水灾害，种植防沙林以防流沙袭击，加强病虫害预测预报以防治病虫害，提高建筑物的抗震标准以防止地震灾害，等等，均可以减轻灾害及其危害。抗灾是指为抵御、控制和消除灾害的影响在灾情出现时采取各种措施将损害后果降低到最低程度，包括紧急抢险、转移疏散灾区人口、抢种抢收农作物等。当灾害已经形成后，政府就应当迅速开展灾害救助，组织力量抢救人们生命财产，安排灾民生活，尽快恢复灾后社会成员的正常生活。因此，人类社会在对付灾害袭击时，防灾、抗灾和救灾三者相辅相成。中国政府奉行的灾害救助方针是"依靠群众、依靠集体、生产自救、互助互济，辅之以国家必要的救济和扶持"。

同时，由于灾害是人类社会的共同敌人，灾害发生后往往容易引起同情，也能够得到广泛的援助。因此，各国的灾害救助往往还奉行官民结合的方针，即在灾害发生时迅速发动社会各界参与到灾害救助中来，包括捐献款物、参与义工等。大的灾难发生时，还会得到国际社会的援助。如2004年12月发生的印度洋海啸，遭灾国家获得国际社会的援助就达数十亿美元，其中中国政府官方的援助近亿美元，民间的捐献亦超过了5亿人民币。

根据灾害救助的实践，其内容主要包括如下几个方面：

• **救助灾民生命**。灾害尤其是突发性重大自然灾害的发生是以造成人员伤亡和财产损失为特征的，因此，尽最大努力最大限度地减少和抢救灾区伤亡人员是灾害救助的最直接目的和基本内容。

• **为灾民提供基本生活保障**。灾害的发生往往使灾民的衣、食、住、医等生存条件丧失，这就要求灾害救助在抢救灾民生命的同时，还必须迅速解决好灾民基本生活问题，为灾民提供基本的生活资料，包括发放食物、水、搭建帐篷，以及提供必要的药品等救灾物品。

• **安抚灾民情绪，实施精神救灾**。大灾的发生不仅严重破坏灾民的生存条件，还冲击着灾民的精神和心理，从而产生不利于恢复的消极情绪和心态。实施精神救灾，安抚灾民情绪，重构被灾害破坏了的精神世界，日益成为各国灾害救助的重要内容。

• **帮助灾民确立自行生存的能力**。灾民自行生存能力，是指灾民在大规模救灾活动停止后，依靠自己的力量，进行正常的物质和精神生活的能力。当然，这并不意味着政府在灾后不再帮助灾民，许多国家在灾后也会出面帮助重建灾区社会，但主要依靠灾民自己来恢复受创的生活与生产条件。因此，恢复或帮助灾民确立自行生存的能力，既是灾害救助的重要内容，也是灾害救助的根本目的。

■ 本章小结

社会救助是指国家与社会针对由贫困人口与不幸者组成的社会脆弱群体，通过非供款制与无偿援助的方式，为其提供款物接济和扶助，从而帮助他们摆脱生存危机，以维护社会秩序稳定、促进社会和谐发展的一种生活保障制度，它具有最低保障性、救助对象普遍性、权利义务单向性、按需分配等特点。

社会救助的对象包括生活水平低于法定贫困线或最低生活水平线的个人和家庭，各国一般是通过财力审查和就业审查来确认申请人领取救助金的资格。

贫困是指一定的社会经济条件下，人们在长时期内无法获得足够的收入来维持一种生理上要求的、社会文化可接受的和社会公认的基本生活水准的状态。从不同的角度、按照不同的标准，可以把贫困分为绝对贫困或赤贫与相对贫困，狭义贫困与广义贫困，区域贫困与阶层贫困等类型。

贫困标准可以从绝对意义和相对意义两个角度来理解和界定。从绝对意义上讲，所谓最低生活保障标准就是保证维持生命所需的最低限度的饮食和居住条件，而不致受冻挨饿。从相对意义上讲，所谓贫困标准，是享有相对当地生产力水平而言数量最少的消费和服务亦即是相对于其他居民群体拥有的消费品和服务数量少才有的"贫困"。最低生活标准的确定可以有市场菜篮子法、国际贫困标准法、生活形态法、恩格尔系数法等几种方法。

根据救助的实际内容，社会救助可以分为生活（食物）救助、灾害救助、失业救助、住房救助、医疗救助、教育救助、法律援助、农村扶贫开发等不同类别。而各国的社会救助体系所包括的具体项目都是根据本国国民的实际需求，受经济发展水平、历史文化传统等多种因素的影响，具有很强的国别特色。

最低生活保障，是指国家和社会为生活在法定最低收入水平之下的社会成员提供满足其最低生活需要的物质帮助的救助形式。其根本目标是克服现实中的贫困，帮助社会成员达到基本的生活水平。它是世界各国社会救助制度中最为重要的内容，更是中国社会救助体系中最主要的最基础的保障措施。

农村五保制度，是有中国特色的一项社会救助制度，它面向乡村孤寡老人及孤儿等，是中国农村自中华人民共和国成立以来坚持至今并较为规范化的一种社会救助制度安排。随着农村税费改革与取消农业税，这一制度亦将逐渐走向国家福利制度。

灾害救助是社会救助体系中不可缺少的组成部分，其主要目的是为了使陷入困境的灾民获得衣、食、住、医疗等基本生活保障，以使其摆脱生存危机，同时使灾区社会发展尽快恢复正常秩序的一项制度。

■ 复习思考题

1. 社会救助有哪些特征？
2. 社会救助包括哪些内容？
3. 为什么说社会救助是最基础的社会保障防线？
4. 最低生活保障制度有哪些基本内容？
5. 简述最低生活保障工作的程序。
6. 简述农村五保制度的基本内容及其特点。
7. 灾害救助有哪些特征？

案例讨论 1

不完善的最低生活保障制度

中国城镇居民最低生活保障制度自建立以来,发挥了对城市贫困人口最起码生活提供保障的积极作用,是一项非常得民心的社会政策。然而,从各地的实践来看,亦可以发现许多欠规范的做法。例如,有的地方规定,在享受条件方面,坐出租车者、在饭店请客吃饭者、妇女身上有金银首饰者、家中养狗者等不得享受最低生活保障待遇;有的地方规定,将享受最低生活保障待遇的社会成员名单在社区张榜公告,以接受社区居民的监督;有的地方规定,享受最低生活保障者必须接受在社区从事公益劳动的安排,不接受者不得享受最低生活保障待遇,等等。上述各种土政策的规定,实际上增加了困难群体申请和享受最低生活保障待遇的附加条件,而张榜公告、强迫劳动等做法亦有损受助者的人格尊严。

与此同时,还可以发现,由于最低生活保障制度只提供最起码的食物保障,事实上贫困人口或贫困家庭还需要有最低的住房保障、疾病医疗保障与子女义务教育保障等,这些保障机制通常属于另外政策规范并由另外的部门来实施,因此,同样面向贫困人口的社会救助实际上被分割成多个板块。在这种状态下,享受最低生活保障待遇的贫困家庭往往还有权享受廉租房、医疗救助与子女教育补贴等,而不能享受最低生活保障待遇的家庭却同样不能享受其他救助,它带来的结果是面向贫困人口及家庭的救助政策客观上造成了新的社会不公平。如以最低生活保障线为 300 元为例,一个四口之家如果人均收入为 290 元,其每月虽然只能获得政府民政部门发放的最低生活保障金 40 元,但却可以享受住房、医疗、教育救助;而另一个四口之家如果人均收入为 300 元及以上,生活不仅非常困难,而且住房极为紧张,他却不仅不能享受最低生活保障待遇,同时也丧失了公共房屋的申请资格。

还可以列举出一些其他现象,这些现象的存在,表明中国的最低生活保障制度作为整个社会救助体系中较为完善的制度安排,亦还存在着诸多内在缺陷,从而还需要进一步完善。

案例讨论 2

北京市最低生活保障制度实行分类救助

2004 年 6 月 29 日,北京市民政局和北京市财政局联合发布《关于对城市低保对象实行分类救助的通知》。该通知称经市政府批准,自 2004 年 7 月 1 日起,通过分类救助,提高城市低保对象的救助标准。

该通知明确分类救助原则的是:按照对象的劳动能力不同及种类不同制

定相应救助标准的原则,对法定劳动年龄段内、有劳动能力人员实施鼓励就业政策,提高救助水平;对"三无"人员、享受城市低保待遇的老归侨、因公致残返城知青、老人、儿童及重残人本人,实施提高救助标准政策,改善其生活状况。

该通知明确新的救助标准设定如下:

1. 对法定劳动年龄段内的人员,区分有无劳动能力,实施鼓励就业政策。具体规定如下:

(1) 家中现有相对固定工作岗位的就业人员及城市低保对象家庭成员就业后可享受就业奖励,即本市当年最低工资标准与城市低保标准的差额部分不计入家庭收入。其本人不再享受粮油帮困救助。

(2) 城市低保家庭成员就业后,扣除就业奖励,家庭月人均收入超过本市当年城市低保标准的,实行救助渐退政策,即对其家庭原享受的低保金进行逐月抵扣,在2个月内抵扣完毕(即第一个月发放100%,第二个月发放50%)。

(3) 法定劳动年龄段内且有劳动能力的城市低保对象,在未就业期间,本人只享受低保金待遇;家庭成员符合条件的,可同时享受粮油帮困等其他专项救助待遇。

2. 提高特殊群体的救助水平。下列人员按本市当年城市低保标准上浮10%享受救助:

(1) "三无"人员,享受城市低保待遇的老归侨和因公致残返城知青。

(2) 享受城市低保待遇和生活困难补助的70岁以上老人。

(3) 享受城市低保待遇的16岁以下儿童、中小学生(含16岁以上在读)。

(4) 享受城市低保待遇的重残人和家庭月人均收入低于本市当年最低工资标准、高于本市当年城市低保标准的,具有本市正式非农业户口,持有《中华人民共和国残疾人证》、生活不能自理的重残人。

该通知还要求各区县民政和财政部门要密切配合,按照文件要求并结合当地实际情况,认真研究具体落实方案。实施中发现问题及时上报有关部门,研究解决办法。同时还明确现行城市低保对象中符合分类救助条件的,按本通知重新核定,及时调整待遇;新申请家庭的收入核定,按本通知和相关规定执行。其他均执行原有的政策。

北京市采取分类救助办法,将救助对象区分为有劳动能力与无劳动能力等,对有劳动能力者鼓励就业,对无劳动能力者提高救助待遇,较原来不分类救助显然是一大进步。然而,这种分类救助办法事实上还有不足,如家庭人口数量多寡是决定救助水平的重要依据没有得到体现;对就业的救助对象的收入不是规定一个普遍适用的豁免额而是奖励就业者最低工资标准与最低生活保障标准的差距,等等,这些规定仍然影响到最低生活保障制度的实施效果。

案例讨论 3

深圳市最低生活保障制度的实践

深圳市是改革开放后的新兴城市，尽管贫困人口的比重相对较轻，但外来流动人口多。最低生活保障制度作为深圳社会保障体系的一个日益重要的组成部分，自1997年3月开始建立以来，经过不断充实与调整，开始走向完善发展阶段。深圳的低保制度在全国具有特色性与先进性。

一、深圳市最低生活保障制度的建立与发展情况

1997年3月，深圳市发布《深圳市城乡居民最低生活保障暂行办法》，从一开始就实施城乡同步的最低生活保障制度；2000年，深圳市又发布《关于建立深圳市城镇特困人员基本医疗保障制度的通知》等一系列法规性文件，开始建立低保对象医疗保障、子女教育费减免等多项配套制度；2002年，深圳市颁行《深圳市城乡居民最低生活保障办法》，低保制度从此走向不断完善。

深圳市从建立低保制度之日起，任何一个符合条件的群众，不论其居住在城镇还是在乡村，都可以享受到低保待遇。据深圳市在2004年4月30日普查基准时点的普查资料，全市的低保对象为3 953户、11 782人，占户籍人口1%弱。在低保普查中，由于人户分离和普查误差等原因，深圳市民政局取得了可分析的低保样本3 795户、11 516人。其中，无收入家庭682个，占18.0%，人均月收入59元；双失业家庭1 720个，占45.3%；有就业的家庭703个，占18.5%。可见，深圳市的低保制度基本覆盖了该市最困难的居民群体。

从1997年以来，深圳市先后三次提高低保待遇标准。2004年来的现行标准为：特区内为家庭人均收入344元，特区外城镇为290元，特区外农村为205元。相应地，低保资金的支出也呈直线上升趋势，从1997年的122万元增长到2003年的1 972万元。低保对象在一定程度上分享了深圳市社会和经济进步的成果。

深圳市对低保的申请条件、资金来源和发放方式等作了具体的规定。包括：一是规范低保申请，严格按实际收入计算家庭收入，避免有隐性收入和不符合条件者冒领低保待遇；二是把低保金纳入市、区两级财政预算，保证资金及时到位；三是通过银行发放低保金，减少中间环节，确保低保金及时足额发放到低保对象手中。

二、深圳市最低生活保障制度的基本框架

深圳市面向贫困家庭与贫困人口的最低生活保障制度，实际上是一个由多项目组成的保障系统，它不仅包括普遍意义上的以食物保障为主体内容的最低生活保障，还包括医疗救助、教育救助、住房救助、法律援助乃至扶贫就业等项目。

2000年，深圳市颁发了《关于建立深圳市城镇特困人员基本医疗保障制

度的通知》，建立了低保对象基本医疗保障制度，对低保对象的医疗费用支出以低保标准的14%予以报销。2003年，全市共为5 000多人次报销基本医疗金，共支出230多万元。2004年这一制度进一步由城市居民扩展到农村居民，并确立了重病住院保障制度。

2000年，深圳市颁发了《关于印发深圳市资助义务教育阶段特困学生就学暂行办法的通知》，每年为义务教育阶段的低保学生免除学费和杂费100多万元，保证了每年1 200多名低保学生接受义务教育。不仅如此，2004年以后还扩展到非义务教育阶段。

2000年4月，深圳市决定由市、区、镇、村四级共同解决农村困难群众的住房难问题，并确定了经费来源、住房面积、补助标准等。多年来，共筹集资金1 520万元，建设住房28 015平方米，共为特区外1 820名低保对象提供住房。2001年12月，深圳市建立了多部门合作机制，解决特区内低保对象的住房难问题：由市住宅局提供小面积住房，市财政予以补贴租房款，市民政局予以分配管理。低保对象只需支付福利房租金的40%，就可以租住廉租房，特区内共有150户低保家庭住进廉租房。2004年以后，深圳市将原来的实物分配改变成货币补贴方式。

此外，深圳市还设立了市、区、街道三级法律援助网络，其中市法律援助中心1个，区法律援助中心6个，法律援助工作站72个，实现了法律援助到社区。2003年为困难群众无偿受理法律援助1 687宗，2004年1—8月接案1 914宗。

三、深圳市最低生活保障制度走向完善

针对最低生活保障制度实践中已经出现和可能出现的问题，深圳市于2004年4月在全市范围内开展了低保普查，这次普查发现了已经存在的一些问题，从而为完善最低生活保障制度提供了依据。这次普查及此后采取的政策措施使深圳市的最低生活保障制度走向完善。

1. 主动宣传、动员，努力寻找应保未保者。为了避免低于低保线下的贫困家庭因不熟悉低保制度而漏保的现象，深圳市在低保普查中，民政局派发了45万份宣传资料，把低保的信息发送到每一个户籍家庭，并通过社区居委会把有关低保政策的小册子和宣传单在居民生活区进行广泛发放和张贴，还在《深圳特区报》和《深圳商报》等主流媒体刊登广告，公布有关最低生活保障的政策以及低保对象所享有的权益和办理程序，动员市民提醒和动员自己熟悉的困难群众申请低保；最后，走向街头宣传。2004年深圳市民政局先后8次上街设点宣传低保政策，接受群众的咨询，力求让低保政策做到家喻户晓。通过一系列努力，查漏补缺，从2003年底至2004年8月，深圳市的低保家庭增加了501户，低保对象增加了1 781人，达到4 314户，12 804人。

2. 维护公平，统一全市的低保标准。深圳市2004年以前一直有三个低保标准，分别是特区内344元，特区外居民290元，特区外农村205元，相互之间有很大差距，其中，低标准不足高标准的60%。随着深圳市在宝安、龙岗加快城市化的进程，深圳亦要变成一个没有农村的城市。深圳市民政局抓

住这一机遇，积极向市政府建议，并获得批准，将全市的低保标准统一为344元一个标准，并于2005年开始实施。统一标准之后，大幅度增加了受惠人数，低保对象将从原来的1.2万人增加到2万人，相应地，低保金支出也将从原来的不足2 000万元增加到近4 000万元。这一政策的得益者是特区外的困难群众，一方面把更多困难群众纳入低保保障范围，另一方面使原有的低保对象可以享受到更好的福利。因此，统一低保待遇标准，是深圳市继城乡一体推进最低生活保障制度之后，又一次在制度实践中体现出来的低保制度的社会公平性。统一标准的实施，意味着所有深圳市民只要符合低保条件，均能够享受同一标准的低保待遇。

3. 强化服务，进一步完善低保制度。在原有制度的基础上，经过普查，深圳市从强化服务入手，对最低生活保障制度加以进一步完善。

一是建立信息库，即在低保普查的基础上，将全市低保对象的资料全部输入电脑，内容包括家庭基本情况、家庭经济收入、家庭资产情况、家庭支出情况、接受救助情况、最关心和迫切要求解决的问题、家庭成员的基本情况等，建立了一个完整的低保对象信息库，进而扩展到每一社区、每一个街道乃至每一个区和全市的总体情况都非常清楚地记录在信息库，非常方便查找，同时从市、区、街道到社区形成了四级互通的网络，特别是将信息库的终端连接到每一个社区，并通过社区居委会及时了解和更新每一个低保对象的信息，从而有利于消除管理层级中的信息损耗和失真、迟滞等现象，有助于定量分析和动态管理，进而使政策与服务更有针对性。

二是建立家访制度。即通过社区居委会每年探访每个低保家庭不少于一次，从而达到给这些最困难的家庭送去人文关怀、及时掌握低保家庭收入和人口增减的情况以及对低保家庭提供个性化帮扶，对遭遇临时困难的家庭给以特殊的救助的目的。

三是建立退出机制。深圳市主要在如下两个方面打造低保退出机制：一是准确掌握低保家庭的情况，如前所述，通过建立低保信息库和家访制度，尽量及时和详细地了解低保对象的真实资料，这是建立退出机制的基础；二是严格把握标准，对收入超过标准的低保对象，无论是什么情况，都绝不能偏袒，否则，整个低保制度将会陷于崩溃。

四是推行低保对象义务劳动制度。深圳市组织低保对象从事小区治安、卫生等公益性工作。通过组织有劳动能力但尚未找到工作的低保对象参加一些力所能及的义务劳动，避免他们长期闲散在家给身心带来的负面影响。

4. 帮助解决"就业难"。普查结果表明，在3795个低保家庭中，有人就业的家庭只有703个，占18.5%，完全无人就业的家庭是3 092个，占81.5%。可见，导致贫困的最主要原因是失业。为此，深圳市民政局推出"就业扶贫"活动，在媒体和网站上公布低保家庭的情况，提出"一人就业，全家脱贫"，号召热心企业为低保对象提供就业机会。活动推出后，社会反响热烈，在6月份举行的首次"困难家庭与热心企业见面会"上，共为低保对象提供了100多个就业机会。与此同时，各区政府也在积极为低保对象解决就业问题，聘请200多名低保对象为交通协管员。

5. 调整廉租房政策，由实物分房改为货币化补贴方式。过去，深圳市完全用实物方式解决低保对象的住房问题，各级政府或投入巨资兴建廉租房，或在福利房中调整部分房子分配给低保对象。在普查中发现，实物分房的方式存在很多问题，一是政府一次性投入太大，难以为继；二是政府集中建设的廉租房，与低保对象分散居住的习惯有冲突，群众觉得不方便；三是有些群众觉得政府建的廉租房偏大，交租金和管理费的压力大；四是低保对象脱贫后搬迁难，如果低保对象收入状况好转不再属于低保对象，会给动员搬迁工作带来很大的难度，如果这些群众执意不搬的话，很难找到有力的措施，甚至可能会引起不愉快的事情发生。为此，深圳市对廉租房政策进行重大调整，不再为低保对象提供实物住房，全面改为用货币化的方式解决低保对象的住房问题。

6. 解决重病就医难的问题。据普查，低保对象中患有重病者2 026人，残疾者840人，两者合计2 866人，占总人数的23.8%，平均每个低保家庭有0.76个重病患者和残疾人，说明因病致贫是一个非常重要的因素。过去，深圳市虽然已实施了低保家庭基本医疗保障制度，但只对城镇居民中的低保对象实施保障，农村居民中的低保对象被排除在外，而且医疗费用只是以低保标准的14%予以报销，按最高一档的特区内标准，每人每月的报销额以48元为限。低保对象是一个连日常温饱都难以保证的特殊困难群体，如果家庭成员中有人患有重病，那无疑是雪上加霜。因此，2004年7月，深圳市建立了低保对象的重大疾病救助机制，每年由福利彩票公益金拨付资金，为18周岁以上的低保对象购买住院医疗保险，较为彻底地解决他们的重病就医难问题。此外，深圳市在实施"明天计划"的过程中，除了按照民政部的统一部署，为各类福利机构收养的18岁以下并具有手术适应症的残疾儿童进行手术康复治疗之外，还把手术康复治疗的对象扩展到低保家庭中的残疾小孩。

7. 解决非义务教育阶段"读书难"。如前所述，深圳市义务教育阶段的助学工作是比较到位的，相比之下，对非义务教育阶段的助学有所不足。据普查，在深圳市3 795个低保家庭中，有5 014个学生，平均每个家庭为1.32人，其中，属于非义务教育高中以上的学生为1 219人，平均每个家庭为0.32个。高中以上学生的家长都是人到中年，体力和精力都明显不足，繁重的学杂费成为这些家庭的沉重负担，有些小孩被迫辍学。为此，深圳市2004年采取了两个措施，一是颁发了《关于进一步做好高中阶段特困学生减免学杂费工作的通知》，减免高中阶段的低保学生的学杂费；二是针对低保学生考上大学无钱交学杂费的情况，2004年6月底开始，深圳市民政局与《深圳商报》合作推出"雏鹰展翅——爱心助学"活动，为低保学生筹集上大学学费，历时两个多月，共收到社会各界捐款70多万元，所有低保家庭的子女，只要出示大学的入学通知书和学费缴费单，都可以获得全额的学费资助，从而确保他们不会因为经济困难而放弃上大学的机会，在这个活动中，共有85名学生接受资助。

8. 为低保对象发放《法律援助受援证》。从 2004 年 8 月起，为简化手续，更好地服务低保对象，深圳市为全市低保对象发放《法律援助受援证》，低保对象凭证可到全市各法律援助机构得到无偿的法律援助。

9. 参与行动——让低保家庭参与家庭寄养和模拟家庭计划。在开展家庭寄养和模拟家庭计划时，深圳市选择在福田区开展试点，在全区 320 个低保家庭中逐一选择，由社区推荐，街道办事处评估，市福利中心审核把关。如有一户低保家庭，丈夫因工伤病退在家，妻子为无业家庭主妇，女儿上大学，该家庭综合素质比较好，有爱心、有时间、有护理经验，非常适合家庭寄养，深圳市福利中心就与该家庭签订了 1 年的协议，寄养 2 名小孩，其中一人弱智，每月小孩的生活费标准为：正常小孩 700 元，弱智小孩 800 元，教育、医疗等费用按实际报销。深圳市还选择了一些个人条件比较好但住房非常困难的低保家庭参与模拟家庭计划，这些家庭的成员与孤儿一起，住在福利中心提供的房子，组成特殊的家庭，如有一户低保家庭，女方 30 岁、高中文化、在家待业，男方 42 岁、高中文化，是下岗工人，有 1 个 7 岁的女儿，家庭月收入约 600 元，每月领取低保金 400 多元，夫妻俩对家庭寄养热情很高，曾多次要求和申请，经评估后，深圳市福利中心认为其具备开展家庭寄养的条件，选配了从 1~14 岁的 5 个小孩，其中 1 人轻度弱智，组成一个特殊的模拟家庭，每月小孩的生活费标准为：正常小孩 700 元，弱智小孩 800 元，其他教育、医疗等费用按实际报销。这种尝试不仅解决了低保家庭的收入来源，而且让孤残儿童有了更好的照顾。

10. 救急行动——建立快速救济机制。由于低保金只能解决低保对象的最基本的温饱问题，他们应付突发性灾难的能力非常小。每年深圳市的福利彩票公益金数以千万计，用于资助各种公益事业，但一年只审批一二次，对于群众临时遇到的困难常常是束手无策。为此，从 2004 年起，深圳市在福利彩票公益金中设立了"特殊救济项目"，对因特殊原因临时陷入困境的群众给予及时救济，提高救济工作的时效性和对社会热点问题的反应能力。

四、深圳样本的启示

毫无疑问，深圳市的最低生活保障制度是比较健全的，尤其是 2004 年以来，这一制度在深圳市更是走向完善，在完善过程中进一步体现了公平性、综合性与先进性，从而为我们提供了有益的启示：

一是面向贫困家庭与贫困人口的最低生活保障应当是所有城乡居民都能够公平享受的制度安排，因为最起码生活的保障权是所有人均必须的，是整个人权保障的基础。深圳市从城乡居民一体化、分标准救助到全面覆盖、统一标准，具有显著的社会公平性。

二是面向贫困家庭与贫困人口的最低生活保障制度不仅仅是食物保障的问题，事实上应当是一个综合援助系统，包括医疗卫生、住房、教育等均应当统筹考虑，否则，这些因素同样会危及贫困人口的生存或者使其无法摆脱贫困陷阱。深圳市的最低生活保障制度是一个多项目、全方位的综合援助系统。这种综合性较之单一的食物保障，显然功能更大、效果更好，更有利于维护贫困家庭与贫困人口的最低生活保障权益。

三是最低生活保障制度是现代社会救助事业，它不应当有恩赐、怜悯、施舍的色彩，而应当充分尊重受助者的人格尊严，从而要求在实际工作中坚持平等理念并发挥人文关怀的精神。深圳市的家访制、个性化服务、主动为低保对象解难等等，均体现出了以人为本的理念。

四是最低生活保障虽然是救助制度，但如果能够和促进低保对象的就业结合起来，其效果可能会更积极、更有效。深圳市扶持低保对象就业，尤其是与社会福利机构合作开展家庭寄养与模拟家庭活动，更是一种相得益彰的有益尝试。

第九章

社会保险

■ 学习要点

通过本章的学习，应当了解社会保险的一般知识，熟悉养老保险、医疗保险、工伤保险、失业保险等主要项目的内容，掌握社会保险制度运行的一般规则。

■ 关键概念

社会保险　养老保险　医疗保险　失业保险　工伤保险
生育保险　现收现付　完全积累　部分积累　给付确定模式
缴费确定模式　社会统筹与个人账户相结合　国家医疗保险
社会医疗保险　合作医疗保障　储蓄医疗保障　医疗救助
补充医疗保险　失业　无过失补偿　职业病

▶第一节 概述

在现代社会保障体系中，社会保险无疑占有最重要的地位。它起源于19世纪80年代的德国，它的产生被看成是现代社会保障制度得以确立的标志。

作为工业社会的产物，社会保险是由国家立法规范，面向劳动者建立的一种强制性社会保障制度，它包括养老保险、医疗保险、工伤保险、失业保险、生育保险等项目，是各国社会保障体系中的主体组成部分。

社会保险得以产生的原因，主要是工业社会使人的生产方式与生活方式发生了重大改变，而机器大生产取代了手工生产后，工业劳动者构成了一个日益壮大的以出卖劳动力为生的无产阶级。工业社会不仅直接增加了劳动者的职业伤害风险与失业风险，而且也使农业社会里被视为个人风险的疾病医疗、养老等演变成了群体性的社会风险。在这样的背景下，仅仅依靠传统的慈善事业或者有限的救济措施根本不可能解决劳动者的后顾之忧。因此，必须寻求新的社会化保障机制，社会保险制度因其能够解决劳动者在职业伤害、失业、疾病医疗、养老等方面的诸多后顾之忧，并调和劳资矛盾，很自然地成为各国政府的首选。

中外学术界公认社会保险制度起源于德国1883—1889年间先后颁布的有关工人的疾病医疗保险、工人伤害补偿保险、老年残障保险等法律，这三部法律不仅为德国此后建立完整的社会保险制度奠定了基础，也为世界上其他国家建立社会保险制度提供了示范。德国早期确立的社会保险制度，具有法律强制规范、责任分担等特征，凡法律规定范围内应当参保的人必须一律参加，保险费由雇主、劳动者与政府三方负担，它强调权利义务相结合。随后，欧洲各国纷纷仿效德国，相继建立起自己的社会保险制度，如奥地利于1887年建立了工伤保险制度，原捷克斯洛伐克于1888年建立了疾病生育保险制度，法国于1905年建立了自愿投保的失业保险制度，英国于1908年建立了养老保险制度，德国模式自此风靡世界。

社会保险制度之所以产生于德国而不是更发达的英国等欧洲国家，有其深刻的社会、经济和政治背景：

• **社会背景——工业社会**。在18世纪以前的传统农业社会里，人的生活风险都是依靠家庭来解决的，包括赡养老人，东、西方国家皆是如此。而经过18世纪的产业革命后，工厂机器大生产逐渐代替了家庭、作坊手工业，生产方式走向社会化，工业化带来了城市化进程的加剧，人口相对向城市聚集，生产的社会化又在加深劳动者之间社会联系的同时，造成劳动者对家庭的依赖程度逐渐减弱，进而对社会的依赖程度逐渐增强。在这样的时代背景下，家庭的生产功能和分配功能必然发生重要变化，家庭规模的缩小和联系的分散亦使家庭保障功能持续弱化，这种变化使家庭成员之间的相互保障及代际反哺式的养老保障面临着日益严重的挑战。[1] 因此，工业社会是催生社会保险制度的社会背景。在19世纪70—80年代的德国，社会问题异常突出，大量工人失业，包括疾病医疗、职业伤害、养老等均成为当时社会难题，而风起云涌的工人运动更是对国家提供相应的社会保障提出迫切的要求。因此，德国在颁布有关疾病医疗保险、职业伤害保险方面的立法后，又制定了社会养老保险法。可见，工业社会生产与生活方式的改变、家庭保障功能的弱化和生活风险结构的改变，构成了社会保险产生的基本原因和强大推动力。

• **经济背景——社会化大生产与物质财富增长**。社会保险的产生需要一定的经济条件，因为这一制度解决的是劳动者在遭遇特定事件并导致收入丧失时的经济来源问题，采取的也是发放现金或提供服务的方式，如果没有相应的经济基础，这一制度便不可能生存下去。只有进入工业社会后，社会化大生产才真正大幅度地提高了社会生产力，社会财富亦大量增加，从而使得当时的社会有可能考虑用社会保险的方式来解决劳动者普遍存在的一些生活风险问题。因此，社会财富的增加是推动社会保险制度产生的重大因素，它构成了社会保险制度的物质基础。

• **政治背景——社会矛盾激化与工人阶级的斗争**。19世纪后半期，资本主义的自由竞争开始向垄断阶段发展。德国在19世纪70—80年代，社会问题异常突出，其原因就是由于垄断竞争中普遍存在的排挤和吞并现象造成大量中小企业倒闭，这使得工人阶级对疾病医疗、养老、失业等保障的需求日益迫切，养老、医疗、工伤、失业等问题也日益尖锐。工人阶级为了维护自身利益和基本生存权利，为争取社会保障而进行了不懈的斗争，社会民主运动此起彼伏，工人运动空前高涨。在这种政治背景下，为了维护自身的统治地位，资产阶级曾采取过多种镇压手段，但在"铁血宰相"俾斯麦镇压工人运动失败后，为了缓和阶级矛盾，巩固自己的统治地位，不得不做出一些让步，提出用"胡萝卜加大棒"的办法来对付工人运动，采取软化政策以缓解社会矛盾，一个重要的措施就是将社会保险作为"消除革命的投资"，依此来维护社会的稳定，这就是养老保险在德国产生的政治根源。

可见，社会保险作为一项极其重要、影响深远的社会保障制度安排，其

---

[1] 张彦，陈红霞编著. 社会保障概论. 南京大学出版社，1999. 148

产生的过程就是适应工业社会带来的变化和适应生产力发展的过程，是在特定的社会背景、经济背景与政治背景下产生的，它的产生标志着人类文明和社会进步。

需要指出的是，德国创立的社会保险制度虽然被世界上许多国家仿效，但社会保险制度经过100多年来的发展，又确实发生了许多重要的变化。一方面，继德国俾斯麦模式之后，英国等国建立的福利国家，新加坡等国也创建了完全积累式的公积金等制度，这些制度的创新，表明了各国社会保障制度的多样化；另一方面，即以德国模式的社会保险制度而论，在一些国家也发生了重要变化，如有的国家的养老保险制度已经转为覆盖全民的福利性国民年金，生育保险被普遍性生育津贴所取代，失业保险向就业保障发展，医疗保险向全国健康保险发展，等等。所有这些，均表明社会保险制度产生一百多年以来，不仅被绝大多数国家所认同并仿效，而且在发展中不断地被改造并完善。

本章将重点介绍养老保险、医疗保险、工伤保险与失业保险。

▶第二节　养老保险

一、养老保险及其特征

养老保险是指国家和社会通过相应的制度安排为劳动者解除养老后顾之忧的一种社会保险，它的目的是增强劳动者抵御老年风险的能力，同时弥补家庭养老的不足，手段则是在劳动者退出劳动岗位后为其提供相应的收入保障。

年老是人生不可回避的自然规律，尤其是进入现代社会后，随着社会经济的发展和生活水平的提高，人均预期寿命不断延长，越来越多的国家跨入了老年型社会，人口老龄化及其不断加快的发展趋势对各个国家与社会均构成了日益严重的挑战。伴随着老年风险的普遍性和日益社会化，养老也就成为当代社会各国面临的主要社会问题之一。与此相适应，养老保险因在保障社会成员老年生活方面发挥着重要作用而成为各国社会保险制度中最重要的项目，也是各国社会保障体系中最为重要的项目。一个国家或地区的社会保障制度的成败，在很大程度上取决于养老保险制度的成功与否。

在养老保险制度的发展进程中，最早是1669年法国制定的《年金法典》中，明确规定对于不能继续从事海上工作的老年海员发放养老金，这应当算是开有关养老保险立法之先河。奥地利和比利时则分别于1854年和1868年实施了矿山劳动者养老金制度。[①] 但由于受当时历史条件的限制，这些制度根本不可能在较大的范围内实施，它只是针对一些特定行业而制定的，同时也并不具有现代社会保障的基本特征。因此，法国、奥地利、比利时等国在早期实施过的养老金办法，并不能算是现代社会养老保险产生的标志。理论学术界较为公认的具有现代意义上的养老保险制度，是以德国1889年颁布的《老年、残疾和遗属保险法》为标志的，这一立法正式确立了社会保险模式的养老保险制度，并打上了深厚的俾斯麦时代的烙印。

自养老保险制度在德国产生后，工业化国家以及其他国家纷纷仿效。例如，丹麦于1891年、新西兰于1898年、瑞典于1903年、奥地利于1906年、澳大利亚于1908年、英国于1909年、法国于1910年、荷兰于1913年、意大利于1919年、俄罗斯于1922年、智利于1924年、加拿大于1927年、南非于1928年、美国于1935年相继建立了社会养老保险制度。另外一些发展中国家，如新加坡、马来西亚、印度、缅甸、泰国、菲律宾、墨西哥、阿根廷、巴西、沙特、科威特、埃及、中国等也在第二次世界大战后先后建立了自己的养老保险制度。截至20世纪末，世界上已有166个国家建立了养老保险制度，这表明了养老保险不仅是人类社会发展的普遍需要，而且也是政府着力推进的重大社会政策。

养老保险作为社会保险制度的主要项目，显然具有社会保险的性质和一般特征，但与劳动者面临的失业、疾病、工伤及其他社会风险相比，作为以化解老年风险为己任的制度安排，养老保险的特征更为显著，它可以概括为普遍需求、地位特殊、长期性、管理复杂等。

(一) 普遍需求

由于年老是人生不可避免的自然规律使然，这就决定了任何人如果要想安享晚年，都需要有相应的养老保险，人们对养老保险的普遍需求，正是根源其化解的老年风险的普遍性。相对于失业、疾病、伤残等不确定事件而言，老年是一个确定的、可以清晰预见的、人人都会遇到的事件，虽然由于不同的人的能力、经历和家庭条件不同，对老年收入锐减、身体衰弱等的承受能力也不同，但随着家庭规模的缩小、保障功能的弱化以及市场竞争带来各种风险的集中化和多重化，任何人都不能保证自己的老年没有风险。因此，在养老风险日益成为人生最普遍风险的同时，养老保险亦成为社会成员最普遍

---

① 邹根宝编著. 社会保障制度——欧盟国家的经验与改革. 上海财经大学出版社，2001. 84

的需求。

从参加保险后的待遇享受来看,疾病医疗保险待遇只有患者在生病期间才能享受,失业保险待遇只有失业者在失业期间才能享受,工伤保险待遇只有遭遇职业伤害的劳动者在受伤害期间才能享受,生育保险待遇只有生育期间的女职工才能享受,这些社会保险项目从风险发生的视角具有普遍性需求,但从保障待遇实现的视角却并非是普遍需求,只有养老保险不仅对化解老年风险具有普遍需求,而且在享受权益方面也能够满足普遍需求。

(二)地位特殊

一方面,老年风险的普遍性决定了这种风险的影响面和波及层的广度和深度,而"安度晚年"一直都是中国传统文化和道德规范下公认的理想的晚年生活方式,这就决定了老年风险是应得到最高重视的一种风险,在人均预期寿命不断延长的条件下更是如此;另一方面,养老保险因待遇较高(需要保障老年人的基本生活)、领取养老金的时间长(自退休起到死亡,甚至受保者死亡后还继续惠及其家属),基金收支的规模庞大,这就决定了养老保险不仅是最重要的社会保险项目,而且在各国社会保障体系中占据着举足轻重的地位。

各国养老保险制度的实践,充分证明了这一制度在现代社会保障体系中占有的特殊地位。例如,1979—1983年间,美国、德国、澳大利亚、前苏联、巴西等国的养老保险金支出就均占其整个社会保险支出的 50% 以上,英国、法国、意大利等国的同一指标均在 40% 以上,而上述国家的社会保险支出均占整个社会保障支出中的 60% 以上,有的国家或地区的社会保险支出占其社会保障总支出的比重甚至达 90% 以上。[①] 在中国,养老金的支付规模一般要占全部社会保障支出的 70% 以上。养老保险的重要性及特殊地位由此可见一斑。

(三)长期性

养老保险通常都是劳动者在年轻时参加,达到退休年龄办理退休手续后再领取,直到退休者死亡时终止,有的养老保险还惠及劳动者需要抚养的家属,其领取的时间更长。这样,养老保险就具有了如下两个固有的特征:一是缴费时间长达数十年;二是领取养老金的时间也长达十多年到数十年不等。

例如,中国的法律规定的退休年龄是男性职工 60 周岁、女职工 50 周岁,

---

① 郑功成. 论中国特色的社会保障道路. 武汉大学出版社,1997. 182

如果劳动者20岁参加工作,则男、女职工的缴费年限将分别达40年和30年,即使中间可能因失业等原因导致缴费时间中断,但缴费时间长是不容置疑的;同时,2000年时全国人均预期寿命为72岁,其中城市居民的人均预期寿命更长一些,如果按时退休,则男性退休者领取养老金的时间平均为12年,女性退休者领取养老金的时间平均达22年,部分退休者领取养老金的时间甚至可能长达40年。

可见,养老保险无论采取何种制度模式,均伴随着劳动者自走上劳动岗位后到死亡,这种长期积累性是养老保险固有的特性。这一点与其他社会保险项目显然是不同的,因为工伤、生育、医疗保险均是保障不确定的偶发事件,均追求即期平衡,而失业保险虽然要考虑到经济周期及失业率的高低,但也只要在一个经济周期内实现周期平衡即可。

(四)管理复杂

养老保险管理的复杂性,不仅在于长期积累性带来了制度设计与管理的难度,而且由于基金规模庞大,基金保值增值的负担也十分繁重,需要有专门的机构和人员来进行基金运营工作,而其他社会保险项目则没有如此大的压力。

此外,各国养老保险制度大多都采取多层次体系,与其他社会保险项目单一层次保障明显不同。考察各国的养老保险制定实践,完整的养老保险制度不仅包括了旨在保障个人基本生活的基本养老保险层次,也包括进一步提高个人老年生活保障水平的补充养老保险层次,还有一些满足个人个性需求的个性保险。

二、养老保险模式划分

养老风险的普遍性、养老保险的复杂性、多因素影响性以及各国国情的差异性都决定了养老保险模式的多样性。但这并不妨碍我们在总结多国养老保险制度实践的基础上,按照一定的标准将养老保险作如下归类。

(一)养老保险责任承担模式

根据养老保险的责任承担机制,可将养老保险划分为政府负责型、责任分担型、个人承担型、混合责任型等模式。

1. 政府负责型

政府负责型是指由政府直接负责的养老保险制度,它通常以国民年金的形式存在。在这种模式下,企业与个人承担社会保障的纳税义务,政府通过预算来为国民提供养老金,政府对养老保险事务实行直接管理并严格监督。这种模式的最大特征,就是强调政府责任,实现养老保险金待遇的普遍性,发放对象包括所有老年人,普遍性中充分地体现出了公平性。但不足之处是可能因人口老龄化而给财政带来日益沉重的负担。

一般而言,福利国家因其实行国民年金保险制度,客观上属于政府负责型制度安排,在这些国家享受养老保险待遇通常与是否参与社会劳动和是否缴付养老保险费脱钩,它通常只强调是否属于本国公民和是否达到法定退休年龄。也有部分国家实行双层或多层次养老保险制度,其中处于基础层次的养老保险亦采取政府负责的国民年金形式。

需要指出的是,曾经风行社会主义国家的国家保险型制度,也包括了养老保险在内,它以生产资料公有制为基础,对包括养老保险等在内的社会保障制度实行国家级统筹,国家财政充当着后盾和经济基础;同时,国家通过法律来确立公民"老有所养"的基本权利,退休金支出亦全部由政府和企业(也以财政为后盾)承担,个人不用缴纳保险费,从而也可以纳入政府负责型养老保险模式。

2. 责任分担型

由政府、单位或雇主、个人等多方分担养老保险责任,是社会养老保险制度发展的主流形式。这种模式是基于责任分担或责任共担的原则确立的,其特点是劳动者的养老保险责任由多方共担或分担,它有利于养老责任风险分散和财务稳定;同时,由于实行强制性责任共担,这种模式也就无法覆盖到全体国民,它只能适用劳动者甚至主要是工薪劳动者,从而属于选择性制度安排。

在实践中,责任分担型养老保险制度既有政府、单位或雇主、个人三方分担型,也有单位或雇主与个人双方分担型。不过,即使是单位或雇主与个人双方分担型,政府也负有相应的责任。

责任分担型养老保险制度体现了劳动者的权利与义务相统一和养老保险基金来源多元化的特色,同时又具有较强的社会互济性,从而更有利于调控养老保险的财务风险,更有利于养老保险制度的可持续发展。因此,责任分担型养老保险是大多数国家选择的制度模式。

3. 个人负责型

除了缺乏社会保险只能由个人或家庭自我负责养老保障外,在制度化的保障机制中,亦有极少数国家的养老金完全由个人负责。这种模式的典型是智利自20世纪80年代后推行的养老金私有化改革,由此确立了养老保障的个人负责模式。在这种模式下,国家通过立法规定劳动者参与养老保障制度,但政府与雇主均不承担缴费义务,而是完全由劳动者个人缴费,所缴保险费完全记入个人账户,并通过市场机制实现有偿运营,所赚收益再充实到个人账户中去,到劳动者退休后可以领取自己账户中的养老金用于养老。

这种责任模式强调个人自我负责,即养老责任完全由个人承担,政府责任很小,缺乏互助共济性和风险分散功能,亦无缩小不公平和维护公平的功能,它在实践中除了为个人进入老年后积累一笔养老资金外,主要是起到提高储蓄率刺激经济发展的作用,它对个人有一定的激励作用,但能否真正解决劳动者的养老问题亦有待检验。

4. 混合责任型

实际上,一些国家在构建自己的养老保险制度时,在肯定责任分担机制的前提下,也注意到既需要增进国民的老年福利,也应当让个人责任适当回归,从而出现了既有政府负责的层次,又有两方或者三方分担责任的层次,还有个人负责的层次,这种多层次结构的养老保险体系作为责任分担的演变,为养老保险制度的发展提供了更新和更有效的方案。

例如,日本既有政府负责的水平较低的国民年金保险,又有责任分担型的职业年金保险;在中国,公务人员采取的仍然是政府负责的养老保险制度,而企业职工则选择了责任分担机制。

(二) 养老保险财务模式

养老保险是社会保障体系中公认的最大开支项目,社会保险乃至整个社会保障制度的财政状况是否良好,在很大程度上取决于养老保险制度的财政状况是否良好。因此,各国均对养老保险的筹资模式给予高度重视。

概括起来,世界各国的养老保险筹资模式主要有现收现付式、完全积累式、部分积累式等三种。[①]

1. 现收现付式

现收现付式,亦称为非基金式或纳税式或统筹分摊方式。该模式不考虑资金储备,只从当年或近二三年的社会保险收支平衡角度出发,确定一个适当的费率标准向企业与个人征收社会保险费(税),其特点是以支定收,实行初期因支出规模小而费(税)率较低,以后则会随着支出规模的不断扩大而提高,实质上体现着养老保险负担的代际转移。

现收现付式的优点是收支关系简单清楚,管理方便,无资金贬值的风险与保值增值的压力;其缺点是因各期支付额不同而造成费(税)率波动大,

---

[①] 郑功成. 社会保障学——理念、制度、实践与思辨. 北京:商务印书馆,2000初版,2003、2004再版. 343~345

给企业的成本核算带来负面影响,养老金的完全代际转移不仅使劳动者社会保险的权利义务关系难以得到准确体现,而且容易造成劳动者代际之间的矛盾激化。

2. 完全积累式

完全积累式,也可称为基金式或总平均保险费式或预提分摊方式。该模式是在对有关社会经济发展指标如退休率、伤残率、通货膨胀率等进行宏观上的长期测算后,从追求养老保险收支的长期平衡角度出发,确定适当的费率标准,将养老保险较长时期的支出总和按比例分摊到整个期间并向企业与个人征收,同时对已筹集的养老保险基金进行有效运营与管理。其特点是强调长期平衡,费率较为稳定,能够积累起养老保险基金。

完全积累式的优点在于能够预防人口老龄化的冲击,使资金的收取能与企业的经济条件相联系,劳动者的权利与义务关系较紧密。缺点则是固定的费率标准难以适应经济的发展变化,通货膨胀导致基金贬值风险的客观存在又使资金的保值增值压力倍增。同时,因对每个企业与每个劳动者分别立账且需历经多年而使管理工作难度倍增。对无积累的国家而言,采用这种模式筹集养老保险资金,还意味着要让企业与劳动者既承担对自己未来养老金的供款之责,又要承担着对已退休或即将退休的劳动者的供款之责,偿还旧债与预筹新款的双重压力,将使国家与企业均难以承受。

3. 部分积累式

部分积累式,亦称为部分基金式或混合式、阶梯式。尽管现收现付式与完全积累式均有着自己的特点与长处,但单独采用又都存在着难以逾越的困难。因此,越来越多的国家采取兼具上述两种筹资模式特点的混合筹资模式。该模式根据分阶段以收定支、略有节余的原则确定征收费率,目标是保持养老保险基金在一定时期内的收支平衡,其特点是费率具有弹性,可以根据养老金支出的需求分阶段地调整费率。

部分积累式的优点在于:既能满足一定时期内的养老保险基金支出,又能有一定的资金积累;既不会超过企业与劳动者个人的经济承受能力,又因阶梯时间不太长而易预测,面临的保值增值压力亦不会太大。

(三) 养老保险基金运行模式

养老保险基金运行模式,是指养老保险基金筹集后的管理方式,它主要有社会统筹模式、个人账户模式,以及社会统筹与个人账户相结合模式等。

1. 社会统筹模式

社会统筹模式,是通过养老保险筹资渠道筹集到的养老保险基金全部进入社会统筹，由相关部门根据当年或一个周期内的社会需要统筹规划考虑养老保险基金的使用问题。该模式的最大特点就是高度社会化，最大限度地发挥了社会保险互助共济和风险共担的功能，将"大数法则"利用到极致。但该模式通常只考虑短期内基金的平衡，一般没有或只要很少的节余，因此，采用该模式的养老保险制度要在人口结构稳定的情况下才得以维持，当人口结构发生变化，如出现人口老龄化危机时，就难以为继。在具体制度安排中，这种模式总是和现收现付的财务模式联系在一起的。

2. 个人账户模式

与社会统筹模式相对应，个人账户模式是指征缴的养老保险费全部进入个人账户，当劳动者步入老年、失去劳动能力、离开劳动力市场以后，再按照个人账户积累的金额（本金＋运营收入），领取属于自己的养老金。

这种模式对于劳动者具有一定的激励作用，但没有体现"大数法则"，没有互助共济和风险分担功能，而且基金保值增值压力大。在具体制度安排中，这种模式通常和完全积累的财务模式联系在一起。

3. 社会统筹与个人账户相结合

社会统筹与个人账户相结合，是中国首创的一种新型养老保险基金运行模式。社会统筹部分的现收现付与个人账户部分的完全积累同时并存。该模式实行的是国家、企业和个人三方承担供款责任但分别记账，其中：个人所缴部分全部进入个人账户，其余的实现社会互济，计发时实现结构性组合。

不过，社会统筹与个人账户相结合的模式由于在中国实践时间不长，其效果到底如何还有待实践进一步检验，尤其是社会统筹账户与个人账户的关系，以及它们各自的运行规则与监管机制等，还有待完善。

（四）养老保险缴费与给付模式

1. 养老保险金的缴费模式

养老保险缴费模式包括给付确定模式和缴费确定模式。

所谓给付确定模式（Defined Benefit），是先设定养老保险金为保障一定的生活水平需要达到的替代率，以此确定养老保险金的给付标准，再结合相关影响因素进行测算，来确定养老保险费的征缴比例。因此，这种模式实质上是"以支定收"模式。给付确定模式维持的是短期内的横向平衡，一般没有结余。这种模式通常和现收现付模式联系在一起的。

所谓缴费确定模式（Defined Contribution），是结合未来的养老负担、基金的保值增值、通货膨胀率、企业的合理负担、现行劳动力市场和工资水平等因素，经过预测，确定一个相当长时期内比较稳定的缴费比例或标准，再根据这个缴费标准来筹集养老保险基金,并完全或部分地存入劳动者的个人账户,在劳动者失去劳动能力后,以其个人账户中的金额作为养老保险金或养老保险金的一部分。这种模式实质上是"以收定支"。缴费确定模式维持的是长期内的纵向平衡。这种模式通常和完全积累或部分积累模式联系在一起的。

2. 养老保险金的给付水平确定模式

按养老保险金的给付标准是否与享有者工作期间的收入水平有关,可将养老保险划分为普遍生活保障模式和收入关联模式。

普遍生活保险模式(Flat-rate universal pension)强调对所有老年居民都提供养老保险,养老保险金的标准是统一均等的,水平高低与消费水平有关,与老年人是否是工薪阶层劳动者、退休前工资收入高或低、职业是否稳定等没有关系,一般是保障基本生活水平。普遍生活保障模式的养老保险制度生存下去的基石是政府财政的有力支持。

收入关联模式(Flat-rate universal pension)强调社会保险费一般由雇主、雇员和国家三方共同负担,社会保险的缴费额度和养老保险金的给付标准都与劳动者退休前的工资收入有关联。由于这是一种与收入水平有关联的制度模式,也就自然而然地将非工薪阶层,如农民排除在这种模式安排的养老保险制度之外。与普遍生活保障模式相比,收入关联模式更强调权利与义务的平衡。[①]

三、养老保险的基本内容

一个国家的养老保险制度,通常要包含以下内容:覆盖范围,基金筹集、运营、管理和使用,养老金享受条件和待遇标准,养老保险管理和监督机制等。

养老保险的覆盖范围,是指法定的适用对象和适用人群。各国因经济社会发展水平不一和制度规定的差异,其覆盖范围也宽窄有别。虽然社会保险是针对劳动者的一项社会制度,但在有的国家中,养老保险制度却覆盖了全体国民,像西欧、北欧福利国家,如瑞典就是普遍保障模式;有些国家的养老保险只包括劳动者,是选择性保障模式,如德国、美国和中国等。

基金来源是养老保险制度存在和发展的物质基础。从各国养老保险制度的实践来看,养老保险费用的分摊不外乎如下四种方式:

(1) 由雇主、雇员和国家三方共同负担的方式,如英国、德国和意大利

---

① 董克用、王燕主编. 养老保险. 北京:中国人民大学出版社,2000. 37

等国家,这种方式最为普遍;

(2) 由雇主和雇员双方分担,如法国、荷兰、葡萄牙、新加坡等;
(3) 由雇主和国家分担费用,如瑞典2000年以前就是采取的这一方式;
(4) 完全由雇员个人负担,如智利。

总的来说,第一种方式属于多方分担,其资金来源渠道多,保险系数较大,因此得到多数国家的青睐。值得一提的是,就是在采用同一方式的国家,费用的分摊比例也会有相当的差异,这也是各国国情不同决定的。

在现收现付、完全积累和部分积累三种筹资模式中,各国选择的模式通常与本国的养老保险制度直接相关。从欧洲各国的养老保险实践来看,一般都是起始于积累方式,但随着时代的变迁,积累方式逐渐向现收现付式演变,于后又因人口老龄化与养老保险基金支付的压力,开始考虑部分积累制。1937年瑞典进行财政方式改革,开始同时使用积累方式和现收现付方式,实际上相当于部分积累制。而从诞生之日起就采用积累方式的德国养老保险制度则于1967年转向了现收现付式。目前,很多国家采用现收现付式的筹资模式,但为了适应人口老龄化的需要,积累制在部分国家开始"回归",这也是因为部分积累制在应付经济变化和搞好宏观调控方面有较多优势。①

每个建立养老保险制度的国家都会对养老保险金的申领资格做出明确的规定,而且绝大多数国家规定的给付条件都是复合型的,即要享受养老保险金必须满足两个或两个以上的资格条件。

• **年龄条件**。在各国的给付条件中,达到规定的支付年龄往往是核心条件之一。在各国的养老保险制度中,享受领取养老金权益的年龄条件通常是法定的退休年龄,不过,由于人均预期寿命的差异等,各国的退休年龄并不相同,发达国家的退休年龄多为65岁甚至更高,而且男女之间退休年龄相同;发展中国家的退休年龄显然要低,且存在着男女退休年龄不一致的现象。需要指出的是,在处理退休年龄与领取养老金的政策规定方面,亦存在着两种现象:一方面,一些国家为了更好地适应和保障尚未达到法定支付年龄的高龄者的需要和利益,先后建立了养老金提前支取制度,这些制度的相似之处是提前支取的年龄一般为60岁以上,如德国规定劳动者63岁(或60岁时,身体状况已不适合工作)并已参加保险35年时可以提前退休;葡萄牙规定60岁后的失业人员可以提前退休,从事重体力劳动或有害于身体健康的行业的劳动者55岁后可以提前退休;西班牙则规定对于那些从事艰苦的、有害(毒)的、危险的、不利于健康的工作的劳动者也可以在65岁的法定退休年

---

① 邹根宝编著. 社会保障制度——欧盟国家的经验与改革. 上海财经大学出版社,2001. 95, 96

龄前退休。另一方面，在人均预期寿命持续延长的背景下，为了减轻养老保障支出日益增加的压力，以及照顾那些虽年老但仍然精力充沛且业务经验丰富的高龄者，一些国家（如西班牙、法国等国家）则制定了推迟退休的制度。这些国家中有的规定了退休年龄上限，如卢森堡最高至68岁，瑞典为70岁，英国男性70岁、女性65岁；有的则没有规定退休年龄上限，如德国、西班牙、奥地利、芬兰等国。① 各国退休年龄的确定和各国的人口平均预期寿命、劳动适龄人口的就业状况以及经济活动人口的老龄化程度等因素有关系，随着人口平均寿命延长，提高退休年龄已成为许多国家在劳动就业和社会保障方面的重要调整举措。如美国在1983年就通过了一项法案，内容是从2000年开始，逐步提高退休年龄，到2027年，将可领取全额年金的退休年龄，由现在的65岁逐步提高到67岁。

• **缴费条件**。即参加养老保险的年限和缴纳养老保险费的年限。如德国规定享受养老金的条件是年满63岁且投保35年，或年满65岁且投保15年，法国规定享受条件为年满60岁且投保37.5年，如果未达到37.5年，则减发养老金。意大利则规定，被保险人若已缴纳保险费满35年，则无论退休与否，均可开始领取养老金。②

• **其他条件**。如工龄条件、居留条件等。在工龄条件方面，前苏联、东欧国家和改革前的中国就有相关规定，如前苏联规定的享受条件为男满60岁且工龄满25岁，女年满55岁且工龄满20年；瑞典的附加养老金也要求工龄满30年才有资格领取。在居留条件方面，即规定申领者满足一定的居住期限，如丹麦国家养老金规定领取者必须在25～67岁之间至少在丹麦居住了3年，瑞典规定在瑞典居住不满40年的人，其养老金计算方法是每居住1年可得1/40的基础养老金，但至少要在瑞典居住3年才能拿到最低的基础养老金，即全部基础养老金的3/40。③

关于养老保险基金的管理，各国并不统一。一些国家由各种独立性机构或基金会负责，管理机构通常由受保人、雇主和政府三方面组成的理事会领导；也有一些国家的养老保险由政府部门直接管理。例如，法国的管理机构为全国养老金保险基金会，它接受法国卫生和社会保障部全面监督；德国的管理机构为联邦薪金雇员保险局，它由德国联邦劳动和社会事务部全面监督；意大利由全国社会保险协会管理，受劳工与社会福利部及财政部监督。④

---

① 邹根宝编著. 社会保障制度——欧盟国家的经验与改革. 上海财经大学出版社，2001. 95, 96

② 任正臣主编. 社会保险学. 北京：社会科学出版社，2001. 124

③④ 邹根宝编. 社会保障制度——欧盟国家的经验与改革. 上海财经大学出版社，2001. 97, 100

养老保险基金的投资模式往往和基金的筹资方式紧密联系在一起，如强制性完全积累型养老保障制度的投资运作主要有四种模式：一是对于缴费确定型个人账户，由投资管理公司分散管理，智利即是如此，在这种模式中，政府的责任是从保护雇员利益出发进行审慎监管，在必要时对受益人提供最低养老金担保；二是通过个人缴费建立基金，由公共机构集中管理和投资，比较成功的案例有新加坡和马来西亚，其主要特征是由政府实施管理和投资运营；三是强制性职业养老金，通常要求建立缴费确定型个人账户进行积累，典型例子如澳大利亚和瑞士；四是社会保障信托基金，基本上是服务于待遇确定的现收现付型养老保障制度，很多国家都用社会保障信托来填平由于养老保险收支不平衡带来的尖锐债务问题。[1]

养老保险管理体制的选择对于养老保险制度的运行起着非常重要的作用。从世界各国的实践来看，养老保险共有三种管理模式，即：直接由政府部门管理、由自治公共机构管理、由私营基金公司管理。

- **由政府部门直接管理。** 养老保险事务由政府直接管理的一些典型国家，有中国、日本、加拿大、美国和瑞士等。政府直接管理养老保险事务，又可细分为两种：一是中央集权式的管理方式。如英国、日本等，相对来说更为强调中央集权化，统一化程度较高；二是分权式的管理方式。如加拿大、美国和瑞士，地方机构在养老保险的管理中均扮演着重要的角色。

- **政府监督下的自治机构管理。** 采用这种管理模式的代表性国家有新加坡、德国、瑞典等国，政府承担的主要是监督责任，这三国分别由中央公积金局、各保险协会、就业委员会等机构管理养老保险。

- **由私营基金公司进行管理。** 采用这种管理体制的代表性国家有智利、法国等。在智利，就是由个人年金基金管理公司管理个人资本化账户。不过，即使是这种管理模式，政府也无一例外地要承担起相应的监管责任。

四、中国的基本养老保险

中国实行养老保险制度改革以前，养老金也称退休金、退休费，是城镇劳动者一种最主要的养老待遇。改革开放后曾实行退休制与离休制双制并存的格局。实行退休制度改革后，原有的退休、离休制度逐渐被养老保险所替代，并自1995年起确立了由政府主导的社会统筹与个人账户相结合的基本养老保险制度，这一制度在改革试验中又被不断修订。

中国养老保险制度改革可以从1986年开始算起，此前国家为了与企业劳

---

[1] 科林. 吉列恩等编. 全球养老保障——改革与发展. 北京：中国劳动社会保障出版社，2002. 139

动制度改革相配套,在国有企业中进行退休费用统筹和建立固定工养老保险基金的试点。1986年,国务院颁布《国营企业实行劳动合同制暂行规定》,为适应劳动制度改革的需要,又建立了劳动合同制工人的养老保险制度,这一暂行规定规范了企业、个人、国家三方共同缴纳养老保险费原则,其中企业按工人工资总额的15%缴费,于所得税前列支,工人则按不超过本人标准工资3%缴费。1991年,国务院颁布《关于企业职工养老保险制度改革的决定》,它对企业职工养老保险制度改革作出了较为原则性的规定,明确了建立多层次养老保险体系的目标,在建立基本养老保险制度的同时,国家提倡、鼓励企业实行补充养老保险和职工参加个人储蓄性养老保险,并在政策上给予指导。1993年,中共十四届三中全会通过的《中共中央关于建立社会主义市场经济体制若干问题的决定》中提出,"城镇职工养老和医疗保险金由单位和个人共同负担,实行社会统筹和个人账户相结合",明确了养老保险基金实行"社会统筹与个人账户相结合"的原则。1995年,国务院又发布《关于深化企业职工养老保险制度改革的通知》,就企业职工养老保险体制改革问题作了一系列新规定,这是深化养老保险制度改革并构建新的养老保险制度框架的标志,由此提出了社会统筹与个人账户相结合的基本养老保险制度模式。国务院当年同时批准两种养老保险方案,尽管都强调社会统筹与个人账户相结合,但由国家体改委提出的方案更强调建立个人账户;而由劳动部提出的方案更突出建立社会统筹,国务院允许各地、市有权自行选择,以至全国在短短二年内冒出了上百个不同的养老保险改革方案。

1997年7月,国务院在充分听取各方面的意见并吸取两种实施方案优点的基础上,再发布《关于建立统一的企业职工基本养老保险制度的决定》。这个文件的发布,标志着社会统筹与个人账户相结合的职工养老保险模式初步确立,从而是中国养老保险制度改革进程中的重要事件。该《决定》的基本内容主要有:明确确立社会统筹和个人账户相结合的养老保险模式;统一企业和职工个人的缴费比例;统一个人账户的规模;统一基本养老金的计发办法。《决定》还提出进一步扩大养老保险的覆盖范围,基本养老保险金的管理内容,以及统筹层次和行业统筹的归属管理问题。至此,社会统筹与个人账户相结合模式正式成为有中国特色的职工基本养老保险制度模式。

1998年3月,国务院实行机构改革,在劳动部的基础上新组建了劳动和社会保障部,人事部、民政部等部门负责社会保险事务的职能与机构统一被划拨到劳动和社会保障部,原来由多部门分割管理的社会保险管理体制由此迈向统一集中管理。社会保险管理体制的统一,使养老保险制度改革步伐进一步加快,其中最为重要的事件是国务院发布了《关于实行企业职工基本养老保险省级统筹和行业统筹移交地方管理有关问题的通知》，将原来由十一个行业分割统筹的基本养老保险业务统一到政府的社会保险经办机构集中管理；其次是国务院颁布《社会保险费征缴暂行条例》，对包括养老保险费在内的社会保险征缴进行了规范。

2000年12月25日，国务院发布并实施《完善城镇社会保障体系改革试点方案》，同时选择辽宁作为试点省。在这一改革方案中，基本养老保险制度改革的一个重要变化就是实行社会统筹账户与个人账户由过去的通道式管理转变到板块式的分账管理，职工所缴养老保险费全部记入其个人账户和真正做实个人账户成为基本养老保险制度的现实政策。2004年，国务院又确定将完善城镇社会保障体系改革试点方案的试点扩展到黑龙江与吉林两省，该方案确定的基本政策成为中国基本养老保险制度发展的基本取向。

根据中国现行有关基本养老保险的政策规范，该制度的覆盖范围包括各类企业和企业化管理的事业单位及其职工，同时，省、自治区、直辖市人民政府也可以根据当地实际情况将自由职业人员、城镇个体工商户纳入基本养老保险范围。

基本养老保险基金分为社会统筹基金与个人账户基金，分别来源于企业缴费与劳动者个人缴费。其中：企业缴纳基本养老保险费（以下简称企业缴费）的比例，一般不得超过企业工资总额的20%，具体比例由省、自治区、直辖市人民政府确定，企业缴费全部记入社会统筹基金；个人缴费的标准最终达到工资的8%，全部记入个人账户，并属于职工个人所有，可以继承。不过，就企业缴费而言，由于养老保险并未实现全国统筹，各统筹地区的缴费率差别甚大，这种各地区费率高低相差悬殊的现象正在带来多方面的负面效应。同时，尽管现行制度安排是明确由企业与个人缴费，但由于部分地区（主要是老工业基地）的养老保险基金收不抵支，中央财政不得不每年拨出专款给以补贴。在筹资方式方面，基本养老保险采取征费制，一些省、市、自治区由社会保险经办机构负责征收，一些省、市、自治区则由地方税务机构代为征收。

在享受资格方面，除有特殊规定外，现行政策规定享受基本养老保险金需要具备的条件有两个：一是达到了国家法定退休年龄；二是在基本养老保险覆盖范围并且参加保险缴费期限满15年。职工达到法定退休年龄且个人缴费满15年的，退休时的养老金包括来自社会统筹基金中的基础养老金和来自个人账户中的养老金两个部分。个人缴费年限累计不满15年的，退休后不享受基础养老金待遇，其个人账户储存额一次支付给本人。

中国基本养老保险的管理和监督部门为劳动和社会保障行政部门，由事业性质的社会保险经办机构具体经办,但财政部门、审计部门等亦从自己的职责出发,对养老保险基金进行监督。

尽管中国的养老保险制度改革取得了相当成就,但这一制度亦面临着许多困难与问题。例如,人口老龄化是一种世界性趋势,中国虽然还是一个发展中国家,但以60岁及以上人口占总人口比重达到10%的标准计,已于2000年进入老年型国家行列,不仅如此,老龄化趋势的发展速度还非常之快。以65岁及以上人口占总人口的比重指标为例,1982年为4.9%,1990年为5.6%,1995年为6.2%,2000年达到6.96%;而据人口学家预测,2020年我国65岁及以上人口占总人口比重将达到11.3%,2050年这一指标将达到21.2%。在人口老龄化加剧的条件下,随着社会的发展尤其是计划生育政策的推行,中国家庭的人口结构模式也已经发生了巨大的变化,小家庭或核心家庭已经取代传统的大家庭格局,家庭的老年生活保障功能在持续弱化。而经济发展水平不高与地区发展差距很大也增加了基本养老保险制度改革的困难。此外,基本养老基金的保值增值压力也在持续扩大。因此,中国的基本养老保险制度还面临着一些严峻的挑战。

作为旨在提高劳动者抵御老年风险能力的制度安排,中国养老保险制度的未来发展也应是通过完善制度自身来更好的实现对劳动者老年生活的保障。从长远的发展目标来看,中国基本养老保险制度统账结合模式可以向普惠式的国民养老金制度与差别性职业养老保险制度双层结构发展,这既是增强对劳动者老年保障能力的需要,也是中国构建和谐社会、增进国民福利的需要,同时还是能够适应中国国情的一种合理政策取向。同时,还需要合理确定基本养老保险制度的保障目标与财务机制。

▶第三节 医疗保险

一、医疗保险及其特征

以法律的形式确立医疗保险,是从1883年德国颁布《疾病社会保险法》开始的,至今已有100多年历史了。在此之前,人们要获得疾病医疗的保障主要是以一个行业或地区组成的各种基金会、互助组织等民间保险形式,通过职工个人共同集资来偿付医疗费用,国家既无立法规范,政府亦不参与其中。1883年,德国颁布的《疾病社会保险法》规定某些行业中工资少于规定限额的工人应强制加入疾病保险基金会,基金会强制性征收工人和雇主应缴纳的医疗保险基金并用于工人的疾病医疗,这标志着医疗保险作为一种强制性社会保障制度得到确立。随后,这项政策逐渐在20世纪上半叶的整个欧洲以各种形式推广,进而向其他地区迅速扩展。在欧洲,奥地利于1887年、挪威于1902年、英国于1910年相继建立了自己的医疗保险制度;法国于1921年通过疾病医疗保险方面的立法,1930年正式实施。到20世纪30年代早期,大多数欧洲工业化国家均建立了这种保险制度,当时以生育和疾病社会保险的名义实行;第二次世界大战以后,西欧、北欧等国家宣布建立福利国家,面向工薪劳动者的疾病医疗保险被普遍性的高水平的国民保健制度替代,其他欧洲国家的医疗保险范围进一步扩展,医疗保险水平不断提升,已经成为这些国家最重要的社会保障项目。在亚洲,日本于1922年颁布《健康保险法》,1938年颁布《国民健康保险法》,将工薪阶层和非工薪阶层的医疗保险区分为健康保险和国民健康保险。医疗保险的覆盖范围从部分大企业的雇员逐步扩展至产业工人、海员、政府工作人员、职员和农民等,按日计酬的短工和投保人的家属也被包括其中。由于人口迅速老龄化,老年人口医疗开支增加,1972年,日本为70岁以上以及65~70岁间生活不能自理的老年人建立了老年医疗保健制度,日本现行的医疗保险基本覆盖了全体国民。亚洲其他一些国家在二战后也开始探索自己的医疗保险制度,中国的公费医疗、劳保医疗与乡村合作医疗制度的建立与发展,更使亿万人民直接受益。

与其他社会保险相比,医疗保险具有社会保险制度所具有的共同特征,它们一起对劳动者的生老病死及意外事故承担保障责任。但由于疾病风险和医疗服务需求的特殊性,又使医疗保险在实践中表现出自身固有的一些特征。

1. 待遇支付形式为非定额的费用补偿

建立医疗保险的作用之一,是避免参加保险的人员因疾病而无力获得基本医治,同时尽快恢复患者的身体健康和劳动能力。众所周知,养老保险是发放现金,工伤保险既发放现金也提供医疗服务,失业保险既发放现金还提供诸如培训等服务,三者基本上是一种收入保障机制;而医疗保险则是一种医疗费用补偿机制,它通过为参加保险的人员提供相应的医疗服务来达到恢复患者健康的目的,这种费用补偿待遇与缴费多寡无关而与医疗费用直接相关,即患者获得的费用补偿不是取决于其缴过多少医疗保险费,而是取决于病情、疾病发生的频率以及实际需要。因此,医疗保险的待遇不同于养老、失业保险那样实行标准的定额支付,而是依据每个患者疾病的实际情况确定补偿。

2. 补偿期短但受益时间长

由于疾病的发生具有随机和不可预测性,医疗保险提供的补偿也具有不确定性，一次疾病的时间通常不会太长，从而每次的补偿期也较短；不过，由于人的一生中不可避免地要生病，医疗保险也就会伴随参加保险人员的一生，这一点显然与其他社会保险有很大区别，如养老保险是劳动者退休后才能享受，失业保险只在失业期间享受，工伤保险只在工伤事件发生后才能享受，生育保险更是一次性保险。从这个意义上讲，医疗保险不仅会惠及所有参加保险的人员，而且自其参加保险之日起将伴随一生，可以说是受益时间最长的社会保障项目。

3. 涉及关系非常复杂

医疗保险涉及到政府、用人单位、医疗机构、社会保险机构、医药机构和患者个人等多方之间复杂的权利义务关系，要处理好这样复杂的关系，必然需要兼顾各方主体的权益并对各利益主体形成一种制衡机制。因此，医疗保险制度的有效性不仅取决于其本身的科学、合理性，同时还与公共卫生资源的合理配置、医疗卫生体制（重点是医疗机构）、医药流通体制等紧密相关。如果医疗卫生体制、医药流通体制不能同步改革，医疗保险便不可能独自成功。医疗保险制度的复杂性还表现在医疗方与患者之间的信息不对称，再加上由社会保险机构（第三方）付费，这就存在着先天的约束不足。医疗保险的复杂性决定了制度实践的难度很大。

4. 医疗服务消费具有不确定性和被动性

医疗保险的费用控制是一个世界性的难题。同养老、失业等其他社会保险相比，正如上文所述，医疗保险关系十分复杂，患病时每个人的实际医疗费用无法事先确定，支出多少也不仅取决于疾病的实际情况，还有医疗处置手段、医药服务提供者的行为甚至可能的道德风险等都对医疗费用产生影响。在医疗服务消费中，医疗服务提供者始终处于主动地位，其服务供给也处于相对的垄断地位，而患者的医疗消费却是被动性的，患者很难真正通过市场手段来选择医疗服务的内容和数量，也没有足够的动机去主动控制医疗费用的支出。因此，医疗保险的管理也就有别于养老、失业等其他社会保险，它不仅需要对医疗保险基金的收支进行管理，而且需要对医疗服务提供者以及医药服务的项目、内容等进行管理。

医疗保险的上述特征，是它作为一个独立的社会保险项目的本源特性，也是它区别于其他社会保险项目的基本标志。

二、医疗保险的基本内容

(一) 医疗保险的当事人[①]

医疗保险的当事人,包括政府、医疗保险机构、医院服务方、被保险方和雇主。

1. 政府

在医疗保险中,政府通常负有如下责任:(1) 推动医疗保险立法,并依据法律制订相应的政策,为医疗保险的运行提供依据;(2) 规划和构建医疗保险体系,包括改善公共卫生资源配置、推进医疗卫生与医药流通体制改革、确定医疗保险规划,以及从宏观层面上统筹公共卫生、医药流通及各种医疗保障制度的发展;(3) 监督医疗保险的运行,纠察医疗保险中的失范行为,确保医疗保险在规范的轨道上健康发展;(4) 提供社会医疗救助,发展公共卫生事业,为医疗保险制度提供良好的基础与配套;(5) 必要时对医疗保险给予相应的财政支持,以及对医疗服务与医药产品进行计划调节。当然,各国政府对医疗保险的干预程度随医疗保险制度模式不同而存在着差异:一种是全面干预医疗保险和服务市场,如在英国,政府、医疗保险机构和医疗服务供给方实际上是合为一体,由政府具体处置各方的关系;一种是干预医疗保险但不全面干预医疗服务市场,医疗机构由各种所有制组成,如加拿大由地方政府设立社会保险机构具体负责筹资和付费,政府和保险机构合为一体,但医疗服务机构由公营和非营利机构共同组成;还有一种形式是国家统一筹资,实行社会医疗保险,但是委托非政府机构、民营或私营保险机构管理和运作医疗保险基金,如德国的疾病基金、韩国的医疗保险,以及美国的医疗照顾计划等,均是如此。

2. 医疗保险机构

医疗保险机构是具体经办医疗保险事务并管理医疗保险基金的机构。在大多数国家,医疗保险机构均是公营机构,但也有由雇主与劳动者代表组成自治管理机构的,如德国等。医疗保险机构区别于其他社会保险机构的一个显著特点是,它必须借助于医疗机构才能为参保人员提供医疗服务。医疗保险机构具有一定的独立自主的经营权,在性质上属于非营利性(非商业性)机构,它的基本任务就是按照国家的相关法律、法规有效地开展医疗保险业务,保证医疗保险制度的正常运转。在实践中,医疗保险机构要接受政府行

---

① 参见郑功成主编. 社会保障概论(第六章). 上海:复旦大学出版社,2005

政主管部门的管理与监督,其承担的职责主要是管理具体的医疗保险事务,包括参与有关医疗保险的法律、法规和政策的制定,征缴医疗保险费,确立医疗服务机构与服务方式,确定合适的医疗费用支付方式并实施医疗保险费用的结算,对医疗服务的供给方和需求方实行有效的监督,管理和运营医疗保险基金。

3. 医疗服务供给者

医疗服务供给者包括医院、医生和药店。医院通过资源配置和合同方式与患者建立医疗服务关系,与医疗保险机构建立付费关系。医生则具有掌握患者病情的信息优势,从而是决定医治手段、费用支出的关键因素。中国采取定点医院与定点药店制。定点医院和定点药店承担着为医疗保险对象提供医疗服务的义务,同时拥有对医疗保险机构依法律或合同所发生的接受付费的权利。可见,在医疗保险中,医疗服务供给方、需求方与付费方分别构成了三对权利义务关系,服务提供与费用支付存在着脱节,这种特殊现象是医疗保险各主体之间关系复杂化的基本原因。

4. 医疗服务需求者,亦可称为被保险人

在医疗保险中,被保险人既是享受医疗服务的权利主体,也是承担缴纳医疗保险费的义务主体。但也有一些特殊情况,如在实行雇主医疗保险责任制或者具有最低工资限制的国家,就由雇主承担全部缴费义务,这样,受益者就是单纯的权利主体。在德国,领取医疗津贴、生育津贴或子女抚育津贴或享受子女抚育假之前,曾经取得过负有缴费义务的收入但现在没有取得其他任何应负有缴费义务的收入的人员,以及为参加就业或属灵活雇佣性质的人员因为其配偶或父母有法定医疗保险的投保人身份可以家庭成员身份连带保险的,可以享受免费的医疗保障。

5. 雇主

雇主是医疗保险缴费方之一,在医疗保险关系中是单纯的义务主体。在不同国家,雇主、劳动者个人双方分担医疗保险的供款责任是一般的做法,而政府则视情形加入其中。

(二) 医疗保险基金的筹集

医疗保险基金是医疗保险制度的物质基础,它是医疗保险机构依法通过对法定范围内的单位和人群征收医疗保险费(税)来筹集的。在筹集的过程中,医疗保险基金通常体现出强制性、费用共担及收支平衡的原则。在财务机制方面,医疗保险的财务机制与养老保险类似,也可以分为现收现付制、积累制和混合制三种情况,但大多数国家均选择现收现付制。

医疗保险基金的筹集渠道，主要有政府专门税收、雇主与雇员缴费、公共财政补贴，以及如利息、滞纳金等其他方面的收入（较少）。不过，多数国家采取由雇主与雇员分担缴费责任或者政府、雇主与雇员三方分担缴费责任的做法。医疗保险费的缴纳方式，主要有固定保险费金额制和与工资或收入挂钩制，前者是确定一个固定的额度向承担缴费义务者征收医疗保险费，后者是按照被保险人的工资或收入的一定比率征收医疗保险费。较为通常的做法是采取与工资或收入挂钩的缴费方式。

至于具体的费率结构，有的国家较为简单，有的国家却较为复杂。如在德国，法定医疗保险就规定了七种不同的费率，包括一般费率、提升费率、减免费率、适用于服兵役或民役服务人员的减免费率、适用于大学生和实习生的费率、适用于养老金人员的费率以及适用于其他人员的费率。在日本，由政府经办的针对中小企业的雇员医疗保险中，雇员和雇主各按工资的4.2%缴费；在社会经办的针对大企业的雇员医疗保险中，雇员按工资3.6%缴费，雇主缴费的标准却为4.6%；而对参加国民健康保险的人员，费率按照每个人的收入以及富裕程度来决定，比例要高于雇员医疗保险。在中国，基本医疗保险的费率较为简单，只是因统筹层次不高而存在着地区差异，但在同一地区适用统一费率。

（三）医疗保险待遇的给付

最初，社会医疗保险的待遇是补偿被保险人因病造成的收入损失，后来逐步扩展到承担因治疗疾病所发生的医疗费用。随着医疗费用的增加和医疗保险基金不足之间的矛盾日益突出，各国为保障医疗待遇水平，减少医疗费用浪费，一直在探索着更为经济有效的医疗保险机制。在一些福利国家中，逐渐将预防、免疫、疾病的早期诊断、保健、老年护理和康复等项目也纳入社会医疗保险的范围。但在不同的国家，由于经济社会发展水平和医疗保险的筹资水平不同，医疗保险的医疗服务范围及其支付标准差别很大。如在福利国家，个人承担的费用几乎可以忽略不计；而在日本，个人自付医疗费用的比例一般在20%～30%，韩国则更高，个人承担的医疗费用达到50%～60%。

医疗社会保险机构作为医疗保险服务付费人，对医疗服务机构的补偿方式是整个医疗保险制度运行中的重要环节。概括起来，医疗保险费的支付方式可以分为后付制（Fee for Service）和预付制（Budget Control）。前者指按服务项目付费；后者有总额预算包干、按人头付费、按病种付费、工资制等方式。

1. 按服务项目付费

这是医疗保险最传统、应用最广泛的支付方式。指医疗保险机构根据医疗机构上报的医疗服务项目和服务量向医疗机构支付费用,它属于事后付费。在具体操作上,它可以先由医疗单位付费后再与医疗保险机构结算,也可以先由患者垫付再从医疗保险机构报销部分或全部。这种付费方式具有实际操作方便、适用范围广泛等优点,但由于医疗机构的收入同所提供的医疗服务项目、数量直接相关,医疗机构因此具有提供过度服务甚至虚报的动机。同时,第三方付费的事实亦使医、患双方缺乏费用控制机制,从而容易造成医疗浪费等结果。

2. 按人头付费

指医疗保险机构按合同规定的时间(如1年),根据接受医疗服务的被保险人人数和规定的收费标准,预先支付医疗服务费用的支付方式。在此期间(1年),医疗机构负责提供合同规定范围内的一切医疗服务,不再另行收费。按人头付费实际上就是一定时期、一定人数的医疗费用包干制。由于医疗机构的收入与被保险者的人数成正比,与提供的服务成反比,结余归自己,超支自付,这就产生了内在的成本制约机制,从而有利于医疗费用控制和卫生资源的合理利用。不过,这种付费方式也可能产生鼓励医疗机构以较低的医疗费用而减少服务提供或降低服务质量的现象。为了保证医疗质量,防止医疗服务质量降低,一些国家甚至规定了每个医生最多照管病人的数量。在丹麦、荷兰、英国最早实行按人头付费的办法后,意大利、美国等国家也广泛采用这种方式来支付医疗费用。

3. 总额预算制

指医疗保险机构通过对服务地区的人口密度、人口死亡率、医院的规模、服务数量和质量、设备设施情况等因素进行综合考察和测算后,按照与医院协商确定的年度预算总额支付医疗费用的方式。这种付费方式的特点是,医疗机构必须为前来就诊的被保险人提供合同规定的服务,自负盈亏,所以也称为总额预算包干制。英国、加拿大、澳大利亚等国采用这种付费方式。

4. 按病种付费,亦称按疾病诊断分类定额支付

这种方式是根据国际疾病分类法,将住院病人的疾病分为若干组,每组又根据疾病的轻重程度及有无合并症、并发症分成若干级,同时将住院病人的疾病按诊断、年龄、性别等分为若干组,对每一组的不同级别分别制定价格标准,按照这种价格对该组某级疾病治疗的全过程进行一次性支付。简单地讲,就是按诊断的住院病人的病种进行定额支付。该方式的优点是可以激励医院为获得利润而主动降低成本,缩短平均住院日,一定程度上减缓和控

制医疗费用上升的趋势。缺点是难以在水平不同的医院、服务项目、质量以及病例的组合中建立准确、恰当的分类系统，尤其是当诊断界限不明时，容易诱使医生令诊断升级，以获得较多的费用支付，而且标准复杂，调整频繁，管理成本较高。

5. 工资制

指社会保险机构根据合同医疗服务机构医务人员所提供的服务向他们发工资，以补偿医疗机构人力资源消耗。这种方式的优点是医疗保险机构能够较好地控制医院的总成本和人员开支，医务人员的收入也有保障。缺点是由于医疗保险机构支付给医务人员的费用是固定的，与医务人员提供服务的数量和质量无关，所以不能形成对他们的激励机制，有可能会导致医疗服务质量的下降。这种方式广泛应用于芬兰、瑞典、前苏联、西班牙、葡萄牙、希腊、土耳其、印度、印度尼西亚、以色列以及拉美国家。英国、加拿大等国对医院里的医生也实行这种方式。

三、其他医疗保障模式[①]

除前面介绍的社会医疗保险外，世界上还存在着国家医疗保险、强制储蓄医疗保障、合作医疗保障和私营医疗保障等模式，每种模式均有着自己鲜明的特点。不过各种医疗保障模式也并非总是一成不变，各国医疗保障制度改革进程亦表明了各种模式之间相互吸取对方的经验和教训已经成为时尚，混合型模式或许会成为一种世界潮流。

（一）国家医疗保险模式

国家医疗保险模式，亦称为全民医疗保险或全民健康保险，是指政府直接举办医疗保险事业，向全体国民提供免费或低收费医疗服务的模式。国家医疗保险资金主要通过政府税收的形式筹措，然后通过预算拨款给有关部门或直接拨给公立医疗机构，国民在看病时享受免费或低收费的医疗服务。实行国家医疗保险的国家，均由公立医疗机构提供各种医疗服务，医疗服务活动具有国家垄断性。在公立医疗机构里工作的医务人员的工资由国家财政承担。在世界上，英国、瑞典、丹麦、芬兰、澳大利亚、加拿大等福利国家均实行覆盖全民的国家医疗保险制度。这种模式的突出特点是全民性与公平性，能够全面保障全体国民的身体健康，满足全体国民多方面的医疗保障需求。不过，这种模式在实践中也存在着医疗机构微观运行缺乏活力、卫生资源配

---

① 参见郑功成主编. 社会保障概论（第六章）. 上海：复旦大学出版社，2005

置效率低下、政府财政负担过重等问题。

英国是世界上第一个宣布建立"福利国家"的国家，也是实行所有医疗机构国有化、医护人员国家公职人员化和全民医疗保险制度的国家，它对所有公民均提供免费医疗，这一制度又称国民卫生保健制度（NHS）。瑞典的卫生保健制度始建于 1955 年，其健康保险向全体公民及外籍居民提供医疗服务。加拿大也是实行全民医疗保险制度的国家，1966 年加拿大联邦政府制定了《全民疾病保险法案》，1972 年全面实施全民健康保险制度，加拿大联邦政府对医疗卫生服务实行统一计划和管理，在卫生服务提供的过程中表现出许多国家垄断的特征，医疗保险基金主要来自联邦所得税和省所得税，在加拿大的全民医疗保险计划下，所有公民不论其经济状况如何，都自动成为医疗保险计划的投保人和保险待遇享受者。个人只需支付很少的医疗费用，便能够享有基本的住院医疗服务和门诊服务，且不会因为医疗费用的支出而降低人们的生活水平。贫困人口和丧失经济能力的人和家庭可以申请部分或全部减免保险，所有 65 岁以上的老人均可自动成为免费医疗保险的享受者，终身享受医疗保健服务。

（二）强制储蓄医疗保障模式

强制储蓄医疗保险制度，是通过立法强制劳资双方或劳动者建立医疗保健储蓄账户（即个人账户）并用以支付个人及家庭成员的医疗费用的一种医疗保障制度。这种模式下的医疗保障，所筹集的医疗基金既不是强制性纳税，也不是强制性缴纳保险费，而是以家庭为单位"纵向"筹资，是基于自我负责精神建立的一种制度。由于强制储蓄医疗保障不能体现社会保险互助共济的基本特征，不能在不同身体状况的人之间（从健康者转向患病者）进行交换，所以它实质上属于"非保险型筹资制度"。

在强制储蓄医疗保障模式中，政府的责任主要是组织建立个人储蓄医疗保障制度，保证个人医疗储蓄基金的保值增值，并对医疗机构给予适当补贴。这种模式以新加坡为代表，马来西亚、印度尼西亚等发展中国家也采用了这种制度，属于公积金制度的一个部分。

在新加坡，医疗保障制度由三个层次构成，即在全国范围推行的、强制性的、以帮助个人储蓄和支付医疗保险费用的保健储蓄计划，非强制性的、对大病进行保险的健保双全计划，以及政府为帮助那些不能支付医疗费用的贫困人口而拨款建立的保健基金计划。此外，还有增值健保双全计划、老年护理计划、老年护理保险计划等辅助性医疗保险计划。它们共同筑成新加坡人的医疗保险体系，保证了每个国民都能获得基本医疗服务。其中，保健储蓄计划是1984年在原有公积金制度的基础上建立起来的一项全国性、强制性储蓄计划，它要求每一个雇员（包括自我雇用人员）都要按法律规定参加保健储蓄计划，储蓄账户上的储蓄可以用于疾病医疗保障。在个人55岁时，保健储蓄账户中积累的基金可以提取，但必须保存一个"最低限额"，确保投保人在退休后患病时有足够的储蓄金支付住院费。健保双全计划是为了弥补保健储蓄计划的不足，于1990年制定并实施的一种非强制性大病保险计划，凡参与该计划的人员，发生重病住院医疗费用时，先按保健储蓄计划规定支付一定数额后，剩余部分从健保双全计划统筹基金中支付80%，自付20%；在健保双全计划的基础上，新加坡还建立了增值健保双全计划，这是为那些希望得到比健保双全计划更多保障的存户设计的。保健基金计划则建于1993年，是由政府拨款设立基金，为无力支付医疗费用的贫困人口提供帮助的医疗安全网。根据该计划，凡无力支付医疗费用的人，均可以向保健基金委员会申请帮助，由委员会依据一定的程序审批并发放基金。这一计划在一定程度上解决了那些低收入或无收入居民因个人账户资金储蓄不足而没钱治病的问题。

（三）合作医疗保障模式

合作医疗保障模式又称社区合作医疗保险或基层医疗保险和集资医疗保障制度，作另一典型范例特别介绍。它是立足社区或基层，按照"风险分担，互助共济"的原则多方筹集资金，用以支付参保人及其家庭成员的医疗、预防、保健等服务费用的一项综合性医疗保健措施。

中国农村的合作医疗是合作医疗保障模式的典型代表。尽管1955年建立起来的农村合作医疗制度随着农村土地承包责任制的推行而几近崩溃，但合作医疗作为一种独特的医疗保障模式仍然有其生命力。因此，自2002年起，中国政府又在广大农村推行新型合作医疗制度。尽管中国农村新型合作医疗制度仍然处于探索阶段，但它既保留了计划经济时代合作医疗保障农民、多方筹资和提供基本医疗服务的特点，又有所创新。一些地区现行的合作医疗着眼于大病、重病及住院治疗。合作医疗模式的局限性，主要是所筹资金有限，覆盖人口较少，抵抗风险能力较差，从而并不符合大数法则，但在乡村地区或者缺乏正式制度化的医疗保障的社会成员中，仍然是一种减轻乃至解除其疾病医疗后顾之忧的制度安排。因此，合作医疗制度对解决发展中国家尤其是发展中国家农村地区居民的疾病医疗服务仍然具有重要的现实意义。

除中国农村的合作医疗属于合作医疗保障模式外，泰国的健康保险卡制度亦属于这一模式。

(四) 私营医疗保障模式

私营医疗保障（商业医疗保险），是按照市场法则由私营机构自由经营的医疗保障模式。在这种模式下，医疗保险被视为一种特殊的商品，在市场上自由买卖，买方可以是企业、团体、政府或个人，卖方则是营利（不享受税收优惠）或非营利（享受税收优惠）的私人医疗保险公司或民间医疗保险机构。私营医疗保险的资金主要来源于投保人及其雇主所缴纳的保险费，政府财政不负责补贴，缴费水平通常取决于参保时年龄、性别以及个人的健康状况，是在假定未来保费收入现值与医疗费用支出现值相等的基础上计算出来的，缴费一般较高。因此，私营医疗保险一般不适用于低收入阶层、老年人及体弱多病者，但能较好地满足中、高收入者高层次的医疗服务需求，其社会公平性差。

在世界上，美国是实施商业医疗保险模式的典型代表，但这种模式并不是美国医疗保险唯一的制度安排。因为美国形成的是以一个多元化医疗保障体系，其中既有由政府举办的社会医疗保障（包括医疗照顾制度、医疗救助制度和少数民族免费医疗制度），也有营利及非营利的商业医疗保险，商业医疗保险的卫生服务机构通常以私立医疗机构为主。据统计，美国的卫生费用位居全球之首——占国内生产总值的15%以上，但到2003年时全美无医疗保险的人数仍然有4 000多万人，约占美国总人口的15%左右。

全美有80%以上的国家公务员和70%以上的私营企业雇员依靠参加营利与非营利性的商业医疗保险。其中蓝盾（Blue Shield）和蓝十字（Blue Cross）是美国最大的两家非营利性民间医疗保险机构，分别由医生和医院联合会发起，承保门诊和住院医疗服务，覆盖的对象约1.7亿人。由于美国商业保险市场成熟，商业医疗保险也多种多样，有为学生设置的学生医疗保险，也有为富人设置的无限制实报实销的私人保险。

由于种种原因，私人保险公司自身并不可能胜任规模如此庞大、涉及面如此广的医疗保险，而商业医疗保险本身所固有的保险对象与疾病风险限制性，亦不可能真正满足全体社会成员的医疗保险需求。因此，美国政府除了专门为65岁以上老年人和残疾人提供"医疗照顾"，以及为低收入家庭提供"医疗救助"外，还通过联邦所得税税制对私人医疗保险给以隐含补贴。因此，商业医疗保险虽然算现代医疗保障体系的一个组成部分，但在解决社会成员的疾病医疗问题方面所起的作用并不如社会医疗保险。

四、中国的医疗保障

中国传统的医疗保障制度始建于20世纪50年代，它基于中国城乡长期二元分割状态，由面向城镇居民的公费医疗、劳保医疗和面向农村居民的合作医疗三种制度共同构成。其中：公费医疗和劳保医疗是新中国成立后为了适应高度集中的指令性计划为特征的产品经济模式，以工资收入者为主要对象并惠及其家属的制度安排；农村合作医疗则是建立在农村集体经济基础之上的农村居民互助保障制度。由公费医疗、劳保医疗、合作医疗构成的中国医疗保障体系，在新中国历史上对解除城乡居民疾病医疗后顾之忧和提高国民的身体健康与素质曾经发挥过重大的作用。全国人均预期寿命从新中国成立时的 37 岁提高到 2000 年的 72 岁，人口死亡率从当时的 20‰ 下降到 6‰ 左右，均包含了传统医疗保障制度的巨大贡献在内。但随着中国经济体制改革的推进，传统医疗保障体制因丧失了相应的经济基础与组织依托，再加上自身存在一些内在的缺陷，亦不得不进入改革时代。由于公费、劳保医疗制度存在着难以自我克服的缺陷，进入 20 世纪 80 年代后一些地方开始尝试一些改进办法，如让职工分担医疗费用，或者在工资中直接发放有限数额的医疗补贴后不再报销职工的医疗费用，这些自发式的改良引起了职工的不满。由于原有医疗保障制度在实践中已经无路可走，各种改进办法又无法改变传统医疗保障不能适应经济社会发展的局面，因此，建立社会医疗保险制度便成了中国改革医疗保障体系的选择。

1992 年，广东省深圳市率先开展了职工医疗保险制度改革，从此拉开了中国城镇劳保医疗制度向社会医疗保险迈进的改革序幕。随后，党的十四届三中全会通过的《关于经济体制改革若干问题的决定》亦明确提出，要建立社会统筹和个人账户相结合的社会医疗保险制度。1994 年，国务院选择江苏省镇江市和江西省九江市两个中等城市进行医疗保险试点（简称"两江"试点）。1998 年，国务院在继续总结"两江"医改试点经验的基础上，发布《关于建立职工城镇职工基本医疗保险制度的决定》，不仅要求在全国范围内建立覆盖全体城镇职工的基本医疗保险制度，而且明确了改革目标与政策框架，从而标志着中国城镇职工医疗保险制度改革进入了一个新的发展阶段。1999 年，劳动和社会保障部等主管部委又联合发布了《城镇职工基本医疗保险定点医疗机构管理暂行办法》《城镇职工基本医疗保险用药范围管理暂行办法》《城镇职工基本医疗保险定点零售药店管理暂行办法》《关于城镇职工基本医疗保险诊疗项目管理的意见》《关于加强城镇职工基本医疗保险费用结算管理的意见》等规章，从多个方面规范了职工医疗保险。然而，由于医疗机构与药品流通体制改革严重滞后，医疗保险改革并未取得预期效果。2000 年 2 月，国务院办公厅转发国务院体制改革办公室等部门《关于城镇医药卫生体制改革的指导意见》，卫生部等部门就城镇医疗机构分类管理、卫生事业补助政策、医院药品收支两条线管理、医疗卫生机构有关税收政策、医疗机构药品集中采购试点、药品招标代理机构资格认定及监督管理办法、实行病人选择医生办法等发布了一系配套政策。2000年7月，国务院在上海召开全国城镇职工医疗保险制度和医药卫生体制改革会议，明确提出了坚持"一个目标、两个核心、同步推进三项改革"的方针。一个目标就是用比较低廉的费用提供比较优质的医疗服务，努力满足广大人民群众基本医疗服务的需要；两个核心是指医药卫生改革的核心是引入竞争机制，医院之间、医生之间、医院药房和社会药店之间展开竞争，通过竞争来改善医疗服务质量并降低医疗成本，而医疗保险改革的核心是建立费用分担机制尤其是强制个人要承担责任；同步推进三项改革是指医疗保险改革、医疗机构改革与药品流通体制改革要同步推进。

此后，国家还批准实施公务员医疗补助办法，并在全国范围内推进农村新型合作医疗制度，劳动和社会保障部亦发布了企业建立补充医疗保险的政策性文件。

中国现行的城镇职工基本医疗保险制度，是在总结以往各地医疗保险改革试点经验的基础上，根据1998年12月国务院发布的《关于建立城镇职工基本医疗保险制度的决定》建立起来的。这一法规性文件明确了城镇职工医疗保险制度改革的目标任务（建立城镇职工基本医疗保险制，即适应社会主义市场经济体制，根据财政、企业和个人的承受能力，保障职工基本医疗需求的社会医疗保险制度）、基本原则（低水平、广覆盖、用人单位和职工共同负担、社会统筹和个人账户相结合）和政策框架，提出了对改革工作组织领导者的具体要求等等。中国城镇职工基本医疗保险制度的主要内容包括：

• **明确强制性参保的人员范围。**即城镇所有的用人单位及其职工和退休人员都必须参加基本医疗保险。

• **确立新的医疗保险筹资机制，明确医疗保险费由用人单位（或雇主）和职工共同负担。**其中：用人单位（或雇主）缴费水平按照当地工资总额的6%左右确定，个人缴费从本人工资的2%起步。各统筹地区的具体缴费标准由当地政府确定，同时允许筹资标准随经济发展作适当调整。

• **确立社会统筹与个人账户相结合的模式，明确划分统筹基金和个人账户的支付范围、支付办法。**个人账户主要支付小额和门诊医疗费用；统筹基金主要支付大额和住院治疗费用，由医疗保险经办机构统筹调剂使用，按医疗费的一定比例支付。

• **基本医疗保险管理和服务实现社会化。**社会化的医疗保险经办机构负责基本医疗保险基金的收缴、管理和支付。医疗保险统筹管理层次原则上以地级以上行政区为统筹单位，也可以以县（市）为统筹单位。北京、上海、天津、重庆等四个直辖市实行全市统筹。为了保证职工基本医疗保险基金的安全、完整，对医疗保险统筹基金纳入单独的社会保障基金财政账户专款专用，并实行收支两条线管理。同时，还建立健全的基金预决算制度、财务会计制度和社会保险经办机构内审制度。

• **推进医疗机构改革，提高医疗服务的质量和水平**。主要政策有：通过制定基本医疗保险药品目录、诊疗项目和医疗服务设施标准以及相应的管理办法，确定了基本医疗服务的范围和标准；实行医、药分开核算，分别管理，对提供基本医疗服务的医疗机构和药店实行定点管理；对医疗机构进行调整、改革，规范医疗行为，减员增效，提高卫生资源的利用效率；积极发展社区卫生服务项目，其中基本医疗服务项目可以纳入基本医疗保险支付范围。

• **特殊政策规定**。为保证特殊人员的医疗待遇与基本医疗保险制度的衔接，《决定》规定离休人员、老红军、二等乙级以上革命伤残军人的医疗待遇不变，医疗费用由原渠道解决；退休人员个人不缴费，其账户资金全部从单位缴费中划入，划入比例或资金总量要高于在职职工；国家公务员参加基本医疗保险的同时，享受医疗补助待遇；允许符合条件的企业建立职工补充医疗保险。

在改革深化进程中，城镇职工基本医疗保险制度的内容还会有所调整。

对于被漏在基本医疗保险网外的社会成员，则主要通过多层次医疗保险体系来解决其疾病医疗问题。在多层次医疗保障体系下，公共卫生构成了社会医疗保险的重要基础，医疗救助弥补基本医疗保险制度的不足；而由机构或雇主提供的补充医疗保险和市场供给的商业医疗保险，也构成对基本医疗保险的补充。

五、医疗保险制度实践中需要注意的几个问题

需要指出的是，在医疗保险制度实践中，还应当注意如下几个问题：

第一，应当突出强调解除人们疾病医疗后顾之忧、保障劳动者健康和努力提高国民身体素质的宗旨。这是建立这一制度的出发点，也是检验这一制度成效的核心指标。因此，在医疗保险制度及其实践中，不能完全相信市场与竞争机制，而是需要有力的国家干预，包括医药流通、医疗服务、医疗机构布局等均离不开国家强有力的计划乃至价格调控。

第二，需要理性看待医疗费用的增长。由于医疗费用增长迅速和医疗保险基金筹集能力下降的矛盾，一些国家或地区推进医疗保险制度改革时大多将目标定位为控制医疗费用，然而，医疗费用的上涨在一定的情形下是不可

避免的。如环境污染会带来更多的新疾病，工业生产场所较农业生产场所更易使人生病，人均预期寿命延长必然导致医疗代价高昂，而人对身体与健康要求标准的提高也会导致医疗费用的上涨，还有医疗技术进步在某种程度上也会推动医疗费用的上涨，这些因素并非患者个人的责任。如果只是一味地控制医疗费用，则在同等代价的前提下，医疗保险带来参保人员的保障可能持续下降，而这又必然损害这一制度的功能。因此，医疗费用的适度上涨是不可避免的，也是合理的，医疗保险制度的发展应当充分考虑到这些因素。在医疗保险费用控制方面，重点应是构建合理的费用分担机制，严格堵塞医疗保险体系的漏洞，杜绝医疗过程中的浪费现象，但任何改革都不应当使医疗保险制度的宗旨受到损害。

第三，在坚持责任分担的原则下合理确定缴费标准。医疗保险费是参保单位与参保个人为获得医疗保险待遇而付出的成本，在确定费率标准时，需要综合考虑影响如下因素：一是医疗费用的历史支出情况；二是医疗费用的上涨速度；三是医疗保险未来发展的需求；四是应急基金。当医疗保险待遇标准确定后，就应当以收定支，当收不抵支时，再调整缴费标准或者调整待遇标准。值得注意的是，医疗保险不同于养老保险因长期积累而要考虑人口老龄化与通货膨胀等因素，它一般以年度收支平衡为原则，并不是基金积累越多越好。

第四，充分利用现代技术。一方面是利用医疗技术的进步，更好地为参保人员提供医疗服务；另一方面还应当充分利用现代信息技术等，使医疗保险制度在高效的管理下提高透明度。

此外，还应当加快改革医疗卫生体制和医药流通体制，完善医疗保险机构对医疗服务机构的付费方式，并形成相应的监督机制和提高医疗机构的成本控制意识，积极发展预防服务和基层社区型医疗服务，适度引入市场机制，鼓励医疗保险机构之间的竞争，以降低医疗保险的管理成本。

总之，医疗保险是非常重要的社会保险项目，也是现代社会保障体系中的重要制度安排，它除具备社会保险的共性功能之外，还有着保障劳动者身心健康、及时"修复"劳动能力、减轻劳动者及其家庭的经济负担、提高全民身体素质、促进卫生事业健康发展等特殊功能，重视社会保障制度建设与发展必须高度重视医疗保险制度的建设完善。

▶第四节 工伤保险

一、工伤保险与工伤责任的认定[①]

工伤保险，也称职业伤害保险，是指劳动者在工作中或在规定的某些特殊情况下因遭受意外伤害和患职业病，暂时或永久丧失劳动能力以及死亡时，劳动者或其遗属从国家和社会获得物质帮助的一种社会保险制度。它包含了两层含义：一是劳动者本人因工伤造成暂时或永久丧失劳动能力时，可以从国家和社会获得医疗救治、职业康复、经济补偿等物质帮助；二是劳动者本人因工伤死亡时，其遗属可以从国家和社会获得遗属抚恤、丧葬补助等物质帮助。

工伤所造成的直接后果是伤害到劳动者的健康及生命，使劳动者的健康权、生存权和劳动权受到影响、损害甚至被剥夺，并由此造成劳动者及家庭成员的精神痛苦和经济损失。因此，在大多数国家的立法实践中，都明确规定劳动者应享受工伤保险的权利。现代意义上的工伤保险最早产生于德国。1884年7月6日，德国颁布了世界上第一部工伤保险法——《工人灾害赔偿法》。目前在世界范围内，无论发达国家还是发展中国家，无论社会背景如何，都在不同程度上实行了工伤保险制度。据国际劳工组织统计，到20世纪末，世界上近180个国家建立了工伤保险制度，约占国家总数的80%，是所有社会保险制度中最具普及性的一种社会保险制度。中国的工伤保险制度始建于20世纪50年代，当时的法律依据是《中华人民共和国劳动保险条例》。20世纪80年代后，国家开始对传统的工伤保险制度进行了一系列的改革探索，但进展缓慢。直到2003年4月27日国务院颁布《工伤保险条例》，并于2004年1月1日起正式施行，适应市场经济的工伤保险制度才得到确立，它标志着中国工伤保险制度建设进入了一个崭新的发展阶段。

工伤责任的认定，决定着工伤保险制度的产生与发展，以及劳动者遭遇工伤后的法定权益。从早期工伤事件由劳动者个人负责到现代工伤保险制度确立的无过失责任，工伤责任认定走过了一个较长的从有利于维护雇主利益到有利于维护劳动者权益的过程。根据工伤责任承担主体和方式的不同，大体上可以划分为劳动者个人责任、雇主过失责任、雇主无过失责任三个发展

---

① 参见郑功成主编. 社会保障概论（第八章）. 上海：复旦大学出版社，2005

阶段。

- **劳动者个人负责阶段。** 在资本主义早期，劳动者在工作中受到职业伤害的一切后果都由其本人承担。这就是所谓的劳动者个人责任原则。这种做法的理论依据是"危险自负说"，这是18世纪英国著名经济学家亚当·斯密在"风险承担"理论提出的观点，他认为，雇主在与劳动者签订劳动合同时，其支付的工资中已经包含了对劳动者工作岗位危险性的补偿，因此，劳动者在工作过程中因发生工伤事故而蒙受的一切损失应由劳动者本人承担。这一理论风行于早期资本主义时代，成为雇主推卸工伤责任的理论依据。

- **雇主过失责任阶段。** 伴随着资本主义工业化的发展进程，大机器所导致的工伤事故和职业病越来越多，给劳动者身心健康及其生活带来了严重的危害。劳动者为了获得工伤赔偿，纷纷起来抗争，要求雇主承担工伤赔偿责任，并取得了一定的胜利，即劳动者在受到职业伤害时，可以通过法律手段获得一定的赔偿。但这种赔偿是依据民事赔偿法律，通过法院的裁决实现的。劳动者只有证明工伤是由于雇主的过错造成的，法院才能判决雇主给予赔偿，否则后果自负，这就是所谓的"雇主过错赔偿"原则，它以雇主存在着过错为赔偿前提。与此相适应，对工伤事件的保障进入了雇主过失责任保险阶段。例如，1884年，英国通过的《雇主责任法》明确规定，劳动者只有在法庭上证明雇主有过失，才能获得赔偿。此后，许多国家也在《工厂法》有关劳动条件的条文中规定了工伤赔偿责任。与劳动者个人负责相比，雇主过失责任赔偿显然是一大进步。然而，实行雇主过失责任赔偿并不能真正解决劳动者遭受工伤后的赔偿问题，主要原因有：一是劳动者很难提供证据证明工伤是由于雇主的过失造成的；二是法律诉讼费用往往太高，劳动者难以承担；三是劳动者起诉雇主，会带来被解雇的后果。因此，劳动者往往会放弃诉讼，最终得不到合理的补偿。

- **雇主无过失责任阶段。** 到19世纪末，随着工人阶级斗争的胜利和社会文明的进步，德国、英国、法国等工业化国家普遍确认了"职业危险原则"。该原则认为：工业化给社会创造巨额财富的同时，也容易发生难以抗拒的工伤事故和职业病；凡是利用机器或雇员体力从事经济活动的雇主或机构，均有可能造成雇员受到职业方面的伤害；而劳动者发生职业伤害，无论雇主是否存在过失，只要不是劳动者的故意所为，雇主就应进行赔偿；雇主支付职业伤害赔偿金是一笔"日常开支"，就像修理和维护设备的保养费和支付给工人的工资一样，是企业或雇主应负责的一部分管理费用。在这种"无过失补偿"原则指导下，保障工伤者权益的风险保障机制也开始由雇主责任保险进入到雇主无过失赔偿阶段。

正是基于雇主无过失赔偿责任原则的确定，工伤保险才在全世界范围内得到了普遍性的发展。

二、工伤保险的原则及作用[①]

在各国的工伤保险实践中，可以发现，它除具有社会保险的一般特点以外，还具有自身的一些特点，这就是实施范围最广，保障性最强，待遇相对优厚，给付条件最宽。在世界上，凡是实行社会保险的国家，几乎都建立了工伤保险制度；在保障方面，工伤保险除了要对因工受伤的劳动者提供及时的医疗救治、医疗护理外，还要根据其伤残程度提供经济补偿，职业康复等，对因工死亡的劳动者遗属提供基本的生活保障，这样的待遇比养老、失业、疾病保险的待遇都要高。因为养老保险只能保障劳动者退休后的基本生活需要；失业保险虽然也保障劳动者失业期间的基本生活，但带有救济的性质；医疗保险只能提供基本的医疗需求。而工伤保险不但要保障劳动者的基本生活，还要根据其伤残程度提供经济补偿，其医疗待遇也比非因工负伤、患病的医疗待遇要高。此外，劳动者参加工伤保险不需要缴纳任何保险费，而且享受工伤待遇不受年龄、工龄、缴费年限、性别等条件的限制，凡是因工伤残或死亡的，都能享受到相应的待遇。工伤保险的上述特点，是其区别其他社会保险制度的重要标志。

（一）工伤保险的原则

综合考察世界上大多数国家的工伤保险制度，普遍遵循如下几个原则：

1. 无过失补偿原则

无过失补偿原则亦称严格责任或绝对责任原则，它是指劳动者在工作过程中遭遇工伤事故或职业病，无论企业或雇主是否有过错，只要不是劳动者本人故意所为，均按照法律规定的标准支付劳动者相应的工伤保险待遇。无过失补偿原则是工伤保险应遵循的首要原则。无过失补偿原则的确立，有利于劳动者在工伤发生后能够得到及时的治疗和经济补偿。当然，实施无过失补偿原则，并不意味不追究事故责任；相反，对于事故的发生必须认真调查，分析事故原因，查明事故责任，以便吸取教训，降低事故发生率。

2. 个人不缴费原则

工伤事故属于职业性伤害，是在生产劳动过程中，劳动者为企业或雇主创造物质财富而付出的健康乃至生命的代价，因此，工伤保险待遇带有明显

---

① 参见郑功成主编．社会保障概论（第八章）．上海：复旦大学出版社，2005

的"劳动力修复与再生产投入"性质,属于企业生产成本的特殊组成部分。工伤事故的这种特殊性和无过失补偿原则,决定了工伤保险的保险费只能由企业或雇主单方承担,这是工伤保险与其他社会保险项目的根本区别。

3. 补偿直接经济损失的原则

劳动者发生工伤后,应给予经济补偿。但这种补偿只是对劳动者直接经济损失的补偿,而不包括间接的经济损失。所谓直接经济损失,是指劳动者工资收入方面的损失。这种损失会直接影响到劳动者本人及其家庭的基本生活保障,也会影响到劳动力的再生产,因此,必须给予及时的、较为优厚的补偿。而间接经济损失是指劳动者直接经济损失以外的其他经济损失,包括兼职收入、业余劳动收入等。这部分收入并非人人都有,是不固定的收入,很难准确核定,不具有普遍性,因此,这一部分收入一般不列入经济补偿的范畴。

4. 因工伤残与非因工伤残区别对待原则

由于职业伤害与工作或职业有着直接的关系,因此,工伤保险待遇水平要明显高于因病或非因工伤亡的医疗待遇,而且享受条件也不受到年龄、性别、缴费期限等条件的限制。对因工和非因工的区分是建立工伤保险的前提和出发点。

5. 补偿与预防、康复相结合的原则

工伤保险首要的任务是工伤补偿,因为劳动力是有价值的,劳动者因工伤残,甚至死亡时,会给劳动者及其家庭带来经济上的损失,理应得到赔偿。但这并不是工伤保险唯一的任务,工伤补偿、工伤预防与工伤康复三者是密切相联的。加强安全生产、减少事故发生和发生事故时及时进行抢救治疗,采取有力措施帮助劳动者尽快恢复健康并重新走上工作岗位,比工伤补偿更有意义。把工伤补偿与工伤预防、职业康复有机结合起来,这是目前许多国家工伤社会保险制度所具有的一项重要内容。

(二) 工伤保险的作用

工伤保险在实践中的作用,主要表现在以下几个方面:

1. 工伤保险是维护劳动者最基本权益的重要手段

生命与健康权是劳动者最基本的权益,而工伤事故或职业病作为从事职业工作时难以完全避免的劳动风险,威胁的正是广大劳动者的健康和生命,进而影响到他们的工作和生活乃至到社会稳定。尽管国家和用人单位采取各种措施和手段,预防工伤事故和职业病的发生,但工伤事故与职业病的发生却是难以完全避免。因此,工伤保险对于在社会化大机器生产条件下的劳动者而言，是维护劳动者最基本的权益的必要手段。建立工伤保险制度，有利于保障劳动者在发生工伤后能够得到及时救治、医疗康复和必要的经济补偿，保障其合法的权益。

2. 工伤保险是分散行业或企业的职业伤害风险，减轻行业或企业负担的重要措施

不同的行业或企业，工伤事故和职业病发生的概率也不同。一些从事危险行业生产的企业，其工伤事故和职业病较多。如果完全依靠企业自己解决，负担很重。实行工伤社会保险后，可以通过建立工伤保险基金，分散不同行业或企业的职业伤害风险，工伤保险的互济功能避免企业一旦发生重大工伤事故而陷入困境，甚至导致破产，从而有利于企业的正常经营和生产活动。

3. 工伤保险是建立工伤事故和职业危害防范机制的重要条件

工伤保险可以通过强化用人单位工伤保险缴费责任，实行行业差别费率和单位费率浮动机制，建立工伤保险费用与工伤发生率挂钩的预防机制，能促进企业改善劳动条件，注重安全生产，有效地防止工伤事故和职业病的发生。

三、工伤保险的基本内容

综观各国的工伤保险制度，其主要内容一般包括：工伤范围认定、工伤鉴定、工伤保险待遇、工伤保险基金、工伤预防、职业康复等。

（一）工伤范围的认定

各国法律对工伤范围认定均包括工伤事故和职业病。其中：

工伤事故的范围最初只限于因工作原因直接造成的伤害，但后来在许多国家扩大到某些因工作原因间接造成的伤害，如上下班途中发生的事故等，也列入了工伤的范围。国际劳工组织 1964 年第 121 号建议书《工伤事故和职业病津贴建议书》第五条规定："每一会员国均应在规定的条件下将下列事故视为工伤事故：（a）不管什么原因，凡工作时间内在工作地点或工作地点附近，或在工人因工作需要而去的其他任何地方发生的事故；（b）上班前和下班后的一段合理时间内，当事人在搬运、清洗、准备、整理、维修、堆放或收拾其工具和工作服时发生的事故；（c）工人往返于工作地点和下列地方的直接途中发生的事故：（a）主要住宅或别墅；（b）通常用餐的地方；（c）通常领取工资的地方。"此外，许多国家还把参与红十字会活动或营救、消防、治安、民防等公益活动中所发生的事故也列为工伤。中国对工伤事故范围的界定，基本上涉及到了上述几个方面的内容，但也不完全一致。

职业病作为工伤的一大类别，是指劳动者在劳动过程中接触职业性有害因素所导致的疾病。它同劳动者所从事的特定职业密切联系，与劳动卫生相对应，属于职业性有害因素对劳动者健康的慢性伤害。因此，世界上实行工伤保险的国家通常把职业病列入工伤的范围，对因工作原因接触职业性有害因素所导致的职业病患者提供医疗救治、经济补偿、职业康复等物质帮助，以帮助他们尽快恢复健康。1925年，国际劳工组织将铅中毒、汞中毒和炭疽病感染列为职业病。1980年国际劳工组织将职业病的范围扩大到29种。中国目前的职业病分为10类115种。随着经济的发展、科技的进步和劳动卫生工作的加强，职业病的范围也将扩展。

（二）工伤鉴定

工伤鉴定是工伤保险的重要环节，工伤鉴定结果是直接决定劳动者遭受伤害后能否享受工伤待遇以及享受哪一等级待遇的直接依据。所谓工伤鉴定，是指劳动者因工伤事故或职业病致残后，由国家法律规定的工伤鉴定机构对其丧失劳动能力的程度进行鉴定以确定伤残等级的法定检验与评价。

在国际上，对工伤的鉴定通常有两种办法：一是劳动能力鉴定，它是以同年龄、同性别的健康人群的平均劳动能力为对照标准，评价劳动者伤残后所具有的劳动能力大小，国际劳工组织一般把因工伤造成的劳动能力丧失分为永久完全丧失劳动能力、永久部分丧失劳动能力、暂时完全丧失劳动能力和暂时部分丧失劳动能力四类，中国一般把因工伤造成的劳动能力丧失分为完全丧失劳动能力、大部分丧失劳动能力和部分丧失劳动能力三类。二是致残程度鉴定，它是按照器官损伤、功能障碍、医疗依赖三个方面将工伤、职业病伤残程度分解为相应等级的鉴定办法，它并不直接评价劳动者劳动能力的丧失程度，而是通过致残程度的相对严重性，来间接反映劳动能力的损害程度。上述两种鉴定方法各有优缺点。中国采取的是劳动能力鉴定法，从劳动功能障碍程度和生活自理障碍程度两个方面对劳动者因工致残后的劳动能力进行等级鉴定，其中，劳动功能障碍分为10个伤残等级，最重的为一级，最轻的为十级；生活自理障碍分为3个等级，即生活完全不能自理、生活大部分不能自理和生活部分不能自理。

（三）工伤保险待遇

与其他社会保障项目相比，工伤保险待遇无论在给付项目、给付标准还是给付期限上，均更为优厚。尽管各国的工伤保险待遇不尽相同，但归纳起来，大体上包括如下三种：

1. 医疗待遇

医疗待遇是指劳动者因工伤所发生的合理的医疗费用，主要包括挂号费、住院费、医疗费、药费、就医路费等，一般由国家或雇主负责支付，而不由劳动者本人负担。多数国家对于工伤保险的医疗待遇远远优于普通医疗保险待遇，包括康复及交通费用。例如，美国的工伤医疗待遇规定，工伤人员可以报销医疗费、住院费，获得医疗期间的收入补偿以及医疗交通补贴。也有些国家是等同于医疗保险或由医疗保险费用支付。

2. 伤残待遇

伤残待遇是指劳动者因工伤丧失劳动能力时，由工伤保险经办机构所给予的现金津贴。伤残待遇包括暂时伤残待遇和永久伤残待遇，前者也称为工伤津贴，是对因工伤暂时丧失劳动能力的劳动者失去工资收入所给予的一种经济补偿，一般来说，大多数国家的工伤津贴比例为本人平均工资的60%、66%和75%，但不少国家规定有3～15天的等待期，在此期间由雇主付给全额工薪。暂时伤残待遇是一种短期待遇，支付期限一般为26～52周。永久伤残待遇也称年金，是长期待遇，各国基本上将永久伤残分为完全永久伤残和部分永久伤残两类，并按照评残等级的不同而享受不同的伤残待遇：

• **完全永久伤残待遇**。这是对经工伤鉴定为完全永久丧失劳动能力的劳动者支付的待遇，为伤残抚恤金或伤残年金，属工伤长期待遇，实行工伤社会保险制度的国家才予发给。完全永久伤残待遇一般规定了最高限额和最低限额，多数国家支付的标准为本人工资的66%～75%，需要护理的一般都规定加发护理费。实行雇主责任制的国家，一般是给予一次性抚恤待遇，一般最高为4年工资。

• **部分永久伤残待遇**。这是对经过工伤鉴定为部分永久丧失劳动能力的劳动者支付的待遇。一般以永久全残支付的待遇为100%，部分残的按比例递减。支付方式视伤残程度而定，对伤残程度达到一定界限以上的人定期支付，对轻度伤残者一般发给一次性抚恤金。大多数国家以丧失20%劳动能力为界限，20%以下的一次性支付。

3. 死亡待遇

死亡待遇是指劳动者因工伤死亡后，支付给劳动者遗属的经济补偿，一般包括丧葬补助和遗属抚恤金两种。其中：丧葬补助是一次性支付的，有的国家按一定的金额支付，如美国的一次性丧葬补助为700～6 000美元，也有的国家按1～3个月工资标准支付，如德国按1个月的工资支付丧葬补助，埃及按2个月的工资支付丧葬费。还有的国家按最低工资的几倍支付，如智利按最低工资的3倍支付丧葬补助，白俄罗斯按最低工资的5倍支付丧葬补助。

遗属抚恤金也称遗属（包括死者配偶和未成年子女，以及死者的父母等，还有的国家规定可以包括死者未成年的弟妹）津贴，它包括定期抚恤金和一次性抚恤金两部分，定期抚恤金按照死者生前供养人口、年工资收入等情况给付，标准一般为死者生前工资收入的一定比例。国际劳工组织《工伤事故和职业病津贴公约》规定，一个标准家庭（夫妻加两个子女）遗属抚恤金最低标准为60%。实行雇主责任制的国家均支付一次性待遇，一般不少于死者生前3年的工资收入。

需要指出的是，工伤保险待遇的支付，除工伤医疗费用按照实际需要支付外，死亡待遇与残疾待遇并非一个固定金额，而是以工伤受害者遭受伤害前若干个月工资为支付标准的。

（四）工伤保险基金

工伤保险基金是为支付工伤保障待遇，开展工伤预防和职业康复等费用而专门设立的一项社会保险基金，它是工伤保险制度顺利实施的物质保证。建立工伤保险基金，能够使劳动者因工作原因遭受意外伤害和职业病时，得到及时的医疗救助和基本的生活保障。

实行工伤社会保险的国家，在筹集工伤保险基金时，主要遵循的原则有以下两个：一是企业或雇主缴费原则，劳动者个人不需要缴费；二是按风险程度征收、调整保险费原则，各个国家在征收工伤保险费时，一般根据各个行业发生工伤事故和职业病的概率分别算定危险率，按照危险率不同，划分若干危险等级，对不同危险等级的行业实行不同的缴费标准。同时，定期按各个行业、企业实际发生工伤事故和职业病的情况，重新算定危险率和确定危险等级，据此调整缴费标准。

绝大多数国家的工伤保险费都是以企业上一年职工工资总额为基数，按照一定的比例缴纳。在缴费费率的确定上，主要有以下三种方式：一是差别费率，即对某一行业或单个企业单独确定工伤保险的缴费比例，体现出对不同工伤事故和职业病发生率的行业或企业实行差别性的负担，世界上大多数国家实行的是差别费率，中国采取的也是这种费率；二是浮动费率，它是在差别费率的基础上，每年对各行业或企业的安全卫生状况和工伤保险费用支出状况进行分析评价，根据评价结果，由工伤保险管理机构决定该行业或企业的工伤保险费率上浮或下浮，一般做法是在差别费率实施3~5年后，在通过合理评价，确定调控指标的基础上，开始实行费率浮动，浮动幅度为原费率的5%~40%；三是统一费率，即按照法定统筹范围内的预测开支需求，与相同范围内企业的工资总额相比较，求出一个总的工伤保险费率，所有企业都按统一的比例缴费，在世界上实行工伤保险的国家，约有1/3的国家采取这种费率确定方式。

工伤保险基金的筹集方式主要有以下三种：一是当年平衡式，即当年筹集的费用与支付的费用平衡；二是阶段平衡式，即在满足支付即期费用的基础上，在企业可以承受的范围内，每年多筹集一部分资金作为储备；三是总体平衡式，即征集的费用与受保人在享受待遇期间所需要的费用平衡。从国外实行的情况看，工业化国家大多采用当年平衡式。

四、工伤预防与职业康复

现代工伤保险在给予劳动者工伤补偿的同时，通常还把工伤预防与职业康复紧密结合起来，以便更好地发挥其在维护社会稳定、保护和促进生产力发展方面的作用。一些国家的实践证明，工伤保险向工伤预防领域发展，可以减少工伤事故和职业病的发生率，降低工伤保险基金的支出；而为工伤劳动者提供职业康复，亦可以尽快恢复或提高工伤劳动者丧失或削弱的功能，使其能够重新适应社会生活。

工伤预防，是指事先防范工伤事故和职业病的发生，减少工伤事故和职业病的隐患，改善和创造有利于劳动者健康的、安全的生产环境和工作条件，保护劳动者在生产和工作环境中的健康与安全。工伤预防工作注重在生产工作全过程中对工伤事故、职业病的防范和降低其发生率，注重对已经发生的工伤事故、职业病加以总结和科学研究、分析。工伤预防与工伤保险之间存在着既相区别又相联系的关系。两者的区别表现在：工伤预防侧重于对安全生产过程中工伤事故和职业病的"事先防范"，而工伤保险则侧重于对工伤事故和职业病的"事后处理"。两者的联系表现在：两者是同一事物的两个方面，工伤预防工作搞得好，措施得力，可以减少或避免工伤事故和职业病的发生率，从而减少工伤保险待遇的支付和与之相关的大量善后工作。在工伤保险实施的初期，工伤待遇仅仅作为一种补偿手段，对劳动者发生工伤后的生活给予保障。随着时间的推移，人们逐渐认识到，工伤保险制度应当对工伤事故和职业病的发生进行干预，促使企业或雇主加强劳动保护，改善劳动卫生条件。工伤预防的具体措施主要包括以下几个方面：一是通过缴费手段和费率机制将企业是否重视安全与本企业经济利益相联系；二是通过工伤保险基金中的一小部分，开展预防的研究工作；三是通过各种手段，对工伤预防进行宣传教育和培训工作。

职业康复是指综合使用药物、器具、疗养、护理、就业咨询、职业能力测定、就业前的职业教育与训练、就业安置等多种手段，帮助因工伤残者基本恢复正常人所具备的工作、生活能力和心理状态的一项工作。1952年国际劳工大会通过的《社会保障（最低标准）公约》规定，负责医疗照顾的当局应该与职业康复部门共同合作，使残疾人重新获得适当的工作；1955年通过的《（残疾人）职业康复建议书》明确要求为残疾人提供适当的就业设施，其中应包括免费职业介绍；1964年通过的《工伤事故和职业病津贴公约》提出，政府应当重视职业康复工作，提供充足的财政援助，以满足残疾人对职业康复的需要。从此，职业康复为世界大多数国家所接受。职业康复作为现代工伤保险制度的重要目标之一，其目的是使因工伤残的劳动者尽可能地恢复重新就业的能力，这不仅有利于增强他们的生活适应能力，而且有利于扩大他们的就业机会。

世界上大多数国家现行的工伤保险制度都是工伤预防、工伤补偿和职业康复三位一体的结合，它揭示的是工伤保险制度不可逆转的发展方向。不过，在发展中国家，由于工伤保险制度刚刚确立，大多需要先真正解决好工伤补偿的问题，于后才能逐步向预防、工伤补偿和职业康复三位一体的制度安排迈进。

五、中国的工伤保险

中国的工伤保险制度建立于20世纪50年代初，原属于劳动保险制度的一项内容，并与劳保医疗、生育待遇混合在一起，由单位负责组织实施，是典型的单位保障模式。改革开放后，中国对这一制度进行了改革探索。2003年4月27日，国务院颁布《工伤保险条例》（以下简称《条例》），并于2004年1月1日起施行，这是中国第一部专门的工伤保险行政法规，它不仅标志着中国新型工伤保险制度的基本确立，而且对于解决工伤保险争议、推进工伤保险制度至关重要。

（一）工伤保险的实施范围

建立工伤保险制度的主要目的，是为了保障因工作遭受事故伤害或者患职业病的劳动者获得医疗救治和经济补偿，同时促进工伤预防和职业康复，分散用人单位的工伤风险。因此，工伤保险的实施范围包括：一是中华人民共和国境内的各类企业。无论何种所有制性质、无论规模大小，凡是已经工商登记注册的企业，都应参加工伤保险；二是有雇工的个体工商户。鉴于各地经济发展不平衡，有雇工的个体工商户参加工伤保险的具体步骤和实施办法，由各省、自治区、直辖市人民政府规定；三是事业单位、社会团体和民办非企业单位等参加工伤保险的办法另行制订。

（二）工伤保险基金

工伤保险基金是工伤保险制度的财政基础，它由用人单位缴纳的工伤保险费、工伤保险基金的利息和依法纳入工伤保险基金的其他资金构成。用人单位依法按时向社会保险经办机构申报缴费基数，按时缴纳工伤保险费，职工个人不缴纳工伤保险费。国家根据不同行业的工伤风险程度确定行业差别费率，同时建立单位缴费浮动机制，根据用人单位的工伤发生情况和工伤保险费使用情况调整用人单位的缴费费率。工伤保险基金在直辖市和设区的市实行全市统筹，其他地区的统筹层次由省、自治区人民政府确定。跨地区、生产流动性较大的行业，可以采取相对集中的方式异地参加统筹地区的工伤保险。

中国规定对工伤保险基金实行收支两条线管理，工伤保险基金收入存入社会保障基金财政专户，用于《条例》规定的工伤保险待遇、劳动能力鉴定以及法律、法规规定的用于工伤保险的其他费用的支付。此外，针对工伤事故发生具有不确定性的特点，为了应对重大工伤事故的发生，防范基金风险，《条例》还规定建立储备金，用于统筹地区重大事故的工伤保险待遇支付，储备金不足支付的，由统筹地区的人民政府垫付。

（三）工伤的范围

根据《条例》规定，工伤的范围包括七种应当认定为工伤的情形，三种视同工伤的情形；同时还规定了三种不能认定或者视同工伤的情形，具体如下：

1. 应当认定为工伤的情形

《条例》规定，职工有下列情形之一，应当认定为工伤：一是在工作时间和工作场所内，因工作原因受到事故伤害的；二是工作时间前后在工作场所内，从事与工作有关的预备性或者收尾性工作受到事故伤害的；三是在工作时间和工作场所内，因履行工作职责受到暴力等意外伤害的；四是患职业病的；五是因工外出期间，由于工作原因受到伤害或者发生事故下落不明的；六是在上下班途中，受到机动车事故伤害的；七是法律、行政法规规定应当认定为工伤的其他情形。

2. 视同工伤的情形

《条例》规定，职工有下列情形之一的，视同工伤：一是在工作时间和工作岗位，突发疾病死亡或者在 48 小时之内经抢救无效死亡的；二是在抢险救灾等维护国家利益、公共利益活动中受到伤害的；三是职工原在军队服役，因战、因公负伤致残,已取得革命伤残军人证,到用人单位后旧伤复发的。

3. 不能认定为工伤的情形

《条例》规定,职工有下列情形之一的,不得认定为工伤或者视同工伤:一是因犯罪或者违反治安管理伤亡的;二是醉酒导致伤亡的;三是自残或者自杀的。

(四) 劳动能力鉴定

职工发生工伤,伤情相对稳定后存在残疾、影响劳动能力的,应当进行劳动能力鉴定。劳动能力鉴定结论是工伤职工享受工伤保险待遇的依据。劳动能力鉴定的程序是:

• **提交鉴定申请**。劳动能力鉴定由用人单位、工伤职工或者其直系亲属向劳动能力鉴定委员会提出申请,并提供工伤认定决定和职工工伤医疗的有关资料。

• **做出鉴定结论**。劳动能力鉴定委员会收到劳动能力鉴定申请后,应当从其建立的医疗卫生专家库中随机抽取3名或者5名相关专家组成专家组,由专家组提出鉴定意见。市级劳动能力鉴定委员会根据专家组的鉴定意见做出工伤职工劳动能力鉴定结论。劳动能力鉴定结论应当及时送达申请鉴定的单位和个人。申请鉴定的单位或者个人对鉴定结论不服的,可以在收到该鉴定结论之日起15日内向省、自治区、直辖市劳动能力鉴定委员会提出再次鉴定申请。省、自治区、直辖市劳动能力鉴定委员会做出的劳动能力鉴定结论为最终结论。自劳动能力鉴定结论做出之日起1年后,工伤职工或者其直系亲属、所在单位或者经办机构认为伤残情况发生变化的,可以申请劳动能力复查鉴定。劳动能力鉴定委员会由劳动保障行政部门、人事行政部门、卫生行政部门、工会组织、经办机构代表以及用人单位代表组成。劳动能力鉴定委员会分为两级:设区的市一级和省、自治区、直辖市一级。

(五) 工伤保险待遇

工伤保险的待遇,分为医疗待遇、工资待遇、伤残待遇与死亡待遇。

1. 医疗待遇

职工因工作遭受事故伤害或者患职业病进行治疗,享受以下工伤医疗待遇:一是工伤医疗费用,包括治疗工伤所需费用符合工伤保险诊疗项目目录、工伤保险药品目录、工伤保险住院服务标准的,从工伤保险基金支付;二是康复性治疗费用,即工伤职工到签订服务协议的医疗机构进行康复性治疗的费用,符合规定的,从工伤保险基金支付;三是辅助器具安装配置费用,即工伤职工因日常生活或者就业需要，经劳动能力鉴定委员会确认，可以安装假肢、矫形器、假眼、假牙和配置轮椅等辅助器具，所需费用按照国家规定的标准从工伤保险基金支付；四是住院伙食补助费。职工住院治疗工伤的，由所在单位按照本单位因公出差伙食补助标准的70%发给住院伙食补助费；五是转外地治疗的交通、食宿费。经医疗机构出具证明，报经办机构同意，工伤职工到统筹地区以外就医的，所需交通、食宿费用由所在单位按照本单位职工因公出差标准报销。工伤职工治疗非工伤引发的疾病，不享受工伤医疗待遇，按照基本医疗保险办法处理。

2. 工资待遇

职工因工作遭受事故伤害或者患职业病需要暂停工作接受工伤医疗的，在停工留薪期内，原工资福利待遇不变，由所在单位按月支付。停工留薪期一般不超过12个月。伤情严重或者情况特殊，经设区的市级劳动能力鉴定委员会确认，可以适当延长，但延长不得超过12个月。工伤职工评定伤残等级后，停发原待遇，按照《条例》的有关规定享受伤残待遇。工伤职工在停工留薪期满后仍需治疗的，继续享受工伤医疗待遇。

3. 伤残待遇

伤残待遇包括以下三个部分：

• **一次性伤残补助金**。职工因工致残被鉴定为一级至十级伤残的，由工伤保险基金支付伤残职工本人6~24个月工资的一次性伤残补助。具体标准为：一级伤残为24个月的本人工资；二级伤残为22个月的本人工资；三级伤残为20个月的本人工资；四级伤残为18个月的本人工资；五级伤残为16个月的本人工资；六级伤残为14个月的本人工资；七级伤残为12个月的本人工资；八级伤残为10个月的本人工资；九级伤残为8个月的本人工资；十级伤残为6个月的本人工资。

• **伤残津贴**。职工因工致残被鉴定为一级至四级伤残的，从工伤保险基金按月支付伤残津贴，标准为：一级伤残为本人工资的90%；二级伤残为本人工资的85%；三级伤残为本人工资的80%；四级伤残为本人工资的75%。伤残津贴实际金额低于当地最低工资标准的，由工伤保险基金补足差额。职工因工致残被鉴定为五级、六级伤残，保留与用人单位的劳动关系，但难以安排工作的，由用人单位按月发给伤残津贴，标准为：五级伤残为本人工资的70%；六级伤残为本人工资的60%。伤残津贴实际金额低于当地最低工资标准的，由用人单位补足差额。

• **生活护理费**。工伤职工已经评定伤残等级并经劳动能力鉴定委员会确认需要生活护理的，从工伤保险基金按月支付生活护理费。生活护理费按照生活完全不能自理、生活大部分不能自理和生活部分不能自理3个不同等级支付，其标准分别为统筹地区上年度职工月平均工资的50%、40%和30%。

4. 死亡待遇

职工因工死亡待遇包括丧葬补助金、供养亲属抚恤金和一次性工亡补助金三个部分，由其直系亲属按照下列规定从工伤保险基金领取：

- **丧葬补助金**。标准为：6个月的统筹地区上年度职工月平均工资。
- **供养亲属抚恤金**。按照职工本人工资的一定比例发给由因工死亡职工生前提供主要生活来源、无劳动能力的亲属，标准为：配偶每月40%，其他亲属每人每月30%，孤寡老人或者孤儿每人每月在上述标准的基础上增加10%。核定的各供养亲属的抚恤金之和不应高于因工死亡职工生前的工资。
- **一次性工亡补助金**。标准为：48~60个月的统筹地区上年度职工月平均工资。具体标准由统筹地区的人民政府根据当地经济、社会发展状况规定，报省、自治区、直辖市人民政府备案。

伤残职工在停工留薪期内因工伤导致死亡的，其直系亲属享受丧葬补助金待遇。一级至四级伤残职工在停工留薪期满后死亡的，其直系亲属可以享受丧葬补助金、供养亲属抚恤金待遇。

（六）监督管理与法律责任

为了保证工伤保险的正常运行，《条例》对工伤保险的监督管理作了以下具体规定：工伤保险经办机构具体承办工伤保险事务，包括：征收工伤保险费；核查用人单位的工资总额和职工人数，办理工伤保险登记，并负责保存用人单位缴费和职工享受工伤保险待遇情况的记录；进行工伤保险的调查、统计；管理工伤保险基金的支出；核定工伤保险待遇；为工伤职工或者其直系亲属免费提供咨询服务。劳动保障行政部门依法对工伤保险费的征缴和工伤保险基金的支付情况进行监督检查，并要定期听取工伤职工、医疗机构、辅助器具配置机构以及社会各界对改进工伤保险工作的意见，对有关工伤保险违法行为的举报及时进行调查，按照规定处理，并为举报人保密。此外，《条例》还规定财政部门和审计机关依法对工伤保险基金的收支、管理情况进行监督。工会组织依法维护工伤职工的合法权益，对用人单位的工伤保险工作实行监督。

此外，《条例》还对用人单位不按规定参加工伤保险、工伤鉴定机构的违规行为、工伤保险经办机构违规行为、劳动保障行政部门的违规行为，以及单位或个人挪用工伤保险基金、骗取工伤保险待遇的行为所应当承担的法律责任等具体规定，对构成犯罪的依法追究刑事责任。

▶第五节 失业保险

市场经济条件下失业现象的存在,是失业保险产生并得到发展的根本原因。尽管建立失业保险制度的国家不像建立养老保险、医疗保险和工伤保险制度的国家多,但这并不意味着失业保险不重要,而是取决于各国的经济社会发展形势、劳动就业政策及对失业与失业保险的认识。

一、失业与失业保险

失业是与就业相对的概念,要界定失业,首先需要明确就业的概念。广义的就业是指劳动力要素和生产资料要素结合的状态,它是通过劳动过程中人和物的结合形成社会生产力,为社会创造财富;狭义的就业是指具有劳动能力并处在法定劳动年龄阶段的人从事某一岗位的工作或合法的社会经济活动以获取劳动报酬或经营收入的一种活动。这一定义说明了判断就业需要具备三个条件:一是从事劳动的人必须处在法定劳动年龄阶段,且有劳动能力;二是从事的劳动必须是法律允许、社会承认的劳动;三是从事的劳动必须是有报酬或收入的劳动,义务劳动不能属于就业范畴。国际劳工局也是基于对就业的狭义理解来界定就业的,国际劳工组织认为,就业是指一定年龄阶段内的人们所从事的为获取报酬或为赚取利润所进行的活动。

失业也有广义和狭义之分。广义的失业是指劳动者和生产资料相分离的一种状态。在这种分离的状态下,劳动者的主观能动性和潜能无法发挥,不仅是社会资源的浪费,还会对经济社会发展造成负面影响,因此,最大可能地缓解失业状况、降低失业率便成为各国极力实现的宏观调控目标之一;狭义的失业,通常是指具有劳动能力的处在法定劳动年龄阶段并有就业愿望的劳动者失去或没有得到有报酬的工作岗位的社会现象。失业还意味着失去了参与社会经济生活、获得社会归属感的最主要的机会,从而使自己的物质需求和精神需求得不到满足,因此,失业威胁着一个社会的安全稳定和经济的健康发展。[①] 根据狭义的失业定义,失业者是指处在法定劳动年龄阶段虽有劳动能力和劳动意愿但没有工作岗位的劳动者,它需要具备如下三个条件:一是必须是处于法定劳动年龄范围以内的劳动者;二是在法定劳动年龄范围内的劳动者必须有劳动能力;三是具有劳动能力的劳动者必须有就业愿望,但

---

① 参见杨伟民,罗桂芬主编. 失业保险. 北京:中国人民大学出版社,2000. 13

却没有找到工作岗位。

失业作为市场经济的必然产物,不可避免,其带来的对劳动者个人及家庭的不利后果,以及可能导致的社会问题,促使各国政府均重视治理失业现象,并把就业岗位的增长与对失业率的控制列为政府最基本的宏观调控指标之一。与此同时,许多国家也把失业保险作为解除劳动者后顾之忧和化解失业带来的不利影响的一种重要制度安排来建设。失业保险的保障对象是社会劳动者,当依法参加失业保险的社会劳动者因失业而失去收入来源时,失业保险机构即会根据规定向其提供物资帮助,以保障失业者及其家属的基本生活;失业保险的目标是提高劳动者抵御失业风险的能力,采取的手段包括向失业者提供失业保险金以保障失业期间失业者及其家属的基本生活,通过再就业培训和就业指导帮助失业者尽快实现再就业等。失业保险作为社会保险制度的一个基本项目,同样具有社会保险的强制性、互济性、社会性、福利性等特点。

法国是世界上最早建立失业保险制度的国家,于1905年就颁布了专门的失业保险法,建立了非强制的失业保险制度。此后,挪威和丹麦也分别于1906年、1907年建立了失业保险制度。1920年,国际劳工组织召开第一届大会,通过了《关于失业的建议》,这表明以制度化方式分散失业风险已在很大的范围内达成了共识。20世纪70年代以后,由于世界经济增长速度趋缓,失业现象越来越普遍,影响越来越严重,采用制度化的方式来化解失业风险便成为许多国家的共同做法。截止到1999年,全球已有68个国家建立失业保险制度,占有任一社会保险项目国家总数的40%。[1]

二、失业保险的基本内容

(一) 失业保险的目标与功能

失业有广义和狭义之分,失业保险的目标也可从大的社会经济层面和失业者个人层面分别来看。从失业者层面来讲,失业保险的目标主要是通过对非自愿失业者提供物资帮助,使他们失业期间的基本生活得以维持,从而为他们再就业提供了缓冲期,使他们有时间寻找新的工作,同时还为失业者提供就业培训和指导,通过帮助失业者提高劳动技能促使他们尽快实现再就业。从社会经济层面来看,失业保险的目标主要是通过保障尽可能多的失业者失业期间的基本生活,来维持社会安定、缩小劳动者之间收入差距,同时保证

---

[1] 张彦,陈红霞编著. 社会保障概论. 南京大学出版社,1999. 244

劳动力的合理流动，促进劳动力资源的合理配置，促进经济发展，发挥"自动稳定器"的作用。

失业保险的功能，主要有：

1. 保障基本生活功能

失业保险的保障功能一方面体现为生活保障功能，即失业保险机构通过向符合条件的失业者支付失业保险金，保障了失业者失业期间的基本生活，维持了劳动力的再生产；另一方面其就业保障功能愈来愈突出，通过加大再就业培训支出的比重、建立就业导向的机制等来促进失业者再就业，这一保障功能有逐渐增强的趋势。

2. 合理配置劳动力功能

这体现在两方面：一是由于失业保险的存在，失业者在寻找新的就业岗位时获得了经济保障，免除了后顾之忧，失业者也就有条件寻找尽可能与自己的兴趣、能力相符合的工作岗位，从而有利于劳动力的合理配置；二是由于失业保险的存在，用人单位减轻了向外排斥冗员的经济、社会两方面的压力，从而有利于单位制定理性的、合理的用人决策，从而也更有利于劳动力的合理配置。

3. 促进就业功能

促进就业功能是失业保险就业保障功能的必然效果，鉴于其重要性，再谈之也不显赘述。失业保险促进就业的功能不仅体现在上述两个功能中，如通过生活保障和劳动力的合理配置间接促进了就业，而且体现在失业保险机构对职业培训、职业介绍的重视及就业信息的及时有效沟通对再就业的直接推动上面。

4. 稳定功能

稳定功能一是体现为社会稳定功能；二是体现为经济稳定功能。失业保险为失业者提供生活保障，不会使其因无法生存铤而走险或心理上严重失衡而危害社会，维持社会的稳定；失业保险金的筹集及发放具有抑制经济循环的作用，是"减震器"，减轻了经济波动的剧烈程度。

5. 调节功能

失业保险可以通过向失业者提供物资资助来调节社会上的贫富差距，通过劳动力更合理的配置、更高的劳动生产率来调节经济的运行。

（二）失业保险类型的划分

根据不同的划分方法，可以对失业保险作如下分类：

1. 按照参加失业保险的意愿是否具有强制性划分

可分为强制性失业保险和非强制性失业保险。强制性失业保险是指由国家立法或政府制定规章来强制实施的，符合规定条件的劳动者或用人单位必须参加，双方必须依据法规规定履行各自的供款义务。非强制性失业保险一般是由工会组织实施的，用人单位和劳动者自愿参加，政府不参与管理，而是由工会建立的失业基金会进行管理、政府提供一定的资金支持。

2. 按照失业者获得失业保险金的不同依据划分

可将失业保险分为权利型失业保险和调查型失业保险。权利型失业保险指失业者只要符合规定的缴费年限、非自愿失业等条件，就可以领取失业金，而不用管失业者的家庭收入情况，这种情况下，领取失业保险金是其合法的权利。强制性失业保险和非强制性失业保险都属于此类。调查型失业保险也是由政府组织实施，但是建立在收入调查的基础上的，以调查结果为依据，对于那些"确认"无法生存的失业者提供资助的制度。这种类型的失业保险也被称为失业补助，并不是严格意义上的社会保险。

3. 按照失业保险制度层次上的不同安排划分

可将失业保险分为单层次失业保险和多层次失业保险。单层次失业保险是指仅有一个层次的失业保险制度，如只有强制性失业保险或只有非强制性失业保险。根据不同的划分标准，也可以说只有权利型失业保险或调查型失业保险。多层次失业保险一般指权利型失业保险与调查型失业保险同时并存的情况，在两层保险制度的安排上，一般是将权利型失业保险作为第一层次的失业保障措施，将调查型失业保险当作第二层次的保护屏障。

（三）失业保险的覆盖范围

从理论上讲，在市场经济中，每一个有可能面临失业风险、成为失业者的劳动者都应该被覆盖。但纵观失业保险的发展，可以发现失业保险的覆盖范围经历了一个从小到大、从严格到宽松的演变过程。

在失业保险建立初期，覆盖范围仅限于"正规部门"的劳动者，而不包括季节工、临时工及"非正规部门"的劳动者，也不包括职业稳定、无失业风险的国家公务员。随着社会经济的发展变化，各国对失业的理解和看法也发生了变化，失业保险的覆盖范围也不断拓宽。根据美国社会保障署1995年的统计，在全球建立失业保险制度的61个国家中，有16个国家覆盖了全部劳动年龄人口，占所有建立失业保险制度国家的26%。[1] 失业保险的覆盖范围大小与一个国家或地区的经济发展水平、价值取向、历史传统有很大关系。

---

[1] 任正臣主编. 社会保险学. 北京：社会科学文献出版社，2001. 165

因此，各国的失业保险覆盖范围也就不是完全雷同的，如荷兰、瑞士的失业保险覆盖所有雇员，英国的失业保险覆盖的是周收入在 62 英镑以上的雇员，葡萄牙的失业保险甚至覆盖了初次求职者等。①

（四）失业保险基金的筹集和使用

失业保险基金是在国家法律或政府行政强制的保证下，集中建立起来的，用于化解失业风险，给予符合领取条件的失业者物资补偿的资金。

筹集失业保险基金一般包括三方面的内容：一是资金来源。在世界范围内，政府在失业保险中承担责任的最常见方式是负担行政管理费和弥补失业保险基金赤字，而用人单位或雇主和劳动者共同支付失业保险费是比较普遍的情况，少数国家实行的是政府和用人单位或雇主单方付费制。二是筹资方法。主要有三种：（1）征收失业保险税，如美国全国失业保险税率平均为 2.7%；（2）按工资一定比例征收失业保险费，采用这种方法，一般设置收费起始标准和最高征收标准；（3）按固定金额征收，即不论参保人的收入高低，一律按一个固定金额征收。三是确定合理的缴费比例。

失业保险待遇与促进就业支出构成了失业保险基金的主要用途。其中：失业保险待遇一般包括失业保险金、失业补助和附加补助金，如医疗补助金、丧葬抚恤金等，它是维持失业者使用期间基本生活的最主要的来源，构成失业保险基金支出的最大部分。促进就业支出又可细分为开展职业培训方面的支出、抑制失业及开发就业岗位、职业介绍等各部分的支出。这部分的支出在失业保险基金中的比重呈逐渐上升的趋势。因为变消极的失业生活保障为积极的促进就业，从而从根本上解决失业者的生活和工作问题，已成为绝大多数国家的共识。如德国的失业保险基金支出中，除 60% 用于保险给付外，余下 40% 中的大部分被用于职业介绍、职业培训及其补贴、补助企业雇佣等促进就业的工作上。此外，失业保险管理费在一些国家完全是政府财政补贴，如日本。而在一些国家则是由失业保险基金支付，或是按一定比例提取，或是按固定金额提取，这样，失业保险的管理效率导致的管理成本的高低必然影响失业保险基金在其他两个方面即生活保障和促进就业方面的支出，从而在一定程度上影响失业保险的实施效果。中国以前的失业保险制度曾规定失业保险管理费从失业保险基金中按一定比例提取，但现行制度已作了调整，规定失业保险机构所需经费列入政府预算，由财政拨付，以保证失业保险基金不受侵蚀。

---

① 参见杨伟民，罗桂芬主编．失业保险．北京：中国人民大学出版社，2000．70

(五) 失业保险待遇

失业保险待遇是失业保险基金的重点支出项目，是失业保险中一个非常重要的部分。

1. 失业保险待遇的领取条件

领取失业保险金或各项补助金均需要满足一定的条件。从客观上来看，首先失业者必须处于法定劳动年龄范围以内并具有劳动能力；其次是失业者必须在失业前就参加了失业保险并履行了相应的缴费义务（规定有最短缴费期限）；再次是需要向失业保险机构登记失业并接受职业培训或职业介绍。但有些国家的失业保险覆盖初次就业者，意味着工作年限、投保年限在有些国家并不是享受失业保险待遇的必要条件。同时，在主观方面也有标准，首先是失业者必须是没有失业的故意即不是自己自愿放弃工作岗位的，而是由于非自愿的原因造成的失业；其次是在失业后有就业的愿望并必须在失业后到职业介绍机构或失业保险机构进行求职登记、办理相关手续等，还应参加培训、不无理拒绝职业介绍所提供的合适的就业机会等。失业者只有完全达到上述两方面的要求，才有资格享受失业保险待遇。

2. 失业保险待遇水平

为使失业保险待遇既能确保失业者及其家属在失业期间的基本生活，又不会形成"失业陷阱"，各国失业保险的待遇给付一般遵循如下三个原则：(1) 保障失业者及其家属的基本生活的原则；(2) 待遇水平必须低于失业者原工资水平的原则；(3) 权利与义务相结合的原则。确定失业保险金给付金额的方法有：(1) 工资比例法，即与失业者失业前的工资水平相联系；(2) 均等法，对所有符合条件的失业者支付同等水平的失业保险金；(3) 混合法，是工资比例法与均等法的结合。目前，我国的失业保险金的支付标准是高于最低生活保障标准低于最低工资标准。

3. 失业保险待遇的领取期限

失业的暂时性和阶段性，决定了失业保险不可能像养老、工伤保险那样进行无期限或长期限的支付，而是根据失业者的平均失业时间确定一个给付期限。失业保险金的给付期限包括等待期和最长给付期。给付等待期就是失业后，必须等待一个时期，才能领取到失业保险金，等待期的长短，取决于各国所实行的就业政策，以及失业保险基金的规模和财政状况。西方国家规定的失业保险给付等待期都很短，多数为 7 天；而发展中国家由于刚刚建立失业保险，基金积累不足，往往规定较长的等待期，如在阿根廷规定领取失业保险金的等待期长达 120 天。①

关于失业保险金的最长给付期，有两种确定方法：一是将最长给付期与参加失业保险时间的长短对应起来，如西班牙规定，参加失业保险 6~12 个月，失业保险金的最长给付期为 3 个月；参保期为 12~18 个月，保险金最长给付期为 6 个月等；二是将最长给付期与失业的时间长短联系起来，如德国在 20 世纪 70 年代规定，失业期长达 12 个月的失业者，有权领取 4 个月的失业保险金；失业期为 18、24、30 和 36 个月的分别可以领取 6、8、10 和 12 个月的失业保险金。中国是按照第一种方式来确定失业保险金的最长给付期的，现行制度的具体规定为：失业人员失业前所在单位和本人按照规定累计缴费时间满 1 年不足 5 年的，领取失业保险金的期限最长为 12 个月；累计缴费时间满 5 年不足 10 年的，领取失业保险金的期限最长为 18 个月；累计缴费时间 10 年以上的，领取失业保险金的期限最长为 24 个月。重新就业后，再次失业的，缴费时间重新计算。再次失业领取失业保险金的期限可以与前次失业应领取而尚未领取的失业保险金的期限合并计算，但是最长不得超过 24 个月。

4. 失业保险待遇停止支付的各种情况

各国都规定了失业保险待遇停止支付的各种情况。除了因领取期限已满，失业保险金自动停止支付外，在另外一些情况下，也有可能停止支付失业保险。例如，失业者不愿接受或故意失去职业介绍机构介绍的工作，或拒绝接受就业机构提供的再就业所必需的职业培训，已经或正企图骗取失业保险金等情况。中国在这方面的规定是，有下列情况之一就停止领取失业保险金，其他失业保险待遇也停止支付：重新就业的；应征服兵役的；移居境外的；享受基本养老保险待遇的；被判刑收监执行或者被劳动教养的；无正当理由，拒不接受当地人民政府指定的部门或者机构介绍的工作的；有法律、行政法规规定的其他情形的。

三、中国的失业保险

在中国传统的计划经济体制下，劳动就业体制也实行"统包统配、安置就业"的固定工制度，企业缺少用人的自主权，劳动者缺乏自由择业权，实行的是"铁工资、铁饭碗、铁交椅"的"三铁制度"，表面上的"零失业"掩盖了"低工资、高就业"政策所带来的劳动效率低下的"隐性失业"。因此，失业保险也就没有存在的必要。20 世纪 80 年代中期起，中国进入全面改革阶

---

① 任正臣主编. 社会保险学. 北京：社会科学文献出版社，2001. 169

段，建立现代企业制度是其中心环节，国有企业迫切需要改变固定工制度。为此，国务院于1986年7月颁布《国营企业实行劳动合同暂行规定》《国有企业招用工人暂行规定》《国营企业辞退违纪职工暂行规定》，第六届全国人大常委会第18次会议亦于同年12月2日通过《中华人民共和国企业破产法（试行）》，由此初步确立了国有企业的劳动合同制度、新的用工制度、辞退职工制度和破产制度，不仅使劳动者有了一定的流动性，国家也不再实行无条件"包下来"的政策，一些长期效益不良的国有企业走向破产，国有企业不再是长生不死。正是在这样的背景下，长期存在的隐性失业开始显性化，失业保险制度也就应运而生。1986年7月12日，国务院颁布《国营企业职工待业保险暂行规定》（以下简称暂行规定）可以作为中国开始建立失业保险制度的标志。尽管当时称为待业保险，但这只是意识形态的表现，事实上待业就是失业，待业保险就是失业保险。该《暂行规定》初步确立了中国失业保险制度的基本框架，明确了这项制度的主要内容。不过，这一时期的失业保险更多的是一种制度象征意义而并未发挥所有的功能作用。1993年4月12日，国务院重新发布《国有企业职工待业保险规定》（以下简称规定）取代了1986年颁布的《国营企业职工待业保险暂行规定》，在已经明确建立市场经济体制的前提下，该《规定》仍然局限于国有企业并继续采用待业保险名称，从一个侧面显示改革的不彻底，注定了其作为过渡政策的必然性，但该《规定》在覆盖范围、资金筹集、保险水平及组织管理模式等方面作了相应的调整。到1994年，全国就有194万人享受到了失业保险待遇，超过1986—1993年7年的总和，失业保险制度开始发挥作用。

1999年1月12日，国务院颁布《失业保险条例》（以下简称条例），它的出台标志着中国失业保险制度的基本确立。该《条例》吸收了以往失业保险制度建立和发展中的实践经验，借鉴了国外的有益做法，在许多方面做了重大调整和突破，如实施范围不再限于国有企业而是扩展到机关事业单位及非国有企业，保险基金的筹集、基金的使用等均有相应的调整。与此同时，国务院还颁布了《社会保险费征缴暂行条例》，主管部委亦下发了关于建立社会保险参保登记管理、缴费申报管理、征缴监督检查、基金财务会计、失业保险金申领发放和失业保险统计制度，以及事业单位参加失业保险和调整基金支出结构等有关规章，中国的失业保险制度开始走向规范化。

自《条例》颁布实施后，参加失业保险的人数大幅度增加，失业保险基金征缴规模扩大，越来越多的失业人员的基本生活因失业保险制度而得到了基本保障。据劳动和社会保障部2004年统计摘要，截止到2003年，全国参加失业保险的职工人数达到10 373万人，年末领取失业保险金的人数达415万人，全年失业保险基金收入达 249 亿元，支出失业保险基金 200 亿元，年末失业保险基金累计结存 304 亿元。在为失业工人提供保障的同时，失业保险基金还成为下岗职工基本生活保障资金的重要来源，如 1999 年就向再就业服务中心调剂资金 41 亿元，占下岗职工基本生活保障基金总支出的 45%。可见，在失业保险制度不断完善的条件下，失业保险的功能作用也日益突显。

前已述及，失业保险制度本身具有保障失业人员失业期间的基本生活和促进失业人员再就业两种功能。失业保险在保障失业人员基本生活方面，已经发挥了重要的作用，但在促进就业方面的作用仍然相对较弱。

在国际上，近 10 多年来，各国在失业保险制度方面一个突出的改革方向，就是变消极的生活保障为积极的就业保障。换言之，失业保险制度演变的一个重要特征就是其就业导向越来越突出。许多国家不仅将失业保险工作的重心逐步向促进就业方面转移，而且在失业保险支出的分配上，也开始注重失业保险促进就业功能的发挥。如在德国的失业保险基金支出中，除 60% 用于保险给付外，余下 40% 中的大部分被用于职业介绍、职业培训和补助企业雇佣失业工人等促进就业方面，德国的失业保险部门也成了各级政府推行各级劳动就业政策的责任机构之一。美国政府进入 20 世纪 90 年代，也更加重视职业培训和失业人员再就业问题，克林顿执政时期就制定了《美国再就业法案》，主旨就是为了促使失业者得到他们所需要的有效的、高质量的培训。

有鉴于此，同时基于中国就业形势的长期严峻，失业保险也应当不断强化其促进就业的功能。因此，就业保障应当是中国失业保险制度的发展方向，这种转变是更主动、更积极地从根本上解决失业人员的生活保障问题的制度安排，它也意味着促进失业人员再就业和保障失业人员的基本生活将是失业保险制度未来发展的两个基本目标。

中国的失业保险制度，已经从当初的制度象征变成了有效制度，但在就业形势长期严峻的条件下，也需要借鉴国外经验，促使失业保险向既能够促进失业者再就业又能够保障失业者基本生活的就业保障机制转化。

■ 本章小结

社会保险是现代社会保障体系中最为重要的制度安排，它是适应工业社会的发展需要而产生并得到发展的基本社会保障制度。其内容主要包括养老保险、医疗保险、工伤保险、失业保险、生育保险等。

养老保险是国家和社会通过相应的制度安排为劳动者解除养老后顾之忧的一种社会保险，其目的是增强劳动者抵御老年风险的能力，同时弥补家庭养老的不足。养老保险不仅是社会保险制度中最重要的项目,也是现代社会保障体系中最重要的项目。养老保险具有普遍需求、地位特殊、长期积累和管理复杂等特点。在各国的养老保险制度实践中,通常表现出多样化的特色。就责任承担而言,养老保险有政府负责型、责任分担型、个人负责型和混合责任型之分;就财务模式而言,养老保险有现收现付制、完全积累制和部分积累制之分;就基金运行模式而言,有社会统筹式、个人账户式、统账结合式等;就缴费模式而言,有给付确定式、缴费确定式之分;就给付水平确定模式而言,有普遍生活保险模式、收入关联模式之分。中国的基本养老保险采取社会统筹与个人账户相结合模式。

医疗保险是社会保险制度中又一重要的项目,它负责解除人们的疾病医疗后顾之忧,并具有自己显著的特点。医疗保险的当事人包括政府、医疗保险机构、医疗服务方、被保险方和雇主等,在社会保险制度中表现出涉关关系最为复杂等特色。除医疗保险外,还有其他疾病保障模式,如国家医疗保险模式、强制储蓄医疗保障模式、合作医疗保障模式、私营医疗保障模式等。中国的医疗保障在历史上是指公费医疗、劳保医疗和合作医疗,改革开放后则是重建医疗社会保险制度,同时确立相应的医疗救助、合作医疗等制度,走的是多层次医疗保障道路。

工伤保险是与职业伤害风险直接关联的保障机制,在各国社会保险制度发展进程中通常被放在优先考虑的地位。工伤保险奉行无过失补偿原则、个人不缴费原则和补偿直接原则等。工伤保险的基本内容包括工伤认定、工伤鉴定、工伤保险待遇、工伤保险基金筹集与管理、工伤保险待遇,以及工伤预防与职业康复。

失业保险是基于市场经济条件下失业现象的存在而建立的一种维护失业工人利益的制度安排,其主要目的在于保障失业工人在失业期间的基本生活,同时促进失业工人再就业。

■ 复习思考题

1. 社会保险是如何产生的?有何历史背景?
2. 社会保险有哪些特征?
3. 试分析人口老龄化与养老保险的关系。
4. 比较养老保险的责任承担模式。
5. 比较养老保险的财务模式。
6. 为什么中国现阶段要强调多层次的医疗保障体系?
7. 如何理解工伤保险的性质?

8. 为什么强调失业保险要发挥促进就业的功能？如何发挥其促进就业的功能？

■ 案例讨论 1

连续工作 38 年无处领养老金

陈中 1942 年出生，1964 年参加工作。在南京一家国有企业工作达 31 年并担任总工程师。1995 年，他调离原单位，到深圳工作，并在深圳参加了基本养老保险。2002 年时陈中在深圳办理了退休手续。然而，退休后他却无处领取养老金。因为深圳方面认为，根据中国现行基本养老保险政策，要领取基础养老金须缴费满 15 年，而陈中缴费只有 7 年，从而不具备领取基础养老金的条件；当陈中到南京原单位要求领取养老金时，南京方面告诉他无法办理，因为他并未参加南京的基本养老保险。这样，陈中在为国有企业工作 38 年后，因工作调动和养老保险制度改革，变成了无处领养老金的退休老人。

这一发生在现实中的个案，反映了中国基本养老保险制度的缺失。一方面，深圳与南京两地都拒绝发放养老金，是因为中国的基本养老保险制度还处于地区统筹层次，不是全国统筹，各个地方很自然地要考虑到本地的利益，而不可能将在外地工作的经历计算在内，这是基本养老保险制度未达到全国统筹层次必然出现的现象。如果是一个全国统一的养老保险制度，陈中退休后就不可能领不到养老金；另一方面，现行制度只考虑了同一个统筹区域不同单位工作的情况，而没有考虑到类似于陈中这样在不同统筹区域因工作调动而丧失领取养老金资格的现象，这是制度的缺漏，如果能够在现行区域统筹的条件下考虑退休人员可以分段计算养老金权益，也可以使问题得到解决，即南京与深圳根据其工作年限分别计算其应得的养老金并给付，两地的利益都未受损，而陈中的权益却得到了维护。

综上，要解决类似于陈中的问题，有两个解决途径：一是将基本养老保险统筹上升到全国范围内统筹，劳动者就可以在全国范围内自由流动，其养老保险权益不会因工作地点变动而受到损害；二是如果不能将基本养老保险制度上升到全国统筹，则应当确定可以分段计算劳动者养老金权益的政策办法，以确保劳动者在为当地做出劳动贡献的同时也积累相应的养老金权益并能够在退休后分别计算和领取。这两种办法都可以维护陈中及类似的退休人员的利益。这一案例表明，中国的基本养老保险制度还需要完善。

案例讨论 2

提前退休与养老金"黑洞"

企业职工违规提前退休,不仅增加了养老保险基金的支出,而且减少了养老保险基金的收入,使得养老保险社会统筹雪上加霜。然而,在全国各地,企业职工提前退休现象非常普遍,已成为侵蚀养老保险金的一个"黑洞"。所谓提前退休,就是职工未达到法定退休年龄就退出工作岗位、办理退休手续、领取养老金的行为。

对于职工提前退休问题,国家曾经制定了相关政策,它包含了两部分内容:一是国家在计划经济体制下为照顾一些企业从事特殊工种和部分因病、残完全丧失劳动能力的职工,允许其在法定退休年龄前可以办理退休,这一政策仍然有效;二是国家在 20 世纪 90 年代初针对产业结构、行业结构进行大规模调整的现实,对国有工业破产企业、有压锭任务的国有纺织企业、资源性枯竭企业职工,允许在规定范围内办理提前退休,这是一项过渡时期出台的一项特殊政策。在这样一种政策背景下,一些企业为减轻自身负担而纷纷为职工办理提前退休手续;一些效益不好的企业,在大量职工下岗的情况下,也想尽办法钻退休审批程序的空子,违反规定给职工办理提前退休手续。

不可否认,对于一些接近法定退休年龄、健康状况欠佳、缺乏转岗就业能力的职工,在本人自愿的前提下让其提前退休,是企业在经济转轨特定历史时期的一种特殊举措,也是企业面对压力的一种缓冲。国务院在《关于在若干城市试行国有企业破产有关问题的通知》中规定:距退休年龄不足 5 年的职工,经本人申请,可以提前退休。但有些企业却将这一规定放宽到"距退休年龄不足 10 年的男性职工",这种随意降低退休年龄和条件、扩大适用范围的做法,无疑为那些想方设法违规提前退休的人开了方便之门。出现这样的现象,主要是一些企业在面临困难苦无良策的条件下,把职工提前退休当成其减员增效的手段,因为企业在职工提前退休后不仅可以不再负担职工的工资,而且还可以逃避缴纳养老保险费等义务,一名职工如果提前一年退休,单位可以因此少缴养老、医疗等社会保险费和少付工资数千元,腾出的位置还可以安排新职工,这对于企业来说是件好事。从职工的角度来说,企业效益不好,即使有活干,收入也很难有保障,而按现行养老保险政策规定,退休后不仅每月可从社会保险机构领到足额的养老金,而且养老金每年还能随社会平均工资的增长而"水涨船高",在一些职工的心目中,养老保险无异于安全可靠的"方舟",登上这艘"方舟",下半辈子的生活便有了保障。由于企业与职工结成了利益共同体,许多不符合政策规定的提前退休虽然违规,却屡禁不止。按规定,在职职工都要缴养老保险费,不该提前退休的人提前退休了,对于养老保险基金来说,他就由缴费者变成了养老金领取者,养老基金因此遭受损失,以全国平均水平计算,一个人提前退休 1 年就少缴养老保险金约 3 000 元,同时他还要从社会保险机构领取养老金 7 000 多元,这意味着养老保险基金减收增支1万多元；如果一个人提前退休5年，实际上就使养老基金多支出5万多元。因此，提前退休构成了侵蚀养老基金一个不容忽视的因素。

要解决这一问题，首先应当及时调整相关政策，进一步严格可以提前退休的资格条件；其次，政府管理部门应当严格监督管理，如以职工的原始档案为准，按照国家公布的"特殊工种"目录加以审核，同时也可以采取措施加大透明度，将所有按"特殊工种"提前退休的职工在领取待遇之前先在本单位实行公示，由群众进行监督；再次，应当进行政策宣传，在促使每个单位与职工都明了提前退休政策的规范下，确立严格的处罚机制，对违规者进行行政、经济等方面的处罚。

案例讨论3

"生死合同"是否违法

黄某系广州某私人承包的建筑工程公司的江西籍临时工。1996年5月到该公司当建筑工人，并与包工头签订了"雇佣协议"，协议中包含"雇主对民工的工伤概不负责"，"民工非因工负伤或患病所需的医疗费由民工自行负责"等条款。1997年2月，黄某在工作时不慎从3米高空坠落，致使左胫、腓骨粉碎性骨折，公司立即派车将其送到医院救治。事后，公司包工头承认黄某属于工伤，在送黄某入院时留下2 000元给黄某作医疗费，并告诉黄某："我们已签订'雇佣协议'。按理我可以概不负责，但出于人道，我给你2 000元作为医疗费，以后的事情不要再找我麻烦了。"然而，由于黄某伤情较为严重，住院2个多月，共用医疗费近万元，黄某无力支付，只好又找包工头帮忙解决，但包工头多次表明1分钱也不能再给，因此，双方发生了争议。

本案争议的焦点在于：单位能否与职工签订"生死合同"，剥夺工伤职工享受工伤保险待遇的权利？本案中，包工头与黄某签订的"雇佣协议"中包含的"雇主对民工的工伤概不负责"等条款实际上是一种"生死合同"（即民工生死与包工头无关之意)，是不合法的，从签订之日起就无效，主要理由如下：

第一，《中华人民共和国劳动法》第73条明确规定：劳动者在因工伤残或患职业病时，依法享受社会保险待遇。1996年原劳动部颁布的《企业职工试行办法》也明确规定："在生产工作的时间和区域内，由于不安全因素造成意外伤害的，应当认定为工伤"。因此，黄某的伤残应认定为工伤，应当享受工伤保险待遇。

第二，用人单位将伤、残、亡风险推给个人不符合我国宪法和社会保险的政策规定。1998年，最高人民法院在《关于雇工合同工伤概不负责是否有效的批复》中指出：工伤概不负责的条款既不符合宪法和有关法律的规定，也严重违反了社会主义公德，属于无效的民事行为。

依照我国现行法律法规的规定，雇主与雇工虽然签订了被确认为无效条款的协议，但在发生工伤时，其法律后果和工伤补偿等问题，应根据《民法通则》和《劳动法》等法律法规的有关规定处理，具体工伤待遇应按新颁布的《工伤保险条例》规定的标准执行。当然，为了防止类似事情发生，劳动者应了解自身的合法权益，不要同雇主签订含有不合法条款的合同或协议。用人单位或雇主也不应与劳动者签订无效的"生死合同"，即使签订了，也不能剥夺工伤职工享受工伤待遇的权利。

（参见陈泰才主编：《工伤保险条例实用指南》，第293~294页，中国人事出版社，2003。）

■ 案例讨论4

失业率的真假

自1978年以来，中国政府历年都公布失业率（见表9—1），但理论学术界及公众总认为官方公布的失业率并不真实，因为它与人们看到或者想象的失业现象存在着差距甚至是很大的差距。

表9—1　　　　　　　中国城镇失业人数及失业率

年份	城镇失业人数（万人）	失业率（%）	年份	城镇失业人数（万人）	失业率（%）
1978	530.0	5.3	1991	352.2	2.3
1979	567.6	5.4	1992	363.9	2.3
1980	541.5	4.9	1993	420.1	2.6
1981	439.5	3.8	1994	476.4	2.8
1982	379.4	3.2	1995	519.6	2.9
1983	271.4	2.3	1996	552.8	3.0
1984	235.7	1.9	1997	576.8	3.1
1985	238.5	1.8	1998	571.0	3.1
1986	264.4	2.0	1999	575.0	3.1
1987	276.6	2.0	2000	595.0	3.1
1988	296.2	2.0	2001	681.0	3.6
1989	377.9	2.6	2002	770.0	4.0
1990	383.2	2.5	2003	800.0	4.3

资料来源：国家统计局编，《中国统计摘要（2004）》，43页，中国统计出版社，2004。

那么，官方公布的失业率到底可信不可信？要对此做出判断，就有必要先了解官方公布的失业率的含义。根据中国政府对失业率的界定，它的全称应当是城镇登记失业率，是城镇登记失业人员与城镇单位就业人员（扣除使用的农村劳动力、聘用的离退休人员、港澳台及外方人员)、城镇单位中的不在岗职工、城镇私营业主、全体户主、城镇私营企业和个体就业人员、城镇登记失业人员之和的比。对经过这一公式计算出来的失业率需要做如下分析：

首先，它扣除了乡村劳动力，从而不是全国的失业率，只是城镇失业率。

其次，它强调的是登记失业率，凡失业但未登记的失业人员并不属于失业人员的统计范围，从而缩小了失业人口的规模。因为失去了工作岗位但未到失业保险登记机构进行登记的失业者是客观存在的。

再次，它在就业人口中计算了不在岗职工，即不在岗职工构成了失业率计算公式中分母的组成部分，而在分子中却扣除了实际失业工作岗位的下岗职工。换言之，下岗职工这一群体的存在不仅未增加失业人数，而且起到了降低失业率的作用。

此外，还可以考虑劳动力统计数中可能出现的误差。

上述分析非常清晰地表明了官方公布的失业率指标必然地要小于实际的失业率指标。以下岗职工为例，2002年年末国有企业（含国有联营企业、国有独资公司）下岗职工人数达410万人，2003年虽然减少了150万人，年末国有企业仍然有下岗职工260万人，这一数据如果分别加入当年的失业人数，则失业人数分别要增长69%和32.5%，如果再加上没有登记的失业人员，则失业人数规模还会上升。分子发生大的变化了，计划结果当然也会发生大的变化。因此，以往公布的失业率就其统计口径而言，可以说是真实的，但与实际失业人数和完整的失业率显然存在较大差距。

对失业保险制度而言，不仅要以现行的城镇登记失业率为依据，还应当考虑未登记的失业人口和下岗职工等群体，因为他们都对失业保险制度的运行产生直接影响，即使不领取失业保险金，也不再缴纳失业保险费，从而是失业保险制度健康、持续发展必须考虑进来的因素。

第十章 社会福利

■ 学习要点

通过本章的学习，应当了解社会福利的概念、类型及相关概念，系统掌握老年人福利、残疾人福利、妇女儿童福利和社区福利服务的内容，了解中国社会福利政策的现状及问题。

■ 关键概念

福利　社会福利　社会福利状态　社会福利制度　残补型福利
制度型福利　全民性福利　选择性福利　教育福利　住房福利
医疗服务　社区　社会服务　老年人福利　残疾人福利
妇女儿童福利

▶第一节 概述

一、社会福利的概念界定

"福利"（welfare）一词通常具有"幸福"、"富足"等多种含义，是日常生活和学术研究中的常用词，但同时人们对福利的理解也有很大的不同。综合起来看，"福利"一词有以下一些含义：（1）最一般意义上的"福利"，常指人们社会生活的一种良好的状态和总体上的利益，包含了富裕、幸福、平等等人们追求的价值理想；（2）"福利"是一种物质的或者是货币的资源分配方式，如福利性住房分配、福利性津贴制度等；（3）"福利"指对特殊社会成员提供帮助或者特殊服务的方式，常常用作指一些专门针对贫困者、残疾人、孤寡老人和孤儿等特殊群体的社会救济和特殊服务。

"社会福利"（social welfare）一词，最早见于1941年美国总统罗斯福与英国首相丘吉尔所签订的《大西洋宪章》和1945年所签订的《联合宪章》中。对于"社会福利"一词的理解，往往包含了上述三个方面的内容。但是，在不同的国家和地区，对于社会福利的界定是不同的。即便是在同一个国家和地区，由于研究者的研究视角不同，对于社会福利的理解也有很大的差异。例如：

美国社会工作者协会1999年出版的《社会工作百科全书》对社会福利的解释是："社会福利是一个宽泛的和不准确的词，它最经常地被定义为旨在对被认识到的社会问题做出反应，或旨在改善弱势群体的状况的'有组织的活动'、'政府干预'、政策或项目……社会福利可能最好被理解为一种关于一个公正社会的理念，这个社会为工作和人类的价值提供机会，为其成员提供合理程度的安全，使他们免受匮乏和暴力，促进公正和基于个人价值的评价系统，这一社会在经济上是富于生产性的和稳定的。这种社会福利的理念基于这样的假设：通过组织的治理，人类社会可以生产和提供这些东西，而因为这一理念是可行的，社会有道德责任实现这样的理念。"[①]

美国学者巴克尔（Robert L. Barker）认为，社会福利是指"一种由社会福利计划、社会福利津贴和社会服务构成的，帮助人们满足对维持社会运转

---

① 尚晓援. 社会福利与社会保障再认识. 中国社会科学. 2001，3：114

必不可少的社会需要、教育需要和健康需要的国民制度"①。

日本在1950年社会保障审议会提出的《关于社会保障制度的劝告》中，提出"社会福利是指对于国家扶助的对象，如残疾者、儿童及其他需要援助的人，给予必要的生活指导、回归社会指导、生活保护等，以达到充分发挥他们的能力，走向自立为目的的事业。"此外，在《社会事业法》的第三条里，对社会福利事业的宗旨则进行了以下的规定："社会福利事业是对于需要进行援助、培养和需要重新谋求生活手段的人，在不损害其独立生活意志的前提下，给予生活上的援助。必须以此为其宗旨并从事活动。"也就是说，社会福利等于社会福利事业，它是"对需要援助和保护的人所进行的诸项活动"②。

1991年出版的《中国大百科全书·社会学》对"社会福利"的定义为："国家和社会为增进社会成员尤其是困难者的社会生活的一种社会制度。旨在通过提供资金和服务，保证社会成员一定的生活水平并尽可能地提高他们的生活质量。社会福利狭义指当社会成员因年老、疾病、生理或心理缺陷而丧失劳动能力而出现生活困难时向其提供的服务措施；广义指为了改善和提高全体社会成员的物质生活和精神生活的各种社会服务措施。"③

1994年出版的《中国社会工作百科全书》对"社会福利"的解释是："按其字义和一般人的观念，通常被理解为有关改善社会成员物质、文化生活的一切举措。在社会工作专业领域里，有广义和狭义两种理解。在世界许多国家，特别是西方发达国家里，大都把'社会福利'当作'社会保障'的同义词。如《简明不列颠百科全书》将社会保障解释为'一种公共福利计划'，属于对'社会福利'一词的广义解释。在另一些国家里，如美国、日本等国，社会福利仅指社会保障制度中的一个特定的范围和领域，通常是指专为弱者所提供的带有福利性的社会服务与保障，如儿童福利、老人福利、残疾人福利，等等。从这个意义上，'社会福利'一词便具体化为'社会福利服务'或'社会福利事业'，属于对社会福利的狭义理解。在中国，社会福利仅仅是社会保障体系的一个组成部分，属于狭义社会福利范畴。"④

在本书中，我们把社会福利界定为国家和社会通过社会化的福利津贴、实物供给和社会服务，满足社会成员的生活需要并促使其生活质量不断得到

---

① Robert L. Barker. *The Social Work Dictionary* 2nd ed. Silver Spring, MD: National Association of Social Workers. 1991: 221
② [日]一番ヶ濑 康子. 社会福利基础理论. 沈洁，赵军译. 武汉：华中师范大学出版社，1998. 26
③ 中国大百科全书·社会学. 286
④ 陈良瑾主编. 中国社会工作百科全书. 北京：中国社会出版社，1994. 419

改善的一种社会政策。这一概念包括以下几个层次[①]：

第一，国家（通过政府有关职能部门）和社会（通过从事福利事业的社会团体）是社会福利的责任主体，国家颁布相关法律对各项福利事业进行规范，如中国就先后颁布过《残疾人权益保障法》、《老年人权益保障法》等若干部法律或法规。政府通过有关职能部门对社会福利事业进行监督与管理，并承担着相应的拨款补贴责任。

第二，它与其他社会服务相比，其本质主要体现在经济福利性上，从而既属于第三产业范畴，又不同于一般第三产业，是难以采取市场调节的社会公共领域，政府的呵护与政策扶持往往是其生存、发展的必要条件。

第三，它强调社会化，即福利的提供必须是开放式的，因此，严格而论，由各机构提供给员工的福利并不能算是社会福利。

第四，社会福利的供给，采取的主要是提供服务的方式。如青少年教育服务、残疾人康复服务、老年人安老服务，以及其他各种具有福利性的社会服务等，从而主要处于服务保障的层次，甚至也包括对有需要者的精神慰藉。

第五，社会福利的目标，不单是为了保障社会成员的基本生活，或解除社会成员的后顾之忧，而且还在于促使社会成员的生活质量不断得到改善和提高，如满足社会成员在教育、文化方面的需求等。

在现实生活中，社会福利可以指社会福利状态，也可以指社会福利制度。社会福利状态是指人类社会（包括个人、家庭和社区）的一种正常和幸福的状态；社会福利制度则是指国家和社会为实现社会福利状态所做的各种制度安排，包括增进收入安全的社会保障的制度安排。一般来说，社会福利制度是指国家为促进人类幸福、疗救社会病态的规范的社会行为。狭义的社会福利制度仅指为帮助特殊的社会群体、疗救社会病态而提供的各种福利服务，它在社会生活中是补缺性的，涉及的是传统社会工作的内容，宗教和慈善机构、邻里和社区等在其中起着重要作用。广义的社会福利制度则包括医疗服务、教育、住房福利以及社会工作服务和对个人的社会服务等。除此以外，政府还可以通过税收制度影响社会福利状态，如对有儿童的家庭和残疾人提供税收减免等。

需要指出的是，社会福利与社会保障的关系在理论学术界事实上存在着争议。一种观点是将社会福利广义化，将社会保障作为社会福利的一部分；另一种观点是将社会福利狭义化，并将社会福利作为社会保障的一部分。也有的学者将社会保障划分为三大层次，即基本保障——社会保险；最低保

---

① 郑功成. 社会保障学——理念、制度、实践与思辨. 北京：商务印书馆，2000 初版，2003、2004 再版. 20~21

障——社会救助；最高保障——社会福利。还有的学者认为"社会福利"和"社会保障"这两个概念都有广义和狭义的定义。这种争议还会持续。不过，在中国，官方一直采取广义社会保障的概念，而对社会福利则作狭义的解释，即社会福利被视为社会保障体系中的一个子系统，并发挥着不断改善和提高国民生活质量的功能；在理论学术界，社会保障一词在绝大多数情形下亦指包含了社会福利在内的广义社会保障体系。

二、社会福利的分类

对于社会福利类型的划分，有的学者根据社会福利的对象，划分为老年人福利、残疾人福利、妇女儿童福利等等。有的学者则根据社会福利的内容，划分为医疗卫生福利、公共教育福利、住房福利、社会服务，等等。对于上述两种分类，我们在下文中将着重介绍。这里主要介绍几种类型。

（一）残补型与制度型

按照社会福利的作用方式来划分，可以分为残补型和制度型。这是国际上最为流行的一种划分方法。它是20世纪60年代由社会学家沃伦斯基（Harold Wilensky）和莱博克斯（Charles Lebeaux）提出的。[1] 他们根据国家在社会福利供给中的职能，将社会福利制度划分为"残补型"（residual，也有的译为"剩余型"或"补缺型"）和"制度型"（institutional）两种类型。"残补型"社会福利指国家的社会福利机构只有在其他通常的渠道如家庭和市场不能维持时，才应为遇到困难的人提供帮助，实际上主张一种针对弱势群体的有限的、基于家计调查的服务。"制度型"社会福利将社会福利服务当作了工业社会一种正常的功能，以提供制度化的、针对全体人民的普遍福利为标志。这种关于社会福利的类型划分显然与对社会福利的广义、狭义理解密切相关。这一框架已被广泛运用于社会福利的国际比较研究中。

（二）现金给付、实物给付与社会服务

按照社会福利资源的提供方式来划分，可以分为现金给付、实物给付和社会服务。其中，现金给付一般被称为社会津贴或社会补贴，它是政府在实施某项可能影响居民物质利益的社会经济政策时，为了使居民能够分享经济发展成果，或者使居民不致因新政策的出台使生活水平降低而为居民普遍提供的一种津贴，如农产品提价而由政府普遍为居民提供的物价补贴等；实物

---

[1] 尚晓援. "社会福利"与"社会保障"再认识. 中国社会科学. 2001, 3: 118

给付是指政府和社会通过举办各种社会福利事业向社会提供社会福利设施等实物的形式来体现社会福利待遇,如食品券供应,国家通过兴办教育事业,实行义务教育或者低费教育来提高社会成员的教育福利,通过兴建各种文体娱乐设施以丰富人民群众文化体育生活,通过举办疗养院、社会福利院等为社会成员提供生活和康复福利等;社会服务是指政府和社会为了解决社会成员的生活困难,使其生活更加方便和愉快,由社会福利组织及其人员向社会成员提供服务的方式来实现的社会福利形式,它主要通过社区组织和福利机构来实现,主要形式是社区服务,它通过举办各类福利院、福利工厂、福利卫生医疗机构、福利性娱乐场所等来为社会成员提供服务,以提高他们的生活质量和水平。

(三) 全民性福利与选择性福利

按照社会福利资源的分配方式来划分,可以分为全民性社会福利与选择性社会福利。其中:

全民性福利是指社会成员在社会福利资源分配的过程之中,不论贫富,皆有资格享受福利服务。例如社会福利制度中的国民失业保险、家庭儿童津贴与退休保险、国民健康服务等。此模式的特点是每个人都有平等的机会来享受社会福利服务;其最大缺点是容易造成国家财政负担,阻碍社会经济的正常发展。

选择性福利是通过社会福利机构将社会福利资源分配给那些真正需要福利服务的低收入者,其服务对象是有选择的而非全民的,选择的方法一般是通过"家计调查",由需要社会福利服务的个人或者家庭,先向社会福利机构提出申请,经过家庭经济状况调查,审查合格后,才能够享受政府所提供的各种社会福利服务。例如家庭补助、住房福利都属于这种模式。其优点是能够避免社会福利资源的浪费,能够充分利用福利资源的再分配提高贫困者的生活状况。选择性福利模式的缺点是对接受福利者的隐私保护不够,容易影响接受福利者的正常态度和心理健全发展。

(四) 反集体主义的福利模式、半集体主义的福利模式、费边社会主义的福利模式以及马克思主义的福利模式

英国学者乔治(Vie George)和韦尔定(Paul Wilding)在1976年他们合著的《意识形态与社会福利》(Ideology and Social Welfare)一书中,提出影响社会福利发展的四种意识形态,并表示因福利意识形态的差异,遂形成四

种不同社会福利模式①：

1. 反集体主义的社会福利模式（Anti-collectivists）

这种模式的社会福利，看重于自由、个人主义和不平等的社会价值，强调个人有选择的最大自由。而社会福利服务的供给，必须依循个人选择的自由，政府的功能在于确保个人的自由，任何政府不当的干涉可能扭曲市场机能的正常运作。

2. 半集体主义的福利模式（Reluctant Collectivist）

这个模式的社会福利价值理念与反集体主义的福利模式十分相似，也是强调个人自由和不平等。但这个模式坚信如果要达到个人自由的目标，资本主义的市场分配必须透过规范和控制才能确保资本主义的效率和功能。政府在提供福利服务上所扮演的角色十分有限，仅止于提供十分有限的福利服务；这个模式认为自由市场体系的运作就可满足个人福利需求，政府若是过度的干预可能会威胁到个人选择的自由。

3. 费边社会主义的福利模式（Fabian Socialist）

费边社会主义的福利模式所追求的社会价值是平等、自由、友爱和民主等。这种福利模式认为社会的不平等导致缺乏效率，同时也违背社会正义的原则。就费边社会主义来说，平等不仅意味着机会的平等，同时更意指达到目的之手段的平等。因此，在社会福利方面，政府的角色在于提供各种福利服务，而个人则依不同需求，"各取所需"。这种福利模式也认为政府干预市场机能提供福利资源，可弥补市场机能的缺点，进而透过社会福利以达到所得再分配的目标。

4. 马克思主义的福利模式（Marxist）

这个福利模式的价值理念与前者费边社会主义的福利模式十分类似，都是强调自由、平等以及博爱。但这种模式的社会福利尤其强调为了实现自由、平等和博爱的社会价值理念，政府的角色乃在于扩大政府干预的范围，使社会福利的供给能满足不同福利的需求。其最常见的方式就是由政府来供应所有的福利资源，所有的生产资源也由政府来统筹经营管理。

---

① 詹火生. 社会福利理论研究. 台北：巨流图书公司，1988. 16～17

▶第二节 人的需要与社会福利

一、关于人的需要的理论

需要是人的一种生存状态，它是个体在"感到缺什么"和"期望得到什么"这两种状态下形成的一种心理状态。一个人从出生到死亡都存在着需要问题。人类在维持其生命和延续种族的发展过程中形成了一些本能的需要，同时，人类在共同的社会生活中又产生了各种社会性的需要。从需要与个人的关系来看，每个人都有各种各样的需要，它们给个人以行动的动机和目的，一个人的一生开始可能是生理需要占据着重要的地位，而当一个人进入了社会生活，成长起来以后，可能是各类社会性的需要占据了重要地位，人的一生在一定程度上表现为需要的产生、发展而又不断被满足的过程。从需要与社会的关系来看，社会是人们共同生活的产物，社会要稳定存在和顺利发展必须解决人的需要问题。一方面，社会的物质生产和精神生产要不断提供人们需要的各种产品，以便使人们的需要得到满足；另一方面，社会还必须控制、引导人们需要的产生、发展和满足，使人们的需要合理、合法，这两方面都是通过一定的社会制度来实现的。

马斯洛曾提出了需要层次论。他认为，人的需要互相联系，可以排列成一个层次，最优势的需要层次支配着人的意识。按由低到高的顺序，他把人的需要划分为五个层次。马斯洛认为，在人的共同需要中，一些需要是更为基本的，人们以一个特定的顺序来试图满足这些需要。首先是基于生存的生理需要，然后是更高级的其他需要如安全的需要、社会交往的需要、被尊重的需要和自我实现的需要，这些需要的实现是按一定顺序进行的。

我国有的学者根据恩格斯的思想，把人的需要划分为三个层次：一是生存的需要。生存的需要主要是以物质生活资料的满足为内容，它包括能维持人存活下去的衣、食、住、行、用等方面的需要；二是发展的需要。这是在人的生存需要的基础上，人对自身身心（脑力的、体力的）发展的需要；三是享受的需要。它是以前两种需要得到相对满足为前提，人对物质生活的更舒适、精神生活的更愉悦的需要。如果按照人的社会生存活动领域来分，也可以把人的需要分为物质需要和精神需要，其中：物质需要包括衣、食、住、行、用等方面的需要；精神需要既包括人自由地发挥自己的创造性才能的需要，又包括人对各类精神产品的需要。按照需要的产生来分，还可以把人的需要区分为自然性需要和社会性需要,其中,自然性需要是人天生就有的,是生物遗传的结果,包括吃、喝、性行为等;而社会性需要是在社会生活实践中产生的,是后天的,是人自我创造的结果,包括许多种类,如道德的、审美的、智力的、心理的、交往的等等需要。

客观而论,人的需要不仅有一个发展和满足的层次,而且也表现为各种需要的同时并存。美国学者多亚尔和高夫(Len Doyal and Ian Gough)认为,马斯洛对需要的排序是不完整的,有关需要满足的严格排序是错误的。他们主张,无论何种社会,人们都有两种基本需要:身体健康的需要和自立的需要(见表10—1)。自立的需要不但要求对自身及社会有恰当的认识,而且还要精神健康,拥有新的重要的行动机会。

表 10—1　　　　　　　　　　人的基本需要和中间需要

基本需要	中间需要
健康的身体	营养充分的食物和水
	良好的住所
	舒心的工作环境
	称心的物质环境
	良好的身体保健
自立	儿童期的安全感
	良好的亲情关系
	物质上的安全感
	经济上的安全感
	基本的教育
妇女的健康和自立	安全生育和安全抚养小孩

资料来源:转引自[美]威廉姆·H·怀特科. 当今世界的社会福利. 解俊杰译. 北京:法律出版社,2003. 67

他们认为,人们每一基本需要的满足有赖于相互关联的中间需要的满足。身体健康有赖于富有营养的食物和清洁的水、良好的住所、舒心的工作环境、称心的物质环境以及良好的身体保健。在人的自立中,精神健康是一个重要因素。如果一个人在儿童期缺乏他人的关爱,缺乏安全感,并且经济上一无所有,那么就会对人的精神健康产生消极影响。因而,人们在情感方面的基本自立与其他四个中间需要密切相关:儿童期的安全感,良好的亲情关系,物质及精神上的富足。第十个中间需要——充分的教育——能够促进人们智能上的自立。另外,对于妇女来说,生育小孩的能力产生了第十一个需要——安全生育和安全抚养小孩的需要。

人们中间需要的满足不仅要通过个人的努力,而且要通过正式的和非正式的活动以及公共社会福利计划和私人社会福利计划。如果人们的中间需要得以良好的满足,那么就会使人们的身体健康和自立等基本需要得以实现。当社会成员的基本需要和中间需要得到实现时,对社会的发展和繁荣至关重要的社会目标同样有可能得到实现。

20世纪70年代以来,国际社会开始关注世界性的贫穷问题,进而衍生出对于人类需要的界定。1977年联合国国际劳工组织(ILO)为基本需要作了以下定义:"体现人们的基本人权,并且能促进达致其他社会目标。"[1] 总的来说,这些需要都包括了食物、衣服、住宿、健康等人类的生活需要。然而,正如国际劳工组织的定义所指出的那样,"基本需要"还应包括其他非生理性的需要,如接受教育、就业甚至参与社会事务等的权利。

正是基于人的需要,社会福利以及一切制度化的社会保障措施才成为人类社会发展进程中日益重要的制度安排。

二、生命周期与人的需要

人的需要不是静止的,在人的生命周期的不同阶段表现为不同的需要。生命周期是指从妊娠到生命终止的时期,每一个生命周期阶段都有特定的生存需要和满足这些生存需要的方式(见表10—2)。

表10—2　　　　　满足贯穿于人的生命周期的生存需要

阶段	满足生存需要的方式
胎儿期	依赖母亲的健康
新生儿期	受出生条件和出生环境的影响
婴儿期	依赖监护人,通常是家人和医务人员
儿童期	高度依赖监护人,尤其在家里和学校里;认识到朋友及自己和活动的重要性
青春期	对监护人的依赖减少,自我行为和自我决定的自主性增强,尤其是关于吸烟、饮酒、营养、性关系、朋友等
青年成年期	较少依靠家庭,担当起经济自立及自我发展的角色,与配偶、情人及朋友建立了重要的关系
中年成年期	最大限度地得到自立及自我照顾,形成多重相互关怀关系
退休期	尽可能的做到自我照顾,维持多重的相互关怀关系,对配偶或情人、朋友、医务专业人员的依赖性增强
死亡	最终丧失对自身的生理支配

资料来源:[美]威廉姆·H·怀特科. 当今世界的社会福利. 解俊杰译. 北京:法律出版社,2003. 73

---

[1] 参见蔡文辉主编. 社会福利. 台北:五南图书出版公司,1999. 86

一般来说，人们的幼年和老年是生理上的无助期，这两个时期也会影响人们的其他需要。儿童除了满足其基本的生存需要外，还要依靠别人来实现其情感、智力、交往等方面的需要；而老年人则认为，他们如果在这些方面依靠别人，那么他们的人际交往及心理就会受到影响。几乎每个成年人都能体会到，如果他们的自立性由于患病或出了事故而受到削弱，那么他们在人际交往、社会参与及其他方面就会遇到一定的困难。

需要的实现从来不是孤立静止的。随着人们生命周期阶段的变化，人们就会用新的资源来实现其基本需要，不过也会遇到许多新问题。我们不难看出，人的生命进程主要是人们生理的、心理的、社会的因素相互作用、相互渗透的过程。只要其中的一个因素发生变化，人们的观念及行为就会作相应的调整。

三、社会福利制度与人的需要

社会福利制度正是为了满足社会成员需要的一种制度安排。美国学者威廉姆·H·怀特科认为，社会福利制度是通过以下三条途径来满足人们的需要的：（1）减少困难；（2）增能；（3）提供所需的资源。像所有社会制度一样，社会福利通过加强人们和社会的相互联系维持了现存的社会秩序。在大多数情况下，社会福利制度成功地向社会成员提供了生存和发展所需的资源——钱、房子、教育、咨询等。这反过来又有益于社会，因为当人们更好地发挥作用时，人们生活的整体质量也得到了提高。值得注意的是，社会福利不仅增强了现存的社会结构的功能，而且还推动了社会结构的变革。当个人的需要无法得以基本满足时，或者当处于不利地位的个人无法拥有更好的机会去满足其自身需要时，那么这些结构或模式就必须进行改革。

社会福利帮助人们满足自身需要的途径之一，是减少人们所面临的障碍。例如，残疾儿童和其他儿童一样需要接受教育，从而帮助他们发展智力，提高社会能力，增进身体健康。此外，残疾儿童还需要进行物理理疗、拥有医疗保险以及环境的改善，以有助于他们克服残疾所造成的明显的障碍。社会福利努力去克服这些障碍和向残疾儿童提供身体保健、教育、改善物质条件一样具有重要意义。

社会福利帮助人们的途径之二，是增强他们满足自身需要和克服障碍的能力。人们往往既缺乏知识又对自己的能力缺乏信心。他们既不知道目前有哪些可能的福利服务可以利用，又不知道怎样去得到它们。社会福利服务通过提供信息和增强人们自主行为的能力以专门解决这些问题。当然，这是以所帮助的人是心理上健康的人作为前提的。

为了能获得并利用知识及有效的资源，人们需要有一种权利感及为自己而献身的愿望。因此，许多社会福利计划的目的之一就是给予人们增进处理日常生活所需的能力的权利，其中包括教育、懂得如何利用社会组织的力量，知道自己的权利等。同时，提高人们人际交往方面的能力也是很重要的。随着人际交往能力的提高，人们在遇到困难时就不会感到孤独无助。不仅如此，他们还可以成为实现自身需要的更有效的实践者，可以更加有效地参与家庭、社区、工厂及社会的有关活动。因此，提供资源是社会福利的一项重要功能，社会福利为人们提供金钱、食品、住房、衣物、医疗保险、咨询、情感支持、法律援助、人身保护及其他许多人们所需的资源。社会福利不仅为个人（如社会保险券），而且还为家庭（住房）、公司（为雇主咨询）、社区（老年人活动中心）及社会（健康而有知识的人口）提供所需的资源。每个人都有社会福利可以帮助实现的需要，因而每个人都可从中受益。

四、社会福利的基本内容

当今世界各国的福利制度中，福利津贴是一种重要的福利资源的分配形式。如教育津贴、失业津贴、生育津贴、伤残津贴、养老津贴等等。除此之外，医疗卫生服务、公共教育、住房福利、社会（福利）服务，也是社会福利的重要内容。本节着重介绍医疗服务、教育福利、住房福利和社会服务四个方面的内容。

（一）医疗服务

在世界各国，医疗服务都是社会福利制度中的重要组成部分。概括一些研究者的观点，可以将医疗服务定义为：医疗服务是政府在配置医疗卫生资源，解决医疗卫生问题，预防疾病，以促进、保护或恢复健康等方面的一系列福利政策和行动的总称。

医疗服务的基本目标是降低各种疾病的发生和危害，满足社会成员的卫生需求，提高全社会的健康水平，并进而促进经济发展与社会进步。这一基本目标可以分为两个层次的具体目标：预防疾病和治疗疾病。疾病预防是通过政府行动而建立全社会的疾病控制体系，并增强社会成员的健康水平和防病抗病的能力；疾病治疗则是通过政府干预而提高全社会医疗技术水平和医疗服务质量；提高医疗服务的可及性，以尽可能公平的方式使尽可能多的人享有基本的医疗服务，进而满足人民群众不断提高的健康需要。

尽管各国公共医疗服务的内容因政府干预的程度与方式有差异，但医疗服务的基本内容仍然可以概括为如下三个方面：

1. 预防性医疗服务

公共卫生计划一般包括三个方面的作用：为人们提供预防性卫生服务、促进健康行为和改善健康环境。预防性公共卫生政策的基本内容包括：（1）提供面向全部社会成员或部分人口的预防性卫生服务，比如计划免疫，急、慢性传染病的预防与控制，职业病、地方病和寄生虫病的防治等；（2）大众健康教育，主要是普及基本卫生知识和基本食品安全知识，使民众养成健康的生活方式，促进健康行为；（3）健康环境的改善，重点是改善环境卫生、食品卫生、劳动卫生、学校卫生和放射卫生等。

2. 治疗性医疗服务

治疗性医疗服务包括由政府投资建设公共医疗设施，建构社会医疗服务网络，合理配置医疗服务资源，并且以公共资金支持医疗及护理服务体系和医护人员队伍建设，通过政府行动而促进医疗技术进步和医疗服务质量的提高，它是通过政府公共资金的投入而降低医疗服务的价格等方面的公共行动。

3. 针对专门人群的医疗服务

主要包括：（1）妇幼保健医疗服务，包括妇女卫生保健服务和儿童卫生保健服务；（2）老年医疗保健服务，包括老年病防治和为老年人提供更加优惠的医疗服务等；（3）残疾人医疗康复事业；（4）针对低收入群体和其他一些特殊困难群体的医疗卫生政策。

（二）教育福利

人类的教育活动已有久远的历史。在当代社会中，随着知识在经济和社会发展中重要性的提高，教育对社会和个人的重要性也不断增强。一方面，教育对个人的成长与发展具有重要性，能够改善穷人的困境，促进社会平等；另一方面，教育对国家与社会的发展非常重要，它不仅有利于社会文化的传递和主导价值观的灌输，具有文化整合的作用，而且有利于提高国民文化素质和社会人力资本，进而可以赋予人们各种进入不同职业的必要条件，跨越自己原有的阶层，实现"向上流动"。然而，在现代社会中，教育的花费也越来越大，以至于部分社会成员难以支付。如果纯粹以市场机制去分配教育资源，则会导致教育机会的不平等，尤其是会使贫困家庭的孩子丧失教育机会，从而导致贫困的代际传递。因此，需要通过政府的教育福利去弥补市场的不足。事实上，世界上许多国家都因采取教育优先与发展教育福利的战略而获得了快速、持续的发展。有些国家几乎所有的学校都是公立学校，而另外一些国家则是公立学校与私立学校并存，教育福利主要体现在公立学校，同时也体现在国家对私立学校的支持与援助上。

从教育的层次上看包括初级教育、中等教育和高等教育；从教育内容上看包括普通教育、职业教育、成人教育和特殊教育；从教育的正规化程度上看，又包括正规教育和非正规教育。一般来说，教育福利的内容主要包括以下几个方面：

1. 由政府为主体负责建设教育机构，包括投入教育事业的基础设施、设备和建设教育人员队伍，政府直接管理教育机构，或者指导教育机构的运行。各国都通过兴办教育基础设施，培训合格的教师员工队伍，并对教育机构进行管理和监督。

2. 建立不同层次的免费或低费教育体系，为低收入者提供教育补贴如助学金等。当今世界各国在巨大的公共教育体系的支撑下，基本上解决了义务教育阶段的教育需要，特别是在发达国家中，几乎所有青少年都能获得法律所规定的义务教育，并且在公共教育机构中的义务教育阶段一般都是由公共资金支持，而个人受教育是免费的。至1995年，已宣布12年义务教育的国家有德国、比利时等6个国家，宣布11年义务教育的国家有荷兰、英国、以色列、新西兰等11个国家。

3. 建立合理的教育结构，包括教育的层次结构、专业结构和区域分布。发达国家根据本国的情况建立了包括各类教育在内的多样化的教育体系，除了普通教育以外，还有大量的职业教育、成人教育和特殊教育等，以满足各类人员对教育的不同需要。在高等教育阶段，发达国家一般都实现了高等教育的大众化，有的国家是通过政府举办公共高等教育机构而向所有人提供免费或低费的高等教育服务，而另外一些存在大量的私人教育机构的国家中，政府或其他组织则通过提供奖学金等制度来保证人们受教育的权利。到20世纪90年代后期，发达国家的前义务教育和义务教育完全满足适龄少年儿童的实际需要，在后义务教育阶段，高中阶段教育基本普及，高等教育入学率达50％以上，实行弹性学习方式，学历教育与各种培训相结合，国民预期受教育程度达14年以上，形成了一个纵向上从基础教育到高等教育，横向上从普通教育、职业教育到成人教育的立体的终身学习网络。

4. 在特殊地区实施鼓励教育发展的政策，如在农村地区、贫困地区、少数民族地区等实行对教育的特殊投入和其他特殊政策。

（三）住房福利

在现代社会，随着经济的发展，人们的住房条件在总体上不断改善。但住房困难的情况也大量存在，即使在经济最发达的国家中也有很多无家可归者和住房拥挤、贫民窟现象。这种情况说明，仅靠市场机制难以完全解决国民住房问题。为此，各国普遍采用政府干预的方式来弥补市场机制在满足住房需要方面的不足。西方国家自进入工业化社会以后，随着城市居民住房困难逐渐加剧，政府逐渐开始采取公共行动以解决城市居民住房困难的问题。到第二次世界大战结束以后，住房福利在许多国家成为社会福利制度中的重要内容。

所谓住房福利，按西方国家惯用的界定方法，是指中央政府和地方政府解决全体国民住房问题的社会福利措施和手段。住房福利在于满足人们的住房需求，在维持社会稳定方面具有举足轻重的作用。尤其是在现代社会中，政府的住房福利更不是可有可无的，而是政府必须要制定和执行的一项政策。迄今为止，世界各国住房困难的问题仍然严重存在。一方面，许多国家都在不同程度上存在着住房供应短缺的现象；另一方面，即使在住房供应总量并不短缺的国家和地区，也有许多人居住在潮湿寒冷、通风不好或取暖设施不好的住房里。因此，需要政府通过住房福利来解决住房问题。从其功能方面看，政府实施一定的住房福利除了满足人们的住房需求以外，还可以缓解各种社会矛盾，防止形成"贫民窟"，并为增进人民的健康做出贡献。

概括而言，住房福利一般包括了如下内容：

1. 提供低租公房

即由政府直接建造大量低租公房供住房困难户、低收入户居住。譬如，英国地方政府在1946—1976年30年中，平均每年建造14.3万套公房，并从最初限于低收入困难户发展到向所有家庭开放。1945—1980年英国全国竣工住房1 000多万幢（套），半数是政府建的。又如，新加坡1965年独立后，为了保障社会稳定并通过发展建筑业吸纳更多的劳动力就业以带动国民经济全面发展，进行了大规模的住房建设，这种住房建设以市场机制为基础，但政府对房地产市场进行了有效的干预控制。在我国的香港地区，政府举办的公共房屋迄今仍然是许多香港居民解决住房问题的基本途径。

2. 提供住房补贴

这种方式通常有两种做法：一是用来补贴购买自住住房者的免税减税。例如，英国的住房福利规定，买房可在贷款利息、保障金及住房维护等方面享受一定的优惠。管理部门对申请人的收入水平、存款、家庭成员和住房条件等进行全面审查，获得批准的公民可享受政府提供的优惠条件和住房补助。二是用来补贴租房者的现金补贴。例如，荷兰从1967年开始逐步减少政府对住房建设贴息的同时，为抵消以相等的比率提高房租对低收入家庭的冲击，政府引入房租补贴政策。瑞典在1968年将政府建房抵押贷款的利率提高到市场水平（不再用低息贷款补贴住房生产），同时扩大对各类困难人员的房租补贴。联邦德国于1956年就开始实行有限度的房租补贴,1970年通过立法扩大到所有家庭,补足每个家庭实际应付房租与"家庭能够承受的房租支出"之间的差距。

3. 住房金融政策

住房金融政策亦是政府介入住房领域的一个重要手段。一些研究者把世界各国的住房金融政策概括为如下四种主要模式[①]:

第一,在国家有效控制之下的私营机构为主体的综合型模式。这种模式以美国为代表。其基本特征是:首先,经办房地产金融业务的机构中私营金融机构占主体地位,大多数美国人能通过私人金融机构的住房抵押贷款来解决住房问题;其次,联邦政府的住房金融管理机构对住房金融市场进行有效的调控,包括成立初级市场的政府担保机构、建立联邦住房贷款银行系统、建立全国性的二级抵押市场、组建经营机构证券的政府机构等方式;再次,在政府实施有效调控的同时也重视发挥私人资本的作用,私人资本活动与政府调节高度融合。

第二,公私机构互为补充的混合型模式。该模式以日本为代表。住房金融公司是日本政府为了向国民提供购建房贷款而成立的公营住房金融机构,它行使政府住房金融职能,融通长期低息资金,依照日本政府的住房福利对购建住房者提供优惠长期低息贷款。

第三,政府全面直接控制的基金型模式。该模式以新加坡最为典型。新加坡自1965年独立以来推行中央公积金制度,雇员可以用公积金购房。购房的款项,包括首期付款和从银行得到的贷款,都可以用公积金储蓄偿还,但不可用公积金支付房租。

第四,民间专营机构控制的互助型模式。该模式以英国最为典型。建房社团是英国住房金融业务的主要经办者,受政府特别保护,在执业前要事先向政府申请。作为专营住房金融业务的民间互助机构,英国建房社团所办理的住房金融业务占全国的80%以上,通过办理存款、向会员和非会员发放住房金融贷款的非营利机构,它受特殊法律手段管理。

(四)社会服务

在现代社会中,人们每天在衣食住行方面,在照料老人、残疾人和儿童方面,以及在家庭生活、文化娱乐、休闲和心理调适等方面都需要大量的服务。尽管商业化的服务产业在满足人们服务需求方面发挥了重要的作用,但

[①] 参见关信平主编. 社会政策概论. 北京:高等教育出版社,2004. 284~285

它不可能满足所有人的所有服务需要。因此，同样需要政府或其他组织以公共投资和福利性的方式来提供各种服务，以满足人们对服务的需求。

所谓社会服务，也叫社会福利服务，是指直接面向社会成员尤其是具有特殊需求的个人、家庭或群体而提供的福利性服务。社会福利服务包括的内容很多，既有针对普通居民的服务，也有针对各类群体的专门化服务。在服务方式上看，既有在社区中为居民提供的各种服务，也包括在各种"院舍"中对某些特殊困难者的集中服务。当代各国的福利性服务政策行动，主要是基于商业化服务的不足和家庭自我服务功能的下降而设立的，其特征主要体现在以下几个方面：

1. 福利性

社会服务的首要特征是其具有福利性，尽管各种社会服务的福利性的程度不同，但均有政府（或其他公共组织）的投入并且不以营利为目标，实现的是社会性目标，因而可以免除或降低向服务对象的收费。

2. 个体性

社会福利服务一般是指针对个人的社会服务，其目标是满足个人对各种服务的需求，如为普通居民提供的便民服务、老年生活照料服务、残疾人服务、特殊儿童服务等。因此，这类服务又被称为是"个人服务"。

3. 救助性

社会福利服务与社会救助是既相互关联又有不同的服务。在有些国家，"社会福利"的概念基本上等同于社会救助。从实践模式上看，社会福利服务与社会救助项目有一定的交叉，一些社会福利服务项目包含有社会救助的因素。例如，我国城市中对社会孤老、孤儿等特殊对象提供的社会福利服务，以及农村五保户制度等都既属于社会福利服务，又具有社会救助的特点。

从各国社会福利服务项目的内容来看，主要包括以下一些方面：

1. 满足社会成员基本生活需求的社会服务

这方面的服务主要包括在基本的衣食住行方面的便民利民服务。尽管对普通居民说来，大多数基本生活服务需求都可以从市场中得到满足，但通过福利性的服务方式来提供一些最基本的社会服务可以加强生活服务体系的基本服务保障功能，在保障居民基本服务需求和提高居民生活质量方面可以起到更好的效果。

2. 满足社会成员共同生活需要的社会服务

大的方面有政府通过在市政建设、公共交通、治安、环境等方面的公共政策行动来提供这一类的服务。此外，在社会福利服务层面上也有此类的服务，如在社区和企、事业单位的社会福利服务体系中就包含了居民生活环境治理、社区治安、生活小区绿化、公共阅览室以及一些文化娱乐设施等方面的服务，这些服务均属于共同生活需要类服务。

3. 针对特殊困难者的社会服务

所谓的特殊困难者，主要包括贫困者、老年人、残疾人、孤残儿童以及其他一些在生活中具有特殊困难和特殊需要的个人和家庭，这些人由于自身的特殊困难而比其他人需要更多的服务，但他们当中有很多人又因为经济条件的限制而比其他人更加难以利用商业化服务。因此，需要政府或其他组织以福利性服务的方式给他们提供必要的生活服务，以解决他们的困难。

需要指出的是，社会服务通常以社区福利服务的方式出现。在此，"社区"一般指聚集在一定地域范围内的社会群体和社会组织，是具有某种互动关系和共同文化维系力的人类群体进行特定社会活动的活动区域，它一般为地域的、规模较小的基层社会共同体，我国目前所称的社区在城市一般指街道，在农村则指乡、镇或自然村。社区的构成要素包括一定地域要素、人口要素、组织体系（如居民委员会、业主委员会等）、社区意识，以及相应的物质要素支持（如办公场所、服务设施、办公设备、经费来源等物质条件）。

社区福利服务则是在政府的倡导与支持或扶持下，发动社区成员开展互助性的社会服务活动，就地解决本社区的社会问题。社区福利服务的内容主要有：面向老年人、残疾人及特殊人群的社会福利性服务；面向社区居民的便民利民服务；面向社区企事业单位和机关团体开展的双向服务等。从我国的实践来看，面向老年人、残疾人及特殊人群的社会福利性服务是社区福利服务的主要内容，它主要包括三个系列：（1）老年人服务系列。包括孤老包户组、孤老服务站、敬老院、托老所、老年人公寓、老年庇护所、老年婚姻介绍所、老年人活动站、老年人医疗保健站、老年人康复中心、老年人康复门诊、老年人学校等；（2）残疾人服务系列。包括残疾人服务站、残疾人医疗站、精神病人医疗站、康复中心、残疾人婚姻介绍所、弱智儿童启智班、伤残儿童寄托所等；（3）少儿服务系列。包括托儿所、幼儿园、学前班、课后辅导班、小学生午餐点、儿童医疗保健站、失足青少年帮教组等。其中，居民委员会对特殊居民群众提供的从物质到精神、从有形到无形的救助、关爱和照顾，都是对国家福利政策的补充和完善。居委会的服务，既是社区服务的依托，又是社会福利的社区体现形式。

▶第三节　老年人福利

一、老年人的福利需求

随着人口老龄化乃至高龄化时代的到来，老年人已经不满足于对养老金的需要，而是对社会福利提出了更高的要求。因此，老年人福利构成了许多国家社会福利中的主体内容。由于人生皆有老，而人到老年必然体力衰退，劳动能力下降甚至完全丧失，不能再行劳动创造收入，而且生活照料能力亦是持续下降。在老年人口持续增长、家庭保障功能持续弱化、人口流动加剧和观念变化等情形下，老年人问题便日益由个人或家庭问题演变成为社会问题，老年人福利正是解决老年人问题的重要制度安排。

所谓老年人福利，是指国家和社会为了安定老年人生活、维护老年人健康、充实老年人精神文化生活而采取的政策措施和提供的设施和服务，它作为养老保险的延续和提高，在解决老年人基本物质生活需要的基础上，进一步满足老年人物质文化生活的需要，努力实现"老有所养、老有所医、老有所为、老有所乐"的社会目标。

从老年人的生活保障出发，老年人的福利需求可以归纳为以下几个方面：

• **老年人的经济保障需求**。人进入老年后，必然退出劳动领域，其收入来源便会由此中断，而生活仍需要继续，因此，老年人面临的最突出的问题还是收入中断或减少所带来的经济问题，从而使经济保障成为老年人安度晚年的必要保障。在各国，老年人的经济保障除来源于家庭或自己的积蓄外，社会化的保障主要来源于养老保险、老年救济与老年津贴等。

• **老年人的健康保障需求**。人生进入老年阶段后，生理功能衰退，抗御疾病的能力也会下降，患病的几率增加，并且容易患老年性疾病，影响其行动能力和独立生活能力。因此，对健康保障的需求尤显迫切。

• **老年人的情感保障需求**。减少或失去实际的或潜在的收入、减少参与社会和经济活动、社会地位降低等，都可能导致感情空虚，尤其是在家庭结构小型化和少子化已经成为现代社会不可逆转的趋势下，许多老人的子女不在身边，更容易产生孤独感，因此，老年人不仅需要自己转换角色，同时也需要有相应的情感保障。

• **老年人的服务保障需求**。由于生理机能的衰退，老年人随着年龄的增高，其生活自我照料能力也会持续下降，从而特别需要有相应的生活照料服务等。如果子女不在身边，这种需求会表现得更加突出。

• **老年人的其他保障需要**。例如，老年人寿命延长，而他们的知识和技能可能不能适应社会的需要，对教育培训亦会有新的需要；同时，在脱离原有的工作环境后，老年人亦需要参与娱乐及其他社会活动。

综上，老年人对生活保障的需要是多方面的，也是复杂的，它需要一个健全完备的社会福利系统。因此，随着人口老龄化高峰的到来，老年人福利事业必定成为社会福利制度乃至整个社会保障体系中的重要项目。

二、老年人福利的理论基础

老年人福利的基础理论旨在揭示个体老龄化原因，解释个体老龄化过程，总结个体老龄化和适应老龄化的规律。现有的老年期理论观点均是从社会学或心理学的某一个角度或某一个方面阐述个体老龄化过程的，尚未形成一个完整的老年学理论体系。这里介绍几种主要的理论观点。[①]

（一）脱离理论

脱离理论，又称撤退理论或休闲理论，这是老年学家提出的第一个主要理论。其代表作是1961年出版的卡明（Cumming）和亨利（Herry）所著《年事日增》（Growing old）。脱离理论最初的资料基础是对275个人所做的一次横向调查。被调查者年龄在55～90岁之间，经济自立，能独立行走，居住在美国堪萨斯城。脱离理论认为，老年人身心衰弱，不宜于继续担任角色，而应该脱离社会，这既有利于老年人，也有利于社会。

脱离理论的四个主要观点是：（1）老年人身衰体弱，形成了脱离社会的生理基础。老年人身体与日俱衰，生命脆弱，易于患病，其心理较为消极，经常想到死亡，甚至期盼死亡；（2）老年人的脱离过程可能由老年人启动，也可能由社会启动。老年人主动退却，减少活动和社会联系，是老年人启动的脱离过程；而社会对老年人的排挤、歧视和强制性退休制度，是社会启动的脱离过程；（3）老年人的脱离状态有利于老年人晚年生活，也有利于社会继承。老年人因再社会化能力降低，无法满足应付较高生产能力和竞争能力的社会期望，容易形成较强的心理压力。脱离社会一方面可以摆脱职业角色的负担，保持一种平和心态，另一方面可以进入比工作角色更令人愉快的家庭关系。当老年人无法履行职业角色所规范的权利、义务和责任时，年轻人就要成为老年人的接替者，或者说，年轻人将会完全取代老年人所拥占的职

---

① 参见邬沧萍主编. 社会老年学. 北京：中国人民大学出版社，1999. 270～276

业角色；(4) 老年人的脱离过程具有普遍性和不可避免性。

虽然脱离理论在一定程度上反映了老年期社会老龄化的事实，但对脱离理论的批评，大致集中在以下几个方面：(1) 忽视个性差异。性格开朗、喜欢交际、思维活跃的老年人可能并不喜欢、也不赞成脱离社会，而是主张继续参与活动，与社会保持密切联系。而那些性格沉闷、不喜交际的老年人，则比较愿意选择退避社会的生活方式；(2) 忽视地位差异。老年人脱离社会的程度与方式往往与其在社会结构中所处的地位有关；(3) 忽视脱离造成的弊端。老年人脱离社会，有对老年人和社会有利的一面，但也会造成明显的弊端。据研究，有工作、有朋友和有家庭的老年人，其身心健康水平明显高于无工作、无朋友和无家庭的老年人；(4) 忽视脱离的文化特征。在实践中，脱离行为常常表现出鲜明的文化个性，从而打破了脱离行为不可避免的理论思维。处于老年亚文化群体中，老年人是主要角色，始终与社会保持着密切的联系，老年人的社会功能是其他人口群体无可代替的。

(二) 活动理论

活动理论是美国学者罗伯特·哈维格斯特 (R. Havighurst) 通过对美国堪萨斯市 300 个人——主要是中产阶级的白人，健康、年龄在 50～90 岁之间，通过六年的定期谈话——的调查分析所形成的。这个研究结果发表于哈维格斯特与艾玉白 (R. Albrecht) 合撰的巨著《老年人》(Older People) 一书中。

活动理论认为，老年人应积极参与社会。只有参与，才能使老年人重新认识自我，保持生命的活力。活动理论观点基于四个假设之上：(1) 老年人的角色丧失越多，参与的活动越少；(2) 老年人的自我认识需要在社会活动中形成和证明；(3) 自我认识的稳定性源于角色的稳定性；(4) 自我认识越清楚，生活满意度越高。这四个假设阐明了一种逻辑关系，即生活满意度源于清晰的自我认识，自我认识源于新的角色，新的角色源于参与社会的程度。

从活动理论的要点和假设条件上看，活动理论主张通过新的参与、新的角色以改善老年人因社会角色中断所引发的情绪低落，也就是重新认识自我。活动理论强调参与、活动与社会的认同，但也暴露出一些不足。比如，活动理论没有回答个性在老年人参与过程中的作用。该理论观点也未能有效地解释个人经历与老年人晚年活动需求的关系。

(三) 连续性理论

连续性理论的重点在于解释老年人晚年生活的差异性。该理论认为，中年期的生活方式将会延续到老年期。换句话说，老年期的生活方式在很大程度上会受到中年期生活方式的影响。中年期开朗活跃者，老年期也会积极投入社会活动；中年期沉稳内向者，老年期一般不会热衷参与社会活动。

连续性理论是以对个性的研究为基础的。美国学者赖卡德（Reichard）、利夫森（Livson）和彼德森（Peterson）曾对87位年龄在55～84岁之间的老年人的调适情况进行分析，列出了五种主要性格结构。调节正常的人可以归类为成熟型、摇椅型和装甲型。而调节不顺利的老年人则可归类为愤怒型或自我怨恨型。属成熟型的老年人能正确认识自己和社会，既看到增龄的强处和弱处，又看到退休的不可避免性，坦然面对各种问题。属摇椅型的老年人消极依赖，满足于既成事实，不为工作烦恼，也不为退休烦恼，对于社会活动漠然置之。属装甲型的老年人性格刚毅，有独立见解，一般借助于活动以显示自己仍具有的独立性。属愤怒型的老年人时常感到年龄的极度威胁，始终处于一种不稳定的状态，对人对己对社会都是满腹怨言。属自我怨恨型的老年人认为自己是个凄凉的失败者，生活于一种怨恨、压抑、不舒展的心境中。

连续性理论看到了个体社会老龄化的差异性，并用个性特征予以解释，弥补了脱离理论和活动理论的欠缺。但该理论亦有明显的弱点：其一，将能否遵循早期阶段个性特征视为老年期结果良好与否的标准，忽视了个性特征的具体内涵；其二，连续性理论未能充分考察连续性中的个性发展问题；其三，个性的变化与社会变化有着密切的关系。因此，脱离社会环境的因素，孤立地用个性阐释个体老龄化的差异性，是不全面的。

（四）老年亚文化群理论

老年亚文化群理论，最初是由美国学者罗斯（Rose）提出的。该理论旨在揭示老年群体的共同特征，并认为老年亚文化群是老人重新融入社会的最好方式。

按照罗斯的观点，只要同一领域成员之间的交往超出和其他领域成员的交往，就会形成一个亚文化群。老年人口群体正是符合这个特征的一种亚文化群体。老年亚文化群的形成有客观背景和主观背景。在客观背景中，法定的退休制度是开始老年期的最主要标志。老年公寓、老年服务设施和老年活动场所的兴建，加强了老年人之间的接触。老年人数量的迅速增加，也是引起社会注意老年人问题并将老年人作为一个群体认识的重要方面。在主观方面，相同的背景（如衰老、孤独、60岁以上等）、问题（物质需求、精神需求、照料需求）和利益发展了老年人之间的关系，使他们彼此之间的交往多于与社会其他成员的交往。主观的吸引和客观的推动,共同促进老年亚文化群体的形成。

老年亚文化群理论指出了老年人活动和地位的一般特征,但这一概念不能应用于所有情况和所有老年人。在某些环境下,如论资排辈的环境,老年人就拥有较高的地位,也能掌握较多资源,如知识、关系网、经济控制权、潜在的权力等等。有的老年人生活在几代同堂的家庭中,很少与外人交往,成为老年亚文化群的观望者。

三、老年人福利的主要内容

从西方国家老年人福利的实践发展来看,老年人福利的内容主要有老年经济保障、老年生活照顾、老年服务以及其他相关内容。

(一) 老年经济保障

老年保障是指对退出劳动领域或无劳动能力的老年人实行的社会保护和社会救助措施,包括经济、医疗等方面的社会保护和社会救助。主要包括养老年金、医疗保险、贫困救助等。例如,英国政府规定,凡就业的英国国民均参加社会保险,男年满65岁、女年满60岁就达到了法定退休年龄,可以领退休金;男年满70岁、女年满65岁,无论有无工作,都可以领取额外退休金。凡残疾不能参加保险或者超龄不能投保,合乎下列条件之一者可以领取养老年金:(1)年满70岁以上的老人;(2)年龄超过40岁的残疾或盲人;(3)在英国居住5年以上的英国籍国民;(4)未领国民保险的退休年金及寡妇给付。[1] 对于老午低收入户,一些国家的政府每月发给家庭补助或是副食费及燃料费。像美国对那些收入不足以维持最低生活标准的老年人,给予随生活指数调整的补助金;英国也有补充年金和补充津贴,只要老年人的收入未达到保障标准,即可以获得救助。在日本老年人所得维持方案中,公共救助占有重要角色。

一些国家或地区提供普遍性的国民年金,实际上即是老年人的经济福利。在我国香港地区,政府设有一种高龄津贴也是老年人福利。

(二) 老年生活照顾

老年生活照顾是指对于因年事已高而在生活中存在困难的老年人所进行的生活照料,主要指生活上的照顾,包括吃、穿、住、行等具体方面,以及

---

[1] 参见陈银娥主编. 社会福利. 北京:中国人民大学出版社,2004. 127

医疗保健方面的照顾。老年生活照顾可以分为三种形式：家庭照顾、机构照顾和社区照顾。[①]

• **家庭照顾**。是指将需要照顾的老年人留在家中或让其呆在自己熟悉的环境里而由社会提供生活上的照顾，它主要有家庭寄养与家庭助理服务。其中：家庭寄养是为了使一些孤单老人可以享受家庭生活而不必被送到养老院，社会服务机构就会征募一些愿意收养老年人的家庭，政府再对收养老年人的家庭给以补助，如英国就对收养老年人的寄养家庭每个星期都发给照顾老年人所需费用、津贴。家庭助理服务是让老年人居住在自己的家中而由社会服务机构上门提供服务。在许多国家，如丹麦，依据其社会救助法案，在地方上由政府负责对老年人家庭提供家政服务，对于低收入户更是免费服务；在美国，也有针对那些需要照顾的老年人家庭所提供的家庭健康服务、饮食服务计划以及家事管理员服务等措施。

• **机构照顾**。是在一定的专门社会服务机构内为老年人提供护理、食宿、生活服务的照顾。进行老年人照顾的机构可以根据其收住对象和所提供的相对不同的服务分为以下几种：（1）安老院（residential homes）：主要是针对那些没有亲属并且也没有了工作能力的老年人，所提供的服务主要是住宿与饮食，以及一些像协助穿衣等非医疗性的服务；（2）疗养院（nursing homes）或者称为护理中心（nursing care centers）：提供全天候的专业护理以及医疗服务。住在疗养院的费用会随着所提供的医疗服务的专业性和密集性的不同而有所不同。欧美国家老人疗养院的设备都很完善，几乎每位老人都有其私人房间；（3）日间照顾中心（day care centers）：有些老年人虽然住在家中，但由于自己家人忙于工作难以对老年人照顾周全，因此也需要机构提供的某些服务。日间照顾中心就是针对这类老年人，在白天为老年人提供保护性的环境以及情绪上的支持。老年人在这里可以享受到生活上、医疗上的帮助以及精神上的支持；（4）身心障碍中心：针对具有身心障碍老人的需要，除了特别的医疗照顾外，还需要一些医疗设备。在丹麦，每一郡都设有残障中心，来帮助有此需要的老年人。服务的项目包括提供外科的整形、假肢、绷带、特别椅、床垫、浴室设备、助听器和室内外的轮椅等，购买和修复假肢的费用也可以申请政府帮助。值得指出的是，具有家庭生活气氛的老年公寓在许多国家受到欢迎。

• **社区照顾**。是让那些需要照顾的老年人住在自己的家中或者尽可能地在靠近他们的社区的机构中接受照料。社区照顾建立在老年人自立、与社会

---

① 参见李迎生主编. 社会工作概论. 北京：中国人民大学出版社，2004. 276~278

保持接触和常态生活的基础上，其目的是帮助老年人体现出作为社区成员的角色，尽可能地让他们生活在一个"常态"的社会环境中。社区照顾的服务项目包括：(1)解决老年人的住房安置；(2)提供家庭之外的医疗卫生服务，从基本护理到技术性较强的专业护理，这些服务由不同行政结构的组织者提供；(3)为促进老年人的全面健康而提供的专业咨询和情感援助，具体包括：为老年人提供社区日间活动中心、俱乐部、休闲及健身场所，让老年人接受继续教育，让老年人参加假日活动以及志愿者活动等等。

(三) 老年服务及其他

老年服务构成了社会服务的主体内容，它包括老年人心理和社会服务、老年人教育服务和老年人就业服务等。

面向老年人的心理和社会服务包括：(1)个人的协助：减轻老年人生活压力、改善家庭关系或社会关系、提供老年人福利咨询、解决老年人各种困难等；(2)团体活动：促进团体成员之间相互认识了解、改进老年人不正确的观念或态度、增加老年人生活知识等；(3)社区交流：促进老年人与社区居民交流，参与社区中各种活动，促进老年人积极价值观与生存目标的建立等；(4)促进老人人际关系：了解妨碍老年人人际关系的各种因素，如过敏或迟钝的性格、不卫生、不良嗜好、好斗、喜欢争吵、不顾他人立场、不愿与他人互动，以及不主动与他人来往的消极思想和态度等。通过正式或非正式团体推动老年人积极参与社会活动，改变不良习惯和原有的消极态度，做好老年生活安排，充实老年生活；(5)老年人活动中心等：为老年人提供福利服务，并充实老年人生活，增进老年人之间的交流。

面向老年人的教育服务通常包括：(1)老年大学：是指为全社会老年人设立的传授知识和技术的培训学校。通过老年大学的教学活动，不但为老年人的晚年生活增加了丰富的活动内容和生活情趣，更能使老年人获得许多保健知识；(2)图书馆、博物馆及艺术馆等：老年人退休后有较多的空闲，但有时因行动不便，无法自行充分利用许多公共的设施。瑞典的图书馆就提供了专门职员来为老年人服务，调查其阅读的兴趣，老年人可以通过电话借书在家中阅读。至于博物馆和艺术馆等社教机构，除了对老年人予以优惠或免费外，还设立了老年人休息的座椅；(3)老人职业学校、老年人讲座或补习教育、老年人学习性俱乐部、关于退休前的教育等方面的服务。

一些老年人在退休后，有着再就业的想法。虽然社会普遍重视的是年轻人的就业问题，但社会却不应忽视老年人的就业问题。老年人就业服务也是"老有所为"的体现，而一些学历高、年龄低、身体健康的老年人，尤其是老年科技人才具有丰富的实践经验，他们继续在各行业中发挥作用，对社会经济发展是十分有利的。老年人就业服务还包括退休者再雇用训练与辅导、退休制度的改进研究、老年人创业或老年人就业专案计划等。

此外，一些国家还有相应的面向老年人的其他福利措施，如免费乘坐公共交通工具、免费逛公园等，均可以纳入老年人福利范畴。

四、中国的老年人福利

由于有家庭养老的历史传统，老年人大多依靠子女提供各种服务，中国的老年人福利事业起步较晚。新中国成立后，政府主要面向城镇孤老建立福利院，将这些老年人集中收养；在乡村只有救济性质的五保户制度。改革开放后，随着社会经济的发展，尤其是人口老年化速度的加快，面向老年人的福利事业也得到了一定程度的发展。1996年8月29日，第八届全国人民代表大会常务委员会第21次会议通过的《中华人民共和国老年人权益保障法》，对老年人福利问题作了一些原则性规定。此后，政府亦制定了一些促进老年人福利事业发展的政策。中国老年人福利的主要内容，可以概括如下。[①]

（一）物质生活福利

为老年人提供物质生活福利，是中国老年人福利事业的主体内容。在这方面，尽管各地做法不一，但大体上仍然可以归纳为如下几种：一是建立福利院、敬老院、老年公寓等，收养没有生活保障的老年人，并扩大到对社会上一般老人的收养安置，为老年人解决生活照料、医疗保障服务以及精神上的孤独问题。截至2000年底，全国的社会福利院总数达40 000个，集中收养老年人854 000人。二是向困难老年人提供生活补贴。如上海市依据1993年市政府批转的《关于解决本市市区部分老年人生活困难意见的通知》，实施对困难老人的救助，由民政部门对最低生活保障线以下的老年人发放帮困卡，给予定期定额补助，包括现金和实物（如粮油供应卡）补助；此外，还开始了对困难老人的"助医"活动，对于生活困难、体弱多病的老人每人每年贴补医疗费300元，并免除门诊挂号、诊疗和检查等费用。

（二）医疗保健服务

针对老年人身体功能衰退、疾病增加的自然现象，重视老年人的医疗保健亦构成了老年福利的一项重要内容。在这方面，城镇享受离退休待遇的老

---

① 参见郑功成主编. 社会保障学. 北京：中央广播电视大学出版社，2004. 332～333

年人，通常继续享受原有的医疗保障待遇。其他老年人的医疗保健问题，虽然未有全国性的统一政策规范，但许多地方正在尝试相应的办法。如在某些有条件的地方，由所在单位或社区组织老年人开展定期的身体检查；在大多数医疗机构设立老年病科，开展老年病的治疗工作，大多数医院都有老年人挂号、看病、取药"三优先"公约。此外，国家还组织和提供资金或者由社区建立老年康复疗养机构，使老年人的健康问题得到解决。

（三）其他服务

除了保障物质和医疗问题，老年人的精神文化需求也是一个不可忽视的方面。因此，在城市，政府重视支持社区建立专门的老年人休闲娱乐的活动场所，如老年人活动站、老年活动中心等，为老年人提供文化、教育、娱乐、体育活动设施，对老年人优惠服务，解决老年人的精神文化需要。城市中还建立了"老年人婚姻介绍所""老年人再就业介绍所""家政服务站"等。

由于中国城乡长期存在的二元结构的影响，加之城乡差距的客观存在，中国农村的老年人社会福利主要是侧重于社会救助性质的农村"五保"制度（见本书第 8 章社会救助），国家真正意义上的乡村老年人福利事业并未得到发展。不过，一些发达地区的乡村老年人福利事业已经引起重视并在探索中发展。

▶第四节　残疾人福利

一、残疾人群体的分类及特征

残疾人是一个值得关注的社会群体。它是指在情理、生理、人体结构上，某种组织、功能丧失或者不正常，全部或部分地丧失以正常方式从事某种活动的人。在国际上，对残疾人的定义并不完全统一。如国际劳工公约《（残疾人）职业康复和就业公约》（第 159 号）中就这样定义：残疾人是指因经正式承认的身体或精神损伤在适当职业的获得、保持和提升方面的前景大受影响的个人。《残疾人权利宣言》中则认为残疾人是指任何由于先天性或非先天性的身心缺陷而不能保证自己可以取得正常的个人生活和社会生活上一切或部分必需品的人。《关于残疾人的世界行动纲领》中明确指出，残疾人并不是一个单一性质的群体，而是包括精神病者、智力迟钝者、视觉、听觉和言语方面受损者、行动能力受限者和"内科残疾"者等。① 1980年，世界卫生组织首次编写出版了一本关于残疾的国际分类手册，精细地区分了疾病引起的不同后果。根据这本手册，残疾具有三方面的含义：（1）身体或心理方面的缺点或限制，通常以损害（impairment）来表示；（2）这些损害必定会导致身体功能丧失或减少，通常以失能（disability）来表示；（3）这些失能者，倘若遭受社会的歧视或环境的限制，就会形成障碍，使其无法发展潜能或独立生活，这就成为残疾。② 我们认为，残疾人是指因病伤造成身体缺损或生理功能障碍，在心理适应和社会适应方面出现问题，影响日常生活的人。

以功能缺陷为标准，残疾人一般可分为智力残疾、肢体残疾、听力残疾、视力残疾、语言残疾等五种：（1）智力残疾：指智力明显低于一般人的水平（通常是指智商在 70 以下），并表现出适应行为的障碍的现象。智力障碍通常以智能不足程度的轻重予以分类，多数国家将智力残疾者分为三种：轻度、中度、重度。（2）肢体残疾：由于发育迟缓、中枢或周围神经系统发生病变、外伤，或其他先天、后天性骨骼肌肉系统的缺损，或疾病而形成的功能丧失或功能障碍的状况。肢体残疾的种类分为：上肢、躯干或下肢残疾。三类残疾程度，各分为重度、中度、轻度。（3）听力残疾：指由于各种原因导致双耳不同程度的听力丧失，听不到或听不清周围环境声及言语声（经治疗一年以上不愈者）。听力残疾包括：聋（听力完全丧失）及重听（有残留听力但辨音不清，不能进行听说交往）两类。（4）视力残疾：指由于各种原因导致双眼视力障碍或视野缩小，通过各种药物、手术及其他疗法而不能恢复视功能者（或暂时不能通过上述疗法恢复视功能者），以致不能进行一般人所能从事的工作、学习或其他活动。视力残疾包括盲和低视力两类。（5）语言残疾：指声音机能或语言机能障碍，与人沟通困难或完全无法沟通。类别包括：1）发声器官失常；2）声音失常；3）口吃；4）语言发展落后；5）裂颚；6）脑麻痹；7）听力损害；8）失语症。如果一个人同时患有上述两种或两种以上的残疾则为多重残疾。

由于生理、心理等缺陷，残疾人群体具有生理上的障碍性、经济上的低收入性、生活上的贫困性、政治上的低影响力和心理上的高度敏感性等特征。③

首先，生理上的缺陷或障碍是残疾人群体的首要特征。这一特征源于残

---

① 参见郑功成主编. 社会保障学. 北京：中央广播电视大学出版社，2004. 334
② World Health Organization. *International Classification of Impairments, Disability and Handicaps*. 1980. 见：李迎生主编. 社会工作概论. 北京：中国人民大学出版社，2004. 315
③ 参见李迎生主编. 社会工作概论. 北京：中国人民大学出版社，2004. 316～317

疾人自身的特殊性：他们不像弱势群体中的其他群体（老人、儿童、贫困者）那样由于社会或者自然环境条件的限制而使自己的生活处于困境中，残疾人一般是由于生物器官（组织）的缺陷、损伤而使他们难以像正常人那样生活，更不用说公平地参与社会竞争。

其次，经济上的低收入性是残疾人群体的普遍特征。残疾人群体通常都是经济上的低收入者，其经济收入低于社会人均收入水平，甚至徘徊于贫困线边缘。在残疾人群体中，一部分具有劳动能力或部分劳动能力，另一部分则不具备劳动能力或失去劳动能力。其中，有劳动能力或部分劳动能力的残疾人中的一部分人在福利企业就业，但是收入较低；而没有劳动能力或者丧失劳动能力的残疾人则只能依靠国家救济或家人抚养。经济上的低收入也进一步造成了残疾人群体的生活脆弱性，一旦遭遇疾病或其他灾害，他们很难具有足够的承受能力。

第三，生活上的贫困性。经济上的低收入性决定了残疾人群体在社会生活中的贫困性，既表现为生活必需品的占有量低下，也表现为生活质量的低层次性。在其消费结构中，绝大部分或全部的收入用于食品，即恩格尔系数高达80%～100%，入不敷出；日常生活中使用廉价商品，穿破旧衣服，没有文化、娱乐消费，并有失学等后果。生活上的贫困性也是残疾人群体的典型特征。

第四，政治上的低影响力。残疾人群体在社会分层体系中处于底层，他们的政治参与机会少，对于政治生活的影响力低，属于社会的弱势群体。弱势群体由于"远离社会权力中心"，较少参与社会政治活动，难以影响公共政策的制定。同时，这也意味着弱势群体仅仅依靠自身的力量很难或者很难迅速摆脱自身的困境，解决自己的问题。弱势群体问题的解决必须依靠社会的力量，制定更加公正的社会政策，建立社会保障体系，从各个方面为弱势群体提供社会支持，保护弱势群体的权利，维护弱势群体的利益。

第五，心理上的高度敏感性。残疾人群体由于自身的缺陷及其在经济上的低收入性和社会生活中的贫困性，他们在社会中的心理压力高于一般社会弱势群体。他们的职业技能缺乏市场竞争力，或者已失去年龄优势，因而没有职业安全感，收入较低且不稳定，"常有衣食之忧"，对生活前途悲观，心理压力巨大。同时，由于弱势群体在政治上的低影响力，也使得他们难以依靠自身的力量改变目前的处境。这些都造成了他们在心理上的高度敏感性，觉得自己是市场竞争中的失败者，或感到自己被社会所抛弃。他们有比较严重的相对剥夺感和较为强烈的受挫情绪，在社会生活中缺乏社会支持感，而具有较低社会支持感的人对他人的评估也会比较消极，而对自己本身，则产生人际交往无能、焦虑及社会排斥感。在心理上容易产生不满、苦闷、焦虑、急躁情绪,难以自我调适,进而容易对生活失去信心。

二、残疾人福利及其主要内容

残疾人福利是指国家和社会对残疾的公民在年老、疾病、缺乏劳动能力及退休、失业、失学等情况下提供基本的物质帮助,并根据社会的经济、文化发展水平,给予残疾人相应的康复、医疗、教育、劳动就业、文化生活、社会环境等方面的权益保障,实现残疾人"平等、参与、共享"的目标。

虽然各国的残疾人福利政策存在一定的差异,但总体而言,残疾人福利的基本内容是一致的。按残疾人福利的领域来划分,一般包括残疾人生活保障、残疾预防、残疾人康复、残疾人教育、残疾人文化和社会环境。按残疾人福利提供的方式来划分,残疾人福利通常包括残疾人福利制度和残疾人福利服务,前者包括残疾人社会福利行政和残疾人社会福利立法,后者包括残疾人社会福利设施、残疾人社会福利服务或者残疾人社会工作。[1]

具体而言,残疾人福利事业包括如下主要内容:

1. 残疾预防

它是指国家与社会通过采取一些行动来避免出现生理、智力、精神或感官上的缺陷(初级预防)或防止缺陷出现后造成永久性功能限制或残疾(二级预防)。残疾预防可包括许多类别的行动,如产前产后的幼儿保健、营养学教育、传染病免疫运动、防治地方病的措施、安全条例、在不同环境中防止发生事故的方案,包括改造工作场所以防止职业残疾和疾病,预防由于环境污染或武装冲突而造成残疾。简单地说,残疾预防是指在了解致残原因的基础上,利用现有的卫生医疗技术,积极采取各种有效措施、途径,防止、控制或延迟残疾的发生。

2. 残疾人康复

它是指国家和社会旨在使残疾人达到和保持生理、感官、智力、精神和(或)社交功能上的最佳水平,从而使他们借助于某种手段,改变其生活,增强自立能力,即通过专业化的程序和技术对生理的、心理的、行为的残障者实施再教育和再塑造,增强他们适应社会的能力,以便进入正常的社会生活,乃至成为具有建设性的社会一员。它具体包括医疗康复、心理康复、教育康复、职业康复、社区康复、社会康复等,其目的在于通过各种康复手段,使残疾人回归社会。

---

[1] 陈银娥主编. 社会福利. 北京:中国人民大学出版社,2004. 178~179

3. 残疾人教育

它是国家和社会提供给患有残疾的儿童、青年和成年人享有平等教育机会的一种制度安排，它由政府财政扶持，是现代国民教育系统的一个有机组成部分。它包括学前教育、基础教育、高等教育、职业技术教育和成人教育等。特殊教育是对有特殊需求的人实施的教育，在教育过程中，需要有特殊的教具、学具和特殊的教学方式。残疾人教育福利通常包括以下三个方面：(1) 有关残疾人教育的法律、法规。一般而言，世界各国都在相应的法律、法规中明确规定残疾人有平等的受教育的权利；(2) 残疾人教育机构，除了一般教育机构中的特殊教育外，还有专门的残疾人教育机构，比如聋哑学校和特殊教育学校等；(3) 与残疾人康复相关的教育训练，如残疾人职业训练等。

4. 残疾人就业

与残疾人教育一样，残疾人就业也是残疾人社会福利的重要内容之一。现代残疾人社会福利重视残疾人自身的发展，倡导残疾人自立，其中一个重要表现就是采取各种措施保障残疾人就业。保障残疾人就业的福利措施一般包括两个方面：第一，利用法律或政策手段保护残疾人的就业机会。世界各国都有相应的法律明确规定企业有义务雇用一定比例的残疾人。第二，开展残疾人职业康复，提供残疾人职业咨询、职业评估、职业治疗、职业培训等福利服务。

5. 残疾人文化体育

早期的残疾人社会福利一般比较注重残疾人物质生活方面需要的满足，随着残疾人社会福利的不断发展，残疾人文化体育活动开始活跃，并丰富了残疾人的精神生活。作为影响深远的残疾人福利内容之一，许多国家都把残疾人体育的发展视为本国体育发展、经济发展水平与文明程度的标志，并予以高度重视。

6. 无障碍环境

包括物质环境、信息和交流的无障碍。物质环境无障碍要求城市道路、公共建筑物和居住区的规划、设计、建设应方便残疾人通行和使用，如城市道路应满足坐轮椅者、拄拐杖者通行和方便视力残疾者通行；建筑物应考虑在出入口、地面、电梯、扶手、厕所、房间、柜台等处设置残疾人可使用的相应设施和方便残疾人通行等。信息和交流的无障碍要求公共传媒应使听力、言语和视力残疾者能够无障碍地获得信息，进行交流，如影视作品、电视节目可配备字幕和解说，运用电视手语；应出版盲人有声读物等。

在物质环境无障碍设计上，世界各国都制定了相应的法律、法规，并在实际的建筑设计中实施，为残疾人创造了开放、方便、安全的行动空间。在信息和交流的无障碍环境上，网络信息技术的发展也对无障碍环境建设提出了新的要求。一个令人关注的问题是残疾人的数字鸿沟问题，即残疾人在信息社会的信息权利的问题，这包括两个方面：一是残疾人获取信息的机会权利；另一个是残疾人使用网络的无障碍，包括计算机硬件辅助的问题及计算机软件的设计问题等。

三、中国的残疾人福利

新中国成立后，我国残疾人福利事业获得了发展。1951年，中国政府颁布了《劳动保险条例》，陆续开办了一些聋哑学校和社会福利机构以及社会福利企业。改革开放后，全国人大常委会制定了《中华人民共和国残疾人保障法》，国务院颁布了《残疾人教育条例》等法规，近20年是残疾人福利事业得到较好发展的时期。我国残疾人福利事业的成就，主要表现在残疾人就业、残疾人教育、残疾人康复、残疾人文化体育和无障碍设施建设等方面。据统计，1996—2000年5年间，全国安置城镇110多万残疾人就业，农村残疾人累计就业1 600万人。我国的《教育法》《义务教育法》《高等教育法》《职业教育法》当中都有残疾人教育的相关内容，1994年颁布的《残疾人教育条例》（国务院第161号令）更是专门保障残疾人教育权利的法规。截至2003年底，我国特殊教育学校已发展到1 655所，普通学校附设特教班发展到3 154个，在校的视力、听力言语和智力三类残疾学生达到57.7万人。在残疾人康复方面，截至1993年底，全国城乡各类社区康复站（点）达1 532个。[①] 中国的残疾人文化体育和无障碍设施建设也都取得了一定的成绩。

不过，在我国残疾人福利事业发展进程中，也存在着一些需要引起关注的问题。这些问题包括：一是残疾人福利事业推进过程中的行政化现象严重，虽然各级残疾人联合会在促进残疾人福利事业发展中起到了十分重要的作用，但这一机构的官方色彩浓厚，它很自然地会影响民间残疾人福利事业的发展壮大；二是福利服务水平低，供需矛盾突出，能够享受到残疾人福利服务的残疾人仍然是少数人，残疾人在生活保障、就业保障、康复医疗保障乃至文化教育保障等方面仍然得不到满足，这使残疾人在社会生活中处于非常不利的地位；三是残疾人福利事业的筹资渠道较单一，主要是财政拨款，这导致了社会资源动员不足，而在行政色彩浓厚的管理体制中，残疾人福利基金的管理和运用亦较为混乱，因此，资源来源渠道单一与资源有限及管理低效的局面急切需要改变。

---

① 数据参见中国残疾人联合会编. 中国残疾人事业年鉴（1949—1993）；2003中国残疾人事业发展统计公报

▶第五节 妇女儿童福利

妇女儿童福利是妇女福利和未成年人福利的合称，它是国家和社会为满足妇女、未成年人的特殊需要和维护其特殊利益而提供的照顾和福利服务，是社会福利项目之一。妇女儿童福利项目是根据妇女、未成年人的生理、心理特点以及可能受到的歧视和侵害而设立，对于保障和满足妇女、未成年人的特殊利益需要和促进整个社会的和谐发展，均具有重要的意义。

一、妇女福利

由于妇女在生理、心理上有与男子相区别的特点，需加以特殊的照顾和保护。因此，国家和社会极有必要发展妇女福利事业，它一般包括特殊津贴、劳保福利和相应的社会服务等三方面内容。

（一）特殊津贴与照顾

1952年国际劳工大会通过的《生育保护公约（修订）》（第103号）、《生育保护建议书》（第95号）和国际劳工大会此前通过的《生育保护公约》（第3号），在世界范围内提供了照顾妇女生育的政策框架，它的宗旨就是确保妇女劳动者在产前产后使其本人及婴儿得到支持和照顾。许多国家的劳工立法，亦规定雇主支付产假工资，如果对妇女没有这种足够的保护，便由社会保障机构提供。有的国家建立专门的生育保险制度，面向工薪劳动者中的妇女。如中国建立的生育保险制度便是整个社会保险制度的一个专门项目。在一些发达国家，还围绕着妇女的生育提供综合性的特殊福利津贴，即除了生育津贴外，还提供其他项目的福利津贴。

（二）妇女劳保福利

女职工劳动保护是保障妇女合法权益、照顾妇女身心特殊需要的重要方面，也是为了保护社会生产力、保护妇女及下一代身体健康所采取的必要措施。因此，各国的劳动法及相关法律，均有对妇女在劳动过程中提供相应的保护措施的规定，并要求雇用单位严格执行。

（三）福利设施和福利服务

在福利性设施与服务方面，有为妇女提供服务的妇幼保健院、妇产医院；

为女性服务的妇女活动中心、咨询服务中心、健美中心、妇女用品专门店等。在许多国家与地区，还设有专门的妇女庇护所，以为受虐妇女或遭遇特殊困难的妇女提供特殊救助。

二、儿童福利

儿童福利，也叫未成年人福利，是指面向未满 18 周岁的社会成员提供的各种福利。未成年人由于身体、心理均在发育成长过程中，他们对自身的保护能力和对社会的适应能力还未形成，从而特别需要家庭和社会的关心、帮助和教化。儿童福利的目的，主要在于保护未成年人的身心健康，维护未成年人的合法权益，促进未成年人的健康发展。

国际社会对保护未成年人非常重视。如 1920 年第二届国际劳工大会就通过了《（海上）最低年龄公约》，规定禁止 14 岁以下儿童在海上工作；1921 年第三届国际劳工大会通过的《（扒炭工和司炉工）最低年龄公约》，将禁止未成年人就业的领域扩展到扒炭工与司炉工等工业领域；1937 年第 23 届国际劳工大会通过的《（工业）最低年龄公约》，全面规定禁止 15 岁以下儿童受雇工业企业；1999 年第 87 届国际劳工大会通过的《最恶劣形式童工劳动公约》，更明确规定在全世界范围内有效禁止童工受雇。上述国际公约为各国保护未成年人提供了国际性的法律依据。

在中国，国家对未成年人的成长高度重视。《中华人民共和国宪法》规定，儿童受国家保护；父母有抚养教育未成年子女的义务；禁止虐待儿童。《中华人民共和国婚姻法》规定，父母有管教和保护未成年子女的权利和义务；禁止溺婴和其他残害儿童的行为；非婚生子女、养子女和受继父、继母抚养的子女，享有与婚生子女同等的权利。在刑法中，我国政府对各种侵害儿童合法权益的违法犯罪行为依法予以制裁。《中华人民共和国义务教育法》则对儿童享受国家义务教育的权利和禁止使用童工作了一系列规定。1991 年 9 月 4 日，全国人大常委会还专门通过了《中华人民共和国未成年人保护法》，对如何保护未成年人做出了系统的法律规范。北京、上海、四川等一些地区根据上述法律，亦制定了专门条例来保护未成年人的利益。

儿童福利的内容，主要有：

1. 儿童医疗保健设施和服务

即国家和社会面向儿童提供相应的保健设施和服务。例如，对儿童实行预防接种制度，积极防治儿童常见病、多发病，提供必要的卫生保健条件，做好预防疾病工作。兴办专为儿童医疗保健服务的儿童医院，或者在全科医院中设立儿科；开展儿童保健工作，定期进行儿童健康检查、预防接种、防治常见病、多发病，使儿童健康成长。在实施上述项目中，一般由国家财政提供专门拨款，用以补贴。

2. 儿童的活动场所和条件

即国家和社会建立和完善适合未成年人文化生活需要的场所和设施。同时，鼓励社会团体、企事业单位和其他社会组织、公民个人，参与未成年人福利事业。在具体内容方面，主要是建立和普及托儿所、幼儿园，为婴、幼儿提供良好的活动、生活条件和保育服务；建立儿童活动中心、少年之家、少年宫、少年活动站以及儿童公园、儿童乐园等儿童活动、学习场所等。

3. 普及义务教育

义务教育是一项面向儿童的教育福利事业，普及义务教育是保障每一位学龄儿童有受到教育的机会，对接受义务教育的儿童免收学费，对家庭经济困难的学生酌情减免杂费，对贫困家庭的儿童给予教育补贴，等等。

4. 孤残儿童福利事业

对于孤残儿童，国家和社会通过建立相应的福利机构来集中收养，或者在财政补贴下通过家庭领养、代养、收养的方式提供保障。如儿童福利院是政府部门在城市举办的以孤儿为主要收养对象的社会福利事业单位，其主要任务是收养城市中无家可归、无生活来源、无法定义务抚养人的孤儿和收养自费的家庭无力看管的残疾儿童。此外，还有SOS儿童村等。为减轻残疾儿童的残障程度、恢复其自理生活和从事劳动的能力，建立残疾儿童康复中心，专门为残疾儿童提供门诊和家庭咨询，开展各种功能训练和医疗、教育、职业培训。

■ 本章小结

社会福利是国家和社会通过社会化的福利津贴、实物供给和社会服务，满足社会成员的生活需要并促使其生活质量不断得到改善的一种社会政策。社会福利可以指社会福利状态，也可以指社会福利制度。社会福利按照作用方式来划分，可以分为补缺型和制度型；按照资源的提供方式来划分，可以分为现金给付、实物给付和社会服务；按照资源的分配方式来划分，可以分为全民性社会福利与选择性社会福利；按照意识形态来划分，可以分为反集体主义福利模式、半集体主义福利模式、费边社会主义福利模式以及马克思主义福利模式四种。

福利需求来源于人的需要，社会福利制度能够通过以下三条途径来满足人们的需要：减少困难、增能、提供所需的资源。在当今世界各国的福利制度中，福利津贴是一种重要的福利资源的分配形式，除此之外，医疗卫生服务、公共教育、住房福利、社会（福利）服务，也是社会福利的重要内容。社区福利服务是在政府的倡导下，发动社区成员开展互助性的社会服务活动，就地解决本社区的社会问题。进一步说，社区福利服务是在社区内为人们的物质生活和精神生活所提供的各种社会福利与社会服务。

老年人福利，是以老年人为对象的社会福利项目，指国家和社会为了安定老人生活，维护老人健康、充实老人精神文化生活而采取的政策措施和提供的设施和服务，其主要内容是老年保障、老年照顾和老年服务。残疾人福利是指国家和社会为残疾的社会成员在年老、疾病、缺乏劳动能力及退休、失业、失学等情况下提供基本物质帮助的制度安排，它根据社会的经济、文化发展水平，给予残疾人相应的康复、医疗、教育、劳动就业、文化生活、社会环境等方面的权益保障，其主要内容是残疾预防、残疾人康复、残疾人教育、残疾人就业、残疾人文化体育和无障碍设施建设。妇女儿童福利是妇女福利和未成年人福利的合称，是国家和社会为满足妇女、未成年人的特殊需要和维护其特殊利益而提供的照顾和福利服务，是社会福利项目之一。

■ 复习思考题

1. 如何理解社会福利的概念？
2. 简述社会福利制度的基本框架。
3. 社区的要素有哪些？
4. 试述社区福利服务的含义和内容。
5. 如何理解人口老龄化与老年人福利的关系？
6. 为什么说残疾人福利事业最能体现社会文明进步的水平？
7. 比较社会福利与社会救助、社会保险制度的差异。
8. 妇女儿童福利通常包括哪些内容？

■ 案例讨论1

社区老年福利服务星光计划

"社区老年福利服务星光计划"（简称星光计划）是由国家民政部直接推动，利用发行福利彩票筹集的福利金，用于资助城市社区的老年人福利服务设施、活动场所和农村乡镇敬老院建设的一项老年人福利事业。

实施"星光计划"，是应对人口老龄化挑战，提高老年人生活质量，促进老年人福利事业发展的重大举措。据统计，中国现有老年人1.32亿，超过总人口的10%。今后50年，老年人口还将以年均3.2%的速度递增。老龄问题涉及经济、政治、文化和社会生活等诸多领域，关系国计民生和改革、发展、稳定的大局，既是重大的社会问题，也是重大的政治问题，党和政府高度重视。在这样的背景下，民政部于2001年开始启动实施全国"社区老年福利服务星光计划"。按照这一计划，3年内，从中央到地方，民政部门将把发行福利彩票筹集到的福利金中绝大部分用于资助城市社区老年人福利服务设施、活动场所和农村乡镇敬老院的建设。

"星光计划"的主要任务是，在城市，以社区居委会为重点，新建和改扩建一大批社区老年人福利服务设施和活动场所，逐步形成社区居委会有站点、街道有服务中心的社区老年人福利服务设施网络；在农村，以乡镇敬老院为重点，新建和改扩建一批乡镇老年人福利服务设施和活动场地，逐步形成乡镇有敬老院、县（市）有服务中心的老年人福利服务设施网络；同时，有控制地建设少量示范性、综合性的老年人社会福利机构。

"星光计划"的资金主要来源于福利彩票发行所筹集的福利金中的绝大部分，也就是80%以上的福利金将用于实施"星光计划"；同时还有相当的资金要靠地方政府投入和广泛发动社会力量，多渠道、多层次、多方面筹措资金。实施"星光计划"体现了福利彩票"取之于民，用之于民"的宗旨。中国福利彩票自1987年发行以来，得到了全社会的支持。截至2004年底，全国共发行福利彩票1 300多亿元，筹集福利金近400亿；其中2004年发行福利彩票226亿元，筹集福利金79.1亿元。福利彩票资助的福利项目遍及全国，特别是老少边穷地区，帮助了数以亿计的老年人、残疾人、孤儿、五保户、优抚对象等特殊群体。实施"星光计划"后，在社区中建设了一大批老年服务设施，将受助对象扩大到所有老年人，同时兼顾残疾人、孤儿等。据统计，截至2004年6月，"星光计划"圆满结束。全国城乡共新建和改建社区"星光老年之家"32 490个，共投入134.85亿元。2001年，主要在省会城市的社区中建成了7 278个"星光老年之家"，共投入了30.77亿元；2002年，主要在全国地级城市的社区中建成了14 943个"星光老年之家"，共投资52.56亿元；2003年，主要在县城镇和农村乡镇建起了10 269个"星光老年之家"，共投资51.52亿元。在资金投入方面，民政部本级福利彩票公益金投入了13.53亿元，地方福利彩票公益金投入26.33亿元，地方财政投入43.36亿元，项目单位自筹和社会力量投入51.63亿元。

上海作为中国内地最早进入老龄化的城市，目前，60岁以上老龄人口占总人口的18.7%，且这一比例还将持续上升。据预测，2010年上海老龄人口将超过400万人。不断增长的老年人口对有限的老年福利设施形成了巨大压力。上海在过去3年中亦投入15亿元巨资用于完善老年福利设施的"星光计划"，通过新建、改建、购买、置换等方式，新增老年活动室面积35万平方米；改造185家敬老院并新增建筑面积20万平方米，使每个街道、乡镇都拥有了养老机构；新建老年人日间服务机构83家。使全市250万老龄人口从中受益。与此同时，上海还采用政府购买服务的方式帮助老年人居家养老，已有14万人次获得了政府给予的服务补贴，而专为老年人设计开发的"安康通"紧急援助呼叫器也已陆续安装到2.4万个老人家庭,并提供服务超过8万次。作为上海近年来工程规模最大、投入资金最多、覆盖面最广、社会效益最好的一项政府实事工程,"星光计划"的实施为上海老年人安度晚年创造了良好的基础。

从"星光计划"的实施,可见政府在人口老龄化趋势日益加快的过程中,对老年人福利事业的发展也在日益高度重视,而立足社区,通过福利彩票所筹集的福利金以及由此调动的地方政府财力、社会各界资源等共同为老年人福利事业发展服务,显然是一条合理的路径。不过,在老年人占总人口比重不断攀升和政府财政实力不断增强的条件下,政府还应当有更多的投入用于老年人福利事业;中国工业化、城市化进程中,在计划生育加速导致乡村居民家庭规模持续缩小以及家庭保障功能与土地保障功能持续弱化、乡村青壮年劳动力大规模外出务工的条件下,发展老年人福利事业还需要同样重视解决乡村老年人的福利需求问题。

■ 案例讨论2

被遗弃的孩子

据报载,2001年12月24日,西方传统的平安夜即将来临之时,一个女婴被遗弃在北京同仁医院的门诊大厅。同仁医院儿科冯大夫对弃婴已经见惯不怪,她说:"弃婴经常有,这几十年都这样,孩子多数都有病,像脑发育不全、骨头有畸形等。"同仁医院2001年共捡到5个弃婴,而往年都在10个左右。同仁医院李士瑞说:"80%是有毛病的,他们觉得扔在医院有人管,儿童医院捡到的比我们多好几倍。"相对于这种一出生即被遗弃的情况而言,更多孩子是在养育了一段时间之后才被抛弃的。2002年1月5日,在北京三里河二区的一棵松树下发现一具女婴尸体,她身体冻得僵硬,手上有针孔,背部有淤血,口里淌着鲜血,年仅一岁半却被摔死街头。这起事件已超出了遗弃婴儿的范畴,公安机关全力调查,但没有结果。

把孩子扔在医院固然是一些父母的选择,但医院并不会为遗弃儿做更多的治疗。另外,一些父母甚至不愿意这样担惊受怕,他们选择了遗弃街头的做法。按照北京市这几年的惯例,弃婴发现后首先会被送到和平里医院儿科进行身体常规检查,开具疾病证明后才转送到儿童福利院。和平里医院儿科值班的杜护士的印象是:"最近一年半大概有300多个。30%~50%是健康的,主要是女婴。"北京市民政局福利处证实:"北京接收的弃婴每年都超过200人,多数是有残疾的。"有报道说,西安儿童福利院仅在2001年6月26日到7月15日20天就收留弃婴21名。

尽管全国范围内并没有关于弃婴的详细统计数字,但这并不妨碍评估弃婴问题的严重性。作为一个严重的社会问题与恶劣现象,国家有必要完善相关政策,通过创新发展儿童福利事业来维护弃婴的生存权与发展权,因为弃婴是活生生的生命，理所当然地享有人的权益。应当承认，中国的儿童福利事业发展滞后，观念也陈旧，除在城市设置有少数儿童福利院外，相关配套措施亦不健全。因此，弃婴的命运令人忧心。

第一，大力发展儿童福利事业非常必要，但需要充分调动社会各界资源，才能真正解决好这一现实社会问题。从目前的情况来看，无论是医院还是福利院都承担着压力。医院在捡到弃婴后，必然需要为其看护甚至治疗，而医院并没有安排弃婴的资金和设施；政府办的福利院虽然有国家的投入，但规模十分有限，如设在清河的北京市第一儿童福利院，按常规可容纳40~50名孤残儿童，设在顺义的北京市第二儿童福利院，常规可容纳250名，两所福利院的常规收养规模才300名左右，而目前实际收养的孤儿及弃婴已经达到了1 200名；这些儿童14岁后，将转到位于小汤山的北京市第二社会福利院，那里负责收养残疾人，现有300名。这样的官办福利院的规模，相对于北京市每年出现的以200多名弃婴（还不包括孤儿）的增长速度，显然无法满足需要。当然，除儿童福利院安排外，另外还有几种消化渠道，如领养、国外收养、上学找到工作（极少）、自然消耗，但这些安排更是有限。因此，对弃婴完全采取由政府包养的传统政策并不妥当。事实上，一些地方开始出现民间人士收养孤残儿童及弃婴的做法，但因得不到政府与社会的有力支持，境况普遍不好。因此，国家在直接举办福利院的同时，有必要对民办福利院给以扶持甚至直接的财政支持，只能这样才能壮大收养弃婴的力量，使弃婴悲惨的命运得到改善。

第二，放宽收养弃婴、孤儿的政策，充分利用民间爱心力量。在城市，弃婴的新闻很容易得到人们关注，每次医院出现弃婴都会有好心人跟着想要收养，并不断有电话打过来咨询收养问题，但都被医院一一回绝。因为按照九届人大五次会议于1998年11月4日修改通过，自1999年4月1日起施行的《中华人民共和国收养法》，规定了非常严格的收养条件与收养程序，否则将视为违法。如收养法规定必须是无子女的家庭才能收养，否则，就是违法，这就限制了有子女家庭收养孤儿、弃婴的行为，事实上，中国无子女的家庭毕竟是极少数，如果对有子女这样占绝大多数的家庭实行限制，则显然不利于儿童收养事业的发展，也不利于儿童福利事业的发展。例如，北京朝阳区东风乡外地来京人员陈容于1995年、1996年收养了几个弃婴，办起了"爱婴之家"，但《中华人民共和国收养法》及相关法规出台后，民政部门要求把孩子送到福利院，陈容坚决不同意，当地人也议论"这事不能说对，也不能说不对"，后来，陈容家里出了点变故，她带着5个孩子走了，现在下落不明，这5个孩子最小的1岁多，大的已经上了宏志中学，不知道以后谁来对他们负责。陈容的遭遇表明了法律的规范与民间的爱心存在着脱节，而这样的结果可能损害孩子的成长。比陈容更有名的是武汉的胡曼莉，她收养多个弃婴，由武汉迁福州，再辗转云南，靠自己力量抚养几个孩子，但却是非法的。如果法律、法规及相关政策进一步完善，能够充分调动并利用民间人士的爱心与资源，则包括弃婴收养在内的儿童福利事业，一定能够获得更好的发展。

第三,有必要严格规范对弃婴行为的处罚措施。弃婴是不良的社会现象,这种行为属于违法犯罪行为,《中华人民共和国刑法》第261条就明确规定,"对年幼、年老无独立生活能力的,应承担抚养责任而不尽抚养义务情节恶劣的,处5年以下有期徒刑。"但事实上,由于寻求弃婴成本较高,实际上非常困难,即使找到了弃婴者,法院几乎没有过依法惩办遗弃人行为的案例。因此,在保护弃婴生命与健康权的前提下,应当进一步明确对弃婴行为的处罚规定,通过法律的手段约束并减少弃婴现象。

第四,用人性与爱心来重视对弃婴权益的综合维护。对弃婴的维护体现了一个社会文明进步的程度,但弃婴的权益不仅仅是生存的问题,也包括教育、情感保障等内容,因此,在加快发展福利院、完善收养政策等的同时,还应当改进福利院的管理,真正使弃婴无论在福利院或是在收养人家都像在自己家里一样。一般而言,弃婴遭遇遗弃是一种严重的心理伤害,要想解决弃婴的心理问题,不只是在安全封闭的环境里看护他们,更重要的是要让他们的身心、尤其是精神世界最大程度地恢复健康,健全发展。因此,从一定意义上说,让他们回归家庭生活是最好的解救方式。

第十一章
军人保障

■ 学习要点

通过本章学习,应当了解军人保障概念及其制度框架,把握军人保障制度的特殊性及其在整个社会保障体系的独特地位,熟悉军人抚恤、军人保险、军人福利等军人保障制度的基本内容。

■ 关键概念

军人保障 《恤荫恩赏章程》 军人保险 军人抚恤 军人优待
退役医疗保险 军人配偶随军未就业期间社会保险 安置保障
军人福利 优抚医院

▶ 第一节 概述

古今中外，从军都是一种肩负保家卫国责任的特殊职业，军人则构成为一个有着特殊风险的社会群体，国家为军人建立的保障制度亦通常与一般国民的社会保障相区别。①

一、军人保障及其基本特征

军人保障是指国家建立的，以军人（特定情形下惠及其家属）为保障对象的各种社会保障制度的统称，它是一个由国家（中央政府）直接负责、能够涵盖军人多种风险的综合性保障系统。在现代社会保障体系中，军人保障构成了一个既相对独立、又与其他社会保障系统相联系的子系统，它在解除军人后顾之忧、稳定军心、巩固国防等方面具有独特的意义。

作为一个独特的社会保障系统，军人保障制度具有如下一些基本特征：

1. 保障对象特殊

军人保障以军人为保障对象，并惠及其家属，因此，它的保障对象是一个有别于一般社会保障对象的特殊保障群体。在实践中，通常以现役军人及其家属为享受相关保障待遇的资格条件，从而是一种有着严格的职业身份限制的保障制度安排。

2. 保障目标具有双重性

一般社会保障制度的目标，是保障社会成员的基本生活并促进社会的稳定与和谐发展，而军人保障的目标则包括着稳定军心、巩固国防和稳定社会的双重目标，其中稳定军心、巩固国防是直接目标，并且是稳定社会的基础。这是其他社会保障子系统所不具备的。

3. 保障待遇具有激励性

一方面，与普通国民的社会保障相比，军人保障的待遇要优厚一些，如军队退休军人的养老金待遇就较地方同职级的退休人员的待遇标准高，对军人的抚恤标准也要高于一般劳动者的工伤抚恤标准等，对军属、烈属的照顾亦是对军人保障待遇较优的体现。另一方面，在军人保障中，又根据军人平时的贡献及遭遇事件的不同而有所区别对待。如对于立功者的抚恤较未立功者高得多，抚恤金的增发与立功大小成正相关关系；对因战伤亡的抚恤较因

---

① 本节参见郑功成．论中国特色的社会保障道路（第十章）．武汉大学出版社，1997

公伤亡的标准要高，而因公伤亡的抚恤标准又较因病伤亡的抚恤标准要高；在其他保障待遇方面，在艰苦地方服役的保障待遇标准要高于一般地区的保障待遇标准等等。这种待遇的优厚性和差别性，既体现了国家与社会对军人保卫国家、付出牺牲的补偿性，又体现了对军人的激励性。

4. 保障内容全面

军人保障不像社会保险、社会救助、社会福利或医疗保障那样，仅承担社会保障对象某一方面的生活保障任务，而是包含了保险、救助、福利等相关内容，承担着对军人提供全面保障的责任。如伤残、死亡抚恤制度与退休制度及军人保险就与一般社会保险的内容基本一致，军人精神病院、康复机构、光荣院、休养所以及义务兵邮资免费等实质上与社会福利性质一致，社区对军烈属的某些援助属于社会救助的性质，军人还实行免费医疗制度，等等。因此，军人保障具有明显的保障内容综合性特点，是一个以特殊群体对象为划分标志的综合保障子系统。

5. 管理体制采取军地结合、分工负责体制

根据现行体制，军人保障的组织管理实际是军地结合、分工负责制。在中国，面向军人的保险、福利、医疗保障等均由军方负责，但制度设计却需要与政府主管部门沟通、协商一致；而军人抚恤、优待等项目却主要由各级政府中的民政部门负责。因此，中国军人保障的管理体制，实际上是按照以往形成的习惯，由军队政治与后勤机关、政府民政等主管部门分工负责的原则来组织实施的。

6. 经费主要来源于中央财政

其他社会保障制度虽然也体现政府责任，但这种政府责任通常体现出中央政府与地方政府分担责任甚至主要是地方政府承担责任的特色，而军队是国家的军队，军人的职责是保卫国家安全，军队的统一性及其肩负的特殊使命，决定了军人保障的经费来源主要是依靠中央政府来保证。尽管有的军人保障项目亦需要地方政府乃至社会分担一些责任，但中央财政承担主要责任却是各国军人保障制度的共同特征。

此外，与国外军人保障制度相比，中国的军人保障制度还具有自己的一些特点。例如：国外的军人养老保障统一称为退休制，而中国现行的军人养老却被分为离休制、退休制两种；国外的军人退休既有年龄限制，又有军龄限制，而中国仅有年龄限制条件，等等。可见，中国的军人保障制度具有自己的一些特色，能够与中国具体的国情（如人口众多、户籍制度、军地关系、政治制度及给予军队老干部的特殊政治待遇等）相适应。

二、军人保障制度的建立与发展

为军人提供生活、医疗及抚恤等保障,其实是维护军队战斗力和激励军人为国效力的一种古老的激励措施。据有关史书记载,周文王死后,姜子牙继续辅佐武王,即对前朝优抚军人的做法作了进一步的发挥,规定"凡行军吏士有伤亡者,给其丧具,使归而葬,此坚军之道也;军人被创即给医药,使谨视之,医不即治,鞭之"。三国时期,有"廪食恤抚"的记载。宋代由募兵制取代了兵农合一制,军人成为一种职业,为此而建立了军人优待、伤亡抚恤制度以及对退役士兵的安置制度,这些制度均对后世有重要影响。清朝更有优待八旗的制度,宣统二年八月,当时的清陆军部向宣统皇帝奏奉了厘定的《恤荫恩赏章程》,成为中国封建社会第一部完整的军人保障条例,该条例共分8章48条,对军人死亡、伤残抚恤及通过恩赏世职等办法进行了详细的规定,由国家议恤的范围分为阵亡、伤亡、因公殉命、积劳病故、临战受伤等五类,分别情况可享有世职荫袭、恩恤金、恩抚金等待遇或荣誉。在退伍士兵安置方面,清朝政府在光绪年间也先后颁布了《退伍兵暂行办法章程》和《退伍兵应守规则》,强调了将退役士兵"送回原籍适中之地,分别遣教"的安置原则。[1] 可见,军人保障与救灾济贫一样,也是历史悠久的国家或社会性保障措施。

在国际上,只要有军队,国家就会从自己的兵役立法和国防需要出发,建立自己的军人保障制度。如美国在1930年即成立了专门的退休军人管理署,内设卫生保健管理局、福利待遇管理局、阵亡纪念事务管理局,还有6个部长助理办公室和1个庞大的计算机中心,其管理的项目包括病残退休补偿、阵亡军人遗属抚恤、退休军人生活贫困补助、退休军人残废后其配偶及子女补助、丧葬补助、职业培训、医疗补助、退休军人安置等。截止到1993年底时,美国退伍军人管理署在全美各州设有办事处58个,工作人员达13 700人,有医护中心171个,工作人员23.5万人,还有110个公墓基地,当年的财政预算达340亿美元,其中97%用于退伍军人,3%用于本部行政开支,有220多万退伍军人在该部门领取补贴。[2] 在法国,早在19世纪时就在军人中实行了退休养老制度,并一直保持着优厚的军人保障待遇。从优安排军人保障制度客观上是世界各国的通例。

考察中国现行的军人保障制度的发展进程,基本上可以划分为传统军人保障阶段和军人保障制度改革发展两个阶段。

---

[1] 周士禹,李本公主编. 优抚保障. 北京:中国社会出版社,1996. 5
[2] 罗平飞主编. 安置管理. 北京:中国社会出版社,1996. 44

所谓传统的军人保障制度，是指伴随着革命军队的诞生和发展而建立起来的中国军人保障制度（通常被称为社会优抚或优抚安置）。例如，1931年时，中央在苏区即颁布过《红军优待条例》《红军抚恤条例》《优待红军家属条例》等法规。到中华人民共和国成立后，根据当时具有临时宪法性质的《中国人民政治协商会议共同纲领》的有关规定，中国于1950年制定了《革命军人牺牲病故褒恤暂行条例》等一系列法规。进入20世纪80年代后，国家又针对军人离、退休及安置问题颁布了相应的法规，如1984年全国人民代表大会常务委员会通过的《中华人民共和国兵役法》、1987年国务院和中央军委颁布的《中华人民共和国义务兵安置条例》、1988年国务院和中央军委颁布的《军人抚恤优待条例》等，使传统军人保障制度得到了进一步的强化。

传统军人保障制度的结构，可用图11—1来展示。

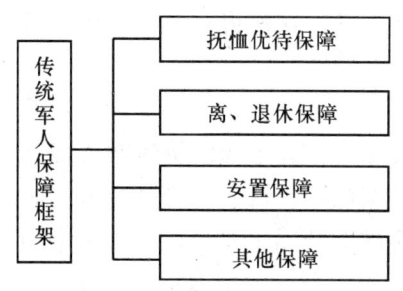

图11—1 传统军人保障系统结构图

由图11—1可见，中国传统的军人保障制度基本上由四部分组成，但理论界乃至官方文件中却普遍将传统军人保障制度称之为社会优抚或优抚安置。

传统军人保障制度的建立与发展，在实践中取得了多方面的成就。包括：

第一，法制建设较其他社会保障制度健全。早在1950年，国家就制定并实施了《革命军人牺牲病故褒恤暂行条例》《革命烈士家属、革命军人家属优待暂行条例》《革命工作人员伤亡褒恤暂行条例》《民兵民工伤亡褒恤暂行条例》《革命残废军人优待抚恤暂行条例》等五个条例，建立了以优待抚恤为基本内容的军人优抚制度；1981—1982年，针对被破坏了的军人养老制度，国务院与中央军委又先后颁布了《关于军队干部退休的暂行规定》和《关于军队干部离职休养的暂行规定》，为建立正常的退休制度提供了基本依据；1984年，《中华人民共和国兵役法》颁布，亦对军人保障方面的相关内容做了规定；1987年12月颁行了《退伍义务兵安置条例》；1988年7月国务院又正式废止了20世纪50年代颁布过的五个条例，重新发布并实施统一的《军人抚恤优待条例》，从而使这一项社会保障制度在法规制度建设方面得到了发展。

第二，较全面地为军人及其家属提供了生活保障，如在保障内容方面，新中国成立前只有优抚待遇，可以称之为优抚阶段。新中国成立后增加了安置保障，进入了优抚安置保障阶段；20世纪80年代以后，又规范了军人离、退休待遇，从而使军人保障进入了优待、抚恤、安置、离退休等项目组成的较为全面的保障阶段；在保障对象方面，传统军人保障不仅面向现役的、离退休军人，还惠及现役军人与烈士军人家属，以及一些复员军人，从而是一个从军人到军属都能够得到保障的系统。

第三，保障效果比较好。由于军人保障有较权威的法规依据和保障对象的群体特征，加之实施过程中强制性很强，其实践效果是比较好的，数十年来对于保障军人及其家属的权益，进而为稳定军心、改善军民关系发挥了很大的作用。正是因为传统军人保障制度较为成熟，加之这一群体特色鲜明和中央政府直接承担主要责任，这使得对其进行改革时所遇到的困难也将会相对小些。

当然，尽管传统军人保障制度是一种比较稳定的社会保障制度，但随着社会经济的发展尤其是社会主义市场经济体制的建立与国家社会保障制度的改革，也日益暴露出一些缺陷，这些缺陷日益成为制约这项制度良性发展的因素。传统军人保障制度的缺陷主要有：一是与市场经济改革和社会保障制度改革不相适应，如市场经济使劳动力走向市场化，就业走向竞争化等，原有的退伍军人安置就再也无法继续作为政治任务强行分配了；市场经济使物价由计划控制走向市场调节，而军人保障待遇标准固定金额制显然无法适应这种变化；养老保险与医疗保险制度均由传统的制度变革为统账结合的新制度，如果不对军人保障制度进行改革，军队与地方的保障制度便无法接轨。二是保障待遇标准死板且欠规范，因为它一直采用固定金额制，缺乏自动调整机制，在实践中表现出相当的滞后性。三是财政来源混乱，即传统军人保障制度的财政基础不仅包括了中央政府的责任，也有地方各级政府的责任，还有城镇单位组织与农村集体经济的责任，等等，这种过分的责任分担与军队的统一性和属于国家所有的性质是不相符的，也不利于从整体上维护军人的正当权益。等等。可见，传统军人保障制度作为中国传统社会保障制度中比较健全的社会保障制度安排，在市场经济改革中也因社会经济的发展变化与国家社会制度改革而呈现出日益突出的问题，从而亦存在着改造和完善的必要性和迫切性。

由于传统军人保障制度存在着一些无法自我克服的内在缺陷，以及与市场经济及国家社会保险制度改革等的不相适应，自20世纪90年代以来，国家和军队亦开展了对传统军人保障制度的改革。改革传统军人保障制度的内容主要有：

第一，建立军人保险制度。传统军人保障制度均表现为国家福利与军队的职业福利，没有社会保险性质的制度安排。改革后，为更好地解除军人的后顾之忧，同时亦保持与面向普通劳动者的社会保险制度的适应性，1995年3月，军队开始研究论证军人保险制度；1997年1月，中央军委决定建立军人保险制度；1998年7月，中央军委制定了《军人保险制度实施方案》；1998年8月，由国务院、中央军委颁发的《军人伤亡保险暂行规定》在全军开始实行；2000年1月，又建立了军人退役医疗保险制度；2004年1月，军人配偶随军未就业期间的社会保险制度正式实施。

第二，完善军人抚恤制度。针对传统的军人抚恤制度存在的优抚对象抚恤补助标准长期落后于人民群众生活水平、医疗难等问题日趋突出，有的合法权益得不到有效保障等问题，1996年，民政部和总政治部开始对1988年制定的《军人抚恤优待条例》进行修订。2004年8月，国务院、中央军委颁布了新修订的《军人抚恤优待条例》，这一条例于同年10月1日起实施，对传统的抚恤制度做了重要的完善。新的条例不仅提高了抚恤金标准，而且确定了各项定期抚恤标准的参照依据，使抚恤标准弹性化；同时将义务兵和初级士官患精神病纳入评残范围，还调整了军人残疾等级的设置，把原来的"四等六级"改为"一至十级"；明确了义务兵家庭享受优待金的范围和标准；对重点优抚对象的医疗待遇进行分类施保；拓展了优抚对象的社会优待范围和内容，增加了现役军人享受优待的内容。此外，还明确了优抚机构及相关当事方的法律责任。

第三，重构其他军人保障制度。如在就业安置保障方面，针对市场经济条件下的劳动力市场化与就业竞争化格局，国家退伍军人就业的做法遇到了重大挑战，为此，开始探索自主择业、国家补贴的做法。在军属优待方面，一些地方亦探索了现金补贴、劳务服务等做法。

正是这些改革，使军人保障制度走向一个新的发展阶段。

三、新型军人保障制度的基本框架

根据现行军人保障的内容，可以将军人保障制度的基本框架用图11—2来展示。

由图11—2可见，新型军人保障制度的基本框架是一个内容相当丰富的体系，也是能够适应社会经济发展变化、满足军人对社会性保障的新需求，并与其他社会保障子系统的改革与发展相协调的一种合理结构。

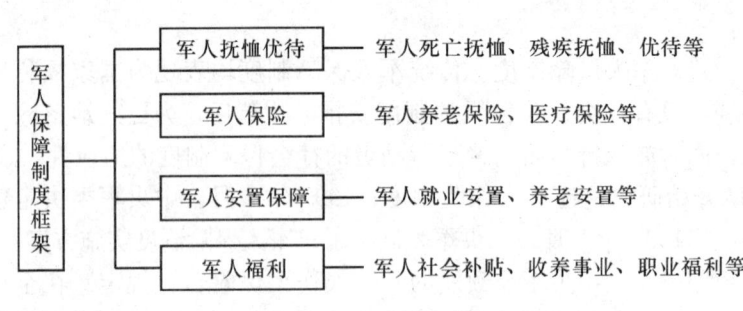

图11—2 新型军人保障制度结构图

▶第二节 军人抚恤优待

军人抚恤优待制度是军人保障制度的重要组成部分，它自战争年代建立至今，已经走过了较长的历程。中华人民共和国成立后，也经历了1950年、1988年和2004年三次大的修订。2004年国务院修订颁行的《军人抚恤优待条例》共分为6章52条，其内容包括军人抚恤优待的原则、死亡抚恤、残疾抚恤、优待以及法律责任等内容。

一、军人抚恤优待概述

根据现行法规，军人抚恤优待制度面向的对象是指中国人民解放军、中国人民武装警察部队的现役军人（以下简称现役军人）、服现役或者退出现役的残疾军人以及复员军人、退伍军人、烈士遗属、因公牺牲军人遗属、病故军人遗属、现役军人家属，上述人员可以依法享受抚恤优待。本处所称的复员军人，是指在1954年10月31日之前入伍、后经批准从部队复员的人员；带病回乡退伍军人，是指在服现役期间患病，尚未达到评定残疾等级条件并有军队医院证明，从部队退伍的人员。

同时，现行法规还规定，因参战伤亡的民兵、民工的抚恤，因参加军事演习、军事训练和执行军事勤务伤亡的预备役人员、民兵、民工以及其他人员的抚恤，亦参照军人抚恤优待的有关规定处理。

在军人抚恤优待制度中，强调实行国家和社会相结合的方针，坚持保障军人的抚恤优待与国民经济和社会发展相适应，保障抚恤优待对象的生活不低于当地的平均生活水平的原则。国家要求全社会应当关怀、尊重抚恤优待对象，开展各种形式的拥军优属活动，同时国家鼓励社会组织和个人对军人抚恤优待事业提供捐助。

军人抚恤优待所需经费，由国务院和地方各级人民政府分级负担。中央和地方财政安排的军人抚恤优待经费，专款专用，并接受财政、审计部门的监督。

各级政府中的民政部门是军人抚恤优待工作的主管机关，其他国家机关、社会团体、企业事业单位则依法履行各自的军人抚恤优待责任和义务。

二、死亡抚恤

（一）死亡抚恤的分类及确定标准

死亡抚恤是军人抚恤优待制度的重要内容，根据现行规定，凡现役军人死亡被批准为烈士、被确认为因公牺牲或者病故的，其遗属依法享受抚恤待遇，其中，烈士的抚恤待遇最高，因病死亡的抚恤待遇较低。

现役军人死亡可以批准为烈士的情形包括：

（1）对敌作战死亡，或者对敌作战负伤在医疗终结前因伤死亡的；

（2）因执行任务遭敌人或者犯罪分子杀害，或者被俘、被捕后不屈遭敌人杀害或者被折磨致死的；

（3）为抢救和保护国家财产、人民生命财产或者参加处置突发事件死亡的；

（4）因执行军事演习、战备航行飞行、空降和导弹发射训练、试航试飞任务以及参加武器装备科研实验死亡的；

（5）其他死难情节特别突出，堪为后人楷模的。

现役军人在执行对敌作战、边海防执勤或者抢险救灾任务中失踪，经法定程序宣告死亡的，按照烈士对待。属于因战死亡的烈士，由军队团级以上单位政治机关批准；属于非因战死亡的，由军队军级以上单位政治机关批准；属于其他死难情节特别突出的，由中国人民解放军总政治部批准。

现役军人死亡可以确认为因公牺牲的情形包括：

（1）在执行任务中或者在上下班途中，由于意外事件死亡的；

（2）被认定为因战、因公致残后因旧伤复发死亡的；

（3）因患职业病死亡的；

（4）在执行任务中或者在工作岗位上因病猝然死亡，或者因医疗事故死亡的；

（5）其他因公死亡的。

现役军人在执行对敌作战、边海防执勤或者抢险救灾以外的其他任务中失踪，经法定程序宣告死亡的，按照因公牺牲对待。现役军人因公牺牲，由军队团级以上单位政治机关确认；属于其他因公死亡的，由军队军级以上单位政治机关确认。

现役军人因其他疾病死亡的可以确认为病故。包括现役军人非执行任务死亡或者失踪，经法定程序宣告死亡的，按照病故对待。现役军人病故，由军队团级以上单位政治机关确认。

对烈士遗属、因公牺牲军人遗属、病故军人遗属，由县级人民政府民政部门分别发给《中华人民共和国烈士证明书》《中华人民共和国军人因公牺牲证明书》《中华人民共和国军人病故证明书》。

现役军人失踪经法定程序宣告死亡的，在其被批准为烈士、确认为因公牺牲或者病故后，又经法定程序撤销对其死亡宣告的，由原批准或者确认机关取消其烈士、因公牺牲军人或者病故军人资格，并由发证机关收回有关证件，终止其家属原享受的抚恤待遇。

(二) 一次性抚恤待遇

现役军人死亡，根据其死亡性质和死亡时的月工资标准，由县级人民政府民政部门发给其遗属一次性抚恤金，标准是：烈士，80个月工资；因公牺牲，40个月工资；病故，20个月工资。月工资或者津贴低于排职少尉军官工资标准的，按照排职少尉军官工资标准发给其遗属一次性抚恤金。获得荣誉称号或者立功的烈士、因公牺牲军人、病故军人，其遗属在应当享受的一次性抚恤金的基础上，由县级人民政府民政部门按照下列比例增发一次性抚恤金：

(1) 获得中央军事委员会授予荣誉称号的，增发35%；
(2) 获得军队军区级单位授予荣誉称号的，增发30%；
(3) 立一等功的，增发25%；
(4) 立二等功的，增发15%；
(5) 立三等功的，增发5%。

多次获得荣誉称号或者立功的烈士、因公牺牲军人、病故军人，其遗属由县级人民政府民政部门按照其中最高等级奖励的增发比例，增发一次性抚恤金。

对生前作出特殊贡献的烈士、因公牺牲军人、病故军人，除按照本条例规定发给其遗属一次性抚恤金外，军队可以按照有关规定发给其遗属一次性特别抚恤金。

一次性抚恤金发给烈士、因公牺牲军人、病故军人的父母（抚养人）、配偶、子女；没有父母（抚养人）、配偶、子女的，发给未满18周岁的兄弟姐妹和已满18周岁但无生活费来源且由该军人生前供养的兄弟姐妹。

(三) 定期抚恤待遇

对符合下列条件之一的烈士遗属、因公牺牲军人遗属、病故军人遗属，发给定期抚恤金：

(1) 父母（抚养人）、配偶无劳动能力、无生活费来源，或者收入水平低于当地居民平均生活水平的；

(2) 子女未满18周岁或者已满18周岁但因上学或者残疾无生活费来源的；

(3) 兄弟姐妹未满18周岁或者已满18周岁但因上学无生活费来源且由该军人生前供养的。

对符合享受定期抚恤金条件的遗属，由县级人民政府民政部门发给《定期抚恤金领取证》。

定期抚恤金标准参照全国城乡居民家庭人均收入水平确定。定期抚恤金的标准及其调整办法，由国务院民政部门会同国务院财政部门规定。

县级以上地方人民政府对依靠定期抚恤金生活仍有困难的烈士遗属、因公牺牲军人遗属、病故军人遗属，可以增发抚恤金或者采取其他方式予以补助，保障其生活不低于当地的平均生活水平。

享受定期抚恤金的烈士遗属、因公牺牲军人遗属、病故军人遗属死亡的，增发6个月其原享受的定期抚恤金，作为丧葬补助费，同时注销其领取定期抚恤金的证件。

三、残疾抚恤

现役军人残疾被认定为因战致残、因公致残或者因病致残的，依法享受残疾抚恤待遇。残疾抚恤待遇仍然划分为因战致残、因公致残和因病致残三类。

(一) 残疾等级评定

根据现行规定，军人残疾的等级根据劳动功能障碍程度和生活自理障碍程度确定，由重到轻分为一级至十级。残疾等级的具体评定标准由国务院民政部门、劳动保障部门、卫生部门会同军队有关部门规定。

现役军人因战、因公致残，医疗终结后符合评定残疾等级条件的，应当评定残疾等级。义务兵和初级士官因病致残符合评定残疾等级条件，本人（精神病患者由其利害关系人）提出申请的，也应当评定残疾等级。因战、因公致残，残疾等级被评定为一级至十级的，享受抚恤；因病致残，残疾等级被评定为一级至六级的，享受抚恤。评定残疾等级，应当依据医疗卫生专家小组出具的残疾等级医学鉴定意见，由认定残疾性质和评定残疾等级的机关发给《中华人民共和国残疾军人证》。

因战、因公、因病致残性质的认定和残疾等级的评定权限是：

（1）义务兵和初级士官的残疾，由军队军级以上单位卫生部门认定和评定；

（2）现役军官、文职干部和中级以上士官的残疾，由军队军区级以上单位卫生部门认定和评定；

（3）退出现役的军人和移交政府安置的军队离休、退休干部需要认定残疾性质和评定残疾等级的，由省级人民政府民政部门认定和评定。

现役军人因战、因公致残，未及时评定残疾等级，退出现役后或者医疗终结满3年后，本人（精神病患者由其利害关系人）申请补办评定残疾等级，有档案记载或者有原始医疗证明的，可以评定残疾等级。现役军人被评定残疾等级后，在服现役期间或者退出现役后残疾情况发生严重恶化，原定残疾等级与残疾情况明显不符，本人（精神病患者由其利害关系人）申请调整残疾等级的，亦可以重新评定残疾等级。

（二）残疾抚恤待遇

残疾抚恤金是国家给予残疾军人的生活保障待遇。退出现役的残疾军人，按照残疾等级享受残疾抚恤金，残疾抚恤金由县级人民政府民政部门发给。因工作需要继续服现役的残疾军人，经军队军级以上单位批准，由所在部队按照规定发给残疾抚恤金。

残疾军人的抚恤金标准，参照全国职工平均工资水平确定，并根据残疾军人的残疾等级享受残疾抚恤金。同时，县级以上地方人民政府对依靠残疾抚恤金生活仍有困难的残疾军人，可以增发残疾抚恤金或者采取其他方式予以补助，保障其生活不低于当地的平均生活水平。

对退出现役的因战、因公致残的残疾军人因旧伤复发死亡的，由县级人民政府民政部门按照因公牺牲军人的抚恤金标准发给其遗属一次性抚恤金，其遗属享受因公牺牲军人遗属抚恤待遇。退出现役的因战、因公、因病致残的残疾军人因病死亡的，对其遗属增发12个月的残疾抚恤金，作为丧葬补助费；其中，因战、因公致残的一级至四级残疾军人因病死亡的，其遗属享受病故军人遗属抚恤待遇。

退出现役的一级至四级残疾军人，由国家供养终身；其中，对需要长年医疗或者独身一人不便分散安置的，经省级人民政府民政部门批准，可以集中供养。对分散安置的一级至四级残疾军人发给护理费，护理费的标准为：

（1）因战、因公一级和二级残疾的，为当地职工月平均工资的50%；

（2）因战、因公三级和四级残疾的，为当地职工月平均工资的40%；

（3）因病一级至四级残疾的，为当地职工月平均工资的30%。

退出现役的残疾军人的护理费，由县级以上地方人民政府民政部门发给；未退出现役的残疾军人的护理费，经军队军级以上单位批准，由所在部队发给。

残疾军人需要配制假肢、代步三轮车等辅助器械，正在服现役的，由军队军级以上单位负责解决；退出现役的，由省级人民政府民政部门负责解决。

四、优待

（一）生活优待

优待是面向军人的一种特殊的福利。根据现行规定，对义务兵的优待包括：

（1）义务兵服现役期间，其家庭由当地人民政府发给优待金或者给予其他优待，优待标准不低于当地平均生活水平。

（2）义务兵和初级士官入伍前是国家机关、社会团体、企业事业单位职工（含合同制人员）的，退出现役后，允许复工复职，并享受不低于本单位同岗位（工种）、同工龄职工的各项待遇；服现役期间，其家属继续享受该单位职工家属的有关福利待遇。

（3）义务兵和初级士官入伍前的承包地（山、林）等，应当保留；服现役期间，除依照国家有关规定和承包合同的约定缴纳有关税费外，免除其他负担。

（4）义务兵从部队发出的平信，免费邮递。

（5）复员军人生活困难的，按照规定的条件，由当地人民政府民政部门给予定期定量补助，逐步改善其生活条件。

（二）医疗优待

除对义务兵、士官和复员军人的生活优待外，国家还对一级至六级残疾军人的医疗费用按照规定予以保障，由所在医疗保险统筹地区社会保险经办机构单独列账管理。

七级至十级残疾军人旧伤复发的医疗费用，已经参加工伤保险的，由工伤保险基金支付，未参加工伤保险，有工作的由工作单位解决，没有工作的由当地县级以上地方人民政府负责解决；七级至十级残疾军人旧伤复发以外的医疗费用，未参加医疗保险且本人支付有困难的，由当地县级以上地方人民政府酌情给予补助。

残疾军人、复员军人、带病回乡退伍军人以及烈士遗属、因公牺牲军人遗属、病故军人遗属享受医疗优惠待遇。具体办法由省、自治区、直辖市人民政府规定。中央财政对抚恤优待对象人数较多的困难地区给予适当补助，用于帮助解决抚恤优待对象的医疗费用困难问题。

在国家机关、社会团体、企业事业单位工作的残疾军人，享受与所在单位工伤人员同等的生活福利和医疗待遇。所在单位不得因其残疾将其辞退、解聘或者解除劳动关系。

（三）交通及其他优待

现役军人凭有效证件、残疾军人凭《中华人民共和国残疾军人证》优先购票乘坐境内运行的火车、轮船、长途公共汽车以及民航班机；残疾军人享受减收正常票价50%的优待。

现役军人凭有效证件乘坐市内公共汽车、电车和轨道交通工具享受优待，具体办法由有关城市人民政府规定。残疾军人凭《中华人民共和国残疾军人证》免费乘坐市内公共汽车、电车和轨道交通工具。

现役军人、残疾军人凭有效证件参观游览公园、博物馆、名胜古迹享受优待，具体办法由公园、博物馆、名胜古迹管理单位所在地的县级以上地方人民政府规定。

此外，优抚对象还享有优先批准参军、优先录取公务员或升学、优先享受各种助学政策、优先进入各类福利机构，以及有关税费减免的优惠等。

国家还兴办优抚医院、光荣院，治疗或者集中供养孤老和生活不能自理的抚恤优待对象。

▶第三节 军人保险

一、军人保险制度概述

军人保险制度，是适应面向劳动者的社会保险制度的改革和满足军人对养老、医疗保障等需求而新建的军人保障项目。一方面，许多国家建立有军人社会保险制度，以求与一般国民的养老、医疗保险制度保持可衔接性，并体现出军人在这项保障上的权利与义务；另一方面，除少数职业军人将在军人的岗位上坚持到退休外，多数军人均将退出现役并最终融入社会化的劳动力市场，由于国家养老保险、医疗保险等社会保险项目的基本模式已经确立为社会统筹与个人账户相结合，而军人若没有相应的保险积累，其社会保险权益就必然受到损害。因此，国家社会保险制度的改革，要求设置军人保险项目，并制定相应的政策，以求能够保证军人在退出现役进入地方工作时或退休后能够立即享受同等的社会保险权益。当然，军人保险的内容主要是养老保险，辅之以医疗保险，从而较普通国民的社会保险制度要简单得多。

在建立军人保险制度前，军队建立有离、退休制度和公费医疗制度，前者的法律依据是国务院和中央军委制定的《关于军队干部退休的暂行规定》（1981）、《关于军队干部离休的暂行规定》（1982）。而公费医疗制度则建立更早，它面向全体军人。到20世纪90年代，在市场经济改革背景下，为适应国家社会保障体制改革尤其是社会保险制度改革的要求，维护军人权益，军队自1994年开始研究军人的社会保险问题，1995年3月开始军人保险制度的研究论证；1997年1月，中央军委原则决定建立军人保险制度。1998年7月，国务院、中央军委批准印发的《军人保险制度实施方案》规定：军人保险对象为现役军人；设置军人伤亡保险、军人退役医疗保险、军人退役养老保险，并可根据国家建立多层次社会保障体系的要求和军队建设的需要，适时建立其他保险；军人保险基金主要通过国家拨款和军人个人缴费渠道筹集。1998年8月，《军人伤亡保险暂行规定》在全军实行，标志着军人保险制度开始建立。2000年1月，建立了军人退役医疗保险制度；2004年1月，又正式在全军实施军人配偶随军未就业期间的社会保险制度。在实施以上制度的同时，军队还制定了《军人保险基金管理暂行办法》《军人保险基金会计核算办法》《军人保险个人账户管理暂行办法》和《关于军地医疗保险个人账户转移办法》等配套制度。

建立军人保险制度的目的，主要在于与一般国民相关保障项目改革与发展保持适应性，并在军人退伍后溶入地方单位或养老时，能够与地方养老、医疗保险等制度相衔接。因此，军人保险制度的建立能够促进军人部分保障项目走向规范化，并更好地维护军人的保障权益。

二、军人伤亡保险

根据1998年颁行的《军人伤亡保险暂行办法》，军队设立军人伤亡保险基金，对因战、因公死亡或者致残的军人以及因病致残的义务兵给予经济补偿。它实际上是在军人抚恤制度之上借鉴商业保险的做法，建立的一种补充性军人保险制度。

该项制度的经费来源包括：中央财政拨款、军人个人缴费、军队调剂安排、基金运营收益等。其中，现役军官、文职干部和志愿兵，每人每月缴费不超过全军军人月平均工资收入的1%，义务兵、供给制学员不缴纳保险费。

军人伤亡保险实际上包括军人死亡保险与军人伤残保险两项内容。其中：军人死亡保险的受益人为军人的配偶、子女、父母、兄弟姐妹、祖父母、外祖父母，军人可以在前述受益人中指定特定的受益人及其受益份额，未指定特定受益人的依照《继承法》的有关规定执行。军人伤残保险的受益人为军人本人。

军人伤亡保险待遇的给付，以全军干部月平均工资收入为计算单位，分死亡待遇与伤残待遇。其中：凡批准为烈士的，保险待遇为72个月工资；凡因公牺牲的，保险待遇为48个月工资。伤残保险待遇分为：因战致残的，特等为42个月工资；其他依次下降，直到12个月工资；因公致残的，保险待遇标准从36个月工资到6个月工资不等。因病致残的，从24个月工资到12个月工资不等。

现役军官、文职干部、志愿兵退出现役时，不曾领取过伤亡保险金的，退还个人实际缴纳的保险费加利息。

三、军人退役医疗保险

军人退役医疗保险，是为了保障军人退出现役后享有国家规定的医疗保险待遇，维护军人权益，激励军人安心服役而建立的一种军人保险制度。国家设立军人退役医疗保险基金，对军人退出现役后的医疗费用给予补助，中国人民解放军根据国家的有关规定，为军人建立退役医疗保险个人账户。从性质上讲，军人退役医疗保险是军人公费医疗基础之上建立的一种补充性的医疗保险，是为了维护军人退役后能够享受与地方医疗保险对象同等待遇的一种措施。

军人退役医疗保险的对象，是师职以下现役军官、局级和专业技术四级以下文职干部、士官、义务兵和具有军籍的学员。义务兵、供给制学员不缴纳退役医疗保险费，服役期间不建立退役医疗保险个人账户。

军人退役医疗保险基金由国家财政拨款和军人缴纳的退役医疗保险费组成。其中：师职以下现役军官、局级和专业技术四级以下文职干部和士官，每人每月按照本人工资收入1%的数额缴纳退役医疗保险费；国家按照军人缴纳的退役医疗保险费的同等数额，给予军人退役医疗补助。军人缴纳的退役医疗保险费和国家给予的军人退役医疗补助，由其所在单位后勤（联勤）机关财务部门逐月计入本人的退役医疗保险个人账户。军人退役医疗保险个人账户资金的利息每年计算一次，计入军人退役医疗保险个人账户。

军官、文职干部晋升为军职或者享受军职待遇的，不再缴纳退役医疗保险费，个人缴纳的退役医疗保险费连同利息一并退还本人。缴纳退役医疗保险费后致残的二等乙级以上革命伤残军人，退还个人缴纳的退役医疗保险费及利息。

当被保险对象退出现役时，其退役医疗保险个人账户的资金和利息，由本人所在单位后勤（联勤）机关财务部门结清。义务兵退出现役时，按照上一年全国城镇职工平均工资收入的1.6%乘以服役年数的计算公式直接计付军人退役医疗保险金。

军人退出现役后，按照国家规定不参加城镇职工基本医疗保险的，由军人所在单位后勤（联勤）机关财务部门将军人退役医疗保险金发给本人；按照国家规定应当参加城镇职工基本医疗保险的，由军人所在单位后勤（联勤）机关财务部门将军人退役医疗保险金转入军人安置地的社会保险经办机构，具体办法由中国人民解放军总后勤部会同劳动保障部等有关部门制定。

从地方直接招收的军官、文职干部和士官入伍时由地方社会保险经办机构将其基本医疗保险个人账户结余部分转入接收单位后勤（联勤）机关财务部门，计入本人的退役医疗保险个人账户，并逐级上交中国人民解放军总后勤部。

军人牺牲或者病故的，其退役医疗保险个人账户资金可以依法继承。

四、军人配偶随军未就业期间社会保险

军人配偶随军未就业期间社会保险，是为了解决军人配偶随军未就业期间的基本生活保障和社会保险补贴待遇及关系衔接问题而建立的一项社会保险制度，其目的在于解除军人后顾之忧，激励军人安心服役。国家建立军人配偶随军未就业期间基本生活补贴制度和养老、医疗保险个人账户，并给予个人账户补贴。

这一制度适用于中国人民解放军、中国人民武装警察部队现役军人随军配偶。凡军人配偶随军期间未就业者，可享受相应的基本生活补贴和养老、医疗保险个人账户补贴待遇。

1. 基本生活补贴

即根据军人服役的地区划分补贴标准，给军人配偶随军未就业期间发放基本生活补贴。如驻国家确定的一、二类艰苦边远地区和军队确定的三类岛

屿，以及一般地区部队的军人，其配偶随军未就业期间基本生活补贴标准为每人每月 320 元。

2. 养老保险待遇

根据现行办法，军人所在单位后勤机关按照缴费基数 11% 的规模，为未就业随军配偶建立养老保险个人账户，所需资金由个人和国家共同负担，其中，个人按 6% 的比例缴费，国家按 5% 的比例给予个人账户补贴。缴费基数参照上年度全国城镇职工月平均工资 60% 的比例确定。个人缴费和国家给予个人账户补贴的比例，根据企业职工个人缴费比例的变动情况，由总后勤部商国务院有关部门适时调整。

3. 医疗保险待遇

根据现行办法，军人所在单位后勤机关为未就业随军配偶建立医疗保险个人账户，医疗保险个人账户资金由个人和国家共同负担。未就业随军配偶按照本人基本生活补贴标准全额 1% 的比例缴费，国家按照其缴纳的同等数额给予个人账户补贴。未就业随军配偶在就业或者军人退出现役随迁后，按照规定应当参加接收地基本医疗保险的，由军人所在单位后勤机关将其医疗保险个人账户资金转入接收地社会保险经办机构，再由接收地社会保险经办机构并入本人基本医疗保险个人账户；按照规定不参加接收地基本医疗保险的，其医疗保险个人账户资金，由军人所在单位后勤机关一次性发给本人。

▶第四节　安置保障与军人福利

作为一个独特的综合性社会保障子系统，除军人抚恤优待与军人保险外，军人保障制度事实上还包括着安置保障及其他福利保障等内容。

一、安置保障

安置保障，是以安置退出现役的军人就业或养老等为内容的一项制度安排。安置保障之所以成为军人保障制度中的一个重要项目，是因为军队承担的特殊使命需要保持年青旺盛的战斗力，士兵便不可能长期呆在军营。历史上有"铁打的营盘流水的兵"的说法，即揭示了军人总是处于流动状态，即使是职业军人制，也有退出现役的时候，而退出现役便需要安置。因此，古今中外各国都有军人安置制度。在中国历史上，从上古至汉初这一时段，军人安置的基本特点是除因军功造成等差以外，所有服过兵役的士兵均以无条件地重回原籍原业为唯一途径；自汉至清咸丰时，则主要采取就地安置办法，原因是职业兵制或者世袭兵制成了中国封建社会最基本的兵役制度，从而多数情况下并不存在所谓原籍原业的束缚，军人也就成了因国家需要而被随意安排的群体。但在咸丰三年（1853年）后，因曾国藩在家乡组建团练镇压太平天国起义，其属于乡兵而不同于清朝的八旗世袭兵制，从而开创了就地遣散自谋职业的安置办法，政府只是发挥辅导、帮助的作用，如发给路费等，这一办法延续到1949年新中国成立。①

新中国成立后的安置保障，主要面向军队转业干部、退伍义务兵和应由地方安置的离、退休军人，以及退役的伤残、病军人。其法律依据主要有《中国人民解放军干部服役条例》（1978）、《关于妥善安排军队退出现役干部的通知》（1978年中共中央发出）、《关于做好移交地方的军队离退休干部安置管理工作的报告》（1984年国务院、中央军委转发）和《退伍义务兵安置条例》（1987）。

安置保障的内容包括：一是对军队转业干部与城镇退伍义务兵的就业安置，这是整个安置工作的主体；二是军队离、退休干部晚年生活的安置；三是农村义务兵的退伍安置。安置保障的原则是"从哪里来，回哪里去"和"妥善安置，各得其所"。为配合实施安置保障工作，国家建立了一些转业培训基地和一批休养所等社会化设施。

相对于其他保障项目而言，安置保障又具有自己的特殊性，它主要表现在以下各方面：

1. 保险内容呈板块状结构

在整个传统社会保障制度板块状结构的条件下，安置保障作为军人保障大项目，亦呈现出板块状结构性。它包括四块相对独立的内容：一是非农业户口的退伍军人的就业安置；二是离、退休军人的养老安置；三是残疾军人的安置；四是农业户口的退伍军人的回乡安置。上述四个部分有着相对独立且严格的法规和政策依据，这表明安置保障不如其他保障项目单纯，在实施过程中受制因素可能更多。

2. 保障过程和保障内容复杂

安置保障的过程，是从军人退出现役到转为一般国民的过程。在这一过程中，不仅需要做与其他保障项目一样的基金收、付工作，同时还必须做退伍或退役军人的转业培训、工作安排以及老年军人的养老安置等多项工作。其工作环节包括建立接待或养老基地，接待退休或退役军人，对需要安置就业的退伍军人的转业培训教育、对老年军人进行养老安置，安置退伍军人的

---

① 参见罗平飞主编. 安置管理. 北京：中国社会出版社，1996. 1～15

工作，管理离、退休军人养老事业单位并照顾其生活等；在保障内容方面，既有生活保障，更以退伍军人的就业或工作岗位保障为主体内容。可见，安置保障并非像其他社会保障子系统或其他军人保障项目一样，只有较为单纯的基金收、管、支环节和生活保障内容，而是具有多环节性和内容复杂性等特点。

3. 涉及面广

其他社会保障项目一般仅涉及缴费单位、受益对象和社会保障机构，但军人安置保障的实质内容是让退伍军人溶入地方的工作与生活环境，包括就业安置与生活安置等，其涉及关系要复杂得多。在就业安置方面，除涉及到退伍军人、军方与作为军人安置保障主管机关的各级民政部门外，还直接涉及到政府中的劳动、人事（党委组织部）部门和各有关部门及接受单位；在养老安置方面，则需要有专门的养老福利机构等。可见，安置保障是一项涉及面极广且需要多部门密切配合、协调的军人保障项目。

不过，在退伍军人的就业安置方面，由于劳动力市场化和就业岗位的竞争，国家不可能再像计划经济时代那样包办退伍军人的就业，而是需要重视对退伍军人的职业技能培训，需要将就业安置与经济补偿相结合，探索新的安置之路。

二、军人福利制度的改革与完善

福利事业是当代社会任何成员都需要的，军人也不会例外，需要有相应的职业福利及社会福利。军人职业福利作为增进其生活质量与解除后顾之忧的必要制度安排，包括享受各种政策津贴、休假待遇、集体福利设施、公房福利以及单位提供的现金或实物福利等。不过，过去那种由军队包办各种福利服务的做法其实并不利于军队的建设，因此，军队的某些福利服务亦应当与地方的相应福利事业发展结合起来。

面向军人的福利事业包括军人休养事业、疗养事业、精神病收养事业、孤老收养事业等内容。其中：休养事业面向残废军人；疗养事业面向复员军人中的慢性病人；精神病院面向复员、退伍军人中的精神病患者；孤老收养事业则面向孤老烈属、孤老退伍红军老战士、孤老残废或复员军人（未满16岁的烈士遗孤和患有残病生活不能自理、家中无人照顾的烈士子女也可接收）。上述福利事业的共同特点是面向伤、病、残、孤军人与烈属，它通过建立独立、专用的休养院、慢性病疗养院、精神病院和光荣院等福利设施予以实施。

此外，还有一些其他保障性措施。如军人的社会补贴就是一项主要通过对粮食、衣服等的价格补贴或免费等来保障军人生活的补贴制度，如军粮按议价或市场价格收购，按统销（优惠）价格供应部队，差价由中央与省级财政分担。

本章小结

军人保障是指以国家建立的，以军人（特定情形下惠及其家属）为保障对象的各种社会保障制度的统称，它是一个由国家（中央政府）直接负责、能够涵盖军人多种风险的综合性保障制度系统。在现代社会保障体系中，军人保障构成了一个既相对独立、又与其他社会保障系统相联系的子系统，它在解除军人后顾之忧、稳定军心、巩固国防等方面具有独特的意义。

军人保障制度的基本特征包括保障对象特殊——军人及其家属、保障目标双重——巩固国防和稳定社会、保障待遇具有激励性、保障内容全面、管理体制采取军地结合、分工负责体制。根据现行体制，军人保障的组织管理实际是军地结合、经费主要来源于中央财政。军人保障与救灾济贫一样，均是历史悠久的国家或社会性保障措施。

中国军人保障制度的发展进程，基本上可以划分为传统军人保障阶段和军人保障制度改革发展两个阶段。前者是指伴随着革命军队的诞生和发展而建立起来的军人保障制度，通常被称为社会优抚或者优抚安置，它主要包括抚恤优待制度、离退休制度、安置保障及其他保障性措施；后者则是指20世纪90年代以来在改革完善中确立的现行军人保障制度，它主要包括军人抚恤优待、军人保险、军人安置保障及军人福利等，是一个综合性的军人保障系统。

军人抚恤优待制度是军人保障制度的重要组成部分，它自战争年代建立至今，已经走过了较长的历程。现行法律依据是2004年国务院修订颁行的《军人抚恤优待条例》。该制度强调实行国家和社会相结合的方针，所需经费由国务院和地方各级人民政府分级负担，民政部门是军人抚恤优待工作的主管机关。该制度的内容包括死亡抚恤、遗属一次性抚恤及定期抚恤、残疾抚恤、军人生活与交通优待、残疾军人医疗优待等。

军人保险制度是适应面向劳动者的社会保险制度的改革和满足军人对养老、医疗保障等需求而新建的军人保障项目。其内容主要有军人伤亡保险、军人退役医疗保险、军人退役养老保险。并可根据国家建立多层次社会保障体系的要求和军队建设的需要，适时建立其他保险。军人保险基金主要通过国家拨款和军人个人缴费渠道筹集。建立军人保险制度的目的，主要在于与一般国民相关保障项目改革与发展保持适应性，并在军人退伍后溶入地方单位或养老时，能够与地方养老、医疗保险等制度相衔接。因此，军人保险制度的建立能够促进军人部分保障项目走向规范化，并更好地维护军人的保障权益。在军人保险制度中，军人伤亡保险实际上是在军人抚恤制度之上建立的一种补充性保险，该项制度的经费来源包括中央财政拨款、军人个人缴费、军队调剂安排、基金运营收益等。军人退役医疗保险，是为了保障军人退出现役后享有国家规定的医疗保险待遇而建立的一种保险制度，国家设立军人退役医疗保险基金，对军人退出现役后的医疗费用给予补助，军队根据国家的有关规定为军人建立退役医疗保险个人账户。因此，从性质上讲，军人退役医疗保险是军人公费医疗基础之上建立的一种补充性的医疗保险，是为了维护军人退役后能够享受与地方医疗保险对象同等待遇的一种措施。军人配偶随军未就业期间社会保险，是为了解决军人配偶随军未就业期间的基本生活保障和社会保险补贴待遇及关系衔接问题而建立的一项社会保险制度，其目的在于解除军人后顾之忧，激励军人安心服役。国家建立军人配偶随军未就业期间基本生活补贴制度和养老、医疗保险个人账户，并给予个人账户补贴。

作为一个独特的综合性社会保障子系统，除军人抚恤优待与军人保险外，军人保障制度事实上还包括着安置保障及其他福利保障等内容。安置保障是以安置退出现役的军人就业或养老等为内容的一项制度安排。它主要面向军队转业干部、退伍义务兵和应由地方安置的离、退休军人，以及退役的伤残、病军人。军人职业福利作为增进其生活质量与解除后顾之忧的必要保障制度，包括享受各种政策津贴、休假待遇、集体福利设施、公房福利以及单位提供的现金或实物福利，以及军人休养事业、疗养事业、精神病收养事业、孤老收养事业等。优抚医院、光荣院既是抚恤优待制度的内容，也可以看成是军人福利事业的组成部分。此外，还有一些其他保障性措施，如军人的社会补贴就是一项主要通过对粮食、衣服等的价格补贴或免费等来保障军人生活的补贴制度。

■ 复习思考题

1. 如何理解军人保障的独特性？
2. 军人保障系统包括哪些制度安排？
3. 比较军人抚恤与工伤保险的异同。
4. 比较军人配偶随军未就业期间社会保险与失业保险的异同。
5. 比较传统军人保障与新型军人保障的异同。

案例讨论 1

革命伤残人员年抚恤金标准

新中国成立以后,对伤残军人给予伤残抚恤构成了军人保障的重要内容。1994 年又增加了在职革命伤残军人年保健金补助。选择 1996 年提高待遇后的在乡伤残军人年抚恤金标准列表如下:

表 11—1 在乡革命伤残人员年抚恤金标准表
（从 1996 年 1 月 1 日起执行） 单位:元

伤残等级	伤残性质	现行标准	提高标准	新标准
特等	因战	2 240	1 000	3 240
	因公	2 100	980	3 080
一等	因战	1 860	600	2 460
	因公	1 740	590	2 330
	因病	1 620	580	2 200
二等甲级	因战	1 250	180	1 430
	因公	1 150	170	1 320
	因病	1 070	160	1 230
二等乙级	因战	856	104	960
	因公	780	100	880
	因病	740	100	840
三等甲级	因战	536	92	628
	因公	516	92	608
三等乙级	因战	442	84	526
	因公	442	84	526

资料来源:周士禹,李本公主编.优抚保障.北京:中国社会出版社,1996.76

表 11—1 展示的是国家提高标准后于 1996 年 1 月 1 日起执行的伤残军人抚恤金标准。为了比较,在此也列出 1996 年的城乡居民人均收入指标。当年全国城镇居民人均生活费收入为 4 377 元,农村居民人均纯收入为 1 926 元。换言之,一个因战特等残疾军人的抚恤金标准仅相当于城镇居民人均生活费收入的 74%,相当于农村居民人均纯收入的 168%,而特等伤残军人是必须有专人护理的。不仅如此,国家对抚恤金标准的调整并不是每年都进行的,1996 年确定的标准延续几年后,这种差别就更大了。由此可见,尽管国家对军人的保障是较为优厚的,但在市场经济条件下,在改革开放 20 多年持续高速增长的背景下,伤残军人抚恤的待遇水平却显得滞后于经济发展与城乡居民收入及生活水平的提高幅度。因此,此类社会保障待遇其实应当确立弹性增长机制,才能确保受保障者的基本生活真正得到保障。

案例讨论 2

军人配偶随军未就业期间社会保险制度的建立

军人配偶随军期间未就业期间社会保险,是在原来施行的无工作随军配偶生活困难补助基础上,新创建的一项面向军人随军配偶的特殊社会保险制度,它是军人配偶在符合现行政策规定随军期间未就业(失业)的情形下由国家给以相应社会保险待遇的新型制度安排,从而既非已有的失业保险,亦不类似于下岗位职工生活保障,而是军人保障体系的一项新制度,也是中国社会保障体系中的新内容。简要介绍这一制度的建立有利于了解和认识军人保障制度的特殊性。

制度出台的背景与过程

由于军人是特殊职业,军官更是长年服役,为照顾其生活,国家政策允许在部队服役超过一定年限的军人的配偶可以随军一起生活,国家在条件允许的情况下负责安排其工作,如果随军配偶是农村户口则负责转为城镇户口。然而,由于许多现役军人是在山区、边疆、海疆等地方服役,加之市场经济改革亦使劳动就业走向市场化,一部分军人配偶随军后实际上处于失业状态,这种状态既直接影响着军人家庭的收入与生活,亦对国防建设极为不利。根据 2003 年的一份专题调查材料,全军有 9 万多名随军配偶处于无工作状态,它涉及到 9 万多个营、连级军官家庭,是造成其家庭生活困难的主要原因。不仅如此,随着地方社会保障制度的改革,养老保险、医疗保险等采取了社会统筹与个人账户相结合的模式,一些随军前有工作的人在随军后即丧失了相应的社会保险关系,以后再随配偶到地方工作后也无法接转社会保险关系。因此,军人配偶随军期间失业及其对军队建设的消极影响现象的长期客观存在(今后也不可能避免,因为一些不可能找到工作的地方仍然是需要有驻军的,仍然是会有随军配偶失业现象的),以及地方社会保险制度改革的要求,有必要针对这一部分人在原来的临时困难救济基础之上,建立一种稳定的、可靠的且能够与地方社会保险制度接轨的保障制度。

为此,全军军人保险局自 2001 年起就开始研究这一问题,并与政府部门及专家学者广泛交换意见,探索建立一种新型制度的可能性,包括建立失业救济制度、失业保险制度或者通过军人职业福利来解决问题等方案均提出过。经过长达 3 年的调查论证,军人保险局经与财政部、劳动和社会保障部、人事部、国务院法制办等相关部委的多轮沟通与协商,就解决军人配偶随军未就业期间的社会保险问题取得了政府部门的原则支持。又经过 1 年左右的协商,对这一制度的具体内容基本达成共识。同一期间亦多次征求专家意见并召开小型座谈会,在基本取得共识的条件下,2003 年 10 月,由总政治部、总后勤部、劳动和社会保障部、财政部、人事部五部委联合向国务院、中央军委报送《关于建立军人配偶随军未就业期间社会保险制度的请示报告》,以及由中国人民大学教授郑功成领衔签具的《关于建立军人配偶随军未就业期间社会保险制度的论证报告》，上述两个报告分别从主管机关和专家的角度反映了建立这一社会保险制度的必要性、可行性，并对建立这一独特社会保险制度的框架提出了明确意见。

2003年12月，经国务院、中央军委批准，国务院办公厅、中央军委办公厅联合颁发了《中华人民共和国军人配偶随军未就业期间社会保险暂行办法》（国办发〔2003〕102号文件），自2004年1月1日正式实施，从而确立了军人配偶随军未就业期间的社会保险制度。

综上，军人配偶随军未就业期间社会保险制度的出台，是以军方为主推动、军队与政府主管部门共同协商、主管部门与专家相结合共同探索的结果。

制度的基本内容

根据《中国人民解放军军人配偶随军未就业期间社会保险暂行办法》（国办发〔2003〕102号），可以将该项制度的基本内容概括如下：

1. 建立制度的目的。是为了解决军人配偶随军未就业期间的基本生活保障和社会保险补贴待遇及关系衔接问题，解除军人后顾之忧，激励军人安心服役。

2. 责任主体。这一制度的责任主体是国家，即国家建立军人配偶随军未就业期间基本生活补贴制度和养老、医疗保险个人账户，并给予个人账户补贴。

3. 适用范围与保险对象。本制度同时适用于中国人民解放军、中国人民武装警察部队现役军人随军配偶。凡随军配偶符合下列条件之一的（以下称未就业随军配偶），可享受基本生活补贴和养老、医疗保险个人账户补贴待遇：

（1）随军前未就业、经批准随军随队后未就业且无收入的；

（2）随军前已就业但未参加基本养老保险、经批准随军随队后未就业且无收入的；

（3）经批准随军随队后未就业且无收入，已参加基本养老保险，并将基本养老保险关系和个人账户资金转入军队的。

4. 管理体制。军队政治机关和后勤机关按照职责分工负责军人配偶随军未就业期间基本生活补贴的审批与支付、建立养老和医疗保险个人账户的资格认定，以及基本生活补贴资金和个人账户资金的管理，并会同地方人民政府劳动保障部门及其社会保险经办机构，办理未就业随军配偶社会保险关系和个人账户资金的转移、接续工作。

5. 保险待遇之一：基本生活补贴。军人配偶随军未就业期间的基本生活补贴，是这一制度的重要内容，它按照下列标准，由军人所在单位后勤机关按月发放：

（1）驻国家确定的一、二类艰苦边远地区和军队确定的三类岛屿，以及一般地区部队的军人，其配偶随军未就业期间基本生活补贴标准，为每人每月320元；

（2）驻国家确定的三、四类艰苦边远地区和军队确定的特、一、二类岛屿部队的军人,其配偶随军未就业期间基本生活补贴标准,为每人每月410元。

国家确定的艰苦边远地区具体范围和类别按《国务院办公厅转发人事部、财政部关于调整机关事业单位工作人员工资和增加离退休人员离退休费四个实施方案的通知》(国办发［2001］14号)执行。军队确定的岛屿类别按《总后勤部关于印发〈军队地区津贴规定〉的通知》(［1998］后财字第331号)执行。驻国家确定的一、二类艰苦边远地区和军队确定的三类岛屿部队的军人,其配偶随军未就业期间领取基本生活补贴标准全额的期限最长为60个月;驻一般地区部队的军人,其配偶随军未就业期间领取基本生活补贴标准全额的期限最长为36个月。未就业随军配偶领取基本生活补贴标准全额期满后,按本人基本生活补贴标准8%的比例逐年递减。递减后的基本生活补贴最低标准,由总后勤部参照省会城市失业保险金标准确定。驻国家确定的三、四类艰苦边远地区和军队确定的特、一、二类岛屿部队的军人,其配偶随军未就业期间基本生活补贴标准不实行递减。军人配偶随军未就业期间基本生活补贴标准的调整,由总政治部、总后勤部商国务院有关部门确定。

6. 保险待遇之二:养老保险。根据现行办法,军人所在单位后勤机关按照缴费基数11%的规模,为未就业随军配偶建立养老保险个人账户,所需资金由个人和国家共同负担,其中,个人按6%的比例缴费,国家按5%的比例给予个人账户补贴。缴费基数参照上年度全国城镇职工月平均工资60%的比例确定。个人缴费和国家给予个人账户补贴的比例,根据企业职工个人缴费比例的变动情况,由总后勤部商国务院有关部门适时调整。本办法实施以前随军随队的未就业随军配偶,1998年1月1日至本办法实施前未参加养老保险的随军随队年限,可根据自愿原则,在本办法实施当年,个人按缴费基数11%的比例一次性补缴养老保险费,并全部记入本人的养老保险个人账户。其补缴年限与本办法实施后的缴费年限合并计算。

未就业随军配偶随军随队前已经参加地方养老保险的,养老保险关系和个人账户资金转入手续,按以下规定办理:

(1) 未就业随军配偶随军随队前,已经参加地方企业职工基本养老保险或机关事业单位养老保险并建立个人账户的,按照国家关于职工跨统筹地区调动的有关规定,由地方社会保险经办机构,将其基本养老保险关系和个人账户资金转入军人所在单位后勤机关;

(2) 未就业随军配偶随军随队前,已经参加地方机关事业单位养老保险但未建立个人账户的,以及在未实行养老保险的机关事业单位工作的,按本办法建立养老保险个人账户。其中,已参加养老保险的,由地方社会保险经办机构将其养老保险关系转入军人所在单位后勤机关;

(3) 军人所在单位后勤机关应当及时为未就业随军配偶接续基本养老保险关系,并建立养老保险个人账户。

未就业随军配偶实现就业并参加养老保险的,养老保险关系和个人账户资金转出手续,按以下规定办理:

（1）未就业随军配偶就业后，参加基本养老保险的，按照国家关于职工跨统筹地区调动的有关规定，由军人所在单位后勤机关办理养老保险关系和个人账户资金转出手续；

（2）未就业随军配偶在机关事业单位就业，执行机关事业单位的退休养老制度；

（3）未就业随军配偶在军队期间建立养老保险个人账户后的缴费年限，与到地方后参加养老保险的缴费年限合并计算；

（4）地方劳动保障部门及其社会保险经办机构，应当及时按规定办理未就业随军配偶养老保险关系和个人账户接续工作。

7. 保险待遇之三：医疗保险。根据现行办法，军人所在单位后勤机关为未就业随军配偶建立医疗保险个人账户，医疗保险个人账户资金由个人和国家共同负担。未就业随军配偶按照本人基本生活补贴标准全额1%的比例缴费，国家按照其缴纳的同等数额给予个人账户补贴。未就业随军配偶在就业或者军人退出现役随迁后，按照规定应当参加接收地基本医疗保险的，由军人所在单位后勤机关将其医疗保险个人账户资金转入接收地社会保险经办机构，再由接收地社会保险经办机构并入本人基本医疗保险个人账户；按照规定不参加接收地基本医疗保险的，其医疗保险个人账户资金，由军人所在单位后勤机关一次性发给本人。

8. 实施过程，包括参保、审核、批准及停止待遇。未就业随军配偶享受规定的基本生活补贴和养老、医疗保险个人账户补贴待遇，应当向军人所在单位政治机关提出书面申请，由军人所在单位政治机关会同后勤机关在10个工作日内完成初审。对符合条件的，经军人所在单位军政主官审查同意后，按隶属关系逐级上报正师级（含）以上单位政治机关。正师级以上单位政治机关应当会同后勤机关在10个工作日内完成审核；对符合条件的，办理批准手续，并逐级报军区级单位政治机关和后勤机关备案。军人所在单位政治机关应当将经批准享受军人配偶随军未就业期间基本生活补贴和养老、医疗保险个人账户补贴待遇的人员名单，采取适当形式，每年公布一次，接受群众监督。对群众反映不符合条件的，经核实后要予以纠正。

有下列情形之一的，停止享受军人配偶随军未就业期间基本生活补贴和养老、医疗保险个人账户补贴待遇：

（1）未就业随军配偶已就业且有收入的；

（2）未就业随军配偶无正当理由，拒不接受当地人民政府有关部门或者机构安排工作的；

（3）未就业随军配偶出国定居或者移居港、澳、台地区的；

（4）未就业随军配偶与军人解除婚姻关系的；

（5）未就业随军配偶被判刑收监执行或者被劳动教养的；

（6）军人被取消军籍的；

（7）军人退出现役的；

（8）军人死亡的。

9. 经费来源：中央财政拨款。由总后勤部列入年度军费预算，中央财政每年予以拨付。养老、医疗保险个人账户资金中个人缴费部分，由军人所在单位后勤机关在发放基本生活补贴时代扣代缴。

10. 养老、医疗保险基金管理。军人配偶随军未就业期间养老、医疗保险个人账户资金存入国有商业银行，专户存储，所得利息直接记入个人账户。军队政治机关和后勤机关按照规定的职责，对军人配偶随军未就业期间的待遇审批，以及基本生活补贴资金和个人账户资金收支、管理情况，进行监督和检查。

11. 其他。包括：一是随军前或随军期间有工作且参加失业保险的未就业随军配偶，在军人退出现役随迁后没有就业的，可按规定享受失业保险待遇。享受期限按其本人实际缴费年限和国家规定计算的工龄累计确定。二是军人所在单位政治机关应当将未就业随军配偶人员名单及时送部队驻地劳动保障部门，办理失业登记。地方各级人民政府参照《中共中央、国务院关于进一步做好下岗失业人员再就业工作的通知》（中发［2002］12号）的有关规定，对未就业随军配偶再就业给予扶持。

评论

从建立军人配偶随军未就业期间社会保险制度的背景，可以看出军人保险制度的重要性、必要性及要求的特殊性。尽管这一制度只涉及到一小部分人的利益，但因为涉及到的这一部分人是军队的骨干与中坚力量且长期服役于艰苦地区，从而构成了军人社会保障制度的重要基础，并对国防建设起到有益的作用。

从军人配偶随军未就业期间社会保险制度的建立过程，可以发现军人保障虽然是中国社会保障体系一个相对独立的综合性保障系统，但这种独立性主要表现在管理及运行过程方面，最终仍然要与地方社会保障制度相联系和相衔接，从而在建立过程中就必须与政府主管部门保持密切联系并共同协商，这是军人保障制度得以建立的重要条件。因为军人保险的对象最终会通过转业、复员、退伍等方式由现役军人转变为普通国民，这就要求军人保险须与一般社会保险制度保持相应的衔接通道，如果军人保险制度不与一般社会保险制度相衔接，则当其退役后就无法与面向普通国民的社会保险制度接轨，最终可能损害军人及其家属的权益，并导致出现社会问题，严重的还会动摇军心；同时，军人保险制度也是用经济手段来解决军人的后顾之忧，同样需要以国家财政作为后盾，因此，国家的财力在很大程度上决定了军人保险制度的建设。在该制度的建立过程中，重视发挥专家的作用、采纳专家的意见，并将专家意见向最高决策层一并报送，是现代社会保障制度确立的一种科学方法，因为它能够集思广益，有利于更好地保障制度建设的科学性与合理性，一项军人的社会保险制度能够做到这样，确实创造了社会保障制度改革与发展的典范案例。

从军人配偶随军未就业期间社会保险制度的基本内容，可以发现军人保障制度虽然保持了与国家普通社会保险制度的适应性，但又确实具有自己独特的内容，包括覆盖范围、管理体制、经费来源、保险内容等等，均体现了军队自身的特色，这使得它能够与其他面向军人的保障制度共同构成一个对象群体特殊的综合性保障系统。

从军人配偶随军未就业期间社会保险制度的实施来看，它解除了9万多个基层军官家庭的后顾之忧，提高了9万个基层军官家庭的收入与生活水平，不仅对稳定军心起到了良好的作用，而且也对军人保险与一般社会保险制度的相互适应和相互衔接开辟了通道，从而是对我国社会保障制度的完善。同时，这一制度的出台也表明，我国现行社会保障体系还存在着很多残缺，保障不足仍然是我国社会保障制度建设面临的主要问题，从而需要进一步重视社会保障制度，并加大投入，真正促使人人都能够不同程度地享受到相应社会保障。

第十二章

补充保障

■ **学习要点**

通过本章内容的学习,应当理解补充保障等概念及其社会功能,掌握员工福利、企业年金、互助保障、慈善事业等的内容、组织形式及运行机制,能够正确把握补充保障与基本社会保障制度的关系以及政府在补充保障中的角色和职能。

■ **关键概念**

补充保障　员工福利　补充健康保险　员工住房福利
企业年金　慈善事业　互助保障

▶第一节 概述

现代意义上的社会保障除了政府主导的基本社会保障制度外，通常还包括多种补充保障形式，如企业年金、互助保障、员工福利与慈善事业等。虽然这些补充保障是基于不同的出发点和目标建立起来的，形式各异并自成体系，但它们共同从属于国民生活保障系统，对社会发展和增进国民福利起着不可低估的作用。因此，学习社会保障知识时，很自然地要学习各种补充保障知识。

本章专门阐述补充保障的一般理论及员工福利、企业年金、慈善事业等补充保障形式。[①]

一、补充保障及其分类

补充保障是基本社会保障制度安排之外的，以非政府主导性、非强制性为特征的各种社会化保障机制的统称，它与政府主导的基本社会保障制度一起，共同构成国民生活保障系统。这一定义包含了以下几个含义：

第一，补充保障是现代社会保障体系的一个组成部分。正如本书对社会保障的定义，社会保障是各种具有经济福利性的、社会化的国民生活保障系统的统称。社会保障体系可以划分为基本社会保障（正式制度安排）和补充社会保障（非正式制度）两个部分。基本社会保障是由政府（或官方机构）主导或承担组织实施任务，而补充保障则是由社会团体、雇主等举办，个人自愿参加，采取社会化运作和管理的保障项目。然而，补充保障的举办形式不同并不妨碍其发挥社会保障的作用，如企业年金能够弥补基本养老保险制度的不足，互助保障能够弥补基本社会保障制度的缺漏，慈善事业可以构成对社会救助制度的重要补充，它们都是社会化的生活保障机制，均不同程度地体现了社会保障的特色并发挥着社会保障的客观功能。因此，各国社会保障体系通常亦将补充保障机制纳入其中并给其以适当定位。

第二，补充保障是相对于基本社会保障制度而言的，它是一个相对的概念。由于各国社会保障制度的建制理念、制度模式以及法定社会保障项目均有所不同，所以补充保障的内涵和外延也不尽相同。同时，在同一国家的不同时期，补充保障和基本社会保障也并非是一成不变的。在一定条件下（如

[①] 本章参见郑功成主编. 社会保障概论（第十二章）. 上海：复旦大学出版社，2005

因各种原因使得政府对社会保障政策的转变），它们还可以相互转换。因此，补充保障有别于基本社会保障制度，定位不同、运行方式亦异，但客观功能却可以起补充作用。

第三，补充保障具有非强制性特征。相对于政府主导的、国家法律规定（具有强制性）的基本社会保障制度而言，政府在补充保障中并非当事人和责任主体，这就表明补充保障中并无公权的直接介入，从而也就没有其他社会保障制度那样的强制性，从而体现了补充保障的自愿、可选择性的特征。正是这种自愿性与选择性，才使补充保障有了存在的必要并能够满足不同的人群的需求。当然，这并不意味着政府对补充保障听之任之，或者说补充保障排斥政府，实践中，政府仍然负有疏导补充保障并给以相应的支持的责任。

第四，补充保障采取社会化的运行机制。社会化是社会学中的一个重要概念，如今它从狭义走向广义，已经发展成为内涵丰富、外延广泛的概念。不同领域、不同角度对其理解、认识也不尽不同。从公共管理的角度讲，社会化一定强调社会要素间的整合，强调"第三部门"对社会公共事务的广泛参与。在我国，社会化有时还会伴有"现代化"的含义。

从世界各国尤其是发达国家的实践来看，补充保障是一个非常复杂的系统，因为举办方式不同，参与主体不同，同一补充保障方式可以由各单位或机构组织自行举办。在此，可以对其进行简单的分类。

按照补偿方式划分，补充保障同样有经济保障、服务保障与精神保障等。其中：经济保障通过现金给付或实物援助的方式来提供，服务保障以各种生活服务为基本内容，精神保障则包括文化、伦理、心理慰藉方面的保障。

从实施主体划分，补充保障有社会补充保障、企业补充保障和个人自我保障等。其中：社会补充保障由各种社会团体如非政府组织或者非营利组织主导实施，如互助保险、慈善事业等等；企业补充保障由雇主主导实施，如企业年金、补充商业保险等；个人自我保障包括家庭成员之间的相互保障以及纯粹个人行为保障，如个人参加的商业保险、个人储蓄等。

从与基本社会保障的相关性划分，可以分为基本保障附加型补充保障和独立补充保障。前者如建立在基本社会保险之上并以其为前提的各种补充保险，后者如互助保障与慈善事业。

从保障水平划分，有社会救助型、查漏补缺型（主要指未被覆盖人口参加的商业保险、互助保险等）和增进福利型。

从保障内容看，可以划分为补充医疗保障、补充养老保障、补充住房福利保障等。

二、补充保障的社会功能

任何社会经济制度或政策均有其特定的社会功能,补充保障在实践中亦具有多方面的功能。

第一,补充保障具有为基本社会保障制度"查漏补缺"的功能。一方面,补充保障为尚未被基本社会保障制度覆盖的人群提供了化解风险的途径。据统计,全世界只有不到25%的人口拥有适当的社会保障。[①] 除了少数经济发达国家以外(经合组织国家的社会保障覆盖面为90%以上),大部分国家或地区的基本社会保障制度往往只覆盖法定范围的有限人群,那些未被基本社会保障制度覆盖或者漏在社会安全网外的人群并不能从中获得基本的社会保护。按照马斯洛的需求理论,生理和安全需求是人类的最低层次需求。为了规避社会化大生产以及工业化给个人带来种种风险,他们只能通过各种形式补充保障来满足这种最基本的需求。在中国现阶段,基本社会保障制度的覆盖率较低,在城镇生活的灵活就业人员、农民工以及广大农民都是缺少基本保障的社会群体。一些补充保障形式恰恰可以满足这些群体的保障需求;另外,因为享受有些基本社会保障待遇的条件比较严格,以至于某些具有特殊困难的人在制度内得不到全面的保障,也不得不寻求民间慈善救助、互助团体等补充保障渠道。另一方面,补充保障可以对基本社会保障制度之外的保障项目进行补充保障。在一些国家,补充保障事实上具有了越来越大的社会功能,许多补充保障甚至可以满足国民多数社会服务需求,从客观上对由政府主导的制度化的基本社会保障起到了一定的替代作用。比如,美国联邦政府的基本社会保障内容仅限于老年、残疾、遗属的生活保障以及对贫困者的家庭津贴,所以在职人员和其家属的社会保障问题,或由企业提供的补充保障解决,或由非营利的社会团体来帮助解决,或由个人购买商业保险,这些非政府主导的、非强制性的补充保障形式发挥了非常重要的作用。

第二,补充保障提高了国民社会保障的水准,增进了特定人群的福利。补充保障可以适应不同人群对保障项目和水平的不同层次需求,提高他们的保障待遇标准和福利水平。由于政府负责的社会保障水平一般偏低,往往需要社会机构举办相应的补充保险、商业保险、互助保险等,通过补充保障的弥补,原有基本社会保障制度保障的社会成员会增加一层次的保障,原无基本社会保障制度保障的社会成员也会因补充保障而增加了一种福利保障,因此,补充保障的存在与发展,具有增进社会成员福利水平的明显功效。

---

① 引自罗迪·麦金宁于2004年9月在国际社会保障协会第28届全球大会所作的"扩大社会保障覆盖面与增强社会保障功能"报告。

第三，一些补充保障可以作为组织人力资源管理的手段之一，为实现组织目标服务。这里主要指以员工福利（或职业福利或机构福利）为表现形式的企业补充保障。对企业来说，他们期望通过合理设计员工福利吸引、挽留优秀人才，实现对员工即期或长期激励，属于企业或社会团体人力资源管理范畴。其评价指标则是成本核算和工作效率，建立初衷及目标则是为组织机构的最大利益服务。

第四，补充保障还具有满足人们施与仁爱之心、促进社会融合的功能。无论是西方宗教还是东方文化，无论是耶稣的"爱人如己"还是中国传统道德中的"推己及人"都有"善心""善行""博爱"的意思体现。人类具有向社会脆弱成员及其他公益事业奉献爱心的内在需求，也需要有相应的外在条件，而慈善事业作为一种补充保障形式，作为一种建立在捐赠基础上的民营社会化保障事业，源于慈心，终于善行，在客观上不仅为他人提供了物质帮助，而且可以满足了人类奉献爱心的精神需求。同时，补充保障的社会化运行机制使人们相互关爱、相互尊重、相互补充，增强社会融合、反社会排斥并促进和谐社会的形成。

除此之外，由于补充保障也是社会保障体系的一个组成部分，它在社会、政治、经济等广泛领域中同样发挥着稳定功能、调节功能、促进功能和互助功能等。

三、政府在补充保障中的职能

尽管补充保障在某种意义上排斥政府的行政干预，但它的发展同样需要有政府的政策扶持甚至财政援助。作为一项关系到人们根本利益的社会活动，必须在国家规定的法律框架下运行，并接受政府监督。事实上，发达国家的补充保障体系之所以发达并能够发挥出重要的保障作用，是与政府在这一领域适度地发挥影响力分不开的。因此，在许多国家，要发展多层次、多支柱的社会保障体系，在政府提供的基本保障之外建立起补充体系，也一样需要政府的适度介入。

自 20 世纪 80 年代以来，一些发达国家因面临着社会保障的财政压力，他们纷纷采取不同的措施来应付人口老龄化等带来的对基本社会保障制度的挑战，其中一个共同的做法就是提倡和鼓励各种补充保障的发展。由于各种补充保障并非政府主导，政府亦不承担直接责任，从而是可以利用民间或社会力量或市场机制来增进国民福利的。因此，政府作为宏观调控者，也就有责任根据社会保障发展的现状和目标，对补充保障进行倾向性的政策鼓励或约束；同时，政府作为维护公平的代言人，亦有责任针对体现为合同或契约关系的补充保障实施相应的监督和管理。归纳起来，政府的责任主要包括：推动立法，实行监督，宏观调控，政策引导。

推进立法的目的在于为补充保障的发展创建良好的宏观环境，保护信息资源劣势一方的合理权益，规范补充保障行为。在补充保障的当事人中间，信息资源优势方的行为总是基于自身利益出发，可能会损害劣势方的某些权益。为了确保补充保障义务方应尽义务的履行以及权利方合法权利的获得，无论是政府主导型社会保障，还是市场主导型的补充保障，政府都有责任推动有关立法工作。立法的内容通常包括机会均等、既得受益权、信息公开、基金运作等。这些法律的完善将大大降低补充保障运行的成本，保证补充保障运作的效率并促使其规范化发展。当然，由于补充保障的形式具有多样性，有关补充保障的法律也不可能使用同一部法律进行规范。各国都是结合本国的实际情况，针对不同的补充保障项目或者补充项目运作的不同环节进行立法规范。比如，既有关于企业年金、补充医疗保险、慈善事业等不同项目的立法，也需要有关于捐赠、基金运作、相关税收等环节的立法。同时，还需要有政府的适度监管，以确保补充保障能够规范运行、健康发展。

政府对补充保障的另一重要职能就是宏观调控，政策引导。对于补充保障，应充分注重运用市场"无形的手"和政府经济调控政策"有形的手"两种手段。政府可以从国民经济发展的大局出发，统一规划基本社会保障制度与补充保障，综合考虑相关政策的协调性与相互配合，使其相得益彰，共同为社会发展和增进国民福利的目标服务。政府最重要的调控手段，就是财政和货币政策，它可以起到引导（扶持或抑制）补充保障发展的作用。常见的政府引导方式有税收政策（减免税收或增加附加税）、利率（贴息贷款）、财政支持（如拨款）以及规范投资运营等手段。

中国现阶段社会保障制度建设的重点，是社会保险制度与最低生活保障制度，而多层次的社会保障体系则主要体现在补充保障项目上。因此，国家应当积极促进各种补充保障事业的发展，如鼓励企业承担社会责任，引导有条件的企业建立企业年金，积极发展商业性的养老、医疗保险，大力发展慈善公益事业，真正引导社会资源投向社会福利事业，这既是完善中国社会保障体系的内在要求，也是社会发展进步的要求。

第二节 员工福利

一、员工福利及其分类

员工福利(亦称职业福利、机构福利),是以企业或社会团体为责任主体,专门面向内部员工的一种福利待遇。广义的员工福利通常由以下部分组成:国家规定实施的各类基本的社会保障、企业年金(补充养老金计划)及其他商业团体保险计划、股权、期权计划、其他自主建立的福利计划等,它本质上属于职工激励机制范畴,是职工薪酬制度的重要组成部分。

通常,企业选用的几种福利类型及形式有:

(1)法定的员工福利(或称公共福利),如国家依法强制参与的医疗保险、失业保险、养老保险、工伤保险、生育保险等;

(2)个人福利,如补充养老金(企业年金)、住房津贴、交通费补贴、工作午餐、人寿保险等;

(3)有偿假期,如脱产培训、病假、事假、公休、节日假、工作间休息、旅游等;

(4)生活福利,如法律顾问、心理咨询、贷款担保、托儿所、托老所、内部优惠商品、搬迁津贴、子女教育费等。

而本节中的"员工福利"指的是狭义的员工福利,即为满足职工的生活和工作需要,企业自主建立的、非法定的、在工资收入之外向员工本人及其家属提供的一系列福利项目,包括货币津贴、实物和服务等形式。

作为补充保障的重要表现形式之一,狭义的员工福利(即非法定的员工福利)与法定员工福利计划相比,更具个性化,更有激励功能,种类也更多并更加灵活。这类福利通常分为收入保障计划、健康保障计划和员工服务计划。

(一)收入保障计划

收入保障计划是企业为提高员工的现期收入或未来收入水平的一种福利计划,如利润分享、员工持股计划、企业年金、团体人寿险以及住房援助计划等。其中,住房援助计划通常包括住房贷款利息给付计划和住房补贴,前者是针对购房员工而言的,指企业根据其内部薪酬级别及职务级别来确定每个人的贷款额度,在向银行贷款的规定额度和规定年限内,贷款部分的利息由企业逐月支付，员工的服务时间越长，所获利息给付越多；后者则指无论员工购房与否，企业每月均按一定标准向员工支付一定额度的现金，作为员工住房费用的补贴。

（二）健康保健计划

健康保健计划是企业为员工提供的弥补社会医疗保险不足的一种补充医疗保障。在发达国家，健康保健计划已成为企业的常见的福利措施之一，它通常通过商业保险的途径来提供，主要方式有三：一是选择参加商业保险；二是选择参加健康保险组织的健康保险；三是选择参加某个专项保险，如牙科保险和视力保险。

（三）员工服务计划

员工服务计划是企业为员工及其家属提供相关服务的一种福利计划，目的在于帮助员工克服生活困难和支持员工事业的发展。常见的员工服务计划如雇员援助计划、雇员咨询计划、教育援助计划、家庭援助计划、家庭生活安排计划和其他福利计划（如为员工提供培训福利计划、交通服务、健康服务、旅游服务和餐饮服务等福利项目）等。

上述员工福利计划均属于覆盖举办单位所有员工的全员性福利计划，即所有员工都可以平等享有的福利。此外，企业通常还有特种福利计划和特困福利计划，其中：特种福利计划通常针对企业高级人才设计并面向高层经营管理人员或具有专门技能的高级专业人员等，其依据是享受对象对企业的贡献率，从而可以视为对这类高级人才特殊贡献的一种回报，常见的特种福利有高档轿车服务、出差时飞机及星级宾馆待遇以及股票优惠购买权、高级住宅津贴等；特困福利计划则是为特别困难的员工及其家庭提供的一种福利，如工伤残疾补助、重病员工生活补助等。

作为企业薪酬管理的重要内容，员工福利计划可以传递企业文化价值理念，帮助企业吸引优秀员工、降低员工流动率，起到激励员工、凝聚员工、提高劳动生产效率的作用。据统计，美国企业为员工提供的福利与员工所获得的直接薪酬（工资、奖金以及其他一些直接的货币报酬）之间的比例大约是30%～40%左右。日本的员工福利更为广泛，从终身雇员到各种福利待遇，构成了日本企业激励员工积极性的重要机制。在中国，计划经济时代的员工福利基本上是全面社会保障的代名词，改革开放以来虽然在削减，但为员工提供相应的福利作为企业人性化管理与承担社会责任的一个重要方面，仍然在员工薪酬体系占有不可替代的重要地位。

由于员工福利计划的形式众多，这里只介绍两种较为常见的补充健康保险和住房福利。而企业年金由于它的重要性及影响，我们在下一节详细介绍。

二、补充健康保险

补充健康保险是许多企业员工福利计划中的重要部分之一，是指企业除了参加法定的基本医疗保险制度外，通过保险方式对被保险人因遭受疾病或意外伤害事故所发生的医疗费用支出或收入损失提供额外经济补偿的保险保障。补充健康保险有利于满足人们不同层次的医疗需求；有利于促进医疗卫生资源的合理配置以及公共卫生服务体系形成；还可以一定程度上减轻政府负担，有效提高全民健康素质和生活质量。补充健康保险一般有商业健康保险、企业自我保险、健康维持组织、优先服务提供组织、定点服务计划等多项计划形式。

（一）商业健康保险

商业健康保险是各国医疗保障体系的有机组成部分，它是把商业性医疗保险与社会医疗保险结合起来，采取商业保险的服务方式和经营模式的一种团体健康保险。这种健康保险的投保人为企业（雇主），被保险人为本单位员工，投保企业与保险公司签订保险合同，建立团体健康保险关系。它一般不要求参保员工做体格检查，建立保险关系后由保险公司发给每个被保险人一份保险证。保险费可以由雇主全部承担，也可以和雇员按照一定比例分担。作为员工福利计划的一个项目，商业健康保险一般是与基本医疗保险相衔接的团体补充医疗保险产品，具有承保条件较宽松、保障程度较高、保险费率较低等特点。

由于以下两方面原因，团体健康保险对雇主和雇员都有利。一方面，经营团体保险险种的管理成本和营销成本大大低于个人健康保险，因此，团体保险费率一般较低，逆选择的风险较小。另一方面，由于商业健康保险对于完善社会医疗保障体系、解除员工后顾之忧等具有积极作用，所以政府往往会采取积极支持的态度，企业、个人甚至商业保险公司都可享受一定的税收优惠。在我国，这种税收优惠表现在：一是经营健康保险业务的保险公司可以享受保费收入免征营业税、利润免征所得税等优惠；二是参加商业健康保险的投保人（企业）的团体投保保费支出部分，也可以在一定额度内列入成本，在税前列支；而个人缴纳的保费部分及个人获取的医疗保险金也不征收个人所得税。

健康保险主要提供两种经济补偿：一是由于疾病或意外伤害发生的医疗

费用支出补偿；二是由于以上原因导致的收入损失补偿。

（二）企业自我保险

企业自我保险是指企业（雇主）利用自有资金对雇员进行基本医疗保险以外的医疗或收入损失给予支付的一种保险。具体办法是，企业预先进行专门资金储备，或从既定的福利基金中划拨出一部分，用于员工的医疗或收入补偿费用支付。一般而言，企业总是在权衡商业保险和自我保险的成本高低之后，选择可以节约开支的形式。但事实上，随着人们健康意识的增强以及医疗费用的日趋膨胀，企业利用自己的财力进行疾病风险的防范和规避显得并不明智。越来越多的企业选择了包括商业保险在内的其他社会化或市场化保险方式。企业更愿意并有能力做的，就是适当进行健康管理投入作为员工福利，即疾病的预防，健康知识的宣传等工作。

（三）健康维持组织

健康维持组织（HMO）是美国20世纪70年代出现的集保险管理和医疗服务为一体的组织形式，有非营利和营利性之分。美国是发达资本主义国家中唯一没有实行全民医疗保险的国家，但美国却是世界上医疗卫生开支最大的国家。1998年，医疗卫生费用高达11 491亿美元，人均4 270美元，比经济合作与发展组织（OECD）23个成员国的平均数（2 000美元）高出1倍多，比居第二位的欧洲福利国家瑞士高近1倍（瑞士的人均健康照顾开支为2 740美元）。医疗卫生开支占GDP的比例为14%，比经合组织的平均值高6个百分点。[1] 健康维持组织的出现较为有效地控制了医疗费用的急剧增长。在美国，HMO也属于私人医疗保险范畴，这个组织不仅有投保人，而且有自己的医院和医生，它一般由保险公司、医生、医院三方组成。

在这种方式下，投保人依据合同定期交纳保险金后，由HMO为投保人提供医生和医院，提供包括门诊、住院、预防在内的全面的免费医疗服务。保险公司对医生和医院实行的服务费用支付方式大都采用人头付费制，保险公司不以医生的工作量和医院的实际支出来定支付费用，而是根据测定的预算方案而定。这样，医院的支出若在预算线以下它就可以获得利润，若在预算线以上就会亏本。因此，医疗服务越经济，医疗机构的收益就越多，从而刺激医疗机构减少不必要的治疗和浪费，提高效率。健康维持组织之所以在市场上的竞争力很强，原因就是引入激励机制、医疗机构竞争和市场机制。

---

[1] 张奇林. 论美国的医疗卫生费用控制. 美国研究. 2002，2：105

据调查,实行 HMO 的地区,医疗费用下降幅度达 10%~40%。

(四) 优先服务提供组织

优先服务提供组织 (Preferred Provider Organization, PPO) 是管理医疗计划的另一种形式,是为对抗健康维持组织发展而出现的一种折扣性连锁机构。PPO 产生于 20 世纪 80 年代,它也同 HMO 一样,通过多种措施引导病人去费用控制得好的医疗服务机构求医,从而达到节省费用的目的。但它比 HMO 更为灵活,给参保者更大的自由来选择医疗服务提供者。

PPO 结合了传统的按服务项目付费补偿的特点和 HMO 的做法。它一般由保险公司组织、管理,但也有的是由医疗服务提供者自己来组织、管理。PPO 与医疗服务提供者网络或团体签订合同,医疗服务提供者根据商定的价格为参保人提供医疗服务。保险公司作为组织者与医生签订合约,投保者到签约医生处看病时按照折扣交医疗费。对医生来说,关系到要切实保证对患者的服务,对保险公司来说,节约了医疗费。对患者来说,也保证一定程度上有选择医生的自由,而对于负担保险费的企业主来说也具有节约保险费的可能性。PPO 的极端形式是专有提供者组织 (Exclusive Provider Organization, EPO)。属于 EPO 的参保人只能找指定的医师看病,否则,医疗费用将全部由自己负担。

(五) 定点服务计划

定点服务计划 (Point of Service, POS) 实际上是 HMO-PPO 混合模式,它结合了两者的特点。它使用医疗服务提供者网络,或自己挑选医疗服务提供者,参保人从中选择一名初级保健医生为自己治疗,并由其负责转诊。到自己选定的医生处看病时,几乎不用再支付任何费用;到非指定医生处看病时需先交钱,然后找保险人申请赔付,但自付比例较高。

三、员工住房福利

(一) 员工住房福利的概念及形式

住房福利可以分为法定住房福利和补充性住房福利。其中,补充性住房福利亦即员工住房福利,它作为员工福利的一个有机组成部分,是企业自愿建立、自主管理和实施的、额外的住房福利计划。员工住房福利计划的形式多样,常见的有补充住房公积金、现金津贴、房屋贷款、个人储蓄计划、利息补助计划、集体购房以及提供公司公寓、宿舍等。归纳起来,可以将这些计划概括为三类：现金补助、实物资助和购房贷款类。

• 现金补助类。 是指企业直接以现金的形式为员工提供的住房福利计划，它通常包括补充性住房公积金和现金住房补贴。

住房公积金是指国家依据政策法令建立起来的，由单位和个人共同承担缴费责任的强制性住房储蓄计划。住房公积金账户实行专款专用，在规定的情况下方可以支取。国家住房公积金计划在受到国家政策法规的强制和约束的同时，也会享有一定的政策优惠，一般有税收优惠、较高的存款利率以及低息住房公积金贷款。而补充住房公积金与住房公积金在性质和管理上的基本特征相同，是企业向员工住房公积金账户中超额缴存住房公积金作为员工福利。具体额度由企业根据经营和效益情况自主决定。

现金住房补贴则是企业直接以现金的形式发放给员工并用来住房消费的福利工资。

• 实物资助类。 这类计划是指企业直接或间接为员工提供居住场所的方式。通常的做法有：为需要的员工提供宿舍或公寓和直接为员工购房或建房两种。

• 购房贷款类。 企业除了通过现金和实物实行针对员工的住房福利计划以外，还可以选择购房贷款类住房福利。随着国内房地产的市场化及其不断攀升的价格，一些效益较好的企业开始实行贷款类住房福利。企业通过建立员工福利基金或专门的住房基金为购房的员工提供低息或无息贷款，在实施的过程中通常与奖励制度结合，作为对绩优员工的一种奖励。在实践中，这种住房福利一般会规定享受折扣的条件，如服务期限、绩效指标等。这对员工来说，就意味着存在较大的离职成本，客观上有利于降低企业离职率，尤其是核心员工的离职率。住房贷款是企业的一项长期的福利计划，它能够加深员工与企业之间的长期情感契约，对保留并吸引优秀员工发挥更大的作用。相对于前两种住房福利计划，此类住房福利计划更具复杂性和多样性，企业管理责任和成本更大，当然，也最能体现管理科学和艺术的结合。

（二）员工住房福利的特点

员工福利的进一步社会化，也使得员工住房福利成为吸引和挽留员工的重要机制并成为各类企业普遍采用的员工福利发展趋势。企业根据自身的经营发展情况，通过精心设计的、具有企业特色的、人性化的员工住房福利计划往往能够使其获得在劳动力市场上的竞争优势。相对于国家统一实行的住房公积金计划，员工住房福利计划具有显著的特点：

1. 具有激励因素的特点

根据人力资源管理的双因素理论,保健因素为维持性和预防性的因素,这些因素不会对职工起激励作用进而激发他们的主动性和创造性,而只能防止因职工不满而出现怠工现象。随着住房公积金计划的普遍实行,"保健"的特征越加明显。激励因素是指与工作本身的性质有关的因素。例如,工作能否发展个人的兴趣与特长?工作是否具有挑战性?能否得到他人的承认和提升?员工住房福利计划因为往往与奖励制度联系,是对员工工作或贡献的肯定,更注重效率,而不是公平。员工住房福利计划激励因素的特征更加突出。

2. 具有自愿性的特点

体现了员工福利的弹性化发展趋势。一方面,员工住房福利计划由企业根据自身的发展情况自愿举办;另一方面,有些计划员工可以根据自己的实际需求自愿选择参加与否。尤其是当企业提供弹性的住房福利计划时,员工可以选择低息、无息贷款,也可以选择低价格集体购房,或者选择其他福利项目。

3. 具有多样性的特点

企业可以根据本企业管理能力、经济实力等实际情况和员工的需求特点(如年龄结构)以及经营战略,举办多种形式的员工住房福利计划。因此,不同企业之间的员工住房福利计划存在较大的差异性。

4. 企业自主管理

虽然在某些方面受到国家政策上的约束,但在设计和管理上均属于企业自愿选择并符合本企业追求的价值观念和经营理念,体现了举办者特有的管理风格。

四、员工福利与基本社会保障制度的关系

员工福利可以划入现代社会保障体系并事实上发挥着应有的功能,但它与国家法定的基本社会保障制度毕竟不同,因此,有必要对员工福利与国家法定的基本社会保障制度的关系给予明确。

员工福利与基本社会保障制度是既相互区别又相互联系的一对范畴,两者的区别主要体现在如下几个方面:

• **性质不同**。员工福利属于企业或社会团体人力资源管理范畴,是举办单位的内部事务;而基本社会保障则属于社会政策范畴,是政府主导并由公共机构或社会团体举办的公共事务。

• **受益范围不同**。员工福利只面向举办机构的员工;而基本社会保障则是一个开放的、稳定的系统,面向所有需要的社会成员。

• **内容不同**。基本社会保障制度的保障内容都是由相应的法律明确规范

的，在实践中并不具有灵活性，设置的项目也是有限的，大众化的；而员工福利却可以根据企业的发展战略及员工的需求，选择个性化的福利项目，从而可以在更大范围内进行制度安排，从而使福利的内容更加丰富并具有灵活性。

• **目标不同**。企业或社会团体举办员工福利，将其视为成本投入，其最终目标无疑是确保举办者利润的最大化；而国家法定的基本社会保障的目标是出于社会公平与正义，旨在使社会成员的基本生活获得保障并不断改善、提高其生活质量。也正是基于这一点，评价二者的指标体系截然不同。评价员工福利的优劣是成本核算和工作效率；而要评估基本社会保障的好坏，则主要是看公众的安全感、满意度及对未来的信心。

• **调节机制不同**。员工福利的基础与实质是举办者对内部资源的调配，必须遵守市场规则，服从于市场竞争规律；而基本社会保障的实质则是国民收入再分配，涉及公共资源的分配和政府的干预，服从社会需要。

此外，无论在资金来源、实施规模、实施方式还是福利水平、功能作用等方面，员工福利与基本社会保障制度均存在很大差异，所以，许多学者将员工福利和社会保障视为两个完全分割的范畴。

然而，它们在存在诸多差别的同时，却又体现着某些共性和联系。一方面，越来越多的国际性协议，如"全球协议""SA8000"等，开始强调企业的社会责任并得到了广泛认同，这些协议要求企业不仅是一个达到最低要求的合法企业，而且还提出了更高的要求，即企业要在保证员工的生产条件、休息场所、健康安全等方面负责，企业或社会团体承担的福利责任进一步引起重视，进而使员工福利事实上具有了越来越大的社会功能，在一个国家或地区的社会保障体系中占据更加显著的位置。另一方面，在社会保障领域，政府直接承担的责任会适度化，强调责任分担对于福利国家模式和社会主义模式的国家来说，就意味着政府责任会减轻，从而需要寻求替代者，需要企业和社会团体共同努力。在一些国家中，许多机构提供的福利甚至可以满足其员工的多数社会服务需求，从而客观上起到了替代基本社会保障的作用。同时，员工福利对政府主导的基本社会保障制度来说，起着重要的补充作用，是补充保障的重要内容。因此，员工福利应当是现代社会保障体系中的重要且必要的内容，企业改革和剥离企业办社会的功能，并不是企业放弃社会责任和拒绝举办员工福利的开始，而是让员工福利更加科学、合理化，更加符合企业的发展战略。

▶第三节　企业年金

在发达国家大多数企业的员工福利方案中，企业年金是较具普遍意义的一种员工福利计划，它作为员工现期工资收入的延期支付，对保障和提高员工年老退休后的收入有重要的影响。

一、企业年金及其特点

企业年金又称职业年金，它是指企业根据自身发展战略需要和经济实力建立的，旨在为本企业员工提供一定水平的退休收入保障的员工福利制度。

从宏观角度讲，企业年金既不同于基本养老保险，也不完全等同于商业性的人寿保险，它实质上是对法定的基本养老保险制度的一种补充，其直接目的虽然是为了激励员工的劳动积极性，但客观上会提高劳动者的退休养老金水平。从微观角度讲，企业年金一般被企业视为人力资源管理战略的有机组成部分，它作为人力资源管理系统中的薪酬管理或员工福利管理项目，是雇主为了吸引和留住雇员长期为企业服务和提高劳动生产率，向雇员提供的一笔退休金。对于企业年金的所有者——员工个人来说，企业年金属于私人经济范畴，是一种私人性质的产品。一般来说，企业年金基金在经营中独立于举办者的资金和业务，即使举办单位破产，员工仍然可以领到企业年金。因此，企业年金还是以民间储蓄为基础的私人养老金。

与基本养老保险相比，企业年金具有以下五个特点[①]：

第一，社会养老保险制度通常是强制实施的、统一的养老金计划，管理机构的经费纳入财政预算由政府安排，由政府机构进行管理。企业年金计划却在绝大多数国家由企业自愿决定是否建立，并利用市场机制来选择合适的管理和运作方式，弹性较大，灵活性较强。

第二，社会养老保险的养老金是公共产品，而企业年金属于私人产品。因此，政府对企业年金一般不直接承担责任，政府的作用主要表现在推动立法、税收政策和适度监管等三个方面。

第三，基本养老保险一般有三种筹资模式，即现收现付制、完全积累制和部分积累制，而企业年金几乎均采用完全积累制（法国是唯一的例外，它实行全国统筹、现收现付的强制性企业年金计划），以个人账户方式记载每个

---

① 郑功成主编. 社会保障学. 北京：中央广播电视大学出版社，2004. 356

职工企业年金的企业缴费、个人缴费以及投资收益、利息等全部资产。企业年金个人账户全部资产归职工个人所有，不能调剂使用。

第四，基本养老保险基金一般由政府机构管理和运营，或者即使是交由私营机构管理运营，政府也对其有比较严格的规定。保值增值的手段通常是银行储蓄和购买国债，同时也可以投向证券市场，但确保安全性为第一原则。而企业年金主要是通过资本市场，如各种金融机构来运作，投资手段更多样化，更加注重基金的投资收益率。

第五，基本养老保险强调社会公平原则，而企业年金更注重效率原则，在企业内部人力资源战略中是具有激励机制的福利手段。

二、企业年金的功能和外部条件

从企业年金的发展进程来看，它已经经历了三个发展阶段，即雇主自我管理阶段、政府介入管理阶段以及与社会保障协调发展阶段。在企业年金的实践中，它在不同层面发挥着特有的作用。归纳起来，其功能作用主要有：

第一，补充基本养老保险或公共养老金保险，提高劳动者的退休待遇。对于国家来讲，企业年金有利于分散养老保障责任，适应人口老龄化的需要，因为企业年金计划的建立使降低国家基本养老金替代率具有了可能，对于个人则分散了老年收入的风险，也提高了退休保障的水平。在工业化国家，企业年金的目标替代率一般为20%～30%，与公共养老金合计可达到60%～70%的总替代率水平。在中国，按照社会保障体系建设的总体方案设计，劳动者退休后的收入保障将主要来自三个方面：一是法定的基本养老保险；二是企业年金；三是个人储蓄性保险（如商业性人寿保险或储蓄等）。因此，企业年金也是中国基本养老保险制度的重要补充。

第二，促进资本市场和劳动力市场的完善，有利于改善劳资关系。企业年金属于完全积累型福利机制，并采取个人账户制，每个人的企业年金账户存续期均长达数十年，所以它在抑制消费基金的膨胀、提高国民储蓄率的同时，又能够形成可以用于长期投资的资本，这笔资本一旦进入资本市场必然会衍生长期投资和高收益的金融工具。另外，企业年金的本质是劳动者工资收入的延期支付，工资和企业年金的相互作用可以促进"按劳分配"和减少其不辞而别或故意违反劳动合同的现象，企业年金的实施又能在一定程度上促进工会等雇员组织的发展，从而对劳动力市场的良性发展和改善劳资关系具有促进作用。

第三，企业年金为雇主提供了一种新的可供采用的收益分配形式。在企业员工的收益分配中，工资收入、奖金收入以及津贴等均属于现期或即期分配范畴，而企业年金属于延期分配范畴。由于多数员工尤其是中老年员工，还会关心自己未来的长远利益，年龄越大越看重退休后的收入保障，因此，企业或雇主还需要有为员工长远利益着想的收益分配机制，企业年金恰好提供了这样一种有效工具。

第四，企业年金是提高劳动生产率和增强企业凝聚力的重要手段。一般而言，福利越好的企业对劳动者就越具有吸引力和凝聚力。企业年金按照效率、激励原则建立，工资收入高、工作年限长的员工可以积累更多的养老金，这样就有利于树立员工长期服务的意识。同时，企业年金是企业自主创立的，通过企业年金的实施，可以将企业和员工的利益紧密联系在一起，使员工真正产生归属感，其工作热情和工作效率也会不断提高。

第五，企业年金的运营还会给雇员带来丰厚的经济回报。企业年金基金在个人账户的积累和储蓄过程中，均要进行投资经营，以获得较高的收益。与雇员相比，雇主在金融方面更具有管理运营优势，尤其是当这种投资由专业化的投资机构进行时，其安全性与收益性都会较高，这显然是普通员工个人很难做到的。因此，由雇主通过市场运作的方式对企业年金进行投资运营，可以使员工获得更为丰厚的收益回报。

虽然建立企业年金制度具有普遍性原则，但并不意味着所有企业都能建立这种制度。企业建立企业年金是需要有一定条件的，企业只有具备了一定的条件，才有资格和能力建立。如作为福利国家的英国，实行企业年金的企业只占企业总数的一半左右；德国同一指标稍高些，约为60%左右。在实践中，企业年金计划的发展需要几个相应的外部条件，包括：一是良好的宏观经济环境，包括经济繁荣、税收优惠政策、完善的资本市场；二是明确规范的运行规则；三是较好的监管机制；四是专业的经办机构；五是风险预防和担保机制。

三、企业年金的基本内容

（一）企业年金的类型划分

企业年金不是国家法定的制度安排，而是在国家政策引导下，由各组织单位自主建立并实施的，因此，它也就不可能有统一的模式。在各国企业年金的实践中，按照不同的划分标准，可以有不同的分类。

1. 根据创立主体的不同分类

可以分为由单个企业创立的企业年金和由多个企业（行业）创立的企业年金。前者在英、美等国较为盛行；后者通常由同一行业的多家企业联合建立，目的在于减少单个企业经济效益对企业年金保险待遇水平的影响，它在欧洲大陆国家中较为流行，如法国、荷兰等国家的许多企业年金就属于此类。

2. 根据供款来源不同分类

可以分为个人缴费的企业年金和个人不缴费的企业年金。其共性是雇主都需要缴费，而个人却不一定缴费。个人缴费的企业年金通常能够让员工更加关注这一福利计划，个人不缴费则可以降低管理成本。

3. 根据决定因素不同分类

有强制性企业年金、自愿性企业年金和集体谈判决定的企业年金三种。强制性企业年金是指由国家立法规范要求企业必须举办，员工个人也不能退出，虽然强制性企业年金不是主流，但仍然有不少国家采取，如法国、瑞士、荷兰、澳大利亚等国家就属于这一类型；自愿性的企业年金是大多数国家均采用的企业年金方式；而通过集体谈判确立企业年金的方式通常采用较少，只有瑞典等少数国家采用。

4. 根据筹资方式不同分类

企业年金计划又有积累制和现收现付制企业年金。但从世界各国的实践来看，绝大多数国家选择积累制企业年金，只有少数甚至个别国家（如法国）选择现收现付制企业年金。

5. 根据缴费和受益关系不同分类

企业年金又有待遇确定型（DB）、缴费确定型（DC）和混合型等诸多种类。从各国的实践来看，绝大多数企业年金都是缴费确定型（DC），少数情形下选择待遇确定型（DB）或混合型。在部分发达国家，国家公务员及军队军官的企业年金采取待遇确定型（DB），私营部门则采取缴费确定型（DC）。

需要说明的是，企业年金的上述分类，并不是以国别而论的，而是对所有企业年金类型的概括和归类。事实上，在一个国家或同一个地区，不同的企业或组织选择的企业年金模式可能不一样。

（二）企业年金的覆盖范围

企业年金的覆盖范围是指企业年金的参与人员和受益对象。它通常与以下几个因素有直接或间接的关系：

1. 政府主导的基本养老保险覆盖率和待遇水平

企业年金和基本养老保险在某种程度上存在着相互替代的关系，如果基本养老保险工资替代率偏高，企业年金的需求就会受到抑制，反之亦然。企业年金之所以能够在许多工业化国家发展起来并占有重要地位，其根本原因在于这些国家的公共养老金工资替代率往往较低。在中国，基本养老保险的工资替代率（退休金占工资的百分比）虽然制度设计为在60％以内，但在现实中几乎都高达80％以上，基本养老保险工资替代率偏高，必然导致对企业年金的需求不旺。

2. 政府是否立法强制实施

在政府通过立法手段强制企业实行企业年金计划的国家，覆盖率就比较高，如法国、瑞士、丹麦等国的覆盖率都是近100％；非强制实施企业年金计划国家的覆盖率则很难达到这个程度，如英国的这一数字为50％～60％，美国为55％左右。

3. 政府税收政策

税收政策是政府对企业年金使用的财政杠杆，通过这一杠杆传递政府是否鼓励以及支持力度的信息，优惠的税收政策是企业年金计划发展的必要条件。

4. 企业的经济实力

一些国家，通常是大、中型企业集团有能力建立和维持企业年金计划，小型企业及萎缩中的行业则较少实施企业年金计划。如在美国，大中型私有企业中70％以上建立了企业年金，小型企业只有40％左右建立了企业年金计划。[①] 在中国，建立企业年金的企业亦通常是大企业、垄断企业或集团或行业，小企业一般未考虑建立企业年金。

（三）企业年金的缴费和给付

如上所述，企业年金可以分为待遇确定型（DB）和缴费确定型（DC）。

待遇确定型（DB）的企业年金计划一般由雇主单方缴费。但有时雇员也需向企业年金计划缴纳其工资的一定百分比，由雇主弥补剩余部分。通常是雇主向雇员允诺当雇员退休后的待遇，由精算师依据这一待遇水平计算出每年应储存（缴费）金额。企业年金的计发办法大致有三种形式：一是统一福利计划，即向每一个参加年金计划的退休雇员提供一个固定数额的退休金（如每月100美元），而与工资收入和工龄没有直接联系；二是根据雇员工作年限及退休前几年的工资水平确定，根据工作年限长短，按不同比例计发退休金；三是将参加者的工龄与年工资收入相乘，再乘以一个百分比（退休金系数，如1％）来确定退休金。实行待遇确定型企业年金的优点是收益额明确，退休后收益有保障；缺点是由于企业年金很少与物价挂钩，存在着通货膨胀及待遇刚性增长等风险。

---

① 王东岩编. 劳动科学研究论文选编. 北京：地震出版社，1997. 180

缴费确定型（DC）是先确定缴费比例，由雇主和雇员分担或只由雇主缴费，计入雇员的个人账户。到雇员退休时，根据个人账户中的缴费累积额（包括本金、利息和投资利润等）一次性或定期支取企业年金。这种计划是完全积累式的，基金通常由寿险公司或其他投资机构运营。雇员退休时，可从以下三种办法中选择一种领取企业年金：一是一次性全部领取，但要纳税，税率较高；二是按月领取，按月纳税，税率稍低；三是转存入银行，不需纳税，但也存在着利息税等问题。

（四）企业年金基金投资运营

与公共养老保险的管理方式有所不同的是，企业年金更加需要通过投资运营来获取收益，以实现基金的保值增值。

1. 投资原则

在企业年金的投资中，通常要遵守三个基本原则，即安全性原则、流动性原则和收益性原则。安全性保证投资资本金能够全部收回，并能够得到预期收益。流动性原则强调的是投资的变现能力，目的在于保证养老金到期能够支付，同时方便投资组合，以便分散和规避投资风险。收益性原则是投资的根本目的，只有获得收益才能确保基金的保值增值，使基金能够应付利率变动、工资增长和通货膨胀等因素的负面影响。

2. 资产管理

对于企业年金资产的管理，可以分为自我管理和委托外部专业机构管理两种形式。大多数企业年金项目的资产委托银行、保险公司或其他金融机构（如基金公司、信托公司等）进行投资。也有一些大公司自己雇用投资经理进行企业年金计划的自我管理。

3. 投资工具和资产分布

从世界范围来看，企业年金投资几乎涉及了所有的投资工具。比较常见的有：银行存款、债券、股票、房地产、风险投资和金融衍生产品等。不同的投资工具所承担的风险和回报差异很大，而且风险的大小和回报率的高低一般呈正相关关系，所以选择投资工具实际上就是寻找合适的均衡点，并进行投资组合。比如，股票的投资收益与公司经营业绩、资本市场成熟度，特别是股票市场运作规范程度等多个因素关系密切，投资风险高，收益机会也多。在诸多投资工具中，债券以其较高的收益率和较低的风险备受青睐。需要强调的是，理性的企业年金投资是能够合理组合投资品种的投资。

（五）政府对企业年金的监管

尽管企业年金计划本质上属于自愿性的、由私人公司经营的项目，但政府并非完全放任自流，而是在其中发挥相应的作用。政府的介入主要体现在推动立法、监督和税收政策上。

1. 推动立法并完善法制

立法的目的在于对雇员权利的保护。由于在企业年金体系中，雇主和雇员的信息不对称，即雇主掌握着基金积累的程度和解雇雇员的权利，而雇员却不能完全了解这一计划的有关情况。为了确保雇员的平等权利和企业年金在规范的轨道上运行，政府通常推动相关立法，以求通过法律的规范来为企业年金的建立与运行提供依据，同时，在国家立法的指导下完善具体的企业年金政策，以此来确保企业年金的健康发展和维护雇员的合法权利。企业年金立法的内容，通常包括机会均等（无论收入或职位高低，每个雇员都有权享有企业年金）、享有权期限（超过这一规定时期雇员才有权享有企业年金待遇）、信息公开、公共担保和投资方面的限定。

2. 依法监督

对企业年金项目的监督，有的由政府部门进行，有的由雇主和工会组成的机构进行。政府监督的目的是保证有关立法的执行和基金投资的安全性。监督的内容包括：法律法规方面的监督、财务运行机制方面的监督和税收监督。以美国为例，联邦政府劳工部是私人退休金计划的监督机构，它监督的主要内容包括：基金投资是否得当、有效、安全，如发现投资有危险就令其纠正；雇主对年金基金是否有舞弊行为，如挪用基金；雇主执行企业年金法规的情况。

3. 税收政策

税收政策是企业年金发展的重要条件，它体现了国家对企业年金的支持与引导。工业化国家对企业年金计划往往给予税收优惠政策，如对企业年金的缴费减免税收，即雇主在扣除企业年金费后再计征所得税或企业税，雇员的缴费也可免缴所得税，也叫"税前列支"；对缴费形成的基金、利息和投资收入也可免税或延迟纳税。以美国为例，对参加公司退休金计划的人给予自动享受长期延期赋税的优惠：（1）退休前本金不用纳税，仅增值部分纳税；（2）退休时可以选择不同的退休金给付方式，若不是一次提取而是选择终生按月支付时，可享受减税的优惠。对企业年金的税收政策是否优厚，与企业年金在国家养老保障体系中的地位有很大关系，如果国家鼓励发展企业年金，政府通常会对企业年金的税收优惠较多，反之亦然，因此，税收政策其实代表着政府鲜明的政策取向。如在英国、爱尔兰，企业年金的缴费和投资收入都是免税的，只在支付待遇时征税。相反，比利时和丹麦等国的公共养老金待遇已经比较慷慨，企业年金计划显得不太重要，故对企业年金和投资收入不予免税[1]（见表12—1）。

表 12—1　　　　　部分国家对企业年金的税收政策

国名	缴费	待遇	投资
意大利	部分纳税	与就业收入一样纳税	与共同基金一样纳税
德国	免税	纳税	纳税
英国	免税	纳税	投资人免税
爱尔兰	免税	纳税	投资人免税
以色列	免税	年金的35%免税	
瑞士	免税	纳税	只征某些地方税
比利时	纳税	纳税	纳税
丹麦	纳税	纳税	纳税

资料来源：国际金融报，2000—03—22（5）

四、中国的企业年金[2]

中国企业年金的出现，始于20世纪90年代初期。当时，一些行业为更好地保障退休人员的生活，率先探索和建立起企业补充养老保险制度，此为企业年金的源头。

2000年12月，国务院颁发《完善城镇社会保障体系的试点方案》并选择辽宁省开始试点，首次将企业补充养老保险更名为"企业年金"，并明确企业年金举办单位可以享受税前列支的税收优惠政策，即企业缴费在工资总额4%以内的部分可以从成本中列支；同时，该方案还规定，企业年金基金实行市场化管理和运营。

2004年是中国企业年金发展的一个重要年份，这一年国家主管部门发布了多项有关企业金的规章，对企业年金的建立与运行进行了相应的规范。例如，2004年1月6日，劳动和社会保障部发布《企业年金试行办法》；同年2月23日，劳动和社会保障部、中国银行业监督管理委员会、中国证券监督管理委员会、中国保险管理监督委员会联合发布《企业年金基金管理试行办法》；上述两部规章均于2004年5月1日实施，对企业年金的建立、运行及其管理进行了规范。2004年12月31日，劳动和社会保障部又发布《企业年金基金管理机构资格认定暂行办法》，于2005年3月1日施行，该规章对企业年金基金管理机构资格认定的程序、标准等进行了规范。

---

[1] 王东岩编．劳动科学研究论文选编．北京：地震出版社，1997．180
[2] 参见郑功成主编．社会保障概论（第12章）．上海：复旦大学出版社，2005

由于企业年金的发展不仅需要相应的立法规范和政策支持（特别是税收政策的支持），还需要有健全的资本市场，以及合格的专业管理人才和投资机构等，而公共养老保险的定型与成熟则是企业年金发展的必要条件。在基本养老保险制度未完全成熟的条件下，以及其他因素的制约下，尽管国家主管部门已经出台了相关政策，但中国的企业年金仍处于初期阶段，发展速度比较缓慢，在机制设计和制度运行中亦存在许多问题。

▶第四节　慈善事业

一、几个基本概念

慈善活动自古已有，有个人、家族、官绅，也有政府对贫民及不幸者施与的善行。虽然行善的动机不同，但慈善项目、形式多种多样，如修桥、筑路、办学、施钱、施药、施粥、印刷善书助人行善、办义田、义庄、社仓、义仓、助葬、助婚、赈饥等。[①] 那么，何为慈善和慈善事业？

古人对"慈"字的释意是："爱出于心，恩被于物"，用现代话说就是人的一种出于爱心的利他行为。而善是恶的反面，是良知在一个人精神中的体现。慈善也可解为是人的爱心与良知的结合。慈善是一种美德、善行和爱心，是人类特有并随着文明程度的提高而发展起来的道德情操。就慈善本意来讲，不能简单地被理解为上对下的恩赐、富对穷的施舍，而是人类善爱之心的表现与标志。而慈善事业则是建立在捐献基础之上的民营社会性救助事业。[②] 慈善事业区别于分散的慈善行为，它是以民间公益组织（慈善组织）为实施主体，为救助特定群体或特定标的为目标，按照既定的操作规范、制度或原则实施的长久的社会化行为。慈善行为和慈善事业可以采取捐钱捐物和劳务等方式。随着慈善事业的发展，其涵盖的领域日渐增加，现代慈善事业所涉足的领域已经远远超过传统的救灾济贫，而是扩展到了文化教育、保健、环境保护甚至动物保护等许多公益领域。

慈善事业是一项道德工程，但又不仅限于此。作为一项需要社会成员广泛参与的民营公益事业，慈善事业成为人类社会互助行为在现代社会的基本载体，并具有不可替代性。从经济意义上讲，它被一些人称为社会的"第三

---

① 梁其姿. 施善与教化——明清的慈善组织. 石家庄：河北教育出版社，2001. 12
② 郑功成等. 中华慈善事业. 广州：广东经济出版社，1999. 6

次分配",可以获得官方、企业或社团、家庭或个人的财政支持①;从社会意义上讲,现代慈善事业具有扶危济困、协调社会发展的内在职能,从而具有了补充社会保障的内涵。

慈善事业的产生和发展离不开善爱之心(道德基础)、贫富差别(社会基础)、社会捐助(经济基础)、民营机构(组织基础)、捐献者的意愿(实施基础)以及社会成员的普遍参与(发展基础)。

作为慈善事业的实施主体,慈善组织(团体/机构)是指独立于政府组织之外的,以向公众提供扶贫济困、救灾助孤、发展教育等有利于公众福利为宗旨的非营利性、非政治性的团体和组织。这就规定了慈善团体具有四个显著特征,即公共福利、独立性、非营利性、非政治性。

二、影响慈善事业发展的因素

(一)社会因素

1. 意识形态

意识形态一般是指在一定的社会经济基础上形成的系统的思想观念,其内涵十分丰富。这里只介绍宗教、文化传统、价值观以及舆论导向对慈善事业发展的影响。

宗教是慈善事业的重要思想源泉和原动力,佛教、基督教、天主教等对慈善事业的影响最大。一方面,各种宗教教义多将行善列为基本准则,如佛教的"慈悲为怀"倡导布施、福田、利行等行善的方法;基督教的"爱人如己"等。而另一方面教会组织也是最早的慈善组织和施善团体,宗教慈善事业从未间断,并随着宗教影响区域的扩大而扩大,构成现代社会保障制度的重要补充。这些思想和慈善行为都在影响着整个社会慈善意识的形成和加强。

自人类开始社会生活后,人与人关系的行为准则问题出现了各种不同的哲学的、神学的、伦理学的观念和学说,当这些观念、学说被广泛接受,就形成一种民族文化心理,成为一种民族的文化传统,其内涵和外延也在流传中不断被丰富和发展。譬如在过去中国两千多年历史中,以孔子学说为代表的儒学思想占了文化思想的主导地位,而儒学思想的中心范畴就是一个"仁"字,这个"仁"字在形成我们民族文化心理、规范人们思想行为准则方面,

---

① 郑功成认为慈善事业其实是一种混合型分配机制,因为企业的捐献是被列入成本并在税前列支的,属于初次分配范畴,而政府财政的直接支持则属于再分配范畴,只有个人的自愿捐献等才能称得上是第三次分配。参见郑功成. 慈善事业的理论解析. 慈善. 1998,2;郑功成等. 中华慈善事业. 广州:广东经济出版社,1999. 22~23

影响非常深远，而其思想内核，就是爱人（《论语·颜渊》）。在人们心目中"仁人""仁爱"就成了人们崇尚的为人标准和处世的美德。同时，中国的文化传统中，关于慈善和社会保障思想，最早是与安民、抚民的思想混合在一起。① 而美国人的传统观念则是，应该有一种回馈社会的意识，认为很多事不应该由政府直接管理，而应该交给社会。文化传统有时与宗教相互融合，虽属于不同范畴，却对慈善事业的影响复杂而深远。

慈善事业以利他主义价值观为核心文化，一个充满人文关怀氛围的社会，不仅会为慈善事业提供援助或救济的物质源泉，更重要的是慈善观念的广泛融入会构筑起良好、和谐的社会环境。在现实社会中，往往不仅存在与慈善思想相吻合的价值观，也存在许多与之背道而驰的其他价值观，如利己主义、拜金主义等，它们共同构成了现实社会的多元价值观体系，包括主流价值观和亚文化价值观。

舆论导向在慈善思想的传播以及慈善事业的发展中起到了不可忽视的重要作用。现代慈善价值观深入公众意识，是发展慈善事业的重要基础。在培育慈善价值观的过程中，应注重启动媒体的引导力量。对于大量的慈善行为规范，不可能完全依靠法律和政策进行框定，基于慈善组织行为的特点，应充分发挥各种媒体的舆论监督作用，促进慈善事业规范、健康发展。

2. 特殊环境因素

如战乱、灾荒。中华民国时期慈善事业的蓬勃发展就说明了特殊时期环境因素对慈善事业的影响是直接的。这一时期，由于灾害频发、战乱连年，政府又疲于解决庞大的军费开支无力顾及慈善救济，民间慈善事业迎来了一个发展的高潮，慈善机构和慈善家队伍空前壮大。据1930年国民政府内政部调查，江苏等18省的566个县市有1 621个旧有慈善团体，占所有社会救济机构的78%。又据国民党中央社会部1946年底的统计，全国29个省市总共有救济机构3 045个，其中私立的有1 011个，约占1/3。1948年的《中国年鉴》披露，当时全国有4 172个救济机构，其中私立的救济机构为1 969个，占47%强。这些数据虽因调查范围不同而有所差异，但也反映了民国时期民间慈善救济机构的重要地位和影响。② 实际上，重大自然灾害等因素也是直接推进慈善事业与捐献热潮的因素，如1998年发生了波及半个中国并造成巨大损失的江淮大水灾，当年各界的捐献热情空前，捐献款物在新中国历史上首次超过了百亿元人民币；2005年1月发生的东南亚海啸，造成30多万人死亡或

---

① 郑功成. 社会保障学——理念、制度、实践与思辨. 北京：商务印书馆，2000初版，2003、2004再版. 57

② 郑功成等. 中华慈善事业. 广州：广东经济出版社，1999. 41

失踪,同样激发了亚洲各国乃至世界上许多国家的捐献热情,仅中国在海啸发生后的短期内就收到了捐款约 10 亿元人民币。因此,特殊事件会激发和放大人们的慈爱之心。

(二)经济因素

慈善事业是以社会捐献为基础的,社会的经济状况以及人们对它的心理预期影响着捐助的水平和慈善组织的作用。

首先,经济发展促进了社会财富的增长,越来越多的人有条件帮助他人。

其次,经济发展如果伴随着收入差距加大,对慈善事业发展的影响就比较复杂。一方面,贫富差距是慈善事业发展的社会基础,差距加大意味着社会有更多的救助需求,而富人阶层拥有更多的财富用以捐献(若其边际捐献倾向不变或提高时);另一方面,贫富差距加大也可能让人们产生对经济消极的心理预期,使其边际捐献倾向降低。

尽管经济因素对慈善事业的影响不能简单地断定是积极或消极,但一般来讲,人们认为经济发展对于慈善事业来讲是利好消息。根据美国有关调查显示,1995—1998 年期间的经济呈现增长,市民都较安心及愿意去捐款或增加其捐款金额。调查反映捐款金额较少的市民,由 1995 年的 14% 下降至 1998 年的 12%;相反,捐款金额较多的市民则由 1995 年的 21% 上升到 1998 年的 24%;而捐款者的百分比也由 1995 年的 69% 增长到 1998 年的 70%。[①]由此可见,经济因素对慈善事业发展的影响不仅很大,而且非常直接。

(三)政府介入

1. 基本社会保障制度

慈善事业与官方强制性的社会保障事业存在差异,但同时却构成其有益的补充,所以,以政府为实施主体的社会保障制度的发展水平和完备程度对民间慈善事业的发展具有很大影响。一般地说,如果国家的社会保障制度功能健全,保障水平较高,需要慈善事业的空间就会相对萎缩;如果国家社会保障不堪重负,慈善事业就有相当的发展空间。由于以政府为责任主体举办的各种社会保障限于财力、效率等因素的制约,很难覆盖所有需要通过社会性保障措施来解决的各种现实社会问题,民间的慈善事业恰好能够弥补这种缺失。

从这一点来看,我国现阶段急切需要发展慈善事业来补充基本社会保障

---

① 香港青年协会. 社会资本之慈善捐献、义务工作及社会参与的状况研究. 2002, 1: 4

制度的不足。因为基本社会保障制度改革的取向是以个人责任的适度回归和多层次化的发展道路为原则的,这意味着基本社会保障不可能完全满足国民的社会保障需求,一部分困难群体除需要社会保障的援助外,还需要有相应的慈善事业来提供援助。

2. 鼓励政策

由于慈善事业与社会保障的密切关系,各国政府均对慈善事业采取支持的态度,即直接拨款和利用相应税收政策及其他鼓励政策如嘉奖等进行支持。税收政策可以包括:一是对社会各界的慈善性捐赠给予免税待遇;二是对慈善团体进行经营活动的利润用于慈善事业的部分免税;三是鼓励遗产继承人将遗产中的一部分捐赠给慈善事业;四是积极促使高收入阶层积极参与慈善事业等。以减免税收政策为例,加拿大及美国的调查显示,被访者对有关当局为捐献者提供减免税收优惠政策,均持正面的态度。调查发现有49%加拿大的被访者,如果得到较佳的税收优惠,表示会乐意捐献,相对于1997年的37%,上升了7%;而在美国方面,想得到减税优惠的被访者中,有41%表示会捐出家庭平均总收入的2.5%作为捐款,而没有想过要得到减税优惠的被访者,只表示会捐出0.6%[①]。

《中华人民共和国公益事业捐赠法》第四章在"优惠措施"中规定:"公司和其他企业依照本法的规定捐赠财产用于公益事业,依照法律、行政法规的规定享受企业所得税方面的优惠。"不过这一法律原则要真正得到全面落实,还需要有新的具体政策的出台。

3. 管理体制和立法

慈善事业的民间性质并不意味着政府任其自由发展,首先政府对慈善组织应正确认识,其次,政府必须推动相关立法对其进行必要的管理和规范。否则,由于慈善组织和慈善行为的无序化,将会大大影响社会对慈善事业的公信度,进而影响慈善事业的发展。但另一方面,政府对慈善事业的不当干预和管理,也会影响其按照自身的组织目标发展。在我国香港地区,就有许多学者和慈善人士对政府财政拨款已经构成了许多慈善团体经费的主要来源产生质疑。政府对慈善事业的恰当监管决定着慈善组织操作的规范性、有序性,决定着慈善在社会中的公信度,进而对慈善事业的长期发展产生重要影响。

三、慈善事业与社会保障

毫无疑问,现代慈善事业是现代社会保障体系的一个有机组成部分,它

---

① 香港青年协会. 社会资本之慈善捐献、义务工作及社会参与的状况研究. 2002,1:6

既与法定的基本社会保障制度有联系,并构成对基本社会保障制度的补充,又与基本社会保障制度有重大区别。

第一,在属性方面,二者从属于不同范畴。政府举办的基本社会保障制度是保障国民生活和促进社会福利的社会机制范畴,而慈善事业既属于道德范畴也在客观上构成了社会救助机制。

第二,就其目的而言,法定的社会保障往往以稳定社会为政治动机,而慈善事业则是出于"博爱"和"仁爱"之心。

第三,二者的组织基础和资金筹集渠道不同。社会保障制度是以官营或公营机构为组织基础,以财政拨款或强制性筹款为经济基础;而慈善事业在组织机制上是民办或私营机构,在资金来源上以捐献为主。

第四,受益范围和内容不同。慈善事业援助的对象一定是社会弱者与不幸者,因此,其受益范围通常较小;而社会保障则是基于社会公平原则通常覆盖到全体国民,虽然并非所有人享受的均是同一水平的保障,但覆盖全民的社会保障制度却是绝大多数国家追求的目标。

第五,调节机制不同。社会保障制度是以法律制度为实施基础,它与道德并无直接关系,只是法制规范的政府、社会、企业与个人之间的一种强制性利益调节机制,主体各方的权利与义务都是由法律明确规范的。而慈善事业虽然客观上具有社会保障的某些功能,并事实上作为一种特殊的社会保障形式存在,但它在目标上却较法定社会保障制度多了一层弘扬助他与互助美德的宗旨。它建立在自愿的基础之上,具有道德性、自愿性和民营性特点,它在现代社会只能构成社会保障体系不可或缺的补充保障机制。除了必要的法律规范,慈善事业和慈善组织为建立社会公信度,还需建立严格的自律机制,接受舆论监督。

正如前文所述,慈善事业和社会保障制度存在一定的替代和互补关系,一般而言,如果法定的社会保障制度完备、功能健全,慈善事业就相对萎缩;反之,慈善事业就有广阔的发展空间。不过,无论怎样,各国的经验表明,慈善事业的功能是法定社会保障制度及其他补充保障机制所无法替代或者完全替代的,它对基本社会保障制度的补充是不可缺少的。

中国的社会保障制度改革,一个重要的取向就是个人责任的回归和多层次社会保障体系的构建。这不仅意味着社会成员很难从法定社会保障制度中获得所有的保障,而法定的社会保障亦无法全部满足不同阶层的社会成员的社会化保障需求,其所得到的保障很难完全解决其生活保障的后顾之忧。因此,有必要发展中国的慈善事业。

▶第五节 互助保障

在政府介入社会保障以前,也即社会保障制度化之前,长期形成的自愿互助组织及互助活动扮演着十分重要的社会保护角色。按照自愿、平等互助的原则而成立的互助组织在促进经济发展的同时,也为其成员提供经济、服务及情感等方面的保障。随着社会化大生产和工业化进程的推进,在政府通过强制实施基本社会保障制度逐步介入社会保障领域的管理和监督后,互助保障构成了基本社会保障制度的有益补充,对于我国建设适合国情的新型社会保障体系,对于缓解政府社保财政压力以及满足人们多层次需求来说,无疑非常重要。

一、互助保障概念及内涵

互助保障,是指社会成员之间通过一定的机制相互提供物质帮助(包括经济援助与服务援助等)的一种生活保障系统。它一般由非营利性的互助组织承办,具有自愿参加、互助共济、非营利、合作制等特点。这一定义至少包括如下内容[①]:

第一,互助保障的本质在于社会成员之间的相互帮助,它在实践中则体现为以互助为条件的自助与他助,即参与互助保障的社会成员能够在互助中实现自助并获得他助。

第二,互助保障是一种社会化的生活保障机制,它不是社会成员之间的个体对应帮助行为(如邻里互帮、亲友互助等),而是需要由特定的非官方机构(独立的组织须经过政府有关部门批准)来承担组织任务,并通过社会化手段来筹集资金,按照社会化的原则与规律运行的一种生活保障机制。

第三,互助保障机制的运行具有封闭性,即它总是在以互助为名义建立的团体内部运行,所覆盖的对象亦限制为参与互助保障的成员,且有明确的身份限制。如企业中的职工互助保障,即以具有本企业员工身份为参与的资格条件;城镇中的社区居民互助保障,覆盖的只能是本社区内的居民,而乡村中的互助保障同样只能以具有本村或本乡居民身份为必要条件。尽管随着互助保障事业的发展,这种机制的社会化程度将得到提高,如某些行业的互

---

① 本节参见郑功成. 关于职工互助保障制度的思考. 当代社会保障. 1998,6;郑功成. 互助保障:理论阐述与政策取向. 社会保障财务管理. 2000,2;郑功成. 构建和谐社会:郑功成教授演讲录. 北京:人民出版社,2005. 541~551

助保障、公务员互助保障等就超越了单位的限制,并具有系统性,但系统外部的社会成员依然不可能进入,从而只是一个扩大了范围的封闭保障机制而已。

第四,互助保障是一种综合性的生活保障机制,它保障的内容并非仅仅对社会保险项目进行补充,而是可以根据参与者的群体意愿来设置互助项目并满足多种社会性保障需求,可以补充社会保险、社会救助及公共福利服务等基本保障制度的不足,从而是一种可以包括经济保障、服务保障甚至情感保障等在内的综合性生活保障机制。

第五,互助保障是民营公益事业,不以营利为目的,它在实践中既是对举办主体(如企业、机关、社区等)的支持,同时也是对政府基本社会保障制度的支持,从而能够且应当得到政府的财政与政策支持,同时亦不排除通过互助保障基金的商业营运来壮大基金,以促进互助保障事业的进一步发展。

第六,互助保障不是国家的法定社会保障,从而在实施中具有非强制性,但它作为特定团体或社区内部的制度安排,因有相应的制度引导与政策支持,往往成为群体的自觉行动;身份限制性与封闭运行的特色又决定了互助保障不是可以自由竞争的市场业务,而是以群体或团体行为的面目出现并具有非竞争性的社会性保障事业。

综上可见,互助保障是一种在特定团体或社区内部内生的生活保障机制,它的社会化程度不如基本社会保障制度,但无疑属于现代社会保障体系的自然延伸和有益组成部分。尤其是对发展中国家而言,薄弱的经济实力往往无法支撑起一个全民化的统一社会保障体系,包括互助保障在内的各种补充保障机制便很自然地具有了生存与发展的必要性。

二、互助保障分类

互助保障虽然层次较低、相互封闭,每个互助组织的互助范围有限,但互助保障同样是对基本社会保障制度的一种有益补充。

依据不同的标准,互助保障可以作如下分类。

(一) 按照保障对象和范围分类

互助保障可以分有家庭互助、社区互助、职业团体互助、特殊群体互助等。其中:家庭互助即家庭保障,是家庭成员内部之间在经济、生活、情感等方面的互助,它以血缘关系和感情为纽带,对家庭内部成员的物质、精神全方位互助互济,是基本社会保障制度建立前人们可以享受的主要保障形式,但这种互助保障互济范围小,随意性强,难以抵抗较大的风险,不能适应工业化、社会化发展的趋势，其功能亦随着家庭规模的缩小而逐步弱化。邻里、社区互助一般为有组织的、自发的在社区成员内部的互助活动，它主要针对那些特殊困难成员以扶贫、帮困或提供必要服务的形式进行。职业团体互助保障，一般是由行业协会、机构或企业内部组织承办的封闭式的（只针对某一职业、行业，或是企业集团内部职工自愿加入）互助活动。特殊群体互助保障，则是以某一特定群体（一般为社会脆弱群体）自发组织设立的互助行为，在需要的时候在群体内部通过保险或救助等形式获得帮助，比如残疾人互助、女性互助、单亲家庭互助等等，在日本社会保障体系中也有公务员互助年金。在德国不来梅有一个互助组织，就是规定所有参加这个组织的成员都必须尽自己的一切可能给其他成员提供帮助，该组织吸引了大批孤独者，如退休老人、单身妇女、孤儿、失业者等。

（二）按照运作形式不同分类

互助保障可以分为互助保险、互助救济、互助服务等。其中：互助保险是由社会团体承办或委托专业互助保险机构承办，遵循自愿和互助互济原则的会员合作制组织，是以保险为运作形式的互助行为。互助保险基金主要来源于会员缴费。互助保险又可以分为互助健康保险、互助年金、互助住房保险等。法国的互助医疗健康体系共有3 600万成员，管辖2 000多个机构（包括医院、诊所、药房），该保险体系的基本原则为互助，自由加入，还可自由选择参加哪一家公司的互助保险。互助救济则是由慈善组织或非营利机构组织承办，主要针对贫病老幼残等社会弱势群体以救助形式给予基本生活帮助的一种机制。由于组织形式不同，经费来源也不尽相同，主要有私人募捐、财政拨款等，互助救济的形式多样，如扶贫帮困、医疗救助、志愿者（或义工）服务等都属于互助救济。

（三）按照互助内容不同分类

互助保障可以分为经济互助、志愿者服务（义工）。前者是向受助者提供资金、有使用价值的物品保障，而后者则是向受助者提供服务。在许多国家和地区，大量的志愿者（义工）从事着互助保障和公益事业活动。在美国，有60%以上的社会成员参与义工；在以色列，20%以上的人参加志愿活动，平均每个月服务16个小时。而在中国，据国家民政部统计，全国目前有志愿者约1 000万人，占全国总人口的8%，远远低于发达国家；在香港地区，参加志愿活动的市民占香港总人口的20%，大约100多万人。在一些西方发达国家，志愿者占国民的30%，有的高达60%。

(四) 按照互助机构服务的范围分类

互助保障可以分为综合性互助保障与单项互助保障。前者是指一个互助组织能够提供多种互助保障或服务，如职工互助保障往往包括补充保险、互助救助以及互助服务等；后者则是专门为了满足参与者某种社会化保障需求而设立的，其职责较为单一，如一些国家的火灾互助保障，即是专门为分散火灾风险而设置的。

需要指出的是，与其他补充保障不同，互助保障更加直观地表现了社会保障的互助共济的精神本质，是原始形式以及传统与现代保障手段的结合。不仅如此，互助保障还可以通过适当的政策，引导家庭成员对年老一代的赡养义务、夫妇的相互扶助的义务，提倡邻里、街坊、社区成员间的互助，有助于传统保障特色的更好保持与发挥。尤其是在城市化、工业化、人口流动加速和邻里关系日益淡化的现实情况下，社区互助创造了一种新型的邻里、社区关系，增强了社区成员之间的友爱感和归属感，还开创了某些新的职业（家政服务）或生活方式（志愿服务）。

■ 本章小结

补充保障是指基本社会保障制度安排之外的，以非政府主导性、非强制性为特征的各种社会化保障机制的统称。常见的形式有企业年金、互助保障、员工福利与慈善事业等。由于补充保障是一个非常复杂的系统，依照不同标准可以有不同的划分。

补充保障具有为基本社会保障制度"查漏补缺"的功能，它能够提高人们的保障标准，可以增进特定人群的福利；一些补充保障还可以作为组织人力资源管理的手段。同时，补充保障还具有满足人们施与仁爱之心、促进社会融合的功能等。它也在社会、政治、经济等广泛领域中发挥着稳定、调节、促进和互助功能。在实践中，补充保障必须在国家规定的法律框架下运行，并接受政府监督，而政府在补充保障机制中的责任主要包括推动立法、实行监督、宏观调控和政策引导。

员工福利是以企业或社会团体为责任主体，专门面向内部员工的一种福利待遇。员工福利有广义和狭义之分，广义的员工福利包括强制性的社会保险等在内，而狭义的员工福利确切地说就是非法定的员工福利。非法定的员工福利更具个性和激励功能，种类更加灵活，这类福利通常分为收入保障计划、健康保障计划和员工服务计划。

补充健康保险是许多企业员工福利计划中的重要内容，它是指企业除了参加法定的基本医疗保险制度外，通过保险方式对被保险人因遭受疾病或意外伤害事故所发生的医疗费用支出或收入损失提供额外经济补偿的保险保障。补充健康保险一般有商业健康保险、自我保险、健康维持组织、选择服务提供者组织、制定服务计划等多项计划形式。

住房福利可以分为法定住房福利和补充性住房福利。补充性住房福利亦即员工住房福利计划，它是指由企业自愿建立、自主管理和实施的、额外的住房福利计划。补充性住房福利计划的形式多样，常见的几种形式有：补充住房公积金、现金津贴、房屋贷款、个人储蓄计划、利息补助计划、集体购房以及提供公司公寓、宿舍等。归纳起来，可以将这些计划分为三类：现金补助、实物资助和购房贷款类。

在发达国家大多数企业的员工福利方案中，企业年金是较具普遍意义的一种员工福利计划。它实质上是员工现期工资收入的延期支付，对保障和提高员工年老退休后的收入有重要的影响，是企业根据自身发展战略和经济状况建立的、旨在为本企业职工提供一定水平的退休收入保障的员工福利制度。企业年金可以提高劳动者的退休待遇，促进资本市场和劳动力市场的完善，有利于改善劳资关系。按照缴费和受益关系不同，企业年金可以分为待遇确定型（DB）和缴费确定型（DC）。中国的企业年金还处于初期阶段，发展速度比较缓慢。

慈善事业是现代社会保障体系的一个有机组成部分，它既与法定的基本社会保障制度有联系，并构成对基本社会保障制度的补充，又与基本社会保障制度有重大区别。它是建立在捐献基础之上的民营社会性救助事业。影响慈善事业发展的有社会因素、经济因素以及政府介入的程度与方式等因素。

互助保障是指社会成员之间通过一定的机制相互提供物质帮助（包括经济援助与服务援助等）的一种生活保障系统。它一般由非营利性的互助组织承办，具有自愿参加、互助共济、非营利、合作制等特点。互助保障虽然层次较低、相互封闭，每个互助组织的互助范围有限，但互助保障却直观地表现了社会保障互助共济的精神本质，是原始形式以及传统与现代保障手段的结合，是现代社会保障体系的自然延伸和有益组成部分。尤其是对发展中国家而言更是对基本社会保障制度的一种有益补充。

■ 复习思考题

1. 如何理解补充保障以及政府在其中的职能？
2. 员工福利与社会保障的关系如何？
3. 企业年金与基本养老保险的联系和区别是什么？

4. 参考相关资料，分析我国住房福利发展的变迁。
5. 通过慈善事业的影响因素，分析我国慈善事业的发展。
6. 互助保障的存在意义或价值。
7. 非营利组织的存在基础和社会功能是什么？

案例讨论 1

美国管理式医疗之蓝色计划

蓝色计划是美国"蓝十字计划"与"蓝盾计划"的简称，它们均产生于20世纪30年代，在美国医疗保障体系中占有重要地位。1929年，在得克萨斯州的 Baylor 大学教师与 Baylor 医院签订了一份合同，合同规定教师按月交纳一定费用，医院为教师提供住院、食宿及其他有关服务，这种做法被认为是蓝十字计划的前身。此后不久，为医师医疗费用提供保障的预付费用计划开始出现，并发展成蓝盾计划。蓝十字和蓝盾是美国最大的两家非营利性民间医疗保险机构。蓝十字计划提供特定住院医疗费用保险，蓝盾计划由医生组织发起并提供医疗费用（门诊服务）保险。蓝色计划在美国发展很快，1991年参加人数超过7 000万，到现在则达到1.07亿人。

在多年的发展过程中，蓝十字计划与蓝盾计划相互渗透、相互融合，双方的合作逐渐多起来，以致在一些地区两者干脆合在了一起。据统计，在最近几年，已有半数以上的蓝十字计划与蓝盾计划合二为一。

蓝十字计划与蓝盾计划同属于蓝十字——蓝盾协会，该协会负责协调各个计划之间的关系，为其会员提供一系列教育、科研和管理服务，并制定各计划必须遵守的保障标准。

蓝色计划保障的对象比较广泛，包括个人、家庭和团体。大多数被保险人是按团体的形式加入的，参加者自然就是蓝色计划的成员。蓝色计划的保障范围也在不断扩大，它最初只提供基本医疗费用的保障。例如，蓝十字计划提供的费用保障只有被保险人住院期间的食宿费、护理费和日常用品费，蓝盾计划只提供门诊服务费用的保障。后来，商业保险公司扩大业务范围推出了大额医疗保险，蓝色计划也迅速跟进，为其成员提供了大额医疗保险。

在具体运作时，蓝色计划由蓝色计划组织与医院或医师签订合同，并要求其成员必须到合同单位就诊。蓝色计划的运作方式是：蓝色计划参加者通过预缴保费，获得了享受医疗服务而无须再付任何费用的权利，合同医院或医师为参与计划的成员提供医疗服务，蓝色计划组织对医疗服务提供者进行补偿。由于蓝色计划不需要参与者成员在享受医疗服务时再负担任何费用，它在一定程度上造成了医疗服务的过度利用，所以，近年来一些蓝色计划也引进了费用共担的形式，以制约医疗服务过度利用的行为。

由于蓝色计划是非营利性机构，因此，在保费收入上能够享受免征联邦税和州税的优惠政策待遇，而商业性健康保险则要平均缴纳2%的联邦税。一般情况下，保险机构的管理费用约为保费的10%左右，免征保费收入2%的联邦税，等于节省了20%的管理费用。蓝色计划具有税收优惠和价格优惠，这些优惠使成本大为降低，从而转化成了竞争优势，致使蓝色计划在医疗保险市场上占有了较大的份额。但在1986年的税收改革中，蓝色计划失去了免征联邦税的优惠。1994年，蓝色计划——蓝盾协会做出决定，其成员可以自愿转化为营利性公司。如果哪一家蓝色计划实施了这种变革，其所面对的监督管理方式也必然发生变化。

（参见中国保险服务网，2004年5月22日）

案例讨论2

某公司员工退休福利基金办法

公司为员工提供福利不仅需要有计划方案和资金准备，而且需要有具体的实施的办法。在此，选择某公司制定的员工退休福利基金办法，可窥企业建立这一员工福利制度的目的、内容及基本规律。某公司员工退休福利基金办法的具体条文如下：

第1条 公司为提倡员工储蓄及谋求员工福利，保证员工退休后的生活，依照人事管理规则规定，特制定员工退休福利基金办法。

第2条 凡公司正式雇佣并按月领有固定薪金的员工适用此办法。

第3条 适用此办法的员工，每月应提存员工储存金，其储存金额按该员工每月固定薪金（不包括特勤津贴、外勤津贴及其他临时津贴）总额2%提存，并以10元为单位，其尾数舍弃不计。对前项个别员工储存金本公司配合另按月提存其相等金额的储存金，作为员工的退休福利储存金。

第4条 公司以第三条所提存的储存金额作为员工退休福利基金，并以本公司为委托人委托的投资股份有限公司（以下简称为受托人）为受托人，依本公司与受托人签订的团体员工退休福利基金信托契约的规定进行管理。

第5条 员工停职期间可以免提存，但保留其领受退休福利金的资格，复职时即恢复提存。对该员工已提存的退休福利金的收益，由受托人按月复利计算滚入本金。但停职期间本公司认为必要者得继续提存，其停职期间的固定薪金总额以停职当月份的固定薪金额为准。

第6条 凡员工自加入本办法之日起至规定奉准退休继续提存存储金者，依本办法本条及第八条规定，计算给付退休福利金。

1. 任职满26年以上者。
2. 任职满16年以上，限龄已达到下列规定者：
(1) 办事员、助理员、雇员及工友、司机年满46岁的；
(2) 专员及科员年满51岁者。

第7条 第6条所称员工任职年数，自正式雇佣之日起计算。

第8条 员工退休福利金额以第三条规定实际所储存的合计金额为本金，依团体员工退休福利基金信托契约所定收益金的合计额计算。

第9条 员工如有违反法令或本公司规章，致本公司蒙受损失时，除依法追诉外，其员工退休福利金应悉数充为赔偿金。

第10条 凡符合申领退休福利金给付规定者，须离职3个月后始得向公司办理申请，经审查并无不清事项时，由公司向受托人办理申请给付手续，将其应得金额一次给予退休员工。

第11条 员工中途退职者退还其本人已提存的储存金的本金及其收益金，公司对该员工提存的退休福利储存金的本金，依下列规定办理，但其收益金权归该员工领受。

1. 任职满7年以上10年以下者给付100%。
2. 任职满4年以上的给付60%。
3. 任职满2年以上的给付40%。因挪用公款受免职处分的员工，公司对该员工提存的退休福利储存金及其收益金概不给付。

第12条 员工继续缴存第3条规定的储存金而因公（在职）死亡或公司由于业务需要裁遣者，公司悉依人事管理规则规定，办理抚恤金或裁遣费的给付事宜，公司为该员工所提存的退休福利储存金的本金应予扣除，但收益金归员工享有。

第13条 本办法自董事长核准后实施，修改时亦同。

（具体条文引自宿春礼主编：《现代公司员工福利计划方案设计》，第104页，中国财政经济出版社，2003。）

■ 案例讨论3

一桩7万元的爱心官司

1996年底，江苏如皋师范附属小学（如师附小）四年级学生黄昊不幸患白血病，治疗费用至少需要20万元，但黄昊家庭困难，根本无法承受这笔巨额的医疗费用。小黄昊在南通市声乐比赛中得过一等奖，黄昊所在班级开始发起救助"小百灵"捐款，如皋师范附小上上下下投入到"为20万元而奋斗"中，这场"献爱心"运动在当地媒体的推动下，很快扩大到整个如皋市，捐款数目达到24万元，黄昊身上寄予了无数人爱的希望。遗憾的是，找不到与黄昊配对的骨髓，在求治过程中也耽误了救治时间。1998年10月18日，小黄昊去世。除去在苏州、上海、北京、香港的治疗费后，人们向小黄昊的"爱心捐款"还剩下7万元。如师附小曾给有关部门写信，建议以这笔钱成立"爱心基金"，但未得到答复，这笔钱于是搁置起来。在黄昊去世后的2年内，这笔钱的归属成了黄昊家人与学校争执的焦点，最后酿成了一场"官司"。

无论黄家还是校方，都表示"尊重捐款者的意愿"，但在怎么理解"捐款者的意愿"时，双方显然存在不同理解。黄家的代理律师认为，为黄昊捐款就是为解决小黄昊家庭困难的，黄昊去世后，这笔钱应作为黄昊的遗产归还黄家；校方则强调，当时捐钱是在为小黄昊换骨髓的前提下进行的，"不是养第二个小孩用的"。另外，"献爱心"是学校出于教育目的，"如果钱都给了黄家，那还怎么教育孩子？以后谁还愿意再捐款？"

对这场"爱心官司"案，如皋法院法官曾想驳回原告的诉讼请求。但由于法学界对捐款归属问题看法不一，深感此案棘手的如皋法院曾专门请示过南通市中级法院和江苏省高级法院。如皋法院对此案"处理理由"的表述是："募捐人（捐赠的发起人）如师附小与捐款人之间形成了一个为第三人（受赠人）利益的募捐合同关系。募捐合同作为无名合同，在没有最相类似的法律规定可参照的情形下，应当根据诚实信用原则和公序良俗原则确定其法律适用。……落实到本案中，捐赠人的意愿是给黄昊治病，黄昊因治疗无效死亡之后，募捐人如师附小已经按照捐赠人的意愿支付了用于黄昊治病的所有费用和丧葬费，因此黄昊的父母无权向如师附小主张非医疗目的以外的给付。"

在中华慈善总会的常务理事、中国人民大学教授郑功成看来，黄昊事件是中国慈善事业"无序"状态的一个典型个案。他强调："献爱心应该实现'有序化'。如果当初这笔钱就由一个基金会来管理，黄昊去世后，这笔钱顺理成章地转到同类的使用方向，谁都不会有异议。"

（以上转引自千龙网 2003 年 11 月 6 日）

主要参考书目

1. 郑功成. 社会保障学——理念、制度、实践与思辨. 北京：商务印书馆，2000
2. 郑功成主编. 社会保障概论. 上海：复旦大学出版社，2005
3. 郑功成主编. 社会保障学. 北京：中央广播电视大学出版社，2004
4. 郑功成. 论中国特色的社会保障道路. 武汉大学出版社，1997
5. 郑功成. 中国社会保障论. 武汉：湖北人民出版社，1994
6. 郑功成等. 中国社会保障制度变迁与评估. 北京：中国人民大学出版社，2002
7. 郑功成等. 中华慈善事业. 广州：广东经济出版社，1999
8. 孙光德等主编. 社会保障概论. 北京：中国人民大学出版社，2000
9. 任正臣. 社会保险学. 北京：社会科学文献出版社，2001
10. 穆怀中主编. 社会保障国际比较. 北京：中国劳动社会保障出版社，2002
11. 和春雷主编. 社会保障制度的国际比较. 北京：法律出版社，2001
12. 邹根宝编著. 社会保障制度——欧盟国家的经验与发展. 上海财经大学出版社，2001
13. 林义主编. 社会保险基金管理. 北京：中国劳动社会保障出版社，2001
14. 乌日图. 医疗保障制度国际比较. 北京：化学工业出版社，2003
15. 仇雨临，孙树菡主编. 医疗保险. 北京：中国人民大学出版社，2001
16. 孙树菡主编. 工伤保险. 北京：中国人民大学出版社，2000
17. 陈泰才主编. 工伤保险条例实用指南. 北京：中国人事出版社，2003
18. 杨伟民，罗桂芬主编. 失业保险. 北京：中国人民大学出版社，2000
19. 吕学静. 各国失业保险与再就业. 北京：经济管理出版社，2000
20. 时正新主编. 中国社会救助体系研究. 北京：中国社会科学出版社，2002
21. 李迎生主编. 社会工作概论. 北京：中国人民大学出版社，2004
22. ［美］威廉姆·H·怀特科. 当今世界的社会福利. 解俊杰译. 北

京：法律出版社，2003

  23. 陈银娥主编. 社会福利. 北京：中国人民大学出版社，2004

  24. 王东岩主编. 劳动科学研究论文选编. 北京：地震出版社，1997

  25. 杨燕绥编著. 企业年金理论与实务. 北京：中国劳动社会保障出版社，2003

  26. 史探径主编. 社会保障法研究. 北京：法律出版社，2000

  27. 郑功成. 构建和谐社会：郑功成教授演讲录. 北京：人民出版社，2005